第一次全国可移动文物普查
分省工作报告

国家文物局第一次全国可移动文物普查工作办公室　编

文物出版社

图书在版编目（CIP）数据

第一次全国可移动文物普查分省工作报告／国家文物局

第一次全国可移动文物普查工作办公室编 . —北京：文物出版社，

2017. 11

ISBN 978 - 7 - 5010 - 5080 - 2

Ⅰ. ①第…　Ⅱ. ①国…　Ⅲ. ①文物 - 普查 - 研究报告 - 中国

Ⅳ. ①K870. 4

中国版本图书馆 CIP 数据核字（2017）第 047288 号

第一次全国可移动文物普查分省工作报告

编　　者：国家文物局第一次全国可移动文物普查工作办公室

特约编辑：徐　鹏
责任编辑：许海意
责任印制：张道奇

出版发行：文物出版社
社　　址：北京市东直门内北小街 2 号楼
邮　　编：100007
网　　址：http：//www. wenwu. com
邮　　箱：web@ wenwu. com
经　　销：新华书店
印　　刷：北京京都六环印刷厂
开　　本：787 × 1092　1/16
印　　张：46. 25
版　　次：2017 年 11 月第 1 版
印　　次：2017 年 11 月第 1 次印刷
书　　号：ISBN 978 - 7 - 5010 - 5080 - 2
定　　价：210. 00 元

目　　录

北京市
第一次全国可移动文物普查工作报告

　　第一次全国可移动文物普查工作，是按照国务院总体部署开展的一项旨在全面掌握我国文物资源、加强文物保护、建设文化遗产强国的国家工程。2011 年，按照国家文物局总体安排，北京市朝阳区自主申报，被遴选为全国国有可移动文物普查试点之一。北京市朝阳区的普查试点工作，为开展全国范围的国有可移动文物普查积累了宝贵的实践经验。

　　2012 年，根据国务院《关于开展第一次全国可移动文物普查的通知》要求，北京市积极筹备相关工作；2013 年 12 月 25 日，北京市人民政府印发了《关于开展可移动文物普查工作的通知》，正式启动北京市可移动文物普查工作。北京市成立了北京市第一次全国可移动文物普查领导小组和北京市普查办，结合实际印发了《北京市第一次全国可移动文物普查实施方案》，明确了北京市可移动文物普查工作的目标、范围、内容和组织实施要求。

　　北京历史悠久，可移动文物种类繁多、数量庞大、价值突出，是北京古代人民文明智慧的结晶，也是城市历史发展的实物见证。北京市第一次可移动文物普查的登录文物总量为 11615758 件，国有可移动文物收藏单位共有 326 家。其中，非文博系统单位多，隶属关系复杂，类别广、层级多、差异大，普查工作的组织协调难度很大；藏品数量众多、类别复杂，数据采集工作方式呈现出多样性和复杂性，工作时间紧、任务重、难度大。

　　2014 年 2 月 25 日，习近平总书记在首都博物馆参观北京历史文化展览时指出："历史文化是城市的灵魂，要像爱惜自己的生命一样保护好城市历史文化遗产。"北京市文物局认真学习贯彻指示精神，本着对历史负责、对人民负责的担当，以传承历史文脉为己任，在北京市政府高度重视和有力保障下，在国家文物局的支持指导下，遵循"保护为主、抢救第一、合理利用、加强管理"的文物工作方针，按照国家文物局关于第一次全国可移动文物普查工作的基本要求，以制度、服务、技术、管理和成果转化五大创新为驱动，坚持"安全第一"的原则，确保可移动文物普查工作文物安全、数据安全、人员安全，上下齐心，协力推进，最终如期完成可移动文物普查工作任务。

2016 年 8 月 31 日，北京市全国第一次可移动文物普查工作顺利结束。历时 4 年多的北京市全国第一次可移动文物普查工作，最终确认收藏有可移动文物的收藏单位共计 326 家。其中中央属单位 131 家、市属单位 66 家、区县属收藏单位 110 家、乡镇街道属收藏单位 12 家、其他 7 家。在此次普查中，新发现 222 家国有单位收藏有可移动文物，包括中央单位 92 家，市属单位 33 家，区属单位 97 家；新发现、新认定文物藏品总数 2884873 件/套，其中文博系统内新发现、新认定文物藏品数 1947767 件/套，非文博系统新发现、新认定文物藏品数 937106 件/套。普查工作的数据采集数、平台登录数、珍贵文物数、新认定文物藏品数均位列全国第一，北京的全国"文化中心"地位根基深厚，名副其实。

在 2016 年"中国文化遗产日"，首都博物馆可移动文物普查成果展示平台上线，通过网络展示了从商代到民国时期的文物藏品共计 10022 件/套。这是落实习近平总书记"让收藏在博物馆里的文物、陈列在广阔大地上的遗产、书写在古籍里的文字都活起来"指示的实际行动，运用"互联网＋"的理念，充分挖掘文物的教育与科研价值，为实现普查成果转化，最大限度开发与利用可移动文物做出了积极的探索。

通过普查，北京市首次基本摸清了国有可移动文物家底，初步掌握了北京市文博系统和各级党政机关、国有企事业单位可移动文物的数量和分布情况，以及文物的本体状况、基本数据等；首次在北京市域范围内初步建立了一套比较全面、准确的国有可移动文物数据档案，进一步健全了文物登录备案机制和文物保护体系；首次为文物藏品建立了"文物身份证"制度，为国有可移动文物管理现代化打下基础；首次让非文博单位系统学习了解可移动文物保护、管理知识，增强其文物管理与保护的责任意识，建立并培养了文物保护管理专业队伍；强化了藏品管理基础，利用普查成果进一步提升了文物资源服务社会的能力，丰富了公众文化生活，为有效发挥文物在北京市经济、文化和社会发展总体布局中的积极作用打下坚实的基础。

2016 年 7 月 1 日，习近平总书记在建党 95 周年庆祝大会的重要讲话中指出："文化自信，是更基础、更广泛、更深厚的自信。"通过可移动文物普查，历史名城北京再次彰显"文化自信"底蕴。北京市将进一步加强文物资源的调查、保护、展示和利用，大力弘扬中华传统文化和爱国主义精神，增进北京市人民的凝聚力、向心力，提升北京文化软实力。

一、北京市普查数据

截至 2016 年 10 月 31 日，北京市在全国可移动文物信息平台登录可移动文物 5014501 件/套，实际数量为 11615758 件。其中，珍贵文物 672109 件/套，实际数量为 801428 件。登录可移动文物信息的收藏单位 326 家。

（一）北京市可移动文物基本情况

1. 类别

表 1　可移动文物类别

可移动文物类别	可移动文物实际数量（件）	实际数量占比（％）
合计	11615758	100.00
玉石器、宝石	124023	1.07
陶器	333108	2.87
瓷器	300963	2.59
铜器	236650	2.04
金银器	22198	0.19
铁器、其他金属器	14410	0.12
漆器	3162	0.03
雕塑、造像	65885	0.57
石器、石刻、砖瓦	45576	0.39
书法、绘画	118164	1.02
文具	22662	0.20
甲骨	6729	0.06
玺印符牌	18046	0.16
钱币	1486511	12.80
牙骨角器	12547	0.11
竹木雕	86690	0.75
家具	6616	0.06
珐琅器	3355	0.03
织绣	380885	3.28
古籍图书	1813063	15.61

可移动文物类别	可移动文物实际数量（件）	实际数量占比（%）
碑帖拓本	75053	0.65
武器	7197	0.06
邮品	817248	7.04
文件、宣传品	444500	3.83
档案文书	2364608	20.36
名人遗物	21691	0.19
玻璃器	7023	0.06
乐器、法器	35111	0.30
皮革	5887	0.05
音像制品	175651	1.51
票据	66014	0.57
交通、运输工具	1830	0.02
度量衡器	1628	0.01
标本、化石	577002	4.97
其他	1914072	16.48

2. 年代

（1）可移动文物年代类型

表2　可移动文物年代类型

可移动文物年代类型	可移动文物实际数量（件）	实际数量占比（%）
合计	11615758	100
地质年代	55141	0.47
考古学年代	19508	0.17
中国历史学年代	7510360	64.66
公历纪年	527814	4.54
其他	891476	7.67
年代不详	2611459	22.48

（2）可移动文物中国历史学年代分布

表3 可移动文物中国历史学年代分布

可移动文物中国历史学年代	可移动文物实际数量（件）	实际数量占比（%）
合计	7510360	100.00
夏	2075	0.03
商	33242	0.44
周	35901	0.48
秦	1739	0.02
汉	236691	3.15
三国	1183	0.02
西晋	934	0.01
东晋十六国	409	0.01
南北朝	13077	0.17
隋	3447	0.05
唐	166066	2.21
五代十国	4679	0.06
宋	602102	8.02
辽	6970	0.09
西夏	467	0.01
金	5419	0.07
元	13925	0.19
明	261817	3.49
清	1770005	23.57
中华民国	2786137	37.10
中华人民共和国	1564075	20.83

3. 级别

表4 可移动文物级别

可移动文物级别	可移动文物实际数量（件）	实际数量占比（%）
合计	11615758	100.00
一级	63977	0.55

续表

可移动文物级别	可移动文物实际数量（件）	实际数量占比（%）
二级	98802	0.85
三级	638649	5.50
一般	799493	6.88
未定级	10014837	86.22

4. 来源

表5　可移动文物来源

可移动文物来源	可移动文物实际数量（件）	实际数量占比（%）
合计	11615758	100.00
征集购买	1592307	13.71
接受捐赠	844472	7.27
依法交换	70547	0.61
拨交	918552	7.91
移交	420270	3.62
旧藏	5782959	49.79
发掘	967002	8.32
采集	543868	4.68
拣选	73253	0.63
其他	402528	3.47

5. 入藏时间

表6　可移动文物入藏时间范围

可移动文物入藏时间范围	可移动文物实际数量（件）	实际数量占比（%）
合计	11615758	100.00
1949年10月1日前	4519511	38.91
1949年10月1日～1965年	1433198	12.34
1966～1976年	311119	2.68
1977～2000年	2172540	18.70
2001年至今	3179390	27.37

6. 完残程度

表7 可移动文物完残程度

可移动文物完残程度	可移动文物实际数量（件）	实际数量占比（%）
合计	11041283	100.00
完整	3113219	28.20
基本完整	7083450	64.15
残缺	824789	7.47
严重残缺（含缺失部件）	19825	0.18

注：根据国家文物局《关于做好馆藏自然类藏品登录工作有关要求的通知》的要求，登录的自然类藏品574475件（组），不填写"完残程度"指标项。

（二）北京市可移动文物分布情况

1. 按收藏单位隶属关系统计可移动文物数量

表8 可移动文物数量分布（按收藏单位隶属关系）

收藏单位隶属关系	可移动文物实际数量（件）	实际数量占比（%）
合计	11615758	100.00
中央属	8527441	73.41
省属	2628019	22.62
地市属	0	0.00
县区属	365381	3.15
乡镇街道属	813	0.01
其他	94104	0.81

2. 按收藏单位性质统计可移动文物数量

表9 可移动文物数量分布（按收藏单位性质）

收藏单位性质	可移动文物实际数量（件）	实际数量占比（%）
合计	11615758	100.00
国家机关	159807	1.38
事业单位	11334974	97.58
国有企业	35807	0.31
人民解放军、武警部队	——	——
其他	85170	0.73

3. 按收藏单位类型统计可移动文物数量

表 10　可移动文物数量分布（按收藏单位类型）

收藏单位类型	可移动文物实际数量（件）	实际数量占比（%）
合计	11615758	100.00
博物馆、纪念馆	7495205	64.53
图书馆	538827	4.64
美术馆	17020	0.15
档案馆	2098456	18.07
其他	1466250	12.62

4. 按收藏单位所属行业统计可移动文物数量

表 11　可移动文物数量分布（按收藏单位所属行业）

行业	可移动文物实际数量（件）	实际数量占比（%）
合计	11615758	100.00
农、林、牧、渔业	23152	0.20
采矿业	0	0.00
制造业	338	0.00
电力、热力、燃气及水生产和供应业	1725	0.01
建筑业	0	0.00
批发和零售业	5	0.00
交通运输、仓储和邮政业	779011	6.71
住宿和餐饮业	3746	0.03
信息传输、软件和信息技术服务业	11463	0.10
金融业	14135	0.12
房地产业	0	0.00
租赁和商务服务业	0	0.00
科学研究和技术服务业	459086	3.95
水利、环境和公共设施管理业	19467	0.17
居民服务、修理和其他服务业	0	0.00
教育	528091	4.55
卫生和社会工作	45540	0.39
文化、体育和娱乐业	7489937	64.48
公共管理、社会保障和社会组织	2240062	19.28
国际组织	0	0.00

二、北京市普查工作组织实施

（一）北京市可移动文物普查的特点

1. 收藏单位情况复杂、组织协调工作难度大

第一次全国可移动文物普查开展对象包括了博物馆、纪念馆、美术馆及行业外国有文物收藏单位，呈现了类别广、层级多、差异大等特点。全部收藏单位中，非文物系统数量252家，占77.3%；文物系统74家，占22.7%。收藏单位的类别、级别多样化、非文物系统单位多，无疑为可移动文物普查工作的组织协调、数据采集、审核和汇总带来一系列困难，需要具备良好的行业业务指导和协调能力，以保证普查工作顺利、平稳开展。

2. 藏品数量众多、类别复杂，需要不同的数据采集方案

本次普查涉及藏品数量庞大，藏品类别复杂，数据采集技术要求高。从博物馆藏品数量看，各博物馆之间差别巨大，从上百万件/套藏品到几十件/套乃至几件/套藏品；从藏品类别看，北京地区博物馆藏品类型多样，包含了历史文物、近现代文物、民族民俗文物、古籍文献、古生物古人类化石和自然标本等多种类型，基本覆盖了博物馆藏品的全部子类别。不同类别的藏品，数据采集的流程、方法都有差异，需要根据不同藏品制定数据采集的方案，使用相应的技术，来保证普查藏品采集工作的开展。

3. 普查任务重，财政投入大，使用效率高

北京地区普查任务重，不仅要有大量专业人员的参与，同时也要有相应的设施、设备、资金和相关管理制度的保障，创新财政工作机制与经费使用方式，提高财政经费使用效率成为北京地区普查工作的一大特点。

北京市普查办在广泛调研、充分论证的基础上，确定以政府购买服务的方式，按照财政资金管理使用要求，通过公开、公平、公正的招标程序，最终确定中国文物信息咨询中心为服务供应商。并在项目的方案论证、立项、资金管理、使用、考核等方面建立了一套科学、严谨、规范、高效的工作机制，市、区两级财政对普查工作累计投入总计7761.3274万元，全面完成北京市普查工作任务，实现了普查工作目标，确保了普查工作的财政资金使用安全。

4. 收藏单位藏品信息化程度差异大，需要有针对性地设置工作环节

根据国家文物局2013年度博物馆年检数据统计，北京市域各博物馆藏品信息化程度差异较大。部分实力较强、信息化程度高的博物馆，在"馆藏文物调查及数据库管理系统建设项目"结束后，持续开展藏品数字化采集工作，如中国国家博物馆、故宫

博物院、首都博物馆等单位，已基本完成本馆全部藏品的文本信息数字化采集（账册）；中国农业博物馆、中国国家博物馆的藏品文本信息数字化采集率超过50%；但北京地区仍有超过2/3的博物馆在其年检报告上"数字化藏品数量"为0。在普查时针对数字化藏品数量为0的收藏单位，数据采集工作环节增多，采集人员需要熟悉藏品信息采集工作规律，具备丰富的藏品信息化工作经验。

5. 科学安排、精准发力、务实高效

按照工作计划要求，在2016年8月31日前，要完成326家北京地区国有文物收藏单位的藏品数据采集工作，任务十分艰巨。北京市普查办要求普查实施项目单位选派业务素质高，并能够针对各博物馆实际情况，科学制定与其相适应的具体工作方案、人员配置和进度计划，集中优势力量，精准发力，确保如期、高质量、高效率圆满完成数据采集任务。

6. 库房条件差别大、多样性，采集工作难度大

收藏单位的库房条件呈现出多样性，采集环境差别大。北京地区内既有像中国国家博物馆、中国科技馆、首都博物馆等大型现代化文物库房，文物采集工作环境较好，但也有在室外、地下室等条件简陋的库房。这些状况客观地增加了数据采集工作开展的难度。

（二）属地管理、分级负责

1. 设立普查领导小组，成立普查机构

（1）北京市普查领导机构建立情况

2012年，北京市成立了北京市第一次全国可移动文物普查领导小组，领导小组组长由北京市副市长担任，成员分别来自市政府办公厅、市委党史研究室、市委宣传部、市委统战部、市发改委、市教委、市民委（市宗教局）、文明办、市编办、市民政局、市财政局、市国土局、市文化局、市国资委、市档案局、市文物局、市统计局、市人民政府研究室、市科协、各区政府、北京地区重点文物收藏单位等。领导小组负责普查的日常组织和具体协调工作。领导小组办公室设在北京市文物局，办公室主任由北京市文物局局长兼任。北京市16个区（东城区、西城区、朝阳区、海淀区、丰台区、石景山区、门头沟区、房山区、通州区、顺义区、大兴区、昌平区、平谷区、怀柔区、密云区、延庆区）和2个特区（十三陵特区和八达岭特区）相继成立普查领导小组。

（2）北京市普查办公室建立情况

2013年北京市各级文物管理部门设立的各级第一次全国可移动文物普查工作领导小组办公室，是各级普查领导小组的具体办事机构。北京市文物局成立北京市普查办，依托北京市文物局机关有关处室职能，并抽调直属有关单位及大专院校的人员，组成普查计划协调组、普查业务指导组、文物认定专家组、普查资金保障组、普查技术支持组、普查工作宣传组，负责北京市各级可移动文物普查工作的组织实施、业务指导、工作督导和协调推进。

（3）其他行业系统普查工作机制建立情况

针对北京市可移动文物普查"三多一难"（中央单位、高校科研机构、文博单位多，管理体系复杂，沟通协调难）特点，北京市文物局和北京市普查办在国家文物局的协调和大力支持下，国家文物局和北京市文物局与中直管理局、国务院机关事务管理局、全国人大机关、全国政协机关进行洽商，建立了北京市普查办与中央机关的联系协作机制，并初步探索出中央国家机关在京单位开展普查的方式：依托中央国家机关现有的管理体系，以资产管理渠道为主，分别负责其系统、行业内可移动文物普查工作，督促、协调系统内各单位开展收藏单位情况调查及文物信息数据报送登录工作。北京市所有参加普查工作的 19 个其他行业系统均建立了普查工作机制。

（4）文物收藏单位普查工作机制建立情况

北京市域内大型国有可移动文物收藏单位对可移动文物普查工作高度重视，按照北京市普查办的要求，建立普查内部工作机制，与北京市普查办建立定期联络会商机制，保证普查工作的开展。

（5）省级普查工作部署会、动员会、推进会情况

北京市普查办按年度工作目标确定各年度工作要点，统领北京市域可移动文物普查工作。在不同的工作阶段和重要环节，通过发通知、召开协调会、工作调度会等方式做好沟通协调工作，2013～2016 年每年组织召开各项工作会议 20 多次，会议在指导贯彻落实普查工作，推进国有收藏单位普查工作按时完成，全面把握普查进度和控制普查质量等方面发挥了重要作用。

北京市普查办针对中直、国管、全国人大、全国政协四大系统分别开展了培训，并对部分中央在京部委分别进行了动员部署。通过组织召开中央在京单位可移动文物普查工作联席会议、组织召开北京市高校博物馆可移动文物普查工作协调会，有效地推进普查工作开展。

（6）省级普查领导小组及普查机构工作模式

北京市、区分别建立两级文物普查领导小组和普查办公室，制定了符合北京市实际的《北京市第一次全国可移动文物普查实施方案》，初步确定了本次可移动文物普查的经费预算，构建了各成员单位合作工作框架，明确了各工作阶段的规划和任务。领导小组的有效工作及各成员单位的全力协作，为普查工作排忧解难，确保了各项普查

任务的推动和完成。北京市普查办具体组织实施北京市国有可移动文物普查工作，编制各阶段工作计划，并最终形成了辖区管理、属地管理的横向体系与中央国家机关按照层级垂直管理的纵向体系相结合的方式。2014年1月，北京市文物局与各区文物主管部门签订了文物普查责任书，从市到区乃至收藏单位，建立健全普查工作制度，实行普查责任制，明确各级可移动文物普查办公室及其相关部门的职责和任务。2014年，在国家文物局的大力支持下，建立北京市普查办与中直管理局、国务院机关事务管理局、全国人大机关、全国政协机关等四大中央机关的联系协作机制。

2. 制定普查实施方案和工作制度

（1）北京市普查机构制订的普查实施方案情况

根据国家文物局的统一要求，结合北京市域的特点，北京市文物局和北京市普查办制定了《北京市第一次全国可移动文物普查工作实施方案》及相关标准规范，对北京市的可移动文物普查工作提出了具体的目标和任务，并对普查总体要求、原则、内容、范围、实施步骤、数据和资料管理、宣传、总结与表彰等进行了具体部署。

（2）各级普查机构及大型收藏单位制定普查相关工作制度

结合北京的实际，北京市各级普查办建立普查管理制度体系，建立了普查督导、沟通协调、信息通报、专家咨询等制度，制定了安全操作规范、文物认定标准以及图书、档案普查标准规范等系列制度。

故宫博物院、中国国家博物馆、中国海关博物馆、农业博物馆及首都博物馆等多个大型重点博物馆都按照北京市普查办的总体要求，根据本馆的实际情况和工作进度要求，制定了普查实施方案和工作制度，为普查工作的开展奠定坚实的基础。

（3）实施情况及效果

北京市普查办按照既定的普查实施方案和工作制度，坚持执行在普查范围上不漏单位、在普查对象上不漏文物的原则，做到合理安排和分配普查各阶段时间及实施步骤，确保各级普查工作完成的时间节点的有机统一和有效衔接，确保文物鉴选和认定、文物信息登录和审核工作的顺利完成，以保证工作有序开展、普查任务顺利完成。各收藏单位和全体普查工作人员按照自身的岗位职责和任务要求，严格执行相关的业务工作标准和规范，取得良好的效果。

3. 落实普查工作经费

（1）北京市各级经费落实和经费使用等相关文件制定情况

为了保证普查工作的顺利开展，按照国家文物局的普查标准，北京市文物局编制了《北京市第一次全国可移动文物普查专项经费使用方案》，报请北京市第一次全国可移动文物普查领导小组办公室批准，北京市财政局将普查所需经费列入相应年度财政预算，安排专项资金，按时足额拨付使用。

（2）北京市2013～2016年市级各年度工作经费及四年工作经费汇总情况

2013年区级财政批复项目经费69.73万元。2014年市级财政批复项目经费2260万元，区级财政批复项目经费434.0013万元；2015年市级财政批复项目经费3349.2万元，区级财政批复项目经费267.9261万元；2016年市级财政批复项目经费1167.7万元，区级财政批复项目经费212.77万元。2013～2016年四年市级财政投入合计6776.9万元，区级财政投入合计984.4274万元，总计7761.3274万元。其中市级财政主要用途是：设备购置378万、人员培训139万、组织会议20万、调查185.9万、认定685万、数据采集4250万、数据审核851万、课题研究120万、成果出版98万、宣传报道50万等。

（3）北京市经费补助情况

北京东城区政府经费投入：60万元。北京西城区政府经费投入：2013年专项经费15万元、2014年专项经费20万元、2015年专项经费13万元、2016年专项经费5.5万元。合计：53.5万元。故宫博物院投入经费925.7669万元。

（4）经费使用情况

普查经费主要用于普查机构工作运行、组织宣传、人员培训、单位调查、文物认定、质量检查控制、信息采集和数据管理等项目。北京市文物局和北京市普查办按照国家财政制度规定，在普查经费的使用中加强管理，加强审计，强调厉行节约，做到专款专用，确保资金使用规范、安全、高效。同时，加强普查设备的登记、使用与管理，防止国有资产流失。

4. 组建普查队伍

北京市共投入3407人。按市、区二个级别统计，市级投入2031人，区县级投入1376人；投入人员按普查办工作组成员、专家组成员、收藏单位人员、志愿者四种类型统计如下：普查办工作组成员341人，专家组成员共186人（非文博系统专家有25人），收藏单位人员1938人，志愿者942人。

为保证普查工作顺利开展，绝对保证工作中人员及文物安全，北京市文物局和北京市普查办组建文物普查工作队伍，实行任务分工机制，落实各环节任务责任制。项目管理人员实行片区管理，数据采集人员按照就近原则和按区域分配原则进行分工，不仅节省了时间和人力，而且节省了项目成本，也提高了数据采集工作的效率。北京市普查办对项目管理人员和技术人员开展相关的专业知识技能培训，实行培训达标上岗，确保各级工作人员普遍掌握普查项目所需的业务知识和操作技能，提高文博系统工作人员的专业技术素质。

（三）调查、认定、采集、登录、审核，分阶段实施

1. 国有可移动文物收藏单位调查阶段

北京市国有可移动文物收藏单位调查从 2014 年 1 月开始，于 2015 年 10 月结束。北京市文物局和北京市普查办制定《国有单位可移动文物收藏情况调查登记表》等文件，向 8728 家北京市中央及市区属国有收藏单位发放了调查表，通过对调查反馈进行统计分析及实地走访、二次调查核对，最终确定 326 家国有单位收藏有文物。

2. 国有可移动文物认定工作阶段

北京市普查办制定了《北京市第一次全国可移动文物普查文物认定工作方案》，制作了《北京市第一次全国可移动文物普查文物认定书》，指导各区成立了文物认定小组，并根据工作实际及时派出专家给予指导，对存有争议的，由市可移动文物普查专家委员会予以最终裁定，确保了认定工作的严谨性、科学性。各级普查办通过各种方式指导所属单位解决实际问题，取得良好成效。

北京市共计开展认定工作 33 次，共组织专家协助文物系统以外单位认定文物684404 件/套，并于 2016 年 8 月 24 日完成文物认定工作。新发现、新认定藏品总数2884873 件/套。其中文博系统内新发现、新认定藏品数 1947767 件/套，非文博系统新发现、新认定藏品数 937106 件/套。

北京市结合认定工作做好以下工作：一是非文博系统的文物认定、鉴定与文博系统的认定、鉴定、定级工作同时开展，同步进行，提升工作效率；二是在鉴定中，专家组在开展文物鉴定工作的同时，指导各区文物普查人员正确填写普查表格，科学、准确的定义文物；三是做好珍贵文物的保护工作。

3. 国有可移动文物信息采集登录阶段

为做好可移动文物信息采集登录工作，市普查成立了"北京市可移动文物普查数据采集项目领导小组"，制定了《北京市第一次全国可移动文物普查可移动文物数据采集工作方案》，与各收藏单位签订《数据采集服务协议》，明确普查任务、工期及投入。数据采集登录流程由数据采集、现场审核、数据处理、数据导入校验、数据转换入库等 5 个环节组成。

截至 2016 年 8 月 31 日，北京市登录可移动文物 11615758 件，全面完成本次普查工作任务，实现普查工作目标。

4. 国有可移动文物信息审核阶段

北京市普查办依据国家文物局《第一次全国可移动文物普查数据质量评定标准》，结合北京的实际情况，编写《北京市第一次全国可移动文物普查数据审核质量评定标

准》。组织有关专家和审核员，对数据开展审核工作。

北京市可移动文物普查数据审核采用"分级审核、审核与数据验收相结合、集中审核、专家点评"的工作模式开展工作。审核时间自 2015 年 2 月到 2016 年 11 月。工作目标是登录平台数据达到国家规定的误差率小于 0.5%。

在国家文物局和北京市文物局的有力领导和支持下，在各文物收藏单位的积极配合下，165 位审核专家，80 多个数据审核组、156 名工作人员，经过 300 个工作日，顺利完成数据审核工作。

（四）宣传动员

北京市文物局制定宣传方案并组织实施。宣传工作按照"宣传对象多层次，宣传形式多样化"的思路，北京市文物局和北京市普查办积极开展广泛的宣传工作。一是利用 2016 年"5·18 国际博物馆日"进行集中统一宣传，北京市普查办依托北京市政府网站"首都之窗"和北京市文物局"北京文博"开通了普查专题，利用北京地区媒体资源优势开展阶段性宣传。二是建立普查员 QQ 群、微信群，及时发布工作动态。三是制作专题宣传片，组织制作了宣传片《典守文物　传承文明——北京市第一次全国可移动文物普查侧记》和《细数家珍　共享珍宝——北京市第一次可移动文物普查成果掠影》，在展览活动中播放，对馆藏精品和北京市第一次可移动文物普查进行广泛宣传。四是编发普查工作简报，在报刊等媒体上发表深度报道 100 多篇、专访 100 多篇宣传普查工作。五是采用新闻深度报道、专访、公益广告、手机自媒体信息发布等多种形式拓宽宣传方式，使普查工作深入人心，形成全民关注和参与的局面。六是出版《文物背后的故事》。七是举办"北京市第一次全国可移动文物普查阶段性成果展"巡展，提升社会公众的认知度和普查的社会影响力。八是普查队员行使普查职责的同时又是一名宣传员，每到一处都向普查单位发放文物普查宣传资料，宣传文物保护法律法规。

（五）质量控制

1. 普查工作中全流程的质量控制

北京市文物局和北京市普查办按照"属地管理、分级负责、统一标准、分类填报、规范登记、严格把关"的原则，开展普查进度管理和质量控制工作，以登录平台数据达到误差率小于 0.5% 为工作目标，细化各阶段工作目标，动态确定考核内容，着重加强普查各环节的检查、总结和评估，贯穿普查工作全部过程，实行全流程质量控制，包括普查组织、国有单位文物收藏情况调查、文物认定、信息采集登录报送、数据整合、汇总等环节。

2. 各级普查机构印发的相关文件

北京市文物局和北京市各级普查办依据《第一次全国可移动文物普查数据质量评定标准》，制定了《北京市第一次全国可移动文物普查数据质量评定标准》和《北京市第一次全国可移动文物普查数据质量评定工作流程》。此外，及时转发国家文物局相关文件，对普查工作开展中遇到的重点难点问题，及时沟通，及时印发文件进行通报、通知或信函，推进相关工作。

3. 审核工作试点情况

2016 年 8 月 5～7 日，北京市文物局根据北京市可移动文物普查数据登录和审核工作情况，在北京市怀柔组织召开"北京市域可移动文物普查数据验收试点专题会"，市文物局普查办、16 个区普查办、局直属 20 家单位、中国文物信息咨询中心等单位负责人及工作人员共 110 余人参加会议，5 位特邀专家列席会议。

4. 人员培训

北京市文物局和北京市普查办负责北京市第一次可移动文物普查培训工作，组织各区普查办、文物收藏单位工作人员和文物调查、数据采集、数据审核、数据处理相关工作人员参加培训，掌握提高业务技能。共培训 108 期，培训普查总人次约 11580 人。

5. 督察

北京市文物局和北京市普查办按照第一次全国可移动文物普查办公室制定《第一次全国可移动文物普查进度管理和质量控制评估表》，指导组织各级普查办、收藏单位、数据采集服务商对照开展质量督察工作。根据在全国可移动文物信息登录平台的注册情况和文物信息采集与数据报送工作进展情况，开展督察工作。

2014 年共督察 16 次；2015 年共督察 39 次；2016 年共督察 28 次。通过质量督察，文物调查与文物认定工作按时按质完成，文物信息的采集、登录工作和数据审核工作开展顺利，实现登录平台数据差错率控制在 0.5% 以内，达到普查质量控制的要求。

6. 验收

为保证北京市可移动文物普查数据的真实、准确和规范，北京市文物局和北京市普查办，根据国家文物局验收工作要求，制定了《北京市第一次全国可移动文物普查验收标准》，对各区和各收藏单位的普查数据质量、普查数据登录总数、普查数据登录进度、普查组织实施等情况进行综合考评验收。验收工作流程为收藏单位审查自验、区普查办审查验收、北京市普查办审查抽验等三个流程。

2016 年 9 月 25 日，北京市（省级）验收工作分三个验收组同时进行。验收组对北京市各区全部藏品数据进行了验收，并按比例抽验了部分收藏单位，此次验收主要审查各区及各收藏单位的组织管理、普查覆盖率、数据质量、三级以上珍贵文物核查等4部分41小项的普查工作情况。验收组深入基层，听取了区普查办负责人对普查整体工作情况的汇报，检查了各项普查资料，核查了部分珍贵文物藏品，核对了文物藏品总账，确保普查数据的准确性。北京市于2016年11月完成所有采集登录的文物数据的验收工作。

7. 人员安全、文物安全、数据安全管理等情况

可移动文物普查安全风险主要包括三类：一是文物藏品安全风险，二是普查数据安全风险，三是团队人员安全风险。针对上述安全风险，一是通过科学的组织机构建设，有效控制了组织风险；二是通过设计、制定科学合理的工作程序、健全完善的规章制度和切实有效的监督机制，为确保文物藏品和普查数据安全，建立了制度保障；三是通过对参与本项目的工作人员进行全面、深入、系统的法律法规、安全观念、保密意识和职业道德教育，以及操作规程和专业技能培训，使其具备相应的素质和能力，为文物藏品和普查数据安全提供了保障。普查期间未发生人员、藏品及数据安全问题。

（六）普查工作总结情况

1. 建立普查档案

北京市文物局和北京市普查办按照2012年国家文物局颁布《国有可移动文物普查建档备案工作规范（试行）》，建立北京市第一次全国可移动文物普查档案。市普查办在普查实施过程中组织专门力量，按照边普查、边收集、边整理的技术路线，对普查工作中形成的具有保存价值的档案材料，进行了专题收集整理，形成《北京市第一次全国可移动文物普查卷宗》。

2. 普查专题研究

北京市可移动文物数量繁多，涉及数百个国有单位，保管情况十分复杂，既有集中保管的文博机构，也有零散收藏的其他单位。针对这一现状，北京市普查办联合中国文物信息咨询中心等单位的专业技术力量，按照"文化与科技融合"的思路，紧密结合普查实践需要，先后组织开展了"可移动文物登录制度研究""社科院考古类出土文物资料信息管理系统开发""北京市可移动文物普查审核软件"，以及普查宣传出版物《文物背后的故事》等多项专题研究。其中"社科院考古类出土文物资料信息管理系统"已完成系统的基本处理流程、组织结构、模块划分、功能分配等概要设计，开始详细设计；"北京市可移动文物普查审核软件"等已在数据审核阶段成功应用，取得良好的应用效果。

3. 普查表彰情况

第一次全国可移动文物普查是近年来北京市文化事业发展的大事，受到全社会的关注，历时 4 年多的普查工作，在北京市委、市政府的支持领导下、市普查办的精心组织下，得到各相关部门的积极协作和广大被普查单位密切配合，各级普查机构和广大普查队员不畏辛苦、克服困难，投身普查一线，涌现出许多感人事迹。为表彰先进，树立典型，促进北京市普查工作再上新台阶，北京市文物局召开"北京市第一次全国可移动文物普查工作总结表彰大会"，对在普查工作中表现突出单位及个人进行表彰，相关事宜已经与北京市人社局等有关部门进行沟通。

三、北京市普查工作成果

（一）北京普查特色成果

1. 认真落实习近平总书记加强文物保护指示指示，提升"文化自信"

北京市政府高度重视，北京市文物局和北京市普查办严格执行各项规定，将可移动文物普查工作作为增强文化软实力，提升"文化自信"，建设文化强国的战略层面来认识，精心组织和实施普查工作。通过文物普查，历史名城北京彰显"文化自信"底蕴，为北京的建设发展奠定了坚实的基础。

2. 国家文物局高度重视，重点收藏单位全力投入

国家文物局高度重视北京市可移动文物普查工作的开展，多次对普查工作给予大力支持，2016 年 2 月 29 日，国家文物局局领导来到故宫博物院，调研故宫博物院第一次全国可移动文物普查情况，对北京市可移动文物普查工作给予指导和肯定。在国家文物局的支持下，北京市文物局多次与全国人大常委会办公厅、国家机关事务管理局、全国政协办公厅、国家档案局沟通协调普查工作。

故宫博物院作为全国收藏文物藏品最为丰富的综合性博物馆，一直高度重视藏品的清理工作，对可移动文物普查工作更是积极响应。故宫博物院成立了专项领导小组，统筹安排普查工作。故宫博物院院长亲自挂帅，文物管理处和资料信息中心具体落实普查工作。故宫博物院在普查期间同步开展文物清理工作，通过此次清理，使得收藏在故宫博物院的文物更加有尊严，也会为社会公众的鉴赏和利用提供更多的便利条件。

中国国家博物馆作为全国博物馆行业的排头兵，在可移动文物普查工作中，充分发挥示范引领作用，制定了可移动文物普查工作方案和工作制度。由于馆藏文物数量巨大、类别多样，且质地、年代等也各不相同，为保障文物安全，中国国家博物馆建

立了严密的安全制度和保密制度，要求普查人员严格遵守操作规范，具体操作环节以文物安全为先，不得擅自对外透露库房内的一切情况、细节。非库房保管员禁止触碰文物，非经允许，禁止私自徘徊于文物柜架等。为了确保普查工作能够按时有效地完成，制定了严格的考勤制度。制度明确规定了每天普查工作的具体时间，在有限的时间内确保工作的效率和进度。

3. 普查数据全国第一，文化中心地位名副其实

我国是享誉世界的文明古国，创造了光辉璀璨的中华文明，北京市域遗留下灿若繁星的文化遗产，数量占全国1/5。

截至2016年10月31日，登录国有可移动文物收藏量为11615758件；新发现、新认定收藏单位数量222家，新发现、新认定藏品总数2884873件/套，文博系统内新发现、新认定藏品数1947767件/套，非文博系统新发现、新认定藏品数937106件/套。数据采集数、平台登录数、珍贵文物数、新认定藏品数均位列全国第一，北京的"文化中心"地位根基扎实、名副其实。

4. "双新"（新发现、新认定收藏单位和文物）工作成效显著

在此次文物普查过程中，北京市新发现、新认定收藏单位数量222家（央属92家、市属33家、区属97家），新发现、新认定藏品总数2884873件/套，更重要的是普查新发现许多十分重要的文物。故宫博物院发现院藏殷墟甲骨22463件，成为仅次于国家图书馆和台湾历史语言研究所之外的世界第三大甲骨文物收藏机构。圆明园含经堂出土珍贵文物"地天母"铜像。乾隆二十二年至四十七年（1757～1782），乾隆帝先后在紫禁城和北京、承德的皇家园林中建有八座六品佛楼。梵香楼是其中之一。圆明园含经堂出土的"地天母"铜像是梵香楼七百余尊佛像中唯一幸存的一件，殊为珍贵。此次文物普查已经这件珍贵文物信息收录普查平台。中国华侨历史博物馆发现的救国公债及印花税票是特殊历史时期的产物，见证了南洋华侨不畏困难和阻挠，支援祖国抗战的历史。本次普查中还普发现马王堆汉墓出土的药材、昆虫分别收藏于中国中医科学院中药研究所和国家动物馆。新发现34件《兰亭序》拓本。这些拓本分布在中国国家博物馆、首都博物馆、北京市文物局图书资料中心及北京艺术博物馆，其中北京艺术博物馆所藏为宋代拓本，十分珍贵。

5. 做好普查试点工作，提出普查实施方案

在国家文物局和北京市文物局的大力支持和帮助下，朝阳区积极做好普查试点工作组织方式、技术路线、工作机制等的探索，为开展全国范围的国有可移动文物普查积累经验。

根据朝阳区普查试点工作的经验，北京市文物局向国家文物局提出：1. 建议普查

以县域为基本单元；2. 建议以博物馆为普查重点。以上两项技术路线的建议均被采纳。

6. 采用政府购买数据采集服务，提高财政资金使用效率

为及时有效推进普查工作，北京市采取政府购买社会服务的方式，经过公开、公平、公正的招投标方式，选取信息数据采集专业服务商开展数据采集工作，2014～2016年通过三次公开招标的方式，确定中国文物信息咨询中心协助各收藏单位开展普查数据采集、登录和审核工作。充分发挥了社会资源的有效利用，提高了财政资金的使用效率，更好地满足了普查工作的需求，极大地提升了可移动文物普查的工作效率，顺利有序地完成了普查规定的各项任务。

7. 建立工作协调机制，做好服务中央在京机关工作

中央在京单位多，部门、行业隶属关系复杂，开展普查工作难度大，是北京市此次可移动文物普查的一大特点，更是难点所在。为了很好地协调好、服务好中央在京单位，北京市普查办从建立协作机制入手，依托中共中央、国务院、人大、政协四大系统国家机关现有的管理体系，以资产管理渠道为主，分别负责其系统、行业内可移动文物普查工作，督促、协调系统内各单位开展收藏单位情况调查及文物信息数据报送登录工作，北京市普查办全程跟踪提供服务和专业力量保障。有效的联络机制，保证了此次普查工作的顺利开展。

8. 注重宣传工作，提升文物保护观念

为了给普查工作营造一个良好的工作氛围，提高社会公众认识度，北京市在普查过程中采取了多种方式进行宣传动员。其中包括：利用网络媒体进行宣传、拍摄《典守文物　传承文明》宣传片、开展"可移动文物普查阶段性成果展"巡展和编制《2016年北京市第一次全国可移动文物普查手册》、出版《文物背后的故事》等成果。

9. 开展技术创新，提高工作效率

为保证项目顺利开展，根据对普查项目的认知，结合普查项目的特点，按照工作流程在数据采集、处理、审核不同阶段开发相应的工具软件，提高工作效率。如：图片整理压缩专用工具软件、电脑相机拍摄一体化软件工具软件和数据审核专用工具软件。这些工具软件在项目中得到验证和广泛使用。

为实现项目的系统化、精细化管理，研发部署了可移动文物普查项目管理系统，普查过程各环节的信息如与收藏单位联络沟通情况、设备配置、人员安排及出勤情况、采集数据等，全部及时录入到系统中，便于掌控项目进度。

10. 抓重点、摸难点，条块结合、分层推进

针对北京地区国有文物收藏单位隶属关系复杂，类别多，层级多，差异大，组织协调难度大的特点。北京市以北京地区文物收藏数量多的各大国有博物馆为重点，以

中央在京单位为龙头，采取抓重点、带中间，以龙头促难点，条块结合、分层推进等多种有效措施积极促进普查工作按计划推进。对文物数量较少的市属和区属收藏单位，指导帮助其完成文物普查工作，有效保证了北京市普查工作的整体推进。

11. 技术过硬作风顽强，攻克各种采集难题

针对不同文物收藏单位的特点和要求，及时调整工作模式，攻克采集过程中的各种难题。根据藏品的特性，设计有效的数据采集工作流程，以完成数据采集工作。

中国科学院法学研究所馆藏文书涉及日文、俄文、英文等多类语言，在录入过程中除录入本次文物普查所需的基础数据外，还同时录入馆方需求的其他信息，以用于馆方以后的电子信息管理，因此录入信息量较大，原有普查人员不具备同时掌握多语言的能力，为确保工作的顺利开展，普查组从外国语学院和翻译公司分别寻找精通日文、俄文等不同类别语言的普查人员入场，为确保数据的质量，从馆方协调 2 名精通多种语言的人，每日对当日的数据进行抽审，约抽审当日数据总量的 10%，当日发现的问题当日解决，大大提高了上报数据的质量。

12. 严格审核机制，确保数据质量

为保证可移动文物普查数据的真实、准确和规范，普查实行了严格的质量控制和审核机制。审核工作贯穿于普查全过程。实行"收藏单位自查、专家审核、区普查办审核、市普查办终审、国家普查工作机构抽审和验收"的"五审一验"工作流程，有效地保证了普查数据的质量。

13. 坚持"安全第一"的原则，做到文物、数据、人员的绝对安全

在可移动文物普查数据采集工作阶段可能面临的安全风险主要包括三种：一是文物藏品安全风险，二是普查数据安全风险、三是工作人员的身体安全。针对上述安全风险，北京市可移动文物普查工作坚持"安全第一"的原则，始终把安全工作放在首位。为此，北京市文物局、北京市普查办制定科学合理的工作程序、健全完善的规章制度和切实有效的监督机制，为文物藏品和普查数据安全，确立制度保障；对参与本项目的工作人员，进行全面、深入、系统的法律法规、安全观念、保密意识和职业道德教育，以及操作规程和专业技能培训，使其具备相应的素质和能力，为文物藏品和普查数据安全，建立人员保障。

14. 协助收藏单位提升文物管理水平

在普查工作的同时，北京市文物局还为收藏单位开展藏品编目、库房清理、为动物标本加注防腐液、藏品搬运、编制内部规章制度、提供业务培训等其他工作，协助收藏单位提升文物管理水平。北京奥运博物馆将文物普查和库房管理相结合，从 2015年 11 月 1 日到 2016 年 1 月 12 日，对库房文物进行下架、清洁、清点、整理装箱、上

架等整理工作，在规定的时间完成了库房 14 万多件藏品的整理。

15. 落实让文物活起来，率先向社会公布部分普查信息

北京市积极落实习近平总书记"让文物活起来"系列讲话精神，北京市文物局和广大文物工作者深在坚持科学有效保护的前提下，积极推进文物合理利用，充分发挥文物价值。首都博物馆于 2016 年 6 月 11 日的"中国文化遗产日"，正式向社会公开文物普查信息，即首都博物馆"可移动文物普查成果展示"平台上线，展示了从商代到民国时期的文物藏品共计 10022 件/套，包括金器、玉器、瓷器、铜器、银器、文具、印章、钱币、佛像、玉杂、绘画、契约等 12 类，其中不乏特色精品。

16. 推进行业普查工作开展

依托国家体育总局的支持，中国体育大学、中国体育博物馆、国家体育总局武术研究院、国家体育总局训练局等单位顺利完成可移动文物普查工作。

（二）掌握北京市可移动文物资源情况及价值

1. 摸清数量及分布

北京市可移动文物资源的分布地域主要在东城区、西城区、朝阳区和海淀区。其中，东城区登录 4662606 件，约占登录总数的 40.14%；西城区登录 3902372 件，约占已登录总数的 33.60%；朝阳区登录 1974384 件，约占登录总数的 17%；海淀区登录 712388 件，约占登录总数的 6.13%。

2. 掌握保存状况

通过本次普查，北京市可移动文物收藏单位在文物保护条件、保存环境方面，按优劣大约可以分为三个等级：优良、一般、较差。优良是指能够按照现有《博物馆藏品管理办法》对文物或藏品进行了科学管理、科学保护、整理研究，能够做到公开展出和提供使用，其保管工作做到了制度健全、账目清楚、鉴定确切、编目详明、保管妥善、查用方便等要求。

（1）保存状况较好的

在普查中，我们发现 326 家普查单位中，博物馆、纪念馆、美术馆、图书馆和档案馆共有 126 家，占全部普查单位的 38.65%。这 126 家文物收藏单位的可移动文物保护条件、保存环境基本优良。目前，已经登录的文物中，87.38% 保存在以上单位中。

（2）保存状况一般的

占全部普查单位 61.35% 的另外 200 家收藏单位中，大部分也比较注重文物的保存条件和环境，但还没有达到优良的水平。小部分收藏单位，由于改制或其他原因，一些文物藏品被遗忘或束之高阁，保存条件堪忧。

3. 掌握使用管理情况

（1）利用普查成果，综合分析

在文物保存条件和环境较好收藏单位中，博物馆、纪念馆、图书馆、美术馆、档案馆的管理和使用情况较理想，这部分占到 86%。但也存在大部分藏品积压，缺乏研究和使用的情况。另外保存状况一般或较差的可移动文物，分散在其他 200 家收藏单位中。这些文物在普查前，多作为固定资产管理。普查被确认为文物的，北京市文物局已按照文物类别为收藏单位制定保管方案。

（2）北京市可移动文物使用管理情况

北京市文物局、各区文物管理部门和各收藏单位均制定了可移动文物使用管理规章，规范管理。北京市收藏单位非常重视可移动文物使用，定期组织陈列、展览、研究、出版、修复、装裱、观摩、借展、外出鉴定等工作。2014 年至今，每年均举办陈列展览近千个，接待观众上千万人次，涌现出一大批策划精心、办展精良、服务精细、深受群众喜爱的精品展览，博物馆及其陈列展览日益成为社会文化生活中不可或缺的内容，在提升文化自信、凝聚民族精神、普及科学知识、弘扬优秀文化、发展文化产业等方面发挥了重要作用。各收藏单位基本都有馆内举办展览的条件，每年均开展馆外交流展览活动。出国展览遵守国家文物局的规定，没有发生违规行为。

（3）第一次全国可移动文物普查对北京市文物工作的意义

北京市开展第一次全国可移动文物普查，基本摸清本区域可移动文物家底，首先是文物登记备案和安全监管得到有效加强，全面落实《文物保护法》关于加强文物领域国有资产管理，保障国有文物安全的要求。二是全面加强文物基础工作，建立藏品管理的标准体系的需要。藏品建档和标准体系建设一直是可移动文物保管的薄弱环节。三是加强文物资源整合利用，实行统一管理的重要举措。四是实现可移动文物管理模式转变，促进从粗放型管理向精细化管理发展的手段。

（三）健全文物保护管理体系

1. 完善文物档案

（1）北京市新建/重建藏品账目及档案的收藏单位数量及工作情况

2016 年 8 月 31 日，北京市完成了全国第一次可移动文物普查工作。确认有可移动文物的收藏单位共计 326 家。其中文博系统单位 74 家，非文博系统单位 252 家。北京市域内 326 家收藏单位中新建/重建藏品账目及档案的数量有 154 家，新建/重建藏品账目及档案 4193704 件/套。普查中解决了文保所账目的一些历史遗留问题，对北京市文物保护管理等基础工作起了较大推动作用。

（2）系统内主要大型收藏单位完成清库建档工作和账目核对工作情况

首都博物馆通过可移动文物普查完成了清库建档工作和账目核对工作。至 2016 年 8 月，首都博物馆完成了馆藏 18 万件/套文物（除钱币文物外）的完整信息全部核对、登录上传工作。

（3）普查中解决的相关问题

结合普查登记，建立和完善可移动文物藏品档案体系，完成重点博物馆清库建档和账目核对工作，是此次普查的重要内容。对此，北京市普查办做了专门部署，普查实施过程中，组织专业力量，参照文物行业关于藏品档案的相关标准，按照边普查、边收集、边归档的工作原则，实施开展普查登记文物藏品建档工作；市属重点文博单位均完成清库建档和账目核对工作。

截至 2016 年 8 月 31 日，完成列入普查范围 326 家文物收藏单位收藏保管的 11615758 件可移动文物的登记建档（包括：纸质档案和电子档案）；按照要求全部完成首都博物馆等 20 余家市属重点文博单位的清库建档和账目核对工作。

健全和完善可移动文物藏品档案，对确认文物藏品的归属，维护其法律地位，依法监督、管理，均具有重要意义。

（4）对北京市文物保护管理等基础工作的推动作用

北京市延庆区在此次普查工作涉及的收藏单位除一家幼儿园外，均为文博单位，普查文物以库藏文物为主。以延庆文物所为例，此次普查工作中对所藏文物进行了梳理，均建立台账和文物档案数据库。类似延庆文物所这类情况的一些文物收藏单位，还有一些非文博系统的收藏单位，都在这次普查工作中加强了文物账目和档案、信息工作，使文物保管档案更加完整清晰。

2. 完善制度和规范

（1）北京市完善可移动文物调查、认定、登记、管理及利用制度

参加普查工作的 326 家收藏单位，对可移动文物调查、认定、登记、管理及利用制度进行了完善。

（2）北京市建立专门藏品管理机制的单位数量及情况

文博系统内大型收藏单位如故宫博物院、中国国家博物馆、首都博物馆及北京市文物局直属各博物馆等多家收藏单位均建立专门的藏品管理制度。非文博系统收藏单位如中国海关博物馆等多家收藏单位均建立了专门的藏品内部管理制度。

（3）普查中解决的相关问题

普查中发现部分收藏单位库房条件有限，文物保管情况不容乐观。北京市各区文物局给予了重视，并拨专款用于改善库房条件，部分单位配置了多套文物架、文物柜，

极大改善了文物保管环境。可移动文物普查，使文物保护管理等基础性工作得到了有效加强与改进。

3. 明确保护需求

（1）明确文物总体保护需求

博物馆、纪念馆、国家机关、大型企事业单位等收藏的文物保存状态比较安全、稳定，文物保存状态总体较好。但近年来空气及水污染对文物造成的损害增大，特别是对壁画、石刻、木质、纸质、金属类文物的影响日益明显。研究表明，"氮氧化物可形成酸性物质，产生臭氧，也可能催化二氧化硫的转化，从而引起纸质文物的酸化，加快染料褪色，加速纸张、纺织品等有机质文物的老化，加速石质文物的风化，金属质地文物的腐蚀也会加速"。需要加强文物保存环境的专项课题研究，强化对文物的预防性保护。

（2）明确不同类型文物保护需求

文物级别：已登录的文物中，一级文物 63977 件，占总文物数比例的 0.55%；二级文物 98802 件，占比约 0.85%；三级 638649 件，占比约 5.5%；一般文物 799493 件，占比约 6.88%；未定级 10014837 件占比约 86.22%。可见，尚未未定级文物数量占的比例比较大。在北京区域内已登录的数据中，恭王府，钓鱼台、全国政协、天坛、北京艺术博物馆、徐悲鸿纪念馆、北京文物局图书资料中心以及部分行业博物馆等收藏单位都有数量不等的未定级藏品，其中包含一些比较珍贵或重要的文物藏品。

文物分类：文物类别中纸质文物所占比重最大。其中，古籍图书类 1813063 件，占总数比例的 15.61%；文件宣传品 444500 件，占 3.83%；档案文书 2364608 件，占 20.36%；书法、绘画 118164 件，占 1.02%；邮品 817248 件，占 7.04%；票据 66014 件，占 0.57%；碑帖拓本 75053 件，占 0.65%。合计占总数的 49.06%。纸质文物对温度、湿度、防火、防虫、防折损都有一定要求，目前北京地区的部分收藏单位的保存环境还未完全达标。由于条件有限，部分纸质文物尚未托裱，折叠存放在相对简陋的库房中，其保管条件应当改善。

文物完残程度：已登录文物中，保存状态完整的有 3113219 件，占 28.20%，基本完整 7083450 件，占 64.15%；残缺为 824789 件，占 7.47%；严重残缺（包括缺失部件）为 19825 件，占 0.18%。

（3）明确各类收藏单位保护需求

不同类型的文物有不同的保护需求。针对文物保存现状，已定级的文物因为价值较高需单独存放，急需购置盛放文物的囊匣和带保险的专门橱柜等。

不同类别的文物所需环境条件不同，要分类别单独存放，单独管理，所以要求增设库房面积以达到分类保存、分类管理的目的。

不同年代的文物也有不同的保存管理要求，年代久的必然保存状况较差，需修复的就多，这就要求增加修复经费，培训专业修复人员，以便对文物进行及时、高标准的修复，要求我们必须加强文物修复工作，还原文物真实的本来面目。

（4）今后保护工作的重点

今后保护工作的重点是加强对可移动文物进行安全管理、新技术管理、专业管理、人才培训。

4. 扩大保护范围

（1）普查中非文博系统收藏单位实现藏品规范化管理

北京市本次普查中新备案的收藏单位数量是 222 家。中国海关博物馆于 2014 年建立了 1000 平方米的文物库房，中国海关博物馆高度重视藏品规范化管理，对加强文物藏品的规范管理进行了认真研究，确定藏品规范化管理范围是藏品登记、藏品分类、藏品编目、藏品库房管理、藏品的注销和统计、藏品管理规章制度的执行等，藏品规范化管理目标是做到"制度健全、账目清楚、鉴定确切、编目详明、保管妥善、查用方便"。

（2）普查拓展文物资源领域

普查通过全面掌握、统计分析和评价我国文物资源情况及价值，建立体系完整、内容全面的国家文物数据系统。北京市通过第一次可移动文物普查，掌握北京市域文物分布及保存总体情况，拓展文物资源领域，为进一步做好文物保护工作，加强文物保护措施和力度提供全面政策依据，并可探索建立覆盖北京市域所有系统的文物保护体。

（3）下一步保护措施及规划

通过普查，明确了北京市域文物总体保护需求。从改善文物保存环境方面，针对市属收藏单位（如北京市文物研究所和北京市图书资料中心）存在库房紧张的问题，北京市文物局计划在城市副中心筹建北京市文物中心库房和北京市副中心博物馆，还将改扩建一些中小博物馆，并已分别纳入市、区"十三五"发展规划中。

（4）普查后续保护工作

北京市文物局结合第一次可移动文物普查成果，为加强局属博物馆文物藏品管理，规范局属博物馆藏品档案建设，提升局属博物馆文物管理水平和能力建设，计划于 2017 年对局属博物馆未定级文物进行重新鉴定与统一定级。同时，计划于 2017 年开展对北京地区国有可移动文物收藏单位管理制度建设的调研，以期形成局属单位可移动文物管理制度。

中央四大系统积极开展文物后续保护工作。普查工作结束后，全国政协办公厅将严格按照《文物保护法》和相关文物管理办法的要求，在国家文物主管部门的指导下，对所有经普查认定的文物进行制度化、规范化的保护和管理，确保文物类国有资产的安全，同时按照国家文物主管部门的统一要求，做好相关文物的信息公开和数据共享工作。

（四）有效发挥文物在北京市经济社会发展中的重要作用

1. 强化成果转换，服务经济社会

北京市将按照中央要求，以及北京市工作部署，全面贯彻落实国务院《关于加强文物保护工作的意见》及"2016 年度全国可移动文物普查各省普查办主任会议"精神，加强普查成果的转化利用；在全国可移动文物登录网逐步公布可移动文物信息，向社会提供公共文化服务。逐步公开符合公开条件的一般文物信息，定期公布文物资源总体情况，发挥已登录数据在满足公众需求，开展文博创意产业、智慧博物馆项目、博物馆展陈、学术研究等方面的作用；加强对已登录收藏单位的指导、支持和服务，建立藏品管理制度；同时加大对已登录文物的保护力度；制定非文博类国有可移动文物收藏单位文物管理办法；根据普查数据情况，启动普查新发现文物保护修复计划，特别是对历史、艺术、科学价值突出和亟待修复的藏品，开展抢救性保护工作；通过整合可移动文物资源，举办展览等文化活动，不断丰富公众的文化生活；充分发挥文物资源在北京市经济、文化和社会发展总体布局中的积极作用。

2. 普查成果资源开发和利用

（1）建立北京市可移动文物登录制度

通过可移动文物普查，北京市已初步形成文物登录平台，为文物登录制度的形成奠定了坚实的基础，北京市文物局将依托可移动文物普查工作成果和联络协调工作机制，健全北京市文物登录制度，继续为文物登录和动态管理提供服务和保障，并逐步扩展到不可移动文物登录，逐步向非国有收藏单位开放登录平台，扩大文物登录覆盖面，全面提升文物保护的能力。

（2）推进博物馆信息化平台的建设

在博物馆信息化平台建设的整体布局中，博物馆信息资源的数字化是最核心的基础性工作，包括藏品信息、文物照片、视频等，在此基础上再拓展到博物馆传播体系的信息化，包括网站、出版、展览、微博、微信等。

（3）推进文物数字资源公共服务的建设

充分运用普查形成的文物数字资源，将为建设北京市数字博物馆在线服务平

台，帮助博物馆实现数字化信息化建设，形成北京市文物资源大数据打下坚实基础。同时，积极探索全面实现与第一次全国可移动文物普查数据无缝对接，实现普查成果的有效利用和良性循环，促进文物数字资源公共服务的建设奠定良好的基础。

（4）推动文化创意产品开发

北京市文物局将积极落实国家文物局的指示，充分利用普查成果，推动文化创意产品开发，已报经国家文物局审核。公布了北京市第一批文博系统文创试点单位22家，倡导博物馆贯彻文化部、国家文物局文件精神，积极探索鼓励扶持文博单位和各类市场主体，开发更多弘扬优秀传统文化的产品和服务，满足民众多元化需求，促进文化消费、提升文化消费品质。

建 议

1. 对北京市可移动文物调查工作的建议

建议在总结第一次全国可移动文物普查工作的基础上，由国家文物局等行业主管部门尽快研究细化可移动文物管理规范与监管制度，保持文物资源的动态管理的准确性、科学化、规范化。

2. 对北京市可移动文物认定工作的建议

对于未定级的文物作进一步的鉴定，应尽快制订相应的工作计划，尽快开展藏品鉴定、定级工作，认定珍贵文物和一般文物，以便进行分类有效管理，同时，应对国有文物收藏单位开展文物认定知识普及培训工作。

3. 对北京市可移动文物管理工作的建议

建议收藏单位安装藏品管理软件系统，促进可移动文物管理进一步专业化、规范化、科学化，对非国有文物收藏单位保管人员进行业务培训，加强可移动文物保护管理监督检查的制度建设。

4. 对北京市可移动文物利用的建议

对可移动文物要在保护、研究的基础上，倡导文物的合理利用，对具备公开的信息应尽量公开，定期举办文物展览或举办文物图片展览，运用信息化手段，提供网上展览展示，积极践行"互联网＋中华文明"行动。

5. 对北京市基层行业人才培养工作的建议

对基层文博行业要加强业务培训，提高基层工作人员综合素质和专业能力，制订人才培养计划，切实培养出一批业务精深的可移动文物收藏单位专业人员队伍。创造各种条件拴心留人，既要政策留人、事业留人、感情留人，也要待遇留人。

6. 对开展可移动文物登录工作的建议

要完善可移动文物登录网建设，加强系统维护和使用功能提升，为已登录的文物信息开展检索、查询提供方便，增加打印功能，以便更好地为文物研究、保护、利用工作服务。

天津市
第一次全国可移动文物普查工作报告

为提高我国文化遗产保护管理水平，促进社会主义文化大发展大繁荣，建设社会主义文化强国，国务院决定从2012年至2016年开展第一次全国可移动文物普查。根据《天津市人民政府办公厅关于我市开展第一次全国可移动文物普查的通知》部署，天津市第一次全国可移动文物普查自2013年6月开始，到2016年12月结束。普查的标准时点是2013年12月31日。普查分为工作准备、普查实施和验收汇总三个阶段。第一阶段，2013年6~9月，主要任务是制定普查实施方案，学习国家发布的规范和标准，组织培训。第二阶段，2013年10月~2015年12月，主要任务是以区县[1]为基础，开展文物普查认定和信息数据登录。第三阶段，2016年1~12月，主要任务是进行普查数据、资料的整理、汇总，数据库建设和公布普查成果。通过本次普查工作，在天津市行政区域内实现摸清家底、建立登录制度、服务社会的三大目标。

我国是历史悠久的文明古国，可移动文物是中华民族历史文化和民族精神的实物见证。天津是国家历史文化名城，地处九河下梢，是中国北方重要的港口城市，是拱卫京畿的要地和门户，自古以来人文荟萃。明清以降，城市经济的发展使文化随之勃兴，注重收藏文物成为津沽之地重要的文化传统。近代开埠以来，天津一跃发展成为中国北方的经济中心与文化重镇。特殊的地理位置与城市地位，有力促进天津的文物事业不断发展。众多卓有建树的文物鉴藏家、博物学家云集津门，八方风物、历代珍品亦与津门结缘。可移动文物收藏在天津逐渐形成传承有序、品类齐全的良好局面。天津的可移动文物种类丰富，数量庞大，价值突出。可移动文物的年代序列完整，涵盖从距今万年以上的旧石器到距今不过百年的近现代文物。同时，天津还拥有大量的标本化石。中国历代文物艺术品自成体系，品类齐全，与大量反映天津地区晚清以来

---

[1] 天津市原宁河县、静海县、蓟县均改为"区"，本工作报告以第一次全国可移动文物普查标准时点为基准，在报告中对上述三区仍称为"县"。

社会发展变迁的近现代历史文献、照片、地方史料等历史类文物相得益彰。在历代文物艺术品收藏中，书法、绘画、瓷器、玉器、砚台、玺印、敦煌文献、甲骨、邮票、地方民间艺术等颇具特色，彰显了天津深厚的文物集藏传统。

第一次全国可移动文物普查是我国继第三次全国文物普查（不可移动文物部分）之后在文化遗产领域开展的国情国力调查，是确保国家文化安全、保障人民群众基本文化权益的重要措施，是健全国家文物保护体系的重要基础工作。本次普查的范围是本市各级国家机关、事业单位、国有企业和国有控股企业等各类国有单位所收藏保管的国有可移动文物，包括普查前已经认定和在普查中新认定的国有可移动文物。普查统计国有可移动文物数量、类型、分布和收藏保管等基本信息。通过普查工作，在不改变文物权属现状的前提下，全面掌握本市国有可移动文物的数量分布、保存状况、保管权属和使用管理等情况，总体评价可移动文物保护现状；建立、完善全市可移动文物认定体系、档案、名录和信息管理系统；进一步促进文物资源整合利用，丰富公共文化服务内容，有效发挥文物在全市经济和社会发展中的积极作用；建立社会参与、部门联动、权责共担的文物保护机制，形成文化遗产共建、共管、共享的保护格局，提高全社会的文物保护意识和能力。

一、天津市普查数据

截至 2016 年 10 月 31 日，天津市在全国可移动文物信息平台登录可移动文物 662876 件/套，实际数量为 1775845 件。其中，珍贵文物 52592 件/套，实际数量为 75604 件。登录可移动文物信息的收藏单位 127 家。

（一）天津市可移动文物基本情况

1. 类别

表 1　可移动文物类别

可移动文物类别	可移动文物实际数量（件）	实际数量占比（%）
合计	1775845	100.00
玉石器、宝石	38495	2.17
陶器	11595	0.65
瓷器	207568	11.69
铜器	18958	1.07
金银器	3125	0.18

续表

可移动文物类别	可移动文物实际数量（件）	实际数量占比（%）
铁器、其他金属器	1374	0.08
漆器	354	0.02
雕塑、造像	5884	0.33
石器、石刻、砖瓦	7234	0.41
书法、绘画	88171	4.97
文具	19234	1.08
甲骨	1847	0.10
玺印符牌	10114	0.57
钱币	325184	18.31
牙骨角器	1762	0.10
竹木雕	1699	0.10
家具	2043	0.12
珐琅器	888	0.05
织绣	2000	0.11
古籍图书	545475	30.72
碑帖拓本	12822	0.72
武器	3972	0.22
邮品	27352	1.54
文件、宣传品	16061	0.90
档案文书	39345	2.22
名人遗物	549	0.03
玻璃器	1497	0.08
乐器、法器	417	0.02
皮革	1486	0.08
音像制品	16709	0.94
票据	3644	0.21
交通、运输工具	149	0.01
度量衡器	428	0.02
标本、化石	343999	19.37
其他	14411	0.81

2. 年代

（1）可移动文物年代类型

表2　可移动文物年代类型

可移动文物年代类型	可移动文物实际数量（件）	实际数量占比（%）
合计	1775845	100
地质年代	342593	19.29
考古学年代	5346	0.30
中国历史学年代	1282222	72.20
公历纪年	50031	2.82
其他	35763	2.01
年代不详	59890	3.37

（2）可移动文物中国历史学年代分布

表3　可移动文物中国历史学年代分布

可移动文物中国历史学年代	可移动文物实际数量（件）	实际数量占比（%）
合计	1282222	100.00
夏	10	0.00
商	2844	0.22
周	10976	0.86
秦	364	0.03
汉	15259	1.19
三国	169	0.01
西晋	74	0.01
东晋十六国	117	0.01
南北朝	385	0.03
隋	231	0.02
唐	27826	2.17
五代十国	453	0.04
宋	233538	18.21
辽	600	0.05
西夏	61	0.00

续表

可移动文物中国历史学年代	可移动文物实际数量（件）	实际数量占比（％）
金	2026	0.16
元	3120	0.24
明	53419	4.17
清	718776	56.06
中华民国	175548	13.69
中华人民共和国	36426	2.84

3. 级别

表 4　可移动文物级别

可移动文物级别	可移动文物实际数量（件）	实际数量占比（％）
合计	1775845	100.00
一级	1383	0.08
二级	5129	0.29
三级	69092	3.89
一般	433363	24.40
未定级	1266878	71.34

4. 来源

表 5　可移动文物来源

可移动文物来源	可移动文物实际数量（件）	实际数量占比（％）
合计	1775845	100.00
征集购买	409252	23.05
接受捐赠	50272	2.83
依法交换	43	0.00
拨交	78425	4.42
移交	12337	0.69
旧藏	778510	43.84
发掘	165099	9.30
采集	251606	14.17
拣选	15	0.00
其他	30286	1.71

5. 入藏时间

表 6　可移动文物入藏时间范围

可移动文物入藏时间范围	可移动文物实际数量（件）	实际数量占比（%）
合计	1775845	100.00
1949 年 10 月 1 日前	579949	32.66
1949 年 10 月 1 日～1965 年	386471	21.76
1966～1976 年	40589	2.29
1977～2000 年	710030	39.98
2001 年至今	58806	3.31

6. 完残程度

表 7　可移动文物完残程度

可移动文物完残程度	可移动文物实际数量（件）	实际数量占比（%）
合计	1432180	100.00
完整	712762	49.77
基本完整	590831	41.25
残缺	121155	8.46
严重残缺（含缺失部件）	7432	0.52

注：根据国家文物局《关于做好馆藏自然类藏品登录工作有关要求的通知》的要求，登录的自然类藏品 343665 件（组），不填写"完残程度"指标项。

（二）天津市可移动文物分布情况

1. 按收藏单位隶属关系统计可移动文物数量

表 8　可移动文物数量分布（按收藏单位隶属关系）

收藏单位隶属关系	可移动文物实际数量（件）	实际数量占比（%）
合计	1775845	100.00
中央属	5186	0.29
省属	1518909	85.53
地市属	0	0.00
县区属	251750	14.18
乡镇街道属	0	0.00
其他	0	0.00

2. 按收藏单位性质统计可移动文物数量

表 9　可移动文物数量分布（按收藏单位性质）

收藏单位性质	可移动文物实际数量（件）	实际数量占比（%）
合　计	1775845	100.00
国家机关	64	0.00
事业单位	1766005	99.45
国有企业	8953	0.50
其他	823	0.05

3. 按收藏单位类型统计可移动文物数量

表 10　可移动文物数量分布（按收藏单位类型）

收藏单位类型	可移动文物实际数量（件）	实际数量占比（%）
合　计	1775845	100.00
博物馆、纪念馆	892246	50.24
图书馆	378697	21.32
美术馆	1236	0.07
档案馆	2901	0.16
其他	500765	28.20

4. 按收藏单位所属行业统计可移动文物数量

表 11　可移动文物数量分布（按收藏单位所属行业）

行业	可移动文物实际数量（件）	实际数量占比（%）
合　计	1775845	100.00
农、林、牧、渔业	0	0.00
采矿业	0	0.00
制造业	3541	0.20
电力、热力、燃气及水生产和供应业	80	0.00
建筑业	0	0.00
批发和零售业	13	0.00
交通运输、仓储和邮政业	1850	0.10

续表

行业	可移动文物实际数量（件）	实际数量占比（％）
住宿和餐饮业	2082	0.12
信息传输、软件和信息技术服务业	1	0.00
金融业	0	0.00
房地产业	1369	0.08
租赁和商务服务业	0	0.00
科学研究和技术服务业	0	0.00
水利、环境和公共设施管理业	2318	0.13
居民服务、修理和其他服务业	0	0.00
教育	148510	8.36
卫生和社会工作	1226	0.07
文化、体育和娱乐业	1611067	90.72
公共管理、社会保障和社会组织	3788	0.21
国际组织	0	0.00

二、天津市普查工作组织实施

（一）属地管理，分级负责

1. 设立普查领导小组，成立普查机构

根据国务院《关于开展第一次全国可移动文物普查的通知》和国家文物局相关文件精神，天津市第一次全国可移动文物普查领导小组于 2013 年 4 月成立，副市长任组长。领导小组成员由市委党史研究室、市发展改革委、市教委、市民政局等 14 个单位分管领导组成。市普查领导小组办公室设在天津市文化广播影视局（市文物局），负责普查工作的日常组织和具体协调。因人事变动及工作分工调整，为更好地发挥领导小组领导和推动普查工作的重要作用，在征求有关成员单位意见后，对天津市第一次全国可移动文物普查领导小组成员进行过两次调整。经报请天津市人民政府批准，于 2014 年 11 月、2016 年 3 月将调整后的领导小组成员名单公布。天津市普查工作执行办公室于 2013 年 10 月组建，设主任 1 人，副主任 2 人，成员 5 人，负责普查领导小组办公室日常具体工作，办公室由市文化广播影视局（市文物局）博物馆处负责同志负责。全市 16 个区县也分别成立了以区县相应负责同志为领导的普查领导小组和相应的普查机构。

在普查工作中，文化文物部门积极与教育、民政、档案、金融等部门沟通，部署相关系统行业的可移动文物普查工作。市文化广播影视局（市文物局）与市教育委员会联合下发《关于做好天津市教育系统第一次全国可移动文物普查工作的通知》，与市民政局联合下发《关于做好天津市民政系统第一次全国可移动文物普查工作的通知》，与市档案局联合转发国家文物局、国家档案局《关于积极做好档案系统第一次全国可移动文物普查工作的通知》，与中国银行业监督管理委员会天津监管局联合转发《关于做好银行系统第一次全国可移动文物普查工作的通知》。各区县文化文物部门根据相关通知，积极部署本区县相应系统的普查工作。

天津博物馆、天津自然博物馆、天津市文物公司、元明清天妃宫遗址博物馆、周恩来邓颖超纪念馆、平津战役纪念馆、天津戏剧博物馆文庙博物馆管理办公室、天津杨柳青画社等文物收藏量大的单位积极建立普查工作机制，确保普查工作有序开展。天津博物馆、天津自然博物馆、周恩来邓颖超纪念馆、天津市文物公司等单位成立了普查领导小组，主要领导担任领导小组组长，分管领导担任领导小组副组长，领导小组成员由相应部门负责人组成。天津博物馆建立了普查绩效考核机制，将普查工作进度与每名工作人员的年终绩效考核相结合，调动职工的工作热情。天津自然博物馆的每位普查工作成员均签订承诺书，部门主任对馆领导、部门成员对部门主任立下"军令状"，按时完成普查工作。周恩来邓颖超纪念馆建立了普查责任制，明确普查工作成员分工，责任到人。天津市文物公司根据本单位业务工作特点，采取倒推的形式，制订盘点计划，以确保按时完成普查工作任务。

2013年4月18日，在国务院召开第一次全国可移动文物普查电视电话会议后，天津市组织召开了天津市第一次全国可移动文物普查领导小组扩大会议。天津市第一次全国可移动文物普查领导小组成员单位、各区县人民政府、各区县文物行政部门的相应负责同志参加会议。分管副市长、天津市第一次全国可移动文物普查领导小组组长出席会议并作重要讲话，要求在普查工作中要做到四个到位，即领导责任要到位、协调机制要到位、力量投入要到位、宣传动员要到位。时任市文化广播影视局（市文物局）局长就市普查工作进行了部署。

在本次普查中，全市统一规划，统一部署，各相关部门和行业共同参与。普查工作的组织实施、国有单位调查登记、文物认定、藏品信息采集登录、藏品审核等工作，均以区县为基本单元。国有单位普查登记按照属地原则，由各区县普查办组织实施。文物认定、藏品信息采集登录、藏品审核等工作，按照普查办与收藏单位分级对应、同时兼顾收藏单位属地的原则开展。

2. 制定普查实施方案

2013 年 6 月,《天津市人民政府办公厅关于我市开展第一次全国可移动文物普查的通知》印发,天津市普查帷幕正式拉开。市普查办经过精心研究,结合本市实际,于2013 年 7 月制定并印发了《天津市第一次全国可移动文物普查实施方案》。各区县普查办在市普查实施方案的基础上分别制定了本区县的普查方案。

2013 年 9 月,市普查办下发《关于积极推进天津市第一次全国可移动文物普查工作的通知》,对全市可移动文物普查工作做出进一步具体安排,从"提高认识,高度重视;加强组织领导,建立工作机构;加强基础工作,制定实施方案;编制经费预算,确保保障到位;开展普查培训,提高普查水平;以区县为单元,建立国有单位清单;加强宣传动员,争取社会支持"等七个方面推进天津市第一次全国可移动文物普查工作。

3. 落实普查工作经费

为确保可移动文物普查工作稳步推进,天津市积极落实普查经费,切实发挥资金保障作用。市文化广播影视局(市文物局)于 2013 年 8 月向市财政局递交《关于申请拨付第一次全国可移动文物普查经费的函》,申请天津市可移动文物普查经费。市财政局与市文化广播影视局(市文物局)认真研究,根据普查工作的实际需要,本着厉行节约的原则,认真制定普查经费预算。市财政局于 2013 年 9 月印发《关于拨付市文化广播影视局第一次全国可移动文物普查市级专项经费的通知》,共安排市级普查专项经费 500 万元,其中 2013 年 20 万元,2014 年 250 万元,2015 年 110 万元,2016 年 120万元,按照预算管理及年度工作任务和资金需求,及时足额拨付到位。区县财政部门也高度重视普查经费保障工作,及时与本区县普查机构对接,详细了解其普查经费需求,结合本区县总体普查单位及文物普查数量,在充分利用区县现有普查设施和条件的基础上,及时安排普查经费,并根据区县普查工作分工,对普查登记、人员培训等工作给予了重点支持,有效满足了普查工作需要。各区县共安排普查经费 280.1 万元,其中 2013 年 47.5 万元,2014 年 147.72 万元,2015 年 59.95 万元,2016 年 24.93 万元。全市可移动文物普查工作共落实经费 780.1 万元,其中 2013 年 67.5 万元,2014年 397.72 万元,2015 年 169.95 万元,2016 年 144.93 万元。普查经费的落实,切实保证了天津市普查工作的顺利开展与有效推进。普查经费使用情况主要包括:进行普查培训,购置普查设备,开展文物调查、认定、信息采集、数据审核,开展普查宣传工作等。在经费使用中,天津市严格规范普查经费的开支范围,切实执行会议费、培训费、差旅费等支出管理相关规定,加强对普查经费使用情况的监管,充分发挥专项经费的使用效益,保障天津市普查工作的顺利进行。

4. 组建普查队伍

市、区县两级普查办与可移动文物收藏单位积极组建普查队伍。市普查办组建了普查工作执行办公室、专家库，同时吸纳学生志愿者投入普查工作。16 个区县普查办根据辖区国有单位的数量和文物收藏大致情况，分别组建各自的普查队伍，负责本区县的普查工作。区县普查队伍以文物管理人员为主导力量，有的区县还吸纳街道、乡镇工作人员作为志愿者。可移动文物收藏单位根据本单位文物收藏情况组建普查队伍，负责本单位的普查工作。天津市第一次全国可移动文物普查工作共投入人员 2384 人，其中市级普查办及收藏单位投入人员 561 人，区县级普查办及收藏单位投入人员 1823 人。在 2384 名人员中，普查办人员 550 人，专家 93 人，收藏单位人员 675 人，志愿者 1066 人。市文化广播影视局（市文物局）积极与普查领导小组成员单位沟通，充实非文博系统专家，普查领导小组成员单位共推荐非文博系统专家 7 人，涉及教育、民政、档案、民族宗教、科学技术等领域。在普查工作中，志愿者发挥了积极的作用。在国有单位文物收藏情况调查阶段，街道、乡镇工作人员作为志愿者，进行调查登记表的发放、回收工作。在藏品信息采集登录阶段，学生志愿者协助部分单位开展藏品信息采集。随着普查队伍的组建与普查工作的推进，普查业务培训相应开展。在天津市普查工作中，市、区县两级普查办共开展培训 37 期，培训对象涉及普查办、收藏单位、专家、志愿者等各类人员，各期培训参加人员 1997 人次。普查队伍的组建与普查业务培训的开展，为天津市普查工作奠定了人才基础。

（二）积极推进调查、认定、采集、登录、审核工作

1. 国有可移动文物收藏单位调查阶段

市普查办于 2013 年 9 月向各区县普查办下发《关于填报第一次全国可移动文物普查登记表的通知》，将《国有单位文物收藏情况调查登记表》《国有单位文物收藏情况调查汇总表》等普查材料下发至各区县普查办，部署天津市国有单位文物收藏情况调查登记工作。各区县普查办按照属地管理原则，积极与统计、编制、工商等部门沟通，请其提供国有单位名录，在此基础上编制、汇总本区县纳入普查范围的国有单位名录。

2013 年 10 月 29～31 日，市普查办举办天津市第一次全国可移动文物普查培训班。天津市第一次全国可移动文物普查领导小组成员单位、各区县普查办、市文化广播影视局（市文物局）属文博单位及部分行业博物馆的普查业务骨干 100 余人参加了培训。培训班采取主题讲授、课堂演示和讨论交流相结合的方式，系统学习《第一次全国可移动文物普查实施方案》、可移动文物普查标准规范及可移动文物普查工作流程，有力推动了调查登记工作的开展。

全市国有单位文物收藏情况调查登记工作于2013年9月至2014年5月展开。普查人员不辞辛苦，深入调查工作一线，通过电话沟通、上门走访等方式，与纳入普查范围的单位进行沟通，向其讲解普查的意义与要求。2014年5月29日，天津市完成国有单位文物收藏情况调查登记工作，向国家文物局报送《关于我市国有单位文物收藏调查情况的报告》，反馈收藏有文物/遗存的单位共129家。此后，通过上门走访、电话沟通等方式，积极对重点单位进行补漏回访工作。经调查、补漏回访，共向全市8310家单位发放了《国有单位文物收藏情况调查登记表》，其中机关1654家，事业单位3942家，国有企业及国有控股企业2054家，其他单位660家。在8310家被调查单位中，共有8016家单位填报了《国有单位文物收藏情况调查登记表》，该表的回收率为96.46%。经调查、补漏回访，反馈收藏有文物/遗存的单位共142家。

2. 国有可移动文物认定工作阶段

为做好天津市第一次全国可移动文物普查的文物认定与藏品信息审核工作，市普查办组建了天津市第一次全国可移动文物普查专家库。专家库共82人，其中顾问16人，专家66人。在文物认定工作的组织实施中，市、区县两级普查办分级负责、兼顾收藏单位属地，市普查办对区县普查办给予必要的专家协助。

文物现场认定工作以非文博系统收藏单位为主要对象。市普查办对天津市人民政府外事办公室、天津市历史风貌建筑整理有限责任公司、天津市中国大戏院等10家单位进行了文物现场认定工作，将9家单位的藏品纳入登录范围；市普查办还组织专家先后协助和平区、滨海新区、北辰区、武清区、东丽区、红桥区、河北区、宝坻区、宁河县等9个区县对34家单位进行文物现场认定，并将此34家单位的藏品纳入普查范围。东丽区、武清区、宝坻区、滨海新区、宁河县等区县普查办依据普查范围，通过现场走访等方式，对11家单位申报的藏品与普查范围进行比照，认为此11家单位申报的藏品不属于文物，不在普查范围之列。文物现场认定工作共涉及55家单位，经市、区县普查办认定，43家单位的2173件/套藏品纳入普查范围。

在文物认定工作中，普查办在进行文物现场认定工作的同时，根据"统一平台、联网直报""信息整合、资源统筹"的普查技术路线，结合相关单位申报藏品的特点，将藏品信息审核与文物认定相结合，对于图书系统、教育系统、行业博物馆等收藏方向专业化较强的单位，结合藏品信息审核进行文物认定。此类新发现、新认定单位共61家，藏品30583件/套。

在天津市第一次全国可移动文物普查工作中，通过现场认定与藏品信息审核，天津市新发现、新认定单位104家，新发现、新认定藏品32756件/套：文博系统内新发现、新认定藏品15919件/套，非文博系统新发现、新认定藏品16837件/套。在新发现、新认定藏品中，按区县分布统计，和平区 1090 件/套，河东区 243 件/套，河西区 15673 件/套，南开区 1841 件/套，河北区 4520 件/套，红桥区 133 件/套，东丽区 1 件/套，西青区 3166 件/套，津南区 4 件/套，北辰区 34 件/套，武清区 224 件/套，宝坻区 302 件/套，滨海新区 3552 件/套，宁河县 267 件/套，静海县 235 件/套，蓟县 1471 件/套。

结合文物认定工作，天津市对一些可移动文物收藏单位的藏品进行了鉴定定级。2014 年，对周恩来邓颖超纪念馆、天津市三条石历史博物馆、天津义和团纪念馆、天津市滨海新区塘沽大沽口炮台遗址博物馆等单位的 178 件/套藏品进行鉴定定级，共鉴定一级文物 1 件/套，二级文物 5 件/套，三级文物 76 件/套，一般文物 89 件/套，资料 7 件/套。2016 年对天津市大悲禅院的 495 件/套藏品进行了鉴定定级，共鉴定一般文物 189 件/套，资料 306 件/套。

3. 国有可移动文物信息采集登录阶段

市普查办于 2014 年 6 月 24～26 日举办天津市第一次全国可移动文物普查文物登录骨干培训班。全市各区县普查办、市文化广播影视局（市文物局）属文博单位、行业博物馆及部分文物收藏单位的普查业务骨干 100 余人参加培训。本次培训班的举办，标志着天津市可移动文物普查藏品信息采集登录工作正式启动。在国有可移动文物信息采集登录阶段，市、区县两级普查办分级负责、兼顾收藏单位属地，同时，对于某些藏品登录困难较大的宗教系统区属单位，市普查办直接予以协助。在藏品登录工作中，市普查办对应单位 44 家，区县普查办对应单位 83 家。

培训后，天津市可移动文物普查藏品信息采集登录工作稳步展开。结合国有可移动文物收藏单位调查与文物认定工作，共确定 130 家单位在全国可移动文物信息登录平台登记注册，在这 130 家单位中，除天津市河北区档案局、天津市红桥区档案局、蓟县档案局 3 家综合档案馆根据国家文物局、国家档案局《关于积极做好档案系统第一次全国可移动文物普查工作的通知》"全国各级综合档案馆收藏的纸质档案文献（含手稿、字画等）的普查由国家档案局按系统组织开展"未进行藏品登录外，127 家单位均进行藏品信息采集登录。同时，天津市充分利用古籍普查等现有成果，科学整合现有资源，推进藏品登录。2015 年 7 月以来，根据国家文物局"古籍普查数据转换导入全国可移动文物登录平台工作安排"，天津市可移动文物普查数据转换工作稳步展开。在国家文物局与天津图书馆的大力支持下，天津市 10 家单位进行了古籍普查向文物普查的数据转换，共向普查平台转换导入古籍数据 42940 条（约 454030 册），提高了天津市藏品登录效率。全市藏品信息采集工作完毕，127 家单位共登录文物 1775845 件。

在藏品信息采集登录工作中，普查办充分发挥主导作用。一是对非文博系统单位进行一对一的工作指导，提供技术和人员的帮助。如：市普查办先后走访了10家行业博物馆，现场对文物登录工作进行指导与协助；组织人员协助天津师范大学、天津中医药大学、天津市历史风貌建筑整理有限责任公司等非文博系统单位进行藏品信息采集登录，面对天津市大悲禅院体大量重的石佛造像，聘用专业起重服务队进行藏品搬运，高效率完成数据采集及摄影等工作。河北区、滨海新区、蓟县等区县普查办对辖区文物收藏单位进行实地指导或协助，确保相关单位完成藏品信息采集登录。二是针对基层单位文博专业技术力量相对薄弱的状况，市普查办深入一线，深入基层，先后赴宁河、蓟县、宝坻、武清等边远区县，对藏品登录审核工作进行实地指导，促进基层单位加强专业力量，有力推动了全市普查工作。三是建立普查工作进度通报机制。市普查办向市普查领导小组成员单位、各区县人民政府、各区县普查办印发普查进度通报，发布各区县与相关单位普查工作进度，对普查工作领先的区县和单位进行鼓励，对进度慢的区县和单位形成一定压力。共印发普查进度通报21期，有力发挥了普查工作进度通报机制的激励、督导、鞭策作用。通过普查工作进度通报机制，全市形成了可移动文物普查工作创先争优的良好氛围，促进了天津市普查进度与质量的提高。

在普查工作中，不同类型的单位结合自身实际特点，采取不同的工作方式，进行藏品信息采集登录，突出体现在文博系统单位。天津博物馆作为市综合性博物馆，藏品数量大、种类多，该馆通过部门分工合作与质量监控，有效推进藏品登录工作。天津博物馆总账室和信息部为各业务部组提供技术支持，总账室将各业务部组需要采集的藏品信息明确到件，并分别制成表格，便于业务人员录入信息，信息部对前期数据库成果进行归纳汇总，从而提高工作效率。天津博物馆馆领导不定期抽查上报数据，馆内专门成立了审核领导小组，并为每位部主任配备审核助理，发现问题后及时反馈给录入员，经多方核对与确认后再进行上报。天津自然博物馆是市普查藏品量最大的单位，2014年迎来新馆开放，该馆将藏品库房搬迁与可移动文物普查藏品登录工作相结合，根据藏品主要门类，设立动物组、植物组、古生物组、北疆资料组等业务类小组，进行藏品信息采集，同时设立摄影组、信息组等技术类小组，为不同门类的藏品拍摄照片、协调相关技术性事宜，各小组联络人通过例会积极交流、吸取经验，探讨解决疑难问题的有效途径，有力推进普查工作。元明清天妃宫遗址博物馆出土文物众多，该馆考古部、科技保护部专业人员投入普查工作，先将文物基本信息手工填写至《可移动文物普查基本信息表》，再将《可移动文物普查基本信息表》的各项信息登录全国可移动文物信息登录平台，在测量文物尺寸、称重、拍照、填写表格、登录系统等环节形成流水线作业，提高工作效率。天津市文物公司将文物商品盘点计划与可移动文物普查工作结合，对参加盘点的业务人员进行培训，使业务人员掌握盘点设备的使用方法，掌握可移动文物普查的数据填报流程。

4. 国有可移动文物信息审核阶段

在确保藏品登录进度的同时，天津市积极加强可移动文物普查藏品审核工作，确保藏品登录信息质量。

一是及时梳理重点问题，组织文物登录对口培训。随着藏品登录工作的开展，区县普查办、市普查办依次使用管理员、审核人账号在全国可移动文物信息登录平台进行藏品指标项审核，在审核中及时发现藏品数据的申报问题，对问题进行归纳、梳理。在梳理重点问题的基础上，市普查办于 2015 年 2 月 2 日举办普查文物登录对口培训，将文物数量较多、出现问题较为集中的单位列为重点培训对象，剖析文物登录的具体问题，明确相应的修改方式，以最短的时间梳理最典型的问题，优化文物登录质量。

二是制订专家审核流程，组织专家审核培训。随着藏品登录工作不断深入，天津市可移动文物普查工作的重点由藏品登录转向审核，专家审核工作提上日程。市普查办结合国家文物局《第一次全国可移动文物普查数据审核工作管理办法》与国家文物局第一次全国可移动文物普查数据审核与管理培训班的要求，制定天津市专家审核工作流程。2016 年 1 月 27 日，市普查办面向普查专家库成员举办天津市第一次全国可移动文物普查专家审核培训，结合普查平台与 excel 离线数据模板，讲解专家审核流程，全面启动专家审核工作。

三是市级审核工作采用在线审核与离线审核并行开展的方式。在线审核方式主要应用于藏品量较少或登录进度较快的单位；离线审核方式主要应用于藏品量较大、不便于在线集中修改指标项信息的单位。鉴于离线审核工作，藏品数量大、类别多，市普查办将其按照器物、书画、标本化石等分类，组织相应领域的专家，进行审核讨论会，在审核讨论会现场，以幻灯投影的方式，请专家对藏品指标项进行讨论，提出修改意见。市普查办在此基础上，指导相关区县与单位进行离线修改。

四是专家指导，现场复核。鉴于区县文物专家力量相对薄弱，市普查办积极安排专家对区县普查工作进行指导。随着普查工作重点由登录转向审核，市普查办充分发挥专家的作用，结合相关区县的藏品类型，组织专家深入武清区等区县普查工作现场，进行藏品数据现场抽样复核，将平台指标项与藏品实物相结合，结合《馆藏文物登录规范》等相关标准，对藏品指标项的填报提出修改意见，以提高藏品登录质量。

在审核工作中，主要发现的问题包括以下方面：藏品定名过于简单，缺失某些重要信息；藏品类别填写有误，未遵循《馆藏文物登录规范》的相关规定；藏品时代填写有误，未准确划分年代阶段等。市普查办针对上述问题，与相应区县或单位进行沟通，指导其修改藏品指标项信息。对于藏品量较少或登录进度较快的单位，经核对藏品指标项后，在线修改藏品信息；对于藏品量较大的单位，指导其将离线数据进行相应修改，以提高藏品审核效率。

（三）宣传动员

市普查办根据国家文物局普查办的精神，于 2013 年 8 月 5 日印发《天津市第一次全国可移动文物普查宣传工作计划》和《天津市第一次全国可移动文物普查宣传工作实施方案》，对普查宣传工作进行系统安排。天津市通过报刊、电视、网络、工作简报等方式，对第一次全国可移动文物普查进行宣传，对重要通知的发布、重要会议的召开、普查工作的进展进行报道。全市共进行报刊宣传 10 次、电视宣传 8 次、互联网宣传 150 次，印发市级工作简报 27 期、区县级工作简报 45 期。2013 年，市普查办通过"天津文化信息网"设立"天津市第一次全国可移动文物普查"网站，发布与普查有关的政策、通知、工作动态等，使各区县普查机构和相关单位及时了解工作要求、认真开展普查工作，使社会各界了解普查的意义与内容，积极参与、大力支持普查工作。2014 年，市普查办将普查宣传片在天津电视台播放，以形成全社会参与普查、支持普查的舆论氛围。

为广泛宣传第一次全国可移动文物普查工作，市普查办于 2014 年"国际博物馆日"活动期间举办"国宝知多少——第一次全国可移动文物普查工作图片展"，在天津市"国际博物馆日"的活动现场（和平路商业街）与天津博物馆同时展出，向公众宣传可移动文物普查工作，普及文物知识，受众人数 10 万余人次。为配合该展览的举办，市普查办印制了精美的"天津市第一次全国可移动文物普查宣传折页"，免费向公众发放。折页以简约而明晰的文字，介绍可移动文物的概念、类别，可移动文物普查的目标、范围、内容与流程等，并精选了天津市具有代表性的文物图片，使公众感知可移动文物的价值。

各区县在普查宣传方面多措并举。和平区、宁河县印制可移动文物普查手提袋，向公众发放；河北区通过该区有线电视台播放普查专题片；津南区悬挂"加强文物保护意识，努力做好可移动文物普查工作"宣传布标；宝坻区在宝坻剧院悬挂可移动文物普查宣传横幅；滨海新区通过《滨海时报》等报刊宣传该区可移动文物普查工作动态。

普查工作凝聚了集体的智慧。2014 年 8 月，全国可移动文物公众网在"普查之星"

栏目中，发布《一个特别能战斗的集体》，对平津战役纪念馆的可移动文物普查工作进行报道。《中国文物报》于 2014 年 11 月、12 月分别发表《扎实工作　成果丰硕——天津博物馆"一普"工作小记》《馆藏文物搬家　踏上普查之旅——天津自然博物馆一普工作稳步推进》，对天津博物馆、天津自然博物馆可移动文物普查工作进行专访报道。这些宣传提升了普查工作的影响力，激励普查工作者不断奋进。

（四）质量控制

在可移动文物普查工作中，天津市积极加强可移动文物普查工作质量控制管理。市普查办于 2014 年向各区县普查办下发《关于做好天津市第一次全国可移动文物普查登录审核和质量管理工作的通知》《关于做好天津市第一次全国可移动文物普查安全管理的通知》《关于做好天津市第一次全国可移动文物普查数据和档案管理的通知》《关于做好天津市第一次全国可移动文物普查督察工作的通知》，并抄送各区县人民政府，增强执行力。2016 年 2 月，市普查办将国家文物局《关于做好第一次全国可移动文物普查数据安全管理工作的通知》进行转发，要求各区县、各单位确保第一次全国可移动文物普查数据安全。在天津市可移动文物普查工作中，人员、藏品、数据安全管理等情况正常有序。

加强培训是确保工作质量的重要方式。天津市在可移动文物普查工作中，将培训作为具体工作的先导与契机，通过培训指导工作，通过培训促进工作。在国有单位调查登记、藏品信息采集登录、藏品信息审核、普查报告编制等阶段，市普查办均组织相应的培训，明确工作的要求与流程；区县普查办结合各自实际开展培训，推动本区县普查工作。在天津市普查工作中，市、区县两级普查办共开展培训 37 期，培训对象涉及普查员、专家、志愿者、普查单位录入员等各类人员，各期培训参加人员 1997 人次。其中，2013 年开展培训 19 期，共培训 1431 人次；2014 年开展培训 15 期，培训 483 人次；2015 年开展培训 1 期，培训 10 人次；2016 年开展培训 2 期，培训 73 人次。

为确保普查工作质量，天津市加强督察工作。市普查办将督察工作与走访、指导工作相结合，通过实地座谈、查看普查工作现场、交流工作心得等方式，重点对相关区县与单位的工作态度、人员与设备配置、藏品采集登录进度、藏品审核质量等情况进行督察，督察主要对象为边远区县、行业博物馆、藏品量较大的教育系统单位。区县普查办结合工作实际，重点督察藏品登录工作。全市共进行督察 25 次，有力提升了天津市普查工作质量。同时，天津市加强日常工作督导联络，市普查办通过电话交流、QQ 群提示等方式，与区县普查办、收藏单位相关人员进行沟通，及时传达藏品登录、审核等工作中发现的问题。

根据国家文物局《关于做好第一次全国可移动文物普查验收工作的通知》要求，天津市认真开展普查验收工作。市普查办在对自身工作进行验收的基础上，向各行政区普查机构转发国家文物局关于普查验收工作的通知，要求各行政区普查机构根据《第一次全国可移动文物普查验收报告主要内容》《验收合格评定标准》开展本行政区验收工作，出具"合格"或"不合格"的结论。验收重点为普查的组织、普查的覆盖率、普查实施进度和质量。天津市已完成验收工作，市普查办及 16 个行政区普查办对自身验收工作的结论均为合格。

（五）普查工作总结情况

在普查总结工作中，市、区县普查办进行普查档案的编制。普查档案的主要内容包括普查文件、普查简报、普查工作进度通报、《国有单位文物收藏情况调查登记表》、《国有单位文物收藏情况调查汇总表》、普查培训材料、普查宣传材料、普查工作照等。

可移动文物普查凝聚了众多工作者的心血与汗水。本次普查工作量大，时间紧，任务重，普查工作者数年如一日，兢兢业业，扎实工作，为全市普查工作的不断推进无私奉献。开展普查表彰工作，对普查工作中涌现的先进集体与先进个人进行激励。

三、天津市普查工作成果

通过本次普查工作，在天津市行政区域内基本实现了摸清家底、建立登录制度、服务社会的三大目标。

（一）掌握本行政区域可移动文物资源情况及价值

1. 摸清数量及分布

本次普查摸清了天津市行政区域内可移动文物数量及分布。天津市第一次全国可移动文物普查登录文物量为 1775845 件。从单位隶属关系看，省属单位藏品比重最高，为 1518909 件，占全市藏品比重 85.53%；从单位性质看，事业单位藏品比重最高，为 1766005 件，占全市藏品比重 99.45%；从单位类型看，博物馆、纪念馆藏品比重最高，为 892246 件，占全市藏品比重 50.24%；从行业分布看，文化、体育和娱乐业单位藏品比重最高，为 1611067 件，占全市藏品比重 90.72%。

天津市可移动文物来源广泛，类别丰富，涵盖各类文物级别，完残程度以完整或基本完整为主，入藏时间以 1965 年之前为主。从来源看，可移动文物涵盖征集购买、接受捐赠、依法交换等 10 个来源途径，其中，来源途径为旧藏的藏品，占全市藏品的最高比重，为 43.84%。从类别看，可移动文物涵盖《馆藏文物登录规范》的 35 个文物类别。其中，所占全市藏品比重前三位的藏品依次为古籍图书、标本化石、钱币，比重依次为 30.72%、19.37%、18.31%。从级别看，可移动文物普查登记藏品涵盖一级、二级、三级、一般、未定级各类级别，其中，未定级文物所占比重最高，占全市藏品比重的 71.34%。可移动文物完残情况良好，完整或基本完整的藏品占全市藏品的 91.02%。从入藏时间看，可移动文物以 1965 年之前入藏为主，其中 1949 年 10 月 1 日前入藏的藏品占 32.66%，1949 年 10 月 1 日至 1965 年入藏的藏品的 21.76%。

2. 掌握保存状况

本次普查摸清了天津市行政区域内可移动文物保存状况。在 127 家进行藏品登录的单位中，103 家单位具有可移动文物库房。通过可移动文物普查，天津市积极改善可移动文物保护条件与保存环境，53 家单位提升了藏品保管条件，主要措施包括改善藏品保存环境，提升保存环境的专业化程度，提升藏品保管的安全条件等。如：周恩来邓颖超纪念馆通过库房除湿机提升文物环境质量；天津市民俗博物馆在文物库房增加了紫外线消毒灯；天津市宝坻区文化馆加装防盗门窗，安装多角度监控探头等。

3. 掌握使用管理情况

天津市可移动文物使用情况主要包括以下方面：一是博物馆、纪念馆、美术馆的藏品，主要用于展览，如天津博物馆、周恩来邓颖超纪念馆、天津美术馆，以及行业博物馆的藏品；二是公共图书馆、教育系统单位（如高校、中学等）的文献，主要用于阅览；三是天津市文物公司的部分文物，可作为文物商品拍卖或销售。上述使用情况在行业分布中，除文化文物系统单位、教育系统单位外，还涉及制造业、电力、交通运输、邮政、住宿和餐饮业、房地产、公共设施管理、社会保障和社会福利等行业，这些行业主要通过设立行业博物馆，将藏品进行展示。

天津市可移动文物使用情况良好。博物馆、纪念馆、美术馆能够合理设置展陈、有效疏导观众；公共图书馆、教育系统单位通过读者阅览规则，确保文献合理使用；天津市文物公司遵循国家关于文物拍卖与销售审核的相关规定，确保文物拍卖与销售的合法性。

（二）健全文物保护体系

1. 完善文物档案

在本次普查中，天津市完善了国有可移动文物档案。新建/完善藏品账目及档案的收藏单位为 83 家，这些单位结合藏品指标项的登录，进行藏品账目及档案的新建/完善工作，其中文博系统单位 14 家，非文博系统单位 69 家。全市 127 家单位将藏品信息录入全国可移动文物信息登录平台，完成藏品账目及档案的信息化，其中文博系统单位 27 家，非文博系统单位 100 家。天津博物馆、天津自然博物馆、天津市文物公司、元明清天妃宫遗址博物馆、周恩来邓颖超纪念馆、平津战役纪念馆、天津戏剧博物馆文庙博物馆管理办公室等文博系统主要大型收藏单位完成清库建档和账目核对工作。文物档案的完善，有力推动了全市文物保护管理等基础工作。

2. 完善制度和规范

在本次普查中，天津市的藏品管理制度进一步完善。一是天津市文化广播影视局（天津市文物局）制定了《天津市文物局局属文物收藏单位馆藏文物管理办法》，以加强对市文化广播影视局（市文物局）属文物收藏单位的保护管理，确保文物的安全，充分发挥文物的作用。该"办法"共六章三十一条，从藏品交接、登账、编目和建档，藏品的库房管理，藏品提用、注销和统计，奖惩等方面，对藏品管理进行规定，于 2015 年 7 月 17 日发布执行。二是 13 家单位制定了 22 个新的藏品管理制度，其中文博系统单位 3 家，非文博系统单位 10 家。三是 18 家单位对 21 个藏品管理制度进行了修订，其中文博系统单位 10 家，非文博系统单位 8 家。这些制定或修订的制度，内容主要涉及藏品的日常管理、库房管理、安全管理等方面，如天津杨柳青画社制定《藏品出入库管理办法》、天津工艺美术职业学院制定《文物资料库房管理制度》、天津市武清区博物馆制定《文物库房安全管理制度》、天津自然博物馆修订《藏品管理制度》、天津义和团纪念馆修订《藏品库房管理制度》等。藏品管理制度的完善，促进全市文物保护管理等基础工作进一步加强。

3. 明确保护需求

通过本次普查，在摸清天津市行政区域内可移动文物保存状况的基础上，认为天津市对于可移动文物的保护，应进一步改善保存环境质量，提升保管人员专业力量，提高可移动文物保护技术水平。天津市可移动文物普查登记藏品涵盖《馆藏文物登录规范》的 35 个类别，其中自然类、书画类、古籍图书类藏品所占比重较高，需结合不同文物的类别，制订相应的保存环境改善方案，提升纸质藏品、自然类藏品修复水平。结合藏品特性，制订相应的修复方案。市博物馆、纪念馆收藏的可移动文物占全市比重最高，且主要用于展陈，需进一步提升保存环境质量与展陈环境质量。

以可移动文物普查为契机，天津市的可移动文物保护工作近年来取得了一定的成效。2013～2016 年，《天津博物馆可移动文物保存环境质量监控方案》等 11 个可移动文物保护方案获国家文物局批复。在积极编制可移动文物保护方案的同时，天津市文化广播影视局（天津市文物局）于 2015 年批复同意天津图书馆、天津自然博物馆获得可移动文物修复资质。经单位申报与专家论证，批准天津图书馆从事古籍善本、碑帖拓本、书法、绘画、文件、宣传品、档案文书、邮品、票据类文物修复，批准天津自然博物馆从事现生动物标本、古生物化石标本类文物修复。

4. 扩大保护范围

通过本次普查，天津市新备案的收藏单位为 103 家，涵盖制造业，电力、燃气及水的生产和供应业，交通运输、仓储和邮政业，信息传输、计算机服务和软件业，批发和零售业，住宿和餐饮业，房地产业，水利、环境和公共设施管理业，教育业，卫生、社会保障和社会福利业，文化文物、体育和娱乐业，公共管理和社会组织等 12 个行业，文物资源领域从文博系统拓展至诸多行业。非文博系统收藏单位通过可移动文物普查，将藏品信息录入全国可移动文物信息登录平台，实现藏品规范化管理。今后，将通过"单位申报—专家认定—平台登录—加强管理"的流程，进一步建立完善天津市国有可移动文物调查、认定、登记、管理工作机制，推动天津市国有可移动文物标准化、动态化管理。

（三）有效发挥文物在本行政区域经济社会发展中的重要作用

天津市积极利用普查成果举办展览。2015 年 5 月，天津市滨海新区塘沽博物馆在该馆序厅举办"塘沽博物馆馆藏文物图片展"，精选该馆文物 164 件，通过展牌向观众呈现，受众人数 4500 余人。市普查办已筹备天津市第一次全国可移动文物普查成果展。展览拟于 2017 年 5 月在天津博物馆展出，从天津市参与普查的百余家单位中，遴选出具有代表性的文物 30 余类，将天津市普查成果集中展现在公众面前，以深化普查成果，使公众通过可移动文物精品了解天津市的历史与文化，提高全社会的文物保护意识。

在普查成果的利用工作中，天津市将积极落实《国务院关于进一步加强文物工作的指导意见》《国务院办公厅转发文化部等部门关于推动文化文物单位文化创意产品开发若干意见的通知》精神，鼓励文物收藏单位培养、引进优秀文化创意人才；指导文物收藏单位结合重大活动、重要展览、重要节日，推出具有影响力的文化创意产品；结合构建中小学生利用博物馆学习的长效机制，开发符合青少年群体特点和教育需求的文化创意产品。

河北省
第一次全国可移动文物普查工作报告

2012 年 10 月，国务院印发了《关于开展第一次全国可移动文物普查的通知》，决定从 2012 年 10 月到 2016 年 12 月，对我国境内（不含港澳台地区）全部国有单位收藏保管的可移动文物进行全面普查登记。2013 年 1 月，河北省第一次可移动文物普查领导小组办公室成立；2013 年 4 月，国家和省第一次可移动文物普查工作电视电话会议顺利召开；2013 年 5 月，省普查办印发了《河北省第一次可移动文物普查实施方案》，标志着此项工作在河北省全面展开。

河北是中华民族的发祥地之一，可移动文物种类丰富、数量众多、价值突出，收藏体系多元。新中国成立以后，先后开展了三次不可移动文物普查，但由于受各方面条件的限制，还从未开展过全省性可移动文物普查。在国有可移动文物的管理方面，一直存在着家底不清、现状不明等问题。全省可移动文物年度统计的数量和范围，仅限于博物馆、纪念馆等文物单位登记在册的馆藏文物，这既与河北省悠久灿烂的历史文化不相称，也与河北省现存可移动文物的实际数量有着较大差距，影响了文物的有效保护和利用，成为制约全省文物事业发展的瓶颈。此次普查，本辖区内文物数量庞大、类型丰富，收藏种类多元，技术复杂，而且涉及多个行业和领域。

截至 2016 年 10 月底，河北省共登录文物 1402448 件。通过开展可移动文物普查，全面了解和掌握全省文物资源的种类、数量、分布状况、收藏情况、保护现状及存在的问题，建立了现代化信息数据平台，完善了珍贵文物数据库，提高馆藏文物保护和展示水平。加强对藏品的登记、建档和安全管理，落实藏品丢失、毁损追究责任制，健全文物登录备案机制和文物保护体系，加大文物保护力度、扩大文物保护范围，保障文物安全。在实施馆藏文物信息化和保存环境达标建设中，加大馆藏文物科技保护力度，提高博物馆陈列展览质量和水平，充分发挥馆藏文物的教育作用。加强博物馆专业人员培养，提高博物馆队伍素质，不断提高服务质量和水平。并进一步促进文物资源整合利用，丰富公共文化服务，有效发挥文物在国民经济和社会发展总体布局中的积极作用。

全国第一次全国可移动文物普查是继第三次全国文物普查（不可移动文物部分）之后在文化遗产领域开展的国情国力调查。这次普查是全面落实党的十八大精神，加强社会主义核心价值体系建设、全面提高公民道德素质、丰富人民精神文化生活的重要举措，也是维护国家文化安全，增强国家文化软实力，提升中华文化国际影响力的重要基础性工作。全省各级普查办及收藏单位的领导和同志在此项工作中团结一致，战胜种种困难，使河北省第一次全国可移动文物普查工作在 2016 年底顺利完成，并及时向社会公布了普查成果。

一、河北省普查数据

截至 2016 年 10 月 31 日，河北省在全国可移动文物信息平台登录可移动文物 322610 件/套，实际数量为 1402448 件。其中，珍贵文物 38213 件/套，实际数量为 57238 件。登录可移动文物信息的收藏单位 360 家。

（一）河北省可移动文物基本情况

1. 类别

表 1　可移动文物类别

可移动文物类别	可移动文物实际数量（件）	实际数量占比（%）
合计	1402448	100.00
玉石器、宝石	46301	3.30
陶器	70798	5.05
瓷器	78638	5.61
铜器	74537	5.31
金银器	9000	0.64
铁器、其他金属器	12621	0.90
漆器	731	0.05
雕塑、造像	14191	1.01
石器、石刻、砖瓦	22700	1.62
书法、绘画	23194	1.65
文具	2827	0.20
甲骨	122	0.01

可移动文物类别	可移动文物实际数量（件）	实际数量占比（%）
玺印符牌	1532	0.11
钱币	791141	56.41
牙骨角器	27187	1.94
竹木雕	17070	1.22
家具	1391	0.10
珐琅器	2249	0.16
织绣	3959	0.28
古籍图书	92152	6.57
碑帖拓本	2637	0.19
武器	8573	0.61
邮品	153	0.01
文件、宣传品	12299	0.88
档案文书	13212	0.94
名人遗物	1863	0.13
玻璃器	11958	0.85
乐器、法器	853	0.06
皮革	2832	0.20
音像制品	835	0.06
票据	3990	0.28
交通、运输工具	346	0.02
度量衡器	445	0.03
标本、化石	1252	0.09
其他	48859	3.48

2. 年代

（1）可移动文物年代类型构成

表 2　可移动文物年代类型

可移动文物年代类型	可移动文物实际数量（件）	实际数量占比（%）
合计	1402448	100
地质年代	848	0.06

续表

可移动文物年代类型	可移动文物实际数量（件）	实际数量占比（%）
考古学年代	9548	0.68
中国历史学年代	1332058	94.98
公历纪年	19564	1.39
其他	19268	1.37
年代不详	21162	1.51

（2）可移动文物中国历史学年代分布

表3　可移动文物中国历史学年代分布

可移动文物中国历史学年代	可移动文物实际数量（件）	实际数量占比（%）
合计	1332058	100.00
夏	76	0.01
商	9096	0.68
周	156752	11.77
秦	1082	0.08
汉	139357	10.46
三国	397	0.03
西晋	544	0.04
东晋十六国	309	0.02
南北朝	7583	0.57
隋	2291	0.17
唐	106759	8.01
五代十国	3112	0.23
宋	334160	25.09
辽	6269	0.47
西夏	45	0.00
金	19255	1.45
元	14753	1.11
明	22124	1.66
清	315052	23.65
中华民国	133833	10.05
中华人民共和国	59209	4.44

3. 级别

表 4　可移动文物级别

可移动文物级别	可移动文物实际数量（件）	实际数量占比（%）
合计	1402448	100.00
一级	8585	0.61
二级	13099	0.93
三级	35554	2.54
一般	769885	54.90
未定级	575325	41.02

4. 来源

表 5　可移动文物来源

可移动文物来源	可移动文物实际数量（件）	实际数量占比（%）
合计	1402448	100.00
征集购买	282721	20.16
接受捐赠	73834	5.26
依法交换	217	0.02
拨交	126257	9.00
移交	205231	14.63
旧藏	142126	10.13
发掘	480767	34.28
采集	66085	4.71
拣选	4838	0.34
其他	20372	1.45

5. 入藏时间

表 6　可移动文物入藏时间范围

可移动文物入藏时间范围	可移动文物实际数量（件）	实际数量占比（%）
合计	1402448	100.00
1949 年 10 月 1 日前	18239	1.30
1949 年 10 月 1 日～1965 年	141820	10.11
1966～1976 年	73636	5.25
1977～2000 年	684744	48.82
2001 年至今	484009	34.51

6. 完残程度

表 7　可移动文物完残程度

可移动文物完残程度	可移动文物实际数量（件）	实际数量占比（%）
合计	1402131	100.00
完整	343040	24.47
基本完整	424104	30.25
残缺	607401	43.32
严重残缺（含缺失部件）	27586	1.97

注：根据国家文物局《关于做好馆藏自然类藏品登录工作有关要求的通知》的要求，登录的自然类藏品 317 件（组），不填写"完残程度"指标项。

（二）河北省可移动文物分布情况

1. 按收藏单位隶属关系统计可移动文物数量

表 8　可移动文物数量分布（按收藏单位隶属关系）

收藏单位隶属关系	可移动文物实际数量（件）	实际数量占比（%）
合计	1402448	100.00
中央属	1098	0.08
省属	353201	25.18
地市属	565802	40.34
县区属	480961	34.29
乡镇街道属	837	0.06
其他	549	0.04

2. 按收藏单位性质统计可移动文物数量

表 9　可移动文物数量分布（按收藏单位性质）

收藏单位性质	可移动文物实际数量（件）	实际数量占比（%）
合计	1402448	100.00
国家机关	7645	0.55
事业单位	1392876	99.32
国有企业	744	0.05
其他	1183	0.08

3. 按收藏单位类型统计可移动文物数量

表 10 可移动文物数量分布（按收藏单位类型）

收藏单位类型	可移动文物实际数量（件）	实际数量占比（％）
合计	1402448	100.00
博物馆、纪念馆	856834	61.10
图书馆	68166	4.86
美术馆	1375	0.10
档案馆	12961	0.92
其他	463112	33.02

4. 按收藏单位所属行业统计可移动文物数量

表 11 可移动文物数量分布（按收藏单位所属行业）

行业	可移动文物实际数量（件）	实际数量占比（％）
合计	1402448	100.00
农、林、牧、渔业	3	0.00
采矿业	258	0.02
制造业	132	0.01
电力、热力、燃气及水生产和供应业	0	0.00
建筑业	0	0.00
批发和零售业	0	0.00
交通运输、仓储和邮政业	351	0.03
住宿和餐饮业	1	0.00
信息传输、软件和信息技术服务业	0	0.00
金融业	0	0.00
房地产业	0	0.00
租赁和商务服务业	0	0.00
科学研究和技术服务业	180	0.01
水利、环境和公共设施管理业	19	0.00
居民服务、修理和其他服务业	79	0.01
教育	3391	0.24
卫生和社会工作	3131	0.22

行业	可移动文物实际数量（件）	实际数量占比（%）
文化、体育和娱乐业	1382203	98.56
公共管理、社会保障和社会组织	12700	0.91
国际组织	0	0.00

二、河北省普查工作组织实施

（一）属地管理、分级负责

1. 设立普查领导小组，成立普查机构

（1）本行政区域普查领导机构建立情况

2012年10月国务院专门下发《关于开展第一次全国可移动文物普查的通知》，召开第一次全国可移动文物普查电视电话会议，对普查工作做了全面部署。2013年1月，省政府成立第一次全省可移动文物普查领导小组，负责普查工作的组织和领导，协调解决重大问题，领导小组组长由省政府特邀咨询担任，副组长由省政府副秘书长、省文化厅厅长、省文物局局长担任。领导小组成员单位包括省委党史研究室、省发展改革委、省教育厅、省民族宗教厅、省民政厅、省财政厅、省国土资源厅、省文化厅、省国资委、省统计局、省档案局、省文物局、人行石家庄中心支行、省科协等。领导小组办公室设在省文物局，主任由省文物局局长张立方兼任。办公室负责普查工作的日常组织和具体协调，并根据工作需要建立普查组织宣传、文物认定、信息登录和数据管理等机构。市、县级人民政府按照国务院《关于开展第一次全国可移动文物普查的通知》要求，积极组织实施本行政区的可移动文物普查。

（2）本行政区域普查办公室建立情况

河北省第一次可移动文物普查领导小组办公室设在河北省文物局，办公室主任由河北省文物局局长兼任，省文物局博物馆处负责专项工作的具体实施。

（3）其他行业系统普查工作机制建立情况

河北省文物局、河北省教育厅联合转发了国家文物局、教育部《关于积极做好教育系统第一次全国可移动文物普查工作的通知》；河北省文物局、河北省民政厅联合转发了国家文物局、民政部《关于积极做好民政系统第一次全国可移动文物普查工作的通知》；河北省文物局、河北省档案局联合转发了国家文物局、档案局《关于积极做好档案系统第一次全国可移动文物普查工作的通知》。河北省文化厅、河北省文物局联合转发了文化部、国家文物局《关于积极做好文化系统第一次全国可移动文物普查工作

的通知》；河北省文物局、河北省人民政府国有资产监督管理委员会联合转发了国家文物局、国务院国有资产监督管理委员会《关于积极做好国资系统第一次全国可移动文物普查工作的通知》；河北省财政厅、河北省文物局联合转发了财政部、国家文物局《关于加强第一次全国可移动文物普查经费保障与管理通知》。

（4）大型收藏单位普查工作机制建立情况

河北省文物保护中心于2014年初成立可移动文物普查工作领导小组，组长由中心主任兼任，小组下设办公室，地点在藏品保管部，负责可移动文物普查的日常工作。该单位普查人员30人分5个组，4个组负责信息采集，1组负责信息审核。

河北省文物研究所于2014年初成立可移动文物普查领导小组办公室，办公室主任由所长兼任，藏品保管部负责可移动文物普查日常工作，普查地点设在藏品库房，16人分两组，每组8人，分别负责文物的提取、拍照、称重、测量尺寸、登记备案、审核离线数据，在线数据上传等流程。

河北省民俗博物馆于2014年初开展可移动文物普查工作，日常工作由藏品保管部主任负责，普查地点设在文物库房，共12人，分古代文物2组、传统工艺美术珍品1组，每组4人。

（5）其他行业系统收藏单位组织协调工作

为加强可移动文物普查专业人员队伍建设，以便规范、有序、高质量地完成河北省第一次可移动文物普查工作，按照全省第一次可移动文物普查实施方案的要求，省普查办在2013年12月举办的河北省可移动文物普查第一期培训班，邀请了省委党史研究室、省发改委、省教育厅、省民宗厅、省民政厅、省财政厅、省国土资源局、省文化厅、省国资委、省统计局、省档案局、人行石家庄市支行、省科协、省图书馆、省美术馆、省档案馆等单位人员参加，组织协调开展外系统的可移动文物普查工作。

（6）省级普查工作部署会、动员会、推进会情况

2015年11月，河北省可移动文物普查工作调度会议在石家庄召开，总结2015年全省可移动文物普查工作，通报全省普查工作，部署年底前和2016年全年普查工作，省内设区市普查办、省直管县普查办、省直文博单位、部分重点县区普查办和收藏单位负责同志共50人参加会议。会议安排邯郸市普查办等六家省内部分设区市普查办和重点文物收藏单位对2015年普查工作进行典型汇报发言，详细介绍先进经验，交流普查工作中好的做法。

2. 制定普查实施方案和工作制度

（1）各级普查机构制订的普查实施方案情况

河北省文物局根据国务院《关于开展第一次全国可移动文物普查的通知》，结合河

北省可移动文物资源实际，于 2013 年 5 月制订了《河北省第一次可移动文物普查实施方案》。

（2）大型收藏单位制定工作制度情况

河北省民俗博物馆在 2014 年初制定了可移动文物普查实施方案和工作制度，计划分三个小组开展信息采集登录工作，包括古代文物两组、传统工艺品一组，每组 4 人，于 2015 年底完成信息采集登录工作。

河北省文物保护中心库房条件较好，保管队伍相对健全。一、二、三级珍贵文物已建立数据库管理系统，一般文物 53000 余件。现有保管人员 11 人，设为 5 组，每组 6 人，共计 30 人。每个信息采集组包括文物保管员 2 人，负责文物的提取，文物尺寸、重量的测量及文物的定名，摄影时文物的搬动、摆放及文物的安全归库，除保管员外，其他任何人不允许搬动文物，以确保文物的安全；摄影 1 人，负责文物拍摄工作，照片要求至少不同角度的两张；记录员 1 人，负责记录文物的拍摄顺序、每件器物对应的照片号，用于照片按账号重新命名以备导入信息管理平台；信息录入员 2 名，分别负责文物信息与拍摄文物的同步录入和拍摄文物照片的命名与信息合成。省文物保护中心藏品保管部与省民俗博物馆在 2015 年并入河北博物院，普查工作一度中断，经过多次现场督导与协调，于 2016 年初，完成信息采集和登录工作。

河北省文物研究所库藏文物数量大，在职文物保管员仅有 3 名，加上外聘人员，共计 16 人，分两组，于 2016 年初完成信息采集和登录工作。

（3）实施情况及效果

在省普查领导小组的领导下，各成员单位、各有关部门各司其职、各负其责、通力协作，共同做好普查工作。

（4）创新和亮点

省直各收藏单位根据各自单位的文物收藏现状，制订了相应的实施方案。在开展可移动文物普查工作过程中，根据库房条件和藏品类型特点，按文物类别合理安排普查，夏季暑期不安排字画等纸质类藏品，冬季不安排陶瓷类藏品，春秋季安排这两类藏品的拍照登记，夏季和冬季安排玉器、金属等小件藏品的普查，保证文物安全放在第一位。

3. 落实普查工作经费

本次普查是我国重要的国情国力调查，也是各级人民政府对本行政区域内的历史文化资源进行全面调查登记的政府行为。根据国务院关于开展普查工作的通知要求，此次普查所需经费由中央和地方政府分别负担，并分别列入中央和地方相应年度的财政预算。各级普查组织机构应依据普查工作所需要的人力、物力等情况，科学编制普查经费预算，积极落实普查专项经费，并在使用中加强管理，确保实效。

河北省普查经费支出均按照国家和本省有关预算编制的规定的要求和标准，同时制订了《省级可移动文物普查专项经费用款计划》。2013 年度河北省各级普查经费335.94 万元，其中省本级经费 109.42 万元。2014 年度河北省各级普查经费汇总1399.34 万元，省本级经费 400.58 万元。2015 年度河北省各级普查经费汇总 1794.78万元，省本级经费 300 万元。2016 年河北省各级普查经费汇总 1514.34 万元，省本级经费 242.11 万元。河北省 4 年各级普查经费共计 5044.41 万元，省本级经费 1052.11万元。

为加强项目资金的财务管理工作，项目小组严格按照相关规定要求，对批准预算建设内容、做好账务设置和账务管理。在资金使用过程中，严把监督审核关，建立健全内部审批。同时，财务部门定期或不定期对资金使用、管理情况进行自查和检查，会计披露信息、及时、完整，资金的拨付有完整的审批程序和手续，各项制度执行落实较好，使用较为安全规范。为加强项目资金的使用管理，专门制定了《河北省第一次可移动文物普查专项经费管理办法》，所有项目资金的使用都按照《河北省第一次可移动文物普查专项经费管理办法》和本单位的《财务管理制度》，在实施项目的过程中，厉行节约、避免浪费，使项目资金最大限度地发挥作用，并按年度对资金的使用情况进行项目绩效评价。

4. 组建普查队伍

（1）全省各级普查机构和收藏单位针对普查的关键环节做好人才、经费等各项保障措施，确保各项工作科学、有序、规范、高质量推进，各级普查办建立了完备的普查人员队伍。一是普查员队伍，主要由文博系统的工作人员为主，发挥高校学生、离退休人员和志愿者的力量，充实普查人才队伍。二是普查专家队伍，为更好地完成文物认定、数据审核等工作，省普查办在河北省文物鉴定委员会成员基础上，吸纳部分、档案、图书系统等其他行业专家，成立了河北省可移动文物普查专家库，发放了专家证书，并报国家局备案。

以普查员为主体、普查专家为骨干、普查志愿者为补充的普查人才队伍的建立并发挥重要作用。此次普查全省总计投入 2940 人，省级 173 人、地市合计 1143 人、县区合计 1624 人，其中各级普查办工作人员 1346 人、专家 302 人、收藏单位 958 人、志愿者 334 人。全省各级普查办采取组织人员培训和网络培训的形式对国有单位收藏情况调查、文物认定、信息采集登录及审核等方面共进行培训。

（二）调查、认定、采集、登录、审核，分阶段实施

1. 国有可移动文物收藏单位调查阶段

按照国家和全省第一次可移动文物普查实施方案，省普查办在 2013 年 7 月下发了《关于开展国有单位文物收藏情况调查工作的通知》，要求辖区内县级普查机构通过调查、走访、摸底、座谈、查阅档案等多种形式，开展了国有单位文物收藏情况调查登记工作。到 2014 年 1 月调查任务完成，全省共调查国有单位 26669 个，其中中央机关 10555 个，事业单位 13340 个，国有企业及国有控股企业 2384 个，宗教寺庙 390 个。全省共发放《国有单位文物收藏情况调查登记表》26669 份，其中部分单位由于迁移歇业等原因未回馈《登记表》外，共计 26233 份，回收率达 98%，反馈收藏有文物的单位 441 个，占所有调查国有单位的 1.6%。此次调查工作摸清了河北省可移动文物收藏分布状况，为下一步可移动文物普查的文物认定和信息采集登录等工作奠定了基础。

为切实做好国有单位文物收藏情况调查登记工作，省普查办建立了河北省可移动文物普查 QQ 群，将《国有单位文物收藏情况调查登记表》和《国有单位文物收藏情况调查汇总表》的填写范本做成共享文件上传到 QQ 群，进行网上讲解和答疑。时时与各级普查机构了解工作进展情况，了解普查表格中可移动文物认定、调查编号、隶属关系、所属行业、系统分类、物质遗存分类、反馈意见、汇总分类等相关条目中的填报要求，及时解决填报过程中遇到的问题，对全省各级普查机构的工作进行指导和咨询。为高质量高标准完成普查登记工作，确保不漏单位。省普查办积极与河北省统计局等 13 个普查领导小组成员单位沟通协调，得到大力支持与积极配合，获得全省国家机关、事业单位、国有企业和国有控股企业的单位名录、具体地址、联系方式等相关信息，为避免遗漏，对所有名单进行多次核对，最后汇总生成列入本次普查的国有单位名录，掌握了文博系统单位和非文博系统单位的分布情况，以及各收藏单位业务实力，划定全省重点普查区域。各市级普查普办上报了普查汇总数据，省普查办对各市组织县（区）上报的普查登记数据进行全面整理汇总。为保证信息的准确性，省普查办要求各市普查办将各市所辖各级国家机关、事业单位、国有企业和国有控股企业的名录、地址、联系方式等有效信息，与各县（区）普查办摸底调查登记的信息对照；对各市的国有单位数据库名录信息进行认真梳理核对；将所有数据按隶属关系所列中央属、省属、地市属、县区属、街乡属进行分类，分类后的数据按照机关、事业、国有企业和国有控股企业、其他四类进行分类统计；将全部数据中反馈有文物藏品或有物质遗存的单位数据按照隶属关系和单位类型进行分类统计；经过反复核对，确认无误后，将全省国有单位数据按隶属关系、单位性质、调查完成情况、反馈收藏有文物

的单位数量进行最终汇总。保证了国有单位调查登记的全面完成率和数据可靠性。

2. 国有可移动文物认定工作阶段

在完成国有单位文物收藏情况调查后，逐步开展文物系统外国有单位收藏文物或物质遗存的认定工作。2014年8月，省普查办下发了《关于做好河北省第一次全国可移动文物普查文物认定工作的通知》，要求省内各级普查机构实行分级负责开展文物认定工作，省普查办负责对在冀的中央和省属国有单位文物开展认定工作；市普查办负责辖区内各市属国有单位的文物认定工作；县区级普查机构负责辖区内县区属国有单位的文物认定工作。另外，省普查办负责督导检查其下各级普查办开展的文物认定工作，保证全省可移动文物认定工作于2014年底前完成。按照全国和全省可移动文物普查实施方案的要求，省普查办、各市普查办和各县普查办也相继组建了第一次全国可移动文物普查文物认定专家组，对所辖区域内的外系统单位收藏的文物或物质遗存进行认定。为了保质保量完成认定工作，采取各种有效措施，扎实推进普查进程。

一是统一部署，明确步骤。为确保国有单位的文物认定工作在年底顺利完成，对辖区内的国有单位文物认定工作进行统一部署，确定了分步推进的工作思路，即先由各国有收藏单位自行登记，并上报本区域普查办申请认定，再由本级普查办统一组织专家进行现场认定。

二是分组指导，有序推进。省普查办成立了在河北省文物鉴定委员会成员基础上，吸纳部分、档案、图书系统等其他行业专家，建立了河北省可移动文物普查专家库，发放了专家证书。省普查办动态管理专家库人员，组成专家组，每个专家组由具备文博业务副高以上职称的专家及负责人组成，开展省直国有单位文物筛选认定工作。

三是利用网络，有序推动。省普查办建立了全省普查工作QQ群，加强与各市（县、区）普查办和市直国有单位进行沟通，及时解答普查疑问、发布工作信息，建立工作联系机制，提高了工作效率。

四是组织普查办专家组采取主动上门现场认定的方式开展工作。根据各单位报送的待认定文物实际情况，突出重点，周密安排，分批组织相应领域的专家开展现场认定，对认定的每一件文物藏品，都进行现场实物认定。并依据前期摸底调查的结果，明确普查认定的依据、对象和范围，规范普查认定的工作流程。在文物认定过程中，严格按照国家和省普查办规定的文物认定程序，规范有序地进行《文物登记卡》《可移动文物信息登记表》的填写及相关数据采集等工作。

根据全省国有单位文物收藏情况调查结果，全省各级普查机构共完成81436件/套文物或物质遗存的认定工作。其中，省普查办认定完成国有单位9家，认定文物或物质遗存5104件/套，认定为文物普查的3878件/套。各市级普查办认定完成国有单位

97 家，认定文物或物质遗存 61011 件/套，认定为文物普查的 10140 件/套。各县级普查办认定完成国有单位 244 家，认定文物或物质遗存 15896 件/套，认定为文物普查的 6493 件/套。在此次文物认定过程中，主要文物类别有钱币、古籍图书、石器以及战争时期的革命文物等。

3. 国有可移动文物信息采集登录阶段

（1）收藏单位登录情况

河北省普查办要求各市对全省收藏单位完成可移动文物信息登录平台账号分配和注册工作，注册率达 100%。在国有单位文物收藏情况调查时，发放《国有单位文物收藏情况调查登记表》和《国有单位文物收藏情况调查汇总表》时，为确保各单位信息填报准确性，要求辖区内所有国有单位对隶属关系、单位性质、单位类型、行业、系统等信息按要求如实填写，并责成专人负责，加盖单位公章上报市普查办。

（2）国有可移动文物信息采集登录

截至 2016 年 10 月 31 日，全省共有 360 家国有文物收藏单位完成了 1402448 件文物的登录工作。2014 年河北省文物普查进入信息采集登录阶段，这是此次普查任务的关键阶段。全省 992 名普查员参与了此项工作。为确保登录信息的真实性、准确性和规范性，确保信息报送进度和完成率，省普查办要求各级普查机构严格按照《馆藏文物登录规范》《普查藏品登录操作手册》等标准开展文物信息采集、登录工作。一是强化领导。省普查办针对省直各收藏单位和各县区工作进展情况，及时了解各单位普查工作进展，具体部署安排普查工作。二是强化培训。为了提升普查质量、推进普查进度，选派骨干力量参加国家组织的业务培训，省普查办又先后举办了 4 期普查业务培训班，来自全省各级普查机构和重点收藏单位的业务骨干参加了培训。同时，根据全省普查工作的需要，安排 2 名省普查办的工作人员对开展困难的收藏单位进行信息采集登录帮扶指导，并赴现场讲解信息采集程序及登录操作要点。三是强化督察。省普查办充分利用普查 QQ 群、普查工作进度表等形式，及时发布普查信息、了解各单位工作进度，促进了各普查区域、各单位之间的相互学习和交流。使普查员较好地掌握了可移动文物普查的相关规范标准，提高了普查工作水平。

为了普查工作的顺利开展，省普查办通过河北省可移动文物普查 QQ 群，时时与各级普查机构沟通工作进展情况，了解普查表格中可移动文物名称、文物年代、文物类别、文物测量、文物质量、文物来源、文物完残程度、保存状态等相关条目中的采集要求，及时解决采集过程中遇到的问题，对全省普查工作进行全天候具体指导咨询。针对个别收藏单位普查工作人员少、人员变化大的情况，与其及时沟通，对普查人员悉心辅导，保障收藏单位普查人员技术素质，从而保证全省信息采集工作的进度与质量。对于难点问题，共同研讨，省普查办还帮助系统外单位华北军区烈士陵园、河北省作家协会、河北画院等单位完成文物认定、采集登录等工作。在省普查办指导下，各市普查机构还完成了一些难度大、非常烦琐的文物信息采集工作，如承德市外八庙管理处完成的 500 余件/套佛龛文物散件的信息采集。新发现文物珍品，如石家庄市博物馆收藏明代文嘉辑录的《万玉斋帖》和辑录了清代嘉庆、道光及阮元等君臣 30 人墨迹和书法的《梅石观生图》，毗卢寺博物院收藏的古代"外汇"——日本的"宽永通宝"、安南的"景兴通宝"等。

4. 国有可移动文物信息审核阶段

为全面提高全省可移动文物普查数据质量，加快普查审核进度，全力做好普查工作。按照国家文物局的工作安排部署，针对河北省藏品数量大、种类丰富等特点，省普查办增补副高以上职称的市级专家 62 人到省可移动文物普查专家库联合审核数据，从 2015 年底开展可移动文物数据信息审核工作，为顺利推进全省的数据审核工作，省普查办建立三级审核机制：收藏单位自审，县级普查办专家审核小组审核，省、市组织普查办专家审核，并将修改意见反馈给县级普查办及收藏单位。严格按照《第一次全国可移动文物普查数据审核工作管理办法》的规定，逐条逐项认真核实，确保辖区可移动文物信息录入的准确性。一是各收藏单位的审核员根据质量控制与评定标准对 14 项指标项、图像信息、单位信息进行全面审核。二是市、县级普查办对各国有收藏单位的数据进行二级审核并提出修改意见，由市普查办指导收藏单位修改完善。三是省、市联合专家组对平台数据进行三级审核，做最后把关。

为确保普查数据质量。省普查办严格数据审核流程，把好各级审核关口，把握审核的每个环节，保证登录信息的真实性、准确性和规范性。一、省普查办要求各市组织专家组根据国家文物局数据质量控制与评定标准、普查藏品登录操作手册等相关规定开展审核工作，安排省、市普查办专家组成员每星期开一次碰头会，对文物数据信息审核过程中发现的问题进行集中讨论分析，如藏品定名不完整、藏品的年代范围、多种材质藏品质地分类及构成、藏品计件、不规则藏品尺寸测量、藏品完残状况描述、图片不够规范等问题，结合各单位藏品的特点，通过集中分析、咨询相关专家等方法研究解决遇到的具体困难。对需要修改的数据逐一提出修改意见。二是省、市普查办组织人员对专家提出修改意见逐条逐项进行分类汇总，及时指导各单位按照专家的修改意见与馆藏文物进行核对，并在平台上修改完善。省、市普查办对修改后的数据逐条逐项再次进行复核，对发现的问题与各单位进行沟通核对修改，经过三次复核，最终将正确完整的数据报送国家文物局普查工作办公室。三是为了保证普查的时间进度，各级普查机构专家和工作人员克服了时间紧、任务重、数据量大的困难，经常加班加点，放弃了节假日休息，有的甚至带病坚持工作。正是他们勤勤恳恳、兢兢业业的工作作风和敬业精神，保证了在普查平台审核文物信息数据的时间进度。河北省普查办紧紧围绕普查质量控制这条主线开展文物数据审核工作，严控普查质量，全省各级普查机构累计审核数据 90 余万条，为普查工作顺利完成打下较为坚实的基础。

（三）宣传动员

可移动文物形象记载着历史发展的进程，它们不但是认识历史的证据，也是增强民族凝聚力、促进民族文化可持续发展的基础。全省各级普查办结合实际工作情况，认真组织，积极部署，充分利用报纸报刊、广播、电视、网络等多种形式，持续开展宣传活动。目的在于不断增强公众对可移动文物的保护意识，希望社会各界积极参与到可移动文物保护行列中。为全省普查工作创造良好的舆论氛围，省普查办接受河北青年报等媒体的采访报道，并在新华网河北站累计发布简报 28 期。

各市级普查办也加大宣传力度。承德市普查办在承德文物网、《承德日报》、《山庄月报》等媒体对普查中国有单位收藏情况调查、文物认定、文物信息采集、登录、审核等各阶段工作进展情况进行了宣传报道。邯郸市普查办在《邯郸日报》、《邯郸晚报》、市广播电视台开设专题、专栏、专版、专页，对普查工作进展等情况及时跟踪报道。石家庄市普查办在《石家庄日报》《燕赵都市报》等主流媒体和石家庄市文广新局的工作简报共计发布 22 篇，其中《石家庄毗卢寺清点家底》报道了关于毗卢寺 500 多公斤钱币经多名普查员历时月余清检，11 万余枚钱币展真容的普查事迹，使广大群众对普查工作有了更深入的了解。

全省各级普查机构每年利用"5·18 国际博物馆日"和"中国文化遗产日"，当天发放文物普查宣传材料，还配合举办其他活动集中向社会展示。有的县（区）在博物馆、文管所宣传栏张贴文物普查宣传海报，在电视台、公益广告宣传平台播放文物普查宣传片。不断加强可移动文物普查工作的社会宣传力度。通过博物馆进校园、进社区、志愿者服务宣传、高校社会实践基地建设等工作，利用流动宣传车或设置宣传展板和咨询点等在各学校、社区、街道、乡（镇）宣传《中华人民共和国文物保护法》等法规和第一次全国可移动文物普查工作等，增强广大群众文物保护的法律、法规意识和参与可移动文物普查工作的积极性。

（四）质量控制

可移动文物普查工作需要控制普查进度，细化并明确每阶段工作目标。建立普查进度管理和质量控制工作机制，通过自我检查、普查办定期检查、专家核查等多种方式充分保障普查质量。

（1）督导工作

为确保河北省按照普查工作计划，保质保量及时完成可移动文物普查阶段性任务，省普查办在2014年12月对全省可移动文物普查工作进展情况进行专项督导，并下发了《关于开展可移动文物普查专项督导的通知》。2015年初，省普查办严格按照国家文物局普查工作办公室印发《关于做好第一次全国可移动文物普查进度管理和质量控制的通知》和《质量控制自查表》的要求，并下发了《关于做好2015年可移动文物普查进度管理和质量控制等有关工作的通知》，要求2015年3月底完成全部普查认定工作，指导和帮助系统外国有单位开展采集登录工作，对文物信息采集登录工作规定了时间节点。各级普查办要制定审核工作机制和质量考核管理制度，加强现场督导检查，派出专业技术工作组帮扶后进地区、文物系统外收藏单位开展工作。2015年底，省普查办下发了《关于督导可移动文物普查信息采集登录和数据审核工作的通知》，要求认真开展藏品数量核对工作，对平台申报登录的数量与文物统计的数量差距超过10%的专门进行调查，还要求年底之前完成所有文物信息采集登录工作，并填写《藏品数量核对表》《无法按时完成采集登录工作县区普查情况表》，其中有23家普查机构和收藏单位完成情况不好，反馈了问题，并及时得到解决。为推动全省各地可移动文物普查审核、总结、验收等工作的进行，省普查办于2016年5月对全省文物普查工作再次督导检查，并下发了《关于开展可移动文物普查专项督导检查工作的通知》。截至2016年10月底省普查办印发了普查通知28份、方案2个，各级普查机构印发方案400个、制度文件287个。

（2）培训工作

全省各级普查办采取组织人员培训和网络培训的形式对国有单位收藏情况调查、文物认定、信息采集登录及审核等方面共培训289次，省级培训4次，参加689人，各市级培训105次，参加2545人，各县区培训180次，参加1689人。

省普查办分别在2013年12月、2014年7月、2015年10月、2016年3月举办了4期可移动文物普查培训班，针对普查实施方案、工作流程、馆藏文物登录标准、文物认定、普查平台使用、信息采集登录审核等方面进行了培训，培训人员689人次、参加过省级培训的人员回到各收藏单位后，均成为此项工作的业务骨干，对其他工作人员起到传、帮、带的作用，对全面开展河北省可移动文物普查工作发挥了重要作用。

（3）验收工作

第一次全国可移动文物普查已进入验收总结阶段，为做好普查总结和成果发布相关事宜，按照国家文物局《关于做好第一次全国可移动文物普查验收工作的通知》做好普查验收工作的通知要求，河北省在2016年9月底组织各地开展普查验收工作，并让各市按照要求填报《地市级第一次全国可移动文物普查验收表》《第一次全国可移动文物普查验收评分表》，认真撰写《第一次全国可移动文物普查验收报告》。目前，验收组已赴全省各地及各单位完成验收工作。

（五）普查工作总结情况

根据文物普查建档工作要求，各级普查办将普查资料归纳整理，分纸质和电子版两种介质完善了前期普查档案。省普查办分三部分对前期普查所有资料进行建档备案，一是将国家、省、市普查文件资料按级别按类别归档，省普查办将普查档案分为第一部分人员、经费、宣传，第二部分通知、工作机制，第三部分文物认定，第四部分文物信息采集、登录、审核；第五部分文物定性表；二是将各级普查办上报的表格和总结材料进行汇总整理建档；三是将省普查办、省属收藏单位文物认定工作资料整理汇总，并把收藏单位报送的《文物登记卡》《可移动文物信息登记表》编辑成册，建立档案。

三、河北省普查工作成果

经过 4 年多的不懈努力，河北省第一次全国可移动文物普查工作硕果累累，取得了阶段性的胜利。通过这次普查，已经全面掌握了全省辖区内国有可移动文物的基本情况，为全面分析文物保护事业与城区经济社会发展的关系，为研究制定城区经济发展与文物保护事业发展规划提供了科学依据。基本实现预期的普查目标。

（一）掌握本行政区域可移动文物资源情况及价值

1. 摸清数量及分布

全省辖区内国有可移动文物收藏单位数量、分布和可移动文物的等级、种类、来源、完残程度以及入藏时间等情况都已基本掌握。从数据统计情况来分析，在全省 360 家收藏有可移动文物的国有单位中，文博系统内 221 家，系统外 139 家，296 家事业单位，47 家国家机关。博物馆、纪念馆类 111 家，图书馆 16 家，档案馆 40 家。基本上绝大部分可移动文物都保存在文博单位的库房中。

就馆藏可移动文物数量和类别分布来分析，文博系统内的收藏单位的馆藏可移动文物数量占据全省总量的 93.17%，地级市的石家庄、保定、承德、邯郸，馆藏文物数量均达到 10 万件以上。就类别而言，河北省馆藏文物种类包含了全部 35 种，可谓是种类齐全。

2. 掌握保存状况

按照入藏时间来讲，2001 年以来入藏的，占全省可移动文物总量的 34.51%；1977 ~

2000 年间入藏的，占全省可移动文物总量的 48.82%，在此之前入藏的所占比例甚小。通过此次全省可移动文物普查，除了大型博物馆及文物研究所以外，其他国有收藏单位的库房保存条件都较为一般，大部分收藏单位的库房没有使用恒温恒湿的保存条件。

通过这次可移动文物普查，各收藏单位的工作人员，对文物的摆放、保存及保护措施有了更深层次的认知。在信息采集阶段，通过不断的学习，依靠现有条件，开始不断改善文物库房的保存环境，将文物归类整理、打包、封箱以及简单的修复加固，使部分可移动文物的保藏条件得到了明显改善；让藏品管理能够做到制度健全、账目清楚、鉴定确切、编目详明、保管妥善、查用方便。

3. 掌握使用管理情况

全省可移动文物绝大多数都保存在各国有收藏单位的库房中，能够较好展出的藏品，发挥宣传教育功能的，开放比例不足全省馆藏文物的 3%。

就可移动文物使用情况来说，存在很多缺陷和不足，需要做的工作还很多。一是按照统一部署，编制国有文物收藏单位名录及普查藏品精选名录，申请专项资金，编制出版；二是加快本地区各级博物馆建设，促进文化产业升级，开发文创产品。让更多的可移动文物在展示中发挥其更多的教育作用；三是抓紧进行辖区内可移动文物修复工作，让更多的残缺文物能够以完整的形象展现给世人。

第一次全国可移动文物普查是一个重要的系统工程，是文物事业发展的一次重要契机。从可移动文物普查的实践来看，通过此次普查，各级文物保管从业人员的专业素养、保护意识、业务能力和精神面貌普遍得到全面加强。通过普查，文物保护管理机构职能更加清晰，工作目标更加明确，管理效能稳步提升。

（二）健全文物保护体系

1. 完善文物档案

文物普查是科学保护和合理利用文化遗产的基础性工作。开展文物普查，建立可移动文物调查和登录制度，完善文物档案；是有效保护文物，加强文化遗产管理而普遍采用的手段。河北省普查办为了更好地完成这项工作，认真对待每一个环节的普查任务；对采集到的各国有收藏单位的可移动文物信息均已保存为电子档案。

在可移动文物信息审核阶段，专家和工作人员尽心竭力，细致认真，加班加点，对收藏有可移动文物的国有收藏单位的新建账目进行了核对；对不符合可移动文物认定标准的以及分类错误的条目进行了修改和剔除，进一步完善了本区域内的可移动文物清单。本次普查工作取得阶段的胜利，为推动制定各辖区内可移动文物保护规划打下了坚实基础。

2. 完善制度和规范

通过这次全省范围内的可移动文物普查，全省文物管理机构和收藏单位，对文物保护工作有了新的认识。不但重新理顺了可移动文物账目，建立了详细、规范、完整的档案；更使各单位的年轻力量得到了锻炼，迅速成长为技术和业务骨干。通过本次普查，各国有收藏单位建立了一套完整的可移动文物管理规范，对于今后工作中配合基建考古发掘的文物，接受捐赠、征集购买、移交等可移动文物的登记、入档时，更准确、完整的建档起到了承前启后的作用。

3. 明确保护需求

文物普查的目的是对文物更好地进行保护和利用。从普查结果来看，全省可移动文物的保护和利用还有很长的路要走，几乎所有的县级以下收藏单位的库房都不具备基本的安防监控设备，以及正规的文物保藏、收纳设施。文物保护专项资金的严重缺乏是其中的一个重要原因。各级文物行政主管部门已启动专项修复资金对各类文物进行修复，并启用预防性保护。

（三）有效发挥文物在本行政区域经济社会发展中的重要作用

第一次全国可移动文物普查于 2016 年底完成，在圆满完成此次普查任务的同时，全省各级普查办通过图片展、网络展览等形式宣传普查成果。省普查办于 2016 年 4 月下旬在石家庄市博物馆举办"国宝调查　全民分享"——河北省第一次可移动文物普查阶段成果图片展，此次展览活动社会公众反响良好，一直持续到"5·18 国际博物馆日"结束。全省共举办各种形式普查成果展览 41 个，展出藏品 4574 件/套，参观人数近 361.16 万余人次。通过 4 年的普查实践，普查工作取得了阶段性成果，为加强文物保护管理工作打下了坚实基础。下一步，河北省将按照普查对成果管理利用的要求，坚持保护与利用相结合，有效发挥文物在社会经济发展中的积极作用，为推动文化遗产保护工作做出应有的贡献。

建　议

（一）加强普查后续工作的有效衔接

此次普查耗时长，投入巨大，凝聚了文博工作者以及各行业、各系统方方面面的智慧和努力。第一次全国可移动文物普查工作完成后，各级文物部门和收藏单位利用普查得来不易的成果，使之与文物收藏单位的展览、研究、保护、统计等工作有效衔接，需尽快制订相关长效机制、办法，使普查这一阶段性工作发挥加强文物保护管理的长期作用。

（二）进一步利用好普查平台，为可移动文物保护利用提供支持

国家文物局统一开发和运行的全国可移动文物统一平台在普查过程中发挥了普查文物数据登录、交换、存储、共享等重要作用。在普查结束以后，建议充分保证其在可移动文物管理方面的重要作用，同时在普查各系统自身使用方面，深挖提升空间。建议在普查结束后，对珍贵文物数据、资料分析功能、各子系统运行和数据交换等方面的问题加以解决，充分发挥平台的管理和查询功能。

（三）加强对可移动文物认定、数据管理和维护等专业人员的培训和人员队伍建设

在全省各级普查办工作过程中，可移动文物认定专家短缺都是普遍现象，不同程度上制约了国有单位特别是外系统国有单位可移动文物的认定和拣选工作；普查工作的技术性强，要求高，市县级普查工作者的实操水平还不能完全适应国家颁布的登录和操作要求，进一步做好本行政区域内普查可移动文物认定、数据管理和维护人才的培训，对不断提高文博队伍整体素质、完善数据维护管理质量具有十分重要的意义。

（四）加强文博系统外国有单位的可移动文物保护意识

由于多种原因，有些国有单位在收藏情况调查、文物采集登录、数据审核报送等环节中不能很好地配合普查工作，迟滞了普查整体工作，降低了普查工作质量水平，究其关键原因，还是对可移动文物的保护意识不强。建议各级政府、各行业主管部门切实承担起保护国有可移动文物的责任，强化保护文物是重要政绩的科学理念，以实际行动，切实加大文物保护力度。

山西省
第一次全国可移动文物普查工作报告

2012 年 10 月 1 日，国务院印发《关于开展第一次全国可移动文物普查的通知》，决定从 2012 年 10 月到 2016 年 12 月，在全国范围对国家机关、国有企事业单位收藏的可移动文物开展普查工作。

按照国务院统一部署，2013 年 3 月，山西省政府组建了普查领导小组及其办公室，启动了山西省第一次全国可移动文物普查工作，到 2016 年底全面完成了普查任务。

山西是全国的文物大省，可移动文物存量巨大，包括出土文物和传世文物各种类型，从旧石器时代到民国以降，绵延不断，传承有序。1919 年，山西省教育图书博物馆（今山西博物院）在太原文庙成立，成为中国最早建立的国有博物馆之一；1952 年成立的山西省文物工作委员会，设勘察组、古建组、保管组 3 个业务职能部门，拉开了新中国山西文物管理工作序幕。省、市、县三级政府陆续设置了博物馆或文物管理所，形成了可移动文物收藏、保护、研究和展示的立体化格局。可移动文物收藏管理以国有事业单位为主要模式，逐渐向规模化、专业化、科技化进步。改革开放以来，全省的博物馆、图书馆、档案馆以及其他文物收藏单位的事业发展取得了长足进步。

1987～1989 年，省文物局曾组织开展了全省第一次国有文物系统馆藏文物鉴定定级工作，初步摸清了全省文物系统国有馆藏文物概况。1997 年、1999 年，国家文物局在全国范围内分别开展了馆藏历史文物和近现代一级文物的确认工作，对全省馆藏珍贵文物进行了一次系统梳理和专业确认，为此后馆藏文物资源调查和规范管理奠定了专业基础。

2001～2004 年，山西省承担了财政部、国家文物局开展的全国馆藏文物调查和数据库建设试点工作，第一次基本摸清了全省馆藏文物家底，率先建立了全省文物单位馆藏文物信息数据库。

但是，由于山西省文物工作的社会化程度不高，社会管理意识不强，新中国成立以来特别是经历"文革"以后，散存在各国有单位的许多具有历史、艺术、科学价值的图书、字画、办公家具等文物遗失严重，民国以来的工业遗产遗物也没有得到较好的保存和管理，殊为憾事。从整体看，虽然可移动文物管理工作取得了明显进步，但确实还存在许多不足和问题：一是文物家底没有彻底查清，文物系统外文物收藏情况不明；二是文物的登记规范和计量标准不一，难以形成科学统计口径；三是经济落后和地处偏僻地区的文物藏品保存条件恶劣，亟待实施有效保护；四是文物管理人员的专业水平亟须提高；五是长期单兵作战的文物工作者，亟须社会力量共同参与。可移动文物保护管理水平提升，迫切需要开展一次以普查为抓手的大规模的基础性工作，才能得以有力推动。

一、山西省普查数据

截至 2016 年 10 月 31 日，山西省在全国可移动文物信息平台登录可移动文物 653105 件/套，实际数量为 3220550 件。其中，珍贵文物 59219 件/套，实际数量为 76124 件。登录可移动文物信息的收藏单位 413 家。

（一）山西省可移动文物基本情况

1. 类别

表 1　可移动文物类别

可移动文物类别	可移动文物实际数量（件）	实际数量占比（%）
合计	3220550	100.00
玉石器、宝石	54621	1.70
陶器	96544	3.00
瓷器	80013	2.48
铜器	61515	1.91
金银器	3547	0.11
铁器、其他金属器	5169	0.16
漆器	1168	0.04
雕塑、造像	17216	0.53
石器、石刻、砖瓦	40486	1.26
书法、绘画	43070	1.34
文具	4519	0.14
甲骨	335	0.01
玺印符牌	5119	0.16

可移动文物类别	可移动文物实际数量（件）	实际数量占比（%）
钱币	2181268	67.73
牙骨角器	16956	0.53
竹木雕	2665	0.08
家具	4293	0.13
珐琅器	577	0.02
织绣	5046	0.16
古籍图书	444246	13.79
碑帖拓本	10403	0.32
武器	4116	0.13
邮品	4193	0.13
文件、宣传品	42915	1.33
档案文书	14716	0.46
名人遗物	5147	0.16
玻璃器	4323	0.13
乐器、法器	1836	0.06
皮革	5579	0.17
音像制品	19308	0.60
票据	8264	0.26
交通、运输工具	73	0.00
度量衡器	736	0.02
标本、化石	2440	0.08
其他	28128	0.87

2. 年代

（1）可移动文物年代类型

表 2　可移动文物年代类型

可移动文物年代类型	可移动文物实际数量（件）	实际数量占比（%）
合计	3220550	100
地质年代	2363	0.07
考古学年代	35474	1.10

可移动文物年代类型	可移动文物实际数量（件）	实际数量占比（%）
中国历史学年代	3144744	97.65
公历纪年	32868	1.02
其他	2453	0.08
年代不详	2648	0.08

（2）可移动文物中国历史学年代分布

表3　可移动文物中国历史学年代分布

可移动文物中国历史学年代	可移动文物实际数量（件）	实际数量占比（%）
合计	3144744	100.00
夏	2007	0.06
商	4144	0.13
周	176288	5.61
秦	17024	0.54
汉	110927	3.53
三国	153	0.00
西晋	105	0.00
东晋十六国	55	0.00
南北朝	16110	0.51
隋	1252	0.04
唐	178268	5.67
五代十国	4706	0.15
宋	1549196	49.26
辽	1565	0.05
西夏	67	0.00
金	17280	0.55
元	10134	0.32
明	80373	2.56
清	595818	18.95
中华民国	327838	10.42
中华人民共和国	51434	1.64

3. 级别

表4　可移动文物级别

可移动文物级别	可移动文物实际数量（件）	实际数量占比（%）
合计	3220550	100.00
一级	5515	0.17
二级	17082	0.53
三级	53527	1.66
一般	1710815	53.12
未定级	1433611	44.51

4. 来源

表5　可移动文物来源

可移动文物来源	可移动文物实际数量（件）	实际数量占比（%）
合计	3220550	100.00
征集购买	429199	13.33
接受捐赠	73221	2.27
依法交换	855	0.03
拨交	62416	1.94
移交	287536	8.93
旧藏	926267	28.76
发掘	1075595	33.40
采集	72926	2.26
拣选	261045	8.11
其他	31490	0.98

5. 入藏时间

表6　可移动文物入藏时间范围

可移动文物入藏时间范围	可移动文物实际数量（件）	实际数量占比（%）
合计	3220550	100.00
1949年10月1日前	182255	5.66
1949年10月1日～1965年	353569	10.98
1966～1976年	48803	1.52
1977～2000年	1431368	44.44
2001年至今	1204555	37.40

6. 完残程度

表7 可移动文物完残程度

可移动文物完残程度	可移动文物实际数量（件）	实际数量占比（%）
合计	3218257	100.00
完整	1113623	34.60
基本完整	1758094	54.63
残缺	268070	8.33
严重残缺（含缺失部件）	78470	2.44

注：根据国家文物局《关于做好馆藏自然类藏品登录工作有关要求的通知》的要求，登录的自然类藏品2293件（组），不填写"完残程度"指标项。

（二）山西省可移动文物分布情况

1. 按收藏单位隶属关系统计可移动文物数量

表8 可移动文物数量分布（按收藏单位隶属关系）

收藏单位隶属关系	可移动文物实际数量（件）	实际数量占比（%）
合计	3220550	100.00
中央属	53	0.00
省属	851065	26.43
地市属	720333	22.37
县区属	1649097	51.21
乡镇街道属	2	0.00
其他	0	0.00

2. 按收藏单位性质统计可移动文物数量

表9 可移动文物数量分布（按收藏单位性质）

收藏单位性质	可移动文物实际数量（件）	实际数量占比（%）
合计	3220550	100.00
国家机关	24753	0.77
事业单位	3162615	98.20
国有企业	2409	0.07
其他	30773	0.96

3. 按收藏单位类型统计可移动文物数量

表 10　可移动文物数量分布（按收藏单位类型）

收藏单位类型	可移动文物实际数量（件）	实际数量占比（%）
合计	3220550	100.00
博物馆、纪念馆	1722349	53.48
图书馆	107059	3.32
美术馆	21108	0.66
档案馆	31196	0.97
其他	1338838	41.57

4. 按收藏单位所属行业统计可移动文物数量

表 11　可移动文物数量分布（按收藏单位所属行业）

行业	可移动文物实际数量（件）	实际数量占比（%）
合计	3220550	100.00
农、林、牧、渔业	1	0.00
采矿业	507	0.02
制造业	1712	0.05
电力、热力、燃气及水生产和供应业	10	0.00
建筑业	0	0.00
批发和零售业	0	0.00
交通运输、仓储和邮政业	0	0.00
住宿和餐饮业	0	0.00
信息传输、软件和信息技术服务业	0	0.00
金融业	0	0.00
房地产业	0	0.00
租赁和商务服务业	0	0.00
科学研究和技术服务业	0	0.00
水利、环境和公共设施管理业	10	0.00
居民服务、修理和其他服务业	148	0.00
教育	86238	2.68
卫生和社会工作	84	0.00

行业	可移动文物实际数量（件）	实际数量占比（%）
文化、体育和娱乐业	3066578	95.22
公共管理、社会保障和社会组织	65262	2.03
国际组织	0	0.00

二、山西省普查工作组织实施

（一）属地管理、分级负责

1. 组建普查领导小组，成立普查机构

根据国务院《关于开展第一次全国可移动文物普查的通知》，2013 年 3 月 1 日，山西省政府成立了以副省长为组长的山西省第一次全国可移动文物普查领导小组，成员单位由省文物局、省发改委、省党史办、省教育厅、省民政厅、省财政厅、省国土资源厅、省文化厅、中国人民银行太原中心支行、省国资委、省统计局、省宗教事务局、省档案局、省军区、省科学技术协会等 15 个相关厅（局）的组成，办公室设在省文物局。随后，全省 11 个市和 119 个县先后成立了相应的领导机构和办公室。

2013 年 11 月，省文物局分别与省文化厅、省教育厅、省档案局、省国资委、人民银行等重点行业的主管部门，联合下发开展文物普查的通知。文物收藏量较大的系统外单位，如中国煤炭博物馆、山西省档案局、山西省图书馆、山西大学、山西农业大学、山西师范大学、长治学院、彭真纪念馆、刘胡兰纪念馆、晋商博物馆、汾酒博物馆、阳泉市档案局、阳泉市图书馆、关向应图书馆等单位，还成立了普查机构，组建普查队开展本单位的文物普查。其他收藏量少的系统外单位，则派出专门人员配合当地普查办对本单位收藏文物进行普查。

2. 普查机构工作模式及作用

省、市、县（区）文物行政部门作为文物普查工作领导小组办公室，是各级普查领导小组的具体办事机构。各级普查办依据属地管理、分级负责的原则开展工作，负责本地区普查工作的组织实施、业务指导和工作督导。

省普查办由省文物局博物馆管理处牵头，省文物资料信息中心全员参加，抽调局机关和直属有关单位专家，设立有行政组、专家组、技术组和办公室 4 个工作组，全面负责全省普查的行政及技术方面工作。

3. 制定普查实施方案和工作制度

（1）依据国家方案的总体要求，借鉴过去开展的馆藏文物信息化建设和第三次全

国文物普查工作经验，在充分听取部分行业系统、有关专家的建议基础上，省普查办编制并印发了《山西省第一次全国可移动文物普查实施方案》和技术流程。各市、县（区）在国家和省级方案的基础上也都编制了适合本地区实情的普查方案，为普查工作的顺利开展打下了坚实的基础。

（2）实行切实有效的管理机制，推动可移动文物普查有序实施。省普查办制定了《山西省第一次可移动文物普查工作制度》，明确了各级普查办的职责，并通过制度化、信息化、档案化机制形成对各级普查工作的指导和督察；建立信息报送制度，及时、全面地掌握各市普查工作情况，及时总结和宣传工作经验；建立档案管理、信息沟通机制，注册可移动文物普查QQ群、专家数据审核微信群，印制《山西省第一次全国可移动文物普查通讯录》等，以方便工作联络，业务咨询和联络交流。

4. 召开动员会和推进会

2013年4月，召开全省第一次全国可移动文物普查电视电话会议，对全省普查工作安排部署，标志着山西省普查工作至此拉开帷幕。2014年10月22日召开"全省第一次可移动文物普查工作推进会"，2015年4月16日召开第二次推进会。2015年5月28日召开"全省可移动文物普查行业外重点文物收藏单位普查工作推进会"。此外，2015年5～6月，由省普查办领导带队，走访了省直教育、图书、档案、宗教等系统的主管单位及普查领导小组成员单位，进行政策宣传，寻求支持理解。与省教育厅联合召开了高校重点收藏单位推进会，取得了领导层面的认同和大部分收藏单位的支持，局部工作得到较为明显的促进。2015年11月，针对部分市县普查工作进展缓慢等问题，省普查办采用"一市一策"的工作模式，由分管普查的副局长带队，深入市县，登门与分管普查的副市长座谈，取得了明显的效果。

2016年是山西省普查工作的收官之年，为整体推进普查工作，省普查办于2016年4月28日召开了"2016年山西省第一次全国可移动文物普查工作推进会"，并提出了2016年山西省普查工作的"六项目标"和"七项任务"。2016年5月，山西省副省长针对高校、图书、档案等行业外重点收藏单位普查工作进度缓慢、数据偏少的问题做出专门批示，要求相关单位的上级主管部门加强组织领导，确保普查任务圆满完成。

5. 落实普查工作经费

（1）在省财政厅的积极支持下，2012～2013年度的普查经费及时到位。为督促市、县（区）财政落实本级普查经费，2013年5月，山西省财政厅和山西省文物局联合印发《关于做好我省第一次全国可移动文物普查经费保障的通知》，要求各级财政积将普查工作经费纳入本级财政预算并按时拨付，文物行政部门要积极争取支持，按照实际工作需要提出普查工作经费需求。同时为调动各级普查工作积极性，省普查办向全省11 个市、119 个县（区）先行拨付普查启动经费 2 万元，并配置了电脑、相机等基本普查设备。

（2）为确保落实各级普查经费，2014 年 4 月，省普查办对全省各市、县（区）2013～2014 年度经费落实情况进行了检查。此次检查要求所有市、县（区）提交经费下发通知、拨款单据等经费落实凭证，防止弄虚作假。2014 年 6 月，省财政厅和省文物局又联合印发了《关于转发财政部办公厅国家文物局办公室〈关于开展第一次全国可移动文物普查经费保障专项督察工作的通知〉的通知》，对市县普查经费落实情况再次进行检查。

（3）要求各级普查领导小组及其办公室按照国家财政制度规定，加强经费管理，专款专用，厉行节约，反对浪费，确保资金使用的规范、安全、有效。依据《方案》要求，2014 年 10 月，省普查办印发《普查经费补助管理暂行办法》。

（4）2012、2013 年度山西省财政厅共下达全省可移动文物普查经费 1200 万元，主要用于设备购置、普查队员培训、市县普查启动等。另外，2013 年度各市级财政共落实普查经费 422.9 万元，县（区）级财政共落实普查经费 566.9 万元。

2014 年度省财政厅下达全省可移动文物普查经费 540 万元。其中，拨付省文物局475 万，主要用于省直文博单位的普查各项开支。另外，省财政厅还向省科技厅、省档案局、省教育厅、省文化厅、省煤炭工业厅、省委党史办、省宗教局、省民政厅等厅局直属的重点行业外文物收藏单位拨付普查经费补助共计 47 万元。市、县（区）级普查经费方面，2014 年全省 11 个地市共落实普查经费 479 万元。县（区）财政落实普查经费 457.51 万元。

2015 年度省财政厅下达全省可移动文物普查经费 500 万元。其中，拨付省文物局342 万用于普查办各项支出，剩余的 158 万元则用于省直重点文物收藏单位的普查经费补助，其中省文物局直属单位 92 万元，省科技厅、省档案局、省教育厅、省地方税务局、省委办公厅、省宗教局、山西杏花村汾酒集团有限公司、同煤集团、省国土资源厅、人民银行太原中心支行、省民政厅等厅局直属的重点行业外单位 36 万元。2015 年各市级财政共落实普查经费 508 万元，县（区）级财政落实经费 314 万元。

2016 年省级财政下达文物普查经费 460 万元。其中，400 万元拨付省文物局，用于省直收藏单位的普查经费补助和培训、报告出版、宣传、成果展示等费用的支出。其余 20 万则拨付给省科技厅、省教育厅等厅局直属的重点行业外文物收藏单位。

2012～2016 年，山西省共落实普查经费 5760.121 万元，其中省级落实 2700 万元，市级落实 1508.53 万元，县（区）级落实 1551.591 万元。经费中 720 万元用于补助各文物收藏单位的普查工作，其中补助系统内大型收藏单位 617 万元，补助系统外重点文物收藏单位 103 万元。

6. 组建普查队伍

（1）组建普查队伍

省、市、县（区）三级普查办公室均组建了普查队，全省普查队员总数达到了 2457 人（文物系统内 1544 人，系统外 550 人，普查志愿者 363 人），其中省属单位普查队员 373 人（文物系统 223 人，其他系统 70 人，志愿者 80 人），市属普查队员 771 人（文物系统 387 人，其他系统 310 人，志愿者 74），县（区）属普查队员 1308 人（文物系统 934 人，其他系统 170 人，志愿者 209 人），分别来自文物收藏单位、各成员单位、行业博物馆及文物收藏单位及普查志愿者。

根据普查内容和工作进度，省普查办分门别类对普查人员进行了培训，共组织培训 6 届 22 期，培训人数 2944 人/次，培训内容涉及文物基础知识、普查工作流程、标准规范、软件使用、报告编制等。各市、县（区）也根据自身普查工作情况开展了文物认定培训、数据登录培训、文物摄影培训、古钱币登录专项培训、古籍登录专项培训、普查报告编写培训等各类培训 211 次，培训人数达 3736 人/次。

（2）组建普查专家团队

为充分发挥专家在文物普查中的作用，省普查办根据实际需要，从文物、图书、档案、教育、宗教等系统抽调了 108 名专家组成了山西省可移动文物普查专家组，其中文物系统 78 人，其他系统 30 人，包括 1 个综合专家组、3 个省直专家组和 11 个包市专家组。先后对专家进行 7 次培训，培训人数 665 人/次。此外，还举办多次专家工作会，普查中遇到难题召集专家集思广益，遇到问题请专家讨论解决，使专家在掌控普查质量方面起到了关键作用。全省 11 个市还成立了市级普查专家组，共计 51 人。5 个县（区）成立有县（区）级普查专家组，共计 26 人。

（二）全省普查实施阶段工作情况

按照山西省第一次全国可移动文物普查实施方案，山西省普查实施阶段分为国有文物收藏单位调查、文物认定、文物信息采集登录、数据审核、数据上报等不同阶段。

1. 国有文物收藏单位调查情况

省普查办对国有单位的调查采取"通知动员、走访摸底、调查登记、归纳汇总"，分步骤、有秩序推进的方式进行。

（1）通知动员。国有单位调查期间，省普查办进行广泛动员部署，省文物局与省教育厅、省文化厅、省国有资产监督管理委员会、省档案局联合印发了做好普查工作的通知，推进了行业系统的普查工作。

（2）走访摸底。2013年5~6月，在省国资委、省编办、省工商局、标准化研究院等部门和单位的协助下，对山西省国有单位情况进行摸底。经初步查明，山西省国有单位共计43000家。

（3）调查登记。2013年6月，省普查办印发了《关于开展国有单位调查登记工作的通知》，在前期调查摸底的基础上，同步开始对国有单位的文物收藏情况进行调查登记。各级普查办统一印制了由国家普查办编制的《国有单位文物收藏情况调查登记表》，逐一发放给各国有单位，并严格执行登门送达、签章回收。各市采取广泛宣传、创新方式，动员社会力量积极参与，如大同市充分发挥街道办事处作用，整合学校、大学生村干部、网站等各方面的资源，有效调动社会力量参与普查摸底调查工作；平顺、临猗等县由副县长主持召开动员大会，对县域内国有单位系统分类归口，指定专人负责发放回收等。2013年10月底，调查工作全部完成。全省摸底调查国有单位43000家，由于部分单位撤销合并，实有国有单位41316家，实际调查41316家，完成率100%。

（4）归纳汇总。经调查统计，全省41316家国有单位中机关单位9149家，事业单位26440家，企业单位4937家，其他790家。其中全省文物收藏单位481家，共收藏文物136万余件，文物系统外藏有文物的单位307家，收藏文物总量27万余件，涉及26类文物，其中古籍图书占60%，档案文书占30%，实物类文物占10%。据此《山西省第一次全国可移动文物普查文物收藏单位名录（调查阶段）》初步形成。

2. 文物认定工作情况

（1）制订文物认定工作流程。为切实做好国有可移动文物认定工作，2013年11月，省普查办在太原市四家收藏量丰富且具有行业代表性的收藏单位组织开展了文物认定试点工作。2014年1月，省普查办组织专家就文物认定工作流程进行探讨，结合试点工作中的经验和出现的问题，制订了详细的认定流程。2014年6月省普查办下发《山西省"一普"办关于开展可移动文物普查文物认定工作的通知》，文物认定工作按系统内外两部分全面展开。

（2）非文物系统收藏单位文物的认定。根据摸底，山西省需认定的系统外文物总计27万余件。根据提交的需认定文物清单，以古籍图书、档案文书为主。按照流程，从2014年8月开始，省普查办派出由文物、图书、档案、教育等系统约100余名专家组成的专家组分赴全省11个地市的110余个县市（区）展开细致的认定工作。在系统外认定过程中，对藏品特殊的单位，进行了二次认定。如刘胡兰纪念馆，保存有20世纪60年代中央美院和浙江美院师生为刘胡兰创作的100余幅不同形象的油画，积累有上万余封来自全国各地群众向刘胡兰学习的来信，对于这些藏品的定性，专家进行了多次商议，并从北京邀请部分美术方面专家对油画部分进行了二次认定，对照规范标准，最终将油画纳入普查范围。至 2014 年 12 月底，完成了山西省全部行业外 307 家国有单位的文物认定工作，其中符合普查范围的文物收藏单位共 229 家，认定文物 44348 件/套（实际数量 165746 件），最终形成了《山西省第一次全国可移动文物收藏单位名录（修订版）》。

（3）系统内收藏单位文物的认定。文物系统收藏单位的文物认定主要包括各收藏单位的新征集文物，以及在本单位文物库房内未经整理和登录的文物或认定有误的藏品。如，针对大同市博物馆部分书画历史上认定有误的情况，普查办组织专家对有疑问的藏品进行了重新认定，确认其中的 12 件书画为解放初期的印刷品，藏品性质重新定性为资料。忻州市忻府区博物馆旧藏的一件青花梅瓶过去定为明代，本次普查提出重新认定申请，省普查办组织了省内近 10 位相关专家反复鉴定，基本认定其时代为元。对昔阳县公安移交文物重新进行认定，将其中仿品归入资料类。

经统计，全省 11 个地市新认定文物共计 174432 件/套，分布于 272 家单位。其中非文物系统单位 239 家，文物 104704 件/套，文物系统单位 33 家，文物 69728 件/套。

3. 国有可移动文物信息采集登录情况

2013 年 3 月，山西省可移动文物信息采集登录工作进入实施阶段，全省的文物登录工作按计划、有重点、有步骤、有针对性地逐步推进。

（1）抓重点，保数量。山西博物院、山西省考古研究所和山西省文物交流中心是山西省 3 家大型文物收藏单位，申报藏品总量 28 万余件/套，普查任务十分繁重，是省普查工作任务的重点。为了保证这 3 家单位的普查工作能够高效、优质的完成，省普查办在 2013 年 3 月就先期对这 3 家单位的普查工作负责人和普查队员进行了培训。2013 年 5 月，省普查办在这三家重点直属单位先期开展了文物数据登录的试点工作，这不仅加快了这 3 家单位的普查进度，并且为山西省全面开展数据的登录工作积累了经验。

（2）定计划，保高效。为保证采集登录工作能够按时完成，各级普查办在采集登录工作伊始就依据自身情况制订了详尽的工作计划。省普查办与省政府签订年度目标责任制，使普查工作在政府的监管下有序进行。省普查办还依据每年的采集登录工作任务量和各市的文物藏量，确定了各市当年的工作任务量，并建立普查工作的月报制度，各市每月向省普查办报送工作进度，加强省、市间的交流协调，及时解决问题和困难。

（3）抓培训，选骨干。普查队员的业务能力是决定登录数据质量的第一环节，为此，2013 年 7 ~ 8 月，省普查办在普查数据登录工作开始之前即对全省 1000 余名普查队员进行了业务培训。2014 年 5 月，省普查办召集全省普查队员和专家针对《第一次全国可移动文物普查规范标准（修订版）》进行了全面培训。为做好行业外文物的普查工作，省普查办组织了针对非文物系统普查员的培训，来自全省 64 家国有文物收藏单位的 129 名普查队员参加了培训。同时，为扩充普查队伍力量，省普查办还招募了 80 名大学生普查志愿者，并于 2015 年 6 月对他们进行了业务培训。这些培训为普查数据采集登录工作的开展保障了良好的人才技术力量。

（4）抓规范，保质量。山西省出台了多项规范标准，使省数据采集登录工作有章可循、有规可依，这些规范标准包括《山西省"一普"办关于可移动文物普查文物计量标准等有关事项的通知》《山西省可移动文物普查文物藏品定性标准》《山西省文物局、山西省档案局关于第一次全国可移动文物普查档案系统普查范围的通知》等。

（5）抓督导，保进度。省普查办还定期对各市的数据采集登录工作开展实地督导，督导工作以综合组和包市专家为主，督导各市工作进度的同时，实地指导采集登录工作，解决工作难题。2014 年 10 月、2015 年 4 月年召开的"全省文物普查工作推进会"和 2015 年 5 月召开的"全省可移动文物普查行业外重点文物收藏单位普查工作推进会"，均将数据的采集登录工作进度作为重要推进内容。

（6）抓方法，保高效。各地根据实际采取务实的工作方式：一是收藏单位自行组队普查式。主要是系统内和系统外大型收藏单位，如省档案局、省图书馆、山西大学、晋商博物馆等，多组建本系统本单位普查队开展工作。二是联合协作组队普查式，主要用于市、县（区）系统外收藏单位。由于专业力量薄弱，由属地文物系统和收藏单位共同组队，完成普查登录任务。三是收藏单位聘请志愿者参与普查式。部分文物数量过多或本单位人员本职工作任务重，向社会招募志愿者参与普查，例如省博物院、省文物交流中心。四是外包普查式。如省考古研究所部分文物信息采集工作，通过购买服务方式，同有能力开展文物信息采集工作资质的公司合作。五是组织学生队普查式，为了解决一些特殊收藏单位没有人员普查，省普查办和太原师范学院历史系博物馆专业联合，组织了 6 支学生普查队，参与完成了崇善寺、玄中寺、关向应图书馆、平朔汉墓博物馆、垣曲县自然博物馆等单位普查工作。

4. 国有可移动文物信息审核情况

数据质量是文物普查的生命，严格的数据审核是保证数据质量的重要环节。山西省的数据审核采取专家负责制，充分发挥专家作用，分别对各市数据审核包干负责，并制定了"现场指导、数据初审、集中会审、统一上报"的数据审核流程。在数据的登录、审核、上报等每一个环节都严把质量关。

（1）现场指导，保质保量。每个组的包市专家，在实地登录阶段，深入到每家收藏单位的数据登录现场予以业务指导，尤其是对文物的定名、时代、分类、质地、计量等重要指标项给基层普查员以重点指导，确保在数据形成的第一阶段详细、准确。

（2）初审把关、逐条审核。对收藏单位登录的每一条文物数据，包市专家都要进行严格的初核。收藏单位数据采集完成 300~500 条数据，交包市专家组长，组长组织专家成员在收藏单位进行初审，发现问题，对照实物，现场解决。初审采取线下审核的方式，对数据的各个指标项都依照规范严格审核。要求条条过，逐项审，不遗漏。并填写《专家审核意见表》和《普查专家外出工作单》。凭借专家们扎实的专业技术和严谨的工作态度，经过初审的文物数据基本已达到较高的质量水平。

（3）集中会审，释疑解难。为解决文物类别多而杂，全能型专家少的问题，山西省在上报全国可移动文物普查统一平台前对所有数据进行专家集中会审。以综合专家组为骨干，抽调有专长的专家和包市专家组组长，组成会审专家团，每个月对各市上报的数据进行一次会审，每次会审约 3 万~5 万条。集中会审重点解决包市专家初审时解决不了的疑难及争议问题，遇到"疑难杂症"共同协商，集中解决，不留死角。会审要求：三级以上文物抽审率 100%，一般文物抽检 90%。

从 2014 年 1 月到 2016 年 10 月，省普查办共组织了 13 次普查数据的集中审核，为期 79 天，先后有 200 余人次参与数据审核，对 63 余万条数据进行终审。严把数据质量关，是始终不渝的原则。

5. 珍贵文物核查

对于珍贵文物的信息登录和动态管理是山西省一普重点工作之一。2016 年 5 月起，省普查办组织专家对全省珍贵文物进行核查，内容包括珍贵文物信息登录是否全覆盖、珍贵文物登录信息正确率是否 100%、珍贵文物的级别是否合理、珍贵文物账物是否相符等。省普查办制定了包含文物名称、时代、级别、实际数量、级别变动及说明等指标项在内的《珍贵文物核查表》，对全省文物收藏单位的 76124 件三级以上珍贵文物全部进行了核查，每一收藏珍贵文物的单位就核查情况形成书面核查结论。经核查，山西全部珍贵文物账物相符。对部分文物存在定名、年代、计量及级别问题，提出了重新核定藏品性质或文物级别的建议。

（三）宣传动员

开展广泛的宣传是山西普查工作获得全社会支持的有效途径。省普查办制定了《山西省第一次全国可移动文物普查宣传工作方案》，就普查工作的宣传动员做了详尽的部署。

1. 省普查办发挥业务优势，全面部署宣传工作

发挥主导，引领示范。省普查办发挥业务优势和示范作用，宣传方式丰富多彩。普查伊始，省普查办即编印了两套宣传材料，一是《致国有单位的公开信》，配有宣传漫画，画面生动活泼；二是印制了宣传广告画，发放到所有国有单位，广泛宣传张贴，起到了良好的宣传效果。普查阶段，普查办建立了山西省第一次可移动文物普查网和普查 QQ 群、微信群，编写了 62 期普查工作简报。省普查办还对重点系统外文物收藏单位开展摸底座谈和走访调研，赴中国煤炭博物馆、太原钢铁集团、省公安厅、省国资委、省教育厅、中国银行等单位走访调研，在宣传普查内容和方法的同时，了解社会文物的藏量和管理特点，探索合作的有效途径，解决实际工作中可能遇到的问题和困难。

以点带面，提升影响。以重大节日为契机，省普查办通过与媒体的合作，扩大宣传力度，同时向广大公众普及普查知识，传播最新的普查动态。如 2014 年 5 月 18 日即第 38 个"国际博物馆日"，山西电视台、《山西晚报》等多家省级媒体对山西省第一次全国可移动文物普查工作进行大篇幅、详细的宣传报道；山西电视台在 5 月 18 日《山西新闻联播》中对山西博物院和山西省考古研究所的文物信息采集录入工作进行了详尽报道；《山西晚报》在 5 月 18 日以"山西·博物馆日"为主题，在第 05 版和第 06 版分别以"要给每件文物办'身份证'"和"提前一睹'家底'真容"为题，图文并茂的形式全面宣传了山西省一普工作的最新进度。

系列报道，深度宣传。省普查办与《山西日报》《山西晚报》深度合作，推出"山西省第一次全国可移动文物普查"系列报道，记述普查中的人和事，新浪、搜狐、网易等多家网络媒体都进行了转载。同时，《中国文物报》《中国文化报》也对山西省的普查新发现进行了宣传报道。另外，省普查办还与《山西晚报》合作，开辟了可移动文物普查专栏"寻宝特攻"，每期特邀一位专家介绍一件群众喜闻乐见的文物，专栏报道主要围绕文物背后的故事展开，将文物知识贯穿其中，集趣味性、知识性、研究性于一身，已刊登 16 期。2015 年 12 月 18 日，《山西晚报》还出版了 16 个版面的山西省可移动文物普查专刊，系统介绍了山西省可移动文物普查开展的情况和取得的成绩，用数据展现山西省丰富的可移动文物资源，还用"家有传家宝（普查新发现）、寻宝人素描（普查之星）、普查工作纪实"等栏目对 11 个市的普查成果进行了立体的展示。2016 年 10 月 27 日《山西日报》以"山西省可移动文物普查完美收官"为题，图文结合，全面报道了 4 年多来山西省可移动文物普查工作取得的丰硕成果。

立足基层，突出典型。一线普查队员是此次普查工作的主干力量。为了弘扬一线普查队员认真务实的工作精神，激发全体普查人员的工作热情，宣传普查中的重

要发现，各级普查办都积极开展"普查之星"评选工作和"我是普查员"主题征文活动。省普查办共收到各级普查办和收藏单位推选"普查之星"材料 69 份，征文、日志 40 余篇，并择优在"山西文物网"进行了宣传并向国家普查办推荐。

2. 各市、县（区）利用媒体和其他形式积极开展多种形式的宣传动员

太原、晋中、运城等市在电视台和电台播放普查宣传广告；晋中在市中心各交通主干道的 LED 显示屏上投放宣传标语、口号；大同、阳泉、长治等市在微博、微信、贴吧等现代媒体上发布普查开展情况；朔州在高速公路口制作了大型广告牌，并且走进校园给师生们宣传普查和文物知识；运城利用群发短信宣传普查知识；忻州市开辟了普查宣传橱窗，并在人流聚集地设置流动宣传车和文物咨询点；全省 11 个市和多个县（区）均在当地主流媒体上（电视、报纸、网络、广播）专版报道可移动文物普查开展情况和获得的成果，举办以普查为主题的展览和宣传活动，并大量悬挂普查宣传横幅，并走上街头张贴普查宣传海报，发放普查宣传折页等。

3. 重点收藏单位利用自身特点和优势开展多种普查宣传工作

省博物院和省考古研究所，文物藏量大，相关研究多，专家力量雄厚，省普查办利用这些优势，举办多次普查专题研究讲座和公众知识讲座，满足了不同群体对普查工作的不同探知需求。山西省博物院、山西省民俗博物馆 2015 年举办了"传统手工纸"巡展、2016 年与晋城博物馆、大同博物馆联合举办"无锁不谈"专题巡展；晋城博物馆、永济博物馆在普查期间完成了新馆陈列展览，真正将普查成果转化为公众看得到、看得懂的展览。2016 年底，省普查办还举办"厚重山西——山西省第一次全国可移动文物普查成果展"展览以普查工作进程和流程为脉络，将实物与照片、图表相结合，配以现代多媒体展示设备和手段，对山西省普查工作进行了全方位展示。

（四）质量控制

普查工作启动伊始，山西省把握山西实际，着力构建保证数量、控制质量的工作体制，努力实现数量和质量的统一。在制定全省实施方案和登录流程时，做了一些符合山西特点的探索和创新。

1. 技术路线、操作方法、数据审核原则

山西省严格执行国家普查标准、规范精神，确保国有单位全覆盖，收藏认定不凑数，信息登录高质量，先是制定了"一次认定、一次登录、一次审核、一次上报"操作方法，既解决基层普查人员专业能力不足的问题，又解决专家审核网上只见数据、不见实物的弊端，着力提升普查效率；随后确定了"全面覆盖，客观准确，逐条审核、严控质量、把握规范、共商争议"的普查工作原则，努力保证普查数据质量。

2. 普查质量管理体系

文物数据质量是普查工作的生命线。山西省从四个方面狠抓质量控制管理：一是严格执行国家普查标准、规范，做好"规定动作"；二是编制了细则说明、专业指导手册和各类范本，出台了《山西省第一次可移动文物普查质量控制管理暨相关制度建设》和《山西省第一次全国可移动文物普查数据质量控制标准》，使规范标准和基本指标体系更加具体明确，添加"自选动作"；三是建立了"综合专家＋包市专家（省直专家）"的业务管理和督导工作链条；四是充分发挥包市专家的作用，深入普查一线指导检查，定期或随时召开专家培训和研讨会，对普查工作中存在的普遍性问题和疑难杂症，集体"会审"，共同把关。

3. 建章立制，为确保质量夯实基础

山西省普查办制定了严格的专家工作制度。把108名专家团队分为1个综合组、11个包市专家组（每组5~7人）和3个省直单位专家组，每组设立组长一名，责任到人、分工明确，充分发挥每一个专家人员的作用，严格把控质量关。

（1）综合专家组职责，一是释疑解惑，协助包市专家组解决工作中遇到的疑难问题，二是数据抽检，随时对包市专家组提供的数据进行抽查，三级以上文物数据要求100%，一般文物为90%；三是会审职责，配合省普查办工作，完成全省普查数据会审任务。填写《专家数据审核意见表》。

（2）省直专家组职责。一是保质保量完成本单位的数据采集指导和审核；二是协助省普查办审核其他收藏单位数据，要求每月对本单位采集数据审核一次，上报一次，并且填报《专家数据审核意见表》。

（3）包市专家职责，采取组长负责制，组长负责召集本组专家工作。一是认定职责，根据系统外收藏单位文物认定工作流程，负责对系统外收藏单位的文物认定；二是数据审核职责，帮助一线队员现场确定藏品名称、时代、类别、计量等重要指标项，填写《文物认定意见》《可移动文物认定信息登记表》；三是一线检查指导，包市专家除了文物认定和审核数据工作外，要随时深入所包市的文物收藏单位进行检查和指导普查工作，接受普查队员的业务咨询，对于各收藏单位提出的问题给予及时解决，每次外出工作后填写《普查专家外出工作单》，由当地文物部门或者收藏单位盖章确认后生效。专家组所包县，每完成一个收藏单位数据采集，及时进行数据审核，不得积压数据。数据审核时，填写《专家数据审核意见表》，提出修改建议，并在普查一线与收藏单位交换意见，在规定的时间内完成修改任务，上交省普查办进行终审。

4. 珍贵文物核查和验收前的数据质量控制

2016年4月28日，召开"2016年山西省全国第一次可移动文物普查工作推进

会", 提出了 2016 年山西省普查工作的"六项目标"和"七项任务"。其中两项是珍贵文物的数据核查和全省普查工作验收。

（1）珍贵文物核查。普查办组织了 11 个组，主要核查成员为包市专家，为期 1 个月，深入各收藏单位对三级以上珍贵文物进行逐一核查对账，确保上级文物数据质量和账物相符，采集登录的数据准确。

（2）普查验收。2016 年 8 月，山西省根据国家普查验收指导意见，制定了《山西省第一次全国可移动文物普查数据采集登录阶段验收工作实施细则》，在太原市普查办组织验收试点，9 月开始了全省的调查单元验收工作。

山西省的调查基本单元验收（即省级验收）采取了县级准备、市级初验、省级验收三个步骤的分级验收工作程序。为了加强验收准备前的数据整改质量，省普查办下发专文，要求各市、县（区）和省直重点收藏单位的按照统一规格，编制了普查实地数据登录阶段验收文册，对县级准备、市级初验和省级验收各阶段的材料做出明确规定，还印发了统一规格和填写标准的验收文件。9 月底 11 个市全部通过省级验收，119 个县（区）全部通过市级验收，10 月 10 日前完成了省直单位验收。

5. 普查数据整体质量分析

由于山西省在普查全过程中严格执行了国家相关标准、规范，进行了认真的培训，专家全程指导、综合会审，保证了全省普查数据的整体质量，主要表现在：

（1）定名准确，信息量大。普查登记的每件文物，从时代、形制、工艺、器形都要认真推敲，做到"观其名，知其器"。

（2）科学计量，认定准确。专家严格把关，较准确地把握了是否文物、是否登记、是否拆分、是否合并等方面的尺度，实地采集登录阶段上报的登记量有序递增，做到不凑数、不遗漏。

（3）专业度高、技术性强。每条上报的文物，都经过省包市专家和综合专家的多次审核修改，并签字认定，对文物的定名、时代、归类、计量、质地都重要指标项都进行了较为精准的把关，多角度和多点位拍摄照片，一般要求优选 3～5 张上报，信息量少的文物点也必须保证 3 张以上。

（五）普查工作总结情况

1. 编制普查档案

山西省非常重视普查档案的管理工作，并将其列为普查验收工作的重要指标项之一。在《山西省可移动文物普查工作制度》中也对档案管理有明确的规定，要求各级普查办安排专人对普查工作产生的各种电子和文本档案进行存档、归纳和分类整理。

这些档案包括普查数据，工作方案和计划，各类通知，规范标准，各种调查表、分析表和进度表，认定申请和验收申请，认定意见、验收报告、数据审核意见、普查简报、工作总结、工作日志、督导报告、培训教材、方案手册、普查成果、宣传材料、工作照片、经费材料、报销凭证等等。

2. **普查专题研究**

（1）举办相关展览。一些收藏单位在普查过程中，深入整理研究藏品内涵，及时将普查成果向社会展示。2014年和顺县举办"文物'复活'共享成果——和顺县第一次全国可移动文物普查成果展"；2015年，山西省博物院和山西省民俗博物馆联合举办了"传统手工纸"巡展；晋中介休市博物馆举办了"第一次全国可移动文物普查阶段性成果展"；吕梁孝义市皮影木偶艺术博物馆举办了"皮影展览"。2016年，山西省民俗博物馆与晋城博物馆、大同博物馆联合举办"无锁不谈"专题巡展；朔州马邑博物馆举办"朔城珍藏——朔城区文物旅游局就第一次全国可移动文物普查成果展览普查工作成果"。2016年底，省普查办还举办"厚重山西——山西省第一次全国可移动文物普查成果展"。

（2）对文物的认识与研究。以普查为契机对过去认识不清的文物进行重新认识与研究。如山西博物院，借普查整理登录过去未入账的明万历版藏经2000余册，价值较高，是我国图书的珍品。博物院图书馆在对普通古籍中经版书核实过程中发现傅增湘珍藏的《岑嘉州诗七卷》，为明正德十五年熊相、高嶫刻本，极为珍贵，已入选《全国珍贵古籍名录》。系统外文物收藏单位，如长治一中图书馆馆藏《古文渊鉴》在此次普查中被重新认识，该书为乾隆年间四色套印版，为清廷套印本的开山之作弥足珍贵。阳泉市档案馆保存着一批珍贵的保晋公司档案，包括公司章程、股东名册、股东常会报告、合同书、经营概要、股息、息折等，种类全面、数量巨大，是研究民族实业保晋公司发展历程不可多得的宝贵资料。

（3）出版相关图书、图录。已出版印刷或待出版印刷的有《太原馆藏文物精华》《太原市钱币分类参考图录》《太原市馆藏文物精品汇编》《晋城文物精华——第一次全国可移动文物普查选萃》《离石区馆藏文物精品图录》《中国珍贵文物档案山西卷》《晋中可移动文物普查成果图录》《阳泉市第一次全国可移动文物普查精品图录》《阳泉市馆藏文物精品图录》等。

（4）完善藏品数据库。省文物交流中心将业务管理系统与普查软件对接，在保证单位业务工作运行的同时，同步完成了普查数据的导出。

3. **普查表彰情况**

在普查过程中，各级普查办长期举办"普查之星"评选活动和"我是普查员"征文活动，宣传、表彰普查先进单位和个人。在每年召开的全省文物局长会议工作报告中，均表彰年度普查先进单位和个人。

三、山西省普查工作成果

山西省第一次全国文物普查鏖战近 5 年，基本实现了既定普查目标：

（一）摸清了全省国有可移动文物家底

从省、市、县各级行政区域以及各收藏单位可移动文物普查登录总量看，山西省基本摸清了全省国有可移动文物的数量及分布。根据 2016 年 10 月 31 日统计数据，全省共登录可移动文物数据 3220550 件。从地域分布来看，省城太原收藏文物在 1070548 件，占全省文物总量的 33.24%。从珍贵文物数量看，一级文物 3808 件、二级文物 9892 件、三级文物 45522 件，但文物定级在程序上还需规范；从普查形成的数据和技术指标看，全省可移动文物的存放场所和容积、管理人员的数量以及文物本体的保存状况等情况基本得到掌握。各级收藏单位文物保存环境从优到劣的排列，基本呈现出省、市、县的落差；从文物管理人员数量和业务水平方面看，存在着一级馆、二级馆、三级馆和未定馆之间的落差；从文物本体完残程度的四种状态看，无机质文物的保存状况要大大优于有机质文物。图书馆、档案馆、美术馆等 138 家单位的藏品进入文物范畴，丰富和完善了可移动文物的内涵和体系，登录古籍图书、历史档案和美术作品等文物数据 159363 件，占全省总量的 4.95%，弥补了许多文物数量和品类上的弱缺，极大地丰富了全省可移动文物的类别和品质。具体数据分析如下：

1. 山西省可移动文物数据分析

山西全省国有可移动文物收藏量为 3220550 件。从普查总登录量来看，省属收藏单位虽然仅为 31 个，但文物数量占总量的 26.43%，其中系统内的山西博物院、省考古研究所、省文物交流中心 3 个单位文物收藏量达到 721594 件，系统外的山西省图书馆、山西大学、山西农业大学文物收藏量也颇为可观；地市属、县区属文物数量与收藏单位数量成正比，其中，大同市博物馆、长治市博物馆、垣曲县自然博物馆、晋祠博物馆等单位收藏数量名列前茅。

从单位性质收藏数量来看，事业单位文物收藏数量占总量的 98.2%，与全省 353 家事业性质收藏单位的数量相匹配。

从单位类型收藏数量来看，图书馆、档案馆为系统外数量最多的收藏单位。图书系统登录的古籍图书中，以山西省图书馆登录量最大。由于清代以前古籍未进行数据转换，加之古籍登录时未拍书影，故此次仅登录民国图书 19321 件。按照文物、档案系统联合发布的登录范围，山西省省级档案部门登录的文物以实物为主，县区级档案部门登录以纸质档案为主。

从行业看数量分布，文化、体育和娱乐行业收藏量最大，占总量的95%以上，其次是公共管理、社会保障和社会组织，相对存量较多的是教育行业。

从来源看数量分布，考古发掘为文物来源的大宗，旧藏为其次，大部分为各大博物馆馆藏，流传有序。征集购买第三，征集时间分布呈现两极现象，一是20世纪50～60年代，一是改革开放至今，2000年以后，文物征集购买逐渐趋向多元化。

山西可移动文物类别涵盖全部35个分类。从各类文物登录数量看，钱币、古籍图书、陶器、瓷器、铜器等是可移动文物主要类别；而图书、档案等收藏单位，首次将古籍图书、近现代历史资料作为文物藏品；钱币类文物存量最多，主要原因一是计量标准的变化，二是普查前此类文物尚未全部登记，三是近年大型窖藏钱币出土较多。如山西博物院登记钱币共264299件，主要来源于20世纪60～80年代的收藏，其中，忻州原平市武彦村、大同阳高县天桥村、运城市闻喜县苍底村出土圜钱、晋中祁县下王庄及繁峙、交城、芮城等地发现的三晋布币，在入藏时就基本全部登记，形成了数量较大、品类较全的馆藏三晋货币体系；1964～1985年，当时的太原电解铜厂（今山西铜业公司）在回收的铜质器物中拣选了2000余件青铜器和总重超过40吨的历代钱币，全部移交当时的山西省博物馆，馆里将其中的三晋货币全部登记，并按历史年代，每种钱优选登记，其他的整理后封箱库存。1980年以后，随着各项基本建设的开展，不少古钱币大量出土，其中不少归入各地博物馆收藏，如榆次区、长子县、临猗县等地出土窖藏钱币均在10万枚以上，极大地丰富了本次普查钱币时代、种类及数量。

山西发现较早的标本化石主要集中在山西博物院和山西省考古所，后期的发现主要集中在榆社、武乡、垣曲等地区，还专门建设了榆社化石博物馆，与其"化石之乡"地位相符。

山西馆藏标本化石主要品类为古生物化石，主要发现于榆社化石保护区和全省各旧石器时代文化遗址中。山西出土的同性质的标本化石在中央有关科研院所还有大量收藏。

从完残程度看，对照文物类别、质地，无机质文物中的陶瓷器、石器、石刻等文物残损主要原因是物理损坏和自然风化等原因；青铜、铁器、铅器等金属类文物除了出土和流传中的物理损坏外，还存在化学腐蚀及病菌破坏等原因。有机质文物残损比例远远高于无机质文物，其中纸、丝、绢、绵质地的书画、文件、图书等最为脆弱，即使采取保护措施也须谨慎防范。另外，木质类造像、家具、建筑构件等也是易损文物。

从入藏时间看，山西馆藏文物的入藏从 20 世纪 20 年代就已开始，全省文物入藏时间以改革开放为分界线，1980 年以来增速较快，这与经济发展和社会进步有着密切关系。

按年代与地域相结合的汇总方式，分析山西文物历史特点和区域特色，具体数据见表 15。

从表 15 可以看出，太原市（包括省直收藏单位）文物收藏量占到了总数的 33%，大部分年代的存量也比较占优。其中，旧石器存量占全省同类藏量的一半，主要是山西博物院和山西省考古所所藏。民国藏品量较多，也反映出太原作为近代军事、工业、商业都会的历史背景；山西夏商时期文物主要来源运城、吕梁、忻州、晋中等地的考古发现；临汾、运城作为华夏文明和晋文化的核心地域，新、旧石器时代和两周文物存量较大；大同、朔州、运城出土汉代文物较多，太原、长治出土唐代文物较为集中；大同作为北魏都城和辽金重镇，北朝文物和辽金文物明显突出；宋金元时期文物存量较多的是地方窑瓷器和金元墓葬砖雕及钱币等；长治、晋城明清时期琉璃和古建筑构件的藏量较大；晋商的文物主要集中在晋中、太原；阳泉、吕梁、长治作为抗日根据地，革命文物存量最大。

2. 山西省国有可移动文物收藏单位情况分析

经普查统计，全省国有可移动文物收藏单位共 413 家，保管人员 1165 人，珍贵文物总数 76124 件，文物库房面积 100859.3 平方米。全省文物库房的总面积相对 3220550 件的实际文物数，理论上是基本饱和的，但从各收藏单位的实际情况看，存在差异较大。省直大馆和各市新建博物馆、图书馆及少数的县级馆，库房面积能满足需要并有扩展空间，但其他大部分收藏单位的库房面积严重不足；对照全省文物总量，保管人员相对不足，而且分布状况也极不平衡。

从收藏单位隶属关系看，县区属占绝对优势，全省大多数县区均有文物收藏单位，基本做到了收藏单位全覆盖，以县区博物馆、文管所居多；市属单位中，文物部门管理机构齐全，多数市还有档案局、图书馆等。

从单位性质来看，事业单位占 85%，行业主要分布在文化、文物、教育、图书、档案等部门，与文物的文化属性相符。

从单位类型来看，博物馆、纪念馆，图书馆，美术馆，档案馆等公共文化服务单位占收藏总量的 58%，177 家其他单位占总量的 42%。

从行业、系统数据显示，山西省收藏文物的单位涉及 10 个行业，可见全省可移动文物收藏的行业集中度是比较高。

表 15　山西文物历史特点和区域特色表

年代	太原	大同	阳泉	长治	晋城	朔州	吕梁	临汾	忻州	运城	晋中	小计
总计	1070050	240602	48923	230216	95769	233586	88297	419255	66228	373970	351361	3218257
显生宙	11	0	0	0	1	0	4	0	0	53	0	69
太古宙	0	0	0	0	0	0	0	0	0	1	0	1
旧石器时代	8157	375		54	54	6	10	6244	62	781	76	15819
新石器时代	6601	568	16	1120	76	74	328	5801	628	4179	264	19655
夏（约前 2070～前 1600）	773	0	0	21	3	0	11	12	11	1169	7	2007
商（前 1600～前 1046）	1671	31	0	513	14	7	121	171	4	1503	109	4144
周	114648	5659	290	8680	330	1157	1839	12871	4518	19719	6577	176288
秦（前 221～前 206）	865	5	1	53	15376	1	2	209	60	337	115	17024
汉	39167	3233	294	3666	479	4425	3381	7326	9771	25008	14177	110927
三国	96	0	0	45	0	1	0	3	0	6	2	153
西晋（265～317）	56	0	0	17	0	0	6	0	3	13	10	105
东晋十六国	21	0	1	4	0	0	5	0	0	15	9	55
南北朝	4656	10260	20	577	32	64	25	25	50	183	218	16110
隋（581～618）	503	29	3	90	27	54	24	133	2	281	106	1252
唐（618～907）	52608	13735	2982	17264	4403	19830	1972	26174	2736	16702	19862	178268
五代十国	2512	171	4	156	88	759	35	176	220	241	344	4706
宋	274998	155189	24702	142402	57312	197688	17985	240857	27260	172891	237912	1549196
辽（907～1125）	178	1061	0	14	4	198	26	10	51	17	6	1565

续表

年代＼地域	太原	大同	阳泉	长治	晋城	朔州	吕梁	临汾	忻州	运城	晋中	小计
西夏（1038～1227）	35	4	0	3	0	0	0	5	0	17	3	67
金（1115～1234）	4959	2940	259	905	403	1111	601	2283	414	2982	423	17280
元（1206～1368）	5581	825	167	616	25	193	618	856	307	799	147	10134
明（1368～1644）	34896	13260	309	4378	2581	983	8564	2384	7549	4233	1236	80373
清（1616～1911）	300132	22867	10176	24535	5964	4414	27946	90626	6965	60420	41773	595818
中华民国（1912～1949）	177264	9531	8147	23061	7784	2250	16818	19608	5356	33110	24909	327838
中华人民共和国（1949年10月1日成立）	17370	703	79	1128	206	25	1842	1517	132	28136	296	51434
公历纪年	18990	78	1387	838	592	99	6132	1552	116	1032	2052	32868
其他	1757	55	84	34	9	141	0	362	9	1	1	2453
年代不详	1545	23	2	42	6	106	2	50	4	141	727	2648

（二）健全文物保护体系

山西博物院为国家一级博物馆，藏品管理规范，普查前就已经完成一级文物档案的制作。在普查过程中，主要以账物核对相符为主要工作，现已启动二、三级文物已有档案的完善和未建档文物档案的补充制作；山西省考古研究所的清库建档工作主要针对 2002 年以来未整理上账的发掘品；太原、晋中等市文物部门以及一些较大的可移动文物收藏单位，印制了指标项填写完整的藏品总账；其他近 170 多个文物系统内收藏单位已将进一步完善藏品账目和档案制作列入下一步工作目标。新增的 239 系统外文物收藏单位在原有行业藏品总账和档案的基础上增加了文物的科目和类别，有的则建立了文物专账。在普查期间，还有许多收藏有图书古籍及历史档案的系统内文物收藏单位，聘请了图书、档案等行业的专家指导工作。文物档案的全面完善，使作用于可移动文物本体及其保存环境的保护措施得以更加完备。

除山西博物院、山西图书馆、山西档案馆等大馆在普查前就已经建成较为专业的和先进的藏品管理信息化系统外，400 余个可移动文物收藏单位的大部分单位通过普查，依托文物普查"i@ Report 运行系统文物局收藏单位版"为基础，结合 EXCEL 表格及照片备份，基本全部完成了文物藏品档案信息化。山西省文物交流中心在普查试点期间建立了宝友文物藏品管理系统，实现了日常藏品管理与普查数据导入导出和标准化藏品账目的制作。

全面普查解决了不少馆藏可移动文物保护管理中的许多难点和问题，对全省文物保护管理等基础工作的推动作用。一是通过对文物系统收藏单位文物账物核对工作，实现了 100% 账实相符；二是许多失号、错号文物全部返号，不少待登文物有了身份；三是文物名称、时代、质地、尺寸、完残程度等主要指标项得到核实修正；四是文物保存状况实现了从本体到环境、设施的全面掌握；五是首次在文物系统外文物收藏单位开展的普查，一方面使认定登录的文物纳入藏品规范标准管理范围，一方面这些具有行业特性的文物也为传统馆藏文物分类增加了专业性补充。

在国家统一普查标准和流程框架下，省普查办实施了符合本地实际的调查、认定、登记、登录、审核、报送工作流程，促进了馆藏可移动文物管理制度的进一步完善和规范。普查推行的认定原则、定名规范、分类标准及全套登录流程使原有馆藏文物保管制度更加充实，特别是对于管理基础薄弱的中小型博物馆可移动文物管理制度得以建立和健全。在文物利用方面，普查数据为可移动文物分类归纳、专题凝练等专业工作的开展更加便捷，为开展专题性文物研究和举办陈列展览提供了坚实保障。记录完善的文物保存状况记录，为开展批量性专门科技保护的前景更加广泛。

　　通过第一次全国可移动文物普查，全省可移动文物保护指标数据基本掌握，需求逐渐明确，针对馆藏文物库藏条件、保存环境和文物本体进行的专门性建设和保护工作在普查期间就逐年开展。

　　全省共有博物馆（含纪念馆）98 个，图书馆 41 个，美术馆 12 个，档案馆 85 个，均设有可移动文物管理机构。全省各级各类收藏单位文物库房面积总计 100859.3 平方米，保管人员 1165 人。普查开展以来，未健全藏品管理机构和完善管理机制的收藏单位都加强了这方面的工作。如运城市文博系统内的河东博物馆，运城市非文物系统内的运城学院、运城学院师范分院和河津市、永济市、芮城县、万荣县、临猗县、稷山县、新绛县等的图书馆 9 家收藏单位建立了专门的文物藏品管理机构。在省文物局注册登记的国有博物馆 113 个，包括文物系统内 98 个和行业博物馆 15 个，均按照博物馆成立和年检标准设有可移动文物管理机构和专门保管文物的库房。从文物藏品管理机构的现状来看，中小型博物馆的条件设施普遍较差，许多单位的展厅、库房等硬件设施满足不了文物收藏科学规范的要求，特别文物库房建筑年代久，有些还是砖木结构，坚固程度低，文物库房大多陈旧狭小，保管条件差，安全防护级别普遍偏低，达不到规定标准。利用古建筑和近现代重要建筑作为博物馆、纪念馆、文管所，是山西文物收藏单位的一大特色，但在建筑结构和内部设施配套上对于文物库房和展厅有着许多局限和改造上的禁限和难度。

　　普查以来，全省编制预防性保护方案 15 个，立项 10 个，使山西省 10 个市县博物馆的文物预防性保护条件得到极大提高。山西省文物局配合国家文物局关于文物预防性保护政策，已审批立项了 16 个省级文物保存条件改善提升项目，旨在紧急改善地县博物馆文物保存条件恶劣状况。山西省文物交流中心对库房楼及技防、消防设施设备进行了加固提升。普查期间，全省投入 1313 万元用于文物库房条件的改造，明显促进了全省可移动文物保存状况的改善。

　　根据文物保存环境及保护需求，山西省从馆藏文物环境监测、文物库房标准化建设、文物预防性保护设备配置、珍贵文物修复等方面入手，全面提升文物保护水平。依托大同市、太原市、运城市，建设晋北、晋中、晋南三个区域性监测中心，针对不同区域珍贵文物保护现状配置监测设施。按照国家文物局馆藏文物保存条件达标和标准化库房建设工程要求，争取实现省级、新建地市级博物馆文物库房标准化达标率100%，重点实施对藏品数量较多、馆藏珍贵文物较多、馆藏条件较差的县级博物馆标准化库房改造。对珍贵文物予以柜架囊匣配置，做好重点文物展陈或保管微环境质量调控与文物储藏柜和保存囊匣配置工作。争取更多文物修复项目入选国家文物局馆藏珍贵文物修复工程，并重点解决对有机质中文物中书法绘画、古籍图书、碑帖拓本和无机质文物中金属文物以及红色文物及标本化石等易损文物的保护修复。

山西省第一次全国可移动文物普查将全省可移动文物的保护范围扩大一倍。本次普查从文物系统收藏，扩大到覆盖全社会各行业各部门的一次国情国力的调查，全省239家非文物系统文物收藏单位纳入国家文物收藏单位名录。文物类别也从以历史文物为主，扩大到古籍图书、档案文书、文件宣传品等多个领域，进一步丰富了藏品类别。

经过此次普查，非文物系统收藏单位的文物得到科学认定，文物数据全部数字化，从而改变了过去非文物系统收藏单位文物真假不明、价值不清的局面，实现了非文物系统收藏单位的藏品规范化管理。

随着普查的结束，文物系统将加强与非文物系统文物收藏单位的交流、合作。在藏品管理、文物保护、学术研究、科学利用等多个方面给予更多的指导和帮助。对在此次普查中发现的问题，如文物得不到有效保护、残损文物急需修复、缺乏文物收藏场所以及管理人员专业素质提升问题等，文物部门要及时跟进，帮助解决，与收藏单位一起为山西省的文物事业献力献策。

（三）有效发挥文物在山西省经济社会发展中的重要作用

文物普查首次将范围扩大到系统外的各行业，使国有可移动文物的使用管理实现了全覆盖。依托现代信息技术开展的第一次全国可移动文物普查，规范而全面的图文信息给予文物以巨大的生命力，科学的技术保护更趋于专题化、专业化，更将文物的生命续延，文物价值得以更好地发挥。

在文物系统范围内，以山西博物院、山西省考古研究所及太原市考古所等省市级收藏单位在普查过程中就针对性地开展了文物本体的科技保护。山西省文物交流中心普查登录5万多件/套数据，普查期间，将已经登记的文物2000件/套提供给省内各国有文物收藏单位馆藏。文物系统外，山西省图书馆发挥专业优势，积极开展古籍保护工作。

本次普查期间，山西博物院文物保护中心可移动文物保护修复方案共计141个，通过国家文物局审批立项的共计68个，共修复文物2990余件，已通过结项验收的共计25个项目，等待验收项目1个，正在进行的项目有21个。

本次普查期间，山西省考古研究所共有19项文物保护修复项目被国家文物局和山西省文物局批复立项。有2项已经完成结项验收，5项已通过中期检查，6项已经完成，计划于2016年底至2017年初申请结项验收。共完成石碑保护修复1件，青铜器保护修复2139件。

山西省艺术博物馆2014年与山西博物院文保中心合作，修复馆藏青铜器100余件；

为临猗县博物馆保护修复文物近 200 件。

归属于太原市园林局管理的太原晋商博物馆是普查前开放不久的行业博物馆，普查期间，连续两年从山西省文物交流中心完成普查的库存文物中，选征了近百件文物入藏。山西省文物交流中心 2013～2016 年，向山西博物院、晋城博物馆及晋中文化馆（晋中博物馆新馆建设者）等国有博物馆提供了数以千计的普查文物为其馆藏。

专业技术方面几乎达到了"详查"地步的山西省第一次全国可移动文物普查，大量新登记文物和不少因普查而重新认识到新价值的可移动文物，使全省可移动文物的使用价值出现量的突破，博物馆展事也因此而增多，陈列展览质量也因此而提升。

普查期间，建成开放和即将完成建设的市级博物馆 8 个，实现了本省市级博物馆的全覆盖，全省各级各类博物馆举办展览 1568 次。

山西博物院以晋国、佛教、戏曲、造像、玉器等为专题，不仅将文物展览交流到东北、华南、华中和西北地区，还在美、日、澳、台等国家和地区举办特展；省考古所依托考古新发现文物，在向全社会推出专题展览的同时，还开展了公众考古等文化活动和讲座；山西省民俗博物馆 2014 年利用馆藏，与社会专业团体合作，举办了"山西手工纸"巡展；2015 年收存台湾收藏家历代锁具 100 余件，与晋城博物馆、大同博物馆联合组织了"无锁不谈——中国历代锁具展"全省巡展；山西省文物交流中心在库存文物中整理清至新中国成立之初传统童帽 200 余件，策划了"帽美如花　童年记忆——山西老童帽展"，于 2017 年在全省巡展。太原市文物局已经启动了馆藏文物的3D 扫描，用于陈列和文化活动中的数字化展示。

普查期间，可移动文物使用率最高的是历史文物。2014 年，在山西博物院的支持下，晋城博物馆完成基本陈列的更新改造，一直深藏于库房的文物在新改造现代化展厅亮相，晋城博物馆与山西省文物交流中心密切合作，按照征集与展览互相协调推进的原则，在充实馆藏文物的同时密切关注陈列展览的实际需要。2015～2016 年，芮城县、永济市和运城市新馆相继建成开放，使这个文物大市的品质更加出众。伴随普查工作，2015 年，完成了太行八路军总部旧址纪念馆陈列展览的提升改造。

在全省各级政府的领导下，山西省第一次全国可移动文物普查圆满收官，在国家全国可移动文物普查统一平台完成数据汇总，各级普查机构相关普查成果的出版、展示工作已全面展开。

建　议

第一次全国可移动文物普查开行业之先，为国有馆藏文物的收藏管理确立了工作标尺，是一次创造性的尝试，也是一次大胆的实践。纵观整个过程，结合本省实际，提出以下建议：

1. 建立完善的可移动文物普查登录制度

从宏观上看，第一次全国可移动文物普查通过对全国国有单位的一次性全方位扫描，将收藏有文物的国有单位收编，划定了普查工作范围；从工作模式、方法上看，普查工作流程实际是对日常性文物管理过程和方法的解读和示范，确立了行业规范和标准；从效果上看，普查技术促进了各普查单元的收藏单位文物管理专业力量和技术水平的提升，拉近了收藏单位之间的专业差距；从影响上看，五年普查实践，普查技术规范已经深入到文物管理的一线工作点，养成习惯。全面推进普查工作常态化时不我待。

2. 全面加强可移动文物保护工作

本次普查发现大多数文物本体处于残损状态，文物保存环境状态文物库房保护环境还很差，文物保管措施不够到位，文物管理人才还很匮乏等。综合所有问题的关键是：可移动文物保护的投入太少，力量薄弱，技术落后。就山西而言，近年来文物保护经费逐年增长，但投入可移动文物库房建设、人员培训、技术更新和文物本体保护的经费比例偏低，尤其是中小型博物馆长期得不到经费和技术支持，与先进馆的差距逐渐拉大。建议从政府层面组织开展文物收藏单位现状调查，将可移动文物保护列入各级政府责任和财政经费计划；建议各级文物管理部门加强宏观调控，编制分层级、分批次的整体保护规划，面向全省，开展跨区域、跨行业的可移动文物保护专项行动。

3. 开展基层文物管理人员的培训，提升专业能力

从普查可以看出，在人员上，无论是配备人数，还是专业素质，各文物收藏单位尤其是市县级的收藏单位的保管力量明显不足。建议制订中长期培训计划，对全省馆藏文物管理人员特别是要对基层年富力强的现职从业人员，开展文物基本知识、文物操作规范、文物鉴定及安全管理等不同科目的培训，借助省直单位馆藏文物丰富的资源，开展实物讲解和示范教学，真正提升文物管理软实力。

4. 重视和加强文物普查成果的转化和共享

第一次全国可移动文物普查画上圆满的句号。成果的取得来之不易，成果的利用是普查的根本目的。建议各级文物管理部门开展普查成果利用的专项研究和部署，按地区、按专题整合成果，形成可资研究、展览、出版及文创开发的资源，推出专家和百姓都能看懂、读懂的展览和读物，开发了普通民众喜闻乐见的文化产品，让展览吸引人，让作品和产品吸引大众消费，把文物服务社会的作用充分得到发挥。

文物普查是永不落幕的系统工程！

第一次全国可移动文物普查，基本摸清了全省国有文物收藏单位和可移动文物数量、分布情况、本体特征、基本数据等家底。一大批有价值的文物得到发现和认定，"文物身份证"管理体系初见成效，文物资源服务社会能力得以提升。

第一次全国可移动文物普查同时也摸清了可移动文物管理的现状，可移动文物的保护亟须加强；可移动文物普查成果须充分利用；尚未纳入普查对象的社会收藏文物数量至少与国有馆藏文物一样多，有待统一的国家行动来规范统计，依法保护。

文物普查永远在路上！

内蒙古自治区
第一次全国可移动文物普查工作报告

　　为提高我国文化遗产保护水平，促进社会主义文化大发展大繁荣，建设社会主义文化强国，根据《国家"十二五"时期文化改革发展规划纲要》，2012 年 10 月 1 日，国务院印发《关于开展第一次全国可移动文物普查的通知》。国务院决定从 2012 年 10 开始，至 2016 年 12 月结束，开展第一次全国可移动文物普查。2012 年 10 月 17 日，国家文物局印发《关于落实国务院通知精神　认真做好第一次全国可移动文物普查的通知》，国家文物局要求各省市自治区文物局认真学习国务院通知，做好第一次可移动文物普查工作。2013 年 4 月 18 日，国务院召开了全国可移动文物普查电视电话会议，进行动员部署。

　　内蒙古自治区文物局高度重视第一次全国可移动文物普查工作，2013 年 3 月 28 日，自治区文物局召开会议，研究部署第一次全区可移动文物普查工作。2013 年 4 月 16 日，自治区人民政府印发了《内蒙古自治区人民政府关于在全区开展第一次全国可移动文物普查的通知》，自治区人民政府决定在全区开展第一次全国可移动文物普查。2013 年 7 月 16 日，自治区第一次全国可移动文物普查领导小组于召开了全区第一次全国可移动文物普查电视电话会议，动员部署全区第一次全国可移动文物普查工作。

　　内蒙古自治区文物资源特点鲜明，独具特色。一是考古学文化丰富，从旧石器时代至早期铁器时代有 30 余个考古学文化，大窑文化充分证明了在内蒙古地区自距今 50 万年以来就一直有古代先民在此劳动、生息、繁衍。特别是红山文化"中华第一龙"的发现，对中华文明多元一体的科学论断提供了重要的实物证明，也充分说明了内蒙古地区是中华文明的重要组成部分，对中华文明的产生和发展中占有重要地位。二是中国古代北方少数民族，如林胡、楼烦、山戎、东胡、匈奴、鲜卑、突厥、契丹、蒙古等，都从内蒙古大草原崛起，不但在欧亚大陆上创建了卓越的功勋，而且在内蒙古草原上留下了丰富的文化遗产，成为国家、民族以及全人类的宝贵财富。三是近现代少数民族文物独具民族特色，特别是蒙古族、达斡尔族、鄂伦春族、鄂温克族的民族民俗文物丰富多彩。近现代文物特征鲜明，蜚声中外。可移动文物是中华民族文化的实物见证，通过第一次全国可移动文物普查，内蒙古区摸清了家底，是确保国家文化安全、保障人民群众基本文化权益的重要措施，是健全国家文物保护体系的重要基础工作，对维护祖国统一、加强民族团结，加强民族文化大区建设都有着十分重要的意义。

可移动文物是中华民族文化的实物见证。第一次全国可移动文物普查，摸清了全区可移动文物家底，是确保国家文化安全、保障人民群众基本文化权益的重要措施，是健全国家文物保护体系的重要基础工作，对维护祖国统一、加强民族团结，加强民族文化大区建设都有着十分重要的意义。内蒙古的文物是中华民族的宝贵财富，是开展爱国主义和民族团结教育最为生动、形象的教材，其意义重大。尤其内蒙古文物的民族特色及文化内涵丰富，是旅游的核心和灵魂，对于提升旅游品质、促进经济发展、改善人们生活有重要作用。加强文物保护，合理利用文物，对改变内蒙古旅游景点文化含量具有十分重要的意义。

一、内蒙古自治区普查数据

截至 2016 年 10 月 31 日，内蒙古自治区在全国可移动文物信息平台登录可移动文物 1125464 件/套，实际数量为 1506421 件。其中，珍贵文物 15916 件/套，实际数量为 30831 件。登录可移动文物信息的收藏单位 357 家。

（一）内蒙古自治区可移动文物基本情况

1. 类别

表 1　可移动文物类别

可移动文物类别	可移动文物实际数量（件）	实际数量占比（%）
合计	1506421	100.00
玉石器、宝石	31924	2.12
陶器	24836	1.65
瓷器	28202	1.87
铜器	55384	3.68
金银器	16513	1.10
铁器、其他金属器	12308	0.82
漆器	331	0.02

续表

可移动文物类别	可移动文物实际数量（件）	实际数量占比（%）
雕塑、造像	26070	1.73
石器、石刻、砖瓦	39637	2.63
书法、绘画	6219	0.41
文具	1397	0.09
甲骨	55	0.00
玺印符牌	7589	0.50
钱币	855599	56.80
牙骨角器	10960	0.73
竹木雕	26733	1.77
家具	3034	0.20
珐琅器	366	0.02
织绣	7892	0.52
古籍图书	229730	15.25
碑帖拓本	2917	0.19
武器	14424	0.96
邮品	4672	0.31
文件、宣传品	12946	0.86
档案文书	21393	1.42
名人遗物	1047	0.07
玻璃器	6711	0.45
乐器、法器	9642	0.64
皮革	3842	0.26
音像制品	710	0.05
票据	5072	0.34
交通、运输工具	1537	0.10
度量衡器	1080	0.07
标本、化石	15269	1.01
其他	20380	1.35

2. 年代

（1）可移动文物年代类型

表 2　可移动文物年代类型

可移动文物年代类型	可移动文物实际数量（件）	实际数量占比（%）
合计	1506421	100
地质年代	12777	0.85
考古学年代	37484	2.49
中国历史学年代	1438281	95.48
公历纪年	11322	0.75
其他	3542	0.24
年代不详	3015	0.20

（2）可移动文物中国历史学年代分布

表 3　可移动文物中国历史学年代分布

可移动文物中国历史学年代	可移动文物实际数量（件）	实际数量占比（%）
合计	1438281	100.00
夏	1591	0.11
商	526	0.04
周	35586	2.47
秦	812	0.06
汉	43917	3.05
三国	37	0.00
西晋	68	0.00
东晋十六国	37	0.00
南北朝	3784	0.26
隋	345	0.02
唐	145980	10.15
五代十国	1496	0.10
宋	491419	34.17
辽	42569	2.96
西夏	10761	0.75

续表

可移动文物中国历史学年代	可移动文物实际数量（件）	实际数量占比（％）
金	5713	0.40
元	21229	1.48
明	11126	0.77
清	442214	30.75
中华民国	117754	8.19
中华人民共和国	61317	4.26

3. 级别

表4　可移动文物级别

可移动文物级别	可移动文物实际数量（件）	实际数量占比（％）
合计	1506421	100.00
一级	7216	0.48
二级	10183	0.68
三级	13432	0.89
一般	623005	41.36
未定级	852585	56.60

4. 来源

表5　可移动文物来源

可移动文物来源	可移动文物实际数量（件）	实际数量占比（％）
合计	1506421	100.00
征集购买	396689	26.33
接受捐赠	43636	2.90
依法交换	161	0.01
拨交	125774	8.35
移交	192361	12.77
旧藏	449414	29.83
发掘	252617	16.77
采集	36140	2.40
拣选	2311	0.15
其他	7318	0.49

5. 入藏时间

表6 可移动文物入藏时间范围

可移动文物入藏时间范围	可移动文物实际数量（件）	实际数量占比（%）
合计	1506421	100.00
1949 年 10 月 1 日前	20648	1.37
1949 年 10 月 1 日～1965 年	226683	15.05
1966～1976 年	76086	5.05
1977～2000 年	724227	48.08
2001 年至今	458777	30.45

6. 完残程度

表7 可移动文物完残程度

可移动文物完残程度	可移动文物实际数量（件）	实际数量占比（%）
合计	1493210	100.00
完整	233588	15.64
基本完整	1154914	77.34
残缺	98440	6.59
严重残缺（含缺失部件）	6268	0.42

注：根据国家文物局《关于做好馆藏自然类藏品登录工作有关要求的通知》的要求，登录的自然类藏品 13211 件（组），不填写"完残程度"指标项。

（二）内蒙古自治区可移动文物分布情况

1. 按收藏单位隶属关系统计可移动文物数量

表8 可移动文物数量分布（按收藏单位隶属关系）

收藏单位隶属关系	可移动文物实际数量（件）	实际数量占比（%）
合计	1506421	100.00
中央属	16	0.00
省属	379602	25.20
地市属	636681	42.26
县区属	484921	32.19
乡镇街道属	4056	0.27
其他	1145	0.08

2. 按收藏单位性质统计可移动文物数量

表 9　可移动文物数量分布（按收藏单位性质）

收藏单位性质	可移动文物实际数量（件）	实际数量占比（%）
合计	1506421	100.00
国家机关	14638	0.97
事业单位	1489214	98.86
国有企业	804	0.05
其他	1765	0.12

3. 按收藏单位类型统计可移动文物数量

表 10　可移动文物数量分布（按收藏单位类型）

收藏单位类型	可移动文物实际数量（件）	实际数量占比（%）
合计	1506421	100.00
博物馆、纪念馆	1196600	79.43
图书馆	205251	13.63
美术馆	1054	0.07
档案馆	3679	0.24
其他	99837	6.63

4. 按收藏单位所属行业统计可移动文物数量

表 11　可移动文物数量分布（按收藏单位所属行业）

行业	可移动文物实际数量（件）	实际数量占比（%）
合计	1506421	100.00
农、林、牧、渔业	1361	0.09
采矿业	25	0.00
制造业	59	0.00
电力、热力、燃气及水生产和供应业	0	0.00
建筑业	0	0.00
批发和零售业	0	0.00
交通运输、仓储和邮政业	0	0.00

续表

行业	可移动文物实际数量（件）	实际数量占比（％）
住宿和餐饮业	11	0.00
信息传输、软件和信息技术服务业	0	0.00
金融业	28	0.00
房地产业	0	0.00
租赁和商务服务业	0	0.00
科学研究和技术服务业	0	0.00
水利、环境和公共设施管理业	278	0.02
居民服务、修理和其他服务业	19	0.00
教育	66610	4.42
卫生和社会工作	89	0.01
文化、体育和娱乐业	1414289	93.88
公共管理、社会保障和社会组织	23652	1.57
国际组织	0	0.00

二、内蒙古自治区普查工作组织实施

（一）属地管理、分级负责

1. 设立普查领导小组，成立普查机构

2013年4月16日，内蒙古自治区人民政府成立了内蒙古自治区第一次全国可移动文物普查领导小组，负责全区普查工作的组织和领导，协调解决重大问题。由自治区人民政府主管副主席任组长，成员单位包括发展改革委、教育厅、民政厅、财政厅、国土资源厅、文化厅、人民银行、统计局、宗教局、档案局、文物局、军区政治部、自治区科协等15个相关部委参加的自治区普查领导小组，并指定了各行业系统具体负责人。12个盟市成立了盟市级第一次全国可移动文物普查领导小组，领导小组组长都是由主管副盟市长担任。102个旗县区成立了旗县区级第一次全国可移动文物普查领导小组，领导小组组长都是由主管副旗县区长担任。

为了合理统筹安排全区普查各项工作，加强对普查工作的指导，保质保量完成普查任务，2013年5月13日，成立了内蒙古自治区第一次全国可移动文物普查领导小组办公室，办公室设在自治区文物局，由自治区文物局局长兼任主任，负责普查工作的

日常组织和具体协调。12个盟市成立了盟市级第一次全国可移动文物普查领导小组办公室，由盟市文化局分管副局长（文物局长）担任领导小组办公室主任。102个旗县区成立了第一次全国可移动文物普查领导小组办公室，由旗县区文化局分管副局长（文物局长）担任普查领导小组办公室主任。

为了有效开展全区普查工作，加强对普查工作的技术指导，保质保量完成了文物认定、信息采集、汇总、上报任务，2013年5月13日，成立了内蒙古自治区第一次全国可移动文物普查领导小组办公室项目部，办公室设在内蒙古博物院，由内蒙古博物院院长兼任主任，负责文物认定、信息登录和数据管理工作，各盟市主要文博业务单位领导成为项目部成员。盟市旗县区也都成立了相应的第一次全国可移动文物普查领导小组办公室项目部，成立了12个盟市级项目部和102个旗县区级项目部，主任由盟市旗县区业务单位主要领导担任。

第一次全国可移动文物普查是一项重大的国情国力调查，涉及范围广，技术要求高，调查任务重，工作难度大，需各有关部门的积极参与和配合。自治区文物局已分别与自治区档案局、教育厅、民政厅、文化厅、国资委、财政厅、新闻出版局七部门联合转发了国家七部门的通知，与党史办、发展改革委、教育厅、民政厅、财政厅、国土资源厅、文化厅、人民银行、统计局、宗教局、档案局、文物局、军区政治部、自治区科协等部门密切合作，分别就各部门各系统的普查工作做出统一安排部署，同时要求各地各部门按照通知要求，各司其职，协调配合，统筹安排，共同做好全区各相关系统的可移动文物普查工作。国有文物收藏单位均建立了联系制度，并确定了专人负责可移动文物普查工作。各单位积极组织专人参加全市各类可移动文物普查培训班，为普查工作奠定了坚实的基础，也确保了重点行业、系统按时圆满完成普查工作。各盟市旗县区也都与相关部门建立起普查协调机制，密切配合，共同完成普查任务。

内蒙古博物院、内蒙古自治区考古研究所、内蒙古图书馆、内蒙古档案馆、赤峰市博物馆、呼和浩特市博物馆、将军衙署博物院、包头市博物馆、鄂尔多斯市博物馆、鄂尔多斯青铜器博物馆、通辽市博物馆、呼伦贝尔博物馆、乌兰察布市博物馆、兴安盟博物馆、阿拉善盟博物馆、巴彦淖尔市博物馆、乌海市博物馆、锡林郭勒盟博物馆等大型国有文物收藏单位都建立了普查工作组，抽调业务骨干，专门从事普查工作。全区文物系统积极协调其他行业系统收藏单位做好普查工作，协调各方关系，建立普查专门机构，派出专家认定文物，派出业务人员指导普查工作科学、有序开展。

自治区普查办公室每月月初定期召开普查推进会，对照国家普查办公室统一部署，加快推进普查进度。每月月底自治区项目部定期召开普查会商会，召集专家共同解决普查中存在的业务问题，严控普查质量关，提高普查质量。定期会议制度及时发现和解决了普查中存在的问题，确保全区的可移动文物普查工作科学、规范、有序、高效开展。

2. 制定普查实施方案和工作制度

2013 年 5 月 2 日，根据国务院《第一次全国可移动文物普查实施方案》，内蒙古自治区第一次全国可移动文物普查领导小组办公室制定了《内蒙古自治区第一次全国可移动文物普查实施方案》，明确了普查的意义、目标、范围、内容、技术路线、组织、时间、实施步骤、数据管理、成果应用、经费、宣传、总结等方面内容，确保普查工作科学有序推进。各盟市旗县区根据自治区普查实施方案制定了本地区普查实施方案，制定盟市级普查实施方案 12 个，旗县区普查实施方案 102 个。各级普查方案对普查工作的整体实施进行了具体部署，对普查的阶段工作进行了任务分解和责任明确。

为了合理统筹安排全区普查工作，确保普查各项工作有序进行，2013 年 6 月 14 日，内蒙古自治区第一次全国可移动文物普查领导小组办公室编制了《内蒙古自治区可移动文物普查时间表、任务书、责任人一览表》，安排了普查各段时间的工作内容，落实到责任单位和责任人。各盟市旗县区都编制了本地区的普查时间表、任务书、责任人一览表，盟市级普查时间表、任务书、责任人一览表 12 个，旗县区普查时间表、任务书、责任人一览表 102 个。

全区盟市旗县区普查机构按照各级普查实施方案，每项普查工作责任到人，严格执行普查时间表，高质量超额完成普查任务。

3. 落实普查工作经费

自治区普查办编制了《内蒙古自治区第一次全国可移动文物普查预算》。2013 年自治区财政安排普查经费 400 万元，2014 和 2015 年每年安排 423 万元，2016 年安排402 万元。

盟市按照自治区普查预算标准，编制了各盟市普查预算。旗县区按照本盟市普查预算标准，编制了各旗县区普查预算。2013 年全区盟市级经费落实 293 万元，旗县区级普查经费落实 252.1075 万元。2014 年全区盟市级经费落实 564 万元，旗县区级普查经费落实 388.2174 万元。2015 年全区盟市级经费落实 353 万元，旗县区级普查经费落实 252.107 万元。2016 年全区盟市级经费落实 319.3 万元，旗县区级普查经费落实178.418 万元。

表12　内蒙古自治区各级普查经费统计表

（单位：万元）

	2013 年	2014 年	2015 年	2016 年	总计
总计	945.1075	1375.2174	1028.107	899.718	4248.1499
自治区级	400	423	423	402	1648
盟市级	293	564	353	319.3	1529.3
旗县级	252.1075	388.2174	252.107	178.418	1070.8499

　　4 年间自治区级经费落实总计 1648 万元，盟市级经费落实总计 1529.3 万元，旗县区经费落实总计 1070.8499 万元，全区普查投入经费总计 4248.1499 万元。普查经费基本到位，为普查工作提供了资金保障。经费做到了专款专用，主要用于购买可移动文物普查设备（电脑、移动硬盘、照相机、三脚架、灯光器材、复印机、置物架、背景纸、测量仪器等设备）和人员培训等普查工作，为全区第一次全国可移动文物普查工作的顺利开展提供了经费保障。根据盟市旗县区工作量和财政情况，自治区普查办对各盟市旗县区每年补助普查经费 15～45 万元。根据文物收藏量，自治区普查办对文物系统外的图书馆等国有文物收藏单位提供了普查经费。盟市普查办视具体情况，对旗县区和系统外收藏单位给予经费支持。内蒙古自治区普查经费做到了总体谋划，逐级申请，统筹安排，专款专用，为全区第一次全国可移动文物普查工作的顺利开展提供了经费保障。

4. 组建普查队伍

　　为确保普查高质量按时完成，内蒙古自治区建立起 4 支普查队伍。一支是普查专家队伍，2013 年 5 月 13 日，成立了内蒙古自治区第一次全国可移动文物普查专家组，主要负责普查的文物认定、定级和审核工作。公布了专家组人员名单，各方面专家共计 26 人。由于普查涉及不同行业和系统，为加强在整个普查过程中有关业务的咨询和指导，自治区文物局加强专家参与力度，2016 年 7 月 29 日，自治区新增加专家 10 人。旗县区级专家 133 人，盟市专家 94 人，自治区专家 36 人，全区总计专家参与普查专家 263 人。一支是普查志愿者队伍，为扩大普查队伍，充分调动社会力量，各地将在校大学生、文博爱好者等纳入普查志愿者队伍中，还有一些有摄影特长的志愿者参与藏品拍摄和有电脑特长的志愿者参与数据录入上传等工作中，自治区级普查志愿者 38 人，盟市级普查志愿者 261 人，旗县级普查志愿者 322 人，全区普查志愿者共有 621 人。一支是各收藏单位工作人员，其中自治区级收藏单位 335 人，盟市级收藏单位 204 人，区县级收藏单位 659 人。一支是各级普查办工作人员。自治区级普查办工作人员 44 人，盟市级普查办工作人员 216 人，区县级普查办工作人员 627 人。其中，普查向全区国有文物收藏单位 988 名普查员发放了普查证，自治区级 46 人、盟市级 289 人、旗县区级 653 人，负责采集普查数据。形成了以普查员为主体，普查专家为骨干，普查志愿者为补充，专兼结合的普查人才队伍全面建立并发挥重要作用，全自治区投入普查人员 2969 人。

表 13　内蒙古自治区各级普查人员统计表

（单位：人）

	普查办	专家	收藏单位	志愿者	总计
总计	887	263	1198	621	2969
自治区级	44	36	335	38	453
盟市级	216	94	204	261	775
旗县级	627	133	659	322	1741

　　为了加强普查人才队伍建设，自治区派人参加了国家文物局举办的培训班（共 8 期），培训 56 人次。自治区共举办培训班 13 期，共培训人员 1605 人次。2013 年举办全区可移动文物普查普查骨干培训班 2 期，培训人员 316 人次。2014 年举办内蒙古自治区第一次全国可移动文物普查登录信息平台骨干培训班 3 次，培训人员 412 人次。2015 年举办内蒙古自治区第一次全国可移动文物普查数据采集培训班 5 次，培训人员 515 人。2016 年举办内蒙古自治区第一次全国可移动文物普查数据审核与总结报告编制培训班 3 次，培训人员 362 人。盟市级举办培训班 55 期，培训人员 1514 人次。旗县级举办培训 219 期，培训人员 1187 人次。内蒙古自治区总计举办培训班 287 期，培训人员 4306 人次。培训内容包括第一次全国可移动文物普查标准规范、工作要求，信息采集、数据登录、工作管理、在线填报、审核流程、离线填报、单位及用户管理、信息管理操作等内容。通过多次培训，各地可移动文物普查业务骨干迅速熟练掌握了第一次全国可移动文物普查技术，解决了工作中遇到的问题，为保质保量完成全区第一次全国可移动文物普查任务奠定了坚实的基础。

（二）调查、认定、采集、登录、审核

1. 国有可移动文物收藏单位调查阶段

　　在国有文物收藏单位调查工作中，范围包括国家机关、事业单位、国有企业及国有控股企业三大类国有单位，涉及 20 个行业和系统。2013 年 6～12 月，全区通过发放、填写、回收调查表与实地核对相结合方式，开展国有单位调查。2014 年 1～2 月，全区各级普查机构对国有可移动文物收藏单位调查开展"回头看"，查缺补漏，不留死角，全面完成国有可移动文物收藏单位调查。全区各级普查办印制了《国有单位文物收藏情况调查登记表》，向各国有单位发放，全面开展国有单位调查摸底工作。经过全区各级普查人员的努力，完成了《内蒙古自治区国有单位文物收藏情况调查工作总结》《内蒙古自治区国有单位文物收藏情况调查汇总表》《内蒙古自治区申报文物数量统计表》，《内蒙古自治区文物数字化现状调查表》《内蒙古自治区初始化信息表》《内蒙古自治区收藏单位初始化信息统计表》，国有单位文物收藏情况调查工作有效完成。

各级普查机构充分利用和发动政府管理的力量和资源，旗县以乡镇、苏木、街道、社区的网格化为片区单元，开展调查表发放和回收工作，全区共向国有单位发放调查登记表 17778 份，共计收回 16556 份，回收率达 96%。调查登记的国有单位 17778 个，其中国家机关 6832 个，事业单位 8965 个，国有企业及国有控股企业 1632 个，宗教寺庙 349 个。

调查中反馈收藏有文物的国有单位共 980 个，占所有调查国有单位的 5.9%。其中博物馆、纪念馆 247 个，图书馆 219 个，美术馆 204 个，档案馆 138 个，其他机关事业单位 172 个。980 个国有文物收藏单位中中央、自治区属单位 14 个；盟市级单位 398 个；旗县区及以下级别单位共 568 个。按照单位性质划分，国有文物收藏单位主要集中在文化、体育和娱乐业，共计 673 个；其次是公共管理、社会保障和社会组织业，共计 273 个；其余的 34 个分布在教育、卫生和社会工作等行业。

由于部分单位迁移、合并、取消等原因未回馈《登记表》，还有部分单位没有组织机构代码证，无法填写表格。其余国家机关、事业单位、国有企业及国有控股企业全部回馈了《登记表》。

通过此次调查工作，全面掌握了自治区国有可移动文物收藏单位的性质、行业分布和收藏文物的数量、种类、保护管理等情况，为下一步开展文物认定、信息采集、登录等工作打下坚实基础。

2. 国有可移动文物认定工作阶段

为做好可移动文物普查文物认定工作，自治区普查办印发了《关于做好全区第一次全国可移动文物普查文物认定工作的通知》，内容包括文物认定的单位和对象、认定依据、认定原则、定名标准、认定工作任务分解、认定工作程序、认定时间安排等。各盟市、旗县区已按通知要求，全面开始文物认定工作。

在文物认定过程中，推行分级认定工作模式，文物收藏单位专家先认定，不能认定的文物提交给旗县区级专家组，依次提交盟市、自治区专家组。2013 年 12 月~2014 年 6 月，全区文物认定工作全面展开，文物认定的重点是文物系统外单位，专家先后对 978 家国有文物单位进行文物认定工作，全区共认定文物 55207 件/套，其中文博系统内新发现、新认定藏品 38466 件/套，非文博系统内新发现、新认定藏品 16174 件/套。各盟市均有新发现和新认定的文物。通过第一次全国可移动文物普查的大规模文物认定，一些具有一定价值的文物被发现和认定，纳入国家文物保护管理体系。

从 2015 年 11 月 9 日开始，到 2016 年 7 月 14 日结束，自治区文物局派各领域自治区专家以及盟市旗县区专家共同组成的自治区专家组，行程三万五千公里，对全区 12 个盟市 102 个旗县区的 81 家文博单位进行了文物定级的初步筛查。2016 年 12 月 21～27 日召开自治区专家委员会对初步定级文物进行了审核，自治区文物局最终确定 3256 件/套为珍贵文物，其中一级文物 156 件/套，二级文物 616 件/套，三级文物 2484 件/套。

3. 国有可移动文物信息采集登录阶段

2012 年 10 月，内蒙古自治区国有文物收藏单位接到国务院印发的《关于开展第一次全国可移动文物普查的通知》，开始着手清理藏品库房和建档工作。2013 年 7 月，自治区普查办印发了国家文物局第一次全国可移动文物普查工作办公室编辑的《第一次全国可移动文物普查工作手册》。2014 年 6 月全国可移动文物信息登录平台建成并正式启用，内蒙古自治区各国有文物收藏单位按照《第一次全国可移动文物普查工作手册》将文物信息采集数据上传登录至国家可移动文物信息登录平台上。2014 年 9 月，自治区普查办印发了国家文物局第一次全国可移动文物普查工作办公室编辑的《第一次全国可移动文物普查藏品登录操作手册》。全区各级普查办严格按照普查手册对可移动文物信息采集要求进行文物信息采集工作。登录数据采取即时上传和集中上传相结合的方，2015 年年底各盟市集中上传采集数据，除内蒙古博物院完成上传 75% 以外，包头市、呼伦贝尔市、兴安盟、通辽市、赤峰市、锡林郭勒盟、乌兰察布市、鄂尔多斯市、巴彦淖尔市、乌海市、阿拉善盟的 11 个盟市均完成了文物信息采集工作，呼和浩特市地区藏品超过 10 万件/套的内蒙古博物院藏品采集率超过 75%。2016 年 6 月，全部完成文物信息数据采集工作，至此，全区超额完成了国有单位藏品数据采集工作，采集文物 1506421 件，完成收藏文物预估量的 103.58%。

在普查数据采集和登录工作中，各项目办采用分组作业，高效推进工作方法。各收藏单位分为藏品数据采集组、摄影组、录入组、资料组、专家组、宣传组等组，分工协作，形成一条龙式工作模式，加快速度，确保全区超额完成普查任务。由于非文博系统单位业务力量薄弱，各级项目办采取多种形式帮扶，推进藏品数据采集和登录工作。对于没有技术人员的单位，项目办派人上门采集数据，代为登录。对于技术人员不足的单位，项目办采取培训方式，指导藏品数据采集和登录。团结协作，共同完成对文物数据的采集和登录。

4. 国有可移动文物信息审核阶段

依据国家文物局《关于发布第一次全国可移动文物普查数据审核工作管理办法的通知》精神，结合全区实际情况，实行多级审核程序，离线审核与在线审核相结合。各收藏单位先由单位专家审核后单位负责人签字，再依次经旗县区级、盟市级审核，最后自治区级专家进行最终审核。

各收藏单位采集数据在上传国家可移动文物信息平台经本单位专家随时进行在线审核。2016年1~4月，旗县区专家完成了旗县区级数据在线审核工作。5~6月，盟市级专家完成了盟市级审核。

自治区第一次全国可移动文物普查项目部按照国家文物局《第一次全国可移动文物普查数据审核工作管理办法》，审核范围覆盖全部收藏单位，覆盖全部文物类别，三级以上的文物逐条审核的原则，自治区普查项目部邀请《内蒙古自治区第一次全国可移动文物普查实施方案》中公布的专家，每次按各盟市文物数据情况，选出六至八位不同专长的专家和一名组长，进行数据审核。

2016年7月13日~8月18日，内蒙古自治区专家先后对阿拉善盟、巴彦淖尔市、兴安盟、乌兰察布市、赤峰市、通辽市、乌海市、锡林郭勒盟、呼和浩特市、包头市、鄂尔多斯市、呼伦贝尔市普查办提供的第一次全国可移动文物普查数据进行自治区级终审，终审数据1506421件。

自治区终审发现全区数据采集整体状况良好，但也存在着个别藏品定名、年代、藏品分类、质地选择、文物数量、尺寸描述等方面不够准确，完残程度与完残状况不匹配，照片不规范等问题。存在以上问题原因主要是文博系统业务技术人员严重缺乏，业务水平有待提高。而文博系统外的藏品收藏单位业务力量不足，导致数据采集出现偏差。经过专家终审后，将审核后数据及专家意见表及时由所辖普查办通知收藏单位，各收藏单位在专家指导下进行修改，将差错率控制在0.5%之内，达到合格要求。

（三）宣传动员

为扩大普查工作影响力，争取社会广泛支持，全区各级普查机构组织开展了丰富多彩的宣传活动。2013年6月5日，为了做好普查宣传工作，扩大普查工作的影响力，提升全社会文物保护意识，争取各方面的参与与支持，内蒙古自治区第一次全国可移动文物普查领导小组办公室编制了《内蒙古自治区可移动文物普查宣传方案》，对普查宣传的意义、目标、内容、形式、实施步骤、组织、经费作了明确规定。盟市旗县区根据本地特点，制定了本辖区的普查宣传方案，盟市级普查宣传方案12个，旗县区普查宣传方案102个。

　　全区各普查机构把普查作为本行政区域内重点文化工作进行宣传，并根据普查的不同阶段分别确立了相应的重点内容。此次普查宣传主要采取了阶段性集中宣传与长期宣传相结合的形式，覆盖报纸、杂志、广播、电视、网络、移动传媒等各类媒体。通过在报刊开设可移动文物普查专栏、发放宣传页和海报、开设网站、在公共场合播放普查信息或公益宣传短片和利用"国际博物馆日""中国文化遗产日""草原文化遗产日"活动集中宣传、通过手机平台发布普查公益短信等多种宣传形式，扩大普查工作影响力。

　　在内蒙古文化网、《内蒙古日报》、内蒙古社科动态等媒体开设普查宣传专栏，利用电视、微博、微信、QQ、LED屏等多媒体多方宣传第一次全国可移动文物普查工作。

　　2013年8月6日，自治区人民政府新闻办公室在呼和浩特市召开自治区第一次全国可移动文物普查新闻发布会，《内蒙古日报》、内蒙古电视台、内蒙古电台等30余家媒体参加了新闻发布会并进行了宣传报道。自治区文物局与《内蒙古日报·文化版》合作，于2016年5月5日发表了《我区可移动文物有了"身份证"》，宣传普查作用和普查先进事迹。2016年5月20日，在《中国文化报》上以《让草原文物这张"金色名片"闪闪发光》为题进行报道，宣传自治区第一次全国可移动文物普查成果和意义。2013年12月10日，由内蒙古自治区第一次全国可移动文物普查领导小组办公室编辑出版普查宣传手册《内蒙古自治区第一次全国可移动文物普查800问》，内容涵盖普查基本要求，历史、民族基础知识，可移动文物知识等，是一部了解可移动文物普查的简明知识读本，印刷3500册，在全区发放，得到了社会各界的广泛好评。2016年第4期《内蒙古文物》把内蒙古自治区第一次全国可移动文物普查作为专题，12个盟市分别介绍一普开展工作，全面总结普查成果。内蒙古自治区第一次全国可移动文物普查领导小组办公室印发普查简报51期，及时报道自治区普查最新进展。各盟市领导小组办公室印发多期简报，报道本地区普查进展情况。

　　盟市旗县区开展了丰富多彩的普查宣传活动，利用"中国文化遗产日""国际博物馆日""草原文化遗产日"通过悬挂宣传标语、展出展板、散发传单的方式向广大群众进行可移动文物普查宣传知识。利用网络、电台、报纸等新闻媒体广泛宣传第一次全国可移动文物普查成果、意义。乌兰察布市博物馆拍摄的公益宣传片《可移动文物普查进行时》，在第二届中国公共考古仰韶论坛中荣获考古动漫微电影类一等奖。

　　通过这些宣传活动，广大群众了解到文物保护的重要性，提高了保护文化遗产的意识，积极提供文物线索，为实地开展文物普查工作奠定了基础，在全社会形成了重视和关心文物保护工作的良好氛围。

（四）质量控制

　　为了提高普查质量，2014年11月18日，自治区普查办转发了《国家文物局关于做好第一次全国可移动文物普查进度管理和质量控制的通知》，全区普查单位对照自查，查缺补漏，提高质量。

为贯彻落实国家文物局关于加强可移动文物普查督察工作的指示精神，加快推进全区可移动文物普查工作，2015年2月2日~3月10日，自治区文物局成立4个督察组，分别由自治区文物局局长、副局长和有关处室负责人带队，对全区12个盟市的可移动文物普查工作进行了督察。各督察组深入基层普查单位，宣传国家、自治区关于开展可移动文物普查的政策要求，在听取各单位基层干部汇报的同时，详细检查了普查档案，对普查工作进度管理及质量控制，普查经费、人员、设备、技术保障，文物认定、信息采集登录等情况进行了全面督察。对于普查工作中存在的困难和问题，督察组及时进行协调，要求研究制定科学的解决方案，采取有效措施，立行立改。各盟市也都采取不同形式，对本地区旗县区普查工作进行督察，各旗县区督察各文物收藏单位，逐层督察有效促进了普查工作的顺利开展。

2015年11月9日~2016年7月14日，内蒙古自治区项目办派出专家组对全区12个盟市和102个旗县项目办采集数据进行全面督察，各方面专家逐条检查采集数据，发现问题，当场解决，各方面专家答疑解惑，进行业务指导，严把普查质量关。全区副研究员以上职称人员全部加入专家组，从文物认定、采集数据质量、审核全程参与，确保区普查质量达到普查标准。全区项目办组织专家督察组，走遍全区12个盟市和102个项目办进行业务指导，针对各单位采集数据集中解决业务难题，提高普查质量，把普查数据差错率控制在0.5%以内。

根据国家文物局验收要求，内蒙古自治区实行自治区、盟市、旗县、收藏单位逐级验收的办法。完成了编写国有收藏单位目录、旗县级以上人民政府编写普查工作报告、验收报告和验收表。普查工作报告、验收报告和验收表各115份，其中自治区1份、盟市12份、旗县102份。

（五）普查工作总结情况

1. 编制普查档案

在第一次全国可移动文物普查工作过程中，各级普查办都加强了本辖区的普查档案建设管理工作，对做好普查形成的具有保存价值的各类文件材料、音像、载体等整理归档，确保普查档案的完整、真实和规范。同时指定专门的档案管理人员，做好文物档案的管理工作，防止档案遗失和失泄密事件的发生。

对普查各工作环节所形成的文件资料、国有单位调查表、培训工作、会议记录、信息报送、总结汇报、普查数据等方面的内容都进行了及时收集与归档整理，做到了归档齐全、完整，并由专人存档、管理。根据内蒙古自治区可移动文物普查开展情况，全区普查档案共分为国有单位调查表档案、国有单位名录、可移动文物普查相关文件、普查会议及培训档案、普查宣传档案、普查信息档案、普查工作档案、普查文物信息登记册、普查数据收集相关资料等几类。这些普查档案不仅完整记录和保存了普查工作的工作过程、工作方法和普查文物数据，而且也是今后开展普查工作的重要基础和参考。

针对大量一般文物档案信息不全的问题，全区各国有文物收藏单位都采取了相应措施。在进行信息采集工作中启动藏品原始账目整理工作，并根据普查工作信息采集的顺序建立新的档案账目，在具体实施中合理利用已有的数据与资源，采用高效的工作模式，突破难点。首先做到合理归类。利用已完成的馆藏信息数据库管理系统建设成果，结合藏品管理中的分类原理和实际工作经验，将目标普查藏品划分为已有数据待转换部分（主要为三级以上珍贵藏品）、已认定的一般文物、未认定藏品三个部分。其次完善各收藏单位的总账与分类账，藏品账目管理与文物普查同步进行，实现藏品动态化管理。针对普查发现部分馆藏文物来源、入藏时间等信息不明确的问题，启用藏品老账，以器物或藏品卡片上的原始号为查找线索，基本查明了相关原始信息，使普查的信息录入更为准确。

自治区级编制普查档案 1 份，盟市级编制普查档案 12 份，旗县编制普查档案 102份，涵盖普查从 2012 年 10 月开始至今的普查三个阶段的文件、规范手册、培训、调查表、藏品账目、收藏单位名录、藏品信息表、数据审核表、数据库等，包括：第一工作准备阶段（2012 年 10 月 ~2013 年 5 月），普查预算和方案、工作计划制定；第二普查实施阶段（2013 年 6 月 ~2016 年 8 月），以县域为基本单元，实地开展的文物调查、认定、信息采集、审核、登录；第三普查验收阶段（2016 年 9 月 ~2016 年 12 月），开展的普查数据和资料的整理、汇总和总结等工作。

2. 普查专题研究

2016 年 1 ~10 月，内蒙古自治区普查项目办承担了国家文物局"第一次全国可移动文物普查钱币类文物专项调查项目"，该项目是依托第一次全国可移动文物普查成果，对内蒙古自治区国有单位钱币文物的保管现状与研究和利用进行调查。该项调查目的一是通过这项工作摸清了钱币类文物的家底，发现了钱币新品和珍品；二是探索创新一套钱币类文物普查工作流程、工作机制、管理机制的模式，发现了普查工作和管理工作中存在的问题并提出了解决问题的建议。

经第一次全国可移动文物普查钱币类文物专项调查，自治区收藏钱币文物的单位有 108 家，共计收藏钱币 807764 件/套，其中包括珍贵钱币类文物 831 件/套，一般钱币类文物 516936 件/套，未定级钱币类文物 290218 件/套。因为钱币类文物数量巨大，且具有很高的研究价值，因此也发现存在着部分文物收藏单位多年来基础工作薄弱、专业人员力量不足、文物家底不清、藏品档案登记不全面、保管条件有限、安全措施和保管技术落后，专业人员缺乏、管理不到位等问题。导致大量古钱币被装入麻袋、包在纸包或放在容器中堆放在库房一角，很多已锈蚀成块，在文物账本上只是有一个大致的数量或质量，钱币类文物进行专项调查、认定、登记、管理、保护的具体工作刻不容缓。

自治区钱币专项工作组在第一次全国可移动文物普查成果的基础上，通过普查国有单位文物收藏单位调查摸底，给 155 家发放了调查问卷，收到回复的有效问卷达 98 份，并对 36 家国有普查单位进行了实地调查。

内蒙古自治区作为文物资源大省，钱币类文物数量较大，种类繁多，且具有北方少数民族地区特色。这次普查从原始社会到抗日战争、解放战争时期历代货币，在各个盟市几乎都有发现和收藏。其品种有贝币（包括海贝、骨贝、玉贝、陶贝、铜贝）、刀币、布币、泉货、五铢、通宝、元宝、机制币、银圆、银锭、钞票等；从质地上来讲有金、银、铜、铁、铅、镍、纸币等。同时，普查中又发现了不少钱币珍品和新品。具有内蒙古地区特色的北方少数民族货币，特别是辽、金、西夏、元四朝货币的藏品数量又有了增长，出土范围也有所扩大。此外，草原丝绸之路货币也是内蒙古钱币类文物中的一大特点。

通过对自治区钱币专项调查，钱币类藏品管理中存在的问题有征集来源佚失、鉴定工作较少、钱币鉴定技术问题、登记信息缺失、分类方式失当、缺少修复和预防性保护、缺少专业人才、缺少延伸性研究和利用。针对钱币类藏品管理存在的问题，要加强管理，建立起钱币的征集机制、鉴定机制、登记机制、分类机制、库房保管机制等。

3. 普查表彰情况

经内蒙古自治区文物局局务会研究决定在《内蒙古文物》2016 年第 4 期上以通报表扬方式表彰全区第一次全国可移动文物普查中先进集体和先进个人。

先进集体范围为所有在全国可移动文物平台上登录文物的国有单位（包括文物系统内和系统外两部分），先进个人范围包括普查员、专家、管理人员、媒体、志愿者等参与第一次全国可移动文物普查工作人员。

三、普查工作成果

经过五年的第一次全国可移动文物普查，内蒙古自治区高质量超额完成普查任务，实现了普查目标。

（一）掌握了全区可移动文物资源情况及价值

1. 摸清了数量及分布

截至 2016 年 10 月 31 日，内蒙古自治区 357 家收藏单位在平台登录 1506421 件文物。珍贵文物 30831 件，占全部文物的 2.05%，其中一级文物 7216 件，二级文物 10183 件，三级文物 13432 件。按文物分类统计，超过 10 万件的为钱币 855599 件、古籍图书 229730 件，分别占全部文物的 56.8%、15.25%。按隶属关系统计，登录文物最多的为地市属、区县属、省属，分别占 42.26%、32.19%、25.2%。按单位性质统计，登录文物最多的是事业单位，占 98.86%。按单位类型统计，登录文物最多的为博物馆、纪念馆，占 79.43%。按所属行业统计，登录文物最多的是文化、体育和娱乐业，占 93.88%。文物系统内收藏单位登录文物 1270896 件占 84.37%，文物系统外收藏单位登录文物 235525 件占 15.63%。库房面积 60500.82 平方米，保管人员 605 人。

2. 掌握可移动文物保存情况

在普查中发现一些国有单位文物保存环境堪忧。呼伦贝尔民族博物院、兴安盟博物馆、鄂尔多斯博物馆、扎赉特旗文物管理所向国家文物局申请了馆藏文物预防性保护项目，获得批准，经费用于馆藏文物环境监测、购买恒温恒湿设备、文物架子和囊匣定制等文物预防性保护措施。

在第一次全国可移动文物普查过程中，发现大量馆藏藏品急需保护。围绕着各类珍贵文物开展文物保护修复工作，内蒙古博物院开展了馆藏壁画、皮毛文物，内蒙古自治区文物考古研究所开展了漆器、金属器、丝织品、纸质文物，赤峰市文物局开展了辽代壁画、纸质文物、青铜器文物，兴安盟博物馆开展了丝织品文物等专题保护修复工作。各收藏单位在普查中发现严重破坏的文物都进行了紧急修复，防止文物进一步损毁。

这些文物保护修复项目的实施，不仅有效保护了一批珍贵文物，也促使博物馆文物保护研究工作走向更高的水平，同时也为全区博物馆事业培养更多的文物保护业务技术骨干。

3. 掌握使用管理情况

内蒙古自治区公布藏品单位 211 个，其中博物馆类和纪念馆类国有收藏单位藏品绝大多数藏品以各类展览形式公开，考古所类、文物管理所类国有收藏单位藏品主要用于研究，以发掘简报、报告、论文等研究成果形式公开，但一些精品也参与展览，面向观众。博物馆、考古所、文物管理所利用藏品出版图录和音像制品等出版物。图书馆、档案馆类国有收藏单位藏品主要以借阅形式公开。

自治区国有收藏单位藏品总数在 100 万件/套以上，极具民族特色，在国内和国际上已经成功举办过多次各类有影响的展览，传播知识，弘扬民族文化遗产，传播正能量，进行爱国主义教育。

自治区利用可移动文物举办展览 25 个，盟市利用可移动文物举办展览 12 个，旗县利用可移动文物举办展览 12 个。

（二）健全文物保护体系

1. 完善文物档案

内蒙古自治区第一次全国可移动文物普查，首先是对全区国有收藏单位对照账目，全面彻底清库。文博系统和非文博系统 339 家国有收藏单位全部新建/完善了藏品账目及档案，并完成了藏品账目及档案信息化，极大地提高了全区可移动文物管理水平，全区可移动文物管理进入信息化时代，为可移动文物管理和保护打下坚实基础。

2. 完善制度和规范

内蒙古自治区第一次全国可移动文物普查统一标准，完成了文物调查、认定、信息采集、登录、审核等步骤，形成了一套行之有效的普查规范，341 家建立了藏品管理机制，提高了文物管理水平，促进了文物进一步利用。

3. 明确保护要求

内蒙古自治区经济属于欠发达地区，全区对可移动文物保护投入资金相对较少，普遍存在缺少库房，保护环境和保护条件不达标，尤其是旗县区文物保护环境亟待改善。受事业单位人员编制限制，全区文物保管人员少，急需扩充保管人员队伍，加强培训，提高保护人员业务水平。

国家文物局支持珍贵文物的修复。内蒙古自治区一般文物数量众多，希望给予政策倾斜，资金扶持。内蒙古自治区文物类型丰富，尤其民族文物、金属类和有机质类等保存状态不稳定的文物需要经常维护，是今后保护的重点。

4. 扩大保护范围

内蒙古自治区在普查前已掌握的文物资源是文博系统内家国有收藏单位的文物情况，普查中对非文博系统的家国有收藏单位收藏的藏品进行了数据采集和登录。在第一次全国可移动文物中，内蒙古自治区非文博系统收藏单位实现了藏品规范化管理。普查拓展了文物资源领域，全面掌握了国有可移动文物收藏单位藏品的具体情况。

（三）有效发挥文物在社会发展中的作用

2016 年"5·18 国际博物馆日"期间，国家文物局主会场设在内蒙古博物院，国家文物局举办的第一次全国可移动文物成果展和内蒙古自治区文物局举办的内蒙古自治区第一次全国可移动文物成果展同时开展，展览以"典守文明　识珍录宝"为题，时间从 5 月 18 日至 7 月 18 日。全区普查新发现文物集中展示，惠及公众。内蒙古自治区第一次全国可移动文物普查成果展分为图片和新发现文物展两部分，展出图片 278 张，新发现文物 169 件/套，文字 12536 字。文物、文字、图片相结合，全面介绍内蒙古自治区第一次全国可移动文物普查开展以来取得的成果，展览在社会上引起强烈反响，取得良好社会效果，参观人数达 10 万余人次。

2014～2016 年，"国际博物馆日"活动期间，赤峰市、阿拉善盟、乌兰察布市、锡林郭勒盟、兴安盟、巴彦淖尔市等盟市旗县文物局举办了 24 次第一次全国第一次可移动文物普查成果展，图文并茂，展示盟市旗县普查所取得的丰硕成果和重大新发现，社会效果良好，参观人数达 11 万余人次。

内蒙古自治区利用普查成果出版了多本图录和书籍，还有一些研究论文。在全区第一次全国可移动文物普查成果展上印制了展览图录（《典守文明　识珍录宝——内蒙古自治区第一次全国第一次可移动文物普查成果展》），收录了全区普查重要发现。出版图书有鄂尔多斯博物馆主编的《农耕游牧·碰撞交融——鄂尔多斯通史陈列》《游戏·竞技——历史上的北方少数民族体育》，察右中旗博物馆主编的《察右中旗古代文明撷英》等。

建　议

通过内蒙古自治区第一次全国可移动文物普查，基本掌握了全区国有可移动文物的分布、数量、保存、利用、管理等方面的基本情况，建议主要有以下几个方面。

1. 文物认定尚需专业化

普查发现，各行业各系统的国有收藏单位藏品来源多元，主要有出土文物、征集藏品、涉案没收藏品，社会捐赠藏品等，来源情况复杂。出土文物为考古发掘品，一般作为时代标型器。而征集藏品、涉案没收藏品，社会捐赠藏品等大都良莠不齐，真伪共存，甄别真伪任重道远。识别真伪需要多方面专家共同参与，是一项艰巨任务，建议各级文物部门吸收各方面专家建立文物认定专家库，全面对国有收藏单位藏品进行文物认定，剔除数据库中的赝品，保证国有可移动文物科学性。

2. 文物登录尚需常态化

可移动文物普查登录是一项文化基础性工作，各类国有收藏单位收藏品处于一个动态变化过程。各级考古发掘单位，在考古发掘资料整理完成后，经文物主管行政部门批准将出土文物移交给博物馆等单位进行展览。各收藏单位也不断接受社会捐赠，出于不同展览需要也主动征集藏品，涉案文物及时移交国有收藏单位。建议建立健全文物动态登录制度，随时监测国有文物变化情况。

3. 基层业务人员素质尚需提升

在第一次全国可移动文物普查过程中，内蒙古自治区对文博系统和非文博系统基层业务人员进行了大规模培训，讲授可移动文物知识，并派专家对全区督察，各方面专家莅临各盟市旗县项目办和收藏单位，进行业务指导。在实际文物调查、数据采集、平台登录、数据审核、普查报告编写等过程中广大基层业务人员得到了锻炼，业务能力和专业水平有了明显提高。电脑、数码相机等现代技术培训，更新了知识，提高了基层业务人员素质。但面对100余万件/套的藏品，相比之下，现有的业务人员数量还是相对较少，急需注入新鲜血液。为适应信息化时代保护文物的时代要求，建议各级文物主管部门重视文博队伍建设，提高基层人员业务素质，培养文博人才，有了专业人才能最终让文物活起来。

4. 保护经费投入尚需加大

通过第一次可移动文物普查，了解到全区国有收藏单位可移动文物保存状况堪忧。首先保护环境和保护条件急需改善。旗县区基层博物馆、纪念馆、文物管理所等文物收藏单位展室、展厅条件简陋，库房条件差，有的根本就没有库房，缺少文物存放文物的架柜，大多数文物直接暴露在空气中，很少有囊匣保护，更谈不上恒温恒湿了，建议加大对文物预防性保护经费投入，保护文物防患于未然。内蒙古自治区区文物中民族文物数量众多，皮毛、丝织品、木质等有机质文物和金属类文物状态不稳定，多数面临消亡边缘，需要时常维护才能延长其寿命，建议国家对民族文物设立专门保护项目，加大资金投入，抢救一批濒危民族瑰宝。

辽宁省
第一次全国可移动文物普查工作报告

　　我国历史悠久，遗迹遗物种类丰富、数量众多、价值突出。全国开展了三次不可移动文物普查，对不可移动文物的保护工作发挥了重大推动作用。改革开放三十余年来，国家综合实力不断增强，文物保护事业得到快速发展，文物的内涵和外延也进一步拓展，实现文物的全面、有效保护，成为文化遗产保护工作的必然要求。为全面落实科学发展观，促进社会主义先进文化建设，提高我国文化遗产保护管理水平，2012年10月，国务院印发《关于开展第一次全国可移动文物普查的通知》；2013年3月，国家文物局印发《第一次全国可移动文物普查实施方案》。这是新中国成立以来首次为了全面掌握可移动文物的基本情况而开展的大规模调查工程，将为准确判断文物保护形势、科学制定文物保护政策和规划提供有力依据。

　　辽宁省人民政府于2013年1月22日发布《关于开展第一次全国可移动文物普查的通知》，对全省开展第一次全国可移动文物普查工作进行了部署，辽宁省第一次全国可移动文物普查全面展开。

　　2013年初，辽宁省全面启动第一次全国可移动文物普查工作；2016年底，按要求完成了相关工作任务，达到了预定目标。普查工作将辽宁省全部国有单位所藏可移动文物进行了梳理，全面掌握了全省的文物资源分布情况，完善了部分收藏单位的账目、健全了档案体系，提升了文物收藏单位藏品信息化管理水平，对进一步发掘可移动文物资源价值、健全文物保护体系、有效发挥可移动文物在社会经济文化发展中的作用奠定了基础。

　　辽宁省的文物普查工作，始终是在辽宁省第一次全国可移动文物普查领导小组领导下，根据《关于开展第一次全国可移动文物普查的通知》《第一次全国可移动文物普查实施方案》以及相关标准、规范要求组织实施的，普查工作得到了辽宁省政府的重视和社会各界的支持。

　　为全面总结辽宁省第一次全国可移动文物普查工作，反映全省可移动文物的基本情况，分析文物保护事业与县区经济社会发展的关联性，确认可移动文物普查的重大价值，提高文物保护管理水平，为各级政府研究制定国民经济社会发展战略、规划、政策和决策提供科学依据，为文物保护工作者和社会公众提供统计信息服务，以全国可移动文物信息登录平台数据资料为基础，本着全面、完整、真实、规范的原则，编制《第一次全国可移动文物普查辽宁省工作报告》。

一、辽宁省普查数据

截至 2016 年 10 月 31 日，辽宁省在全国可移动文物信息平台登录可移动文物 405248 件/套，实际数量为 1618095 件。其中，珍贵文物 94560 件/套，实际数量为 221992 件。登录可移动文物信息的收藏单位 268 家。

（一）辽宁省可移动文物基本情况

1. 类别

表 1　可移动文物类别

可移动文物类别	可移动文物实际数量（件）	实际数量占比（%）
合计	1618095	100.00
玉石器、宝石	83489	5.16
陶器	29309	1.81
瓷器	26905	1.66
铜器	38302	2.37
金银器	7422	0.46
铁器、其他金属器	13666	0.84
漆器	1335	0.08
雕塑、造像	8125	0.50
石器、石刻、砖瓦	26228	1.62
书法、绘画	39181	2.42
文具	2435	0.15
甲骨	2720	0.17
玺印符牌	5232	0.32
钱币	703051	43.45
牙骨角器	4488	0.28
竹木雕	8291	0.51

可移动文物类别	可移动文物实际数量（件）	实际数量占比（%）
家具	1619	0.10
珐琅器	1261	0.08
织绣	19514	1.21
古籍图书	242047	14.96
碑帖拓本	25427	1.57
武器	10336	0.64
邮品	201654	12.46
文件、宣传品	10895	0.67
档案文书	17449	1.08
名人遗物	2013	0.12
玻璃器	5970	0.37
乐器、法器	973	0.06
皮革	4726	0.29
音像制品	31418	1.94
票据	19805	1.22
交通、运输工具	581	0.04
度量衡器	1237	0.08
标本、化石	2304	0.14
其他	18687	1.15

2. 年代

（1）可移动文物年代类型

表 2　可移动文物年代类型

可移动文物年代类型	可移动文物实际数量（件）	实际数量占比（%）
合计	1618095	100
地质年代	1321	0.08
考古学年代	15383	0.95
中国历史学年代	1206793	74.58
公历纪年	261621	16.17
其他	112785	6.97
年代不详	20192	1.25

（2）可移动文物中国历史学年代分布

表3 可移动文物中国历史学年代分布

可移动文物中国历史学年代	可移动文物实际数量（件）	实际数量占比（％）
合计	1206793	100.00
夏	10	0.00
商	3734	0.31
周	18078	1.50
秦	462	0.04
汉	43096	3.57
三国	734	0.06
西晋	285	0.02
东晋十六国	10062	0.83
南北朝	1812	0.15
隋	704	0.06
唐	84918	7.04
五代十国	1759	0.15
宋	457615	37.92
辽	28942	2.40
西夏	102	0.01
金	10167	0.84
元	5727	0.47
明	28782	2.38
清	272297	22.56
中华民国	182389	15.11
中华人民共和国	55118	4.57

3. 级别

表4 可移动文物级别

可移动文物级别	可移动文物实际数量（件）	实际数量占比（％）
合计	1618095	100.00
一级	3070	0.19
二级	46521	2.88

可移动文物级别	可移动文物实际数量（件）	实际数量占比（%）
三级	172401	10.65
一般	706194	43.64
未定级	689909	42.64

4. 来源

表5　可移动文物来源

可移动文物来源	可移动文物实际数量（件）	实际数量占比（%）
合计	1618095	100.00
征集购买	343268	21.21
接受捐赠	113764	7.03
依法交换	222	0.01
拨交	278757	17.23
移交	26008	1.61
旧藏	314348	19.43
发掘	400067	24.72
采集	47863	2.96
拣选	66840	4.13
其他	26958	1.67

5. 入藏时间

表6　可移动文物入藏时间范围

可移动文物入藏时间范围	可移动文物实际数量（件）	实际数量占比（%）
合计	1618095	100.00
1949年10月1日前	135996	8.40
1949年10月1日~1965年	517934	32.01
1966~1976年	113206	7.00
1977~2000年	678865	41.95
2001年至今	172094	10.64

6. 完残程度

表7 可移动文物完残程度

可移动文物完残程度	可移动文物实际数量（件）	实际数量占比（%）
合计	1617308	100.00
完整	433956	26.83
基本完整	1007142	62.27
残缺	162705	10.06
严重残缺（含缺失部件）	13505	0.84

注：根据国家文物局《关于做好馆藏自然类藏品登录工作有关要求的通知》的要求，登录的自然类藏品787件（组），不填写"完残程度"指标项。

（二）辽宁省可移动文物分布情况

1. 按收藏单位隶属关系统计可移动文物数量

表8 可移动文物数量分布（按收藏单位隶属关系）

收藏单位隶属关系	可移动文物实际数量（件）	实际数量占比（%）
合计	1618095	100.00
中央属	4506	0.28
省属	341292	21.09
地市属	1075414	66.46
县区属	195509	12.08
乡镇街道属	116	0.01
其他	1258	0.08

2. 按收藏单位性质统计可移动文物数量

表9 可移动文物数量分布（按收藏单位性质）

收藏单位性质	可移动文物实际数量（件）	实际数量占比（%）
合计	1618095	100.00
国家机关	275982	17.06
事业单位	1290186	79.73
国有企业	51915	3.21
其他	12	0.00

3. 按收藏单位类型统计可移动文物数量

表 10　可移动文物数量分布（按收藏单位类型）

收藏单位类型	可移动文物实际数量（件）	实际数量占比（%）
合计	1618095	100.00
博物馆、纪念馆	1057475	65.35
图书馆	128225	7.92
美术馆	964	0.06
档案馆	3528	0.22
其他	427903	26.44

4. 按收藏单位所属行业统计可移动文物数量

表 11　可移动文物数量分布（按收藏单位所属行业）

行业	可移动文物实际数量（件）	实际数量占比（%）
合计	1618095	100.00
农、林、牧、渔业	23	0.00
采矿业	159	0.01
制造业	228	0.01
电力、热力、燃气及水生产和供应业	3	0.00
建筑业	1	0.00
批发和零售业	0	0.00
交通运输、仓储和邮政业	1149	0.07
住宿和餐饮业	0	0.00
信息传输、软件和信息技术服务业	0	0.00
金融业	0	0.00
房地产业	0	0.00
租赁和商务服务业	0	0.00
科学研究和技术服务业	0	0.00
水利、环境和公共设施管理业	154	0.01
居民服务、修理和其他服务业	404	0.02
教育	31971	1.98
卫生和社会工作	153	0.01

行业	可移动文物实际数量（件）	实际数量占比（%）
文化、体育和娱乐业	1303837	80.58
公共管理、社会保障和社会组织	280013	17.31
国际组织	0	0.00

二、辽宁省普查工作组织实施

（一）属地管理、分级负责

1. 建立普查机构

（1）辽宁省各级普查领导机构建立情况

2013 年 1 月 22 日，辽宁省人民政府发布了《辽宁省人民政府关于开展第一次全国可移动文物普查的通知》，并成立了辽宁省第一次全国可移动文物普查领导小组，办公室设在省文化厅，省文化厅成立厅第一次全国可移动文物普查领导小组。各市、县（区）亦成立了第一次全国可移动文物普查领导小组，办公室设在市、县（区）文化局。根据国家文物局 2013 年 7 月与财政部、国家档案局、国资委、教育部、民政部、文化部联合印发的相关文件精神，辽宁省文物局与财政厅、档案局、国资委、教育厅、民政厅、文化厅联合发文，要求各系统积极参与并做好第一次全国可移动文物普查工作。全省有 12 个行业建立了普查工作机构。辽宁省省属大型文物收藏单位有辽宁省博物馆、考古所、文物店、图书馆等，其中辽宁省博物馆为收藏量超过 10 万的大型收藏单位。上述大型收藏单位全部按相关要求组建了普查领导小组及办公室，并有专人任普查办主任，有具体人员负责普查工作。

文物系统外收藏单位概况。中国刑警学院、沈阳师范大学图书馆、鲁迅美术学院图书馆等高校及各市图书系统都藏有大量属于此次普查范围内的古籍，在省普查办的组织协调与技术指导下，中国刑警学院及各市普查办于 2015 年 12 月前完成了古籍的平台在线录入上传工作。系统外其他单位古籍数据（此部分数据参与了全国图书系统古籍普查工作）统一转换导入上传。

文物系统外收藏单位组织协调工作。2015 年 9 月 8 日，省政府召开了全省普查工作推进会。省普查办随即组织召开"重点文物收藏单位工作座谈会""文化系统文物收藏单位工作推进会""全省可移动文物普查联络员座谈会"。全面推进辽宁省普查工作。省普查办多次到鲁迅美术学院、辽宁美术馆、辽宁古生物博物馆等省属系统外重点收藏单位进行实地调研协调，并在文物认定、拍摄等方面给予技术和人员上的支持。

（2）省级普查工作部署会、动员会、推进会情况

辽宁省每年至少召开一次市级普查办主任会议，推动工作开展。

（3）普查领导小组及普查机构工作模式及发挥作用情况

辽宁省主管文化工作的副省长任普查领导小组组长，文化厅厅长任副组长，普查办设在文化厅。各市、县（区）主管文化的副市长、副县（区）长为本辖区普查领导小组组长，市、县（区）文化局局长为副组长，普查办设在各级文化局。各级普查领导小组负责重大事项的协调工作。省普查办负责全省的普查业务培训，受市、县（区）普查办委托，进行文物认定，指导具体的业务工作。市、县（区）普查办负责本辖区普查工作的组织与协调，保证工作质量，推进工作进度。

2. 制定普查实施方案和工作制度

（1）辽宁省各级普查机构制订的普查实施方案情况

2013 年 8 月 26 日，辽宁省文化厅召开编制《辽宁省第一次全国可移动文物普查实施方案》讨论会。2013 年 9 月 2 日，文化厅将《辽宁省第一次全国可移动文物普查实施方案》上报省政府批准；10 月 30 日，省普查办向各市、县（区），省政府各部门、各直属机构普查办下发了《辽宁省第一次全国可移动文物普查实施方案》。各级、各系统普查领导小组接到《辽宁省第一次全国可移动文物普查实施方案》后，都按要求，并结合实际情况，编制了各自的普查实施方案。

（2）实施情况及效果

各普查单位严格按照相应的实施方案安排工作，使全省的普查工作有章可循，按时完成任务，实现预期目标。

（3）创新和亮点

一是普查方案制定时邀请专家反复推敲，并征求有关收藏单位意见，充分发挥专家作用。二是充分发挥了微信、QQ 等沟通软件的优势，开设"辽宁省第一次全国可移动文物普查信息登录平台技术问题解析"专栏，以 QQ 群公告和共享文件的方式，随时解决普查中遇到的棘手问题。

3. 落实普查工作经费

（1）经费落实和使用等相关文件制定情况

辽宁省各地区按照《财政部国家文物局关于加强第一次全国可移动文物普查经费保障与管理的通知》要求，将普查经费列入本级年度财政预算，专项安排，拨付到位。省财政承担省级文物部门普查工作经费的同时，也承担了全省各县区配备可移动文物普查专业设备，组织开展全省可移动文物普查业务培训等费用。

2014 年，省财政厅、文化厅联合印发了《关于第一次全国可移动文物普查经费落实

情况的自查报告》。省文化厅协同省财政厅对省级经费使用进行自查，对各市县经费使用情况进行督察。形成自查报告并填报《第一次全国可移动文物普查经费落实情况表》。

（2）辽宁省2013～2016年省级各年度工作经费及四年工作经费汇总情况

2013～2016年度全省各级普查经费合计3216.3995万元。省级经费2013年490万元，2014年250万元，2015年250万元，2016年249.99万，四年省级经费合计1239.99万元。

表12 辽宁省第一次全国可移动文物普查省、市、县级经费统计表

单位：万元

行政区	合计	2013 年	2014 年	2015 年	2016 年
总计	3216.3995	859.9385	908.827	781.224	666.41
省级	1239.99	490	250	250	249.99
地市级	803.44	174.5	200.9	261.72	166.32
区县级	1172.9695	195.4385	457.927	269.504	250.1

4. 组建普查队伍

辽宁省按照文件通知，组建了各级普查队伍和专家组。省专家组除文博系统专家之外，还吸收了其他行业有关专家参加，形成多学科、多层次的专家队伍。

（1）开展人员培训情况。

省普查办2013～2016年共培训1464人，其中2013年7次288人，2014年7次600人。2015年1次60人。2016年11次516人。

省级普查员8人，市级普查员167人，县区级普查员459人。

（2）非文博系统专家数量和志愿者发挥作用情况

辽宁省省级普查办参与普查工作的工作组成员共计23人，收藏单位人员121人，普查专家84人，普查志愿者9人，合计237人。市级普查办参与普查工作的工作组成员共计184人，收藏单位人员387人，普查专家99人，普查志愿者272人，合计942人。县区级普查办参与普查工作的工作组成员共计553人，收藏单位人员474人，普查专家65人，普查志愿者1448人，合计2540人。

辽宁省于2014年4月15日印发了《关于成立辽宁省第一次全国可移动文物普查专家库的通知》，组建专家库，负责辽宁省的文物认定、工作指导和检查各市工作情况的任务。专家库成员主要由省文博系统、图书系统、宗教局、档案局、国土资源厅、教育厅的专家组成。同时，从14个市分别抽调两名专家充实"辽宁省第一次全国可移动文物普查专家库"。经过各单位申报，省普查办审核，共收录全省专家84名。在建立

"辽宁省第一次全国可移动文物普查专家库"的基础上，成立了12人专家指导组，以及专家工作组。同时，在专家库名单中还收录了省普查数据库管理成员4名。并为各位专家制作了聘书。各市、县区级普查办参照省普查办专家组组建模式，在充分发挥系统内专家作用的同时，也吸收了非文博系统的专家加入到普查专家队伍。

省普查办吸收了来自鲁迅美术学院、辽宁大学、辽宁古生物博物馆等专家加入省级普查专家组及审核专家组。在对各市、各单位进行疑似文物认定和开展全省数据审核时，这些非文博系统的专家充分发挥了各自的专业特长，弥补了文博系统内中青年专家人员较少，涉猎门类受限的不足。丹东市抗美援朝纪念馆、鲁迅美术学院、朝阳鸟化石遗址公园等单位开展普查工作时，来自非文博系统的专家们发挥了重要作用。与此同时，在进行高校普查工作时，鲁迅美术学院等高校中的部分教师与学生充实到普查志愿者的队伍中来，协助进行文物拍摄等工作，推动了全省的系统外普查工作。

（3）人员培训、管理及工作模式

2014年8月27日~9月30日，省普查办先后举办七期"可移动文物信息登录平台培训班"，600人参加。针对普查中"文物定名和分类"存在的问题，邀请省博物馆、文保中心、考古所、文物总店的专家进行讨论，解决实际问题。各市普查办分别组织本辖区的培训，省普查办给予指导。2015年1~6月，省普查办以课堂培训和实际操作相结合的形式，分别赴朝阳、阜新、锦州、葫芦岛、抚顺等市进行信息录入、文物摄影的专题培训。

表13　辽宁省、市、县区级培训具体情况表

行政区划	年度	培训次数（次）	培训人数（人）
省级	合计	26	1464
	2013年	7	288
	2014年	7	600
	2015年	1	60
	2016年	11	516
地市级	合计	86	2314
	2013年	19	577
	2014年	24	780
	2015年	22	614
	2016年	21	343

行政区划	年度	培训次数（次）	培训人数（人）
区县级	合计	192	2901
	2013 年	74	1949
	2014 年	61	590
	2015 年	68	439
	2016 年	45	218

（二）调查、认定、采集、登录、审核，分阶段实施

1. 国有可移动文物收藏单位调查阶段

（1）各级普查机构印发的通知、方案、调查表、规范性文件等

沈阳市为辽宁省普查试点城市，2013 年 10 月 25 日，沈阳市开始普查调查摸底工作，市普查办向各有关单位印发《一次登记　世代受益——致全市国有单位一封信》。

2013 年 10 月，省普查办向省工商行政管理局、省编办、省统计局、省质量技术监督局发送了《关于请协助提供全省国有单位名录的函》，开始对全省的国有单位分布及收藏情况进行摸底调研。

（2）国有单位名单编制和汇总

根据相关单位提供的国有单位名单，省普查办与各市普查办统一汇总编制了国有单位名单。根据属地、行业相结合的方式共同开展全省的国有可移动文物情况调查工作。

（3）国有可移动文物收藏单位走访情况

省普查办与沈阳市普查办共同到各央属、省直单位进行调查表发放和文物收藏情况摸底调研，针对特殊问题提出具体解决办法。

（4）调查表发放及反馈情况

省普查办组织各市、县（区）普查办进行辖区内国有单位调查表发放工作，市级调查表发放 20268 份，回收 19279 份，其中反馈有文物的国有单位 69 家。县（区）级调查表发放 36815 份，回收 32565 份，其中反馈有文物的国有单位 277 家。

（5）国有可移动文物收藏单位回头看情况

结合辽宁省国有可移动文物收藏单位调查情况，由省普查办和各市普查办统一对有疑义的单位进行逐一核实。省普查办于 2015 年 10 月 21 日，给省普查领导小组成员

单位以邮件方式发放系统外单位名单，督促其落实可移动文物收藏情况，并尽快开展相关工作。随后，于 2015 年 12 月 7 日与沈阳市普查办联合，发文东北大学、华润集团、辽宁省教育厅、辽宁美术馆、辽宁省档案局、辽宁省国资委、辽宁省政府接待办、辽宁省卫生厅、沈阳铁路陈列馆、省经信委、省委党校、中国刑事警察学院等单位督促其完成工作。

（6）调查时间、工作方式及效果

调查自 2013 年 10 月开始，至 2013 年 12 月结束，采用统一发文督促、联合落实、省领导赴各地督察相结合的方式，保证了调查情况的真实性和准确性。

2. 国有可移动文物认定工作阶段

（1）文物认定阶段印发的通知、方案、规范性文件等。

省普查办根据各市普查办的认定申请，组织专家进行实地认定工作。为保证各市普查办的认定需求能够及时、有效的解决，省普查办全部采用电话、网络联系，专人负责电话通知，并未有专门发文。

（2）文物认定工作组织实施情况

辽宁省各市普查办于 2014 年陆续开展疑似文物认定工作，市级不能认定时上报省普查办，派专家进行认定。

（3）文物认定工作次数及开展情况

省级普查办共组织赴各市各单位进行文物认定工作 18 次，与各市级普查办联合进行认定 20 余次。

（4）非文博系统收藏单位现场认定工作情况

2014 年 11 月，省普查办专家组赴鞍山市对鞍山钢铁集团公司收藏的可移动文物进行现场认定。并指导鞍山市普查办协助其完成信息采集、上传工作。

（5）新发现、新认定单位数量、藏品总数，文博系统内新发现、新认定藏品数，非文博系统新发现、新认定藏品数

全省系统内新发现、新认定单位数量共计 118 家，藏品总数 53174 件/套。非文博系统新发现、新认定单位数量共计 150 家，新发现新认定藏品数 7904 件/套。

表 14　辽宁省文博系统单位数量与新认定藏品情况表

行政区域	收藏单位数量（家）	新发现、新认定藏品数量（件/套）
省级	18	16046
地市级总体情况	31	30980
区县级总体情况	69	6148

表15　辽宁省非文博系统单位数量与新认定藏品情况表

行政区域	收藏单位数量（家）	新发现、新认定藏品数量（件/套）
省级	4	2075
地市级总体情况	27	3458
区县级总体情况	119	2371

（6）结合认定开展的其他工作

将文物认定和定级工作结合起来，省普查办配合厅博物馆处对朝阳市馆藏文物进行定级。沈阳市普查办制定了《沈阳市馆藏三级文物定级工作方案》和《沈阳市馆藏文物定级评审鉴定书》，建立了疑似文物认定和定级的工作流程。2014年4月，先后组织省市文物专家共计104人次，对新乐遗址博物馆和沈阳文研中心等6家文博系统收藏单位提报的1483件/套疑似文物，沈阳大学、沈阳铁路图书馆等28家非文博系统收藏单位提报的194件/套疑似文物，进行现场认定和定级，签署可移动文物认定信息登记表。

（7）重点非文博系统收藏单位认定工作情况

在辽宁省非文博系统单位中，鲁迅美术学院多年来为丰富教学资料，征集购买了大量陶器、玉器、瓷器、书法、绘画等文物，是系统外重点收藏单位。针对学院专业力量薄弱的情况，由省普查办组织陶器、玉器、瓷器、织绣、书画等类专家7人，省博物馆文物摄影人员4人，省普查办工作人员4人，于2016年5月16日~7月8日对鲁迅美术学院文物进行认定、拍照、信息离线采集，数据上传工作。同时，专家们还对该院的文物档案、库房管理、设施配备等方面提出了建议。

（8）创新和亮点

辽宁省除沈阳、大连外，其他各市、县（区）普遍存在业务人员少、专业人才缺乏的情况。省普查办要求各地及时上报实际工作中遇到的业务问题，充分发挥电子邮件、微信的优势，给予及时的指导。对于需要认定的藏品，及时组织专家进行实地认定。

3. 国有可移动文物信息采集登录阶段

（1）采集登录阶段印发的通知、方案、规范性文件等

2015年11月20日，省普查办印发了《关于报送可移动文物普查数据的通知》。

2015年12月9日，针对省博物馆、考古所与各市、县博物馆、文管所馆藏文物借展的问题，印发了《关于解决可移动文物普查工作中借展文物信息录入问题的通知》，以明确各单位工作责任和任务。

（2）采集登录工作组织情况

辽宁省摸底调查阶段反馈收藏有文物的省级国有单位数量为32家，已登录文物的省级收藏单位16家，有文物收藏的单位已经全部完成注册。

全省各地、各单位全部按照国家文物局相关要求完成了收藏单位信息注册，并根据要求完善了隶属关系、性质、类型、行业、系统等具体信息。

2015年11月19日~12月4日，省普查办在调研中发现因文物原始档案信息不完善，造成计数方式不统一情况，印发了《关于报送准确可移动文物普查数据数量的通知》，明确文物"件/套"数量统计原则。

为保证辽宁省数据统计的准确性及数据采集的质量，2015年12月16~18日。省普查办对各市核对申报数据总量和"件/套"计数错误问题进行汇总反馈。

（3）采集登录工作方式

按照属地管理的原则，各市、县区普查办组织完成辖区内国有可移动文物收藏单位数据信息采集登录工作。各省直单位独立组织开展本单位数据信息采集登录工作。省普查办对非文博系统单位进行帮扶、指导。

辽宁省各级博物馆根据展览需求，分时段、分批次对展厅文物进行采集录入。吸收博物馆志愿者为普查志愿者协助工作，多组同时进行信息采集、图片拍摄、文物定名、数据自审等工作。考古所与相关公司合作，由公司协助进行文物图片拍摄、信息采集工作，所内专业人员集中完成文物认定、定名、数据上传、自审等工作。非文博系统单位，省普查办协调组织专家，一次性解决文物认定、定名、信息采集、图片拍摄、录入上传、数据自审工作。

普查工作期间，辽宁省博物馆正值老馆向新馆过渡阶段，为保证文物安全和工作进度，经省普查办和馆领导商议决定分阶段开展工作。在旧馆开展第一阶段普查工作后，开始藏品包装，待搬迁结束后，发动全馆所有人员加入到普查工作中来。同时，聘请专业公司协助进行文物图片拍摄和信息采集工作。

（4）采集登录推进方式

2015年11月中旬至12月初，省普查办分组赴省内各市、县进行普查工作调研，逐一排查在采集、登录环节中的技术难题，给予及时解决。

4. 国有可移动文物信息审核阶段

（1）审核阶段印发的通知、方案、规范性文件等

2015年9月，省普查办印发《关于通报辽宁省第一次全国可移动文物普查信息登录审核工作情况的通知》。根据2015年工作情况，2016年2月14日省普查办报送《关于辽宁省2015年全国第一次可移动文物普查工作情况的报告》随后，开始了全省的数

据审核工作。为保证全省数据审核的质量，2016年省普查办印发了5期《关于举办辽宁省可移动文物普查数据审核试点培训班的通知》。

（2）审核工作部署、组织实施情况

2016年年初，省普查办结合省内文物数据分布特点和各市采集登录情况，以"自审＋试点审核＋测试审核＋集中审核/修改"的模式推行全省的数据审核工作，专家审核结束要填写专家审核意见。结合数据录入情况及特点，省普查办研究决定选取铁岭市、葫芦岛市作为试点，通过对两市的数据审核发现全省数据存在的普遍问题。

2016年2月16日，省普查办赴铁岭市进行数据审核试点调研，正式开始了全省的数据审核工作。2016年2月24～26日，省普查办组织专家对铁岭市博物馆全部离线数据进行了审核、修改，发现图片质量、命名、年代等方面存在问题较多。2016年3月9～12日，省普查办组织专家对葫芦岛市的离线数据进行审核。为保证高质量完成省级数据终审工作，2016年3月22日，省普查办将部分审核结果报送国家文物局进行预审。

（3）审核工作流程

普查工作中的数据审核工作，是四年普查工作的重中之重。为了更好地完成此项工作，辽宁省数据审核分为三个阶段，分别是准备阶段、试点阶段、全面实施阶段。准备阶段为离线数据整合、各市普查办自审，完成自审后向省普查办提交终审申请。以市为单位，由省普查办统一安排终审，发现问题现场修改。参与审核人员二百余人。

审核工作根据实际情况，选取业务力量较强的沈阳市、大连市、辽宁省博物馆、省考古所作为试点，在省普查办的指导下，进行省级终审。省普查办重点审核各市、县区的数据。

2016年4月6～14日，省普查办在沈阳市召开辽宁省可移动文物普查审核专家培训会。邀请山西省专家进行授课，介绍山西省的普查数据审核经验。随后，省普查办专家针对文物定名、考古时代划分、审核标准、图片摄影审核标准等内容进行专题授课，共130余人参与此次培训，成为普查数据审核工作的中坚力量。

（4）非文博系统收藏单位审核工作情况

文博系统外单位的藏品多为古籍、图书和标本、资料。省普查办邀请图书古籍专家和古生物专家进行集中审核。

（5）数据审核现场复核工作情况

为期两个月的省级终审过程中，各市普查办领导、各区县、重点文物收藏单位负责人均赴沈阳市参与终审。在省普查办组织下，审核专家中有年近八旬的老专家，也有工作在一线的文物收藏单位领导。在每天结束审核工作之后，由工作人员进行数据整合和复查。虽然审核工作任务繁重，但每当遇到有关时代、定名、出土地等专业问题时，在场所有专家都会参与讨论，本着严肃、谨慎的学术精神对有争议的定名、年代认定进行逐一推敲，最后统一意见，完成修改。

辽宁省的普查数据审核工作，既是业务人员锻炼提升的机会，也是对辽宁省文博系统工作能力的检验。通过全省的数据审核工作，充分展现了辽宁省老中青文博人薪火相传的严谨工作作风和无私奉献的精神。2016 年 8 月 31 日，辽宁省按照国家相关要求 100% 完成了省、市、县区级的文物信息审核工作。

（三）宣传动员

辽宁省普查办成立宣传机构 1 个，市、县区合计成立普查宣传机构 64 个。制定宣传方案 60 个。全省通过电视宣传 449 次，互联网宣传 104 次，报刊宣传 186 次，印发宣传海报 20157 份，印发宣传册页 438603 份，组织展览宣传 5 次，印制宣传条幅 19 份。

2013 年 5 月 18 日，省普查办在"5·18 国际博物馆日"开展了第一次全国可移动文物普查的宣传工作。从此拉开了全省普查宣传工作的帷幕。

省普查办借助网络、报纸等媒体对辽宁省的普查工作进行相关宣传报道。利用"5·18 国际博物馆日"的契机，与省文化厅的宣传工作相结合，对辽宁省的普查工作进行了图文展示和报道宣传。按照国家文物局的相关要求，在全国可移动文物信息公众平台上传了工作开展的图文信息。2014 年 9 月，省普查办相关负责人接受了《辽宁日报》的专题采访。

辽宁省在积极做好普查各项工作的同时，重视和加强可移动文物普查的宣传工作，省普查办安排专人负责编写和印发《辽宁省第一次全国可移动文物普查工作简报》，向各级普查机构和相关领导汇报全省普查工作的进展、重要举措、重要成果等，已经编印 22 期简报。同时，与省文化厅信息中心合作，利用文化厅网站和省政府网站及时发布全省普查工作动态。此外，按上级工作要求，结合宣传工作需要，省普查办上报"普查之星"13 人、"我是普查员"18 人。"普查之星"由各市、省直单位推荐，省普查办统一汇总上报。辽宁省的"普查之星"中既有省直文物收藏单位的基层工作人员，也有各市普查办的工作骨干，还有系统外单位的普查中坚力量。

沈阳市、大连市结合自身特点进行了普查工作的专项宣传。2014 年底，大连市制作了普查电视宣传片及广播宣传标语上报市委宣传部，在大连广播电视台黄金时间播出。大连市金州地区建立了上级主管部门——文博部门——街道文化站长——村屯文化专干（文物收藏单位专干），从上至下逐级分工落实的宣传工作模式，层次分明，分工有序，效果显著。在电视、互联网、报刊等媒体上宣传可移动文物普查工作，引起了社会公众的关注，更引起了很多领导和社会有识之士对辖区内可移动文物的关注，在普查工作期间，有市民来到博物馆进行文物知识咨询，还有市民将家中传世文物拿到了博物馆进行鉴赏，极大地宣传了地区的可移动文物普查工作。

2016年，沈阳市文广新局组织"中小学生走进博物馆"活动，印发了41万份参观指南，重点宣传了第一次全国可移动文物普查的重要意义和普查内容。通过广泛宣传，使广大群众对文物普查工作的重要性有了充分了解，调动了全社会共同参与的积极性、主动性，形成了全民关心、全民参与的良好氛围。

在此次普查中，涌现了许多业务人员全情投入工作、无私奉献、不计报酬的先进事迹。省普查办对先进个人与先进团体进行了表彰、嘉奖。

（四）质量控制

1. 普查队伍在实地文物调查工作中的质量控制情况

普查是以信息化、标准化为特点的系统工程，数据资料的真实性、完整性、规范性，直接影响到普查成果的质量，关系着此项工作的成败。此项工作中辽宁省将数据质量的控制贯穿于普查全过程。

为深入了解全省普查数据录入、认定情况，发现并及时解决实际工作中存在的技术难点和相关问题，保证工作的顺利开展，省普查办在2015年底印发《关于辽宁省第一次全国可移动文物普查督导工作的通知》，组织督察组到全省各市进行督导检查。深入到普查基层单位，解决工作中存在的问题。督察结束后，及时将全省进展情况和存在问题向省普查领导小组汇报，引起领导重视。为了随时准确掌握各地工作进度，省普查办还要求各市及时上报实地调查工作情况。省普查办专家组保证第一时间深入到全省各地普查一线，进行现场指导、文物认定等工作，按照国家文物局的相关要求严格把关。

为保证全省普查数据及普查成果的真实性、完整性和科学性，此次普查实行严格的数据质量控制。其范围包括普查国有单位调查表回收情况和普查区域覆盖情况，以及普查信息采集、数据上传、审核等环节。2016年3月3日，省普查办赴葫芦岛市进行普查数据督察调研，了解葫芦岛市整体数据情况，并根据存在问题提出解决方案。2016年7月12日，省普查办分辽西、辽南两条线路进行普查数据质量督导，发现问题，及时解决。

为保证数据采集质量，省普查办于2014年连续举办了七期可移动文物信息登录平台培训班，共培训各市、县区普查人员600人。

沈阳市普查办按照国家文物局制定的普查质量控制标准，召开两次会议，并派专人对全市53家国有文物收藏单位进行督察，按照国家文物局的要求，指导各区、县（市）普查办国有文物收藏单位，严格质量检查，保证普查效果。全面完成了数据验收的工作任务。在普查工作中无人员安全、文物安全、数据安全的事故发生。

2014年8月，沈阳市普查办将新乐遗址博物馆等单位作为文物信息采集试点单位，采取政府购买服务的方式，从沈阳群众艺术馆聘请了2名专业摄影师，为其2279件/套文物藏品拍摄照片4000余张，保证了数据采集质量。并根据不同阶段的普查工作重点，按照国家文物局的要求，先后举办普查员、文物专家、普查志愿者及普查单位录入员等各种类型培训班12次，培训人员730人。

省普查办按照国家文物局制定的普查质量控制标准，制定数据审核工作方案和工作流程，加强业务指导，严把数据质量关，帮助各地、各单位解决在普查中遇到的各种问题，同时督察工作进度，严格质量检查，将普查数据差错率控制在5‰以下。确保在普查工作中无人员安全、文物安全、数据安全的事故发生。

省普查办根据国家文物局验收要求，对各市进行了普查工作验收。以各市上报市级验收表为参考，针对有异议的统计逐一核实。保证了验收质量和验收材料的真实性，并编写了省级验收报告。

（五）普查工作总结情况

1. 编制普查档案

全省及各市普查办认真执行国家文物局相关要求，履行工作职责，完整准确采集文物信息，及时报送相关资料，按时完成规定时间节点内相关工作。及时总结经验，加强沟通交流，如期将各地区、各单位普查工作进展情况，向国家文物局汇报。做到准确采集文物信息，不谎报瞒报和弄虚作假，不篡改、编造和伪造数据，任何个人不私自占有资料、数据及文物标本。安全作业、保守机密。严格执行操作规程，保证了资料安全和设备安全。妥善保管普查数据，无损毁和丢失。遵守相关规定，不经普查办允许不向机构以外的任何单位和个人提供数据资料，保证了数据及档案的安全，做到了数据不丢失、不外泄，保证了国家的每一条可移动文物数据的安全。同时，省、市普查办由专人负责纸本档案的收集与管理，详细登记了普查工作开展以来的相关文件、通知、函件等纸质资料。

2. 普查专题研究

结合辽宁省可移动文物普查数据审核工作，省普查办于2016年3月27日组织专家对辽宁省考古学文化分布与时代进行专题研讨，明确了辽宁史前到先秦时期考古学文化的分布与时代，规范了史前时期、夏至战国时期各地的考古学文化名称与具体时代范围。

根据普查工作中发现的全省文物收藏单位库房管理实际情况，省普查办于2016年5月12日举办辽宁省可移动文物普查藏品性质分类原则培训班，对普查数据审核中关于文物、资料、标本划分的原则进行研究讨论，形成《辽宁省第一次全国可移动文物普查藏品性质划分原则》，印发各市普查办和省直相关单位，供参考。

3. 普查表彰情况

辽宁省可移动文物普查工作表彰方案，表彰省、市级查先进集体和个人。

三、辽宁省普查工作成果

辽宁省第一次全国可移动文物普查从2012年开始，到2016年12月结束，基本实现了预定目标。通过此次普查，全面掌握了辽宁省国有可移动文物收藏单位和可移动文物的数量、分布情况、保存状况、文物特点，准确掌握了辽宁省可移动文物的资源状况及价值，建立起了较为完备的可移动文物登录备案机制，基本实现了文物的标准化、动态化、规范化管理，极大地提升了辽宁省文物收藏单位的管理能力，为发挥文物在经济社会发展中的积极作用奠定了坚实基础。

（一）掌握辽宁省可移动文物资源情况及价值

1. 摸清数量及分布

截至2016年10月31日，辽宁省268家收藏单位在平台登录1618095件文物。珍贵文物221992件，占全部文物的13.72%，其中一级文物3070件，二级文物46521件，三级文物172401件。按文物分类统计，超过10万件的为钱币703051件、古籍图书242047件、邮品201654件，分别占全部文物的43.45%、14.96%、12.46%。按隶属关系统计，登录文物最多的为地市属、省属、区县属，分别占66.46%、21.09%、12.08%。按单位性质统计，登录文物最多的是事业单位，占79.73%。按单位类型统计，登录文物最多的为博物馆、纪念馆，占65.35%。按所属行业统计，登录文物最多的是文化、体育和娱乐业，占80.58%。文物系统内登录文物1177315件占72.76%，文物系统外登录文物440780件占27.24%。库房面积83248.6平方米，保管人员622人。

2. 掌握保存状况

辽宁省可移动文物数据集中分布于沈阳市、大连市及省内大型文物收藏单位（辽宁省博物馆、沈阳故宫、大连旅顺博物馆、辽宁省图书馆、辽宁省考古所）。辽宁省博物馆为全省数据量最大的文物收藏单位。也是省普查工作开展实施以来，相关各项工作推进最有效的单位。其业务人员能力水平和库房管理水平代表了辽宁省文博系统内最高水准。普查工作实施阶段，辽宁省博物馆完成了新馆库房搬迁，以及库房条件的升级改造。2015年9月在普查工作期间启动使用新的库房，新库房仍位于地下一层，根据馆藏藏品类别设置了19个库房，基本实现了藏品分类保存。库区采用空调系统24小时不间断调控，增设珍品库房，珍品库房由精密恒温恒湿系统独立调控。库区消防措施采取水喷淋和气体灭火两种方式。库房入口处设有风淋设备。库房内配有毛发自记式温湿度计、温湿度传感器等温湿度检测设施。藏品柜架设施为金属材质，根据藏品现状设计了多种形制。

省直重点文物收藏单位藏品装具及存放形式。除了少数大件、家具类藏品裸放外，大多数藏品均采取放于装具内再放置于柜架内的形式存放。装具主要包括传统囊匣、樟木盒、老硬木箱、普通纸袋及少量无无酸囊匣等几种。其中传统囊匣大部分因为多年前制作，多有变形现象，或多或少影响藏品的提取；普通纸袋则存放未装裱的书画作品、小件器物等，而普通纸袋不利于藏品的长期保存。根据以上情况，应每年按计划更换藏品装具使其满足藏品预防性保护小环境调控的需求。馆藏未装裱书画、丝绣类藏品存放形式有不合理现象，应对未装裱书画类藏品进行装裱，对丝绣类藏品合理存放，注意藏品存放形式对长期保存造成的影响。

根据普查工作中反映出的文物保管状况，部分文物收藏单位制作了藏品保存现状表，相关部门或人员提用藏品时，可根据每类藏品保存现状表反映的情况，决定是否查看实物，以减少实物提用对藏品造成的损害。省内文物收藏单位的藏品保存大致情况是，有机类较无机类保存现存较差，病害种类多。有机类古生物、古地图、书画、文杂、服饰病害较严重。无机类以考古出土藏品保存现状较差，尤其是考古出土金属质地藏品现状为最差。辽宁省拟在普查的二期工作中，依据此次普查掌握的情况，根据藏品病害程度，制订保护修复计划并逐步实施。

通过此次普查，掌握了全省的可移动文物数量分布及其保存状况，对制定辽宁省可移动文物保护、管理、利用措施具有重要的意义。

3. 掌握使用管理情况

（1）利用普查成果，综合分析

全省各市、县区收藏单位利用这次文物普查成果，举办了各种形式的展览，宣传普查成果，使大家通过文物，更加了解祖国传统文化，增强爱国意识和民族自豪感。省普查办对数据、资料、电子档案实行备份管理，确保安全。普查数据平台二期维护工作已交省文保中心承担，保证长期有效的升级与维护。省文化厅拟成立"登录办公室"，建立登录制度，对各地各单位报送的文物数据进行严格管理，确保收藏单位的合法权益。对文物收藏相对集中的国有单位的文物保护修复、文物安全保障等方面给予技术和政策支持。为文物保护、科学管理藏品提供准确翔实的资料，使普查成果更好的服务予社会。

（2）各地市、县区可移动文物使用管理情况

辽宁省各市、县区，国有文物收藏单位严格按照《中华人民共和国文物保护法》《中华人民共和国文物保护法实施条例》等相关法律法规管理、使用可移动文物。在开展普查工作期间，严格按照法律规定、要求操作，保证文物安全，未发生一起因普查工作操作不当造成的可移动文物损坏事件。

（3）不同类型收藏单位可移动文物使用管理情况

辽宁省博物馆、纪念馆、图书馆、档案馆根据各自收藏的可移动文物的性质差异，制定展览、出版、借阅、提供咨询等使用管理措施。其他国有单位藏品自主保管和利用。

（4）不同行业收藏单位可移动文物使用管理情况

全省可移动文物分布主要行业为"文化文物、体育和娱乐业""教育业"。其中的29家收藏单位以陈列展览、展览、网络展览、公开借阅等公开方式，公开藏品资源8147件/套。

（二）健全文物保护体系

1. 完善文物档案

辽宁省涉及新建/重建藏品账目及档案的收藏单位共128家，新建/重建账目及档案的文物数量111772件/套。所有登录平台的收藏单位均完成了藏品账目及档案信息化。其中系统内主要大型收藏单位辽宁省博物馆、辽宁省文物总店、辽宁省考古所均借此次普查工作完成了清库建档工作和账目核对工作。通过此次普查解决了辽宁省文物收藏单位存在的账目陈旧、资料整理不规范、计数方式不统一等库房管理问题。通过此次普查，对文物账目管理的完善，对馆藏各类文物的保存状况有了更加全面细致的了解，有助于各单位进一步加强库房管理、文物修复与保护相关工作。辽宁省直属重点文物收藏单位，藏品账目大致分为文物总账、文物分类账、资料账、文物出入库账、索引等几种。有纸本与电子版两种，

相关文物档案建立情况。以文物卡片、藏品档案和一级文物藏品登记表三种为主。其中藏品档案包括一级、二级、三级文物和资料类文物，现有藏品档案大多为1989年

和 1993 年文物定级时所建，此后未能及时补充有关的信息，如学术研究、出版情况等。通过此次普查，部分珍贵文物补充了相关附属信息，在未来的文物档案管理工作中应进一步完善和补充，建立起藏品档案完善和补充机制。

省文物考古研究所拥有大量的考古发掘出土文物，因大部分业务人员集中于野外工作，库房管理、资料整理人员较少，制作、管理藏品档案任务较重，文物保存环境也急需改善。普查期间，省考古所于 2013 年承担"珍贵文物预防性保护项目"，2014 年委托上海博物馆编制的《辽宁省文物考古研究所珍贵文物预防性保护实施方案》得到了国家文物局的批准实施，建立了辽宁省文物考古研究所藏品保存环境监测站，有重点地配备一整套博物馆环境无线传感监测系统和实验室离线检测分析装备，实现对珍贵文物保存环境质量的实施监测和定时检测分析、评估、预警和应急管理；同时，结合环境监测结果，在部分文物展厅和库房示范应用先进、合适的调控措施，配备文物囊匣，努力营造"稳定、洁净"的文物保存微环境，提升辽宁省文物考古研究所珍贵文物收藏保管综合能力，达到珍贵文物预防性保护的目的。

2. 完善制度和规范

通过此普查，辽宁省文化厅统一制定相关制度，进一步规范文物征集购买工作程序。

辽宁省重点文物收藏单位藏品管理机制建设较为完善，部分市、县级单位需要完善文物保护机制，规范工作程序。辽宁省进一步加强对基层单位文物保护、藏品管理的要求，提升全省文物保护与管理工作水平。

3. 明确保护需求

辽宁省大型重点文物收藏单位的文物保护条件相对较好，部分市、县级基层收藏单位文物保护条件参差不齐。如丹东抗美援朝纪念馆，地下库房的温度、湿度均不适宜书画类、丝制品类文物的长期存储和保护。

辽宁省博物馆文物库房和展厅环境可达文物预防性保护要求的二级标准，基本满足文物预防性保护的需求。但是，藏品库房和展厅温湿度控制系统均为普通空调系统，温湿度控制无法实现恒定，尤其是文物库房位于地下一层为封闭式建筑，精密恒温恒湿空调系统是调控库房温湿度的唯一途径。从保护技术方面而言，辽宁省博物馆具有多类别文物保护方案编写资质，具有多类别文物保护修复资质。有从事文物科技保护人员 7 名，文物修复人员 20 名，在金属文物、陶瓷类文物、书画类文物保护修复等多个方面具有专长。但是，保护修复人员梯队呈青黄不接状态，即具有高级职称的科技保护人员少，经验丰富的修复人员少，年轻同志无法独立承担馆内珍贵文物的保护修复工作。

鉴于辽宁省的文物现状，文物总体保护需在两个方面加大力度，一是加大文物预防性保护力度，重视文物保护环境的监控和调控；二是注重文物保护专业技术人员的培养，建立文物保护人员梯队，建立专业人员培训培养机制。

4. 扩大保护范围

表16 辽宁省各市、县区新备案收藏单位统计表

序号	市、县名称	新备案的收藏单位（单位：家）
总计		140
1	沈阳	34
2	大连	9
3	鞍山	15
4	抚顺	6
5	本溪	4
6	丹东	9
7	锦州	0
8	营口	3
9	辽阳	0
10	铁岭	11
11	朝阳	12
12	盘锦	4
13	阜新	5
14	葫芦岛	28

（1）普查中非文博系统收藏单位实现藏品规范化管理

辽宁省非文博系统文物收藏单位集中在沈阳、大连市的图书馆、档案馆、高校、企业等。通过省、市普查办的共同努力帮助其建立起文物卡片、文物总账、文物分类账与相应的电子系统信息库。

（2）普查拓展文物资源领域

此次普查范围除文博系统内的博物馆馆藏文物外，将系统外的国有单位馆藏纳入到普查范围。辽宁省通过此次普查掌握了大量的系统外单位可移动文物藏品的分布、现状等相关信息。有利于可移动文物资源的利用开发，有助于全省的文物信息化管理建设。

（3）下一步保护措施及规划

辽宁省将根据此次普查数据，拟定相关的文物保护计划，设立相关经费，组织专项培训。一是加大保护力度，编制实施文物保护规划，对急需修复的可移动文物推进修复工程，抓紧完善文物库房建设。针对彩塑壁画、纸质文物、纺织品等实施修复工程。二是加大文物保护经费投入，推动文博创意等产业发展，支持非国有博物馆发展。三是健全文物登录制度，建立文物资源数据库。严打盗窃、破坏文物等行为，建立文物保护责任终身追究制。四是大力培养文物保护修复人才。

（三）有效发挥文物在全省经济社会发展中的重要作用

普查不仅仅是调查统计文物数据，而是在此基础上更好发挥文物信息的价值和作用，让藏在博物馆里的文物活起来，服务人民群众。辽宁省通过此次普查，全面掌握和科学评价文物资源情况和价值，促进健全文物登录备案机制和文物保护体系，加大文物保护力度，保障文物安全，整合利用文物资源，丰富公共文化服务内容，使文物在国民经济和社会发展总体布局的积极作用得到有效发挥。同时，通过对可移动文物进行全面调查登记，完善可移动文物信息数据，有利于实现辽宁省文物信息资源的整合利用和动态管理。辽宁省各市、县区，根据各地方独特的文物遗存，利用多种方式，充分开发利用这些文物资源，将会极大地提升地域文化品质，丰富地域文化内涵，推动地域经济社会发展。

辽宁省沈阳市正在筹建市级博物馆，计划重点展出考古、民俗、满族文化和工业文明等内容，充分利用文物普查成果，让深藏的文物活起来，发挥文物在提升城市品位，增强城市软实力中的作用。辽宁省举办文物普查成果展览，出版印刷《沈阳馆藏文物精华》。

普查期间，国家文物局出台《关于推动文化文物单位文化创意产品开发的若干意见》，明确了推动文化文物单位文化创意产品开发的总体要求、主要任务、支持政策和保障措施，并提出要选择部分单位开展试点，在开发模式、收入分配和激励机制等方面进行探索。辽宁省大连市旅顺博物馆结合普查成果研发了衍生品，2016 年 9 月 16 日在四川成都举办的"第七届中国博物馆及相关产品与技术博览会"上，携带本馆二十余个品种两百多件衍生品参与展示，在业界和社会上引起热烈反响。

辽宁省博物馆新馆于 2015 年 5 月开馆，在推出的多个馆藏展览时，充分利用了普查工作中新整理出的藏品，其中，"指点江山——毛泽东诗词名家书画展"利用普查藏品 38 件/套；"情满辽河——辽宁民间绣品展"利用普查藏品 240 件/套；"砚田生活——宁斧成金石书画精品展"利用普查藏品 120 件/套；"学有本原——杨仁恺书法展"利用普查藏品 2 件/套。计划利用普查成果中的清末至民国儿童服饰，举办"妈妈的宝贝——儿童服饰展"，以及"金石拓片精品展"，并出版展览图录。

辽宁省将继续再接再厉，用好用活普查数据，加大资源开放力度；提升文化创意产品开发水平，发挥国家级馆和区域内重点博物馆的引领作用，提升辽宁省收藏单位展览水平，使博物馆文化创意产品发展再上新的台阶。

建　议

经过近五年的艰辛努力，辽宁省圆满完成了第一次可移动文物普查工作，一条条具有历史、文化、科学、艺术价值的数据，凝聚了所有参与普查工作人员的汗水，提升了辽宁省整体数据信息化质量。沉甸甸的普查硕果对科学制定文物保护规划，有效整合和合理利用文物资源，加强可移动文物相关研究，提供了有力保障；同时，也使辽宁省文物工作者的专业素质和文物信息管理，文物保护水平有了较大提升。但是，辽宁省在普查工作中也发现一些不足，根据实际情况及各市县反馈提出以下几点建议：

1. 应尽快建立长期的可移动文物登录机构，安排专项经费，将可移动文物登录作为长期性的工作任务。

2. 应制定长期的规划，加强辽宁省文博事业基础工作。

3. 应制定切实可行的人才培养计划，特别是要针对市、县基层文物收藏单位，给予帮助扶持。

4. 应加强对各国有收藏文物单位的组织管理，加强对系统外收藏单位专业技术支持工作。

5. 应适时公开部分数据和图片资料，结合普查成果开展衍生品研发。

6. 应加强对国有文物收藏单位接受捐赠、征集购买藏品的管理。

7. 应进一步规范藏品鉴定、定级工作，制定相应制度，并严格执行。

8. 建议恢复文物系统收藏单位定期向上级主管部门上报藏品变化情况制度。

吉林省
第一次全国可移动文物普查工作报告

2013～2016 年，吉林省第一次全国可移动文物普查工作顺利开展。在吉林省人民政府重视下，吉林省建立健全了全省普查领导和工作机构，加强对全省普查工作的组织和领导，形成了切实可行的方案，开展了多层级、多类别的培训，指导各地普查工作办公室按照国家文物局部署的各个阶段性任务，相继开展了国有收藏单位普查、文物认定、数据录入及审核、普查总结及成果应用等各项工作。全省各级普查工作办公室克服困难，广泛调动系统内外收藏单位的工作积极性，认真负责地开展了本地区的普查工作，圆满地完成了本地区的普查任务，涌现了许多可歌可泣的感人事迹。

经过全省各级普查办的共同努力，吉林省的文物普查工作取得了阶段性成果，全省纳入普查范围的普查单位共有 145 家，全省共有可移动文物 981094 件。吉林省文物主要以高句丽、渤海、辽金和近现代文物为主要特色，具有边疆性、民族性、地域性的特点。

通过可移动文物普查，基本上摸清了家底。扩大了与社会各界的交流与互动，进一步规范了各国有收藏单位的文物与藏品管理，为文物与藏品管理及成果应用奠定了坚实基础。

一、吉林省普查数据

截至 2016 年 10 月 31 日，吉林省在全国可移动文物信息平台登录可移动文物 717237 件/套，实际数量为 981094 件。其中，珍贵文物 24566 件/套，实际数量为 27112 件。登录可移动文物信息的收藏单位 145 家。

（一）吉林省可移动文物基本情况

1. 类别

表1 可移动文物类别

可移动文物类别	可移动文物实际数量（件）	实际数量占比（%）
合计	981094	100.00
玉石器、宝石	6328	0.64
陶器	32758	3.34
瓷器	19089	1.95
铜器	15398	1.57
金银器	2942	0.30
铁器、其他金属器	16560	1.69
漆器	306	0.03
雕塑、造像	1413	0.14
石器、石刻、砖瓦	33993	3.46
书法、绘画	18839	1.92
文具	679	0.07
甲骨	829	0.08
玺印符牌	2193	0.22
钱币	207439	21.14
牙骨角器	4446	0.45
竹木雕	1625	0.17
家具	644	0.07
珐琅器	157	0.02
织绣	9259	0.94
古籍图书	387799	39.53
碑帖拓本	1485	0.15
武器	10119	1.03
邮品	18858	1.92
文件、宣传品	9218	0.94
档案文书	7848	0.80
名人遗物	1376	0.14

续表

可移动文物类别	可移动文物实际数量（件）	实际数量占比（%）
玻璃器	1682	0.17
乐器、法器	896	0.09
皮革	1690	0.17
音像制品	8365	0.85
票据	18905	1.93
交通、运输工具	116	0.01
度量衡器	643	0.07
标本、化石	112134	11.43
其他	25063	2.55

2. 年代

（1）可移动文物年代类型

表2　可移动文物年代类型

可移动文物年代类型	可移动文物实际数量（件）	实际数量占比（%）
合计	981094	100
地质年代	97931	9.98
考古学年代	16571	1.69
中国历史学年代	734979	74.91
公历纪年	93536	9.53
其他	18589	1.89
年代不详	19488	1.99

（2）可移动文物中国历史学年代分布

表3　可移动文物中国历史学年代分布

可移动文物中国历史学年代	可移动文物实际数量（件）	实际数量占比（%）
合计	734979	100.00
夏	120	0.02
商	1517	0.21
周	16889	2.30

续表

可移动文物中国历史学年代	可移动文物实际数量（件）	实际数量占比（%）
秦	1286	0.17
汉	18501	2.52
三国	88	0.01
西晋	113	0.02
东晋十六国	101	0.01
南北朝	369	0.05
隋	105	0.01
唐	22634	3.08
五代十国	351	0.05
宋	133055	18.10
辽	7413	1.01
西夏	25	0.00
金	11664	1.59
元	1126	0.15
明	23114	3.14
清	233810	31.81
中华民国	207994	28.30
中华人民共和国	54704	7.44

3. 级别

表4　可移动文物级别

可移动文物级别	可移动文物实际数量（件）	实际数量占比（%）
合计	981094	100.00
一级	1793	0.18
二级	5089	0.52
三级	20230	2.06
一般	221218	22.55
未定级	732764	74.69

4. 来源

表5　可移动文物来源

可移动文物来源	可移动文物实际数量（件）	实际数量占比（%）
合计	981094	100.00
征集购买	212629	21.67
接受捐赠	18736	1.91
依法交换	217	0.02
拨交	38410	3.92
移交	35080	3.58
旧藏	427467	43.57
发掘	103326	10.53
采集	122472	12.48
拣选	142	0.01
其他	22615	2.31

5. 入藏时间

表6　可移动文物入藏时间范围

可移动文物入藏时间范围	可移动文物实际数量（件）	实际数量占比（%）
合计	981094	100.00
1949年10月1日前	31062	3.17
1949年10月1日~1965年	408121	41.60
1966~1976年	32765	3.34
1977~2000年	175263	17.86
2001年至今	333883	34.03

6. 完残程度

表7　可移动文物完残程度

可移动文物完残程度	可移动文物实际数量（件）	实际数量占比（%）
合计	882611	100.00
完整	360215	40.81
基本完整	473911	53.69
残缺	44119	5.00
严重残缺（含缺失部件）	4366	0.49

注：根据国家文物局《关于做好馆藏自然类藏品登录工作有关要求的通知》的要求，登录的自然类藏品98483件（组），不填写"完残程度"指标项。

(二）吉林省可移动文物分布情况

1. 按收藏单位隶属关系统计可移动文物数量

表 8　可移动文物数量分布（按收藏单位隶属关系）

收藏单位隶属关系	可移动文物实际数量（件）	实际数量占比（%）
合　计	981094	100.00
中央属	116758	11.90
省属	491464	50.09
地市属	230340	23.48
县区属	132271	13.48
乡镇街道属	5	0.00
其他	10256	1.05

2. 按收藏单位性质统计可移动文物数量

表 9　可移动文物数量分布（按收藏单位性质）

收藏单位性质	可移动文物实际数量（件）	实际数量占比（%）
合　计	981094	100.00
国家机关	339	0.03
事业单位	975716	99.45
国有企业	5037	0.51
其他	2	0.00

3. 按收藏单位类型统计可移动文物数量

表 10　可移动文物数量分布（按收藏单位类型）

收藏单位类型	可移动文物实际数量（件）	实际数量占比（%）
合　计	981094	100.00
博物馆、纪念馆	606611	61.83
图书馆	352789	35.96
美术馆	2186	0.22
档案馆	20	0.00
其他	19488	1.99

4. 按收藏单位所属行业统计可移动文物数量

表11　可移动文物数量分布（按收藏单位所属行业）

行业	可移动文物实际数量（件）	实际数量占比（%）
合计	981094	100.00
农、林、牧、渔业	3	0.00
采矿业	0	0.00
制造业	0	0.00
电力、热力、燃气及水生产和供应业	16	0.00
建筑业	0	0.00
批发和零售业	0	0.00
交通运输、仓储和邮政业	0	0.00
住宿和餐饮业	0	0.00
信息传输、软件和信息技术服务业	0	0.00
金融业	0	0.00
房地产业	0	0.00
租赁和商务服务业	0	0.00
科学研究和技术服务业	1200	0.12
水利、环境和公共设施管理业	2	0.00
居民服务、修理和其他服务业	0	0.00
教育	119330	12.16
卫生和社会工作	1200	0.12
文化、体育和娱乐业	855368	87.19
公共管理、社会保障和社会组织	3975	0.41
国际组织	0	0.00

二、吉林省普查工作组织实施

（一）属地管理、分级负责

1. 设立普查领导小组，成立普查机构

2013年8月，吉林省人民政府先后印发了《关于成立吉林省第一次可移动文物普查领导小组的通知》和《关于开展第一次可移动文物普查的通知》，随后吉林省普查办

发布《关于确定吉林省第一次可移动文物普查领导小组办公室成员及各组成部门的通知》，明确发布了办公室、工作组、专家库的组成人员，其中专家库成员涵盖博物馆、考古所、图书馆、档案馆、高校等多家单位共计 36 人。截至 2014 年 6 月，全省 9 个地市（州）和长白山管理委员会均已成立相应的普查机构。

为调动各界力量，共同开展普查工作，省普查办还分别与省档案局、省教育厅、省民政厅三部门联合发布《关于积极做好档案、教育、民政系统全省第一次可移动文物普查工作的通知》，共同推动普查工作的全面开展。

2. 制定普查实施方案和工作制度

根据国务院普查领导小组统一要求，省普查办于 2013 年 9 月 5 日发布了《吉林省第一次可移动文物普查实施方案》，并积极督促全省各级普查办迅速制定本地区的普查工作方案。截至 2014 年 6 月，全省各级普查机构均已制定普查实施方案。

3. 落实普查工作经费

2014 年 6 月 19 日，吉林省财政厅、文化厅联合下发了《关于开展第一次可移动文物普查经费保障专项督察工作的通知》，要求各地财政部门 6 月底前将普查经费落实到位。文件一经下发，各地积极行动起来，截至 7 月底，各市（州），县（区）均已落实了普查经费。

省级经费落实情况为：2013 年 80 万元，2014 年 40 万元，2015 年 40 万元，2016 年 35 万元，累计落实 195 万元；地市级经费落实情况为：2013 年 27 万元，2014 年 109 万元，2015 年 58 万元，2016 年 51 万元，累计落实 245 万元；区县级经费落实情况为：2013 年 102.26 万元，2014 年 416.98 万元，2015 年 139.7 万元，2016 年 62.19 万元，累计落实 721.13 万元。全省四年落实经费累计 1161.13 万元。

吉林省行业博物馆普查经费相对紧张，但一些博物馆通过争取主管部门支持，或者从本馆经费中挤出部分经费，用于普查工作。如吉林省自然博物馆在本已紧张的运营经费中拨出 20 万，专项用于此次普查工作，主要用于摄影器材的购置，电脑设备的更新和升级，标本保藏用品和测量仪器的采购，参加培训和数据传送的差旅等。

吉林省图书馆先后投入 30 多万元，采购各种设备设施，全力保障此次可移动文物普查工作的顺利开展。吉林大学考古与艺术博物馆，可移动文物普查四年共投入 66 万元，主要用于普查设备的购买、普查宣传、人员培训、文物认定、信息登录等。

4. 组建普查队伍

在第一次全国可移动文物普查中，吉林省总投入人员 1404 人。其中国有单位普查工作人员 451 人，普查专家 138 人，收藏单位人员 629 人，志愿者 186 人。

（二）调查、认定、采集、登录、审核，分阶段实施

1. 国有可移动文物收藏单位调查阶段

按照《第一次全国可移动文物普查实施方案》要求，在普查工作正式开展之前，吉林省各县（区）级普查机构已经协调相关部门（如统计、工商、编办等）获得辖区内所有国有单位名录。从 2013 年 9 月 1 日开始，县级普查员根据名录，采用邮寄、直接送达和召集开会等多种方式向辖区内每一个国有单位发放了《国有单位文物收藏情况调查登记表》，并及时进行回收。摸底排查阶段，全省 9 个市州和长白山管委会，共 65 个区县，总计发放登记表 19289 份，回收 18594 份，回收率 96.4%，另有 592 家单位因为合并撤销或地址不详等原因未反馈登记表。

为协助地市普查办，降低工作难度，另有 12 家省属、中央属单位由省普查办协调发放调查表。根据调查表统计，全省反馈收藏有可移动文物的国有单位共有 143 家，占所调查国有单位总数的 0.7%。从 2014 年 1 月开始，各级普查员开始对上报的 143 家文物收藏单位进行实地复核。对于已上报的文物收藏单位，围绕是否存在文物，文物是否符合标准，确定其是否纳入此次普查；对于未上报的文物收藏单位，采用走访群众的方式进行信息核实，确保不遗漏任何一处单位。

2. 国有可移动文物认定工作阶段

吉林省普查工作开展以来，先后组织认定了 27 家收藏单位，认定并备案文物 13134 件。通过认定，不仅明确了藏品价值和普查信息，还不同程度地规范了藏品管理工作。特别一提的是，对行业博物馆的认定。针对行业博物馆文物认定比较薄弱，省普查办组织专家，对吉林大学考古与艺术博物馆、长影旧址博物馆和吉林省中医药博物馆进行了珍贵文物鉴定。

吉林大学历史和艺术博物馆认定工作从 2016 年 1 月开始至 3 月底结束，新发现、新认定藏品总数 118 件/套，新发现、新认定藏品类型有钱币类 112 件/套，档案文书类 6 件/套。结合认定开展了鉴定定级工作，对馆藏青铜、陶瓷、书法绘画进行了鉴定定级工作，鉴定出 461 件/套珍贵文物。

长影旧址博物馆新发现二级文物 12 件，三级文物 128 件；省中医药博物馆新发现二级文物 1 件，三级 33 件。

伪满皇宫博物院一共进行了三次文物认定工作，有关专家深入库房，对有争议的文物，进行反复商讨，对不能准确鉴定的文物，又聘请了沈阳鲁迅学校的专家，对一直没有定名、定级的日本画、日本瓷器、日本漆器进行了重新鉴定、断代和定名，新发现、新认定单位数量、藏品总数 372 件/套，分别是日本瓷器 102 件/套、日本字画

件/套、日本漆器 38 件/套、伪满罪证文物件 145 件/套、伪满民俗文物 44 件/套。

一些地区普查办认定的文物有很有代表性，有些十分珍贵，比如城四家子古城出土的带有"大字八年""大安九年"等文字的辽代绿釉，以及带有龙纹的陶香炉等，明确而且清晰的记录了城四家子古城的年代。

3. 国有可移动文物信息采集登录阶段

（1）博物馆工作方式

根据吉林省地域特点及博物馆分布状况，吉林省参与普查的 145 家收藏单位中，其中有 82 家性质为博物馆、纪念馆，占总体收藏单位的 61.83%。其中省、市州及地市级综合类博物馆所占比例较高。收藏类型较为全面，以考古发掘文物、书画艺术文物、革命文物、伪满时期文物以及萨满、高句丽、朝鲜族民俗文物居多。

针对以上分布特点，在普查过程中吉林省把数据采集、审核、登录等工作重点落在了博物馆、纪念馆类收藏单位上。尤其是以省属、市州属级博物馆为工作重点，采取多次发文件督办督察，定期排名通报，落实责任与日常运行评估挂钩等方式进行监督，大力推进全省普查工作进程。

普查初期，吉林省选取"吉林市博物馆"为试点单位，率先开展普查数据采集工作。吉林市普查办制定了试点工作计划和工作目标。在实践中总结经验并全省公布分享。为全面开展吉林省普查数据采集、登录工作奠定了基础。

随后，吉林省根据重点收藏单位各自的收藏特点，大体将藏品类型进行归类，针对不同体积不同属性的藏品，在拍摄及数据采集上采取相应的实施方案。例如，吉林省收藏有的钱币数量约占藏品总数的 21.14% 所占比例较高，且保存状态与统计方式不统一。针对这一特点，吉林省统一规范要求钱币以"件"为统计单位、并由所在市州组织专家进行甄选后统一数据采集标准。统一规范同一文物号的钱币采用文物号加"－"的方式按件进行数据采集。并规范了照片拍摄及选择为正背两张，规范了尺寸等自然项的统一标准。由吉林省博物院信息部自主研发的"图片批量处理"软件，在省博物院应用使用后全省范围内推广使用后，被有效应用于钱币图像信息采集工作中，大大提高了工作效率。再如，博物馆系统内收藏有部分"古籍图书"，吉林省采用"古籍普查平台"已有数据导出，补充、修改指标项，并重新采集"书影"录入离线软软件中，统一审核标准，统一登录全国可移动文物信息登录平台。采集"书影"的工作采用扫描的办法，避免了因拍摄条件及拍摄水平的限制而影响照片效果。

（2）考古所工作方式

吉林省考古所，藏品数量不大，但类别丰富，特征明显。以考古发掘古代文物为主，账目清晰，大部分文物已有图片信息。但考古所有田野任务，且部分发掘器物流动调拨数量较大。在文物数量统计方面具有较大难度。因此，在普查数据采集过程中，采用了由吉林大学考古与博物馆专业学生（有过田野考古经验的学生）现场进行数据采集工作。再由考古所相关专业老师审核登录。另外，吉林省考古所还承担了吉林省的审核试点单位任务。

（3）文物商店工作方式

吉林省文物商店由于注册登录的时间相对较晚、同时面临搬家及文物的流动性特点。吉林省采用由吉林省博物馆协会组织专家及工作人员结合省文物商店相关工作人员进行现场核准确认纳入普查藏品后，再由省博协组织人力协助完成其普查数据的采集、登录工作。

（4）搬迁单位工作方式

吉林省博物院，在普查工作进程中恰逢搬迁。2014年11月～2015年12月，吉林省博物院迎来了另一项"大战役"——搬迁新址。普查"搬迁"两场战役，一个队伍同时作战。122453件文物从文物拍照到打包、搬迁、拆包、入库、上架再到数据采集等工作按计划，安全、准时、高效地完成了任务。吉林省博物院本着摸清家底的决心，克服困难，重新整理文物账目，完善文物信息档案，整合统计藏品数据信息，建立健全文物档案及信息化管理体制。

在应对"搬迁"工作的同时，为确保普查工作有效推进，吉林省博物院在吉林省文物局的指导下积极调整可移动文物普查工作方案。吉林省博物院成立了院第一可移动文物普查领导小组，由法人任组长。普查工作领导小组下设四个工作组：文物认定组、文物信息采集组、文物审核组、后勤保障组。文物认定组负责组织人员开展对院藏部分文物的鉴选、认定工作，为普查数据录入做前期准备；文物信息采集组下设3个数据录入小组、4个文物摄影工作组，负责进行文物基础数据录入、文物拍照工作等；文物审核组负责对采集组录入的数据进行核对、修改；后勤保障组负责普查工作的设备提供、劳保用品提供等保障性工作。在文物打包之前及时抢拍8万余件文物照片。同时，分别从院内历史部、信息部等部门抽调专人，按照对应文物号编码建夹。在文物被打包期间，由保管员分离线软件录入和补充修改转换数据表格。由信息部组织人手编录整理古籍及民国图书30154件/套，并逐册扫描图像编号录入。在文物搬迁至新馆后，采用提前加班抢拆的方式，边拆包边拍照。同时，聘用吉林大学、东北师范大学相关专业学生，对新拍摄的照片同步修改建夹。保管员在拆完包的同时即刻将修改好的图片导入离线软件进行采集数据初步审核，确保数据与图片信息同步。

为避免重复性工作，吉林省博物院按照有关要求，采用逐级落实有关部门责任制度。设立由保管员及部分抽调其他业务人员构成的"数据采集组"和各业务部门抽调的正研究员名组建的院级"专家审核组"以及院领导班子，共同构成三级审核机制。吉林省普查办印发"数据重要指标项审核标准"，严把基础数据采集标准。

为确保数据使用安全，吉林省博物院采取专人负责统一管理数据。

（5）系统外单位工作方式

为了解决个别馆技术力量薄弱的问题，2015年2月9日，由吉林省普查办组织，吉林省考古研究所，吉林省博物院赴长影旧址博物馆，开展现场认定工作并帮助健全档案结构、辅助指导藏品目录、编制藏品编号等。之后，吉林省博物院专家又到现场进行技术培训，指导工作人员拍照。7月份，省普查办又聘请吉林大学考古与博物馆专业3名学生，帮助该馆开展为期2个月的拍照、数据采集工作。期间省博物院专家带领摄像、信息等专业人员现场指导工作。长影旧址博物馆于2015年8月末完成了普查数据采集、登录任务。

伪满皇宫博物院进度缓慢，影响到长春市及全省的整体进度，经了解，该单位普查专业人员不足，审核专家力量不强。于是，吉林省普查办协调吉林大学考古与艺术博物馆2名研究生进行帮扶，又联系省博物院1名专家帮助他们进行审核，通过这种方式，大大提高了普查速度，确保年底前完成了任务。

省普查办统筹全省资源，进行单位间的帮扶。由于自然标本、化石类数据采集标准与文物指标项不完全一致，加之专家业务受限。吉林省普查表完成协调吉林省自然博物馆在完成本馆近10万件藏品的采集、登录、审核任务的同时，分担起了省内其他自然类博物馆业务指导、数据审核及修改报送工作，如帮助长白山自然博物馆、乾安大布办泥林博物馆等，有效地保证了省内自然类普查数据任务的完成。

4. 国有可移动文物信息审核阶段

2015年初，省普查办召开全省普查工作会议，传达国家会议精神，部署全年工作，印发了《关于加强全省第一次全国可移动文物普查数据审核和质量管理的通知》，明确了阶段性工作目标和全年工作任务。

在推进普查工作的过程中，吉林省坚持把质量控制贯彻始终。采取了省市县三级把关，数据审核工作模式。建立了省、市、收藏单位三级普查专家组。省普查办召开了省级专家审核工作座谈会，汇集了各地审核过程中发现的比较集中的问题，编辑了《吉林省专家审核常见问题及修改意见汇编》，下发指导各地。专家与分管单位通过QQ群网上答疑，数据采用集中报审的办法。许多地区的数据都是经过几轮反复修改，最终合格后方可上传，力求使错误率控制在国家标准以下。

（三）宣传动员

为更好地推进普查工作，省普查办按照国家普查办要求，于 2013 年 9 月制定并发布了《吉林省第一次可移动文物普查宣传计划和宣传方案》，各市（州）、区（县）级普查办也陆续发布了本级普查宣传方案。按照普查方案，全省各级普查机构积极悬挂条幅、张贴海报、散发宣传单、利用网络、电视、报刊等平台展开大幅宣传，普查员还借上门发放调查表的机会向国有单位宣传普查工作，使得文物普查众所周知、深入人心。

2014 年，为推进全省可移动文物普查工作，让文物普查工作更加贴近基层，贴近群众，吉林省文物局创排了一台以可移动文物普查为内容的专题节目进行了全省巡演。演出由吉林省文物局主办，四平市文广新局承办，四平市艺术剧院有限公司协办，节目采用快板、吉剧、二人转、音乐剧等多种艺术表演形式，向广大老百姓宣传了此次可移动文物普查的重要意义。为此次普查宣传新创作的节目主要有音乐快板《文物普查立新功》、歌曲《文物颂》、幽默吉剧《老牛头献宝》等，整场演出是一场集原创性、娱乐性、综艺性和创新性于一体的文艺晚会，既进行了普查宣传，又展现了吉林省的地域文化，得到了省内演艺界专家与当地群众的好评。

6~7 月，巡演走遍全省 9 个市（州），历时 1 个多月，演出近 30 场，观众数达 8 万余人。2014 年"中国文化遗产日"，四平市被省文物局定为本次遗产日活动宣传主会场，四平市博物馆作为分会场，举办了"全国第一次可移动文物普查宣传书法作品巡展"。本次巡展由省文化厅、省文物局主办，由市文广新局承办、博物馆协办，展出省内书画名家书法作品 100 余幅。此展览在成功启动后，依次赴白山博物馆、辽源博物馆、白城博物馆、吉林博物馆、松原博物馆、江源博物馆等城市巡展，参观人数共计 10 万余人，影响大，反响好，在省内博物馆界获一致好评。

全省各地采取不同形式，宣传和展示普查成果。2015 年"5·18 国际博物馆日"活动期间，吉林市普查办举办了"吉林省第一次全国可移动文物普查专题图片展"。白城市博物馆、通榆县博物馆在 2016 年"5·18 国际博物馆日"和"中国文化遗产日"分别举办了"白城市第一次可移动文物普查成果展览""通榆县一普成果展"。论文《全国第一次可移动文物普查后的思考》参加了吉林省博物馆协会举办的第三届论文研讨会。2015 年 6 月 12~14 日，利用全国第十个"中国文化遗产日"的契机，吉林省图书馆举办了"寻踪历史记忆 共享文化遗产"系列活动，宣传普查工作。2015 年 9 月 29~30 日，吉林省图书馆举办系列活动，通过成果展、线装书制作、书画装裱制作、知识讲座以及有奖问答等方式，宣传普查工作，提高读者对可移动文物普查的认识。

"德惠市 2015 年博物馆日暨第一次全国可移动文物图片展"，以图片形式，在德惠市体育广场展出藏品 200 余件，参观人数约为 20000 人；2016 年 5 月，松原市普查办联合市教育局组织长岭县 30 名优秀中小学生开展了"文化遗产之旅"活动，参观了市博物馆及各展厅展览。从一点一滴做起，逐步培养和提高人们保护文化遗产意识。

扶余市博物馆与扶余市电视台合作，结合当地文史资料、文化遗产及普查工作成果等，制作了四部分、总时长 60 分钟的纪录片《古今扶余》，在展厅循环播放，为人们系统了解扶余历史文化，保存了珍贵的影像资料。

（四）试点工作情况

吉林省普查办选取吉林地区、吉林市博物馆、桦甸市作为普查试点地区和单位，进行重点扶持与严格管理，以带动并促进其他地区普查工作顺利开展。2014 年 4 月 8 日，省普查办向全省转发了三个试点单位的先进工作经验，号召各地认真学习，积极借鉴并及时上报本级普查工作进展，以先进带动落后，推进普查工作全面顺利进行。

（五）培训情况

为了规范、有序、高质量地完成普查任务，省普查办于 2013 年 9 月 24 ~ 27 日、10 月 10 ~ 13 日、10 月 20 ~ 23 日、10 月 27 ~ 30 日分别在吉林市、长春市、四平市、白山市举办了第一次可移动文物普查业务骨干培训班，培训学员达 305 人次。培训设置全国普查基本情况介绍、吉林省实施方案解读、文物信息指标体系介绍、文物认定登录规范、采集软件安装使用共六门课程。普查软件更新升级后，省普查办又于 2014 年 6 月 7 ~ 9 日在长春举办了第一次可移动文物普查系统录入、摄影和文物认定培训班，共计 77 人参加了培训。培训班通过课堂授课与上机操作的方式教授学员全面掌握新版软件操作流程、新版登录规范以及文物摄影规范。除了省级培训，各地区和县区也相继组织了多批培训，经统计，2013 年，地市和区县级共组织培训 83 次，人数 1022 人次；2014 年培训 112 次，人数 1152 人次；2015 年培训 57 次，人数 473 人次；2016 年培训 21 次，人数 184 人次。

（六）督察情况

为推进全省第一次可移动文物普查工作，及时掌握各地区普查的相关情况，省普查办于 2014 年 6 月 22 日至 8 月 30 日开展了全省第一次可移动文物普查督察工作。督察内容有：地方各级普查机构和普查队伍是否建立；地方各级普查办普查实施方案是否制定；普查经费和设备是否落实；各（市、州）针对可移动文物普查是否开展了本地区技术培训、文物认定；普查工作的进展。督察方式为：分两个小组同时进行，第一小组督察延边、长白山管委会、吉林、白山、通化地区，第二小组督察白城、松原、四平、辽源、长春地区。各县（市、区）文化（文物）局主要负责人或分管文博工作的负责人（须携带督察内容中的 1~4 项的文件、照片和相关资料）集中到市（州）汇报普查工作。根据汇报情况，督察组确定对每个市（州）的 2 个县（市、区）进行现场抽查。督察结束后，省普查办向全省各级普查办下发了《吉林省第一次可移动文物普查督察情况通报》，通报了各级普查办工作进度，总结了若干问题，提出了相应的解决方案，同时布置了下一阶段的重点工作。经过此次督察，全省普查工作顺利进入全面登录阶段。

2015 年是普查工作中重要的年度，更是攻坚克难的一年。根据系统内、外的特殊规律，吉林省有针对性地采取了不同的策略。对于系统内收藏单位，主要采用调度、督察、通报等方式。自 2015 年 4 月开始，各级普查办分别制定全年工作计划，分解月进度任务，每月底前上报下月计划。省普查办每 10 天进行一次调度，按月对每个藏品单位进行登录进度月度排名，以简报的形式和在省文物局网站上进行公布，对进度较慢，排名靠后的地区和单位转发督办函。每季度将进行全省通报，抄送至省政府、相关成员单位和有关地区政府，有力地推动了系统内收藏单位普查工作进展。2015 年 5 月 5 日，分别向四平、辽源、延边、通化、长春等五个地区下达了督办函；2015 年 2 月和 8 月分别下发了《关于 2014 年第一次全国可移动文物普查登录情况的通报》《关于 2015 年吉林省第一次全国可移动文物普查进度的第二次通报》，对系统内收藏单位起到了督办的作用。

针对系统外收藏单位，经费落实有缺口、业务基础薄弱、业务职能范围受限等因素，吉林省主要针对问题，采取了督察和帮扶相结合的办法，效果很好。为解决一些馆领导重视不够的问题，2015 年 5 月 15 日，吉林省文物局赴"吉林大学考古与艺术博物馆"进行了调研；5 月 20 日，吉林省文物局与省图书馆研讨图书数据采集标准，会后经省普查办报请国家文物局，确定并转换完成省图书馆数据；7 月 17 日，省文物局赴"东北师范大学民俗博物馆"现场督办普查工作；9 月 6 日，省文物局赴"吉林省自然博物馆"现场督察。

（七）普查工作总结情况

1. 编制普查档案

通过普查，各级普查办、各收藏单位都建立健全了普查档案。通过第一次可移动文物普查，吉林大学历史和艺术博物馆对原有账目和藏品实物进行核对，做到账物一致。完善了本馆藏品账目及档案，经专家认定，新增 118 条藏品账目，并对原有账目中的错误信息进行了修订。基本完成了藏品账目的信息化，逐步推进藏品档案的信息化。完善文物档案，对本馆文物保护管理基础工作起到了推动作用。

2. 开展了普查专题研究

吉林大学历史和艺术博物馆在普查过程中，开展了对本馆收藏钱币的分类研究，并于 2016 年 5 月开始筹办了"中国古钱币与社会生活展"，同时开展对本馆收藏明清时期青花瓷的研究。

3. 进行了普查表彰

为表彰先进，鼓励基层，2015 年省普查办推选出 51 名"普查之星"，优秀集体 13 家。

三、吉林省普查工作成果

通过 4 年多的普查工作，吉林省基本实现了第一次全国可移动文物普查的工作目标。

（一）掌握本行政区域可移动文物资源情况及价值

1. 摸清数量及分布

截至 2016 年 10 月 31 日，吉林省 145 家收藏单位在平台登录 981094 件文物。珍贵文物 27112 件，占全部文物的 2.76%，其中一级文物 1793 件，二级文物 5089 件，三级文物 20230 件。按文物分类统计，超过 10 万件的为古籍图书 387799 件；钱币 207439 件；标本、化石 112134 件，分别占全部文物的 39.53%、21.14%、11.43%。按隶属关系统计，登录文物最多的为省属、地市属、区县属，分别占 50.09%、23.48%、13.48%。按单位性质统计，登录文物最多的是事业单位，占 99.45%。按单位类型统计，登录文物最多的为博物馆、纪念馆，占 61.83%。按所属行业统计，登录文物最多的是文化、体育和娱乐业，占 87.19%。文物系统内登录文物 487109 件占 49.65%，文物系统外登录文物 493985 件占 50.35%。库房面积 39100.87 平方米，保管人员 337 人。

2. 掌握保存状况

一些收藏单位，针对普查中发现问题，改善了可移动文物保护条件和保存环境。如，吉林省自然博物馆，通过此次普查，锻炼了队伍，磨炼了意志，领悟到团队合作的力量，深刻认识到藏品管理在人员配置，保藏理论，预防性保护等方面存在的差距和不足，对今后的目标和投入取得一致向上的意见，对标本收藏实为一件幸事，2015年底，在普查结束之际，馆里又安排部分经费对动物标本库房进行了升级改造，安装30组防尘密集标本架，取代原有的开放贮架。

吉林省中医药博物馆根据省文物局要求，文物保管部对所有馆藏文物分别填写《文物登记表》，根据前期工作对采集到的文物的馆藏号、名称、原名、时代、类别、质地、级别、数量、质量、尺寸、来源、入馆时间及完残程度等信息根据藏品账册逐项填写，共完成《文物登记卡》1800 余份。同时根据省文物局第一次可移动文物普查办公室的要求，从馆藏未定级文物中拣选部分较有价值的文物，提出了拟鉴定定级文物清单。随后对名单进行了二次筛选，经鉴定，共确认二级文物 1 件，三级文物 35 件，一般文物 27 件。

（二）健全文物保护体系

多数收藏单位在普查中发现，文物档案还不健全。在普查中，各馆都进行了有针对性的整改。例如，吉林大学历史和艺术博物馆，通过第一次可移动文物普查，对原有账目和藏品实物进行核对，做到账物一致。完善了本馆藏品账目及档案，经专家认定，新增 118 条藏品账目，并对原有账目中的错误信息进行了修订。基本完成了藏品账目的信息化，逐步推进藏品档案的信息化。完善文物档案，对本馆文物保护管理基础工作起到了推动作用。

系统内主要大型收藏单位完成了清库建档工作和账目核对工作。如伪满皇宫博物院，通过文物普查工作，新建文物档案 859 本，充实完善档案 1256 本，完善藏品账目1203 条，使文物总账和档案管理工作更加科学化、细致化。同时，通过文物普查工作，使院里的数据化建设工作再上新台阶，藏品账目及档案信息化程度有了大幅度的提高，对文物保护管理等基础工作起到了积极的推动作用。

通过普查，部分馆解决了一些历史遗留问题。吉林省二人转博物馆，在藏品管理系统中由之前的 61 件/套，经普查后增加到 80 件/套藏品。伪满皇宫博物院自建院以来，每年都根据院的性质、任务、业务研究和陈列展览的工作需要，征集入藏相应的文物资料，并及时入库上账，但其中有 372 件文物，因为业务研究领域为空白所以暂无定名，这批文物需要相关专家经过深思熟虑后给出最科学的名称和描述，结合此次文物普查工作，特请专家和教授对这批日本字画、日本瓷器、日本漆器、伪满罪证文物件、伪满民俗文物进行了鉴定，从而填补了此项工作的空白。

（三）普查成果利用

1. 利用普查成果举办的展览数量较多，经统计，展览数量为 48 个，其中省级展览 1 个，地市级展览 22 个，县区级展览 25 个。

2. 吉林省普查办出版《吉林省可移动文物普查成果图典》丛书，2017 年将出版《吉林省馆藏书画精品图典》。四平市博物馆于 2014 年末出版并发行著作《吉林省可移动文物普查书法作品集》一部。

黑龙江省
第一次全国可移动文物普查工作报告

　　第一次全国可移动文物普查工作，是新中国成立后首次针对可移动文物开展的普查，是继第三次全国文物普查后文化遗产领域又一重大国情国力调查。根据国务院《关于开展第一次全国可移动文物普查的通知》、国家文物局《关于发布〈第一次全国可移动文物普查实施方案〉的通知》，从 2012 年 10 月开始，到 2016 年 12 月结束。黑龙江省各级人民政府高度重视，迅速下发文件，成立领导小组，组建普查机构及办事机构，编制文物普查实施方案，落实普查经费，购置普查设备，建设普查队伍，组织人员培训，分阶段开展普查各项具体工作。

　　2013～2016 年，黑龙江省第一次全国可移动文物普查共投入使用经费 1920.2395 万元，其中省级财政核定经费总额为 457.4 万元，各地财政核定经费总额为 1462.8395 万元。全省共有 2254 人参加文物普查工作，其中普查办 378 人，收藏单位 914 人，专家 239 人，志愿者 723 人。全省举办各级培训学习 120 余次，6600 余人次参加学习。全省各级普查办出版各类文物图书 100 余套，工作简报 200 余期，举办普查成果展共计 49 个，参观人数近 200 万人。

　　在近五年文物普查期间，全面掌握了黑龙江省现存可移动文物收藏单位和可移动文物数量的基本情况，对文物收藏单位的隶属关系、单位性质、单位类型和行业归属的分布情况进行了首次统计。全省共调查登记国家机关、事业单位、国有企业和国有控股企业等国有单位 34309 家，最终有 284 家国有可移动文物收藏单位在普查平台登录。通过各级普查队员的不懈努力，对文物的名称、年代、来源、类别、级别、完残程度、入藏时间等 14 个指标项和文物影像资料进行了文物信息采集和登录工作，以及各级专家组的文物认定和文物信息审核，确定省普查可移动文物总数 610353 件，其中珍贵文物 83216 件，一般文物 233149 件，未定级文物 293988 件。

　　第一次全国可移动文物普查功在当代、利在千秋。通过普查，黑龙江发现了前所未有的可移动文物资源。这些工作离不开各级政府的高度重视与支持，离不开相关部门的大力配合与协作，离不开社会各界人士的关注与参与，更离不开全省2254名普查工作者的辛勤工作。这些文物资源的调查、展示和利用，对加强今后一个时期可移动文物的保护、管理和利用，加强公共文化服务，促进黑龙江省经济社会发展，增强全省人民的文化认同和文化自信，进一步弘扬中华优秀传统文化和爱国主义精神，具有重要意义。

一、黑龙江省普查数据

截至2016年10月31日，黑龙江省在全国可移动文物信息平台登录可移动文物308812件/套，实际数量为610353件。其中，珍贵文物46258件/套，实际数量为83216件。登录可移动文物信息的收藏单位284家。

（一）黑龙江省可移动文物基本情况

1. 类别

表1　可移动文物类别

可移动文物类别	可移动文物实际数量（件）	实际数量占比（％）
合计	610353	100.00
玉石器、宝石	3392	0.56
陶器	28443	4.66
瓷器	6914	1.13
铜器	13770	2.26
金银器	1531	0.25
铁器、其他金属器	17669	2.89
漆器	113	0.02
雕塑、造像	1178	0.19
石器、石刻、砖瓦	34006	5.57
书法、绘画	20540	3.37
文具	1016	0.17
甲骨	47	0.01
玺印符牌	8486	1.39
钱币	26222	4.30
牙骨角器	3722	0.61

可移动文物类别	可移动文物实际数量（件）	实际数量占比（%）
竹木雕	2542	0.42
家具	739	0.12
珐琅器	76	0.01
织绣	2416	0.40
古籍图书	119448	19.57
碑帖拓本	1512	0.25
武器	14341	2.35
邮品	1796	0.29
文件、宣传品	145855	23.90
档案文书	11674	1.91
名人遗物	10580	1.73
玻璃器	2649	0.43
乐器、法器	760	0.12
皮革	1545	0.25
音像制品	3355	0.55
票据	5897	0.97
交通、运输工具	157	0.03
度量衡器	595	0.10
标本、化石	82647	13.54
其他	34720	5.69

2. 年代

（1）可移动文物年代类型

表 2　可移动文物年代类型

可移动文物年代类型	可移动文物实际数量（件）	实际数量占比（%）
合计	610353	100
地质年代	72772	11.92
考古学年代	29652	4.86
中国历史学年代	246014	40.31
公历纪年	229759	37.64
其他	29353	4.81
年代不详	2803	0.46

（2）可移动文物中国历史学年代分布

表3　可移动文物中国历史学年代分布

可移动文物中国历史学年代	可移动文物实际数量（件）	实际数量占比（%）
合计	246014	100.00
夏	19	0.01
商	396	0.16
周	1666	0.68
秦	52	0.02
汉	3769	1.53
三国	17	0.01
西晋	27	0.01
东晋十六国	3	0.00
南北朝	220	0.09
隋	77	0.03
唐	7441	3.02
五代十国	90	0.04
宋	10374	4.22
辽	2859	1.16
西夏	6	0.00
金	15189	6.17
元	482	0.20
明	3796	1.54
清	90256	36.69
中华民国	64791	26.34
中华人民共和国	44484	18.08

3. 级别

表4　可移动文物级别

可移动文物级别	可移动文物实际数量（件）	实际数量占比（%）
合计	610353	100.00
一级	13398	2.20
二级	10058	1.65

可移动文物级别	可移动文物实际数量（件）	实际数量占比（%）
三级	59760	9.79
一般	233149	38.20
未定级	293988	48.17

4. 来源

表 5　可移动文物来源

可移动文物来源	可移动文物实际数量（件）	实际数量占比（%）
合计	610353	100.00
征集购买	148223	24.28
接受捐赠	71382	11.70
依法交换	94	0.02
拨交	33536	5.49
移交	14582	2.39
旧藏	263060	43.10
发掘	29368	4.81
采集	47260	7.74
拣选	1781	0.29
其他	1067	0.17

5. 入藏时间

表 6　可移动文物入藏时间范围

可移动文物入藏时间范围	可移动文物实际数量（件）	实际数量占比（%）
合计	610353	100.00
1949 年 10 月 1 日前	176132	28.86
1949 年 10 月 1 日~1965 年	19805	3.24
1966~1976 年	8954	1.47
1977~2000 年	160636	26.32
2001 年至今	244826	40.11

6. 完残程度

表 7　可移动文物完残程度

可移动文物完残程度	可移动文物实际数量（件）	实际数量占比（%）
合计	605497	100.00
完整	173513	28.66
基本完整	198499	32.78
残缺	224465	37.07
严重残缺（含缺失部件）	9020	1.49

注：根据国家文物局《关于做好馆藏自然类藏品登录工作有关要求的通知》的要求，登录的自然类藏品 4856 件（组），不填写"完残程度"指标项。

（二）黑龙江省可移动文物分布情况

1. 按收藏单位隶属关系统计可移动文物数量

表 8　可移动文物数量分布（按收藏单位隶属关系）

收藏单位隶属关系	可移动文物实际数量（件）	实际数量占比（%）
合计	610353	100.00
中央属	23358	3.83
省属	344327	56.41
地市属	150829	24.71
县区属	90438	14.82
乡镇街道属	1258	0.21
其他	143	0.02

2. 按收藏单位性质统计可移动文物数量

表 9　可移动文物数量分布（按收藏单位性质）

收藏单位性质	可移动文物实际数量（件）	实际数量占比（%）
合计	610353	100.00
国家机关	503	0.08
事业单位	582185	95.38
国有企业	27473	4.50
其他	192	0.03

3. 按收藏单位类型统计可移动文物数量

表 10　可移动文物数量分布（按收藏单位类型）

收藏单位类型	可移动文物实际数量（件）	实际数量占比（%）
合计	610353	100.00
博物馆、纪念馆	494750	81.06
图书馆	77035	12.62
美术馆	7718	1.26
档案馆	137	0.02
其他	30713	5.03

4. 按收藏单位所属行业统计可移动文物数量

表 11　可移动文物数量分布（按收藏单位所属行业）

行业	可移动文物实际数量（件）	实际数量占比（%）
合计	610353	100.00
农、林、牧、渔业	4516	0.74
采矿业	10629	1.74
制造业	28	0.00
电力、热力、燃气及水生产和供应业	0	0.00
建筑业	0	0.00
批发和零售业	0	0.00
交通运输、仓储和邮政业	1	0.00
住宿和餐饮业	0	0.00
信息传输、软件和信息技术服务业	0	0.00
金融业	0	0.00
房地产业	10	0.00
租赁和商务服务业	0	0.00
科学研究和技术服务业	0	0.00
水利、环境和公共设施管理业	0	0.00
居民服务、修理和其他服务业	513	0.08
教育	13605	2.23
卫生和社会工作	699	0.11

行业	可移动文物实际数量（件）	实际数量占比（%）
文化、体育和娱乐业	579097	94.88
公共管理、社会保障和社会组织	1255	0.21
国际组织	0	0.00

二、黑龙江省普查工作组织实施

（一）属地管理、分级负责

黑龙江省位于中国最东北部，东部和北部以乌苏里江、黑龙江为界河与俄罗斯为邻，西接内蒙古自治区，南连吉林省，介于东经 121°11′~135°05′，北纬 43°26′~53°33′。黑龙江辖 12 个地级市，1 个地区。共 64 个市辖区、18 个县级市（其中含 2 个省管县，即绥芬河市、抚远市）、45 个县、1 个自治县。

1. 设立普查领导小组，成立普查机构

为切实落实国务院《通知》、国家文物局《实施方案》及国务院召开的第一次全国可移动文物普查电视电话会议精神，加强对普查工作的统一领导，强化机构建设和促进普查工作的顺利开展，2013 年 6 月，黑龙江省人民政府委托省编委下发了《关于成立黑龙江省第一次国有可移动文物普查领导小组的通知》，成立以副省长为组长、省政府副秘书长和省文化厅厅长为副组长，30 个相关部门负责同志为成员组成的黑龙江省第一次全国可移动文物普查领导小组，负责全省文物普查工作的组织和领导，联合协调重大问题。领导小组办公室设在黑龙江省文化厅，负责普查工作的日常组织和具体协调。同时成立相应的文物普查工作机构，负责文物普查的具体实施工作。随后，全省 13 个地市、126 个区县、2 个省直管县和农垦系统分别成立了以本级政府主管领导为组长和相关部门为成员构成的普查领导小组，设立文物普查工作办公室，负责、组织、协调本级政府文物普查工作，构建了覆盖全省、上下联动的普查工作机制。

为进一步加强统筹，共同做好全省教育、档案等各系统第一次全国可移动文物普查工作，黑龙江省文化厅与省教育厅、省档案局等各厅局分别联合印发《关于做好全省教育系统第一次全国可移动文物普查工作的通知》和《关于做好全省档案系统第一次全国可移动文物普查工作的通知》等文件，落实文物普查工作目标和范畴，加强各有关部门协同工作的统筹安排，联合各高校、档案馆等部门共同完成普查任务，普查数据由各级普查办汇总。2014 年，黑龙江省财政厅、黑龙江省文化厅联合印发《关于做好可移动文物普查经费保障专项督察工作的通知》，进一步加强了对全省第一次全国

可移动文物普查经费保障的力度，促进了工作顺利地开展。

2. 制定普查实施方案和工作制度

为科学、规范、有序和高质量地完成黑龙江省第一次全国可移动文物普查工作，按照国务院《通知》和国家文物局《方案》的要求，结合全省实际，制定《黑龙江省第一次全国可移动文物普查实施方案》（以下简称《方案》）。《方案》对开展此次文物普查的意义、目标、范围、内容、技术路线、组织、时间、实施步骤、资料填报和管理、经费预算、宣传、总结等各阶段工作进行了统一部署，提出明确要求。随后，全省各地普查办制定了本地区文物普查实施方案开展工作。

黑龙江省第一次全国可移动文物普查启动以来，各级文物行政管理部门作为各级普查领导小组的具体办事机构，充分发挥协调管理职能，全力保证国有单位调查和文物信息采集、登录、审核等各个环节工作的顺利实施和高效运行。省普查领导小组办公室制定了有效的行政管理、信息报送、文物认定和专家指导等工作制度，建立起国家、省、市、县上下通畅，联系紧密的工作机制，使全省普查工作形成一盘棋。在工作制度制定的过程中，省普查领导小组办公室参考、借鉴了国家文物局和其他省份经验，制定了相应的标准，保证了文物认定、平台信息审核等各阶段工作顺利进行。

《文物认定管理暂行办法》是根据《中华人民共和国文物保护法》和《中华人民共和国文物保护法实施条例》有关规定制定的，对可移动文物进行认定的重要指导性办法。

为配合第一次全国可移动文物普查工作开展，黑龙江省文化厅2013年12月9日制定出台《黑龙江省〈文物认定管理暂行办法〉实施细则（试行）》，根据黑龙江省文物行业现状对《办法》进行细化。《细则》对文物认定机构和文物认定程序、文物认定标准及藏品管理都进行了详细说明，为各级文物行政管理部门开展可移动文物普查工作提供了切实可行的理论依据，明确了各级文物行政部门的具体职责，为文物认定工作打牢了标准基础。

为更好地发挥黑龙江省文物鉴定委员会在可移动文物普查工作中的作用，根据《中华人民共和国文物保护法》和国家文物局《国家文物鉴定委员会管理规定》，制定《黑龙江省文物鉴定委员会管理规定》。《规定》的制定为省级可移动文物普查文物认定专家的组成及工作开展提供了抓手。

为全省规范开展可移动文物普查中文物认定工作，省普查办借鉴国家文物局专家制定的《文物认定信息登记表》《文物登记卡》等制式表格，在各级文物认定工作中推广，不仅推进可移动文物普查工作开展，间接促进了全省文物档案建设等基础性工作开展，也可视为一种普查成果的拓展。

普查过程中各种方案和制度的出台，为健全黑龙江省国有可移动文物认定体系，文物标准化和规范化管理创造了条件，提供了有力的政策保障。

3. 落实普查工作经费

为保障黑龙江省第一次全国可移动文物普查的顺利开展，各级普查机构根据实际需要认真编制预算，各级政府高度重视文物普查工作，将普查经费纳入地方财政预算，并加大了对文物普查经费投入力度。黑龙江省第一次全国可移动文物普查所需经费由省级财政和地方财政共同分担，总金额为1920.2395万元，其中省级财政核定经费总额为457.4万元，各地财政核定经费总额为1462.8395万元。

表12 黑龙江省第一次全国可移动文物普查各地区经费投入情况统计表

单位：万元

地区＼年度	2013 年	2014 年	2015 年	2016 年	各级各地合计
年合计	397.4015	633.13	468.735	420.973	1920.2395
省普查办	46.4	111	150	150	457.4
哈尔滨市	84.2815	87.3	45.3	54.3	271.1815
齐齐哈尔市	83.5	59.5	25.7	12.5	181.2
牡丹江市	42.6	34.5	20	6	103.1
佳木斯市	7.1	31	14.4850	12.5	65.085
大庆市	14.32	174.83	82.95	67.573	339.673
鸡西市	0	10.2	10.2	7.2	27.6
双鸭山市	5.8	10.4	6.9	0	23.1
伊春市	8	14	10	10	42
七台河市	6	5.5	6	4.5	22
鹤岗市	10	10	8	5	33
黑河市	46.7	28.8	32.2	34	141.7
绥化市	8.7	10.1	11	11.4	41.2
大兴安岭地区	4	6	15	15	40
绥芬河市	10	5	0	0	15
抚远市	0	15	11	11	37
农垦系统	20	20	20	20	80

从投入的规模来看，2013年投入经费主要应用于成立各级组织、举办培训学习、

开展宣传动员和启动工作；2014 年投入相对较多，主要用于举办业务培训班和普查设备的购置，包括计算机、照相机、摄影设备、文物测量称量设备、存储设备和办公用品等；2015 年投入经费主要应用于普查文物信息采集、文物信息登录、文物摄影等信息采集工作；2016 年投入经费主要应用于数据汇总、质量控制、对数据终审上报和普查成果的转化，出版普查报告和文物精粹等工作。

4. 组建普查队伍

随着各级普查机构和办事机构的成立，组成了相应的普查队伍。全省普查队伍的建设，既要保证文物普查质量，还要保证文物安全，同时借普查工作锻炼培养业务人员。一方面要选择工作积极、认真负责、业务熟练的老兵担当普查队的中坚力量，另一方面要选择年轻有为、爱岗敬业的新兵，通过文物普查工作不断加强业务学习，使之从一名文博业务新兵逐渐变为一名文博业务老兵，为今后黑龙江省文博工作积蓄人才力量。

黑龙江省文物普查期间共有 2254 人参加，普查办 378 人，收藏单位 914 人，专家239 人，志愿者 723 人。其中省级普查办 7 人，收藏单位 100 人，专家 80 人，志愿者30 人，合计 217 人；地市级普查办 86 人，收藏单位 282 人，专家 84 人，志愿者 244人，合计 696 人；区县级普查办 285 人，收藏单位 799 人，专家 75 人，志愿者 243 人，合计 1341 人。（详见下表）

表13　黑龙江省第一次全国可移动文物普查队伍建设统计表

计算单位：人

级别＼类型	普查办	收藏单位	专家	志愿者	合计
合计	378	914	239	723	2254
省级	7	100	80	30	217
地市级	86	282	84	244	696
区县级	285	532	75	449	1341

黑龙江建立专业普查队员队伍，分别来自全省文博系统各博物馆、纪念馆的业务工作人员，颁发了普查员证，专业队伍是做好文物普查工作的中坚力量；专家队伍既包括文物专家，也包括图书、档案、农垦、国土、林业、自然等其他各领域专家，主要对文物认定、文物信息审核等工作进行技术把关和业务指导，同时也担负着培养黑龙江省文博系统人才队伍建设的重任；志愿者队伍的构成以文博行业外的文物收藏单位和相关部门为主，他们在普查工作中发挥了积极作用，特别是在普查宣传工作方面

及文物信息采集和文物信息登录方面，都起到了积极的不可或缺的作用。

（二）调查、认定、采集、登录、审核，分阶段实施

根据国家文物局《方案》对普查工作准备阶段、普查实施阶段和验收汇总三个阶段的总体要求，按照省《方案》的具体时间安排，从 2013 年初开始，对全省可移动文物收藏单位进行调查登记，随后对可移动文物进行认定、采集、登录、审核等各阶段工作，至 2016 年 8 月完成并向国家报送终审数据。

1. 国有可移动文物收藏单位调查阶段

按照国家文物局《方案》要求，在省政府领导、省文化厅组织下，黑龙江省以区县为基本单元，开展对国家机关、事业单位、国有企业和国有控股企业等各类国有单位进行文物收藏情况调查工作。调查期间，为做到提前谋划、重点突出、不留死角，确保调查阶段科学、规范、有序、高质量开展，各级普查人员采取发放调查表、电话沟通和上门登记三种方式相结合，保障了该项工作的顺利开展。在全省各级普查办和普查队员的共同努力下，黑龙江省国有单位文物收藏情况调查、汇总工作于 2013 年 12 月 10 日圆满完成。全省共发放《国有单位文物收藏情况调查登记表》34309 份，回收 33408 份，回收率超过 97%，经过普查队员调查登记和国有文物收藏单位主动申报，经初步统计黑龙江省国有可移动文物收藏单位共计 384 家，可移动文物总数在 30 万件以上。

2. 国有可移动文物认定工作阶段

2014 年 1 月~2015 年 6 月，黑龙江省开展第一次全国可移动文物普查认定工作。组织专家组成 3 个文物认定专家小组，在文物认定工作期间，走遍了全省各个地市县的文物收藏单位，对 384 家国有可移动文物收藏单位进行筛查，初步确定我省 279 家国有可移动文物收藏单位纳入普查范围，可移动文物总数 296359 件/套。经过第一次全国可移动文物普查新认定藏品总数为 149600 件/套，其中文博系统内新认定藏品数为 130631 件/套，文博系统外新认定藏品数为 18969 件/套。

为保障认定工作的顺利开展，依托省文物鉴定委员会及省文博专家组成的普查文物认定专家组和各地市、区县文物认定专家组联合对辖区内可移动文物进行认定。区县级普查认定专家组负责初步筛选，地市级普查认定专家组负责三级文物和一般文物的认定工作，省级普查文物认定专家组负责全省二级以上文物认定工作。佳木斯市、哈尔滨市、农垦系统率先高质量完成文物认定工作。

3. 国有可移动文物信息采集登录阶段

文物信息的采集和登录工作是第一次全国可移动文物普查工作的核心环节，是对

普查队员团结协作的一次考验和锻炼，同时，也是检验全省文博业务工作人员综合实力的一次测试。为更好地完成这项工作任务，黑龙江省普查办根据国家文物局制定的规范和文件精神，结合本省文物资源特点，对全省国有可移动文物信息采集和登录工作进行统筹规划，举办文物信息采集和登录培训班，推广省级馆的先进经验，加强并规范文物信息采集流程，提高普查数据准确性，加大文物信息登录力度，保质保量保时效的完成这场持久攻坚战。

2014 年 6 ~ 7 月，省文化厅连续举办了五期可移动文物信息登录培训班，全省各国有文物收藏单位 400 余人参加了培训。通过培训，学员进一步明确国有可移动文物普查任务，掌握采集模版、离线软件、在线登录平台操作方法，为高质量、高效率完成可移动文物普查文物信息登录工作奠定坚实基础。

2014 年 10 月，国家文物局为推进第一次全国可移动文物普查文物信息采集和登录工作，在黑河市举办为期四天的"黑龙江、吉林、辽宁三省普查信息采集培训班"。在开班仪式上，东北三省分别汇报了各省普查工作进展情况。通过国家文物局专家的授课，全省参训普查人员加深了对普查工作任务的认识，提高了对可移动文物信息登录平台使用的水平，促进了普查工作进一步开展。

2015 年 4 月在省级普查办主任工作会以后，省普查办施行全省各地平台录入进度月报制度，每月进行全省录入情况的汇总通报，对于录入进度较快、整体工作推进积极的地市给予鼓励和宣传，形成良性竞争氛围，促进全省信息采集录入工作开展，最终按照国家文物局要求如期完成。

文物信息采集过程中，收藏单位确定先易后难的总体工作思路，分成四组，即专家组、称测组、拍摄组、登记组，几组人员同时开展工作，省文物信息采集标准统一、流程优化、分工明确、责任具体，保证具体工作高效进行。

文物信息登录分单机登录、平台登录和数据转换三种方式。为了提高文物信息登录质量和安全，黑龙江省采用了以上全部登录方式，确保每个文物收藏单位在文物信息登录的过程中都分别使用纸质表格、数据模板、离线软件和全国第一次可移动文物普查登录子系统，保证了省文物信息的统一性和完整性。黑龙江省博物馆和大庆市博物馆由于文物数量较多，登录过程中为了保证进度，充分借助在校大学生志愿者的力量完成这项工作。选拔文物保护、博物馆、考古专业大学生以志愿者身份加入普查工作，既提高文物普查信息登录的完成质量，也间接完成了大学生本专业社会实践，彰显文物普查的社会服务意义。

文物信息采集和文物信息登录过程中，省普查办坚持问题导向、深入现场调查研究，制定解决方案。依托"黑龙江省博物馆系统"QQ 群，并派专人在线进行普查问题答疑，定期汇总并提出解决方案，群内共享，为普查人员提供业务知识保障。在全省各级普查办和普查员的努力下，黑龙江省圆满完成610353件可移动文物信息采集登录工作。

4. 国有可移动文物信息审核阶段

2016年初，黑龙江省全面开展文物信息审核工作。为确保文物信息审核工作的圆满完成，按照国家文物局《关于发布第一次全国可移动文物普查数据审核工作管理办法的通知》要求，省文化厅制定了《黑龙江省第一次全国可移动文物普查数据审核工作管理办法》，对全省文物收藏单位分批进行审核培训，轮训人员超过400人次，进一步促进了审核工作的顺利开展。

按照三级审核原则，黑龙江省普查数据先由各区县普查办分别汇总，报地市级普查办对所属区县离线数据进行初审，再以地市为单位向省普查办申请集中审核。在县级、地市级审核阶段，每个数据先由一名专家进行独立审核，然后与另一名专家进行交换审核，每个单位提交的数据都被不同的专家审核2～3遍，保证了每名专家对每个提交的数据做到全部审核到位。其中，佳木斯市首先进行文物信息审核并且一次性通过，齐齐哈尔市、绥化市、黑河市提交的文物数据整体质量较高。省普查办高度重视省级审核工作，在全省范围内抽调业务熟练、表现突出的5名普查骨干组成省文物普查数据审核小组，负责对省直单位、13个地市和2个省管县、农垦系统的数据进行审核复核及终审工作。在省级审核工作中，发现的个性问题，经专家提出意见，当场进行修改，如果是共性问题，现场做好记录，分别进行整改。经过实践验证，这种做法既提高了工作效率，又保证审核质量，还确保数据的准确性和完整性。为了保证收藏单位对于省级审核提出的问题进行如实在线修改，省普查办保留了审核问题备份，真正做到问题落实责任到人，确保审核结果达到普查的要求标准。

在省级审核结束后，省文化厅于2016年5月印发《关于按时完成普查数据修改工作的通知》，要求各地各单位按时完成省级审核中提出的数据修改任务。在普查数据修改工作结束后，又印发《关于开展全省可移动文物普查数据逐级提交上报工作的通知》，要求各地各单位按时开展普查数据逐级提交上报工作。经过8个月的不懈努力，黑龙江省第一次全国可移动文物普查文物信息审核工作全部完成，并于2016年8月向国家文物局提交了文物普查信息数据，完成了终审工作。

（三）宣传动员

普查宣传是本省普查的一项重要工作，对全省普查的实施和效果起到了极好的推动作用。黑龙江省综合利用传统媒体和新媒体优势，多角度、多层面、全方位宣传普查工作，推动第一次全国可移动文物普查成为社会各界共同关注、积极参与、共享成果的文化工程。

省普查办和各地市普查办对每个阶段普查进展情况和普查成果通过新闻、广播、报纸等传统媒体与网络、手机微信等新媒体相结合等多种形式进行广泛宣传。特别是在"5·18 国际博物馆日"等重大活动日，全省文物收藏单位均以海报、横幅、宣传册、纸媒、网络、展览等形式，进行全国第一次可移动文物普查宣传。持之以恒的宣传报道工作，让系统内外的工作人员和社会大众更好地了解第一次全国可移动文物普查的重要性，起到了桥梁和纽带的作用。

普查期间，省普查办共编发工作简报 35 期，各地普查办共编发工作简报 237 期，这些简报对黑龙江省不同阶段的普查工作做了简明扼要的报道，第一次全国可移动文物普查平台和国家文物局官方网站也对本省报送的实时信息进行了发布，及时的宣传报道鼓舞了省普查工作者更高效地开展工作。黑龙江省博物馆典藏部《地图——黑博一普清家底收获意外惊喜》《文物普查结硕果》《"俄文老档"璀璨生辉的历史痕迹》等文章在《中国文物报》刊登，绥化市博物馆普查队员《普查中的"问题青年"》在国家普查办发起的"普查之星"评选和"我是普查员"征文活动中入选并刊登。同时，全省各级普查办开展普查成果陈列展览 49 个，展出藏品 9200 余件/套，参观人数近 200 万人次。通过多种宣传方式将普查成果有效地展示给民众，提高了文物事业在百姓心中的社会地位，达到了服务社会的目的。

（四）质量控制

黑龙江省在普查工作中，紧紧围绕普查质量控制这条主线开展工作，通过明晰的思路、操作性强的做法、可靠的保障措施，搭建起较为完整的质量控制链，建立以专项督导为主的质量监管模式，建立进度、质量、安全控制体系，坚持文物收藏单位安全自查和普查办对属地文物收藏单位实施安全督察相结合的原则，明确各阶段质量控制目标，针对重点问题建立了检查督导、质量抽查和数据审验机制，督促各地扎实推进各项工作。

在普查工作开展过程中，为严把普查工作中全流程的质量控制以及文物安全和数据安全问题，省普查办印发《关于做好黑龙江省第一次全国可移动文物普查进度管理和质量控制的通知》，并为确保各信息采集单位对标准规范理解的一致性，在全面开展登录工作之前，省普查办多次组织相关专业人员培训对软件和模板的运用，并多次进行测试。全省在普查的各个阶段组织开展相关培训 120 余次，对普查日常工作规范、基本指标的具体采集方法、文物认定和安全等形成了一套较为系统的认识，并针对各阶段较易出现问题的环节提出了解决办法。在文物认定阶段，省普查办文物认定专家组和地市级普查办文物认定专家组本着实事求是和高标准的原则，对全省新认定文物进行定级工作，保证了新认定文物级别的准确性，高质量地完成了全省文物认定工作。文物信息审核过程中，地市级普查办文物信息初审和省普查办的终审工作始终保持着高质量要求的态度，对存在的个性和共性问题均提出严格的整改意见，并实时跟踪整改结果。同时，安全生产工作也是全省在普查过程中贯穿始末的重点工作，保证普查中的人员、文物、设施、操作等各方面的安全工作，自普查开展以来，全省未发生普查工作安全事故。黑龙江省还根据各地工作进展情况，开展实地督察，及时解决工作中出现的问题。树立安全第一的意识，严格按照标准规范开展各项工作，保障文物和数据安全。

（五）普查工作总结情况

黑龙江省自全面启动第一次全国可移动文物普查以来，在各级普查办的组织和各系统、各国有单位的支持配合下，普查工作顺利开展，并高质量、高标准、高效率地完成国有单位文物收藏情况调查、信息采集、文物认定、文物信息登录、文物信息审核和数据报送工作，进入普查工作全面总结阶段，文物普查取得重要阶段性成果。

全省各级普查办在开展普查工作中坚持阶段工作实施备案原则，积极开展普查档案的整理与保存，系统存档了全省各地成立普查工作领导小组和普查机构、普查文件、普查工作影像等资料。省普查办编写了《黑龙江省第一次可移动文物普查工作报告》，同时，着手编制《黑龙江省可移动文物收藏单位名录》和《黑龙江省第一次全国可移动文物普查文物精粹》。各地市、区县级普查办都相继完成了《文物普查工作报告》和《文物普查档案》的建立工作。省内重点文物收藏单位均不同程度地进行了普查专题研究，全省出版普查相关书籍100余套，其中黑龙江省博物馆的《邓散木全集》荣获"2016年度国家出版基金资助项目"。全省各级普查办认真做好普查资料的整理备案和建册存档，为今后的工作提供依据和经验。

三、普查工作成果

黑龙江省第一次全国可移动文物普查从2012年10月开始，到2016年12月结束。通过此次普查，全面掌握了全省国有可移动文物收藏单位和可移动文物的数量、分布情况、保存状况、文物特点，准确掌握了全省可移动文物的资源状况及价值，建立起了较为完备的可移动文物登录备案机制，基本实现了文物的标准化、动态化、规范化管理，极大地提升了全省各文物收藏单位的管理能力，为发挥文物在经济社会发展中的积极作用奠定了坚实基础。

（一）黑龙江省可移动文物资源情况及价值

1. 黑龙江省可移动文物数量及分布

黑龙江省第一次全国可移动文物普查按照省直属单位、地市级行政区划单位、省直管县和农垦系统等 17 个普查机构进行数据统计。其中，国有可移动文物收藏单位共计 284 家，保管人员 616 人，库房面积 64533.34 平方米，可移动文物总数 610353 件。各项统计数据分析结果如下：

（1）国有可移动文物收藏单位数量分析：超过 10% 的有 3 个收藏单位，即哈尔滨市、农垦总局、齐齐哈尔市，其中哈尔滨市达到 18.31%，居全省最高。在 5%～10% 之间的有 5 个普查机构，不足 5% 的有 9 个普查机构。

（2）国有可移动文物收藏单位保管人员分析：超过 10% 的有 1 个收藏单位，即哈尔滨市，达到 17.21%，居全省最高。在 5%～10% 之间的有 7 个普查机构，不足 5% 的有 9 个普查机构。

（3）国有可移动文物收藏单位库房面积分析：超过 10% 的有 3 个收藏单位，即哈尔滨市普查办、农垦总局、佳木斯市普查办，其中哈尔滨市普查办达到 25.57%，居全省最高。在 5%～10% 之间的有 3 个普查机构，不足 5% 的有 11 个普查机构。

（4）国有可移动文物收藏单位按隶属关系分析：超过 10% 的有 2 个指标项，即区县属收藏单位和地市属收藏单位，其中区县属收藏单位达到 59.51%，居全省该指标项最高。在 5%～10% 之间的有 2 个指标项，不足 5% 的有 2 个指标项。

（5）国有可移动文物收藏单位按单位性质分析：超过 10% 的有 2 个指标项，即事业单位和国有企业及国有控股企业，其中事业单位达到 76.06%，居全省该指标项最高。在 5%～10% 之间的有 1 个指标项，不足 5% 的有 1 个指标项。

（6）国有可移动文物收藏单位按单位类型分析：超过 10% 的有 2 个指标项，即博物馆、纪念馆和其他，其中博物馆、纪念馆达到 54.58%，居全省该指标项最高。其余 3 个指标项均不足 5%。

（7）国有可移动文物收藏单位按所属行业分析：超过 10% 的有 2 个行业，即文化、体育和娱乐业和公共管理、社会保障和社会组织，其中文化、体育和娱乐业达到 75.7%，居全省该指标项最高。其余 8 个指标项均不足 5%。

（8）国有可移动文物收藏单位按隶属关系文物数量分析：超过 10% 的有 3 个指标项，即省属收藏单位、地市属收藏单位和区县属收藏单位，其中省属收藏单位达到 56.41%，居全省该指标项最高。不足 5% 的有 3 个指标项。

（9）国有可移动文物收藏单位按单位性质文物数量分析：超过 10% 的有 1 个指标项，即事业单位，达到 95.38%，居全省该指标项最高。不足 5% 的有 3 个指标项。

（10）国有可移动文物收藏单位按单位类型文物数量分析：超过 10% 的有 2 个指标项，即博物馆、纪念馆和图书馆，达到 81.06% 和 12.62%，居全省该指标项最高。在 5% ~ 10% 之间的有 1 个指标项，不足 5% 的有 2 个指标项。

（11）国有可移动文物收藏单位按所属行业文物数量分析：超过 10% 的有 1 个指标项，即文化、体育和娱乐业，达到 94.88%，居全省该指标项最高。其余 9 个指标项均不足 5%。

（12）可移动文物来源数量分析：超过 10% 的有 3 个指标项，即旧藏、征集购买、接受捐赠，其中旧藏达到 43.10%，居全省该指标项最高。在 5% ~ 10% 之间的有 2 个指标项，不足 5% 的有 5 个指标项。

（13）可移动文物类别数量分析：超过 10% 的有 3 个指标项，即文件、宣传品；古籍图书；标本、化石，其中文件、宣传品达到 23.90%，居全省该指标项最高。在 5% ~ 10% 之间的有 2 个指标项，不足 5% 的有 30 个指标项。

（14）可移动文物级别数量分析：文物级别超过 10% 的有 2 个指标项，即一般文物和未定级文物，其中未定级文物达到 48.17%，居全省该指标项最高。一级文物和二级文物 2 个指标项均不足 5%。

（15）可移动文物完残程度数量分析：超过 10% 的有 3 个指标项，即完整、基本完整和残缺，其中残缺达到 37.07%。严重残缺 1 个指标项不足 5%。

（16）可移动文物入藏时间数量分析：超过 10% 的有 3 个指标项，即 1949 年 10 月 1 日前入藏、1977 ~ 2000 年入藏和 2001 年至今入藏，其中 2001 年至今达到 40.11%，居全省该指标项最高。不足 5% 的有 2 个指标项。

根据以上数据综合分析，根据边疆省份和高寒地带的特点，黑龙江省可移动文物资源具有历史悠久、分布广泛、类别丰富、地域性突出等特点。黑龙江省可移动文物收藏单位以区县属博物馆、纪念馆居多，省属和地市属博物馆、纪念馆次之；而文物收藏数量则以省属博物馆、纪念馆居多，地市属和区县属博物馆、纪念馆次之；文物来源多以 2000 年以后旧藏居多，旧藏和采集次之；文物类别中，以文件、宣传品居多，古籍图书；标本、化石次之；全省一般文物和未定级文物所占比例较大，珍贵文物仅占总数 13.63%；61.44% 的可移动文物处于完整和基本完整的稳定状态，但仍有 38.56% 的残缺和严重残缺的文物，需要修复。

2. 黑龙江省可移动文物保存状况

可移动文物是我国文化遗产的重要组成部分，是中华民族文化的实物见证，是开展爱国主义教育、传播优秀文化、构建社会主义和谐社会的宝贵资源。文物是不可再生的文化资源，黑龙江省可移动文物种类丰富、数量庞大，加强对文物保存状况质量的掌握十分必要。在全省现有284家国有可移动文物收藏单位中，基本能够满足防火、防盗、防光（紫外线）的要求，但基本没有恒温、恒湿的保存环境和实时环境检测的能力，也很难满足防尘（包括有害气体）、防虫、防潮等要求，这样对文物保存状况是十分不利的。在文物保护科学技术的应用方面，应用的科技保护手段也比较少，只有在省直属单位达到了恒温恒湿的库房要求和运用超低温冷冻杀菌柜、RP保护材料等技术。这对全省今后一个时期的可移动文物保护工作，特别文物保存环境和质量监控提出了更高的要求。

3. 黑龙江省可移动文物的特点

黑龙江省是中国位置最北、纬度最高的省份，在这片黑土地上亿万年前就有了生物繁衍生息，从旧石器时代至近代各个历史时期，黑龙江先民在白山黑水间都创造了璀璨的文明。近代以来，黑龙江各民族儿女在抵御外侮、保卫家园，为中华民族独立解放做出杰出贡献。许多重要文物可以作为统一多民族国家和东北疆域的历史见证。黑龙江省的可移动文物有以下特点：

1. 古生物化石弥足珍贵。以白垩纪晚期恐龙化石和第四纪猛犸象、披毛犀、东北野牛化石为主的标本、化石类文物数量较大，反映了这片土地在远古时期的地理环境、生态气候、生物物种的状况，对研究古地质学、古环境学具有重要价值。

2. 石器时代文物多有发现。与古人类活动有关的旧石器、新石器文物出土地点较多，可以与相邻省份乃至中原地区作学术比较研究，也可以证明黑龙江自古不是"北大荒"。塔河十八站是已知我国分布最北的旧石器地点。

3. 少数民族文物独具特色。以满族、朝鲜族、蒙古族、回族和达斡尔族、锡伯族、赫哲族、鄂伦春族、鄂温克族、柯尔克孜族等少数民族为主体的少数民族文物、民俗文物，反映了我国是一个以汉族为主体的统一的多民族国家，历史是由各民族共同创造的，在政治、经济、文化上密切联系，共同创造了华夏文明。

4. 红色文物彰显革命精神。黑龙江是较早建立党组织的地区，历经抗日战争、解放战争，哈尔滨是全国最早解放的大城市，黑龙江也是最早开展土地改革的地区，保存下来大量革命文物。尤其是东北抗日联军文物，是中华民族争取独立宁死不屈精神的集中体现。

5. 侵华日军罪证文物成为铁证。黑龙江省侵华日军罪证文物数量多、类别广，以七三一侵华日军罪证实物为代表，是帝国主义侵华特别是反人类暴行的重要物证。

6. 俄侨文物具有异域风格。伴随中东铁路的修建和哈尔滨城市兴起，俄国侨民遗留大量的、完整的历史文物、资料，对探究黑龙江省俄国侨民史、东北亚国际关系史具有重要的历史价值、研究价值。

（二）健全文物保护体系

1. 完善文物档案

黑龙江省第一次全国可移动文物普查期间，全省新建藏品账目的收藏单位 241 家，文物数量 184135 件/套。为保质保量地完成普查任务，对可移动文物收藏单位的文物做到不漏报、不错报，便于今后妥善管理，防止文物流失，各收藏单位以普查为契机，对所收藏的文物展开全面清库，对原有文物账目和藏品进行核对，对新认定文物且没有账目的文物进行重新建账，做到数据翔实、准确、无误，基本完善了省文物档案建设工作。同时，为了加强文物信息日常管理、保障文物信息数据安全和文物信息动态管理平台建设，通过此次文物普查，黑龙江省依托可移动文物数据平台，建立离线数据库、电子账目和电子档案，对今后全省可移动文物的管理、保护、利用奠定了信息化管理基础。

2. 完善制度和规范

为了保障文物信息安全，规范制度化管理，普查期间，黑龙江省完善了相关制度和规范。本省制定了《文物普查工作管理制度》《文物普查信息报送制度》《文物普查数据报送流程规范》《文物普查二维影像技术规范》《黑龙江省〈文物认定管理暂行办法〉实施细则（试行）》《文物普查数据审核管理办法》《黑龙江省文物藏品档案规范》《文物普查建档备案工作规范》等。同时，不断完善省重点收藏单位，特别是对非文博系统收藏单位文物保管制度的建设，制定了《库房保管制度》《藏品库房管理制度》《新增藏品入库规章制度》《藏品数据管理办法》《藏品库房防火制度》《外展藏品提取制度》《藏品出入库制度》等制度，对加强文物保护管理等基础工作起到了积极的推动作用。

3. 明确保护需求

第一次全国可移动文物普查是我国在文化遗产领域开展的国情国力调查，是全面掌握我国可移动文物资源、加强文物保护、建设文化遗产强国的国家工程。通过这次普查，黑龙江省发现可移动文物保护、管理和利用方面尚存在一些问题和工作需求，亟待解决。

一是文物保护资金需求方面的问题。近年来，随着各级政府对文物保护投入资金比例逐年加大，文物保护能力得到了提升，但与实际工作需求还有一定的差距，尤其是黑龙江地处东北边疆省份，愈加显得文物保护经费的投入力度明显不足。通过这次文物普查，可移动文物数量大幅度增加，保护难度也随之加大，资金短缺、保护工作难以展开，成为文物系统存在的普遍问题。伴随现代科学技术在文物保护中的逐渐应用，也要求博物馆相应采取先进的科学技术手段，做好文物的库房管理及文物科技保护工作，提升馆藏文物的预防性保护综合能力。

二是文物保护专业人才需求的问题。通过这次文物普查工作发现，基层博物馆文物保护专业人才普遍较少，文物技术保护方面的专业人才更加匮乏，配备的工作人员大部分没有经过系统的专业知识培训。提高文物保护工作质量，只靠资金保障是不行的，人才培养才是核心关键，加强文保人才队伍建设至关重要，特别是多领域专业技术人才综合应用到博物馆文物保护中来，更是将来可移动文物保护的极大需求。

通过这次文物普查，全省文博工作者得到了锻炼，但也深刻体会到自身存在的不足。第一，切实规范文物保护法律法规，建立健全文物管理体制；第二，多渠道筹措资金，解决文物保护经费严重不足的问题，经费保障不了，就无法实施保护任务；第三，加强文物库房建设等有利于文物收藏的硬件设施，为藏品营造一个良好的保存环境；第四，建立完整、详细、科学的藏品档案，使藏品便于保存、查找、研究；第五，加大应用科技手段用于文物的保护工作，同时加强对传统制作工艺的保护、传播和发展，更好地发挥和传承文物的社会教育作用。

4. 扩大保护范围

通过第一次全国可移动文物普查工作的开展，黑龙江省对国有单位进行了深入调查。在全省284家可移动文物收藏单位中，有123家是新备案的收藏单位，基本为非文博系统收藏单位。为了拓展文物资源涉及领域，加强文物收藏单位，特别针对如何提升非文博系统文物收藏单位的可移动文物科学、规范的管理能力，黑龙江省部分地区采取了文博系统和非文博系统协同作战的方式，一方面保证了普查质量，加快了普查进度；另一方面提升了非文博系统收藏单位的管理人员专业技能。例如：省农垦总局文化委作为系统外单位，因为涉及收藏文物下属单位较多，紧密联系省普查办，在开展文物认定、文物信息采集登录和平台信息审核等多个普查重要阶段积极参与，通过文物普查提升了农垦系统各馆基层工作人员的业务素质。牡丹江师范学院作为系统外收藏单位上报可移动文物11647件，占牡丹江市文物总量34.5%，由于资金短缺，专业人才匮乏，普查进度在初期滞后明显。牡丹江市普查办领导亲赴协调指导，给予人力、物力、财力的大力支持，组织师生昼夜突击3个月，最终完成了全部文物信息的采集工作，终于赶超了整体工作进度。哈尔滨市南岗区普查办和黑龙江大学协同配合工作，既弥补了黑龙江大学博物馆工作人员短缺的问题，又提升了大学博物馆对可移动文物保护的专业知识，同时按时完成了《南岗区第一次全国可移动文物普查工作方案》阶段性普查任务。

为了进一步加强对可移动文物的管理、保护和利用工作，黑龙江省下一步对可移动文物保护致力于如下工作：（1）争取可移动文物保护项目，加大文物保护经费的投入力度；（2）加强人才队伍建设，加大文物藏品管理培训力度，提升业务管理能力和专业技术水平；（3）增强文物保存环境的基础设施建设，提高科学管理和监测能力；（4）加大对非文博系统收藏单位文物管理能力的指导、培训工作；（5）加强文物资源动态管理，提升可移动文物数字化管理能力和"互联网＋"的应用，助推文化创意产品开发，助推经济建设发展。

（三）有效发挥文物在本行政区域经济社会发展中的重要作用

文物收藏单位的各类文化资源，是中华民族五千多年文明发展进程中创造的博大精深灿烂文化的重要组成部分。挖掘文物收藏单位的文化资源，开展加强全省数字平台建设，通过展示、利用"互联网＋"进行宣传和动态管理，开发各类文化创意产品，助推中华文化创造性转化和创新性发展，同时也是使中国梦和社会主义核心价值观更加深入人心的重要途径。

推动文化创意产品开发，要始终把社会效益放在首位，并要坚持实现社会效益和经济效益相统一的理念；要在履行好公益服务职能、确保文化资源保护传承的前提下，调动文化文物单位积极性，加强文化资源系统梳理和合理开发利用；要鼓励和引导社会力量参与，促进优秀文化资源实现传承、传播和共享；要充分运用创意和科技手段，注意与产业发展相结合，推动文化资源与现代生产生活相融合，既传播文化，又发展产业、增加效益，实现文化价值和实用价值的有机统一，实现优秀传统文化与当代文化相适应、与现代社会相协调。

依托各级各类博物馆、纪念馆、美术馆、图书馆、档案馆等所掌握的各种形式的文化资源，开发各类文化创意产品，是推动中华文化走向世界、提升国家文化软实力的重要渠道，是丰富人民群众精神文化生活、满足多样化消费需求的重要手段，是增强文化文物单位服务能力、提升服务水平、丰富服务内容的必然要求，对有效发挥文物在经济社会发展具有重要意义。

上海市
第一次全国可移动文物普查工作报告

第一次全国可移动文物普查是第三次全国文物普查（不可移动文物部分）的重要延续，是国家在文化遗产领域开展的又一项重要的国情国力的调查，是加强文物保护管理，推进公共文化服务体系建设的基础性工作。全面开展可移动文物普查，是党中央、国务院推进社会主义文化强国建设，促进社会主义文化大发展的重要举措。2012年10月，国务院下发了《关于开展第一次全国可移动文物普查的通知》，成立了国务院第一次全国可移动文物普查领导小组，正式启动了普查工作。2013年4月，国务院第一次全国可移动文物普查领导小组召开了专题的电视电话会议，刘延东副总理出席会议并作重要讲话，并对普查工作进行全面的部署和动员。

上海市委、市政府高度重视此次可移动文物普查工作，并将该项工作列入市政府重点工作之一。上海市人民政府于2013年5月28日印发了《关于开展本市第一次全国可移动文物普查的通知》，成立了以副市长为组长，16个部门为成员单位的上海市第一次全国可移动文物普查领导小组，对本市普查工作的实施时间、范围、内容、目标做了具体的部署，要求各部门、各区县于2016年12月前，在市普查领导小组的组织和领导下，分三个阶段，对本市行政区域内各级国家机关、事业单位、国有企业和国有控股企业等各类法人单位收藏保管的可移动文物，进行全面的调查清理、认定和登记。2013年9月4日，市普查领导小组办公室正式发布《上海市第一次全国可移动文物普查实施方案》。2013年9月12日，市政府召开了全市第一次全国可移动文物普查工作会议，对全市的普查工作进行了动员和部署，市政府副市长、市普查领导小组组长出席会议并作重要讲话，市普查领导小组成员单位负责人及联络员、各区（县）分管文物工作的副区（县）长及文物部门负责人以及全市主要文物收藏单位负责人参加了会议。普查工作会议召开后，全市各区（县）相继成立了普查机构，全面、积极、有序推进可移动文物普查的各项工作。

上海不仅有悠久的历史、灿烂的人文，同时也是我国最大的工业城市和经济中心，并一直致力于国际文化大都市的建设。因此，积累了数量庞大、价值较高、种类丰富的可移动文物资源。这些可移动文物覆盖了从中国古代艺术品、近现代革命文物、地方史料资料到行业遗产等众多门类，特别是近现代的可移动文物数量较多。其中既有中国古代人文艺术的优秀代表作，也有近现代革命、文化发展的历史见证，更有作为最大工业中心所遗存下来的一大批反映近现代工商业发展历程的重要行业文化遗产资源，这些可移动文物资源共同展示着上海城市文明的脚步和发展轨迹。

至 2016 年 10 月，全市 17 个区县普查机构和国有文物收藏单位在市文物普查领导小组的统一部署和指导下，完成了第一次全国可移动文物普查的各项工作，取得了以下几方面的成绩：一是摸清了上海市国有可移动文物的家底。基本掌握了上海市现有国有可移动文物的数量、分布、本体特征、人文信息、保存状况、保管权属和使用管理等情况。二是建立了上海市可移动文物综合评价体系。通过普查收集的各项信息，综合评价上海市可移动文物保护现状及发展趋势，为下阶段建立科学有效的可移动文物保护体系提供了依据。三是提高了可移动文物的整体管理水平。在普查工作开展过程中，对于博物馆、图书馆、美术馆等专业文物收藏单位，进一步清查、整理了文物藏品档案，补齐了文物管理工作中的短板，完善了文物保管各项制度建设。对于其他单位和机构收藏的文物，重在认定和登录，加强基础工作，提高其文物保护意识和能力。四是强化了可移动文物管理人员的专业水平。各级文物管理部门、专业文物收藏单位以及其他行业部门的文物管理专业人员在文物普查中得到了学习和锻炼，极大地提升了理论和实践水平。五是建立上海市国有可移动文物认定体系。在可移动文物普查文物认定工作中，逐步建立、完善了上海市可移动文物认定的标准、流程和管理制度，建立了文物认定的专家库，为今后上海市国有可移动文物的认定、鉴定、定级工作奠定了基础。六是建立了上海市可移动文物分级、分类和分布的名录，为文物的科学化、标准化和规范化管理创造了条件。七是建立了全市可移动文物资源共享平台，推动了全市各文物收藏单位文物资源的整合与合理利用。八是建立了社会广泛参与、部门积极联动的文物保护机制。通过此次文物普查，政府各部门及社会力量形成了一种"合力保护、共建共享"的文物保护与利用新格局。

一、上海市普查数据

截至 2016 年 10 月 31 日，上海市在全国可移动文物信息平台登录可移动文物 242409 件/套，实际数量为 560063 件。其中，珍贵文物 133623 件/套，实际数量为 178922 件。登录可移动文物信息的收藏单位 112 家。

（一）上海市可移动文物基本情况

1. 类别

表 1　可移动文物类别

可移动文物类别	可移动文物实际数量（件）	实际数量占比（%）
合计	560063	100.00
玉石器、宝石	4987	0.89
陶器	3316	0.59
瓷器	16111	2.88
铜器	4432	0.79
金银器	1451	0.26
铁器、其他金属器	1282	0.23
漆器	575	0.10
雕塑、造像	582	0.10
石器、石刻、砖瓦	1533	0.27
书法、绘画	39470	7.05
文具	3392	0.61
甲骨	4021	0.72
玺印符牌	14033	2.51
钱币	77142	13.77
牙骨角器	1188	0.21
竹木雕	1794	0.32
家具	1021	0.18
珐琅器	342	0.06
织绣	6515	1.16
古籍图书	79822	14.25
碑帖拓本	1470	0.26
武器	1316	0.23
邮品	19988	3.57
文件、宣传品	48787	8.71
档案文书	142017	25.36
名人遗物	40322	7.20

可移动文物类别	可移动文物实际数量（件）	实际数量占比（%）
玻璃器	449	0.08
乐器、法器	328	0.06
皮革	164	0.03
音像制品	8299	1.48
票据	4469	0.80
交通、运输工具	37	0.01
度量衡器	273	0.05
标本、化石	62	0.01
其他	29073	5.19

2. 年代

（1）可移动文物年代类型

表2　可移动文物年代类型

可移动文物年代类型	可移动文物实际数量（件）	实际数量占比（%）
合计	560063	100
地质年代	1	0.00
考古学年代	1315	0.23
中国历史学年代	371815	66.39
公历纪年	112879	20.15
其他	27092	4.84
年代不详	46961	8.38

（2）可移动文物中国历史学年代分布

表3　可移动文物中国历史学年代分布

可移动文物中国历史学年代	可移动文物实际数量（件）	实际数量占比（%）
合计	371815	100.00
夏	52	0.01
商	4904	1.32
周	7412	1.99

可移动文物中国历史学年代	可移动文物实际数量（件）	实际数量占比（%）
秦	968	0.26
汉	9045	2.43
三国	369	0.10
西晋	244	0.07
东晋十六国	268	0.07
南北朝	681	0.18
隋	177	0.05
唐	2660	0.72
五代十国	677	0.18
宋	13102	3.52
辽	11	0.00
西夏	8	0.00
金	143	0.04
元	2095	0.56
明	11378	3.06
清	71712	19.29
中华民国	73888	19.87
中华人民共和国	172021	46.27

3. 级别

表4 可移动文物级别

可移动文物级别	可移动文物实际数量（件）	实际数量占比（%）
合计	560063	100.00
一级	2175	0.39
二级	41006	7.32
三级	135741	24.24
一般	88059	15.72
未定级	293082	52.33

4. 来源

表5 可移动文物来源

可移动文物来源	可移动文物实际数量（件）	实际数量占比（%）
合计	560063	100.00
征集购买	95912	17.13
接受捐赠	225928	40.34
依法交换	198	0.04
拨交	92176	16.46
移交	29076	5.19
旧藏	71300	12.73
发掘	3610	0.64
采集	10120	1.81
拣选	361	0.06
其他	31382	5.60

5. 入藏时间

表6 可移动文物入藏时间范围

可移动文物入藏时间范围	可移动文物实际数量（件）	实际数量占比（%）
合计	560063	100.00
1949年10月1日前	8161	1.46
1949年10月1日~1965年	180181	32.17
1966~1976年	482	0.09
1977~2000年	140396	25.07
2001年至今	230843	41.22

6. 完残程度

表7 可移动文物完残程度

可移动文物完残程度	可移动文物实际数量（件）	实际数量占比（%）
合计	560063	100.00
完整	229072	40.90
基本完整	303815	54.25
残缺	25083	4.48
严重残缺（含缺失部件）	2093	0.37

（二）上海市可移动文物分布情况

1. 按收藏单位隶属关系统计可移动文物数量

表8　可移动文物数量分布（按收藏单位隶属关系）

收藏单位隶属关系	可移动文物实际数量（件）	实际数量占比（%）
合计	560063	100.00
中央属	39	0.01
省属	446222	79.67
地市属	0	0.00
县区属	113784	20.32
乡镇街道属	17	0.00
其他	1	0.00

2. 按收藏单位性质统计可移动文物数量

表9　可移动文物数量分布（按收藏单位性质）

收藏单位性质	可移动文物实际数量（件）	实际数量占比（%）
合计	560063	100.00
国家机关	403	0.07
事业单位	559607	99.92
国有企业	35	0.01
其他	18	0.00

3. 按收藏单位类型统计可移动文物数量

表10　可移动文物数量分布（按收藏单位类型）

收藏单位类型	可移动文物实际数量（件）	实际数量占比（%）
合计	560063	100.00
博物馆、纪念馆	501980	89.63
图书馆	11893	2.12
美术馆	22109	3.95
档案馆	1405	0.25
其他	22676	4.05

4. 按收藏单位所属行业统计可移动文物数量

表 11　可移动文物数量分布（按收藏单位所属行业）

行业	可移动文物实际数量（件）	实际数量占比（%）
合计	560063	100.00
农、林、牧、渔业	0	0.00
采矿业	0	0.00
制造业	12	0.00
电力、热力、燃气及水生产和供应业	0	0.00
建筑业	0	0.00
批发和零售业	0	0.00
交通运输、仓储和邮政业	139211	24.86
住宿和餐饮业	0	0.00
信息传输、软件和信息技术服务业	0	0.00
金融业	0	0.00
房地产业	0	0.00
租赁和商务服务业	0	0.00
科学研究和技术服务业	0	0.00
水利、环境和公共设施管理业	30	0.01
居民服务、修理和其他服务业	0	0.00
教育	16340	2.92
卫生和社会工作	4166	0.74
文化、体育和娱乐业	397347	70.95
公共管理、社会保障和社会组织	2957	0.53
国际组织	0	0.00

二、上海市普查工作的组织实施

（一）属地管理、分级负责

1. 设立普查领导小组，成立普查机构

2013 年 5 月 28 日，上海市人民政府印发了《关于本市开展第一次全国可移动文物普查的通知》，成立以上海市人民政府副市长为组长的上海市第一次全国可移动文物普

查领导小组。领导小组成员包括市委宣传部、市委党史研究室、市发展改革委、市国资委、市教委、市民政局、市财政局、市统计局、市民族宗教委、市档案局、市规划国土资源局、市文广影视局、市文物局、人民银行上海分行、市科协和孙中山宋庆龄文物管理委员会等 16 个相关单位的负责人。市政府《通知》根据国务院的统一部署，结合实际，对上海市开展第一次可移动文物普查的范围和内容、组织实施、时间安排、经费保障、普查资料填报和管理等提出了明确要求，并确定上海市第一次全国可移动文物普查的时间从 2013 年 4 月开始，到 2016 年 12 月结束，这标志着上海市第一次全国可移动文物普查工作正式启动。

2013 年 9 月 12 日上午，上海市第一次全国可移动文物普查工作会议在市政府召开。市政府副市长、市普查领导小组组长出席会议并作重要讲话，会议由市政府副秘书长、市普查领导小组副组长主持，市文广影视局（市文物局）局长、市普查领导小组副组长、办公室主任就上海市可移动文物普查工作的进展情况、普查的范围和内容、技术路线、时间和步骤等有关情况做了工作报告。市普查领导小组成员单位负责人及联络员、各区（县）分管文物工作的副区（县）长及文物部门负责人以及本市主要文物收藏单位负责人参加了会议。

根据市政府《通知》和市普查工作会议要求，市普查领导小组建立定期召开成员会议的机制，协商、决定普查中的重大事项和需要领导小组协调解决的问题。同时在市文物局设立领导小组办公室，主任由市文物局局长兼任。市文物局以博物馆管理处为主，抽调了局属单位专业人员，组成了领导小组办公室，负责普查工作的日常组织和具体协调。

在市普查领导小组的领导下，领导小组各成员单位和市有关部门各司其职、各负其责、通力协作、密切配合，积极推进普查各项工作。档案、教育、金融、宗教、图书等收藏文物较多的系统和部门迅速建立本系统文物普查的工作机制和组织机构，积极落实普查工作经费，编制本系统普查实施方案。市文物局作为本次文物普查牵头部门，积极做好与档案、民政、教育、图书等系统的协调与对接工作，分别联合转发了国家相关部委的重要文件，进一步加强统筹协调，明确各部门职责，共同推进普查各项工作。

上海博物馆、中共一大会址纪念馆、上海鲁迅纪念馆、上海市历史博物馆、陈云纪念馆等本市文物系统大型收藏单位，根据市文物局的部署和要求，成立了本单位的普查工作小组，建立了普查工作机制，编制普查工作方案。如上海博物馆从各业务部门抽调了一批专业人员，根据文物藏品的门类，组成了 6 个普查工作小组；中共一大会址纪念馆、上海鲁迅纪念馆和上海市历史博物馆以保管部为基础，同时抽调其他部门的业务骨干，形成常态的普查工作组。其他行业系统的主要收藏单位，也在市文物局和本系统主管部门的指导下，成立了单位内部的普查工作队伍，建立了日常的工作机制。如上海中国航海博物馆在市交通委和市文物局协调下，成立了以本单位各部门业务骨干为主的普查工作组并落实了普查工作经费；上海孙中山故居纪念馆、上海宋庆龄故居纪念馆和宋庆龄陵园管理处根据上海市孙中山宋庆龄文物管理委员会部署，迅速成立了以孙中山宋庆龄文物管理委员会相关处室和各单位专业人员为核心的普查工作机构。

2. 制定普查实施方案和工作制度

2013 年 9 月 4 日，根据《上海市人民政府关于本市开展第一次全国可移动文物普查的通知》有关要求，为规范、有序地开展全市普查工作，上海市第一次全国可移动文物普查领导小组办公室依据国家文物局《关于发布第一次全国可移动文物普查实施方案的通知》，结合本市实际，编制、发布了《上海市第一次全国可移动文物普查实施方案》。

本市的普查实施方案在编制时，不仅遵照了国务院领导小组发布《第一次全国可移动文物普查实施方案》相关要求，同时结合了本市的实际情况，突出了本市文物收藏的主要特点，采取了一些创新的做法。一是突显大型收藏单位在文物普查中的主导地位，重点部署了文物系统文物收藏量较大单位开展普查工作的时间节点、实施步骤和数据转换等核心工作；二是加强了市、区（县）的联动，在分级管理和以区（县）为单元开展普查各项工作的基础上，市普查机构积极强化指导和督察功能，特别是在国有单位调查、文物认定、文物信息审核等阶段，采取了市和区（县）协同推进的工作机制；三是突出普查过程中的宣传工作，要求各级普查机构制定普查宣传方案，根据普查推进的进度，利用多种媒介，采取各种手段，分阶段地进行文物普查的宣传；四重视人员培训，实施方案要求各级普查机构制定合理的培训计划，分阶段、分类别地对普查人员进行专业培训。五是重视制度建设，实施方案要求各级普查机构制定普查中文物认定、信息采集登录、审核、督察、安全保障、资金使用等各项制度，确保普查工作的规范化、科学化。

3. 落实普查工作经费

根据国务院与市政府关于第一次全国可移动文物普查经费保障的要求，2013 年 10 月，市财政局、市文物局联合印发了《关于转发〈财政部、国家文物局关于加强第一次全国可移动文物普查经费保障与管理的通知〉的通知》，要求各市级有关部门及各区（县）将第一次全国可移动文物普查经费列入年度财政预算，专项安排，及时、足额拨付到位，并加强管理，专款专用。根据该通知的有关要求，市、区（县）普查机构及各国有单位编制了细致、科学的普查经费预算，并由各级财政部门纳入相应年度的财政预算。

据统计，2013～2016 年，全市落实普查经费共计 1972.56 万元，其中市财政落实普查经费 842.4 万元，区财政共落实普查经费 1130.16 万元。

2013 年度全市落实普查经费共 298.17 万元。市财政落实普查经费 151 万元，其中，市财政拨付区（县）补助 85 万元；市普查办使用经费 40 万元，用于普查培训、普查员装备配备、普查宣传、普查办运行、普查设备采购等；市级重点文物收藏单位使用经费 26 万元，用于藏品数据库转换、购置设备等前期准备工作。区财政共落实普查经费 147.17 万元。

2014 年度全市落实普查经费共 669.47 万元。市财政落实普查经费 218 万元，其中，市普查办普查使用经费 50 万元，用于普查办日常运行、普查平台操作培训、文物认定等；市级重点文物收藏单位落实经费 168 万元，用于文物藏品数据的采集和登录；区财政落实普查经费 451.47 万元。

2015 年度全市落实普查经费共 690.45 万元。市财政落实普查经费 412.4 万元，其中，市普查办经费 45 万元，用于普查办日常运行、文物认定和审核等；市级重点文物收藏单位经费 367.4 万元，用于普查文物信息采集和登录；区财政落实经费 278.05 万元。

2016 年度全市落实普查经费共 314.47 万元。市财政落实普查经费 61 万元，其中市普查办使用经费 35 万元，市级重点文物收藏单位使用经费 26 万元。区财政落实普查经费 253.47 万元。

为规范本市普查经费的使用和管理，市和区县两级普查办均制定了普查经费使用管理办法，并将各年度普查经费的使用纳入绩效考核，严格按照国家财政制度规定，加强普查经费管理，专款专用，厉行节约，反对浪费，确保经费使用的规范、安全、有效。同时，加强普查设备的登记、使用与管理，防止国有资产流失。根据普查经费分别负担的原则，市财政经费主要用于全市性普查组织宣传、文物认定、人员培训、质量检查控制、数据管理以及市普查机构运行等项目。区县财政经费主要用于区域性普查组织宣传、单位调查、文物认定、人员培训、质量检查控制、信息采集和数据管理以及普查机构运行等项目。根据市普查办每年督察情况，各级普查预算落实到位，各级普查办和各国有单位都严格按照经费使用的有关规定，在相应的科目中合理列支，没有发现违规使用普查经费的情况，经费的使用基本做到了规范、安全、有效。

4. 组建普查队伍

此次可移动文物普查，上海市各级普查办及各国有文物收藏单位共投入人员数量为 1408 人。其中市普查人员数量为 288 人，区县普查人员数量为 1120 人。从普查人员类型上看，总投入人员中各级普查办工作组成员 344 人，专家组成员 96 人，收藏单位专业人员 354 人，志愿者 614 人。

非文物系统专家和志愿者在普查中发挥了重要作用。2013 年 8 月市普查领导小组办公室发布了上海市第一次全国可移动文物普查工作专家库，53 名专家中共有 16 名来自非文物系统，占总数的 30%。这些非文物系统专家全程参与了此次可移动文物普查，在文物认定、文物审核等工作环节中，起到了积极作用。特别是在文物信息采集和登录工作环节中，很多收藏单位由于专业人员较少，组织了一批经过短期专业培训或高校文博专业的大学生，作为志愿者参与文物信息采集、登录与文物影像拍摄等工作，起到了很好的辅助作用。

上海市在普查过程中十分重视普查人员的培训和管理，人员培训和管理是能否高效推进普查的关键环节，是保证普查质量的重要措施。2013 年 8 月市普查办制定发布了《上海市第一次全国可移动文物普查培训工作实施方案》，要求各级普查办根据市普查办的统一部署，采取分类培训、分级负责、分阶段实施的方式开展本市普查培训工作。通过形式灵活多样的培训，建立一支熟练掌握可移动文物普查相关知识与要求、职责明晰、操作规范的普查队伍。市普查办建立了普查人员登记管理制度，根据国务院普查领导小组办公室的要求，给予通过普查培训、考核的人员颁发普查员证，并登记备案，严格普查人员的管理，确保专业人员明确自身职责、熟悉工作流程、保持安全意识，在普查中发挥出应有的作用。

（二）调查、认定、采集、登录、审核，分阶段实施

1. 国有可移动文物收藏单位调查阶段

2013 年 9 月，市普查办下发了《关于开展国有单位文物收藏情况调查登记工作的通知》，正式启动了国有文物收藏单位调查阶段工作，各区（县）普查机构按照市普查领导小组办公室的统一部署，采取边培训、边调查的方式，以街道为区划单位，各系统通力配合，条块结合地有序推进国有单位调查阶段的各项工作。考虑到上海市国有单位较多、行业系统分布广的实际情况，市普查办联系了上海市组织机构代码管理中心，获取了全市国有单位的名单，下发给各区县普查机构。各区（县）普查机构在得到名单后，与区（县）的编办、统计、工商等部门进行核对、分类，确定了辖区内国有单位的清单，建立本区域内的国有单位数据库，作为发放《国有单位文物收藏情况调查表》的范围依据。

2013 年 10 月，全市 17 个区（县）普查机构经过筛选、梳理，以按部门和街道、

乡镇相结合的方式，陆续向 15285 家国有单位发放了《国有单位文物收藏情况调查登记表》，其中机关 1607 家，事业单位 7983 家，国有及国有控股企业 4296 家，其他类型单位 1399 家。同时，各区（县）普查办会同本区域文化、档案、民政和教育等文物收藏较集中的管理部门，对重点国有单位进行了走访和解释说明，并现场为部分单位进行文物登记和信息采集等方面的指导。至 2014 年 3 月，17 个区（县）普查机构共回收《国有单位文物收藏情况调查登记表》14552 份，回收率为 95.2%。

经市普查办统计分析，国有单位调查阶段中，经自查反馈有文物的单位共 154 家，占调查总数的 1%。从分布的国有单位性质来看，机关 15 家，事业单位 121 家，国有及国有控股企业 14 家，其他类型的 4 家。从行业分布来看，收藏有文物的国有单位大部分集中在文化文物、体育和娱乐业，共 67 家，占收藏有文物单位总数的 45%，其他为教育业 35 家，公共管理和社会组织 31 家，制造业 9 家，农、林、牧、渔业 1 家，交通运输、仓储和邮政业 2 家，科学研究、技术服务和地质勘查业 2 家，居民服务和其他服务业 1 家，以及卫生、社会保障和社会福利业 6 家。经初步统计，154 家国有单位共收藏保管经国家认定的文物数约 135 万件，物质遗存约 5 万件。

2. 国有可移动文物认定工作阶段

2014 年 8 月，市普查办下发了《关于开展上海市第一次全国可移动文物普查文物认定工作的通知》及《上海市第一次全国可移动文物普查文物认定工作程序和规则》，正式启动了全市普查文物认定工作。上海市的可移动文物认定工作采取市、区（县）分级负责、市普查办对区（县）普查机构分派认定专家的方式开展。认定工作通知要求各区（县）建立各区域里除博物馆、纪念馆等专业文物收藏单位以外的自查有文物收藏的各级国有单位清单，组织此类单位在文物清库的基础上，根据文物认定工作程序和规则中规定的普查认定文物的标准和范围，填写《可移动文物认定藏品清单》，由各区（县）普查机构汇总后报市普查办提出文物认定申请。

2014 年 10 月~2015 年 1 月，市普查办根据各区（县）普查机构上报的认定申请，以区（县）为单位，组织专家进行现场认定。市普查办共组织 17 批 85 人次的专家，陆续对全市各区（县）上报的 94 家自查有文物收藏的非文博系统国有单位的 6957 件/套藏品进行认定。经专家认定、复核，共认定 56 家国有单位的 2537 件/套藏品为文物。

表 12　上海市新认定文物藏品数地域分布统计表

区（县）	新认定文物数（件/套）	区（县）	新认定文物数（件/套）
黄浦区	35	闵行区	27
徐汇区	573	宝山区	97

续表

区（县）	新认定文物数（件/套）	区（县）	新认定文物数（件/套）
静安区	11	嘉定区	738
长宁区	33	青浦区	19
普陀区	55	松江区	44
虹口区	49	金山区	68
闸北区	124	奉贤区	321
杨浦区	315	崇明县	28
浦东新区	0	总计	2537

表 13　上海市新认定文物藏品类别统计表

文物类别	新认定文物数（件/套）	文物类别	新认定文物数（件/套）
古籍图书	2090	铁器、其他金属	1
瓷器	20	碑帖拓本	5
铜器	5	武器	18
雕塑、造像	3	文件、宣传品	24
石器、石刻、砖瓦	24	档案文书	181
书法、绘画	45	名人遗物	18
文具	4	玻璃器	4
玺印符牌	3	乐器、法器	2
钱币	29	音像制品	5
竹木雕	6	票据	29
家具	4	度量衡器	2
织绣	2	牙骨角器	1
漆器	1	标本、化石	1
金银器	1	其他	9

　　在全市文物认定过程中，市普查办与区（县）普查机构密切配合，对文物系统外的自查有文物的国有单位上报的藏品认真梳理、现场认定、指导保管，发现了一大批价值较高的文物。比如，黄浦区第二文化馆收藏保管的 13 件/套民国汪亚尘的绘画，具有很强的代表性；黄浦区文庙管理处收藏的古籍都较为珍贵；徐汇区中国福利会的中国福利会第一枚公章被专家认定为二级文物；金山区档案馆馆藏的姚石子日记具有较高的研究价值，被专家认定为三级文物。

　　在上海市普查文物认定工作中，市普查办结合全市实际情况，采取市区联动、规范流程、现场指导、强化督察等措施，确保了上海市普查文物认定有序、规范、迅速地开展，取得了良好效果。主要的创新与亮点：一是严格按照普查相关要求，制定文物认定程序和规则，确保认定工作的规范化、科学化；二是强化专家的主导作用，在文物认定工作开展前，组织了覆盖所有专家库成员的文物认定操作流程的培训，使参加认定的专家熟悉规范、明确职责；三是将文物认定与清库建档、信息采集等相结合，在现场认定的同时，对国有单位进行清库建档、信息采集等方面的指导，完善、规范了非文物系统的收藏单位保管体系；四是在文物认定工作中定期开展专项检查和复核工作，确保文物认定的高质量、全覆盖。

3. 国有可移动文物信息采集登录阶段

　　2014 年 5 月，在完成国有单位调查和文物认定阶段工作后，根据国家文物局的统一部署，市普查办组织各区（县）普查机构完成了全市各级国有单位在国家文物普查登录平台上的注册工作，全面启动了全市各国有单位文物信息采集和登录工作。2014 年 10 月，市普查办转发了《国家文物局关于加快推进普查文物认定和数据报送工作等有关事项的通知》；2015 年 2 月，市普查办下发了《关于加快推进第一次全国可移动文物普查数据报送工作的通知》，加快推进了上海市各国有单位文物信息采集和登录工作。截至 2016 年 10 月，全市各国有单位基本完成了文物信息采集、登录、上报工作。

　　在文物信息采集登录工作开展初期，为了充分利用已有的文物信息化成果，减少普查的工作量，切实提高普查效率，市普查办将已完成"文物调查项目"、文物收藏量在 1 万件/套以上且已建立数据库的文博单位数据转换需求统一进行数据转换。2014 年 11 月，统一对上海博物馆、上海鲁迅纪念馆、中共一大会址纪念馆等单位的文物数据进行导出、转换，并根据此次普查标准进行核对完善，极大地减少了这些文博单位的文物信息采集的工作量。

　　根据此次普查信息采集登录实施的"统一平台、联网直报、分级审核、一次入库、动态管理"的原则，市普查办根据不同类别的国有单位的实际情况，采取不同的登录工作方式，组织各区（县）和国有单位有序推进采集登录工作。主要有 4 种方式：

　　一是国有单位自行登录。上海市一些文物系统所属的大型收藏单位，因专业人员较多、藏品管理基础较好、设施设备较齐全，采取抽调单位内各专业人员成立工作组的方式，以边采集、边审核、边登录的方式，推进本单位的文物信息采集、登录工作。如上海博物馆从各专业研究部门、保管部等抽调业务骨干，组成了 6 个工作小组，按照文物类别，分头推进馆藏文物的信息采集和登录工作；中共一大会址纪念馆、上海鲁迅纪念馆、上海孙中山故居纪念馆、上海中国航海博物馆等文物收藏量较大的市级博物馆，以馆内保管部为主，进行文物信息的采集和登录；金山区博物馆、嘉定博物馆、青浦博物馆等区（县）属博物馆抽调馆内专业人员组成工作小组，有序推进本单位的文物信息采集登录工作。

二是通过购买服务委托专业公司进行信息采集登录。2014年12月，作为全市的文物信息采集购买服务的试点项目，市普查办委托专业团队完成了闸北区、闵行区和宝山区的9家国有单位进行了文物信息的采集和登录。该试点项目在提高文物信息采集和登录的效率的同时，也较好地确保了上报信息的准确性和高质量，弥补了国有单位专业人员、设备等方面的不足，为上海市可移动文物普查信息采集和登录提供了新的途径。此后，徐汇区普查办、奉贤区普查办、上海宋庆龄故居纪念馆、上海宋庆龄陵园管理处、上海大学、上海世博会博物馆等通过此途径，推进文物信息采集和登录，取得了良好的效果。

三是由普查机构帮助完成信息采集登录。在文物信息采集登录工作阶段，各级普查机构主动为一些不具备专业知识、缺乏专业人员和设备的文物系统外的国有单位提供服务和技术支持，帮助其完成建档、文物信息采集登录。如嘉定区普查办帮助区域内古猗园、韩天衡美术馆、嘉定区图书馆、陆俨少艺术院等7家单位完成了文物信息采集登录；金山区普查办承担了区域内金山区档案馆、金山区图书馆、上海市金山区疾病预防控制中心等5家单位的文物信息采集和登录。

四是利用志愿服务进行文物信息采集登录。各级普查机构和国有单位在文物信息采集登录中，因专业人员缺乏，利用高校文博或相关专业的大学生作为志愿者，经过培训，承担文物信息采集登录工作。如杨浦区普查办利用在校大学生对区域内的同济中学收藏的古籍图书进行登记、整理并完成信息采集；上海市历史博物馆将文物信息采集登录作为大学生暑期实践项目，帮助整理、核对馆藏文物数据；虹口区的犹太难民纪念馆聘用大学生专门负责本单位的文物普查信息采集和登录工作。

4. 国有可移动文物信息审核阶段

2016年7月，市普查办下发了《关于做好第一次全国可移动文物普查数据审核与总结报告的通知》，通知要求各区（县）普查机构，在国有单位核对、审核的基础上，加快推进各级普查机构文物数据审核，在2016年10月底前，全面完成此次普查。

上海市文物普查信息审核工作分为三个阶段进行。第一阶段为国有单位自审。2016年5月前，各国有单位在普查登录平台上对所上报文物信息进行复核、修改；第二阶段为区（县）普查机构审核。2016年5月，市普查办将本市国有单位上报数据导出，并分发各区（县）普查机构，各区（县）普查机构组织专人通过文物信息采集离线工作对数据再次核对；第三阶段为市级专家审核阶段。2016年8月起，市普查办组织专家对区（县）普查办审核完毕的数据进行终审。终审过程中，共聘用专家 111 人次，逐条对已上报数据进行审核，重点关注文物名称、年代、质地、类别、图片质量等关键指标项，并提出修改意见。市普查办根据专家审核意见，返还各区（县）普查办和市级国有单位进行修改完善后汇总上报终审数据。对于有较大疑问或者不完善的数据，市普查办组织了部分专家赴文物收藏单位，提看文物现场复核，确保普查数据的准确性。通过分级审核，上海市各国有单位普查数据基本达到第一次全国可移动文物普查数据质量要求。

（三）宣传动员

根据此次普查有关工作要求，上海市始终将宣传动员贯穿于文物普查工作全过程。2013 年 8 月，市普查办制定并下发了《上海市第一次全国可移动文物普查宣传工作实施方案》，以"统一组织、突出重点、形式多样、注重实效"为原则，针对不同目标群体，利用多种媒介，结合重大节庆和普查节点，分阶段、分重点地开展普查宣传动员工作。

普查过程中，各级普查机构成立了专门的宣传机构、建立了信息报送发布制度，采取了多种宣传手段。据统计市普查办共印发简报 18 期，区（县）普查机构共上报、印发简报 61 期，工作简报成了及时发布普查中重大进展、主要事件的主要方法；全市共在报刊上发布深度报道 22 篇；制作并播放普查公益宣传片 2 部。市普查办还积极组织各级普查机构和国有单位参加中国文物报社开展的"我是普查员""我是国宝"等征文宣传活动，向文物普查平台报送相关报道和普查先进人物、先进事迹。

普查过程中，各级普查机构充分利用重大节庆、结合普查重要节点，开展宣传动员。市普查办以各区（县）联动的方式，每年结合"5·18 国际博物馆日""中国文化遗产日"等重要节点，通过在公共场所张贴普查宣传海报、向市民发送普查宣传册页、在公众和政务平台进行宣传报道等形式，多维度地进行宣传可移动文物普查的重大意义、工作动态以及阶段性成果，增强公众的文物保护意识，营造良好的普查氛围。2015 年 5 月，市普查办在"5·18 国际博物馆日"结合《博物馆条例》的颁布，利用网络平台组织了全市的《博物馆条例》和可移动文物普查有关的知识竞赛，取得了良好的宣传效果。

通过针对社会公众、各级政府及相关部门、普查机构和普查人员、国有单位等不同对象，采取的形式多样、内容丰富的宣传动员，广泛动员了各级普查机构和国有单位加强协作、参与普查，激发了普查专业人员做好文物普查工作的积极性，持续吸引了公众对于文物普查的关注和支持，增强公众的文物保护意识，营造良好的普查氛围。

（四）质量控制

为确保上海市普查工作质量，市普查办根据"属地管理、分级负责、统一标准、分类填报、规范登记、严格把关"的原则，制定了《上海市第一次全国可移动文物普查进度管理和质量控制制度》，及时转发了国家文物局《关于做好第一次全国可移动万物普查进度管理和质量控制的通知》，通过人员培训、监督检查、安全管理、质量验收等手段，将质量控制贯穿到普查组织、经费落实、国有单位调查、文物认定、文物信息采集登录、数据审核、普查总结等普查各个环节，突出目标管理、制度建设、安全防范在普查质量控制中的作用，严抓普查质量。

1. 人员培训

人员培训和管理是能否高效推进普查的关键环节，是保证普查质量的重要措施。2013 年 8 月市普查办制定发布了《上海市第一次全国可移动文物普查培训工作实施方案》，要求各级普查办根据市普查办的统一部署，采取分类培训、分级负责、分阶段实施的方式开展全市普查培训工作。培训的主要内容分为：普查概述、国有单位调查方法、普查各类表格填写要点、文物认定工作流程与原则、文物信息采集与登录、文物普查质量控制等。

据统计，上海市普查中针对普查员、专家、志愿者、录入人员等共举办各级各类培训 104 次，其中市级培训 4 次，培训人数 314 人，区（县）培训 100 次，培训总人数 2839 人。按年度统计为：

表 14　上海市普查人员培训统计表

	2013		2014		2015		2016	
	次数	人数	次数	人数	次数	人数	次数	人数
市级	1	75	2	186	0	0	1	53
区（县）级	37	1220	39	1018	20	261	4	26
总计	38	1295	41	1204	20	261	5	79

2. 监督检查

为确保普查工作顺利实施，市普查办建立了监督检查机制，强化各区（县）和各重点文物收藏单位的定期巡查和督察，并根据普查不同阶段的工作重点，针对不同对象，开展不同内容的专项督察。2013～2016 年，市普查办共开展各类监督检查 20 次。一是开展针对普查经费落实情况的专项督察。2014 年 5 月，市普查办与市财政针对普查过程中某些地区和单位经费不落实、保障不到位的情况，开展了联合专项督察，督促经费尚未落实或不足的部门、地区和单位尽快将普查资金落实到位。二是开展普查环节中的抽查。市普查办建立了专门的普查质量监督小组,针对普查中国有单位调查、文物认定、信息采集、登录和上报等环节,进行现场抽查,并对抽查不合格的普查机构和国有单位进行通报。三是开展重点单位督察。在普查过程中,对进度较慢、完成质量较差的地区和单位进行督察,组织专家现场分析原因、找出问题、提出建议,改善其普查工作质量。四是开展安全督察。市普查办定期组织开展普查中文物安全、人身安全和普查数据安全的专项督察,发现和排除可能存在的安全隐患,特别是此次普查涉及国有单位所有收藏文物的信息采集、拍摄,存在较大的文物损坏隐患。在督察的同时,市普查办要求各单位必须建立文物普查信息采集登录操作流程和规范及突发事件预案,确保不发生文物安全事故。

3. 质量验收

市普查办根据国家文物局有关要求和普查各阶段工作目标,采取阶段性验收、年度验收考核、总结验收等多种质量核查形式,严把质量关。一是阶段性验收。市普查办在普查中国有单位调查、文物认定、文物信息登录、数据审核等关键节点,设置阶段性验收,要求各区(县)普查机构严格对照普查方案设置的阶段性目标,进行自查,并提交阶段性验收报告。二是年度验收考核。市普查办要求各区(县)普查机构和国有单位分年度制定普查工作量化目标,并根据量化目标进行年度验收考核,着力推进重点单位、重点地区的普查工作进度。三是总结验收。2016年9月,市普查办转发了国家文物局《关于做好第一次全国可移动文物普查验收工作的通知》,组织开展了全市17个区(县)和14家市级重点文物收藏单位的普查总结验收工作,重点从普查的组织、普查的覆盖率、普查实施的进度和质量等方面,通过文物信息数据审核、听取验收汇报、查阅工作材料等方式,进行验收考核。

(五) 普查总结

2016年10月,市普查办转发了国家文物局《关于做好第一次全国可移动文物普查总结阶段工作的通知》,要求各区(县)和各单位做好普查总结编制工作、完善普查档案,组织开展普查先进个人、先进集体的推荐工作。

1. 编制普查档案

可移动文物普查档案属于专业档案,全面、系统、科学、规范地建立普查档案,是对可移动文物普查各类数据和信息资料保存,并发挥其作用的必要措施,是加强文物保护工作和促进文物资料信息化管理的基础。2014年1月,市普查办制定了《上海市第一次全国可移动文物普查档案管理工作规范》,要求各区(县)、各单位加强对包括文字、表格、照片、电子文本、声像、实物凭证等各种形式的普查记录、资料的管理，确保普查资料档案的完整与安全。市普查办 17 个区（县）普查机构根据第一次全国可移动文物普查建档要求，通过收集、整理、分类等，分别对普查组织、培训、宣传、管理、总结表彰、各类会议纪要、工作简报、国有单位调查登记、文物认定、监督检查等各项工作和内容建立了专业档案。

2. 编制普查工作报告

市普查办和 17 个区（县）普查机构对普查组织、前期调查、业务培训、单位排查、文物调查与认定、数据登录、成果整合等工作进行全面总结，并根据规范要求，编写了市及各区（县）的普查工作报告。

3. 推荐普查先进

为了总结、表彰和宣传第一次全国可移动文物普查工作取得的经验和成绩，促进文化遗产保护事业的繁荣发展，市普查办根据国家文物局要求，对全市 17 个区（县）和市级国有单位上报的普查先进集体和先进个人推荐名单进行了评选，并推荐普查先进集体、先进个人各 2 名，报国家文物局进行表彰。

三、上海市普查工作成果

第一次全国可移动文物普查的顺利完成，提升了上海市可移动文物保护工作水平，全面掌握了区域内可移动文物资源分布情况及价值；逐步建立、健全了上海市可移动文物保护体系，从制度建设、档案完善、明确需求等方面，切实提高了上海市可移动文物管理水平；推动了全市各文物收藏单位文物资源的整合与合理利用，有效发挥了文物在上海市经济、社会、文化发展中的独特作用。

（一）掌握本市可移动文物资源情况及价值

第一次全国可移动文物普查的顺利实施和全面完成，摸清了上海市文物藏品的整体数量、基本信息、分布和资源价值，掌握了各国有收藏单位的总体规模、类型分布和保管情况，明确了各级政府辖区内可移动文物保护、使用和管理的总体状况，包括收藏单位和藏品信息以及地理、类型和行业的分布情况。为上海市可移动文物情况保护、管理提供了完整的、正确的基础数据。为进一步加强文物领域国有资产管理，提升文物资源整合利用，全面加强文物基础工作、建立藏品管理的规范化体系，推动可移动文物管理模式转变，打下了坚实的基础。

1. 摸清可移动文物数量及分布

通过此次可移动文物普查，基本摸清了上海市各国有单位收藏保管可移动文物的总量，基本掌握了可移动文物分布。根据普查数据分析，上海市可移动文物按照地域、收藏单位类型、单位系统等分布，有以下几个特点：一是资源分布集中在中心区域。按各行政区域资源分布统计，上海市可移动文物主要集中在中心城区，特别是黄浦区、浦东新区、徐汇区，分别收藏文物 226838 件、146361 件、35210 件。二是可移动文物收藏主要集中在文物系统的博物馆、纪念馆。上海市文物系统内收藏文物为 320605 件，占全市总量的 57.24%。三是市属国有单位文物收藏量远超区县级单位。据统计，上海市市属国有单位收藏文物 446222 件，占全市总量的 79.67%。

2. 掌握可移动文物保存状况

普查推进过程中，在摸清文物收藏情况的同时，基本掌握了各国有收藏单位文物保护条件、保存环境状况。在普查过程中发现，上海市国有单位普遍存在库房面积小、专业人员少、保存环境较差等问题，特别是系统外文物收藏保管条件不容乐观，文物保存条件较差，霉变、损毁较多。在普查中，各级普查机构，针对发现的文物保护、保存方面存在的问题和隐患，积极制定保护措施、采取有效方法，进一步改善了国有单位文物保存环境，提升了文物安全系数。

在国有单位调查和文物认定阶段，各级普查机构对系统外单位存在的文物保存隐患及时地给予指导，帮助落实整改措施。例如，徐汇区普查办在对南洋中学进行调查登记中发现，该单位保管的民国古籍图书存放在校内一处不通风较潮湿的房屋内，在该区普查办专业人员的建议下，该单位对这批古籍图书进行清理登记后，移置通风房间内排架存放。宝山区普查办在对上海市公安局宝山分局进行文物清库和登记时，发现该单位存在文物与其他档案、办公用具混放、没有独立装具的问题。宝山区普查办在市普查办专家的指导下，主动为该单位提供文物装具，帮助清理、分类，将文物与其他物品分开放。杨浦区普查办在普查过程中，针对辖区内同济中学 300 多册民国图书存在与其他出版物混放的现象，提出了具体的改善措施，帮助清理移库。市普查办在组织专家对嘉定区内上海古猗园进行现场文物认定时发现，该单位收藏的部分价值较高的明清瓷器、冯超然和陆俨少书画作品以及竹刻作品的保存环境较差，保管人员缺乏必要的文物保存知识和技能。市普查办要求嘉定区普查办及时邀请上海市文物保护方面的专家到该单位现场察看研究具体的改善措施，并对相关保管人员进行文物保管方面培训。

在国有单位文物信息采集登录阶段，上海市各级系统内文物收藏单位在推进普查工作的同时，积极查找文物保存方面的问题，采取、制定有效措施，改善保存环境，消除安全隐患。例如，陈云纪念馆配合场馆改造，对普查中发现的文物库房及文物保存微环境较差等问题，邀请有关文物预防性保护专家，制定针对性措施，改善了保存环境；上海鲁迅纪念馆在普查时发现位于馆内三楼夹层的文物库房存在不通风、湿度大等问题，该馆及时配置文物存放空间，将所有在三楼存放的文物藏品移入地下文物库房，改善了这部分文物的保存环境；市普查办在普查定期监督检查过程中发现，中共一大会址纪念馆、上海市历史博物馆、上海鲁迅纪念馆等位于周浦基地的部分存放馆藏珍贵文物的库房未配备基础的恒温恒湿设备，保管环境相对较差。市普查办及时邀请相关专家对这部分库房进行现场调研，制定有关改善库房及微环境的措施，推动周浦基地库房的改造提升。嘉定博物馆在普查过程中改善提升了库房保存环境，恒温恒湿设备由原来配备 1 台升级至 4 台，提高了馆藏纸质文物的安全。

3. 掌握可移动文物使用管理情况

通过此次普查，上海市各级文物部门掌握了可移动文物保护、使用和管理的总体状况，包括收藏单位和藏品信息以及地理、类型和行业的分布情况。

上海市可移动文物资源从管理权限上看，市级可移动文物使用、保护和管理工作任务较重，市属单位收藏的可移动文物占全市的大部分。从不同单位类型上看，博物馆、纪念馆收藏可移动文物 501980 件，占全市总量的 89.63%，上海市博物馆的可移动文物的使用，在数字化展示、展览、对外交流等方面还有极大的拓展和提升空间。从不同行业分布上看，上海市文化、体育和娱乐业收藏可移动文物 397347 件，占总数的 70.95%，而农、林、牧、渔业；采矿业；电力、热力、燃气及水生产和供应业；建筑业；信息传输、软件和信息技术服务业；批发和零售业；住宿和餐饮业；金融业；房地产业；租赁和商务服务业；科学研究和技术服务业；居民服务、修理和其他服务业；国际组织等行业无可移动文物收藏，从可移动文物使用、管理的角度上看，上海市今后应加强这些行业的对文物的保护和征集力度，提高文物保护的意识。

（二）健全文物保护体系

可移动文物普查的全面开展与顺利完成，提高了可移动文物的整体管理水平，整理、完善了文物档案，建立、健全了可移动文物管理的各项制度，在清理、分析文物保存现状的基础上，明确了可移动文物保护需求，扩大了可移动文物的保护范围，进一步健全了上海市可移动文物保护体系。

1. 完善文物藏品档案

本次普查，国家建立统一的可移动文物信息资源库和平台，国有收藏单位对文物藏品按照标准登录，实行动态管理，每件文物生成唯一的 22 位的全国可移动文物登录编号，建立起"文物身份证号"和信息管理体系，有效加强了文物登记备案和档案管理盒信息化建设，特别是文物系统外非专业的收藏单位的文物档案基础工作，得到了强化。

长期以来，上海市国有收藏单位，特别是文物系统外单位的文物藏品档案体系建设存在不规范、不完善的问题，许多单位没有建立纸质藏品档案，部分单位的文物藏品档案没有按照规范要求进行建立、管理。普查过程中，各级普查机构和国有单位在普查文物信息采集、登录过程中，根据国家文物局的要求和藏品管理有关规范，从清库核查、纸质藏品档案的建立和完善、藏品档案信息化等方面入手，逐步规范了各国有单位的藏品档案管理体系。据统计分析，上海市在可移动文物普查中，新建了藏品账目及档案的收藏单位共有46家，其中文物系统单位2家，非文物系统单位44家；按照普查下发的藏品登录标准完善了藏品档案的收藏单位43家，其中文物系统单位20家，非文物系统单位23家；完成藏品账目及档案信息化的收藏单位共46家，其中文物系统单位2家，非文物系统单位44家。

此外，通过普查解决了上海市国有收藏单位在文物藏品档案管理方面一些相关问题。一是推进上海市主要大型专业收藏单位的清库建档和账目核对工作。上海市的主要博物馆、纪念馆由于文物藏品量较大且多年不核对账目，普遍存在账目不清、存放混乱等问题，通过此次普查，上海博物馆基本完成了对所有珍贵文物的账目核对、清查工作，上海市历史博物馆、中共一大会址经、上海鲁迅纪念馆、陈云纪念馆、上海孙中山故居纪念馆、上海宋庆龄故居纪念馆等基本完成了所有文物藏品的清库、整理和账目核对工作。二是提升、完善藏品信息化管理系统。在普查过程中，上海博物馆、上海鲁迅纪念馆、上海市历史博物馆、陈云纪念馆等建立藏品信息化管理系统较早的单位，根据普查要求和《馆藏文物登录规范》等标准，对本单位的藏品管理系统进行了指标项、功能模块等方面的提升、完善。三是加强了文物藏品档案管理专业人员的培训。普查过程中，各级普查机构以集中培训和现场指导等方式，提高了国有收藏单位文物藏品管理专业人员的文物保管意识、藏品档案管理水平。

2. 完善可移动文物管理制度和规范

可移动文物普查工作的持续推进，各级文物行政部门和国有单位逐步总结普查中文物调查、登记、认定、管理和后续利用的有关经验、成果，梳理各项工作的范围、程序和规范，逐步推进、完善了可移动文物管理制度建设，从制度上加强了可移动规范化、科学化和常态化的管理，确保了可移动文物的安全。

上海市在普查中完善可移动文物管理制度和规范工作主要分为两个层面。在政府管理层面，一是完善了本市的可移动文物认定制度。通过对普查中文物认定工作的总结，市文物局重建了上海市文物鉴定委员会，制定了《上海市文物鉴定委员会管理规定》，完善了文物鉴定、定级的工作程序，逐步规范本市文物认定体系。二是落实本市文物藏品档案备案制度建设。在普查过程中，市文物局结合2015年颁布实施的《博物馆条例》的有关规定，细化、完善了各级文物收藏单位文物藏品备案程序，明确了文物藏品档案、账目及管理制度备案的范围、内容和受理方式，进一步加强了文物藏品备案工作。三是建立上海市文物藏品定期普查制度。参照此次普查各环节的要求、开展的方式，市文物局建立了全市定期开展辖区内文物收藏单位新增文物的登记制度、已有文物的核查制度，推动了上海市可移动文物的动态管理。在收藏单位内部管理层面，一是建立文物藏品常态化管理机制。经过普查，上海市文物系统共有 5 家单位新设立专门的工作组或落实专人进行文物藏品管理，非文物系统共有 55 家单位通过落实责任人的方式建立起常态化管理机制。二是建立健全文物藏品管理各项制度。可移动文物普查开展前，上海市国有收藏单位普遍存在藏品管理制度缺失的问题。在普查过程中，各国有单位在各级文物部门的指导下，逐步完善、健全了涉及征集、鉴定、建档、出入库、展览、安全等各方面的藏品管理制度。三是推广了可移动文物管理的标准和规范。藏品建档和标准体系建设一直是可移动文物保管的薄弱环节，本次可移动文物普查，国家文物局编制了《馆藏文物登录规范》，出版了《普查工作手册》和《普查藏品登录操作手册》，对登录的收藏单位信息、藏品信息、管理信息和影像信息四大类一百余项指标，制定了藏品提取、影像拍摄等方面实际的操作规范。通过普查中标准规范的实施和推广，上海市各收藏单位的文物藏品管理标准体系得到全面加强。

3. 明确可移动文物保护需求

通过可移动文物普查中收集的各项基础信息，从保存环境、保管人员、保护技术等方面明确了上海市可移动文物的总体保护需求，从文物类别、保存状态、级别等方面明确了各类文物和各类不同单位的保护需求，为相关文物保护政策编制、修复计划的编制、安全防范设施设备的配备、库房建设和改造、保护经费使用管理提供更加精确、清晰、全面的数据支撑，为下阶段建立科学有效的可移动文物保护体系提供了依据。

一是明确了上海市文物总体保护需求。据普查数据统计，上海市国有收藏单位库房低于 100 平方米的共 71 家，占总数的 63.4%；保管专业人员在 2 人（含 2 人）以下的单位 79 家，占总数的 70.5%；库房中配备有恒温恒湿设备仅 13 家，占总数的 11.6%，其中非文物系统仅 4 家。上海市国有单位的文物专库房普遍较小，甚至有些单位没有专设的文物库房，各单位在藏品管理功能拓展上余地不大，普遍受限于建筑空间结构，存在建筑功能区分模糊、办公用房紧张等问题，保管专业人员也较为缺乏。而在库房保存环境控制方面，也急需得到加强、改善。

二是明确了上海市不同类型可移动文物保护需求。从文物级别上看，上海市珍贵文物收藏较多，共 178922 件，收藏单位需要进一步采取提升库房环境控制、制作囊匣等装具改善微环境、加强分类、分级保护等措施，强化珍贵文物的保护力度；从文物类别上看，档案文书 142017 件；古籍图书 79822 件；钱币 77142 件；文件、宣传品 48787 件；名人遗物 40322 件；书法、绘画 39470 件；为上海市数量较多的文物收藏类别，上海市应加强对金属、纸质、瓷等质地文物保护方式、方法、手段和病害分析的研究，制定此类文物专项保护规划，推进此类文物保护、修复等专业人员的培养；从文物年代上看，由于历史和城市发展等特色的影响，上海市清代以后的文物数量较大，近现代文物是上海市可移动文物保护的重点；从文物的完残程度上看，残缺的为 25083 件；严重残缺的（包括缺失部件）为 2093 件，共占总数的 4.85%，需修复的可移动文物数量较大。

三是明确了各类收藏单位文物保护的需求。从不同级别收藏单位上看，市属单位收藏的文物数占总数的 79.67% 以上，市属单位的文物保护压力巨大，主要体现在库房面积不够、人员配备跟不上、各类文物的保护和保存措施不完善；区属单位则在基础设施、管理体系和制度上需要进一步提高和完善。从不同类型收藏单位上看，博物馆、纪念馆等专业收藏单位虽然比图书馆、美术馆、档案馆和其他非专业收藏单位在文物保护的基础设施、管理体制、人员配备上更加完备，但其保存的文物数量占总数的绝大部分，还需继续落实各项保护资源的保障。从不同行业收藏单位上看，文物保护的重心和人力、财力等资源仍需落实在文化文物行业。

4. 扩大可移动文物保护范围

通过此次普查，不仅摸清了上海市文物系统文物收藏的家底，同时通过全面的单位调查、登记、文物认定和信息登录等流程，进一步查清了上海市各级、各类国有单位的文物收藏情况，有效地扩大了可移动文物保护范围。主要表现在以下几方面：一是将其他系统文物收藏单位纳入文物保护体系。据统计，此次普查中上海市新备案的收藏单位共 57 家，共收藏文物 6426 件/套，这部分单位收藏的可移动文物将取得与文物系统可移动文物同样的身份，纳入统一的管理、保护平台。二是推进了非文物系统收藏单位藏品规范化管理。普查过程中，55 家非文物系统单位在各级普查机构的指导下，建立管理机制、制定管理制度、完善管理体系，进一步推动了非文物系统文物藏品规范化、常态化、科学化管理体制建设。特别是在教育系统、档案系统、图书系统，强化了政府可移动文物管理力度。三是保护了一批濒危或不受重视可移动文物，拓展文物资源领域。此次普查提高了非文物系统对文物价值的认识，加强了非文物系统文物保护的力度，抢救、保护了一批存在消亡可能的可移动文物。如徐汇区普查办在对中国福利会开展调查时发现，1956 年启用的中国福利会公章即将被收缴销毁。后经市委宣传部、市文物局、市公安局共同努力，将该公章纳入普查范围，并被认定为二级文物，由中国福利会永久收藏，抢救了这一具有极高历史价值的文物。

市文物局结合此次普查中非文物系统新登记文物的保存状况、分布情况、隶属关系，从以下几方面制定科学、合理的保护规划，采取针对性措施，加强系统外可移动文物的保护、管理和利用。一是给予这部分文物与文物系统可移动文物同样的身份，在文物保护资源分配、保护经费等方面加大投入；二是采取分级管理的原则，将各新登记的国有单位按照隶属关系纳入各级文物行政部门管理范围内，定期开展文物安全督察，确保文物安全；三是定期举办人员培训，加强业务交流，提高非文物系统文物保护意识和水平；四是各级文物部门采取措施，改善非文物系统收藏的珍贵文物和保存状况较差文物的保存环境，对受损严重文物给予修复。

（三）有效发挥文物在本市经济社会发展中的重要作用

各级普查机构在本次普查推进过程中，着力提升可移动文物普查成果在本市建设国际文化大都市和社会经济发展中的地位，从扩大开放度、提高使用率、创新利用方式、融入文创开发等方面入手，加强可移动文物普查成果利用的规划，在丰富公共文化服务内容、弘扬社会主义核心价值观、增强全民族文化自信、促进经济社会发展等方面发挥了重要作用。

1. 普查成果展览

为了更好地宣传、展示可移动文物普查成果，各级普查机构结合普查节点、社会热点和重大节庆，组织举办各类与可移动文物普查相关的展览展示，取得了良好的社会反响。如 2016 年 7 月，市文物局结合纪念建党 95 周年，在新修复开放中共中央上海局机关陈列馆举办了可移动文物普查革命文物成果展，吸引观众近 5 万名。宝山区、嘉定区等普查机构，也利用本区域内的普查阶段性成果，举办了图片展览。

2. 普查成果出版物

为了更好地展示普查成果、宣传普查工作、总结普查经验，本市各级普查机构在整理、汇总普查数据和成果的基础上，做好普查成果出版物的编辑工作。

3. 普查成果数字化应用

上海市各级普查机构在普查推进中，积极将文物普查数据与公共个性需求有效对接，做好可移动文物普查信息数据后续利用规划和设计，着力将普查成果应用纳入全市文化与科技融合发展规划。深化研究、着力推进文物普查数据与上海市城市公共文化服务云平台的对接，创新文物信息利用模式，将可移动文物信息数据作为数字文化资源，通过"文化云"平台向公众进行推送，让公众共享文物普查成果。推进全市展览交流平台的建设，加强各级各类国有单位普查成果的整合利用。

建　议

1. 切实增强文物保护意识

提高全社会文物保护意识，营造自觉文物保护的良好氛围是做好可移动文物普查和保护工作的保证。做好文物普查和文物保护工作，不是某一职能部门的事，而是需要全社会的共同重视，各部门、各阶层的共同努力配合。为了在新形势下做好文物管理和保护工作，一是要切实加强领导，提高认识，把文物工作的基本要求落到实处；二是要制定和完善文物保护规划，健全文物保护管理组织架构和网络；三是强化宣传，营造良好社会氛围。文物保护宣传工作要立足长远，从大文化视角把握，充分利用媒体宣传，扩大文物事业的社会影响，让文物走近大众，让大众了解文物，促进全民文物保护意识的进一步提升。

2. 建立文物普查的长效机制

文物普查工作是我国国情国力调查的重要组成部分，也是确保国家文化安全的战略工程。同时，文物普查又是文物保护管理的基础工作，有利于摸清家底，全面掌握上海市可移动文物的数量、分布、特征、保存现状、保存环境等基本情况，为准确判断上海市可移动文物保护形势、有针对性地采取保护措施、科学制定保护、利用规划和政策提供合理依据。新中国成立以来不可移动文物普查共进行过三次，可移动文物的普查仅一次，远远跟不上经济、社会和文化发展的需要。因此，建议今后将文物普查制度以法律、法规的形式明确下来，建立文物普查的长效机制。

3. 基层文物保护队伍急需充实

本次可移动文物普查历时长、环节多，对于文物普查人员和文物信息采集登录人员的技术要求高。上海市一些基层普查机构和国有单位在调查、文物认定、信息采集等方面遇到了较大困难。这突显了基层文物部门和国有收藏单位的技术力量普遍较为薄弱，对文物普查、文物管理各方面技能能够熟练掌握的专业人员极少，甚至有些单位都没有专业人员。从全市文物保护和管理长远考虑，文物管理部门和收藏单位应针对人才问题做好规划，除引进专业人员充实队伍外，还需定期加强培训学习，提高现有人员的理论和实践水平。

4. 强化文物保护经费保障

《文物保护法》中要求各地、各部门将文物保护纳入经济和社会发展计划，纳入城乡建设规划，纳入财政预算，纳入体制改革，纳入各级领导责任制。在普查推进过程中发现，市各级财政对于文物保护的经费投入仍然偏少，与可移动文物的保护要求存在较大差距。文物是不可再生的文化资源，普查登录的可移动文物，其中有相当部门存在保存环境差、本体损坏严重等问题，一些收藏单位还存在安全隐患。在普查结束后，市文物局将研究制定全市的可移动文物保护规划，编制合理的经费预算，着力提高各级文物部门和各国有单位的文物保护经费投入。

5. 加强文物普查成果后续利用

成果的展示、宣传和利用是可移动文物普查的重要内容，不仅是对普查工作的总结和凝练，更是在全社会普及文物保护知识，提高优质的公共文化服务、营造文物保护良好氛围的重要契机。下阶段全市将从以下几方面加强普查成果的后续利用：一是运用多技术、多媒介，做好可移动文物的数字化展示；二是打破单位界限统筹资源，共享普查数据库，利用展览交流的形式，推进文物资源服务地域均等化；三是推进文创产品元素数据库的规划和建设，为本市文创产品开发提供基础资源。

江苏省
第一次全国可移动文物普查工作报告

第一次全国可移动文物普查是继第三次全国文物普查之后在文化遗产领域开展的又一重大国情国力调查，是确保国家文化安全的重要举措，是健全文物保护体系的重要基础工作。根据国务院《关于开展第一次全国可移动文物普查工作的通知》，此次普查从 2012 年 10 月开始，到 2016 年 12 月结束。普查标准时点为 2013 年 12 月 31 日。普查由国务院统一领导，集中技术和人才力量，旨在对我国可移动文物进行全面调查登记，并建立全国可移动文物信息登录平台和数据库，从而实现全国文物信息资源的整合利用和动态管理。

江苏省自古以来就是人文富庶之地，文化资源和名人众多，使得可移动文物丰富，分布范围广，收藏机构众多，保护机构完善。从 2012 年 11 月开始，全面贯彻落实国务院《通知》精神，在全省范围内有序、科学、稳步开展普查工作。各级普查机构及3000 余名普查工作人员，充分发挥率先与创新的江苏精神，组织有力，保障充分，攻坚克难，科学开展，取得了丰硕的普查成果。通过第一次全国可移动文物普查，基本掌握全省可移动文物的数量、分布、特征、保存现状等基本情况。提高了国有单位及社会各界的文物保护意识、文博系统工作人员的科学知识、专业技能和管理水平，为进一步建立具有现代化科学素养的专业队伍创造了条件；协调了文物管理部门和各行业系统的关系，形成共同保护文物工作的合力；规范了系统外国有收藏单位的文物管理，有力提高了系统外国有单位文物保护水平；为准确判断文物保护形势、科学制定文物保护政策和规划提供了依据；同时加强了江苏省在文化遗产领域的国有资产管理和资源整合能力，充分发挥文物在建设社会主义先进文化、促进经济社会全面协调可持续发展中的重要作用。

一、江苏省普查数据

截至 2016 年 10 月 31 日，江苏省在全国可移动文物信息平台登录可移动文物

999325 件/套，实际数量为 2812571 件。其中，珍贵文物 97253 件/套，实际数量为 190347 件。登录可移动文物信息的收藏单位 613 家。

（一）江苏省可移动文物基本情况

1. 类别

表 1　可移动文物类别

可移动文物类别	可移动文物实际数量（件）	实际数量占比（％）
合计	2812571	100.00
玉石器、宝石	32252	1.15
陶器	78630	2.80
瓷器	257590	9.16
铜器	64860	2.31
金银器	19717	0.70
铁器、其他金属器	8795	0.31
漆器	3349	0.12
雕塑、造像	9084	0.32
石器、石刻、砖瓦	36447	1.30
书法、绘画	173906	6.18
文具	7544	0.27
甲骨	3659	0.13
玺印符牌	10548	0.38
钱币	584539	20.78
牙骨角器	7799	0.28
竹木雕	221173	7.86
家具	5365	0.19
珐琅器	1042	0.04
织绣	17967	0.64
古籍图书	538842	19.16
碑帖拓本	88314	3.14
武器	13147	0.47
邮品	33481	1.19
文件、宣传品	68853	2.45

可移动文物类别	可移动文物实际数量（件）	实际数量占比（%）
档案文书	91163	3.24
名人遗物	14750	0.52
玻璃器	4288	0.15
乐器、法器	1028	0.04
皮革	5331	0.19
音像制品	22763	0.81
票据	30141	1.07
交通、运输工具	551	0.02
度量衡器	845	0.03
标本、化石	3702	0.13
其他	351106	12.48

2. 年代

（1）可移动文物年代类型

表2　可移动文物年代类型

可移动文物年代类型	可移动文物实际数量（件）	实际数量占比（%）
合计	2812571	100
地质年代	877	0.03
考古学年代	35048	1.25
中国历史学年代	2419970	86.04
公历纪年	221549	7.88
其他	68261	2.43
年代不详	66866	2.38

（2）可移动文物中国历史学年代分布

表3　可移动文物中国历史学年代分布

可移动文物中国历史学年代	可移动文物实际数量（件）	实际数量占比（%）
合计	2419970	100.00
夏	14	0.00
商	5868	0.24

续表

可移动文物中国历史学年代	可移动文物实际数量（件）	实际数量占比（%）
周	26870	1.11
秦	603	0.02
汉	169202	6.99
三国	4181	0.17
西晋	3799	0.16
东晋十六国	146946	6.07
南北朝	9281	0.38
隋	3445	0.14
唐	28800	1.19
五代十国	2845	0.12
宋	165792	6.85
辽	310	0.01
西夏	90	0.00
金	768	0.03
元	5475	0.23
明	86828	3.59
清	1325032	54.75
中华民国	319140	13.19
中华人民共和国	114681	4.74

3. 级别

表 4　可移动文物级别

可移动文物级别	可移动文物实际数量（件）	实际数量占比（%）
合计	2812571	100.00
一级	9074	0.32
二级	41217	1.47
三级	140056	4.98
一般	991848	35.26
未定级	1630376	57.97

4. 来源

表5　可移动文物来源

可移动文物来源	可移动文物实际数量（件）	实际数量占比（%）
合计	2812571	100.00
征集购买	557730	19.83
接受捐赠	252463	8.98
依法交换	1157	0.04
拨交	215106	7.65
移交	185415	6.59
旧藏	1031997	36.69
发掘	279027	9.92
采集	196367	6.98
拣选	11751	0.42
其他	81558	2.90

5. 入藏时间

表6　可移动文物入藏时间范围

可移动文物入藏时间范围	可移动文物实际数量（件）	实际数量占比（%）
合计	2812571	100.00
1949 年 10 月 1 日前	76111	2.71
1949 年 10 月 1 日~1965 年	505889	17.99
1966~1976 年	267926	9.53
1977~2000 年	818823	29.11
2001 年至今	1143822	40.67

6. 完残程度

表7　可移动文物完残程度

可移动文物完残程度	可移动文物实际数量（件）	实际数量占比（%）
合计	2811597	100.00
完整	977434	34.76
基本完整	1246738	44.34
残缺	420881	14.97
严重残缺（含缺失部件）	166544	5.92

注：根据国家文物局《关于做好馆藏自然类藏品登录工作有关要求的通知》的要求，登录的自然类藏品 974 件（组），不填写"完残程度"指标项。

（二）江苏省可移动文物分布情况

1. 按收藏单位隶属关系统计可移动文物数量

表 8　可移动文物数量分布（按收藏单位隶属关系）

收藏单位隶属关系	可移动文物实际数量（件）	实际数量占比（%）
合计	2812571	100.00
中央属	122149	4.34
省属	728165	25.89
地市属	1334444	47.45
县区属	621895	22.11
乡镇街道属	5819	0.21
其他	99	0.00

2. 按收藏单位性质统计可移动文物数量

表 9　可移动文物数量分布（按收藏单位性质）

收藏单位性质	可移动文物实际数量（件）	实际数量占比（%）
合计	2812571	100.00
国家机关	12654	0.45
事业单位	2789338	99.17
国有企业	2841	0.10
其他	7738	0.28

3. 按收藏单位类型统计可移动文物数量

表 10　可移动文物数量分布（按收藏单位类型）

收藏单位类型	可移动文物实际数量（件）	实际数量占比（%）
合计	2812571	100.00
博物馆、纪念馆	2081829	74.02
图书馆	255940	9.10
美术馆	7009	0.25
档案馆	35706	1.27
其他	432087	15.36

4. 按收藏单位所属行业统计可移动文物数量

表 11　可移动文物数量分布（按收藏单位所属行业）

行业	可移动文物实际数量（件）	实际数量占比（％）
合计	2812571	100.00
农、林、牧、渔业	2	0.00
采矿业	0	0.00
制造业	80	0.00
电力、热力、燃气及水生产和供应业	1	0.00
建筑业	353	0.01
批发和零售业	116	0.00
交通运输、仓储和邮政业	0	0.00
住宿和餐饮业	7	0.00
信息传输、软件和信息技术服务业	0	0.00
金融业	57	0.00
房地产业	805	0.03
租赁和商务服务业	0	0.00
科学研究和技术服务业	69	0.00
水利、环境和公共设施管理业	3789	0.13
居民服务、修理和其他服务业	561	0.02
教育	178871	6.36
卫生和社会工作	988	0.04
文化、体育和娱乐业	2471752	87.88
公共管理、社会保障和社会组织	155120	5.52
国际组织	0	0.00

二、江苏省普查工作组织实施

（一）落实责任，推进普查的组织协调工作

本次全国可移动文物普查，由国务院统一部署，国家文物局组织，以属地管理为基本原则，各级政府实施，多部门共同参与。江苏省从普查开始就积极部署文物普查工作，从组织机构、普查实施方案和工作制度、经费保障、人员投入等方面保障文物

普查工作的顺利进行。

1. 以科学的工作机制推进整体工作

一是加强组织领导。江苏省成立了普查领导小组,组长为分管文化工作的副省长担任,成员由省文化厅、省委党史研究室、省档案局、省军区、省发展改革委员会、省教育厅、省民委、省民政厅、省财政厅、省国土资源厅、省国资委、省统计局、省文物局、省科协、人民银行南京分行等15家厅(局)分管领导组成,负责普查工作的组织、领导和协调。领导小组办公室设在省文物局。随后组建了省第一次全国可移动文物普查专家指导小组等机构。同时,全省113个市、县(区)均成立了相应的文物普查领导小组及工作机构,具体指导本辖区开展普查工作。2013年4月18日,省政府在全国文物普查工作电视会议结束后,随即召开了全省文物普查电视电话会议,公布下发了《江苏省第一次全国可移动文物普查实施方案》。2013年5月,在常州市举行了"江苏省第一次全国可移动文物普查启动仪式",同时召开了江苏省第一次全国可移动文物普查办公室主任和联络员会议。会上公布了扬州市、灌云县、南京市江宁区为江苏省第一次全国可移动文物普查试点单位,第一次全国可移动文物普查工作在全省范围正式开展。

二是加强宣传发动。江苏省按照分级负责本行政区域普查宣传动员工作的方式,积极开展宣传工作,制定宣传工作方案,采用新闻深度报道、专访、公益广告、手机自媒体信息发布等多种形式拓宽宣传渠道,宣传动员贯穿于整个可移动文物普查过程。2014年初,为进一步细化省《实施方案》,省普查办制定了江苏省可移动文物普查工作的宣传工作方案,按步骤和阶段性进行宣传:第一阶段,重点宣传开展普查的目的、意义、范围、内容、方法、程序等;第二阶段,重点宣传与普查有关的法律法规、普查标准规范、普查工作进展等;第三阶段,重点宣传普查工作成绩、普查先进典型、普查成果应用等。普查宣传涵盖报纸、杂志、广播、电视、网络、移动传媒等各类媒体。

三是加强系统外单位普查协调。为迅速有效推动各行业各系统自上而下开展普查工作,江苏省文物局根据普查工作进度,适时与省国资委、省教育厅、省档案局、省文化厅、省财政厅等8个单位联合转发了关于做好各系统可移动文物普查工作的通知,积极协助全省各级普查办做好与相关部门的协调工作。适时对省档案局(馆)、南京博物院、南京图书馆等8家重点文物收藏单位进行了走访调研,实地了解文物普查工作的开展情况,下发《普查工作手册》和《馆藏文物登录规范》,宣传文物普查的有关政策规定和工作要求,听取各单位的意见和建议。省普查办与省新闻出版局、省教育厅、省档案局等可移动文物收藏量较大的行业系统全面协作,自上而下开展普查。如省普查办与省新闻出版局协作，对新闻出版系统下属的凤凰集团、新华书店等单位进行了调查与认定，同时委托苏州、泰州等市普查办，配合该局驻当地下属单位进行文物调查与认定工作。由省普查办牵头，就新闻出版系统的信息平台登录工作进行了单一系统小范围培训，积极有效推进了该系统收藏单位的文物普查工作。

四是加快推进普查进度。严格按照普查工作总体方案推进各阶段工作。为加快普查进展，提高普查效率，南京博物院成立了专门的普查工作机制，在二期改扩建工作以及库房搬迁完成之后便立即着手可移动文物的普查工作，从各高校招募普查志愿者50 余名，同时从全院各部门抽调专业精干力量支援普查工作。江苏省扬州市、灌云县、江宁区三个不同层次的普查试点单位，已于 2015 年上旬率先完成普查的信息数据采集和登录工作，为全省文物普查工作提供了经验。为有效落实《实施方案》要求、提高一线普查员工作效率，常熟市普查办编制了《第一次全国可移动文物普查工作手册（简化版)》。省档案馆按照可移动文物普查工作部署，将全国第一次可移动文物普查列入年度工作计划中，并专题研究制定了《江苏省档案馆可移动文物普查实施方案》。全省系统外各国有收藏单位严格落实普查方案要求，在各时间节点前完成了文物普查工作。

2. 以健全的组织机构确保工作到位

全省组建普查领导小组 114 个，省级、地市级、区县级比例为 1：13：100；成立普查工作办公室 114 个，省级、地市级、区县级比例为 1：13：100；印发普查通知 114 个省级、地市级、区县级比例为 1：13：100；印发普查实施方案 114 个，省级、地市级、区县级比例为 1：13：100。

3. 以充足的经费保障支持工作任务

为保证普查工作的顺利开展，2013 年江苏省文物局联合省财政厅及时下发了《江苏省财政厅、江苏省文物局关于加强我省全国可移动文物普查经费保障与管理的通知》，并按照国家文物局的普查标准，省文物局制定了《江苏省专家认定审核及普查志愿者补助经费管理办法》，力保普查专项经费全面落实，2013 ~ 2016 年，全省各级普查办共落实普查经费 4581.08 万元，其中省级财政累计落实 650 万元。

表 12   江苏省普查经费落实情况表

单位：万元

年度	全省经费情况	省级经费落实情况	地市级经费落实情况	区县级经费落实情况
2013 年	1175.93	200	328	647.93
2014 年	1365.14	150	368	847.14
2015 年	1232.96	200	326	706.96
2016 年	807.05	100	278	429.05

4. 以专业的人力投入保障普查质量

在第一次全国可移动文物普查中，江苏省构建了多层次、多结构的专业人员队伍，并进行了全面的学习和培训，为可移动文物普查的积极推进提供了人力保障。一是成立各级普查机构专家指导小组。省普查办组建了由图书、档案、宗教等多系统多行业专家组成的专家指导小组。为明确专家责任，提高普查质量，省普查办制定了《专家工作职责》并为专家颁发了可移动文物普查专家聘用证书。全省13个省辖市也相应组建了专家指导小组。常熟市成立了县级普查认定专家组、普查审核专家组。二是培训各级普查办专业人员。根据各工作阶段的实际需求，省普查办适时举办各类全省性业务培训，总计培训3000余人次。同时支持各级普查机构开展各类基层培训，派出骨干力量对基层进行指导和授课。2013年7月中旬，省普查办举办了全省首期可移动文物普查培训班，来自全省各市、县（区）普查领导小组办公室负责人和专业人员、普查相关行业单位、重点文物收藏单位以及各市博物馆文物普查负责人等共240多人参加了培训。2014年，全年举办全省范围的业务培训3期，专家认定审核流程与方法培训1期，大学生志愿者培训1期，共培训普查员1000余人次。通过多次组织开展全省文物普查的培训工作，使普查员了解普查意义，熟悉普查流程，掌握普查技巧。2015年，省普查办根据工作需求举办了全省范围的业务培训2期，全省各级普查机构均不同形式开展了普查的培训工作，共培训普查员1000余人次，省普查办派出骨干力量对基层普查培训进行了指导和授课。2016年6月，省普查办召开了全省文物普查办主任会议暨普查成果运用与普查总结报告编制培训班，培训普查人员150余人。三是建立文物普查大学生志愿者队伍。江苏省文物局于2014年8月向南京大学发送了《关于请支持组建文物普查大学生支援者队伍的函》和《报名表》，从2014年起持续招募相关专业学生组建普查志愿者队伍，利用课余时间协助文物收藏单位开展文物信息的采集登记等普查有关工作，组建了120名大学生志愿者队伍，10月中旬进行了培训，制定了《志愿者工作职责》，并颁发了《普查志愿者证》，大学生志愿者在文物普查的过程中发挥了积极的作用。同时，普查志愿者机制也在逐渐完善，大部分市、县（区）普查办已经组建起志愿者支援小队，为普查工作的开展提供了有力保障。

（二）按部就班，有序完成普查各阶段工作

1. 国有可移动文物收藏单位调查阶段

在完成普查准备阶段工作后，江苏省积极开展了国有单位名录编制工作。截至2013年12月中旬，全省共发放《国有单位可移动文物收藏情况调查表》89877份，回

收 89078 份，回收率达 99.11％。截至 2016 年 10 月，江苏省有 613 家国有收藏单位在普查平台登录文物，登录文物 2812571 件。依据文物普查的结果，依据《第一次全国可移动文物普查收藏单位名录编制规范（参考)》的要求，编制了可移动文物收藏单位名录。

全省各级文物普查机构攻坚克难，深入细致开展国有单位调查，根据国家普查办的统一部署，认真组织开展了国有单位可移动文物收藏情况的调查摸底工作，及时下发了《国有单位可移动文物收藏情况调查表》《国有单位可移动文物收藏情况汇总表》和《文物认定表》。对各级普查办在调查过程中遇到的重点与难点问题，省普查办及时给予指导和帮助，努力做好督察与协调工作，保证了普查工作的有序进行。为确保普查覆盖率，各地普查员积极采用多种方式方法开展调查，以区域普查为主线，以条线核查为辅线，采用"六室一库""点面结合"的调查方式，通过实地走访、上门调查、邮寄调查表、电话联系等各种方式，多管齐下，确保了调查表的回收率、反馈率。如徐州市普查办，采取属地调查与行业调查相结合，县区自下而上和省部属单位自上而下方式开展。此方法既避免普查存在"死角"，又便于调查表的发放、回收，确保普查全覆盖。调查统计由计算机模板分类汇总方式调整为按查找方式进行，大大提高了汇总效率和准确率。调查过程中，对于一些部门单位不理解的情况，全省各地一线文物普查员不辞劳苦，耐心细致地开展文物普查宣传和政策解说工作。各地区还采取了对重点单位进行重点普查，难点单位突击合力普查的方法，确保普查工作的全面覆盖。在收集调查表的同时，各地普查办还深入分析调查结果，有针对性地做好拾漏补遗工作，对调查表的文物收藏情况进行认真的分析和研究。针对疑似有文物收藏而填报无收藏的国有单位，进行了专门宣传和发动，确保了普查的准确率。如：南京市普查办普查人员，对辖区内部分高校填写无文物收藏的情况，耐心与其进行沟通，用掌握的事实和充分的理由，说服这些单位重新填报了文物收藏调查表，以期实现普查目标最大化。

2. 国有可移动文物认定工作阶段

全省各级普查办及时组建专家队伍，在完成专家普查认定审核流程的相关培训后，积极组织专家开展文物认定工作。自 2013 年下半年以来，各级普查办、各文物收藏单位和普查相关行业都逐渐开始了文物的认定工作。至 2014 年底，江苏省全面完成了文物认定工作。经专家认定筛选，共有系统外国有收藏单位收藏文物 57000 余件/套。并按照国家统一制定的《第一次全国可移动文物普查文物名录编制规范（参考)》编制本地区的可移动文物名录。对于文博系统外的收藏单位，根据国有单位调查情况，针对文物收藏量较大的档案系统、新闻出版系统，省普查办积极与相关主管部门联系，从条线上自上而下组织专家对各系统开展可移动文物认定工作。经省普查办组织专家认定，省档案馆纳入普查范围的除珍贵档案外可移动文物达21000余件，已于2015年全面完成文物信息采集与上报工作，并编辑成册报省普查办存档。全省各级综合档案馆在省档案馆的带动下，规范有序开展了文物认定工作。江苏省新闻出版局将此次普查作为摸清家底，加强国有资产管理的良好契机，要求各单位对积存多年的可移动文物进行全面清理并登记造册，积极配合此次普查工作，省普查办主动提供各项服务。通过横向调查与纵向梳理相结合的方式，于2014年10月完成了整个新闻出版系统的可移动文物调查与认定工作。

对于文博系内的收藏单位，借普查之机，在完成普查新发现认定的同时，对部分馆藏文物进行了定级工作，评定一级文物约200余件/套、二级文物400余件/套、三级文物2000余件/套。完成对侵华日军南京大屠杀遇难同胞纪念馆、苏州东吴博物馆、宿迁市博物馆、扬州隋炀帝墓出土文物等单位的定级工作。

3. 国有可移动文物信息采集登录阶段

江苏省积极制定和实施文物普查工作方案，在完成国有可移动文物收藏单位调查的基础上，为提高文物信息采集登录效率，各级普查办积极创新，优化各项工作流程，采取多种工作方法，逐步推进可移动文物的认定、信息采集登录工作。2013年12月中旬，江苏省如期完成了国有单位调查。全省有文物收藏的国有单位共771家。经认定，有文物收藏的单位587家。

为扎实推进这一重点阶段工作的开展，全省各级普查机构努力工作，尽职尽责，积极采取各种措施，鼓励和帮助各国有收藏单位开展文物信息指标采集，并上传普查登录平台。具体做法如下：

一是扩大培训范围，加大培训力度。继省级培训班之后，南京、扬州、无锡、常州、泰州等市、县（区）分别举办了平台登录培训，将受训面尽量扩大到基层的每一位普查员，全面提升本省普查员的业务水平。针对藏品数量较多的国有收藏单位采用一对一上门培训的方式，工作人员逐家走访博物馆、文物保护管理所、考古研究所等文博单位，全面推动各单位可移动文物普查工作。

二是调动各方力量，推进平台数据上报。省普查充分调动全省各国有收藏单位开展普查工作主动性和积极性，在各级普查办工作人员大力配合下，以招募大学生志愿者的方式，组成普查支援小分队，合力开展文物信息采集和平台数据上报工作。如：苏州市各级普查办成立普查工作小组，针对人员缺乏、专业力量薄弱的非文博系统国有收藏单位，主动上门服务，协助开展普查工作，并于2014年全面完成登录工作。南京市江宁区参加普查的工作人员加班加点，按照区普查试点工作任务推进安排表时限，制订倒计时工作计划，对信息录入工作进行任务分解，每人每天保证录入数量，采取集中录入、分批上传的方法，确保普查工作按时、高质量地完成。江宁区博物馆为了提高工作效率，确保文物普查工作的进度，采取分工协作，流水线作业的方式：文物测量、摆放、称重拍摄，数据整理录入、挑选照片、编辑照片、审核上传，整套工作井然有序、一气呵成，不仅大大提高了文物数据采集以及信息上报的速度，同时也使文物的安全得到了保证。

三是提前介入重点单位，着重帮扶难点单位。在文物信息采集和登录平台上报数据阶段，各级普查办及时区分重点和难点，并采取积极有效的措施，对收藏量大、任务重的重点单位和专业力量薄弱、人员紧缺的难点单位进行重点关注和帮扶。如：太仓市第一中学，是此次可移动文物普查的重要发现之一，共新认定古籍211套4038册。但因缺乏专业人员，人手不足，同时也是普查信息采集和数据上报阶段的难点单位之一。为此，太仓市普查办组成专门普查指导小组并聘请两位退休教师，帮助一中完成古籍的整理、编目、信息采集和照片拍摄等相关工作，并将普查登录平台上传数据任务划归至太仓市普查办工作组，为太仓市第一中学普查工作提供最大的帮助和支持；常熟理工学院是省属高校，图书馆藏有古籍图书1972套12403册，但只有一名兼职保管员，常熟市普查办邀请苏州专家对古籍进行认定，并派驻五名普查志愿者进行数据采集与拍照，提前完成普查任务。

4. 国有可移动文物信息审核阶段

在完成国有可移动文物收藏单位调查，可移动文物认定、采集登录的基础上，为确保普查数据的准确，加快数据审核与上报速度，确保普查数据的准确率，江苏省普查办于2015年组织专家首先对徐州市、扬州市普查数据进行集中离线审核。为顺利完成本次省级审核，省市两级普查办提前做了充分准备工作。审核过程中，徐州市重点文物收藏单位的普查工作人员在现场及时与专家进行沟通，解答有疑问的数据信息及技术问题，现场无法解决的由专家做好记录，统一进行现场复合。在徐州市普查办的积极配合下，取得了良好的效果，为江苏省按时保质完成第一次全国可移动文物普查审核工作提供了经验。审核工作结束后，省普查办根据专家审核意见，进一步对普查数据进行了核实，并对有疑问的数据组织专家开展了现场复核工作，以确保普查数据真实、科学。审核后的数据，由各市普查办组织收藏单位根据专家意见进行核对修改后再统一导入平台。根据本次普查"属地管理、分级负责、统一标准、分类填报、规范登记、严格把关"的总体要求，自普查工作开展以来，江苏省就严把质量关，成立省、市级普查专家组，召开专家会议，明确普查数据审核工作要求。对收藏单位上报的数据信息，省普查办要求各级普查办层层把关，严格审核，对于有疑问的数据要及时与收藏单位进行核对修改，保证平台数据差错率控制在 0.1% 之内。

（三）多措并举，切实抓好各阶段的宣传动员工作

根据可移动文物普查宣传工作方案，江苏省按步骤和阶段性进行宣传，全省各市、县（区）普查办以电视、网络、展览等多种方式开展了各类形式的文物普查宣传和报道。一是书面宣传。省普查办先后印制发放了 10000 个普查宣传环保手提袋、制作下发了 10000 份普查宣传册页和宣传海报，宣传面覆盖至全省各市县（区）级博物馆、图书馆、档案馆、银行及重点文物收藏单位等部门，编制下发了 24 期《江苏省第一次全国可移动文物普查工作简报》，及时对全省文物普查工作进行了小结和通报。二是网络宣传。升级维护了江苏省第一次全国可移动文物普查专题网站，及时通报各地进展情况，发布相关普查信息，交流工作经验。建立了江苏省第一次全国可移动文物普查QQ 群，将全省各地普查信息在全省乃至全国的普查群内进行宣传与分享。省普查办及时通过网站和工作简报宣传普查先进事迹，并积极推介江苏省"普查之星"。为营造普查工作争先氛围，省普查办在"江苏省第一次全国可移动文物普查"专题网站开辟"进度统计"栏目，每周通报一次全省进度。苏州市、昆山市等普查机构，利用现代科技手段微信、二维码等形式，大力进行普查的宣传工作。三是特色展览宣传，2014年 4 月，省普查办制作了江苏省第一次全国可移动文物普查阶段性成果展展板，结合"5·18 国际博物馆日"活动，在全省范围内进行为期一年的巡回展出。南京市、苏州市等普查办举办的"第一次全国可移动文物普查阶段性成果展"，展示了普查工作中的文物新发现和全市普查人员的工作风采。全省各级普查机构，运用借鉴博物馆的"展览模式"，配套举办可移动文物普查专题研讨会和文物普查社会体验活动，全方位、多层次、立体化对可移动文物普查工作内容和成果进行宣传，取得了良好的公众效果和广泛的社会影响。四是主流媒体宣传。2014 年"国际博物馆日"活动期间，省文物局局长接受了江苏省电视台关于文物普查的专题访谈，该节目在全省新闻频道进行了滚动播放；连云港市专门制作了一期电视《行风热线》节目，走进直播室，进行文物普查解读，达到了良好宣传效果。如皋博物馆策划了普查知识猜谜活动等直接宣传方式，也收到了良好效果。常熟市普查办采取"三横三纵"形式，充分利用报纸、电台、电视台等三种传统宣传媒介（三横）在普查的准备阶段、实施阶段和总结验收阶段（三纵）重点宣传普查工作，电视台除正常播放普查实时性新闻外，还专门制作了当地居民喜闻乐见的《春来茶馆》普查专题节目。

（四）精益求精，抓好普查质量控制

普查工作开展以来，江苏省严把质量关，成立普查专家组，召开专家会议，明确

普查数据审核工作要求，以督察、评估、检查、验收、文物安全等各种形式保证文物普查的质量。2014 年，根据国家文物局《关于开展 2014 年重点工作专项督察的通知》精神，结合江苏省文物局 11 月份文物督察月活动，省普查办以下发和回收统计《文物普查质量控制自查表》和《文物普查工作进展情况调查表》形式，对全省文物普查工作进行了全面督察自查，并对扬州、苏州等部分市、县（区）的普查现场进行实地督察，及时反馈了存在的问题，形成了专题督察报告。2015 年，省普查办以制作印发普查简报、发放普查进度及质量控制调研表格等多种形式，对全省文物普查工作进行督察与自查，及时向全省各级普查机构通报各收藏单位的普查情况，均实地把握普查阶段性工作"精细准"要求。

（五）认真细致，做好普查工作总结工作

1. 编制普查档案

"今世赖之以知古，后世赖之以知今"，这是档案工作最浅显的道理，也充分体现了档案工作的重要性，江苏省在普查工作开始之初就注重本级普查档案资料的收集与整理，同时也要求各级普查办注意收集与保管与普查相关的一切文字、图片、音像等资料。省普查办要求全省各文物收藏单位和各级普查机构，对普查过程中的各种表格、档案和文物信息数据的整理纳入 2016 年文物普查工作的一项重要工作，按《第一次全国可移动文物普查建档备案工作规范（参考）》的要求，建立了普查档案。此外，江苏省编制了可移动文物名录和可移动文物收藏单位名录。县（区）级以上各级行政区，按照国家统一制定的《第一次全国可移动文物普查文物名录编制规范（参考)》和《第一次全国可移动文物普查收藏单位名录编制规范（参考)》的要求，编制本地区的可移动文物名录以及可移动文物收藏单位名录。

2. 开展专题研究

受国家文物局委托，江苏省文物局组织承担了"江苏省教育系统可移动文物调查、认定、登记及管理机制研究"课题项目。为进一步推动江苏省可移动文物普查工作的开展，根据国家文物局项目研究工作方案要求，省文物局成立了课题工作组及专家组，召开了两次课题筹备及评审专家会议，组织填报并回收了《江苏省教育系统可移动文物普查情况调查表》，并对苏州、扬州、泰州、淮安等地教育系统普查工作做得较好的相关单位开展了座谈及实地调研工作，全面了解教育系统内各收藏单位的藏品申报、认定及登录及藏品保存保护基本情况，优质高效地完成了课题的结项工作。

3. 推荐表彰先进

2015 年，根据宣传计划安排，省普查办及时通过网站和工作简报宣传普查先进事

迹，并积极推介江苏省"普查之星"。南京市普查办举办的"南京市第一次全国可移动文物普查阶段性成果展"，展示了普查工作中的文物新发现和全市普查人员的工作风采。2016年8月底，各市、县人民政府对普查组织、前期调研、业务培训、单位排查、文物调查和认定、数据登录、成果整合等工作进行全面总结，并适时召开本行政区可移动文物普查工作总结大会，选拔推荐普查先进单位和先进工作者，省级普查办制定评比先进表彰方案和名额分配计划，已召开总结表彰会议，全面总结普查工作，表彰先进，并组织推荐上报第一次全国可移动文物普查先进集体和先进个人。

三、江苏省普查工作成果

（一）掌握本行政区域可移动文物资源情况及价值

1. 普查重要新发现

在第一次可移动文物普查中，江苏省新发现了和认定了许多重要的珍贵文物。如南京大屠杀纪念馆所藏一套在南京保卫战中阵亡士兵臧寿泉的"荣哀状"。这套"荣哀状"不仅存保完整、品貌良好，并且得到了历史档案的证实、确认了其与南京保卫战的直接联系，具有极高的历史价值，已于2015年7月被定为国家一级文物。经过第一次全国可移动文物普查，江苏省将继续整合可移动文物资源，实现馆藏文物数字化，资源共享。

2. 摸清数量及分布

经过第一次全国可移动文物普查，江苏省国有可移动文物收藏量为2812571件，其中一级文物有9074件；二级文物41217件；三级文物有140056件；一般文物有991848件；未定级文物有1630376件，并理清了各类别文物的收藏数量。江苏省内国有可移动文物收藏单位共有613家，并按隶属关系、单位性质、单位类型和所属行业，摸清了国有可移动文物收藏分布情况。

3. 掌握保存状况

文物登录的信息包含文物名称、类别、级别、年代、质地、外形尺寸、质量、完残程度、保存状态、包含数量、来源方式、入藏时间、藏品编号、收藏单位名称等14项基本指标项、11类附录信息、照片影像资料以及收藏单位主要情况，清晰地展现了文物的相关信息，有利于掌握文物的保存状况，采取必要的文物保护措施。如通过第一次可移动文物普查发现，江苏省有大量的馆藏文物存在重度以上腐蚀，其中主要的影响因素就是环境。针对这个问题，江苏省文物局积极配合完成国家文物预防性保护工程试点项目。同时，江苏省结合普查数据，选择了新沂博物馆、仪征博物馆、江宁博物馆和金坛博物馆 12 家县级单位作为江苏省预防性保护工程单位，首开全国省级文物局实施预防性保护工程试点的先河。在下一步的工作中，江苏省将重点根据所掌握的文物保存状况，有重点地对文物保存环境进行改善，并督促收藏单位对急需保护修复的文物及时申报开展修复工作。

4. 掌握使用情况

经过第一次全国可移动文物普查，江苏省文物收藏数量巨大，收藏单位分布广泛，文物保护工作任务艰巨，同时也是江苏省建设文化强省，为人民提供更多的文化资源服务，切实提高人民的精神生活水平的重要资源，意义重大。从国有可移动文物收藏的分布来看，江苏省共有系统外国有收藏单位 423 家，分布于 15 类不同行业，确认收藏文物 623281 件，系统外国有可移动文物收藏单位数量多，分布散，文物展览、研究等相对有限。如江苏省教育系统可移动文物资源是全省文物体系的重要组成部分，具有数量庞大、价值突出、种类丰富，分布呈现明显的地域差异等现状。2015 年开展的专项调查发现，江苏省教育系统反馈有文物的收藏单位 95 家，登录可移动文物 9410 件/套。文物类型多样，包括石刻、化石、药物、陶器、瓷器、木器、金属器、纺织品、影像资料、玺印符牌、纸质文物等 11 类，其中又以纸质文物占绝大部分。从文物的利用情况来看，虽然许多学校已经尝试了多种文物利用的方法，主要有展览陈列、教学、科研、出版、文化产业等。有的学校通过建立校史陈列馆公开展示文物，如扬州中学就从自身文物保藏情况出发，积极开辟校史馆等教育基地，对市民及全国中小学生开放。有的通过日常教学向学生普及文物知识。一些学校还与出版业、旅游业等文化产业进行合作，出版相关介绍书籍，如 2002 年南京大学考古与艺术博物馆组织撰写并出版了《南京大学文物珍品图录》，具有很高的研究与收藏价值。但是因受意识、人才、资金及空间等因素影响，教育系统可移动文物收藏单位对文物的利用度普遍不高，社会普及性不够。许多学校文物研究力量薄弱，能够接触文物的人员，对文物的价值不了解，对文物展示及利用的认识也存在不足。一些学校除少部分用于本单位教学和科研的文物外，大部分文物难见天日；一些学校虽然文物利用途径有陈展、收藏、教学、日用、研究等，但仅限于及少数文物，虽然用途多样，但也局限在教育系统内部，开放时间不固定，没有充分发挥可移动文物的社会教育功能。调查统计，江苏省教育系统博物馆主要分布在 15 所高校、5 所中学。个别综合类高校如南京大学拥有多处博物馆。高校和博物馆普遍提升为博物馆，有常设的专门陈列和基本的专职管理人员，也大多能做到定时开放。相比之下，中学则较多地停留在标本室的阶段，展览陈列和开放时间也不太理想。从总体上来看，江苏教育系统博物馆与江苏省博物馆总体水平存在差距。博物馆的展陈手段、服务质量和库房建设上有待进一步提升。

另一方面，文物系统内可移动文物收藏单位收藏的文物占绝大部分，提供了丰富的可供展览、研究，提供公共文化服务的文物资源。但急需修复的文物数量较多，无法展示利用，可移动文物预防性保护工作有待进一步加强，使江苏可移动文物得到合理利用，能够真正出深闺，为人知。

（二）健全文物保护体系

1. 完善文物档案

江苏省在普查的实践中建立完善了国有可移动文物调查、认定、登记、管理工作机制，基本建成了国有可移动文物信息资源库，建立了国有可移动文物收藏单位名录和国有可移动文物名录。可移动文物的登录信息包含文物名称、类别、级别、年代、质地、外形尺寸、质量、完残程度、保存状态、包含数量、来源方式、入藏时间、藏品编号、收藏单位名称等14项基本指标项，11类附录信息、照片影像资料以及收藏单位主要情况。全省文物均在统一的全国可移动文物普查平台登录，将可移动文物档案化，以统一标准的形式记录文物，并可在平台上统一查询、修改，健全江苏国有可移动文物保护体系；完善国有可移动文物档案，建立"文物身份证"和管理体系；初步实现国有可移动文物资源标准化、动态化管理。通过本次可移动文物普查，有效推动了全省国有收藏单位文物保护与管理工作的科学化，提高了工作人员文物保护意识，加强了基础工作的完善。江苏省系统内的收藏单位已基本完成清库建档工作和账目核对工作，为博物馆数字化工作的开展建立基础。

2. 完善制度和规范

通过第一次全国可移动文物普查工作，江苏省进一步完善了可移动文物的调查、认定、登记、管理及利用制度。

（1）开展文物清库、完善相关档案记录，按要求登记申报。

（2）各级普查机构组织对各单位文物申报信息进行核查认定，经认定收藏有文物的单位列入登记范围。

（3）在普查机构指导下，列入普查范围的各文物收藏单位根据国家统一规范和技术标准，开展文物测量、拍摄、信息数据资料采集和登记，将文物信息通过可移动文物信息管理平台联网上报。也可以纸质或者离线电子数据方式将文物信息报送各地普查机构，由普查机构统一录入上报。

（4）省普查专家指导小组依权限组织对各单位上报的文物信息进行网上审核和现场复核。

（5）加强对文物本体以及文物数据的安全保护，建立相关的安全保护规范。

（6）出台行业及系统外可移动文物相关配套管理办法，如在文物普查期间与省宗教局联合制定下发的《江苏省宗教场所文物安全管理办法》等，规范了宗教场所的文物管理。

（7）坚持"保护为主、抢救第一、合理利用、加强管理"的文物保护方针，在保护的基础上提高文物利用效率，切实做到"让文物活起来"。

3. 明确保护需要

经过第一次全国可移动文物普查，江省详细完整地采集了文物信息，并登录统一的全国可移动文物普查平台，建立了详备的文物档案，其中收藏单位的库房面积，保管人员数量，以及文物的完残程度和保存状况，均反映了文物在保护、管理等方面的需求。针对本次普查所反映的情况，江苏省文物局及时开展馆藏文物修复工作，普查期间，全省各级博物馆积极实施文物修复计划，"十二五"期间南京博物院及省内可移动文物资质单位共编制文物修复方案近 100 项，实施馆藏文物修复保护工程近 50 项，共技术修复馆藏残损文物数千件/套，一批文物得以科学修复保护。同时针对文物保存环境的需求，江苏省多家博物馆积极开展预防性保护工作。

对于系统外的收藏单位，经过普查发现，部分教育系统文物保护硬件不合要求。多数学校的文物保管条件较差，藏品的收藏保管环境比较一般，馆舍环境和硬件设备等也无法达到保存和保护文物的基本要求。多数学校的文物存储方式比较粗放，往往采用随意堆放的方式，并未进行分类整理和数据库建设等科学有效的管理。放置文物的柜橱，多是利用旧文件柜、书报柜等，库房空间以及展厅空间没有充分合理利用，文物也仅仅只有少数能够呈现在参观者面前。部分碑刻直接露天，没有遮挡设施，使得碑刻受到了不同程度的风化和侵蚀破坏。古籍图书和档案文书两大类是江苏教育系统可移动文物的大宗，这些文物因其本身质地原因，对收藏保管的条件要求相对较高。江苏省内，仅有南京大学图书馆等保管机构拥有对古籍书库的恒温恒湿保管条件，其余大部分高校对古籍类文物没有配置专业的保存设施，这类文物受损坏的程度较高。受保护条件影响，不少文物亟待修复。95 家教育系统单位中，共有 14 家单位收藏的文物需要开展修复工作。需要修复的文物以古籍和书画类为主，由于年代久远、材料脆弱，多存在虫蛀、受潮、缺页、破损等情形，保存现状不容乐观，但修复资金不足等问题严重制约着文物保护工作的开展。此类问题在其他系统的文物保护工作中也有部分存在，因此在今后的工作中，江苏省将进一步重视系统外的文物保护工作，加强与各系统主管部门联系，切实做好全省各行业的文物保护工作。

4. 扩大保护范围

通过本次普查，江苏省新备案的收藏单位共 394 家，其中教育系统 95 家，收藏文物 9410 件/套，所占比例较大。加强对教育系统收藏单位实现藏品规范化管理尤为重要。

江苏省教育系统的文物类型多样，主要有石刻、化石、药物、陶器、瓷器、木器、金属器、纺织品、影像资料、玺印符牌、纸质文物等 11 类，其中又以纸质文物占绝大部分。教育系统各单位普遍有纸质文物的收藏，涵盖了古籍、拓片、书画、信札、档案、票证等 7 个类项。许多百年高校通过常年的历史积累，保存了大量的古籍善本。如南京师范大学图书馆古籍、民国文献等颇具特色，古籍藏书 12 万余册，其中线装书 11 万余册，被收入《中国古籍善本书目》的有 190 种 3000 多册，其中孤本明末刊孚中道人的《且居批评息宰河传奇》、明天顺间刻本《宋学士文集》等，弥足珍贵。另有《四库全书》、民国时期教育学文献收藏、《方志丛书》等古籍影印精装本 1 万余册。2008 年被国务院列入首批"全国古籍重点保护单位"，共有 41 部古籍入选《江苏省珍贵古籍名录》，23 部入选《国家珍贵古籍名录》。江苏省在下一步工作中将积极联合教育部门，为教育系统的文物保护与利用工作制定有效的工作方案，推动教育系统加强文物的保护、管理与利用，拓展江苏省文物资源领域。

5. 下一步工作安排

根据第一次可移动文物普查的结果，截至 2016 年 10 月，江苏省国有可移动文物收藏单位已全部完成平台信息注册，并完成文物信息的采集。省普查办将继续按照普查方案要求进行督促和指导。一是调研摸清情况。加强与系统外收藏单位的沟通，协同属地文物主管部门，实地调研了解收藏单位情况。二是加强宣传和动员。继续做好文物普查及保护利用的宣传工作，提高相关单位的文物保护意识，加强对文物普查工作的重视。三加强业务指导。全国可移动文物登录网将长期开通并接受国有文物收藏单位的文物登录，省普查办及全省各级普查机构，要进一步培训和讲解普查各信息项及平台知识，指导完成文物普查的平台登录任务。四是加强沟通协调。加强与各系统外国有收藏单位的沟通协调，做好各项保障工作，促使更多收藏单位加入登录工作。

（三）有效发挥文物在本行政区域经济社会发展中的重要作用

1. 普查成果的利用

"让收藏在博物馆里的文物、陈列在广阔大地上的遗产、书写在古籍里的文字都活起来。"这是习近平总书记对于文物保护利用的勉励直言，文物普查的目的在于保护和利用文物，让人民分享文化发展的成果，江苏省在积极推进可移动文物普查的同时，也积极公布普查的成果，为公众提供更多、更优质的文化服务。2014 年 4 月，江苏省制作了第一次全国可移动文物普查阶段性成果展展板，结合"5·18 国际博物馆日"

活动，计划在全省范围内巡回展出 20 场以上，宣传文物普查工作，进一步推进全省文物普查工作的深入开展。相关地市也有重要的普查成果展示，2015 年，南京市普查办举办的"南京市第一次全国可移动文物普查阶段性成果展"，展示了普查工作中的文物新发现和全市普查人员的工作风采。苏州市普查办于 2015 年"5·18 国际博物馆日"，在苏州博物馆举办"吴珍撷萃——苏州市第一次全国可移动文物普查精品特展"，从本次可移动文物普查成果中共精选 17 家国有单位藏品 100 余件/套进行系统的集中展出。全省各级普查机构，运用借鉴博物馆的"展览模式"，配套举办可移动文物普查专题研讨会和文物普查社会体验活动，全方位、多层次、立体化对可移动文物普查工作内容和成果进行宣传，取得了良好的公众效果和广泛的社会影响。

2. 普查成果出版物

江苏省组织编写了相关普查成果出版物，总结普查成果和经验，推动文物保护、利用和研究水平的提高。江苏省内征稿并编辑出版《江苏省第一次全国可移动文物普查论文选编》，回顾总结江苏近 5 年来的普查工作。地市方面，如苏州市普查办编辑出版了"吴珍撷萃——苏州市第一次全国可移动文物普查精品特展"，徐州市普查办编辑出版了《揽珍——徐州市第一次全国可移动文物普查》。

建　议

1. 加强对可移动文物调查、认定、登录、管理、利用工作机制建设。制定出台全国性国有收藏单位的文物普查各阶段的工作制度，确保国有单位文物得以有效管理、保护和利用。

2. 加强对文博系统外单位的协调。建议进一步与文博系统外单位协调，联合制定统一规定，形成共同保护文物的工作合力，便于普查工作持续开展。

3. 深化对可移动文物普查成果的利用。继续做好普查成果服务社会的后续工作。

浙江省
第一次全国可移动文物普查工作报告

　　"世界上没有哪一个像中国如此之大的国家，有始自百万年前至今不衰不断的文化发展大系。"源远流长、博大精深、历经劫难而绵延不断的中华文明，在世界文明史上占有着极其重要的地位。在漫长的文明岁月里，我们的祖先为我们留下了难以数计的创造物。作为中华文化的重要载体，它们不仅是中国五千年文明的历史见证，更是生生不息的民族精神的生动体现，是人类进一步完善自己的共同而宝贵的精神财富。

　　文物普查是科学保护和合理利用文化遗产的基础工作。开展文物普查，建立文物调查和登录制度，是世界各国为有效保护文物、加强文化遗产管理而普遍采用的手段。2012年10月8日，国务院印发《关于开展第一次全国可移动文物普查的通知》，决定从2012年10月至2016年12月，对我国境内（不含港澳台地区）全部国有单位收藏保管的可移动文物进行全面普查登记。这是新中国成立60多年来我国首次开展的全国可移动文物普查，是继第三次全国文物普查之后在文化遗产领域组织的又一重大国情国力调查。

　　根据国务院要求，结合实际，浙江省第一次全国可移动文物普查从2013年2月开始，至2016年12月结束，分为工作准备、普查实施和验收汇总三个阶段。四年以来，浙江省各级人民政府积极贯彻国务院和国家文物局的通知精神，精心组织，广泛动员，扎实工作，基本实现普查目标，取得丰硕成果。普查共调查各类各级国有单位44780家，确认国有可移动文物收藏单位652家，登录国有可移动文物2492661件，全面摸清了浙江国有可移动文物家底，进一步健全了文物保护体系，有力促进了浙江省文物资源整合利用，为更加有效发挥文物在国民经济和社会发展总体布局中的积极作用奠定了坚实基础。

　　一、浙江省普查数据

　　截至2016年10月31日，浙江省在全国可移动文物信息登录平台登录可移动文物

938104 件/套，实际数量为 2492661 件。其中，珍贵文物 83320 件/套，实际数量为 124798 件。登录可移动文物信息的收藏单位 652 家。

（一）浙江省可移动文物基本情况

1. 类别

表1　可移动文物类别

可移动文物类别	可移动文物实际数量（件）	实际数量占比（%）
合计	2492661	100.00
玉石器、宝石	52127	2.09
陶器	29354	1.18
瓷器	128183	5.14
铜器	21956	0.88
金银器	8133	0.33
铁器、其他金属器	4354	0.17
漆器	1544	0.06
雕塑、造像	5730	0.23
石器、石刻、砖瓦	26086	1.05
书法、绘画	172032	6.90
文具	7021	0.28
甲骨	499	0.02
玺印符牌	18397	0.74
钱币	349426	14.02
牙骨角器	4354	0.17
竹木雕	6893	0.28
家具	5741	0.23
珐琅器	502	0.02
织绣	58945	2.36
古籍图书	1059656	42.51
碑帖拓本	66141	2.65
武器	5855	0.23
邮品	133132	5.34
文件、宣传品	28084	1.13

可移动文物类别	可移动文物实际数量（件）	实际数量占比（%）
档案文书	160806	6.45
名人遗物	12656	0.51
玻璃器	4284	0.17
乐器、法器	1104	0.04
皮革	7920	0.32
音像制品	27878	1.12
票据	21664	0.87
交通、运输工具	124	0.00
度量衡器	648	0.03
标本、化石	16048	0.64
其他	45384	1.82

注：本报告中部分表格统计数据因四舍五入的原因，存在总计与分项合计不等的情况，特此一并说明。

2. 年代

（1）可移动文物年代类型

表2　可移动文物年代类型

可移动文物年代类型	可移动文物实际数量（件）	实际数量占比（%）
合计	2492661	100
地质年代	12558	0.50
考古学年代	37239	1.49
中国历史学年代	2176712	87.32
公历纪年	166312	6.67
其他	66991	2.69
年代不详	32849	1.32

（2）可移动文物中国历史学年代分布

表3　可移动文物中国历史学年代分布

可移动文物中国历史学年代	可移动文物实际数量（件）	实际数量占比（%）
合计	2176712	100.00
夏	1	0.00
商	1627	0.07

续表

可移动文物中国历史学年代	可移动文物实际数量（件）	实际数量占比（%）
周	28642	1.32
秦	573	0.03
汉	60596	2.78
三国	2245	0.10
西晋	6773	0.31
东晋十六国	6923	0.32
南北朝	5063	0.23
隋	860	0.04
唐	37002	1.70
五代十国	5161	0.24
宋	121991	5.60
辽	403	0.02
西夏	91	0.00
金	712	0.03
元	11247	0.52
明	131949	6.06
清	970076	44.57
中华民国	703851	32.34
中华人民共和国	80926	3.72

3. 级别

表 4　可移动文物级别

可移动文物级别	可移动文物实际数量（件）	实际数量占比（%）
合计	2492661	100.00
一级	3813	0.15
二级	17172	0.69
三级	103813	4.16
一般	395730	15.88
未定级	1972133	79.12

注：根据国家文物局普查办的要求，浙江省登录的 11339 件（组）自然类藏品，级别统一按未定级统计。

4. 来源

表 5　可移动文物来源

可移动文物来源	可移动文物实际数量（件）	实际数量占比（％）
合计	2492661	100.00
征集购买	236834	9.50
接受捐赠	255129	10.24
依法交换	1100	0.04
拨交	221172	8.87
移交	111244	4.46
旧藏	1404636	56.35
发掘	102724	4.12
采集	94310	3.78
拣选	15842	0.64
其他	49670	1.99

5. 入藏时间

表 6　可移动文物入藏时间范围

可移动文物入藏时间范围	可移动文物实际数量（件）	实际数量占比（％）
合计	2492661	100.00
1949 年 10 月 1 日前	996234	39.97
1949 年 10 月 1 日 ~ 1965 年	249286	10.00
1966 ~ 1976 年	52475	2.11
1977 ~ 2000 年	801501	32.15
2001 年至今	393165	15.77

6. 完残程度

表 7　可移动文物完残程度

可移动文物完残程度	可移动文物实际数量（件）	实际数量占比（％）
合计	2481322	100.00
完整	730090	29.42
基本完整	1394468	56.20
残缺	291812	11.76
严重残缺（含缺失部件）	64952	2.62

注：根据国家文物局《关于做好馆藏自然类藏品登录工作有关要求的通知》的要求，登录的自然类藏品 11339 件（组），不填写"完残程度"指标项。

（二）浙江省可移动文物分布情况

1. 按收藏单位隶属关系统计可移动文物数量

表 8　可移动文物数量分布（按收藏单位隶属关系）

收藏单位隶属关系	可移动文物实际数量（件）	实际数量占比（%）
合计	2492661	100.00
中央属	92863	3.73
省属	954463	38.29
地市属	617337	24.77
县区属	817714	32.80
乡镇街道属	3528	0.14
其他	6756	0.27

2. 按收藏单位性质统计可移动文物数量

表 9　可移动文物数量分布（按收藏单位性质）

收藏单位性质	可移动文物实际数量（件）	实际数量占比（%）
合计	2492661	100.00
国家机关	8515	0.34
事业单位	2430847	97.52
国有企业	24902	1.00
其他	28397	1.14

3. 按收藏单位类型统计可移动文物数量

表 10　可移动文物数量分布（按收藏单位类型）

收藏单位类型	可移动文物实际数量（件）	实际数量占比（%）
合计	2492661	100.00
博物馆、纪念馆	1338003	53.68
图书馆	769586	30.87
美术馆	17924	0.72
档案馆	2070	0.08
其他	365078	14.65

4. 按收藏单位所属行业统计可移动文物数量

表 11　可移动文物数量分布（按收藏单位所属行业）

行业	可移动文物实际数量（件）	实际数量占比（%）
合计	2492661	100.00
农、林、牧、渔业	68	0.00
采矿业	1	0.00
制造业	873	0.04
电力、热力、燃气及水生产和供应业	46	0.00
建筑业	4	0.00
批发和零售业	9330	0.37
交通运输、仓储和邮政业	0	0.00
住宿和餐饮业	51	0.00
信息传输、软件和信息技术服务业	791	0.03
金融业	1422	0.06
房地产业	557	0.02
租赁和商务服务业	98	0.00
科学研究和技术服务业	290	0.01
水利、环境和公共设施管理业	2263	0.09
居民服务、修理和其他服务业	0	0.00
教育	123078	4.94
卫生和社会工作	714	0.03
文化、体育和娱乐业	2337256	93.77
公共管理、社会保障和社会组织	15819	0.63
国际组织	0	0.00

二、浙江省普查工作组织实施

（一）属地管理、分级负责

1. 设立普查领导小组，成立普查机构

2013 年 3 月 8 日，浙江省人民政府印发《关于在全省开展第一次全国可移动文物普查的通知》，成立了以副省长为组长、省委宣传部等 15 个部门为成员的浙江省第一次全国可移动文物普查领导小组，领导小组办公室设在省文物局。4 月 18 日，在国务

院第一次全国可移动文物普查电视电话会议结束后，浙江省政府随即套开了浙江省第一次全国可移动文物普查电视电话会议，对全省的普查工作进行动员部署。

全省 11 个设区市以及 82 个县（市、区）按照国务院和省政府的通知要求，积极行动落实，印发普查通知，组建普查机构，切实加强对普查的组织领导。杭州市上城区、下城区、江干区、西湖区、拱墅区、滨江区，绍兴市越城区，舟山市定海区等 8 个区的普查工作因分别由市本级负责，没有另外单独下发通知，成立普查机构。

2013 年 7 月 22 日，省普查办主任在浙江省第一次全国可移动文物普查培训班上做动员讲话，要求大家充分认识开展普查的重要意义与有利条件，增强工作的责任感，树立工作信心，同时明确工作职责，把握重点难点，加强组织保障，圆满完成此次普查工作。从 2014 年的全省普查工作会议、2015 年的全省普查进度管理与数据审核培训班到 2016 年的全省普查数据审核与总结报告编制培训班，省普查办负责同志每年对全省上一年度的普查工作进行总结，并根据年度全国省级普查办主任工作会议精神，部署下一阶段工作目标。

普查工作启动以来，浙江省文物局迅速抽调人员，依托浙江省博物馆和浙江省文物鉴定审核办公室，组建普查工作办公室，下设综合协调组、业务指导组。同时，作为省普查领导小组办公室所在，省文物局统筹协调，强化与省普查领导小组成员单位的联动机制，先后与省档案局、统计局、教育厅、民政厅、国资委、文化厅、财政厅联合印发文件，协作推进普查工作。省国资委积极召开贯彻落实普查工作座谈会，决定省物产集团公司等 16 家省属企业的调查，由省普查办与省国资委统一协调负责。中国人民银行杭州中心支行及时转发《中国人民银行办公厅关于做好人民银行系统第一次全国可移动文物普查工作的通知》。省委党史研究室专门印发通知，要求各地党史部门积极参与和配合地方政府组织开展的普查工作。

2. 制定普查实施方案和工作制度

2013 年 4 月 16 日，浙江省第一次全国可移动文物普查领导小组举行第一次会议，审议并原则通过《浙江省第一次全国可移动文物普查实施方案》。5 月 7 日，浙江省普查办正式印发《浙江省第一次全国可移动文物普查实施方案》。全省 11 个设区市及 77 个县（市、区）根据国家和省普查实施方案，结合各自实际情况，先后制定了本地区的普查实施方案。金华市普查办还在此基础上，制定了《金华市第一全国可移动文物普查工作普查人员守则》《金华市第一次全国可移动文物普查人员考勤制度》《金华市第一次全国可移动文物普查安全工作管理制度》《金华市第一次全国可移动文物普查信息档案管理制度》等。

第一次全国可移动文物普查开展的同时，全国古籍普查正在进行。省文物局在与省文化厅联合转发文化部、国家文物局《关于做好文化系统第一次全国可移动文物普查工作的通知》时，根据浙江省古籍普查的工作实际，公布浙江省古籍收藏单位名录，并进一步明确分工和要求，凡是已列入浙江省古籍收藏单位名录的单位，其古籍在古籍普查平台完成登录，其他单位收藏的古籍则在全国可移动文物信息登录平台进行登录。

　　浙江大学作为部属高校，又是百年学府，有着深厚的文化积淀和艺术底蕴，是可移动文物收藏的重要机构，也是本次普查的重点单位，其普查工作在全省居于举足轻重的地位。2013 年 9 月调查伊始，浙江大学校长办公室即下发《关于开展可移动文物普查工作的通知》，成立以副校长为组长的普查工作领导小组，正式启动全校的普查工作。经过对全校 81 个单位的摸底调查和省普查办专家的多次走访，确定图书馆、档案馆、农业与生物技术学院、文物与博物馆学系、教育学院、生命科学学院、地球科学系等 7 家单位收藏有符合本次普查范围的文物及标本化石。在此基础上，浙江大学先后召开全校可移动文物普查工作会议，制定《浙江大学第一次全国可移动文物普查工作方案》，安排普查专项经费近 200 万元。作为普查具体组织单位，浙江大学档案馆与省普查办密切联系，随时沟通，做了大量细致而卓有成效的工作，确保浙江大学普查整体有序推进。

3. 落实普查工作经费

　　本次普查所需经费由中央和地方分别负担。2013 年 1 月，省文物局印发《关于落实国务院和国家文物局通知精神做好第一次全国可移动文物普查的通知》，即要求各级文物行政部门做好 2013 年度普查经费预算。2014 年 8 月，根据财政部、国家文物局的要求，省财政厅与省文物局联合开展了全省普查经费保障专项督察。2015 年，省普查办在对全省开展的普查实地督察中，将普查经费落实、安排、管理情况纳入督察内容。

　　自普查正式开展以来，浙江省各级人民政府均将普查经费列入财政预算，专项安排，及时足额拨付到位，为浙江省普查工作的顺利推进提供了有力保障。据统计，2013～2016 年浙江省共落实普查经费 7791 万元，其中省本级落实 471 万元，地市级落实 2007.47 万元，区县级落实 5312.53 万元，市县落实比例 100%。

表 12　浙江省第一次全国可移动文物普查经费落实统计表

单位：万元

	2013 年	2014 年	2015 年	2016 年	合计
全省汇总	1607.37	2086.53	1921.98	2175.12	7791
省本级	91	130	130	120	471
地市级	487.54	538.53	510.6	470.8	2007.47
区县级	1028.83	1418	1281.38	1584.32	5312.53

　　为切实做好浙江省普查经费的保障与管理，省文物局积极与省财政厅进行沟通协商，在联合转发财政部、国家文物局《关于加强第一次全国可移动文物普查经费保障与管理的通知》的同时，进一步明确了浙江省普查经费的保障原则与支出范围。其中将"普查中长期接触库房文物的普查员的有毒有害工作补助费"纳入人员费列支范围，滴水光华暖人心，更是提高了基层普查员的积极性与工作信心。在普查资金的执行上，各级普查办坚持厉行节约、注重绩效的原则，严格按照专项资金管理规定，加强资金运行管理，确保专款专用，提高资金使用的规范性、安全性和有效性。宁波、金华等地还专门制定了普查专项资金管理办法，进一步明确普查经费的使用原则、开支范围、财务管理、监督检查等规定。

　　同时，省财政厅充分发挥统筹协调作用，整合省级基本公共文化服务专项资金，在转移支付中给予各市、县（市、区）更大的经费分配自主权。省财政厅与省文物局还对欠发达地区的普查设备给予了一定的支持，下发相机 30 套、电脑 20 台，并为每个市、县（区）配备了移动硬盘，支持各地的信息采集工作。

4. 组建普查队伍

　　第一次全国可移动文物普查专业性强，持续时间长。普查工作人员作为本次普查任务的直接承担者，其数量多少与素质高低关系到整个普查工作的成败。因此，组建一支数量充足、人员稳定、精干得力的普查队伍，是本次普查工作顺利实施的关键。省文物局要求各级文物行政部门和系统内各文博单位，统一认识，努力克服困难，抽调懂专业、责任心强的同志组建过硬稳定的普查队伍。同时，对于系统外藏品量大的收藏单位，要求其按照实施方案的要求，建立专门的普查队伍，确保人员稳定、人员到位。据统计，普查期间浙江省共投入人员 2768 人，其中普查办 764 人、收藏单位 1268 人、专家 436 人、志愿者 300 人。按隶属关系统计，省级 299 人、地市级 579 人、区县级 1890 人。

　　省普查办首先以省文物鉴定委员会委员为基础，吸收藏品管理、档案管理、古籍碑帖、宗教、革命文物、计算机等方面的专家，组建了 59 人的专家库，作为本次普查的专业技术支撑力量。专家库成员除来自系统内文博单位，还包括省档案局、浙江大学、省图书馆、省民宗委、浙江革命烈士纪念馆、省伊斯兰教协会、西泠印社等单位。全省 11 个设区市相继成立了各自普查区域的专家库（组）。部分有条件的县（市、区）也建立了相关的专家组。

　　作为普查工作的重要环节，组织好人员培训对于规范、有序、高质量地完成普查任务具有重要意义。2013～2016 年，全省共举办各类培训班 286 次，总计培训人员约 12676 人次，其中省普查办 11 次 1571 人次，设区市普查办 69 次 3709 人次，县（市、区）普查办206次7396人次。省普查办积极合理安排人员参加国家文物局举办的相关培训，同时在此基础上，根据普查的节奏，适时组织全省性业务培训，以加强专业人才队伍建设，保证普查工作质量。每次培训，均精心讨论内容与方案，考察约请授课老师，力求次次收到实效。尤其是2016年10月，在普查信息登录审核工作结束时，趁热打铁，举办全省文物鉴定基础知识培训班，进一步加强基层文博单位一线工作人员的业务水平，受到大家的热烈欢迎与一致好评。

表13　浙江省省级普查培训班统计表

单位：人

培训班名称	培训时间	参加人数
浙江省第一次全国可移动文物普查培训班	2013.7.22～8.1	370
可移动文物普查文物认定培训班	2014.4.22～4.24	70
可移动文物普查文物影像信息采集培训班（一期）	2014.5.13	100
可移动文物普查文物影像信息采集培训班（二期）	2014.6.5	90
可移动文物普查信息登录平台骨干培训班	2014.7.8～7.12	330
全省文物鉴定培训班	2014.12.8～12.10	11
浙江古代青瓷鉴定培训班	2015.4.26～4.29	50
第一次全国可移动文物普查进度管理与数据审核培训班	2015.5.7	200
古代书画鉴定培训班	2015.11.3～11.5	30
第一次全国可移动文物普查数据审核与普查总结报告编制培训班	2016.6.2	200
全省文物鉴定基础知识培训班	2016.10.25～10.28	120

（二）调查、认定、采集、登录、审核的分阶段实施

1. 收藏单位调查阶段

国有单位文物收藏情况摸底调查，国有单位名录的获取是基础。为了切实做好此项工作，保证普查的覆盖率，确保不遗漏单位，省文物局和省统计局联合下发《关于做好第一次全国可移动文物普查登记相关工作的通知》，要求各级统计局予以积极配合，提供本次普查登记所需相关资料及业务指导，各级文物行政部门则要严格按照《统计法》的规定，做好可移动文物普查国有单位名录相关信息的保密工作。

同时，考虑到单位的隶属关系及垂直管理的优势，省普查办与省国资委协商决定，省物产集团公司等16家省属企业459家国有单位的调查由双方统一协调负责，调查结束后再将结果纳入属地普查办汇总统计。此项工作得到了省国资委的大力支持，省国

资委为此还主动提前召开贯彻落实普查工作座谈会，并安排 16 家省属企业人员参加全省普查培训班。培训结束后，省旅游集团又专门举办培训，对调查工作进行具体部署。

2013 年 8 月，浙江省国有单位文物收藏情况调查全面启动。经过全省各级普查员的不懈努力，此项工作于 2013 年底如期顺利完成并报告国家文物局。各地普查办积极与统计、编办、质监、工商、民政、国资、机关事务管理局、政府办等部门沟通，多渠道获取国有单位名录后仔细地进行梳理筛选，确定应该纳入普查范围的区域内国有单位名单，再多管齐下，逐一发放并回收调查登记表。

据统计，浙江省共确定纳入本次普查范围的国有单位 44780 家，其中机关 8718 家、事业单位 25232 家、国有企业及国有控股企业 8012 家、其他 2818 家。发放调查登记表 44780 份，覆盖率 100%；回收调查登记表 44780 份，回收率 100%。其中反馈有文物或者疑似文物的单位 924 家，占全部调查单位的 2.06%。初步统计（疑似）文物总量约 406 万件（套）。

调查阶段，省普查办攻坚克难，敢于担当。位于临安市的浙江天目山国家级自然保护区管理局，尽管当地普查办确定其收藏有文物，可一直不反馈调查登记表。省普查办亲自沟通解决，最终完成调查。浙江省杭州市新华书店有限公司，最初由杭州市上城区负责调查，反馈无（疑似）文物，但省文物局掌握明确线索，不马虎，不放弃，上门走访复查，耐心解释，打消疑虑，单位最终如实填报，并在后期的文物认定与信息采集登录中安排专人负责，积极与省普查办沟通，圆满完成普查工作。

2. 文物认定工作阶段

摸底调查结束后，各级普查办即根据调查反馈的结果，按照分级实施的原则，对系统外的国有单位逐步开展文物认定工作，并指导其进行文物信息采集。根据普查实施方案，结合普查实际，省普查办决定，文物系统单位及其他博物馆、纪念馆、美术馆收藏登记的藏品，可不再进行认定，直接开展信息采集登录。文物系统以外的非博物馆、纪念馆、美术馆等国有单位自查登记的（疑似）文物，必须首先经过所属普查办文物认定确定属于本次普查登录范围后，再开展信息采集登录。同时，本次普查只认定是否属于文物，对文物定级不作统一要求。

省普查办依托省文物鉴定审核办公室，成立文物认定业务组，具体负责全省近 30 家省属以上单位的文物认定工作，并及时支援市县的文物鉴定认定工作。2013 年 11 月，摸底调查刚刚结束，省普查办就奔赴省旅游集团正式启动该项工作。全省 11 个设区市亦相继成立了各自的文物认定工作组，负责本行政区域的文物认定工作。根据普查需要，杭州市及时调整了市文物鉴定小组成员。宁波市普查办和天一阁博物馆还专门邀请省文物鉴定委员会委员，分别对全市收藏的革命文物和馆藏雕版进行集中鉴定认定。

为切实做好在浙中央属及省属国有单位的文物认定工作，2014年7月，省文物局专门下发《关于做好浙江省第一次全国可移动文物普查文物认定工作的通知》，要求各有关单位协助省普查办做好文物认定的相关基础工作，并为各单位安排落实了普查业务组联系人，具体负责相关单位文物认定工作的业务指导。此后，省文物局与省教育厅又联合下发《关于做好第一次全国可移动文物普查文物认定和信息数据登录工作的通知》，要求各有关高校及时与省普查办、省教育厅沟通协调，确保按期完成文物认定工作。省普查办还专门邀请河南、陕西等省外专家，协助完成浙江大学、中国美术学院的文物认定工作。

除中国水利博物馆、中国财税博物馆、浙江美术馆、浙江革命烈士纪念馆、海宁市张宗祥书画院、钱君匋艺术研究馆、嘉兴南湖革命纪念馆等7家博物馆、纪念馆、美术馆外，全省共认定487家文物系统外国有单位，这些系统外国有单位共收藏有符合本次普查范围的文物90398件/套。

3. 信息采集登录阶段

信息采集登录是本次普查的中心任务。2014年起，全省各级各类文物收藏单位，按照国家统一规范和标准，通过全国可移动文物信息登录平台及其离线工具，全面开展文物的信息采集登录工作。浙江省普查办从2015年5月开始，通过省普查工作简报的形式，每月对全省的登录进度进行通报，同时在省文物局官网首页予以公布。温州市更是率先实行普查进度每周通报制，藏品登录报送进度长期稳居全省11个设区市之首。截至2016年10月，浙江省已全部完成普查登录工作，共登录藏品2492661件。

2013年底，省普查办即要求系统内各文博单位开始全面清库清账，进行账物核对，完善相关档案记录，逐步开展文物信息采集工作，并在2014年完成50%以上藏品的信息采集登录。2015年8~9月，省普查办赴全省11个地市开展实地督察，明确要求各地在10月底前全面完成普查数据的离线采集报送。2015年10月27日，省普查办组织召开省直文博单位普查推进会，强调普查已经进入最后的攻坚阶段，各省直文博单位必须克服一切困难，率先垂范，如期完成普查数据的登录报送工作。同时，在国家文物局的大力支持下，浙江省顺利完成"文物调查及数据库管理系统建设"项目文物数据的批量转换。

本次普查，系统外单位普遍基础工作薄弱、业务人员缺乏，无法独立完成信息采集登录工作。针对这种情况，各级普查办强化服务意识，积极发挥专业优势，认真主动，耐心细致，帮助系统外国有单位做好文物认定和信息采集登录等各项具体工作。杭州市普查办还根据系统内各文博单位的专业特长及工作量，对系统外单位实行一对一帮扶，有力地保证了工作进度与质量。

2014年9月，浙江省文物局与省教育厅联合下发《关于做好第一次全国可移动文物普查文物认定和信息数据登录工作的通知》，重点推进省属以上高校的普查工作。2015年，省文物局专门给中国美术学院、浙江师范大学、浙江工商大学、浙江金融职业学院、浙江美术馆等进度缓慢的重点单位去函，要求克服困难，加强保障，加快普查信息采集登录进度。省普查办同时积极发挥省普查领导小组成员单位的垂直管理优势，在属地普查办的协助下，如期完成中国人民银行宁波市中心支行、中国电信股份有限公司宁波分公司的登录工作。

根据省文化厅、省文物局的要求，凡是已列入浙江省古籍收藏单位名录的单位，其古籍按照文化部古籍普查的规范在古籍普查平台进行登录，其他单位收藏的古籍按照可移动文物普查的相关规范在全国可移动文物信息登录平台进行登录。在国家文物局普查办的协助下，浙江省启动了古籍普查数据转换导入全国可移动文物信息登录平台工作，共转换导入浙江图书馆等10家收藏单位古籍普查数据125651条。

4. 信息审核阶段

本次普查的数据审核按照属地管理、分级负责的原则开展，逐级审核，逐级上报。省普查办多次强调，从收藏单位到各级普查办的审核人是数据向上级报送的第一责任人，要切实把关，守土有责，守土尽责，确保收藏单位信息与文物信息的真实、准确、规范。数据审核时，要做到全面覆盖，逐条审核，逐项审核，不留死角。

鉴于普查登录平台的实际运行情况，省普查办自2015年7月开始组织实施全省普查数据的离线预审工作，并要求各地于2015年10月底前全面完成普查数据的离线采集报送。根据省普查办的安排，自2015年6月30日起，各地各级收藏单位停止直接在全国可移动文物信息登录平台报送数据，由省普查办组织专家先行对各地上报的数据开展离线审核。各收藏单位按照省普查办反馈的审核意见对数据进行修改核对后，再上传至国家普查平台。

各设区市普查办积极做好数据审核工作。2015年底，杭州市普查办在杭州博物馆申请开通100兆光纤，加班加点，组织专家对全市的数据集中审核，有效提升了数据质量。宁波市普查办组织专家，预先对各收藏单位报送的离线数据进行审核，修改通过后再送省普查办离线审核。离线数据登录平台后，市普查办又组织专家，对照省普查办反馈的审核修改意见，完成在线复核报送。双管齐下，有力地保证了数据质量，受到了省普查办专家们的一致肯定。在省普查办离线审核结束后，丽水市普查办抽调副高级职称以上文博专家组建专家审核组，组织各级普查办一线普查骨干，共同开展了全市普查登录数据的交叉复核工作。根据各地数据类别、数量、质量等综合情况交又分配数据，一线普查骨干逐条复查数据，专家审核组抽查数据，相辅相成，力求将错误率降至最低。为保证按时完成审核任务，温州市普查办从全市抽调 9 位同志为专职审核专家，不分昼夜连续奋战，两个月内完成 4 万余件/套藏品数据的在线审核上报。

2016 年 10 月底，浙江省全面完成普查数据的在线登录及省级终审，并将审核结论上报国家文物局。

（三）宣传动员

按照"服务普查搞宣传，搞好宣传促普查"的思路，浙江省充分运用报刊、电视、广播、手机、网络、横幅、海报、墙绘、展板、公文交换系统、LED 广告屏等形式，广泛开展普查宣传，使普查工作不断深入人心，推动形成全社会关注、支持和参与普查的工作机制和舆论氛围。

2014 年 8～9 月，浙江省普查办连续两个月在杭州公交移动电视上投放 30 秒的普查宣传片，每天早晚高峰三次播放，总计收视人群达到千万人次。省普查办同时在浙江文物网上开通普查网络信息平台，并积极做好全国可移动文物公众网浙江地方频道的维护更新。杭州市普查办利用手机 APP 开设普查公共微信平台，及时发布各类动态信息，方便普查人员和国有单位负责人及时掌握普查最新动态。丽水市普查办专门开辟"丽水第一次可移动文物普查"腾讯微博，开展电波连线"普查宣传"听众互动活动。2016 年，在普查基础上，绍兴市文物管理局与绍兴电视台合作推出系列电视专题节目《越地遗珍》，全面介绍绍兴市可移动文物的内涵与风采，取得了很好的宣传效果。

普查期间，全省共印发普查工作简报 142 期，其中省普查工作简报 24 期，设区市45 期，县市区 73 期。2014 年 9 月，省文物局专门下发组稿通知，在中共浙江省委主管主办的半月刊《今日浙江》上开展普查专题宣传。湖州市真抓实干，通过中央、省、市、县各级媒体，主动出击，持续跟进，普查宣传开展得尤其有声有色。截至 2016 年10 月底，《中国文物报》第一次全国可移动文物普查"我是国宝""我是普查员"征文选登中，浙江共发表文章 11 篇，占全国的十二分之一。其中湖州市刊发 9 篇，位列全国各地级市之首。

普查期间，各地适时举办普查成果展或图片展，宣传普查的重要意义，展示普查成果，扩大普查影响，提升文物工作的影响力。宁波市普查办、绍兴市普查办精心制作普查成果图片展，并在全市范围内进行巡展。宁波市普查办还专门开展第一次全国可移动文物普查百大新发现评选活动，并举办"我是普查员"和"普查新发现"为主题的征文活动，由基层普查员讲述文物普查过程中的苦与乐，介绍文物普查中的优秀成果。镇海区精心筛选普查中发现的文物精品，举办"我们身边的国宝——镇海区第一次全国可移动文物普查阶段性成果展"，细数家珍，共享宝藏。许多深藏在国有单位里的文物，通过本次普查，第一次展现在社会公众面前。萧山区则组织开展中小学生可移动文物个性化邮票设计比赛及优秀作品展，让更多的青少年学生了解家乡的文化遗产，加入到文化遗产保护的行列中来，成为家乡文化遗产的守望者。

（四）质量控制

质量是普查的核心。为切实保证普查质量，浙江省普查办一方面积极转发国家文物局办公室《关于做好出土（水）文物普查登录有关要求的通知》《关于做好馆藏自然类藏品登录有关要求的通知》等文件，统一订购翻印《第一次全国可移动文物普查工作手册》《馆藏文物登录规范》《普查藏品登录操作手册》《历史文物基础知识》《常见文物生僻字小字典》等资料下发各级普查办及重点收藏单位。另一方面，根据普查工作的节奏，适时举办各种针对性强的培训班。在国有收藏单位文物调查启动前举办的全省可移动文物普查培训班上，专门针对调查表的填写进行了详细说明。在文物认定及信息采集登录阶段，陆续举办文物认定培训班、文物影像信息采集培训班、信息登录平台骨干培训班。同时考虑到浙江瓷器与书画类藏品丰富，分别举办浙江古代青瓷鉴定培训班、古代书画鉴定培训班。在数据审核及普查总结阶段，又先后举办进度管理与数据审核培训班、数据审核与普查总结报告编制培训班。

尤其是在数据审核阶段，为提高审核效率，保障数据质量，省普查办未雨绸缪，积极应对，及时建立审核专家组，开展全省普查数据的离线预审工作。审核专家组成员主要来自浙江省文物鉴定审核办公室、浙江省博物馆、浙江省文物考古研究所及杭州市系统内文博单位，分为三个小组，每个小组至少由三名专家组成，实行坐班制，每周轮流在省普查办集中进行数据审核工作。实践证明，这项措施有力地保障了浙江省普查数据的质量。

除了文物信息外，省普查办多次强调单位信息与文物信息同等重要，各地普查办在创建账号和指导收藏单位完善单位信息时，务必认真仔细，确保有关信息的真实准确。根据国家文物局普查办的反馈，省普查办对全省的收藏单位信息进行了全面检查。省普查办同时在日常工作中加强抽检，发现错误随时通报，督促有关普查办及收藏单位及时核实修改。

按照国家文物局的部署，省普查办分别于 2013、2014 年开展了普查专项督察，2014 年 11 月还配合国家文物局督察组赴温州进行实地督察。2015 年 8~9 月，在普查攻坚克难之际，省普查办主任、副主任分别率领督察组，赴全省 11 个地市实地督察普查工作。督察结束后，省普查办逐一反馈意见，进一步明确要求。针对普查以及近年来工作中暴露出的家底不清、账物不符、账目混乱、制度不全、保管不力等问题，2016 年 2 月，省文物局下发《关于进一步加强馆藏文物藏品管理工作的通知》，就完善藏品管理制度、做到藏品账物相符、落实藏品管理责任、改善藏品保管条件等提出明确要求，全面开展督促检查。

在整个普查过程中，浙江省各级普查办及收藏单位牢固树立安全意识，加强安全管理，保障人员、文物及数据的安全，实现文物信息采集登录审核各阶段零安全事故。重点加强信息采集中的文物安全与登录平台中的数据安全，及时存储备份相关数据。省普查办强调，各级普查机构和收藏单位要按照国家文物局《关于做好第一次全国可移动文物普查数据安全管理工作的通知》要求，加强普查平台登录账号的管理，不得擅自删除、泄露普查数据。未经普查机构及收藏单位书面允许，任何个人不得擅自使用普查数据，或以任何方式将普查数据提供给其他单位或个人。尤其是参与审核数据的专家及相关人员未经许可，不得出于个人需要使用相关数据。

（五）普查工作总结

2016 年，随着数据登录审核报送工作的结束，普查进入最后的全面总结阶段。6 月，省文物局适时举办全省普查总结报告编制培训班，并下发《关于做好 2016 年浙江省第一次全国可移动文物普查工作的通知》，对普查收官之年的重点工作进行明确要求。浙江省各级普查办均已按照要求开展普查工作档案整理，做好普查工作验收，编制国有文物收藏单位名录，完成普查工作报告的编写。余杭、慈溪、乐清等地已在全面梳理普查成果基础上，先后举办名为"片羽吉光""溪上遗珍""乐邑嘉藏"的普查成果展，并编撰出版普查成果集萃。在总结工作基础上，浙江省组织开展了普查工作先进集体、先进个人评选表彰活动，同时按照国家文物局的要求，重点做好全国可移动文物登录网数据的管理和展示、利用工作。

三、浙江省普查工作成果

历经 4 年多的普查，浙江已总体掌握了全省国有可移动文物资源的数量及基本状况，通过全国可移动文物信息登录平台建立起文物登录备案机制，文物保护体系得到进一步健全，文物信息资源得到进一步的整合与合理利用，有力地促进了文物事业在国民经济和社会发展总体布局中的积极作用。而且，这种积极作用不仅不会因为普查的结束而终止，相反必将随着时代的前进从深度和广度上日益得到彰显。

（一）掌握本行政区域可移动文物资源情况及价值

第一次全国可移动文物普查，浙江省共调查各级各类国有单位 44780 家。经过各级普查办的文物认定与逐级审核，全省共有国有可移动文物收藏单位 652 家，分布于 17 个行业，其中文化、体育和娱乐业 319 家，公共管理、社会保障和社会组织 159 家，教育 99 家，三者共占全省收藏单位总数的 88.5%。按隶属关系统计，中央属收藏单位 8 家，省属收藏单位 28 家，地市属收藏单位 138 家，县区属收藏单位 385 家，乡镇街道属收藏单位 83 家，其他收藏单位 10 家。按单位性质统计，国家机关 92 家，事业单位 447 家，国有企业 50 家，其他 63 家。按单位类型统计，博物馆、纪念馆 143 家，图书馆 24 家，美术馆 7 家，档案馆 44 家，其他 434 家。

全省共登录国有可移动文物 2492661 件，分布于 17 个行业，但数量极其悬殊。其中文化、体育和娱乐业收藏 2337256 件，占全省国有可移动文物总量的 93.77%。加上其次的教育 123078 件，公共管理、社会保障和社会组织 15819 件，三者共占全省国有可移动文物总量的 99.34%，其余 14 个行业占比不到 1%。按文物类别统计，涵盖本次普查全部 35 个文物类别，其中超过 10 万件的依次是古籍图书，钱币，书法、绘画，档案文书，邮品，瓷器。就级别而言，一级文物 3813 件、二级文物 17172 件、三级文物 103813 件，总计 124798 件，占全部国有可移动文物的 5%。年代上，以清至民国文物居多，而宋代文物数量的不容小觑，则从一个侧面反映了宋代对浙江历史发展的重要影响。

（二）进一步健全文物保护体系

本次普查实行统一平台、联网直报。每件文物或藏品都按照国家统一的标准规范进行了信息采集登录，并在全国可移动文物信息登录平台上拥有了自己独一无二的普查编号，实现了国有可移动文物的标准化和动态化管理，并为构建更加科学有效的文物保护体系提供依据。通过普查，无论文物系统内外单位，文物的价值得到进一步的明确，文物的保管条件得到不同程度的改善，文物的安全有了进一步的保障。同时，大批年轻的基层工作人员在实践中得到了充分的锻炼，文物工作的硬件设备也得到加强，这些都为未来的事业发展奠定了更加坚实的基础。

普查中，系统内各文博单位按照省普查办的要求全面清库清账，查缺补漏，进行账物核对，完善相关档案记录，并协助指导系统外新认定的文物收藏单位建账建档，改善保管条件。舟山博物馆、金华市博物馆、丽水市博物馆等一批新建成开放的博物馆，借助于普查，建立起科学规范的藏品总登记账，藏品管理水平跃上新台阶。中国财税博物馆、浙江省博物馆、宁波博物馆等更是以普查为契机，建立起自己的藏品管理系统。另一方面，不少收藏单位"边普查，边保护"，对普查中发现的存在安全隐患、亟待修复的文物，及时采取措施，确保文物安全。宁波博物馆采购相关设备，对馆藏 217 件/套有害锈严重的青铜文物做应急封装，对一批植物果核做干燥处理，并成立"馆藏骨木镶嵌类文物保护修复方法研究"课题组，对骨木镶嵌类文物的保护和修复展开科学研究。天一阁博物馆在文物信息采集登录的同时，完成了 4600 余件/套碑帖的修复和镶衬工作。

针对普查以及近年来少数文物收藏单位工作中暴露出的家底不清、账物不符、账目混乱、制度不全、保管不力、甚至文物流失等问题，省文物局于 2016 年 2 月专门印发《关于进一步加强馆藏文物藏品管理工作的通知》，就完善藏品管理制度、做到藏品账物相符、落实藏品管理责任、改善藏品保管条件等提出明确要求，以规范浙江省馆藏文物藏品保护管理，巩固普查成果，确保文物藏品安全。同时，在全省范围内开展馆藏文物藏品管理工作检查，在收藏单位自查基础上，由各设区市文物行政主管部门对辖区内文物收藏单位进行检查，省文物局再组织专家进行了专项抽查。

普查在摸清家底的同时，更使许许多多的藏品各得其所，得到更为妥善的保管，一些产权不清、长期借用、长期寄存等历史遗留问题也因此得以彻底解决。普查期间，浙江省文物考古研究所、杭州市文物考古研究所先后向有关单位移交考古发掘资料 2680 和 4827 件/组。绍兴市文物管理局在完成普查信息采集登录后将 15000 余件/套藏品整体移交绍兴博物馆。金华市文物局将太平天国侍王府纪念馆文物库房内除太平天国革命文物外的所有藏品整体调拨新建成开放的金华市博物馆。中共新昌县纪委、龙游县气象局等系统外单位，更将本次普查中新发现的文物捐赠当地博物馆永久保存。在宁波市普查办的建议下，宁波市工商联将多年来保存的大量珍贵纸质档案全部移交宁波市档案局，为文物的后续保护、研究与利用创造了有利条件。

普查确定浙江省共有国有可移动文物收藏单位 652 家，涵盖 17 个行业，其中文物系统外单位 495 家，与普查前相比，大大扩大了浙江省可移动文物保护的范围。特别值得一提的是，其中宗教团体、宗教场所达 56 家。2013 年摸底调查伊始，省文物局在与省统计局联合下发的《关于做好第一次全国可移动文物普查登记相关工作的通知》中，就明确要求统计部门提供的单位名录应包括各级宗教场所。从湖州万寿禅寺到宁波天童寺、阿育王寺、雪窦山资圣禅寺，全省各级普查办不畏艰难，坚忍不拔，积极协调，努力争取将更多的宗教团体、宗教活动场所纳入到本次普查中来，协助做好文物的信息采集登录工作。

（三）有效发挥文物在本行政区域经济社会发展中的重要作用

普查建立起全国可移动文物信息登录平台，为普查成果的研究、展示、宣传、利用奠定了坚实的基础。以普查为契机，温州博物馆系统梳理自身藏品，先后策划举办馆藏紫砂花盆特展、龙泉青瓷标本特展、绘画珍品展、"毛泽东诗词"书法展，并借助普查平台，整合瑞安市博物馆、乐清市博物馆等其他文博单位的藏品资源，使同时实施的温州博物馆历史厅陈列改造工程内容更趋丰富充实。浙江大学正积极筹划普查成果展，精挑细选普查登录文物汇集成书，献礼120周年校庆。

普查在摸清家底的同时，也使得国家的文化财富更为清晰而有效地为人民群众文化需求服务。余姚市文物保护管理所在普查基础上专门建立了"梨洲文献馆古籍资源库"网络查阅平台，及时将普查成果转化为面向公众的文化服务，也有助于解决古籍保护和古籍利用之间的矛盾。作为国内美术高等教育的重镇，中国美术学院无疑是本次普查的重点单位之一。2014年12月至2015年6月，省普查办多次组织专家对学院收藏的数以千计的书画及器物逐一进行认定，辨伪求真，解决了各种错误著录、身份不明的问题。尘封已久的藏品终于首次得到了全面的认定，以更加明确的价值为世人所知。在此基础上，2016年中国美术学院美术馆从中挑选部分代表性文物，先后自主策划举办"零缣寸楮——中国美术学院美术馆藏明清国画小品特展"、"江南清赏——中国美术学院美术馆藏近代绘画器物展"，引人注目，广受好评。没有隆重的开幕式，没有大规模的媒体推广，但通过中国美术学院内外观众的口口相传和密集的公共教育活动，观众一直络绎不绝。两个展览时间约三个月，参观人数达到8万人次。展览在带给观众美的享受、获得观众认可的同时，也恰恰是最能体现本次普查的意义所在。

湖州市护圣万寿禅寺始建于唐中和年间，南宋时名列江南禅院"五山十刹"之第二刹，此后屡遭焚毁，几经重建，现为湖州市文物保护单位。寺庙收藏的清乾隆版《大藏经》，系镇寺之宝，虽不完整，但数量达五六千册之多，从未整理，是本次普查的一大难题。经市普查办与市民宗局多次协商，湖州市博物馆、湖州师范学院、寺院三方合作，最终圆满完成清点整理与信息采集登录工作。整理工作主要由湖州师范学院师生利用暑假完成，学校并且将其列入"文明修身——文献典籍学习、整理、再认识"暑假社会实践活动计划。这也成为浙江省普查多方参与合作共赢的一个优秀范例。

建　议

面对日渐庞大的文物资源体系和日益繁重的文物保护管理任务，结合四年的普查实践，建议下一步重点做好以下几方面工作：

1. 切实抓好人才队伍建设

弘道在人，人才永远是事业发展的根本支撑。进入新时期以来，文物事业面临着前所未有的机遇和挑战，文物系统工作能力与事业发展要求不相适应的情况更加突出，人才队伍尤其捉襟见肘。本次普查时间紧，范围广，任务重，充分暴露了浙江省基层专业人才的匮乏与业务水平的参差不齐。今后相当长的时期内，人才队伍建设依然任重道远，重中之重是市、县两级人才队伍建设。要努力完善文博人才引进培养制度，不断壮大浙江省文博人才队伍，并在编制、职称、待遇等方面向基层工作人员倾斜，为从业人员提供广阔的发展空间。人才培养非一朝一夕之事，是项需要长远谋划、精心组织、坚持不懈的长期性系统工程。尤其是要根据文物工作的特殊性，遵循人才培养客观规律，抓牢文物鉴定与文物保护修复这两门看家本领的培养，突出培训的实践性和操作性，控制规模，严格考核，力求实效，避免出现不缺培训、不出人才的现象。

2. 持之以恒推进文物藏品定级工作

浙江省登录的249万余件文物藏品中，未定级文物197万余件，占比接近八成。但从长远来看，文物的鉴定定级工作不可或缺，对于全面准确地掌握其价值，更好地发挥其社会效益具有至关重要的意义。2004~2013年，浙江省文物局曾组织专家对全省馆藏书画进行专项巡回鉴定，通过近十年艰苦卓绝的努力，基本摸清了浙江省文博系统馆藏书画尤其是珍贵书画家底，为随后开展的第一次全国可移动文物普查奠定了扎实基础。建议各级文物行政部门可推广全省馆藏书画专项巡回鉴定的做法，充分发挥省文物鉴定委员会和各设区市文物鉴定小组的作用，常抓不懈，分门别类，量化考核，化整为零，争取早日完成全省国有文物藏品的鉴定定级工作。

3. 加强文物保护刻不容缓

文物不仅是不可再生的珍贵资源，更是文物工作的起点。对文物实施科学、合理、专业的保护，确保文物益寿延年、永续传承，始终是文物事业发展的物质基础。本次普查登录的仅腐蚀损毁严重，急需修复文物就数以万计。此外，由于保存环境不佳等原因，文物系统内外单位不少尚且完好的藏品也面临着损毁和灭失的风险，加强文物保护工作迫在眉睫。一方面应按轻重缓急有计划、有重点地组织实施可移动文物保护修复项目，及时抢救修复濒危珍贵文物，优先保护材质脆弱珍贵文物，分类推进从珍贵文物到一般文物的保护修复工程。另一方面，要更加重视文物的预防性保护，逐步转变保护管理方式，着力改善文物保存环境，把科学监测和日常维护保养作为保障文物安全最重要、最基本的手段。同时，依托国家文化遗产保护科技区域创新联盟（浙江省），积极发挥有关文博单位、高校、科研院所、企业文保科研基地的技术优势，进行结对式传帮带，为国家二、三级博物馆和基层博物馆培养可移动文物修复力量。

4. 及时跟进，建立系统外单位协助指导机制

本次普查是新中国成立60多年来首次开展，涉及所有各级各类国有单位，覆盖面前所未有。分布于17个行业的495家非文物系统收藏单位，就是文物工作洒落在各个行业的一颗颗种子。对于本次普查新纳入管理的系统外收藏单位，建议及时跟进，按照要求纳入保护体系。文物部门要积极发挥专业优势，主动出击，在藏品保管、文物修复、陈列展览、文创产品开发等方面加强业务指导，以增强系统外收藏单位的获得感，更好发挥文物工作在经济社会发展中的作用，提升文物工作的影响力。具体方法上，可以开展试点，先易后难，以点带面，方案要周全细致，工作要耐心体贴。

5. 解放思想，守正创新，促进文物的合理利用

近年来，我国文物事业快速发展，文物工作在传承文明、服务社会、促进发展等方面的作用日益突显，推进文物合理适度利用日渐成为社会共识。各级文物行政部门、文博单位要在确保文物安全的前提下，坚持把社会效益放在首位、依法合规、合理适度的原则，进一步解放思想，创新实践，为经济社会发展提供更有力的精神支撑与不竭动力。本次普查建立起来的全国可移动文物信息登录平台，为可移动文物资源的整合与利用提供了基础。建议扩大开放共享，进一步满足公众的教育、研究、欣赏需要，促进馆际交流，提高藏品利用率。同时，要深入研究、充分挖掘文物价值内涵，鼓励社会力量参与，积极寻求文物资源与现代生活、与经济社会发展、与现代产业发展的结合点，并借助现代科技信息手段，激活文物资源的生命力，使其实现创造性转化而得到合理利用。

安徽省
第一次全国可移动文物普查工作报告

　　文物普查是科学保护和利用历史文化遗产的基础性工作。第一次全国可移动文物普查是继第三次全国不可移动文物普查之后，在文化遗产领域开展的又一重大国情国力调查，是有效增强国家文化软实力、建设文化强国的战略工程。第一次全国可移动文物普查由国务院统一领导、集中技术和人才力量，对我国可移动文物进行全面调查登记，并建立全国可移动文物普查信息登录平台，实现了全国文物信息资源的整合利用和动态管理。根据国务院《关于开展第一次全国可移动文物普查的通知》的工作部署，2013 年 4 月 18 日，省政府召开了全省第一次全国可移动文物普查领导小组会议，对安徽省可移动文物普查工作提出了明确要求。5 月 24 日，省政府印发了《安徽省第一次全国可移动文物普查实施方案》，明确了安徽省文物普查工作的目标、范围、内容和组织实施要求。普查分为工作准备、普查实施、审核验收、工作总结四个阶段，2012 年 10 月～2013 年 7 月为第一阶段，主要任务是制定普查实施方案，发布规范和标准，组织培训；2013 年 7 月～2015 年 12 月为第二阶段，主要任务是以县域为基础，开展文物调查认定和信息数据登录；2016 年 1～9 月为第三阶段，主要任务是普查数据的审核验收；2016 年 9～11 月为第四阶段，主要任务是资料的整理、汇总、数据库建设和公布普查成果。

　　安徽省地处南北文化交汇地带，历史积淀深厚，文化遗存丰富，是中国史前文明的重要发祥地，拥有淮河文化、皖江文化、徽文化等多种特色文化。安徽省可移动文物资源非常丰富，可移动文物国有收藏单位有 394 家，共登录文物藏品 1158334 件，100% 完成全市可移动文物藏品信息采集、建档工作任务。

　　安徽省近年来围绕文化强省建设，推进文物保护利用和传承发展，文物事业进入了加快发展的新时期。通过开展第一次全国可移动文物普查，安徽省已全面掌握了可移动文物的数量、分布、特征、保存现状等基本情况，呈现"分布集中、多元荟萃、特色鲜明、亮点频出"的特点。普查提高了各收藏单位的文物保护意识，尤其是文博系统工作人员的科学知识、专业技能和管理水平，为进一步建立具有现代化科学素养的专业队伍创造了条件；协调了文物管理部门和政府各相关部门的关系，形成共同保护文物的工作合力；为准确判断文物保护形势、科学制定文物保护政策和规划提供了依据；同时加强了安徽省在文化遗产领域的国有资产管理和资源整合能力，充分发挥文物在建设社会主义先进文化、促进经济社会全面协调可持续发展中的重要作用。

一、安徽省普查数据

截至 2016 年 10 月 31 日，安徽省在全国可移动文物信息平台登录可移动文物 303994 件/套，实际数量为 1158334 件。其中，珍贵文物 64481 件/套，实际数量为 132975 件。登录可移动文物信息的收藏单位 394 家。

（一）安徽省可移动文物基本情况

1. 类别

表 1　可移动文物类别

可移动文物类别	可移动文物实际数量（件）	实际数量占比（%）
合计	1158334	100.00
玉石器、宝石	12798	1.10
陶器	39526	3.41
瓷器	36054	3.11
铜器	35517	3.07
金银器	5468	0.47
铁器、其他金属器	2415	0.21
漆器	1861	0.16
雕塑、造像	3322	0.29
石器、石刻、砖瓦	18480	1.60
书法、绘画	68469	5.91
文具	6360	0.55
甲骨	241	0.02
玺印符牌	5735	0.50
钱币	571632	49.35
牙骨角器	2119	0.18

可移动文物类别	可移动文物实际数量（件）	实际数量占比（%）
竹木雕	4087	0.35
家具	1613	0.14
珐琅器	204	0.02
织绣	951	0.08
古籍图书	160984	13.90
碑帖拓本	21439	1.85
武器	10871	0.94
邮品	5642	0.49
文件、宣传品	8004	0.69
档案文书	87636	7.57
名人遗物	10385	0.90
玻璃器	1502	0.13
乐器、法器	450	0.04
皮革	301	0.03
音像制品	1017	0.09
票据	7009	0.61
交通、运输工具	34	0.00
度量衡器	477	0.04
标本、化石	1454	0.13
其他	24277	2.10

2. 年代

（1）可移动文物年代类型

表 2　可移动文物年代类型

可移动文物年代类型	可移动文物实际数量（件）	实际数量占比（%）
合计	1158334	100
地质年代	478	0.04
考古学年代	18884	1.63
中国历史学年代	1041886	89.95
公历纪年	24083	2.08
其他	18772	1.62
年代不详	54231	4.68

（2）可移动文物中国历史学年代分布

表 3　可移动文物中国历史学年代分布

可移动文物中国历史学年代	可移动文物实际数量（件）	实际数量占比（%）
合计	1041886	100.00
夏	77	0.01
商	838	0.08
周	35510	3.41
秦	429	0.04
汉	101666	9.76
三国	816	0.08
西晋	1309	0.13
东晋十六国	921	0.09
南北朝	2956	0.28
隋	9014	0.87
唐	22319	2.14
五代十国	1345	0.13
宋	360264	34.58
辽	22	0.00
西夏	6	0.00
金	825	0.08
元	2722	0.26
明	48451	4.65
清	299804	28.78
中华民国	126138	12.11
中华人民共和国	26454	2.54

3. 级别

表 4　可移动文物级别

可移动文物级别	可移动文物实际数量（件）	实际数量占比（%）
合计	1158334	100.00
一级	14934	1.29
二级	32449	2.80

续表

可移动文物级别	可移动文物实际数量（件）	实际数量占比（%）
三级	85592	7.39
一般	372194	32.13
未定级	653165	56.39

4. 来源

表5　可移动文物来源

可移动文物来源	可移动文物实际数量（件）	实际数量占比（%）
合计	1158334	100.00
征集购买	320168	27.64
接受捐赠	58696	5.07
依法交换	417	0.04
拨交	117242	10.12
移交	159573	13.78
旧藏	89802	7.75
发掘	239332	20.66
采集	13657	1.18
拣选	14372	1.24
其他	145075	12.52

5. 入藏时间

表6　可移动文物入藏时间范围

可移动文物入藏时间范围	可移动文物实际数量（件）	实际数量占比（%）
合计	1158334	100.00
1949年10月1日前	10241	0.88
1949年10月1日～1965年	208493	18.00
1966～1976年	74169	6.40
1977～2000年	589359	50.88
2001年至今	276072	23.83

6. 完残程度

表 7 可移动文物完残程度

可移动文物完残程度	可移动文物实际数量（件）	实际数量占比（%）
合计	1157657	100.00
完整	273139	23.59
基本完整	623110	53.83
残缺	233942	20.21
严重残缺（含缺失部件）	27466	2.37

注：根据国家文物局《关于做好馆藏自然类藏品登录工作有关要求的通知》的要求，登录的自然类藏品 677 件（组），不填写"完残程度"指标项。

（二）安徽省可移动文物分布情况

1. 按收藏单位隶属关系统计可移动文物数量

表 8 可移动文物数量分布（按收藏单位隶属关系）

收藏单位隶属关系	可移动文物实际数量（件）	实际数量占比（%）
合计	1158334	100.00
中央属	74	0.01
省属	329616	28.46
地市属	353403	30.51
县区属	473452	40.87
乡镇街道属	1762	0.15
其他	27	0.00

2. 按收藏单位性质统计可移动文物数量

表 9 可移动文物数量分布（按收藏单位性质）

收藏单位性质	可移动文物实际数量（件）	实际数量占比（%）
合计	1158334	100.00
国家机关	10115	0.87
事业单位	1139826	98.40
国有企业	45	0.00
其他	8348	0.72

3. 按收藏单位类型统计可移动文物数量

表 10   可移动文物数量分布（按收藏单位类型）

收藏单位类型	可移动文物实际数量（件）	实际数量占比（%）
合计	1158334	100.00
博物馆、纪念馆	1021636	88.20
图书馆	9492	0.82
美术馆	1525	0.13
档案馆	12555	1.08
其他	113126	9.77

4. 按收藏单位所属行业统计可移动文物数量

表 11   可移动文物数量分布（按收藏单位所属行业）

行业	可移动文物实际数量（件）	实际数量占比（%）
合计	1158334	100.00
农、林、牧、渔业	0	0.00
采矿业	0	0.00
制造业	38	0.00
电力、热力、燃气及水生产和供应业	0	0.00
建筑业	0	0.00
批发和零售业	1	0.00
交通运输、仓储和邮政业	3	0.00
住宿和餐饮业	0	0.00
信息传输、软件和信息技术服务业	0	0.00
金融业	0	0.00
房地产业	0	0.00
租赁和商务服务业	0	0.00
科学研究和技术服务业	2	0.00
水利、环境和公共设施管理业	22	0.00
居民服务、修理和其他服务业	8	0.00
教育	25384	2.19
卫生和社会工作	2071	0.18

续表

行业	可移动文物实际数量（件）	实际数量占比（%）
文化、体育和娱乐业	1108090	95.66
公共管理、社会保障和社会组织	22715	1.96
国际组织	0	0.00

二、安徽省普查工作组织实施

（一）分级负责、统筹协调

1. 成立普查领导小组、成立普查机构

2012 年 10 月国务院专门下发《关于开展第一次全国可移动文物普查的通知》，召开第一次全国可移动文物普查电视电话会议，对普查工作做了全面部署。2013 年 4 月 18 日，安徽省政府成立以副省长任组长的安徽省第一次全国可移动文物普查领导小组，领导小组成员为安徽省党史研究室、省发展改革委、省教育厅、省民政厅、省财政厅、省国土资源厅、省文物局、人民银行合肥中心支行、省国资委副主任、省统计局副局长、省宗教局、省档案局、省军区政治部、省科协等相关负责人。领导小组下设办公室，办公室设在安徽省文化厅，安徽省文化厅副厅长兼任办公室主任，安徽省文物局局长兼任办公室副主任，办公室成员从相关单位抽调。普查办公室下设可移动文物普查认定审核组、可移动文物普查工作指导组等，负责普查工作的日常组织和具体协调。同时根据工作需要建立普查组织宣传、文物认定、信息登录和数据管理等工作组。

在安徽省普查领导小组与普查办公室的带领下，各地积极行动，建立普查机构与普查机制。如合肥市成立了普查领导小组及普查领导小组办公室，按照普查工作要求，印发《第一次全国可移动文物普查实施方案》，制定了普查实施方案和宣传方案。2013 年 10 月 12 日组织召开了合肥市第一次全国可移动文物普查动员大会，使各级、各部门进一步认识了普查的重要性和意义，明确了当前和下一阶段普查工作的任务和要求，进一步提高了认识、统一了思想，建立了部门间的协作联动工作机制。在动员会后，还对普查联络员进行了业务培训，重点解读国有单位调查登记表填写以及具体调查方法等内容。

2. 制定普查实施方案和工作制度

安徽省普查办根据国务院《关于开展第一次全国可移动文物普查的通知》，结合实际情况，制定了《安徽省第一次全国可移动文物普查实施方案》，2013 年 5 月 24 日，

安徽省人民政府办公厅印发了《安徽省第一次全国可移动文物普查实施方案的通知》，对全省可移动文物普查工作做了具体部署。通知指出，可移动文物普查是一项系统工程，涉及范围广，任务繁重，需要统一规划，周密实施，加强领导，突出重点。一是由省第一次全国可移动文物普查领导小组统一领导，各部门分工协作，地方分级负责，各方共同参与支持。二是各级普查领导小组作为本辖区普查第一负责人，要切实负起领导责任，经常督促检查指导，及时掌握进展情况，解决实际困难和问题，确保可移动文物普查工作顺利有序进行，按时、保质、保量完成普查任务。全省各市县相应下发通知，对普查工作作出具体安排。

安徽省第一次全国可移动文物普查领导小组及其办公室负责普查工作的组织、领导和协调。省文化厅、省文物局以省文物鉴定站、省文物考古研究所、省文物总店、安徽博物院等省直文博单位的专家为班底，吸收全省各地文博行业专家，组建了"安徽省可移动文物普查认定审核组"，负责文物认定与数据审核。同时，设立可移动文物普查工作指导组，对各市县的文物数据采集方式、录入、图片摄影等可移动文物普查平台具体操作事项予以指导。

安徽省文物局分别与安徽省档案局、省教育厅、省民政厅联合转发了国家文物局与国家档案局、教育部、民政部《关于积极做好档案系统第一次全国可移动文物普查工作的通知》《关于积极做好教育系统第一次全国可移动文物普查工作的通知》《关于积极做好民政系统第一次全国可移动文物普查工作的通知》。分别就档案、教育、民政系统普查工作作出部署，提出要求。对需重点关注的档案馆、图书馆、美术馆等国有收藏单位申报文物数量进行核对、复查。

3. 落实普查工作经费

安徽省第一次全国可移动文物普查所需经费由省和县级以上地方各级人民政府分别负担，并分别列入省和地方相应年度的财政预算。

按照国务院《关于开展第一次全国可移动文物普查的通知》和财政部、国家文物局《关于加强第一次全国可移动文物普查经费保障与管理的通知》精神，2013～2016年，全省各市县共计落实普查经费2583.13万元，并按时拨付到位。其中，省级普查办落实经费400万元，合肥市280.9万元，淮北市102万元，亳州市136万元，宿州市206万元，安徽省79万元，阜阳市121.5万元，淮南市100万元，滁州市75万元，六安市55万元，马鞍山市99万元，芜湖市121.28万元，宣城市170万元，铜陵市37万元，池州市126万元，安庆市462.45万元，黄山市24万元。

2013年，安徽省共落实普查经费665万元，其中省本级100万元，16个市（县、区）共565万元。

2014 年，省财政继续拨付省本级普查经费 100 万元，市（县、区）落实普查经费 430 万元，全省共计 530 万元。

2015 年，安徽省省级财政继续拨付省级可移动文物普查专项经费 100 万元。省普查办为重点收藏单位配置设备，为普查工作任务较重的单位解决人员经费。各市（县、区）普查工作经费基本落实到位，各地落实情况仍然差异较大，市级普查经费落实比例为 50%，县级落实比例为 30%。为落实国家文物局与财政部联合发文的指示精神，安徽省普查办积极开展了全省普查专项经费督察，为普查工作的顺利开展提供了基础保障。

2016 年，安徽省共落实普查经费 799 万元，其中省本级 100 万元，16 个市（县、区）共 699 万元。

4. 组建普查队伍

全省各级普查办分别组织专人推进普查工作，其中安徽省及 16 市、61 个县（含县级市）、45 个区普查办专业人员 400 人，各国有收藏单位 1455 人，普查专家 248 人，协调员 12 人，普查志愿者 182 人。

全省各级普查办通过举办各类培训班，培训普查骨干，为普查工作顺利推进提供了人才支撑。2013 年，省普查办举办文物普查培训班 2 期，培训普查人员 720 余人次；2014 年，省普查办举办普查业务培训班 3 期，培训普查人员计 810 人次；2015 年省普查办举办 5 期培训，培训各级普查办负责人、业务骨干等计 950 人次。2016 年全省各市县共举办普查业务培训班 92 期，培训人员 11000 人次。总投入人员：专家组成员共 66 人，普查办工作组成员 236 人。

表 12　安徽省第一次全国可移动文物普查省级培训活动一览表

序号	时间	名称	参加人数	地点
1	2013.7.26～29	安徽省第一次全国可移动文物普查动员暨培训会议	500	合肥
2	2013.12.6～7	全省第二期可移动文物普查培训班	220	安庆
3	2014.4.9～11	全省第三期可移动文物普查（摄影）培训班	260	淮南
4	2014.7.9～11	全省第四期可移动文物普查登录平台培训班	280	合肥
5	2014.11.4～7	全省文物保管及鉴定培训	270	六安
6	2015.1.24～25	全省可移动文物保护现状研讨会	160	六安
7	2015.4.19～23	全省可移动文物普查数据分析利用及策展培训班	220	合肥
8	2015.7.～8	全省可移动文物普查工作推进会	90	合肥
9	2015.7.8～10	全省第一次可移动文物普查数据审核培训	220	合肥

序号	时间	名称	参加人数	地点
10	2015.9.21~25	全省可移动文物普查数据管理应用及藏品科技保护培训	260	合肥
11	2016.7.21~23	全省可移动文物普查数据拆分培训	260	合肥
12	2016.9.27~29	全省可移动文物普查数据验收暨普查报告编制培训	250	蚌埠

2013年7月27日，安徽省召开省第一次可移动文物普查动员会召开。全省各市县（区）文化文物行政主管部门分管负责人，省直文博单位主要领导，安徽省第一次全国可移动文物普查领导小组成员单位联络员，共计130多人参加会议。动员会议的召开，标志着安徽省第一次全国可移动文物普查进入了全面实施阶段。

2013年7月28~29日，安徽省第一次全国可移动文物普培训班在省会合肥举办。来自全省16个市、45个市辖区、61个县的文物局（处、所）、博物馆、纪念馆、省直文博单位以及省级普查工作认定审核组、工作指导组专家等400余人参加培训。通过本次培训，安徽省文博系统中骨干人员基本掌握了第一次全国可移动文物普查的方案措施、普查标准规范、普查技术路线、普查操作规程，为安徽省顺利开展可移动文物普查工作奠定了人才基础。

2013年12月5~7日，安徽省文物局普查办在安庆市举办了第二期全省可移动文物普查培训班，来自文博、档案、民政、教育系统的可移动文物普查骨干220余人参加了培训。通过本次培训，学员基本掌握了可移动文物普查文物筛选和认定流程、文物登录规范和程序等，为文物认定、文物登录工作奠定了基础。

2014年4月9~11日，安徽省第一次全国可移动文物普查培训班在淮南市举办，本次培训的主要内容是文物摄影。来自全省文博系统以及相关国有文物收藏单位的文物摄影骨干200余人参加了培训。培训有助于加强安徽省可移动文物普查文物摄影人员队伍建设，为普查工作奠定人才基础。

为进一步推进安徽省可移动文物普查信息采集、平台登录工作，确保规范、高效地完成普查任务，安徽省普查办于2014年7月9~11日在合肥市举办了可移动文物普查第四期培训班。本次培训的主要内容是可移动文物普查的信息采集、平台登录，来自全省文博系统以及国有可移动文物收藏单位的专业技术骨干280余人参加了培训。培训取得良好效果，为下一阶段普查工作的顺利开展奠定基础。

2014年11月5~7日，由安徽省文物局主办、省博协承办、皖西博物馆协办的全省可移动文物普查藏品保管及鉴定培训班在六安市举办，来自全省文博单位、各行业博物馆的270余名专业技术人员参加了培训。通过本次培训，学员基本了解并掌握了藏品保管及鉴定的专业知识，理论授课与实地观摩的结合使学员们收获颇丰，为以后的藏品保管及鉴定工作积淀了更多经验。

2015 年 9 月 21~25 日，全省可移动文物普查数据管理应用及藏品科技保护培训会在合肥举行。全省各级藏品丰富的博物馆 260 位学员参加培训。

安徽省普查办 2013~2014 年度先后组织开展了五次全省规模的业务培训，系统外收藏单位、文物系统博物馆、纪念馆共培训 1500 人次。2015 年度省普查办先后举办 5 期可移动文物普查培训班，重点讲授普查登录中的数据审核及存在的问题、普查成果在陈列展览、科技保护、藏品管理上的应用等。来自全省 220 家重点文物收藏单位及档案、民政、教育系统的可移动文物普查骨干共计 900 余人参加了培训。

(二) 调查、认定、采集、登录、审核，分阶段实施

安徽省按照全国统一规划，统一部署，各相关部门共同参与，县级以上地方各级人民政府分级负责，国有单位全面参加的方式实施。根据国务院第一次全国可移动文物普查领导小组发布《第一次全国可移动文物普查工作实施方案》，制定本省实施方案；各市、县级人民政府制定本行政区域的普查实施方案和工作计划，按全国统一的标准和规范组织实施。

1. 国有可移动文物收藏单位调查阶段

自 2013 年 7 月 28 日安徽省第一次全国可移动文物普查培训班举办之后，全省文物系统陆续组建工作班子，按照普查工作技术路线要求，以县为基本单元开展国有单位文物收藏情况摸底排查工作。省普查办与省统计局、省国资委积极联系，经过反复沟通，取得全省国有单位名录 4.7 万个。省普查办加班加点以最快的速度完成单位名录数据分割，直接下发到 16 个市级普查办，减少了市县级摸底阶段的工作量，指导市县采取多种方式开展调查。省普查办领导多次带队前往中央驻皖和省级国有收藏大单位，宣传普查的意义，排解收藏单位领导思想上的顾虑，使其主动配合普查。安徽省辖区内实际分发国有单位文物收藏情况调查登记表 4.7 万份，收回 4.7 万份，16 个市共计 4.7 万个国有单位全部调查到位，实现国有单位调查覆盖率 100% 和调查回收率 100%。涵盖省辖 16 个地级市，43 个市辖区、6 个县级市、56 个县，其中有文物收藏的国有单位 487 家，占国有单位总数的 1.4%，初步统计约有 751576 件/套藏品。省普查办整理汇编了《安徽省国有单位名录》，顺利完成初步调查摸底阶段的工作任务。

安徽博物院在培训会之后立即制定工作方案，成立了以各库房保管员为主要力量的 6 个普查小组（古籍、青铜、工艺、陶瓷、书画、近现代），3 个摄影小组（古籍、文书，书画和器物），1 个资料备份报送组，并从征集、编目、总账抽出部分人员充实

到任务重的小组，同时聘用相关专业的在校大学生帮助工作，确保普查工作进度。

2. 国有可移动文物认定工作阶段

认定阶段主要任务是在安徽省内以县域为基础，开展文物普查认定和信息数据登录。普查数据资料采取采集、建档、整理、报送、审核、登录同时进行的方式。各级普查机构制定本行政区域文物认定程序，开展国有单位收藏、保管文物情况摸底排查。有关单位开展文物清库，完善相关档案记录，按要求登记申报。各级普查机构对各单位文物申报信息进行核查认定，经认定收藏有文物的单位列入登记范围。安徽省文物认定工作于 2016 年 8 月完成并根据认定结果制作《认定藏品及认定收藏单位清册》。共对 386 家收藏单位进行 32 次认定，其中文博系统外国有收藏单位共有 196 家。全省新发现、新认定的单位 190 家，藏品总数 13216 件/套，文物系统内新发现、新认定的藏品数 2226 件/套，非文博系统新发现、新认定的藏品数 10992 件/套。

安徽省文物局在 2014 年 2 月下发了《关于做好安徽省第一次全国可移动文物普查认定工作的通知》，要求各级普查办以县域为基本单元，建立专家组，根据国有单位文物收藏情况调查的反馈信息，确定文物收藏单位，全面组织展开初步认定工作，对各个单位的文物申报信息进行核查认定，对有条件的收藏单位同步开展文物测量、拍摄、信息采集和登记，填写《可移动文物认定清册》《可移动文物信息登记表》和《文物登记卡》。

安徽省各级文物普查机构在完成摸底排查工作之后，迅速转入第二阶段，开展文物认定、文物登录等工作。各文博单位可移动文物收藏量多，普查任务重，为按时按质完成普查任务，安徽博物院严格按照可移动文物普查的标准规范开展文物拍摄、数据采集、信息登录等各项工作，博物院内设的各普查小组使用普查 Excel 模板进行录入。安徽省文物考古研究所、安徽省文物总店开展了清库建档工作，为后期信息登录做准备。从工作进展看，文博单位的可移动文物普查工作走在前列，对于积累可移动文物普查工作经验、指导其他行业系统文物普查工作具有积极意义。

建立专家库为保证普查认定工作质量，安徽省普查办及时建立了文物普查认定专家组。专家组成员主要由文物系统的专家构成，依托省文物鉴定站专家队伍，同时聘请安徽大学徽学中心的古籍专家、党史办的革命史专家，以保证专家组成员知识结构的全面性、科学性。根据各类文物的认定需求，组建 3 人以上认定小组，保障文物普查社会文物认定工作专业技术力量，确保认定的准确性、科学性。

认定复核。2014 年 12 月 23～26 日，安徽省省普查办组织专家组 10 人赴安徽省池州市进行文物认定复核工作。池州市共有收藏单位 26 家，涉及 3 县 1 区，上报初步需要认定的文物有 893 件/套。针对此次认定复核面广、量大的情况，专家组分成 2 个小组，先后到石台县七都镇崇实中学范有图书馆、石台县图书馆、九华山档案馆、祇园寺、九华山历史博物馆和池州市博物馆等地进行工作。专家们对照实物原件和文物登记卡核实信息采集数据与拍摄的照片，对档案馆馆藏 300 余件书画作品逐一甄别。经复审涵盖字画、古籍、佛造像、瓷器、民俗类等文物，主要藏品有刘海粟行书《九华山志序》、赖少奇隶书册页、清光绪《陈清隐九华山诗全集》、清乾隆至民国 35 年各时期的地契、串票、协议等文书，大明宣德款天台正顶悬耳香炉、清康熙款福禄寿大福贵狮面香炉、清雍正十三年大藏经 1 部 8710 册、清释迦牟尼禅定印玉佛像等。专家组基本同意市文物普查办初步认定意见，认定为文物的数量为 765 件/套。

通过文物藏品认定工作，不仅在文博系统内部新发现了一部分有科学、历史或艺术价值的藏品，而且在非文博系统的国有单位也发现认定了一大批具有较高的研究价值的藏品，这不仅充实了安徽省文物藏品总量和种类，同时提高了对非文博系统藏品的重视程度，加强了文博系统和非文博系统之间的交流和合作，对于安徽省文物保护事业有着积极的促进作用。

3. 国有可移动文物信息采集登录阶段

安徽省区域内收藏单位根据国家统一规范和技术标准，开展文物测量、拍摄、信息数据资料采集和登记，将文物信息通过可移动文物信息管理平台联网上报。也可以纸质或者离线电子数据方式将文物信息报送各地普查机构，由普查机构统一录入上报。各级普查机构依权限组织专家对各单位上报的文物信息进行网上审核和现场复核。各级普查机构按季度向上级普查机构报送普查进展情况报告。

各市县在省普查办工作制度基础上，制定了符合本地实际的数据采集登录管理制度，如安徽博物院制定了《安徽博物院第一次全国可移动文物普查库房管理制度》《安徽博物院第一次全国可移动文物普查拍照管理制度》《安徽博物院第一次全国可移动文物普查数据审核、数据管理和利用制度》等；安徽省普查办制定了《可移动文物普查工作流程制度》《可移动文物普查数据测量工作制度》《可移动文物普查数据保管及备份制度》《文物局（博物馆）文物出入库管理制度》等；铜陵市普查办制定了《可移动文物普查工作例会和信息反馈制度》《可移动文物普查档案管理制度》等。

文博收藏单位积极帮扶系统外收藏单位开展文物工作，在文物信息采集、影像拍摄、专业咨询、陈列展览、宣传教育、文物保护、安全保卫等方面提供指导帮助。淮南市为确保数据质量和工作进度，由普查办派文博系统专业人员到系统外单位上门采集基础数据，从而将全市文物数据的采集、录入、审核等全部纳入文博工作机制。黄山市可移动文物普查组办公室组织有关专家和工作人员到市直国有收藏单位新安医学研究中心协助其文物认定和拍摄工作。由于新安医学研究中心缺少专业技术和管理人员，难以完成普查数据录入和文物摄影工作。市普查办通过加强组织，调动区县博物馆系统力量，帮助新安医学研究中心进行文物登记卡填写、拍摄照片等工作。

在工作方法上，安徽省博物院制定了切实可行的数据采集工作方案，并以库房为单位分小组进行数据采集、录入。严格按照文物的出库、搬运、使用和入库规定，确保文物的安全；争取在照相、测量设备的管理与使用，照场的设计和布置，文物的出库、搬运和入库，数据采集、存储、保管、备份，数据的录入、合成、审核等各个技术环节，都能做到责任到人，有条不紊。

安徽省考古所成立工作小组，按普查标准时点分头进行文物清库、账物核对，除寿县中心站、六安和所经开区基地以外的各保管单位，需填写《出土文物移交入库登记表》，与资料室衔接办理正式移交入库工作，不移交入库的文物要与当地文物部门办理移交工作。寿县中心站、六安和所经开区基地保管的文物暂时不做移交工作，但要同步进行文物清库、账物核对，做好待普查文物统计工作并制作清单报中心组。中心组按省普查办要求将各统计结果合理筛选认定后，做出汇总材料向领导小组汇报，领导小组根据实情再合理计划安排普查具体实施工作。中心组负责将各工作组汇总来的数据进行整理、建档，按照文物信息采集系统要求，统一进行数据录入、审核、上报。影像数据采集由中心组统一安排。

安徽博物院是合肥市国有收藏单位藏品数量最多的单位，其文物藏品占到合肥市总量的一半以上，同时在一普工作推进过程中，又面临着博物馆新馆建设、整体搬迁、展陈布置的困境考验。面对这种时间紧、任务重的复杂局面，安徽省文物管理局接过一普工作重任，与博物院保管部通力合作，集中抽调局里和馆里各部门优秀工作人员共，建立以局长为总负责人，副局长为主管领导的一普数据采集和信息录入小组。信息采集录入小组平时有2名工作人员专门负责相关工作，在信息采集攻坚阶段多达10人，包括1个藏品出入库管理小组，2个像信息采集小组，还有1个信息录入小组。各小组加班加点、协调一致，发挥文博工作者吃苦耐劳、严谨务实的工作作风，在有限的时间里，集中力量，攻克普查信息采集录入的难关。

非文博系统国有收藏单位，由于藏品数量少、缺乏专业的工作人员、一普器材短缺的原因，普查工作开展难度很大。针对这一特殊情况，各级普查办抽调专业人员和器材，组成普查帮扶小组，对非文博系统收藏单位进行重点帮扶和指导，在普查节点规定的时间内及时完成了各单位文物藏品信息采集和录入工作。

4. 国有可移动文物信息审核阶段

2015年6月17日，国家文物局印发了《关于发布第一次全国可移动文物普查数据审核工作管理办法的通知》。2015年7月8～10日，安徽省文物局举办了全省数据审核培训班。此后，各级普查管理机构按照权限对已登录信息数据逐级进行审核。

2015 年 2 月、7 月安徽省先后召开了省普查工作会和普查办主任座谈会，要求各级文物部门把普查作为重点工作来抓，做好保障，确保进度，重点督察，全面推进。安排安徽博物院、安徽省考古研究所两家省级重点收藏单位负责人发言，要求全省藏品数量在 2 万件/套以上的单位，在年终完成进度不低于藏品总数的 80%。根据国家文物局下发的《加强保障措施 积极推进第一次全国可移动文物普查工作的通知》要求，安徽省普查办对已在普查平台注册的国有收藏单位进行全面梳理，按照分步走、重点抓的工作思路组织力量开展抽查，取得了显著成效。

2016 年 8 月 16～17 日，安徽省文物局副局长率省普查办专家组赴宿州市重点收藏单位开展可移动文物普查登录阶段的验收工作。验收专家组随机在库房里抽取藏品，根据藏品编号在普查平台中提取数据，检查指标项的完整性与准确性。

系统内重点收藏单位开展实地开库抽样验收。安徽省普查办以各市级普查数据整体完成进度排名，抽取辖区内重点收藏单位平台显示已完成 100% 登录的数据进行逐一比对。省普查办组织抽样验收小组赴收藏单位进行开库抽样验收，小组由分管副局长带队、文物认定专家负责提取文物，在收藏单位文物库房中按照陶器、瓷器、青铜、书画、金银等各类型文物所占平台登录的比重随机抽取样本的藏品编号，填写《安徽省可移动文物普查登录阶段抽样验收情况登记表》，根据藏品编号在全国可移动文物普查登录平台中检索，对检索中存在的文物数据进行指标项的完整性和准确性审核，最终形成完整的登录阶段抽样验收情况表一式三份，省普查办、市普查办、收藏单位各留存一份，省普查办根据抽样验收的汇总情况编印工作简报下发全省。

系统外收藏单位组织省级专家集中复核数据。安徽省在调查阶段共有 373 家系统外收藏单位申报有收藏文物情况表，经过所在辖区的各级普查办组织专家开展初步认定后，共有 267 家系统外收藏单位在信息平台上登录。经过省级普查办专家在信息登录平台上的二次审核，对仍然存疑的藏品组织认定专家开展集中现场复核工作。特别是对民政部门所属的烈士陵园、档案部门所属的档案馆、教育部门所属的图书馆、国有企业所属的博物馆等收藏单位中的革命文物、古籍善本、契约文书、民俗类的藏品等进行现场梳理、逐个甄别，由文物专家和行业专家共同达成一致认定意见，形成《安徽省可移动文物普查藏品复核认定登记表》一式三份。经过现场复核认定非文物的藏品在普查信息登录平台中划归资料。

2015～2016 年，省普查办组织专家组对全省可移动文物数据进行了 16 轮集中抽样审核。在审核中发现了指标项填写不完整、名称定名不准确、年代错误、文物质地类别选择不准确、照片质量数量不符合标准等情况。针对审核中发现的问题，省普查办采取了以下措施：1. 对于人员不足的单位，抽调普查数据做的较好地区的骨干人员对其进行帮扶；2. 以市为单位，将所属县区的普查单位集中办公，现场、讨论会审，当场进行修改，统一标准；3. 对数据的准确性进行每一轮审核后，先由收藏单位修改，再进行下一轮数据审核，发现问题后进一步修改，直至错误率降低到 0.5%。经过反复多次审核、修改，全省单位藏品登录抽样完成登记并符合标准，验收合格。

（三）宣传动员

安徽省各级普查机构为营造良好的社会氛围和舆论氛围，做好普查宣传工作，明确宣传目标，把握宣传重点，拓展宣传方式，充分发动媒体和相关部门的力量，形成文物普查宣传网络，向各类人群和机构广泛深入地进行宣传，使文物普查工作深入人心，形成家喻户晓、人人关注的良好局面。根据普查的不同阶段分别确定不同宣传重点。第一阶段，重点宣传开展文物普查的目标和意义、范围和对象、内容和方法、普查程序等。第二阶段，集中宣传与文物普查有关的法律法规、普查工作进展情况，普查工作先进事迹等。第三阶段，追踪宣传文物普查数据处理进展情况，发布普查基础成果。建立可移动文物普查简报制度，覆盖各种宣传品等品类媒体和载体。积极撰写上报普查信息，积极有效地宣传普查成果，营造文物普查的良好氛围。

安徽省徽省一普实施方案、启动大会、各阶段推进总结会议情况通过安徽省政府、安徽省文化厅、安徽省文物局等网站及时发布。安徽省文物局网站开设"第一次可移动文物普查"专栏，专栏下设普查机构、普查资讯、文件资料、普查简报、省县动态五个子专栏，发布了大量信息资料。普查期间，在《中国文物报》《中国文化报》《安徽日报》等发表深度报道 3 篇、专访 2 篇。各市、县普查机构通过在广场、公交车、文博机构等场所循环播放《第一次全国可移动文物普查宣传片》，张贴普查海报，自行印制普查资料等多种形式对普查进行广泛宣传，使普查工作深入人心，形成全民广泛关注和参与的局面。

每年的"中国文化遗产日"，安徽省可移动文物普查办公室均举办丰富多彩的活动宣传可移动普查进展和意义。采取图片展、发放宣传资料、赠送文物书籍等方式宣传普查，扩大普查影响，营造普查氛围。

省内各地积极采取多种形式广泛宣传。合肥市设计普查专用信封和信纸，用新颖独特的方式编印《致国有可移动文物收藏单位的公开信》，得到全市国有单位对本次普查工作的大力支持和配合。信封封面左下角可移动文物的精美图例，使人可直观理解可移动文物概念。信封据寄送区域不同，印制不同的底纹梅兰竹菊，传达合肥市普查领导小组对普查工作的周密部署和精益求精。设计印制了月历，每月的底图是一普中新发现的文物，再配以国家下发的一普宣传文字和文物简介，整个画面简洁明了，直观地推介了一普的意义和内涵。在合肥市文物管理处网站上设立一普专栏，及时报道普查进度，定期公布工作成果。引起了相关部门和社会各界的重视，为普查营了造良好的社会氛围和舆论氛围，同时提升了普查人员的业务能力和工作水平。

（四）质量控制

在安徽省大型收藏单位基本完成清库建档工作的前提下，为了确保工作质量，安徽省普查办专门邀请了国家文物局普查办专家及软件开发单位工程技术人员赴省博、徽博现场指导数据登录及模版导入；下发了国普办印发的《普查藏品登录操作手册》，要求各单位严格遵照规范标准完成普查登录工作。

安徽省部分高校文物收藏量较大，普查专业人员较少，主要保存大量的古籍、契约文书等纸质文物，在整理分类上标准难以统一。由于大批量的数据录入缺乏专业人员，高校文物信息采集和上报工作也速度较缓。县级文管所、博物馆人员相对较少，分工不明确，在保障正常工作运行之余，采取集中时间段突击式的采集和登录，虽然经过培训，工作人员对普查标准的掌握、平台操作的流程、照片采集上传等仍然存在较大的问题。针对上述问题，安徽省普查办集中人力、物力，重点帮扶，保证全省数据质量的完整性、准确性。

安徽省各级普查办均建立了相对稳定的普查队伍，打造了一批技术过硬、团结合作的骨干力量，为辖区内各文物收藏单位的文物普查工作提供技术支持，为数据质量严格把关。

在名人纪念馆中，以刘开渠纪念馆为例，该馆登录藏品数量为3425件，普查中发现，该馆藏品中的雕塑和造像为刘开渠先生早年作品使用的磨具翻铸而成，雕塑艺术作品通常在翻铸十次以内定义为原作，在文物认定和确定具体年代时通常难以考证。烈士陵园的藏品大多为武器、红军生活用具、文件资料等等，很难与发生的历史事件及著名人物联系起来，只能通过捐赠人的口述确定藏品的基本信息。省普查办要求，按照馆藏文物登录规范的要求，近现代文物用公历纪年标示，确实不详的结合主要历史时期，同时在文物级别的确定上归入未定级藏品。

（五）普查工作总结

从2012年10月开始，至2016年10月第一次全国可移动文物普查工作报告的编制，安徽省第一次全国可移动文物普查工作，在国家文物局的指导下，在省政府和全体市民的关心下，在全省相关单位的配合和全体普查工作者的努力下，历经了四年的坚持不懈，终于圆满完成了信息采集和录入、建档工作。目前已全部建立可移动文物藏品信息的电子档案、全省国有可移动文物收藏单位名录。

三、安徽省普查工作成果

安徽省第一次全国可移动文物普查工作的开展，得到安徽省委、省政府和各国有单位的高度重视，省普查领导小组制定了《安徽省第一次可移动文物普查实施方案》，明确了全省普查工作计划和指导方针。全省各文物收藏单位，在普查工作中，结合自身实际，制定了与普查有关的规章制度，创新普查方法和普查技术，扩大普查队伍，注重技能的培训与学习，加强了不同业务、不同级别、不同地域的单位部门之间的沟通与协作，积极寻求技术指导与支持，提高工作效率，历经四年时间的努力，安徽省已基本实现普查目标。

（一）掌握本行政区域可移动文物资源情况及价值

1. 摸清数量及分布

安徽省可移动文物国有收藏单位共 394 家，上传录入可移动文物 1158334 件。其中一级文物 14934 件，二级文物 32449 件，三级文物 85592 件，一般文物 372194件，未定级文物 653165 件。玉石器、宝石 12798 件；陶器 39526 件；瓷器 36054 件；铜器 35517 件；金银器 5468 件；铁器、其他金属器 2415 件；漆器 1861 件，雕塑、造像 3322 件；石器、石刻、砖瓦 18480 件；书法、绘画 68469 件；文具 6360 件；甲骨 241 件；玺印符牌 5735 件；钱币 571632 件；牙骨角器 2119 件；竹木雕 4087 件；家具 1613 件；珐琅器 204 件；织绣 951 件；古籍图书 160984 件；碑帖拓本 21439件；武器 10871 件；邮品 5642 件；文件、宣传品 8004 件；档案文书 87636 件；名人遗物 10385 件；玻璃器 1502 件；乐器、法器 450 件；皮革 301 件；音像制品 1017件；票据 7009 件；交通、运输工具 34 件；度量衡器 477 件；标本、化石 1454 件；其他 24277 件。

按隶属关系统计，中央属收藏单位收藏可移动文物 74 件，省级收藏单位收藏可移动文物 329616 件，地市属收藏单位收藏可移动文物 353403 件，区县属收藏单位收藏可移动物 473452 件，乡镇街道收藏单位收藏可移动文物 1762 件；其他收藏单位收藏可移动文物 27 件。按单位性质统计国家机关收藏可移动文物 10115 件、事业单位收藏可移动文物 1139826 件，国有企业收藏可移动文物 45 件，其他收藏单位收藏可移动文物 8348 件；按单位类型统计，博物馆、纪念馆收藏可移动文物 1021636 件、图书馆收藏可移动文物 9492 件、美术馆收藏可移动文物 1525 件、档案馆收藏可移动文物 12555

件、其他单位收藏可移动文物 113126 件。

2. 掌握保存状况

安徽省可移动文物保存状态方面，首先，从完残程度看，完整为 273139 件，占采集录入藏品总数的 23.59%、基本完整为 623110 件，占采集录入藏品总数的 53.83%、残缺为 233942 件，占采集录入藏品总数的 20.21%、严重残缺包括缺失部件 27466 件，占采集录入藏品总数的 2.37%。

在可移动文物普查过程中，全省各普查单位充分认识到了文物保存环境的重要性，加大了对重点文物保护力度，尽最大能力改善文物的保管条件和陈列条件，加强库房建设、文物的保护和修复工作。收藏单位中有 163 家单位根据需要开展了修复工作，单位所占比例为 42%，共保护修复文物数量 456 件/套，修复的文物种类有青铜器、书画、陶瓷、漆器等。

安徽省各级普查办加大了对重点文物保护力度，尽最大能力改善文物的保管条件和陈列条件，加强库房建设、文物的保护和修复工作：首先，在条件成熟的情况下，加强新博物馆的建设。其次，对于新馆建设条件不成熟的单位，加强了对文物保存环境的改造和升级。第三，对于文博系统以外的可移动文物国有收藏单位，安徽省普查办组织文物保护专家，加强对文物管理技术上指导，对不同类型的文物分别制定保护措施、安全制度、调阅制度等。安徽博物院的古籍善本与古代书画是馆藏特色且数量巨大，由于材质的自然属性，酸化老化折痕等现象严重，保存状况不佳。出于"一步到位"、避免再次伤害文物的考虑，安徽博物院对这两类藏品进行预防性保护，特聘请专业摄影团队对馆藏珍贵书画藏品进行了高清图像采集，所采集图片既可满足普查工作中对于图像清晰度的技术要求，也为今后在不打开原作的情况下，能够满足对相关书画进行学术研究、文创产品开发等工作的需要。

3. 掌握使用管理情况

全省各文物收藏单位加强对文物的管理，坚持"保护为主、抢救第一、合理利用、加强管理"的文物工作方针。对文博系统外收藏单位，安徽省普查办组织文物保护专家，加强对文物管理技术上指导，对不同类型的文物分别制定保护措施、安全制度、调阅制度等，同时在市普查办建立数据库。安徽省国有可移动文物普查统计数据和文物藏品信息基本信息完整，建立了电子信息数据库，编制了普查档案和普查报告，建立了全省国有可移动文物名录，并进一步加强保护管理。通过此次普查，将全面掌握安徽省可移动文物资源状况和价值，进一步促进文物资源的整合利用，有效发挥文物在政治、经济和社会发展中的积极作用。

（二）健全文物保护体系

1. 完善文物档案

普查工作基本解决了国有文物收藏单位文物资源不清、残损状况不明、登记建档不全等历史遗留问题。如安徽博物院以第一次全国可移动文物普查为契机，全面完成了该院清库建档工作和账目核对工作，创建了馆藏文物数据库管理应用系统。针对系统外收藏单位对藏品的管理较为松散，存在无账、无卡、无档案的情况，通过调查阶段文物申报，已经开始清库和文物建档、建账工作，实现藏品规范化管理的第一步。

安徽省主要大型收藏单位已经完成清库建档工工作和账目核对工作。安徽博物院对长期以来未加清点的钱币进行了彻底清理、登记。馆藏古钱币的普查工作面临的主要问题有基数大，年代涵盖较广，原始数量登记、年代分类较为随意，锈蚀粘连严重等。为高质量地完成普查任务，该院专门成立"古钱币整理小组"，对馆藏古钱币进行了彻底清查和分类整理，并联合文物科技保护部门，对锈蚀、粘连的古钱币进行了差异化的修复保护措施。首先以原有的文物总登记号为基础，将同一登记号下同一种钱币单独列为一个分号，对同一时代不同种类钱币按"年号""形制"等再进行分类统计。其次，按照《馆藏文物登录规范》的要求对钱币的名称、年代、数量等进行重新登记，摒弃原有"裤型钱""莽币""宋元明清钱""铜钱"等定名及"约60枚""1包""1串""60斤"等计量方式。通过两年的艰辛工作，共清查、整理古钱币87806枚，其中保护性分离古钱币10000余枚，实现了清库建档与文物保护的有机结合，并按照可移动文物普查的要求进行统一规范数据录入。

2. 完善制度和规范

为了推动安徽省可移动文物普查工作顺利开展，省普查领导小组建立了各相关部门协调机制，成立了普查工作办公室，组建了普查工作队伍和文物认定、审核专家组，明确了普查办人员职责、工作分工、经费管理、办公设备管理、会议制度等。为规范文物认定、审核工作流程，提高普查工作效率，制定了《安徽省第一次全国可移动文物普查实施方案》《安徽省可移动文物认定工作方案》《安徽省可移动文物普查数据审核工作方案》。这些制度的制定，规范了可移动文物普查工作程序，对安徽省第一次全国可移动文物的文物认定、登记、审核、数据管理和利用起到了助推剂作用，提高了工作效率和质量，同时提升了各市文物保护和管理、利用的能力。

各市县在省普查办工作制度基础上，制定了符合本地实际的管理制度，如安徽博物院制定了《安徽博物院第一次全国可移动文物普查库房管理制度》《安徽博物院第一次全国可移动文物普查拍照管理制度》《安徽博物院第一次全国可移动文物普查数据审核、数据管理和利用制度》等；安徽省普查办制定了《可移动文物普查工作流程制度》《可移动文物普查数据测量工作制度》《可移动文物普查数据保管及备份制度》《文物局（博物馆）文物出入库管理制度》等；铜陵市普查办制定了《可移动文物普查工作例会和信息反馈制度》《可移动文物普查档案管理制度》等。

各收藏单位全部完成对可移动文物的信息采集、分类、建档工作，为今后可移动文物的研究、申报、评定、利用工作打下良好的基础。

3. 明确保护需求

在第一次全国可移动文物普查工作的开展过程中，全省各级普查小组和文物收藏单位充分认识到了文物保护的重要性，单位始终坚持"保护为主、抢救第一、合理利用、加强管理"的文物工作方针，加大了对文物保护力度，注重文物工作人员的专业技能的培养，尽最大能力改善文物的保管条件和陈列条件，加强库房建设、文物的保护和修复工作。

第一，在条件成熟的情况下，推动一批新馆建设。如安徽博物院和五河县博物，新博物馆一改以前文物保存环境差、库房、展陈面积小、技术落后的困境，不仅库房面积、展厅面积扩大数倍，同时加大对文物保护的科技方面的投入，建立现代化的文物保存和展览环境，文物保存环境即将得到非常好的改善。

第二，对于新馆建设条件不成熟的单位，加强了对原有文物保存环境的改造和升级。如对可移动文物三级以上的文物，制定专门的文物柜、文物锦盒，安装温、湿装置、防虫木柜等保护措施，对可移动文物全天候监管。

第三，加大对文博专业人才的重视、引进和培养力度，积极参加省文物局举办的相关培训班。同时发展一批普查志愿者，在全市扩大普查的影响，争取使文物保护工作不再局限于文博部门，提高全体市民文物保护意识。

第四，对于文博系统以外的可移动文物国有收藏单位，安徽省普查办组织文物保护专家，加强对文物管理技术上指导，对不同类型的文物分别制定保护措施、安全制度、调阅制度等。

通过可移动文物普查，摸清了全市的可移动文物数量、种类、保存状态、分布情况，明确了不同行业对文物的保护需求，有利于科学地制定全市可移动文物保护的整体规划，这对安徽省文物发展事业起到巨大的推动作用。

4. 扩大保护范围

安徽省共有 394 家可移动文物国有收藏单位。其中普查中新备案的收藏单位包括档案馆、图书馆、纪念馆等 196 家单位，文博系统内新发现、新认定藏品数 7098 件/套。非文博系统内新发现、新认定藏品 3477 件/套。

在对非文博系统国有收藏单位进行藏品调查、认定、信息采集工作过程中，安徽省各级普查办组织文物保护专家，加强对文物管理技术上指导，对不同类型的文物分别制定保护措施、安全制度、调阅制度。各单位都积极配合，相互协作，共同圆满地完成了普查工作，及为全市一普顺利开展打下了良好的基础。

通过文物藏品认定、采集工作，不仅在文博系统内部新发现了一部分有科学、历史或者艺术价值的藏品，而且在非文博系统的国有单位也发现认定了一大批具有较高的研究价值的藏品，这不仅充实了安徽省文物藏品总量和种类，同时提高了对非文博系统藏品的重视程度，加强了文博系统和非文博系统之间的交流和合作，对于安徽省文物保护事业有着积极的促进作用。

（三）有效发挥文物在本行政区域经济社会发展中的重要作用

1. 收藏单位藏品资源公开情况

为总结、宣传、展示安徽省的第一次全国可移动文物普查成果，各地区以展览、文物图录、知识讲座、微信公众号、网站等形式展示普查成果，效果显著，受到社会各界的一致好评。如合肥市文物处每周三在微信公众号上推送普查中梳理出的精品文物；淮北市普查办利用"5·18国际博物馆日"和"中国文化遗产日"开展主题活动，精心制作宣传展板，生动展示博物馆的发展、馆藏精品陶瓷器、隋唐大运河柳孜运河遗址考古成果、文物普查、文物保护等知识。安徽博物院在"5·18国际博物馆日"和"中国文化遗产日"等重要节日活动期间，各市县文物收藏单位制作可移动文物普查成果宣传图版、宣传手册等，向社会公众积极宣传第一次全国可移动文物普查的意义、实施和成果，使公众对安徽省的文化遗产保护事业有了更深入的认识和了解。

2. 利用普查成果举办展览情况

全省各级文博单位利用普查成果举办了12个展览。其中，安徽博物院组织省内多家博物馆馆藏文物，打造了"佛光恒长——安徽佛教文物展""桃花源里人家——徽州传统民居文化与艺术展""安徽汉代玉器精华展""明德至善　家国天下——徽州优秀传统文化展"等一批具有区域文化特征的大型综合性展览，在省内及北京、山西、宁夏、广东等省市巡回展出，取得了良好的社会反响。"明德至善　家国天下——徽州优秀传统文化展"获得第十三届（2015年）全国博物馆十大陈列展览精品奖。安徽博物院在文物普查过程中清点入账的钱币也将做成"馆藏古钱币特展"，向公众进行展示。

淮北市博物馆在进行可移动文物普查工作中，发现了由上海收藏家和淮北市收藏家捐赠的861枚上市公司的实物股票，现在的股票已经是电子凭证式的，而这些实物股票已经成为绝版，为使广大观众能够欣赏、了解新中国成立前后上市公司股票的情况，经过近半年的筹备、布展，作为博物馆的一个常设展览向观众开放，开放后得到广大游客的一致好评，观众达 3.8 万人次。

安徽省文物考古研究所、淮北市博物馆和中国科学技术大学博物馆联合举办了"考古新发现"系列展之"古运河遗珍——淮北柳孜大运河遗址出土文物展"。此次展览甄选了安徽省文物考古研究所在淮北柳孜隋唐大运河遗址发掘出土的各类珍贵文物百余件，辅以丰富的图片、文字资料，再现当年运河两岸的风土人情。通过此次展出，不但有利于丰富校园文化，而且对宣传和挖掘大运河的精神文化价值具有重要意义，观众达 3 万人次。

淮南市博物馆利用普查成果的数字化分类检索功能，了解到馆藏寿州窑藏品量较为丰富，遴选了部分寿州窑瓷器推出"寿州窑瓷器精品巡展"，并成功申报《2015 年度全国博物馆展览季活动推介项目》。

六安市皖西博物馆联合皖西烈士陵园，大别山革命烈士纪念馆等举办陈列展览，以图片和实物结合的方式对外开放，集中展现了该市丰富的历史文化和红色文化，观众已达数十万人次，成效显著。

黄山市利用普查成果举办 5 次展，主要以实物展览、网络展览的形式展出，展览数量 767 件/套，参观人次 42 万人次。

3. 利用普查成果进行文创产品开发

博物馆进行文创产品开发将文物信息转接、复制到文化商品上，能够有效地弥补博物馆在文化传播上时效性和空间上的不足，也是博物馆信息传播和社会教育功能的延伸。文创产品的开发往往需要提炼文物的某个元素进行再创造，可移动文物普查将文物的各个信息进行细化分解录入到平台上，便于文创工作者检索一个类型，一种材质，一个时代等的元素文物进行筛选比对甄别。安徽博物院作为全国文化产品开发试点单位，在进行文传产品选题时，利用平台数据功能于 2013～2015 年期间，研发、经营的文化创意产品累计达 660 种，包括潘玉良系列、文房四宝系列、新安画派系列、青铜器系列、红色记忆——抗战系列、丝巾系列、明信片系列、书签系列等数十类。

建 议

1. 做好后期普查成果的转化与利用，确实将普查成果为大众服务，为文博工作者服务。

2. 进一步做好本行政区域内普查数据库的建设，不断充实、完善数据、照片的质量。

3. 针对系统外收藏单位的文物征集、保管、展示、保护等工作予以支持和帮助。

4. 研究制定文物保护专业人才的选配方式和方法，加大人才培养力度，加强文保人才队伍建设，特别是文物修复保护人才的选配和培养力度，健全文博系统人员的激励机制。

5. 通过对文物的保护，对传统制作工艺的保护，传播知识、发展现代科技。通过对古代文物的鉴定、修补、仿制，让观众了解当时工艺，感受历史生活场景，更好地发挥文物的社会教育作用。

福建省
第一次全国可移动文物普查工作报告

第一次全国可移动文物普查是在第二次全国文物普查（不可移动文物部分）全面结束，我国不可移动文物总体情况基本摸清后，针对我国可移动文物保存、分布情况复杂，基础工作薄弱，且新中国成立 60 余年来从未全面调查，我国可移动文物存在总体情况不清，家底不明，文物管理和利用效率较低，文物安全存在隐患等问题，经文化部、国家文物局报请国务院组织实施的。本次普查充分利用现代信息技术，结合可移动文物藏品保管特点和规律，按照"统一平台、联网直报、属地管理、县为单元"的技术路线组织实施。国家文物局建设统一的数据库系统和登录平台，制定藏品登记统一标准和规范，各级普查机构和收藏单位通过联网方式进行数据上报和审核，实行动态管理，建立长效藏品登录机制。

2012 年 10 月 8 日，国务院印发了《关于开展第一次全国可移动文物普查的通知》，决定从 2012 年 10 月起至 2016 年 12 月，对我国境内（不含港澳台地区）全部国有单位收藏保管的文物进行全面普查登记。2013 年 4 月 18 日，第一次全国可移动文物普查电视电话会议召开，全面部署普查工作。

根据国务院统一部署，福建省委、省政府高度重视，精心部署，认真贯彻落实国务院通知精神，着力推进第一次全国可移动文物普查工作。2013 年 4 月，福建省人民政府印发《福建省人民政府转发国务院关于开展第一次全国可移动文物普查的通知》，成立了由分管副省长为组长的福建省第一次全国可移动文物普查领导小组，对各级、各部门、各单位开展普查工作提出了具体要求。2013 年 6 月，福建省第一次全国可移动文物普查领导小组办公室发布《福建省第一次全国可移动文物普查实施方案》和《普查宣传方案》，福建省人民政府召开全省电视电话会议，全面部署普查工作。

4 年多来，福建省第一次全国可移动文物普查领导小组按照国务院统一部署，精心组织，着力实施，各部门、各系统全力配合，在全省各级普查机构和收藏单位的共同努力下，通过全省普查工作者的积极努力和辛勤付出，普查各项工作有序推进，普查任务顺利完成。

经普查，福建省所辖国有可移动文物收藏单位 274 家，在全国可移动文物信息登录平台登录文物总计 769364 件。全省可移动文物集中收藏、保管于文物系统的博物馆、纪念馆，尤其是部分大型收藏单位，文物系统外国有单位收藏主要集中在图书馆、档案馆、革命纪念馆、学校等，数量最多的是古籍图书、档案文书和近现代文物。从文物类型来看，福建的可移动文物资源是历史文物与革命文物并重，文物年代从旧石器时代绵延至今，文物类型分布也呈现地域性特点，如闽西地区的革命文物、客家民俗文物以及闽南地区的侨史文物等，这也与福建区域历史的发展历程相互对应。

一、福建省普查数据

截至 2016 年 10 月 31 日，福建省在全国可移动文物信息平台登录可移动文物 469222 件/套，实际数量为 769364 件。其中，珍贵文物 92445 件/套，实际数量为 118289 件。登录可移动文物信息的收藏单位 274 家。

（一）福建省可移动文物基本情况

1. 类别

表 1　可移动文物类别

可移动文物类别	可移动文物实际数量（件）	实际数量占比（%）
合计	769364	100.00
玉石器、宝石	7047	0.92
陶器	11985	1.56
瓷器	82521	10.73
铜器	15133	1.97
金银器	2796	0.36
铁器、其他金属器	2755	0.36
漆器	496	0.06
雕塑、造像	11269	1.46
石器、石刻、砖瓦	18687	2.43
书法、绘画	28164	3.66
文具	3042	0.40
甲骨	197	0.03
玺印符牌	3066	0.40

可移动文物类别	可移动文物实际数量（件）	实际数量占比（%）
钱币	244025	31.72
牙骨角器	965	0.13
竹木雕	22154	2.88
家具	2491	0.32
珐琅器	748	0.10
织绣	3768	0.49
古籍图书	168270	21.87
碑帖拓本	695	0.09
武器	4227	0.55
邮品	3625	0.47
文件、宣传品	26814	3.49
档案文书	30887	4.01
名人遗物	19582	2.55
玻璃器	733	0.10
乐器、法器	1130	0.15
皮革	177	0.02
音像制品	1883	0.24
票据	38144	4.96
交通、运输工具	52	0.01
度量衡器	490	0.06
标本、化石	6589	0.86
其他	4757	0.62

2. 年代

（1）可移动文物年代类型

表2　可移动文物年代类型

可移动文物年代类型	可移动文物实际数量（件）	实际数量占比（%）
合计	769364	100
地质年代	5704	0.74
考古学年代	3958	0.51

续表

可移动文物年代类型	可移动文物实际数量（件）	实际数量占比（%）
中国历史学年代	602321	78.29
公历纪年	103883	13.50
其他	45427	5.90
年代不详	8071	1.05

（2）可移动文物中国历史学年代分布

表3　可移动文物中国历史学年代分布

可移动文物中国历史学年代	可移动文物实际数量（件）	实际数量占比（%）
合计	602321	100.00
夏	0	0.00
商	649	0.11
周	1064	0.18
秦	36	0.01
汉	7802	1.30
三国	61	0.01
西晋	264	0.04
东晋十六国	318	0.05
南北朝	3053	0.51
隋	135	0.02
唐	12703	2.11
五代十国	2727	0.45
宋	101904	16.92
辽	76	0.01
西夏	67	0.01
金	218	0.04
元	9663	1.60
明	31552	5.24
清	238581	39.61
中华民国	174829	29.03
中华人民共和国	16619	2.76

3. 级别

表 4　可移动文物级别

可移动文物级别	可移动文物实际数量（件）	实际数量占比（%）
合计	769364	100.00
一级	1268	0.16
二级	3544	0.46
三级	113477	14.75
一般	345722	44.94
未定级	305353	39.69

4. 来源

表 5　可移动文物来源

可移动文物来源	可移动文物实际数量（件）	实际数量占比（%）
合计	769364	100.00
征集购买	116974	15.20
接受捐赠	82971	10.78
依法交换	295	0.04
拨交	180350	23.44
移交	70962	9.22
旧藏	195301	25.38
发掘	94579	12.29
采集	14369	1.87
拣选	5909	0.77
其他	7654	0.99

5. 入藏时间

表 6　可移动文物入藏时间范围

可移动文物入藏时间范围	可移动文物实际数量（件）	实际数量占比（%）
合计	769364	100.00
1949 年 10 月 1 日前	7278	0.95
1949 年 10 月 1 日 ~ 1965 年	164281	21.35
1966 ~ 1976 年	17334	2.25
1977 ~ 2000 年	386952	50.30
2001 年至今	193519	25.15

6. 完残程度

表7　可移动文物完残程度

可移动文物完残程度	可移动文物实际数量（件）	实际数量占比（％）
合计	767373	100.00
完整	31812	4.15
基本完整	502981	65.55
残缺	209391	27.29
严重残缺（含缺失部件）	23189	3.02

注：根据国家文物局《关于做好馆藏自然类藏品登录工作有关要求的通知》的要求，登录的自然类藏品1991件（组），不填写"完残程度"指标项。

（二）福建省可移动文物分布情况

1. 按收藏单位隶属关系统计可移动文物数量

表8　可移动文物数量分布（按收藏单位隶属关系）

收藏单位隶属关系	可移动文物实际数量（件）	实际数量占比（％）
合计	769364	100.00
中央属	321	0.04
省属	336228	43.70
地市属	194257	25.25
县区属	233321	30.33
乡镇街道属	1392	0.18
其他	3845	0.50

2. 按收藏单位性质统计可移动文物数量

表9　可移动文物数量分布（按收藏单位性质）

收藏单位性质	可移动文物实际数量（件）	实际数量占比（％）
合计	769364	100.00
国家机关	1790	0.23
事业单位	765698	99.52
国有企业	1464	0.19
其他	412	0.05

3. 按收藏单位类型统计可移动文物数量

表 10　可移动文物数量分布（按收藏单位类型）

收藏单位类型	可移动文物实际数量（件）	实际数量占比（%）
合计	769364	100.00
博物馆、纪念馆	594927	77.33
图书馆	153400	19.94
美术馆	3486	0.45
档案馆	983	0.13
其他	16568	2.15

4. 按收藏单位所属行业统计可移动文物数量

表 11　可移动文物数量分布（按收藏单位所属行业）

行业	可移动文物实际数量（件）	实际数量占比（%）
合计	769364	100.00
农、林、牧、渔业	1	0.00
采矿业	0	0.00
制造业	0	0.00
电力、热力、燃气及水生产和供应业	0	0.00
建筑业	2016	0.26
批发和零售业	0	0.00
交通运输、仓储和邮政业	0	0.00
住宿和餐饮业	1	0.00
信息传输、软件和信息技术服务业	15	0.00
金融业	809	0.11
房地产业	4	0.00
租赁和商务服务业	0	0.00
科学研究和技术服务业	1	0.00
水利、环境和公共设施管理业	0	0.00
居民服务、修理和其他服务业	119	0.02
教育	13692	1.78
卫生和社会工作	59	0.01

续表

行业	可移动文物实际数量（件）	实际数量占比（％）
文化、体育和娱乐业	718705	93.42
公共管理、社会保障和社会组织	33942	4.41
国际组织	0	0.00

二、福建省普查工作组织实施

（一）属地管理、分级负责

1. 设立普查领导小组，成立普查机构

（1）福建省普查领导机构、普查办公室建立情况

2012 年 10 月，国务院印发《关于开展第一次全国可移动文物普查的通知》后，福建省委、省政府高度重视，各部门密切配合，认真落实国务院通知精神，积极开展相关准备工作。2013 年 4 月，福建省政府成立了以由分管副省长为组长的福建省第一次全国可移动文物普查领导小组，省委宣传部、统战部、教育工委、党史研究室、省政府办公厅、省发展改革委、省民族宗教厅、省民政厅、省财政厅、省国土资源厅、省文化厅、省国资委、省统计局、省档案局、省军区政治部、人民银行福州中心支行、省科学技术协会等 16 个部门和单位为成员单位。

普查领导小组负责全省可移动文物普查工作的组织和领导，协调解决普查中的重大问题。普查领导小组办公室设在福建省文化厅，负责普查工作的日常组织和具体协调。省普查办成立普查综合协调组（设在福建省文物局）、普查业务组（设在福建博物院）、文物认定组（设在福建省文物鉴定中心）三个工作组，分工协作，推进普查实施。

全省各设区市、县（区）及重点的文物收藏单位、收藏文物相对集中的行业和国有单位，也相继召开第一次全国可移动文物普查工作动员会，并相应成立了可移动文物普查工作领导小组及办公室，建立健全普查机构，加强对普查工作的组织领导。普查开展期间，每年年初省普查办均组织召开一次全省市级普查办主任年度工作会议，总结上一年度普查工作情况，部署当年普查工作任务。

（2）其他行业系统普查工作机制建立情况

福建省普查办通过设立普查联系协调工作制度、召开普查领导小组和省普查办成员单位联席会议、走访国有文物收藏单位和收藏文物相对集中的行业部门等，强化其他行业系统普查工作机制，充分发挥普查工作领导小组的沟通协调作用。省普查办联

合相关部门转发普查通知，与档案、民政、教育、国资等部门共同印发了普查联合通知，加强普查工作的横向沟通与协作，有效推进普查工作的开展。一些行业系统也相应组建了普查领导机构，如省委党史研究室组建福建省党史系统第一次全国可移动文物普查领导小组，领导小组下设办公室，统一协调、督促、检查全省党史系统的文物普查工作。

2. 制定普查实施方案和工作制度

根据国务院《关于开展第一次全国可移动文物普查的通知》和《第一次全国可移动文物普查实施方案》，以及《福建省人民政府转发国务院关于开展第一次全国可移动文物普查的通知》精神，为科学、规范、有序、高质量地完成全省第一次全国可移动文物普查工作，福建省文化厅制定了《福建省第一次全国可移动文物普查实施方案》，2013 年 5 月经福建省第一次全国可移动文物普查领导小组会议审议通过并发布。普查实施方案对福建省普查工作的目标、范围、内容、技术路线、普查组织、普查步骤、普查经费、普查宣传等 11 个方面做出具体安排。对普查目标、普查范围和内容、工作要求、普查时间、实施步骤、普查的组织及经费预算等都做了明确要求。

随后，全省各市、县（区）按照福建省第一次全国可移动文物普查实施方案要求，相继下发了关于开展第一次全国可移动文物普查的通知，制定并上报了本地区的普查实施方案；福建博物院、厦门大学等大型收藏单位也制定了普查相关实施方案和工作制度。

省文物局作为省普查工作领导小组办公室，充分发挥职能作用，加强沟通协调，加强对市、县（区）普查工作的指导、督促和检查。省普查领导小组各成员单位各司其职、协同配合，档案、教育、宗教、民政、国资等文物较为集中的单位，广泛动员和组织本系统单位积极参与，按照属地原则，认真配合当地政府做好普查工作，在单位所在地市、县级普查机构完成普查登记。同时，省文化厅与各有关部门联合发文部署普查工作，走访、督促相关部门共同配合；文物部门主动加强与其他部门的协调、沟通，积极做好技术指导和帮助工作，确保普查顺利开展。文物藏品数量较多的博物馆、图书馆、美术馆等文物收藏单位和其他国有单位，按照各级普查机构的要求，建立了专门机制，由专人负责，制定本单位的文物藏品普查工作计划，全省第一次全国可移动文物普查工作很快步入正轨，有序进行。

3. 落实普查工作经费

为确保文物普查工作的顺利，福建省第一次全国可移动文物普查领导小组严格按照《财政部、国家文物局关于加强第一次全国可移动文物普查经费保障与管理的通知》要求，将普查经费列入财政预算，专项安排，及时拨付到位。部分地区采用一次性安排专项经费，分年拨付到位的方式保障普查经费。这些经费主要用于购买办公及电子设备、组织普查人员培训、编印普查宣传材料及媒体宣传、普查人员相关费用、出版普查成果书籍及总结表彰等。

同时，根据财政部办公厅和国家文物局办公室《关于开展第一次全国可移动文物普查经费保障专项督察工作的通知》精神，福建省文物行政部门与财政部门密切配合，积极组织相关单位对普查经费的落实情况开展全面自查。省文化厅联合省财政厅专门发文，督促各地严格按照国务院和省政府有关要求，把普查经费列入各级财政预算，逐级落实年度经费，为普查工作的顺利开展提供切实保障。

2013～2016年，福建省共落实普查经费4121.66万元，其中省级普查专项经费到位1440万元。近三年来省级普查经费除用于本级举办普查培训等外，专门安排三批共计近千万元用于补助各地普查工作开展。其中2014年下拨360万元对各设区市举办普查培训班给予补助，为全省各市、县（区）普查办和省普查办成员单位下拨普查业务费和设备购置费。2015年12月，根据全省各地、各单位普查工作量、工作进度完成情况，福建省普查办安排243万元专项经费，专门补助南平、漳州、龙岩、三明、宁德等普查任务完成较好的设区市，并对文物系统内藏品量1300件/套以上，且已完成普查登录任务的31家博物馆（纪念馆）直接给予经费补助。2016年11月，福建普查办再次安排349万元专项经费，根据各地、各单位普查工作进度、工作质量和成效，并适度倾斜山区财政困难地区，对普查任务完成较好的地区和单位进行补助，通过"以奖代补"的做法，切实有效发挥省级经费的统筹保障作用，有力推动了普查工作的顺利开展。

4. 组建普查队伍

根据普查工作要求，全省各级普查机构组建了普查工作队伍。省普查办成立了普查综合协调组（设在省文物局）、普查业务组（设在福建博物院）、文物认定组（设在省文物鉴定中心），并建立了由116位省内外各个方面的文物鉴定专家组成的省级普查专家库。部分市、县（区）也成立了本级普查专家组。各级专家组按照国家文物局制定的相关标准，统一负责本次国有可移动文物普查的专业指导、技术咨询、文物鉴定认定、质量把关、信息汇总、检查验收等专业指导工作。

经统计，全省投入普查工作人员总计约3300人，包括普查办工作组成员、专家组成员、收藏单位人员、志愿者等。收藏单位普查工作人员主要以其藏品保管人员为骨干，部分单位还根据实际需要外聘志愿者，如在校高校学生协助普查信息采集登录，一些单位将拍摄文物相片的工作采用外包方式，请专业摄影人员负责，这些都对普查工作起到了很好的推进作用。

2013 年以来，福建省普查办共选派 80 人次参加国家文物局举办的各类普查培训班。福建省文物局先后举办了 8 期全省国有可移动文物普查集中培训班，部分培训还邀请国家文物局普查办相关人员专门授课，培训人员合计达 1900 余人次。各地市普查办也相应部署，及时开展本地区的普查培训工作。培训邀请专家就普查工作的具体要求进行解读和授课，进一步明确了此次普查的目标任务、技术路线和操作要求，提高了参训人员的责任意识，为健全普查机构和普查队伍，稳步推进普查各项工作打下了良好基础。

（二）调查、认定、采集、登录、审核，分阶段实施

1. 国有可移动文物收藏单位调查阶段

2013 年 10 ~ 12 月，福建省开展了第一次全国可移动文物普查实施阶段文物摸底调查工作，在普查培训的基础上，以各级文化文物主管部门为主，以相关国有单位为辅，对列入普查范围的系统内、系统外各国有单位，发放《致国有可移动文物收藏单位的公开信》《国有单位文物收藏情况调查登记表》，对国有单位的可移动文物进行了全方位、无缝隙的摸底排查。部分市、县（区）采用集中开会、政务内网系统下载方式发放《国有单位文物收藏情况调查登记表》，对图书馆、档案馆、文化馆、党史办、方志委、学校等重点单位采取指派普查人员进行走访的方式进行摸底调查。

2013 年 12 月 2 ~ 3 日，省文化厅领导带领省普查办有关同志走访了省教育厅、民宗厅、档案局等可移动文物普查重点单位，就可移动文物普查工作的目标、范围、内容和组织、时间、步骤等，与相关单位分管领导进行面对面的沟通交流，相关单位领导表示将与省文化厅、省文物局密切配合，共同推进普查各项工作，全力以赴完成好普查任务，有力推动了相关部门和行业系统普查工作的稳步开展。

在国有单位文物收藏情况进行摸底调查中，福建省严格遵循国家文物局制定的相关标准和相关规范，全面、准确地调查文物的相关信息，并由国有单位盖章，以保证资料、信息和各项原始数据的真实、完整，并对所有原始资料经整理后由专人保管以便核对。2013 年 12 月，福建省普查办向国家文物局正式上报福建省普查摸底调查情况。

全省各级普查办共调查国有单位 26496 家，其中机关 7569 家，事业单位 14869 家，国有企业及国有控股企业 3809 家，其他单位 249 家。全省共发放《国有单位文物收藏情况调查登记表》26496 份，回收 24316 份。反馈收藏有文物的国有单位共 423 家，占国有单位的 1.59%；其中文物系统 110 家，非文物系统的其他国有单位 313 家；非文物系统的其他国有单位中，反馈收藏有文物的宗教系统有 60 家（占收藏有文物的国有

单位的 14%），档案系统 48 家（占 11.3%），教育系统 31 家（占 7.3%）。

经调查统计，全省普查申报文物或疑似文物数量合计 882687 件/套，其中博物馆、纪念馆拥有文物 487007 件/套，占 55.2%；非文物系统的其他国有单位收藏文物或疑似文物 395680 件/套，占 44.8%。

2. 国有可移动文物认定工作阶段

按照国家文物局普查办的部署安排，省普查办认真组织开展全省文物系统外国有单位收藏文物的认定工作。福建省文物鉴定中心作为省普查办文物认定组，积极协调设区市和省直国有单位做好专家现场认定的准备工作，汇总文物系统外国有单位文物认定需求，及时向省普查办报送待认定文物清单。省普查办根据各地上报的认定申请，抓紧组织文物认定组专家进行现场认定，按照国家文物局的要求时限完成文物系统外收藏文物单位的认定工作。全省共完成 165 家文物系统外国有单位总计 8 万多件/套文物藏品的认定工作，在认定工作开展的同时，也相应开展了文物定级工作。

为做好全省文物系统外国有单位收藏文物的普查认定工作，省普查办按照国家文物局关于普查标准、技术规范及相关流程的要求，建立了 116 位省内外文物鉴定专家组成的省级普查专家库，包括陶瓷、玉器、书画、铜器与钱币、杂项等门类历史文物、史前文物、近现代文物等各领域的专家、学者。依据前期摸底调查结果，及时制定全省普查认定工作方案，明确普查认定的依据、对象和范围，规范普查认定的工作流程和细则。根据各地报送的待认定文物实际情况，突出重点，周密安排，分批组织相应领域的鉴定专家开展现场认定，对报送认定的每一件文物藏品分别进行现场实物认定。

在普查认定工作中，省普查办还根据认定工作需要，特别聘请省外鉴定专家来闽协助、指导相关文物的鉴定。如厦门大学申报的 6882 件/套文物藏品，集中收藏于该校人类博物馆，相当部分藏品来自 20 世纪二三十年代以来著名人类学家林惠祥等几代学者的购置、征集取得，藏品数量众多，且来源复杂，涉及地域遍及国内外，包括陶瓷、玉石、书画、碑刻、造像、钱币以及民族、民俗、外国文物等门类。2014 年 12 月，省普查办邀请河南、陕西、辽宁、北京、浙江、江苏、安徽、重庆等省市 9 位知名文物鉴定专家、国家文物进出境审核责任鉴定员专程来闽鉴定厦门大学、华侨大学和华侨博物院等单位报请认定的文物藏品，确保青铜器、汉唐陶俑等文物藏品认定结论的准确性与权威性。

3. 国有可移动文物信息采集登录阶段

根据普查工作标准和规范，普查文物信息采集登录包括文物名称、类别、级别、年代、质地、外形尺寸、质量、完残程度、保存状态、包含数量、来源方式、入藏时间、藏品编号、收藏单位名称等 14 个基本指标项以及照片影像资料。自 2014 年全面转入文物信息数据登录阶段以来，根据国家文物局的部署要求，福建省各级普查机构严格按照普查标准规范，加强对普查进度的管理和质量的控制，各收藏单位文物藏品信息采集录入人员认真负责，面对重复的工作内容，克服急躁情绪，有条不紊地开展工作。

2014年福建省文物局下发《关于进一步做好全省可移动文物普查工作的通知》，对加快文物信息采集登录进度提出具体要求。在2015年福建全省市级普查办主任工作会议上，福建省文物局要求各地、各单位要高度重视普查工作的时限要求，集中精力，提高工作效率，切实加快推进文物信息采集与登录进度。各地、各单位要倒排工期，以2015年3月在普查平台申报未完成登录的文物藏品数量为基数，每月登录数量不低于10%。从2015年4月开始，各设区市普查办、省属单位在每月25日前向省普查办报送当月文物藏品登录完成进度，进入10月份以后，进一步要求各地周报普查数据采集、登录进度。

福建省普查办要求各地结合实际，整工作方案，各收藏单位集中时间、人力和精力做好文物藏品数据采集工作，对已审核好的大批量离线采集数据，采用批量导入的方式登录平台。藏品量少的收藏单位通过普查登录平台及时在线填报，做到双管齐下，保障普查登录进度。普查工作人员利用节假日，加班加点进行信息提交、审核校对，从时间上为普查工作争分夺秒，提前完成了数据登录工作，为开展下阶段数据审核工作奠定了基础。

4. 国有可移动文物信息审核阶段

2015年4月，结合全省市级普查办主任工作会议，同时举办了普查数据审核与管理培训班。省普查办业务组讲授了普查数据审核的工作要求和流程，进一步要求各地按照普查质量控制要求，及时制定本地区数据审核工作方案，以《馆藏文物登录规范》为工作标准，在文物信息采集与登录环节做好培训，加强业务指导，明确标准、规范，严把基础数据质量关，做到关口前移，保证普查数据差错率控制在0.5%以下。

2015年7月，福建省文物局转发了国家文物局《关于发布〈第一次全国可移动文物普查数据审核工作管理办法〉的通知》，要求全省各级普查机构和收藏单位要按照管理办法的规定，规范工作流程，严格质量控制管理，认真做好普查数据审核工作，确保普查质量。

福建省普查办还派员实地指导了南平、漳州、龙岩、三明、宁德、泉州等市、县（区）的数据采集登录审核工作，督促指导各地、各单位将质量控制贯穿于普查工作全过程。同时，省普查办组织各地先行对离线采集的普查数据进行离线审核，审核好一批数据，再上传登录平台，提高工作效率。

针对普查中存在部分地区和收藏单位报送信息不准确，登录进度较慢，普查机构把关不严等问题，2015 年，福建省文物局转发了国家文物局《关于做好第一次全国可移动文物普查信息登录审核工作的通知》，要求各级文物主管部门结合前期摸底调查和文物认定工作情况，认真核实、梳理本地区纳入普查登记范围的收藏单位信息，明确本地区收藏有文物的国有单位数量，编制本地区国有文物收藏单位名录和文物藏品账目清单，指导督促收藏单位按时完成平台登记注册工作和藏品登录工作；同时，按照国家文物局的通知要求，严肃对待，认真开展收藏单位在普查登录平台申报文物藏品数量的检查核对工作。

普查数据质量是普查工作的核心。福建省普查办要求各地、各单位要切实提高普查数据质量意识，加强数据审核，注意文物定名的规范性，年代、类别判断的准确性，发现问题及时修改，确保普查质量。福建省文物局按照国家文物局制定的《第一次全国可移动文物普查数据质量评定标准》，对各设区市和各省属单位报送的普查数据进行抽查，评定各地、各单位的普查数据质量，并进行实地督察。各设区市文物主管部门采取相应举措，做好自查自审工作，严控普查质量。

2016 年 3 月，福建省普查办决定省级数据审核采取省市联合、离线集中审核，审核完成后普查数据再批量导入普查登录平台的工作方式，并在当年全省市级普查办主任工作会议上作出部署，要求各地、各单位普查数据审核工作进度应尽早往前赶，全省各收藏单位除图书馆系统古籍图书之外文物藏品数据，以设区市为单位，审核好一批，报送一批，确保普查数据审核工作的如期完成。

为加强各地市数据审核的技术力量，福建省普查办组织福建省文物鉴定中心专家到各地市进行数据审核指导。同时，依托福建博物院和福建省文物鉴定中心，抽调部分设区市普查办业务骨干，组建省级普查数据审核专家组。2016 年 8 月 29 日～9 月 3 日，全省可移动文物普查数据汇总审核、验收工作会议在福州召开，福建省普查办组织省级普查数据审核专家组对各地普查办提交的普查数据进行集中汇总审核、验收，对出现的差错进行现场修改，并由专家进行再次审核。2016 年 9 月，福建省正式提交省级审核数据。

（三）宣传动员

福建省普查办按照普查宣传实施方案要求，组织各级普查办利用各种宣传渠道和媒体，编印普查工作简报，介绍普查工作进展情况，推广普查经验，积极宣传普查工作的意义与普查成果。结合"5·18 国际博物馆日""中国文化遗产日"等重要时间节点，以普查为新闻点宣传文物工作，为普查营造良好的社会氛围。自普查工作开展以来，省普查办编印了多期普查简报印发各地，并通过省普查 QQ 群、国家文物局第一次全国可移动文物普查网站、福建省文物局网站等渠道发布普查信息，通报各地普查工作开展情况。

龙岩市普查办专门制作普查宣传片在当地电视台播放，在报刊上开辟专栏宣传普查工作；南平、泉州市普查办等也分别在市中心文化广场等人流密集区域的 LED 宣传屏上，定时滚动播放普查宣传片；厦门市普查办在厦门市公共汽车上制作了可移动文物普查的车身广告，均取得了较好的普查宣传效果。

通过开展普查宣传工作，普及了民众的文物认知与保护意识，宣传文物事业在经济社会发展中的重要作用，为普查工作营造良好社会氛围和舆论氛围，形成全民关注和参与的局面。普查员还将宣传工作与文物调查工作结合起来，做到调查工作开展到哪里宣传工作就做到哪里。以普查为契机，通过宣传活动，让广大群众了解到保护文物的重要性，让越来越多的人关心支持参与文化遗产保护事业。

（四）质量控制

1. 普查工作中全流程的质量控制情况

普查进度管理和质量控制是第一次全国可移动文物普查的重要工作内容，是加强普查组织，保证普查质量，确保普查成效的重要机制。福建省各级普查机构按照"属地管理、分级负责、统一标准、分类填报、规范登记、严格把关"的原则，认真做好普查进度管理和质量控制的全过程管理，贯穿普查工作中的普查组织、国有单位文物收藏情况调查、文物认定、信息采集登录报送、数据整合、汇总等全部环节和过程。

2014 年 11 月，福建省文物局转发了国家文物局《关于做好第一次全国可移动文物普查进度管理和质量控制的通知》，要求各市、县（区）普查机构要按照国家文物局关于普查工作的总体要求和规范，建立和落实本地区相应的普查进度管理和质量考核制度，着重加强普查各环节的检查、总结和评估，将普查进度管理和质量控制贯穿普查工作的全过程，确保普查的质量和成效。

2. 普查人员培训情况

为加强普查队伍建设，福建省采取以分级培训为主的模式。福建省普查办根据普查各阶段工作任务的具体需要，先后在福州、厦门、龙岩等地，集中组织参与全省文物系统和其他行业可移动文物普查的专业人员，举办了 8 期全省国有可移动文物普查集中培训班，培训人员合计达 1900 余人次。省级培训之后，各地都适时召开了相关培训工作。通过一系列集中培训，工作人员基本掌握了普查工作的程序和要求，为全省普查工作迅速展开奠定了扎实的基础。

2013 年 7 月 30 ~ 8 月 2 日，福建省文物局举办福建省第一次全国文物普查第一期师资、骨干培训班。2013 年 12 月，受国家文物局委托在厦门举办第一次可移动文物普查登录规范培训班，并派员参加。2014 年 3 月，福建省文物局在龙岩举办全省可移动文物普查登录骨干培训班。2016 年 3 月 28 日，福建省文物局在福州召开可移动文物普查数据审核专家工作会议并举办培训班。

2016 年 8 月 29 日至 9 月 3 日，福建省文物局在福州召开全省可移动文物普查数据汇总审核、验收工作会议及培训。

3. 普查督察情况

为进一步推动全省第一次可移动文物普查工作的开展，2014 年，福建省文物局专门下发了《关于做好我省第一次全国可移动文物普查工作的通知》《关于加快推进普查文物认定和数据报送工作等有关事项的通知》《关于做好第一次全国可移动文物普查进度管理和质量控制的通知》，对全省普查工作提出了具体要求，并于 2014 年 11 月中旬，由省文物局有关负责同志带队组成督察组，采用听取汇报、座谈、实地检查等形式，对设区市可移动文物普查工作进展情况开展了专项督察，重点检查各级普查办和各国有收藏单位在国家文物局普查登录平台的注册情况、系统外国有单位的文物认定工作完成进度、文物信息采集与登录工作的进展情况、普查培训情况以及普查经费保障情况。

督察组一行先后检查了泉州市、三明市、南平市、宁德市等设区市和永春县、沙县、建瓯市、周宁县等县（市）。在设区市分别召开座谈会，各设区市、县（区）文物行政部门分管领导、普查办主要负责人、博物馆（纪念馆）馆长参加座谈会，各地、各单位汇报普查工作进展情况，并座谈交流普查中的困难与问题。各级政府对于普查工作比较重视，在普查组织领导、经费落实、业务培训等方面提供了有力保障，各地摸底调查工作按时完成后，文物认定与文物信息的采集和登录工作有序推进。

结合国家文物局普来福建省开展可移动文物普查专题调研，2015 年 7 月 27 日 ~ 8 月 7 日，由省文物局相关负责同志带队组成的督察组，对福州、莆田、泉州、厦门、漳州、龙岩、三明、宁德 8 个设区市和部分省属单位的可移动文物普查工作进展情况开展专项督察，重点督察藏品量大、普查任务重的地区和单位，深入收藏单位文物信息采集工作现场，实地检查普查工作进展情况和文物信息申报审核工作情况。通过督察，及时解决工作中出现的问题。

4. 普查工作验收情况

2016 年 8 月 29 日 ~ 9 月 4 日，在福州召开全省可移动文物普查数据汇总审核、验收工作会议，召集省级普查数据审核专家组，以设区市为单位，对全省各设区市普查办、省属收藏单位提交的普查数据进行分批、集中汇总审核、验收，加强普查质量控制，如期完成普查数据审核任务，确保福建省普查成效。

5. 普查工作安全管理情况

可移动文物普查是一项重大的社会系统工程，政策性强，受到社会各界的广泛关注。文物是不可再生的重要文化资源，福建省各级普查机构和收藏单位在普查工作中，高度重视普查安全管理，牢固树立安全第一的意识，毫不松懈，严格按照标准规范开展各项工作，确保普查文物和数据安全。全省普查工作开展过程中没有发生一起文物安全和数据泄密事故。

（五）普查工作总结情况

1. 编制普查档案

通过全省第一次全国可移动文物普查工作，对全省国有单位进行了全面、系统地普查，摸清所有收藏可移动文物的单位，并编制了全省国有文物收藏单位名录。全省市、县（区）普查办都十分重视建档工作，在普查准备和实施阶段，安排专人进行可移动文物普查档案的归档管理，对于填写的《国有单位文物收藏情况调查登记表》《走访座谈记录表》等原始纸质资料，并及时整理、规范存放。对采集资料及时进行整理、分类、编号、命名后归档，并进行了备份处理，实行专人管理。根据收录资料的内容，按调查资料卷（包括纸质和电子档案）、行政资料卷和汇总资料卷建档。普查档案由专人负责管理，并制定管理制度。

2. 结合普查开展专题研究

结合第一次全国可移动文物普查，福建省文物局组织福建省文物鉴定中心开展了福建宋元黑釉瓷专题调查课题研究，聚焦于以黑釉茶盏为中心的黑釉瓷器产品分区、分期问题，对全省烧造黑釉、酱黑釉瓷器的宋元窑址进行了考古学调查，系统搜集、整理了省内公私收藏的相关黑釉瓷实物资料，全面考察宋元时期福建黑釉瓷窑业的生产面貌。课题成果编著成书《玄之妙——福建宋元黑釉瓷》，是宋元时期福建黑釉瓷器资料最为全面的一次著录。

三、福建省普查工作成果

福建省第一次全国可移动文物普查工作已顺利完成，通过对全省国有单位收藏文物的全面普查，基本摸清了全省国有单位收藏的可移动文物家底，掌握了现存可移动文物的数量、分布、特征及保存状况，为全省可移动文物保护提供了客观依据，基本实现普查摸清可移动文物家底的目标。

（一）掌握全省可移动文物资源情况及价值

1. 基本摸清全省国有收藏单位可移动文物家底及分布情况

通过普查，全面掌握和科学评价福建省文物资源情况和价值，健全文物登录备案机制和文物保护体系，加大文物保护力度，保障文物安全，进一步促进文物资源整合利用，力争更加有效地发挥文物在国民经济和社会发展总体布局中的积极作用。

2. 基本掌握全省国有收藏单位可移动文物保存状况

文物保护是一门综合性的应用技术，对温度、相对湿度、光照、空气污染物、微生物及昆虫等对馆藏文物都有重要影响。福建省部分文博系统国有文物收藏单位文物保存条件较好，有专门的库房、保管人员，对藏品分类排架，珍贵的文物有专门箱子或保险箱（柜）放置。但部分基层博物馆文物库房设备简陋，安保条件差，面积狭小、阴暗、潮湿等现状令人担忧，给可移动文物的安全带来一定隐患，给保护和管理工作带来不便。还有部分非文博系统的收藏单位对文物藏品管理不严谨，如纸质类的书籍，有霉菌、虫害的和相对完好的书籍摆放在一起以致互相影响，还有的文物存放柜架密封性差，防止外部环境侵害能力不强，存在一定安全隐患。通过此次普查，发现不少馆藏文物，特别是纸质文物的保护工作尤为重要，各文物收藏单位将通过改善馆藏文物保存环境，如温湿度监测与调节、气体净化、灯光照明、展柜微环境调控、馆藏文物保存设施配置等，尽早编制馆藏珍贵文物预防性保护修复方案和馆藏文物保存环境建设方案，积极采取预防措施，提高福建省可移动文物保护能力。

3. 基本掌握全省国有收藏单位可移动文物使用管理情况

在文物藏品使用方面，文博系统文物收藏单位主要是用于陈列展览和研究，而非文博系统文物收藏单位主要是用于研究和查找资料。通过福建省第一次全国可移动文物普查，为加强文物的保护与管理，全省不少文物收藏单位对文物藏品进行账目重新编目，建立规范的藏品档案，在建立电子档案的同时，整理、健全、完善可移动文物纸质档案（记录）；以普查工作的契机，对全省国有馆藏可移动文物全部进行了科学、标准、规范的电子数据信息采集，经省文物鉴定专家组认定，对普查中新认定文物进行了文物定级，并对普查中发现的文物残损情况提出了保护修复的科学建议，对全省可移动文物的长期保护与安全奠定了良好的基础。

（二）健全全省可移动文物保护体系

1. 完善文物档案

文物是历史的遗留物，是重要的国家宝藏，而藏品档案又是文物研究与利用的重要依据。收藏单位对文物藏品按照标准逐一登录，并实行动态管理，每件文物都生成一个全国可移动文物登录编号，建立起覆盖全国的"文物身份证号"和信息管理体系，文物登记备案和安全监管得到有效加强。藏品建档一直是可移动文物保管的薄弱环节，本次可移动文物普查，国家对登录的收藏单位信息、藏品信息、管理信息和影像信息都制定了具体标准。为完善文物档案建设，福建省不少文物收藏单位对藏品账目进行了重新编目，原先已建立藏品档案的各收藏可移动文物单位进一步健全完善可移动文物原始档案记录，做好网上登记可移动文物信息的基础性工作。之前尚未建立藏品档案的文物收藏单位，组织开展了对保管的可移动文物清库，整理、健全完善可移动文物档案（纸质）记录，按照《中华人民共和国文物保护法》和文化部《博物馆藏品管理办法》规定，依法建立藏品档案，做好网上登记的基础性工作；并建立了馆藏资源离线档案，同时将重要文物送福建省文物鉴定中心进行认定。为防止电子文本遭病毒侵害或人为使用不当而损坏，造成资料丢失，普遍采取了电脑、移动硬盘、光盘刻录等方式予以备份和保存，确保了普查资料的完整性。

2. 完善制度和规范

一是全省各级普查办规定文物普查组成员必须具备文物专业知识和较强的综合工作能力，组织参加省文物局举办的培训和专业考试，熟悉普查工作相关政策及技术要求，取得文物普查员资格证后才能参加文物普查组。

二是制定《福建省可移动文物普查组各工作岗位及职责》，根据普查内容，设立摄影、测绘、调查、文字、档案、录入、后勤等工作岗位，按照设定的工作岗位，实行以岗定人、普查与内业整理相结合的方法开展文物普查。

三是对于没有建立专门藏品管理的非文博系统文物收藏单位，通过此次普查，完善了管理制度，对文物藏品实行规范化管理，使其藏品管理水平提升到一个新水平，也更加有利于藏品的研究、保护和利用。

3. 明确保护需求

福建省根据普查成果及普查数据分析，将文物保护纳入全省经济与社会发展规划，文物保护经费纳入各级财政预算。随着政府加大对博物馆基础设施建设和馆藏文物保护的资金投入，可移动文物的保存环境和保存状况有了较大改善，不少博物馆新馆建设提上了议事日程，在收藏、保护修复和展览展示的环境改善及技术设备等方面进行了提升改造。但与此同时，在一定范围内也还存在着文物保存环境不容乐观、保护修复人才匮乏、文物保护设备落后、文物科研水平滞后、项目缺乏科学规划、实施进度缓慢等问题。部分馆藏文物存在不同程度的表面污渍、局部脱釉、裂纹、锈蚀等病害，部分银、铜、铁等金属类器物存在锈蚀氧化现象，部分书画类及有机材质文物存在褪色、折纹、霉变等现象，亟须进行保护修复。可移动文物保护工作的形势仍十分严峻，任务异常繁重。

文物保护工作牵涉面广，由政府牵头，组织相关部门，齐心协力，才能担负起这一历史重任。各地普查办组织编制可移动文物保护中长期规划，重视做好以下方面工作：一是完善文物保护法律法规，建立健全文物管理体制。二是多渠道筹措资金，解决文物保护经费严重不足的问题。三是建设有利于文物收藏的硬件设施。文物收藏需要宽敞、安全、实用、环保的藏品库、暂存库，为藏品营造一个良好的保存环境。四是建立一套完整、详细、科学的藏品档案，使藏品便于保存、查找、研究。五是加强馆藏文物保护，特别是传统制作工艺的保护与传承。通过对古代文物的鉴定、修补、仿制，让观众了解当时工艺，感受历史生活场景，更好地发挥文物的社会教育作用。六是加强专业队伍力量建设。加强学术交流，注重培养文物保护修复人才。

4. 扩大保护范围

今后将在全省范围内进一步加强拓展文物资源领域，建立健全文物登录备案机制和文物保护体系，扩大文物保护范围、加大文物保护力度、保障文物安全，充分整合利用文物资源，丰富公共文化服务内容，推动全省文物保护与文化事业发展进程。

（三）有效发挥文物在全省经济社会发展中的重要作用

2015年和2016年，全省各级普查办结合"5·18国际博物馆日"和"中国文化遗产日"分别举办"第一次全国可移动文物普查成果展"。在福建宋元黑釉瓷调查研究课题基础上，福建省文物局拟继续开展福建青白釉、青釉等古陶瓷系列研究，利用普查成果，依托科研项目，推动学术研究和人才培养。同时，今后还将充分发挥普查成果的作用，出版系列文物及研究丛书，组织专题展览，如利用华侨文物组织"中国华侨史文物展"，利用外国文物和标本，举办"外国文物展"等，让更多的人了解到可移动文物的深刻文化内涵和价值，宣传普查成果，促进成果应用和社会共享，真正实现"让收藏在博物馆里的文物、陈列在广阔大地上的遗产、书写在古籍里的文字都活起来"。

建　议

1. 可移动文物利用方面

整合全省博物馆资源，通过借展、联展、巡展及对外交流等形式，强化文物的展示利用。利用好普查成果，充分发挥文物资源在文化创意产业中的重要作用。在对文物深入研究的基础上，加强对文化创意产品服务开发的支持力度，构建文物收藏单位、文物研究机构、文化创意公司、文物爱好者之间信息共享机制，让普查的成果更好地惠及人民群众。积极推动普查成果转化利用，通过观念创新、技术和模式创新，将文物的资源优势转化为文化优势，充分利用互联网等创新成果，组织、引导和鼓励社会优质资源进入文物保护领域。深入挖掘文物资源蕴含的历史文化价值和时代精神，进行创作、创造、创新，为社会大众特别是中小学生提供形式新颖、内容丰富、方便快捷的公共文化产品。

2. 可移动文物保护管理方面

落实《博物馆条例》，做到领导重视与部门监督齐抓共管，推进博物馆保存环境建设和馆藏文物保护修复。要建立经费保障机制，加大对县级文物库房建设和文物藏品保护的投入。对普查登记的可移动文物，制定必要的保护措施，视其重要程度，政府相关部门提供必要的保护方法或措施，让脆弱的可移动文物免遭损毁。

3. 基层文博队伍建设方面

建议针对当前文物工作面临的新形势、新任务，以及文物行政部门机构编制紧缺以及不健全、不规范、不稳定等突出问题，采取有效措施，完善县级文物行政机构建设。建议在文物资源较丰富、文博事业对经济社会发展作用较显著的文物大县应当设立文物局；一般的县也应当在文体广电出版局内设负责文博业务和文物安全工作的科室。另一方面，加强对县级文物行政管理部门和相关文物事业单位编制的支持，根据当地文物工作的实际情况和需求，适当增加人员编制。同时，要把基层文博人才的培养、培训纳入重要的议事日程，如举办保管员、修复员、讲解员培训等，不断提升博物馆的馆藏文物保护能力。

江西省
第一次全国可移动文物普查工作报告

　　第一次全国可移动文物普查是我国在文化遗产领域开展的重要国情国力调查，也是各级人民政府对本行政区域内的历史文化资源进行全面调查登记的政府行为。按照国务院统一部署，江西省第一次全国可移动文物普查从 2012 年开始，至 2016 年底结束。在国家文物局的有力领导和省政府的高度重视下，江西省普查办精心组织、周密部署，积极开展全省范围内的首次可移动文物普查工作，通过扎实推进"三个阶段"（工作启动、普查实施、验收汇总），认真贯彻"三个落实"（机构落实、人员落实、经费落实），全面做到"三个清楚"（目标清楚、数据清楚、家底清楚），严格把握时间节点和数据要求，发动各级普查机构和各类收藏单位，攻坚克难，齐心协力，按时保质圆满完成了可移动文物普查任务。

　　江西素享"物华天宝、人杰地灵"之美誉，文物资源丰富，门类齐全，以陶瓷文物、青铜文物、革命文物、书院文物等最具特色。此次普查作为国家工程，历时 5 年，江西省按照国家文物局统一制定的普查工作规范和技术标准，同时结合地方实际创新性地开展工作，不仅摸清了全省可移动文物遗产家底，学习掌握了基于现代信息技术的文物工作先进理念和技术，而且摸索出一些具有地方特色的普查工作经验，极大地锻炼了基层文物工作队伍，对加强文物保护、传承历史文化、丰富公共文化服务内容等具有不可忽视的重要意义，今后更将科学、合理、有效地发挥文物在江西省国民经济和社会发展总体布局中的积极作用。

一、江西省普查数据

　　截至 2016 年 10 月 31 日，江西省在全国可移动文物信息平台登录可移动文物327511 件/套，实际数量为 641550 件。其中，珍贵文物 45000 件/套，实际数量为61471 件。登录可移动文物信息的收藏单位 398 家。

（一）江西省可移动文物基本情况

1. 类别

表1 可移动文物类别

可移动文物类别	可移动文物实际数量（件）	实际数量占比（%）
合计	641550	100.00
玉石器、宝石	19660	3.06
陶器	18523	2.89
瓷器	126489	19.72
铜器	14524	2.26
金银器	4161	0.65
铁器、其他金属器	2586	0.40
漆器	625	0.10
雕塑、造像	8472	1.32
石器、石刻、砖瓦	6724	1.05
书法、绘画	26119	4.07
文具	7243	1.13
甲骨	39	0.01
玺印符牌	1860	0.29
钱币	261492	40.76
牙骨角器	2618	0.41
竹木雕	8015	1.25
家具	1176	0.18
珐琅器	111	0.02
织绣	5685	0.89
古籍图书	47214	7.36
碑帖拓本	5445	0.85
武器	6112	0.95
邮品	1644	0.26
文件、宣传品	16186	2.52
档案文书	13363	2.08
名人遗物	4854	0.76

可移动文物类别	可移动文物实际数量（件）	实际数量占比（%）
玻璃器	2981	0.46
乐器、法器	1553	0.24
皮革	197	0.03
音像制品	2419	0.38
票据	15838	2.47
交通、运输工具	25	0.00
度量衡器	398	0.06
标本、化石	1124	0.18
其他	6075	0.95

2. 年代

（1）可移动文物年代类型

表2　可移动文物年代类型

可移动文物年代类型	可移动文物实际数量（件）	实际数量占比（%）
合计	641550	100
地质年代	954	0.15
考古学年代	3260	0.51
中国历史学年代	561628	87.54
公历纪年	70155	10.94
其他	5348	0.83
年代不详	205	0.03

（2）可移动文物中国历史学年代分布

表3　可移动文物中国历史学年代分布

可移动文物中国历史学年代	可移动文物实际数量（件）	实际数量占比（%）
合计	561628	100.00
夏	9	0.00
商	7536	1.34
周	2753	0.49

续表

可移动文物中国历史学年代	可移动文物实际数量（件）	实际数量占比（%）
秦	41	0.01
汉	66021	11.76
三国	1117	0.20
西晋	1837	0.33
东晋十六国	1561	0.28
南北朝	4993	0.89
隋	2005	0.36
唐	22402	3.99
五代十国	3410	0.61
宋	120046	21.37
辽	69	0.01
西夏	15	0.00
金	317	0.06
元	10549	1.88
明	27410	4.88
清	151113	26.91
中华民国	90952	16.19
中华人民共和国	47472	8.45

3. 级别

表4　可移动文物级别

可移动文物级别	可移动文物实际数量（件）	实际数量占比（%）
合计	641550	100.00
一级	2941	0.46
二级	6692	1.04
三级	51838	8.08
一般	518347	80.80
未定级	61732	9.62

4. 来源

表 5　可移动文物来源

可移动文物来源	可移动文物实际数量（件）	实际数量占比（%）
合计	641550	100.00
征集购买	162086	25.26
接受捐赠	39222	6.11
依法交换	288	0.04
拨交	15767	2.46
移交	105727	16.48
旧藏	187351	29.20
发掘	92769	14.46
采集	14664	2.29
拣选	8634	1.35
其他	15042	2.34

5. 入藏时间

表 6　可移动文物入藏时间范围

可移动文物入藏时间范围	可移动文物实际数量（件）	实际数量占比（%）
合计	641550	100.00
1949 年 10 月 1 日前	18218	2.84
1949 年 10 月 1 日～1965 年	87070	13.57
1966～1976 年	33564	5.23
1977～2000 年	412577	64.31
2001 年至今	90121	14.05

6. 完残程度

表 7　可移动文物完残程度

可移动文物完残程度	可移动文物实际数量（件）	实际数量占比（%）
合计	641134	100.00
完整	34409	5.37
基本完整	241095	37.60
残缺	325702	50.80
严重残缺（含缺失部件）	39928	6.23

注：根据国家文物局《关于做好馆藏自然类藏品登录工作有关要求的通知》的要求，登录的自然类藏品 416
件（组），不填写"完残程度"指标项。

（二）江西省可移动文物分布情况

1. 按收藏单位隶属关系统计可移动文物数量

表8　可移动文物数量分布（按收藏单位隶属关系）

收藏单位隶属关系	可移动文物实际数量（件）	实际数量占比（%）
合计	641550	100.00
中央属	0	0.00
省属	127193	19.83
地市属	165208	25.75
县区属	349111	54.42
乡镇街道属	38	0.01
其他	0	0.00

2. 按收藏单位性质统计可移动文物数量

表9　可移动文物数量分布（按收藏单位性质）

收藏单位性质	可移动文物实际数量（件）	实际数量占比（%）
合计	641550	100.00
国家机关	404	0.06
事业单位	635068	98.99
国有企业	6024	0.94
其他	54	0.01

3. 按收藏单位类型统计可移动文物数量

表10　可移动文物数量分布（按收藏单位类型）

收藏单位类型	可移动文物实际数量（件）	实际数量占比（%）
合计	641550	100.00
博物馆、纪念馆	598542	93.30
图书馆	4156	0.65
美术馆	1539	0.24
档案馆	3052	0.48
其他	34261	5.34

4. 按收藏单位所属行业统计可移动文物数量

表 11 可移动文物数量分布（按收藏单位所属行业）

行业	可移动文物实际数量（件）	实际数量占比（%）
合计	641550	100.00
农、林、牧、渔业	9	0.00
采矿业	2196	0.34
制造业	5	0.00
电力、热力、燃气及水生产和供应业	0	0.00
建筑业	0	0.00
批发和零售业	1	0.00
交通运输、仓储和邮政业	1	0.00
住宿和餐饮业	0	0.00
信息传输、软件和信息技术服务业	0	0.00
金融业	0	0.00
房地产业	0	0.00
租赁和商务服务业	0	0.00
科学研究和技术服务业	183	0.03
水利、环境和公共设施管理业	0	0.00
居民服务、修理和其他服务业	172	0.03
教育	17561	2.74
卫生和社会工作	929	0.14
文化、体育和娱乐业	616870	96.15
公共管理、社会保障和社会组织	3623	0.56
国际组织	0	0.00

二、江西省普查工作组织实施

（一）属地管理、分级负责

1. 设立普查领导小组，成立普查机构

为加强对可移动文物普查工作的领导，2013 年 1 月 7 日，江西省人民政府成立了由副省长任组长的江西省第一次全国可移动文物普查领导小组，省委党史研究室、省

发改委、省教育厅、省民政厅、省财政厅、省国土资源厅、省文化厅、省国资委、省民族宗教事务局、省统计局、省档案局、省文物局、中国人民银行南昌中心支行、省军区政治部、省科协等 16 个厅局为领导小组成员单位，普查领导小组办公室设在省文物局，省文化厅副厅长、省文物局局长任办公室主任。为保障普查工作顺利推进，省普查领导小组办公室从文化系统抽调专职人员 21 人，成立组织宣传组、文物认定组、信息登录组和计划财务组 4 个工作组，细化职责，共同负责普查工作的日常组织和具体协调。全省各设区市、县（市、区）也根据"全省统一领导、部门分工协作、地方分级负责、各方共同参与"的原则，迅速成立了以政府分管领导为组长的地方普查领导机构，通过会议或文件等形式对本地可移动文物普查工作进行了动员和部署，使普查工作得以有序展开。

为开展好行业系统的普查工作，省普查领导小组办公室发挥枢纽推动作用，积极与相关厅局协调，建立领导小组成员单位联络员制度等工作机制，与各相关厅局密切配合，加强统筹，认真商讨具体事宜。省文化厅分别与省国资委、省档案局、省财政厅、省教育厅、省民政厅、省文物局等部门联合印发通知，明确这些可移动文物收藏相对集中的系统开展普查工作的要求。

可移动文物普查工作得到高度重视、有序推进。2013 年 4 月 18 日，省政府办公厅组织全省收听收看第一次全国可移动文物普查电视电话会议；5 月 22 日，省人民政府召开全省第一次可移动文物普查电视电话会议，要求各地按照国家的统一部署，认真借鉴以往文物普查的成功经验，制定工作方案，组建普查队伍，统一标准规范，提高普查质量，扩大成果应用，高质量完成这次普查任务。为稳步推进全省普查工作开展，按时保质完成各阶段的工作任务，2013 年 11 月，省普查办在南昌召开江西省第一次全国可移动文物普查工作会议；2015 年 5 月，在鹰潭召开全省设区市普查办主任工作会议暨普查工作现场推进会；2016 年 5 月，在鹰潭召开全省可移动文物普查办主任座谈会。几年来，省普查办根据国家要求和普查进度，陆续印发 20 余个通知、方案、规范性文件等，建立月报制度、督察制度，及时了解各地进度并提出督察要求，推动全省可移动文物普查工作按国家要求分步实施。省普查办创建"江西可移动文物普查""可移动文物普查联络员"两个 QQ 工作交流群，成员已超过 400 余人，搭建本省普查信息沟通平台，更新普查信息和文件，解答普查相关问题。

因本次普查任务范围广，时间跨度长，对人员、专业技术和相关设备都有较高的要求，需要各级各部门的大力支持。副省长多次听取普查办有关情况汇报，及时了解普查工作进展，解决遇到的实际问题。省政协文史学习委员会把可移动文物普查工作作为 2014 年度重点调研课题，副主任一行 6 人深入吉安市、宜春市相关博物馆、图书馆、档案馆等国有文物收藏单位调研，提出富有针对性的建议。

2. 制定普查实施方案和工作制度

根据国务院《关于开展第一次全国可移动文物普查的通知》《第一次全国可移动文物普查实施方案》等有关文件精神和要求，结合实际，2013 年 11 月，省政府办公厅向各市、县（市、区）人民政府，省政府各部门发布《江西省第一次全国可移动文物普查实施方案》，对全省可移动文物普查工作进行全面部署。该方案经过充分酝酿、几经征求意见、反复修改制定，从普查的意义、目标、范围和内容、技术路线、组织、实施的时间与步骤、普查数据管理和成果应用、经费、宣传、总结等十个方面对全省普查工作做出了具体安排。明确江西省普查的标准时点是 2013 年 12 月 31 日，普查分为工作启动、普查实施和验收汇总三个阶段：第一阶段（工作启动），2013 年，主要任务是成立普查机构、制定普查实施方案，组建普查队伍，开展普查培训；第二阶段（普查实施），2013 年 11 月～2015 年 12 月，主要任务是以设区市为基础，开展文物普查认定和信息数据登录。普查数据资料采取采集、建档、报送、审核、登录依次开展的方式；第三阶段（验收汇总），2016 年 1～12 月，主要任务是进行普查资料的整理、汇总和发布普查成果。各市、县（市、区）政府、各有关单位根据实际情况对《实施方案》进行了细化。

为确保全省可移动文物普查工作安全有序进行，江西省首先组织开展了文化系统内文物收藏单位藏品检查和建章立制工作。省文化厅连续下发《关于进一步加强全省馆藏文物管理的通知》和《关于加强全省博物馆制度建设的通知》，就文化系统各文物收藏单位切实做好普查工作提出具体要求。

3. 落实普查工作经费

经费是开展普查工作的重要保障。《江西省第一次全国可移动文物普查实施方案》明确："江西省第一次全国可移动文物普查所需经费由省和市、县（区）人民政府分别负担，并分别列入省和市、县（区）相应年度的财政预算。"为确保普查经费落实，省财政厅、省文化厅联合下发了《关于开展第一次全国可移动文物普查经费保障专项督察工作的通知》，市、县两级财政将普查所需经费列入相应年度财政预算，安排专项资金，按时拨付使用，使用中注重加强管理，强调厉行节约，做到专款专用，确保资金使用规范、安全、高效。据统计，省本级共安排经费 780 万元，地市级共投入经费 661 万元，区县级共投入经费 1665.05 万元。全省各级合计 3106.05 万元。

普查经费主要用于普查宣传、单位调查、文物认定、人员培训、设备购置、出版印刷、资料档案费、办公用具等。据统计，各级普查机构均新配置了电脑、相机、拍摄辅助工具等设备。经费使用上，按照专款专用的原则，严格做好经费预算，所有采购设备均在财政采购中心进行招投标。

4. 组建普查队伍

全省总投入普查人员 2622 人。主要由省本级普查办工作人员、国有单位普查工作人员，在职文物专家和部分退休专家组成。各设区市普查办和省直各文博单位则在省普查办指导下，各自以地区、本单位专业人员和馆藏陈列人员为主，部分藏品多的单位还聘请了本行政区域大专院校师生参与普查，在寒暑假期间，有若干大专院校志愿者参加了普查活动。2014 年省普查办登记、汇总了全省普查员信息，实行"一人一号一证"，共发放普查员证 1115 本，其中省直 99 本，地市 188 本，县区 828 本。

实施普查，人才是关键。为全面提高普查水平，加强队伍建设，省普查办一是成立了 36 人的省级专家库，以加强对普查工作的咨询和指导，根据普查阶段又专设文物认定专家组、文物数据审核专家组。各市、县也相应成立了专家组，建立了 200 人的地方专家库，负责本辖区的文物认定和数据审核工作。二是积极派员参加全国可移动文物普查研讨会、骨干培训班等各期培训学习，50 余人次受训。三是根据分级分类原则，合理安排培训批次，逐级展开标准化培训，以规范工作流程，保证普查质量。据统计，4 年多来，共组织省级培训 8 期，850 人次受训；地市级培训 81 期，1933 人次受训；县区级培训 379 期，4322 人次受训。

（二）调查、认定、采集、登录、审核，分阶段实施

1. 国有可移动文物收藏单位调查阶段

国有单位文物收藏情况调查是可移动文物普查启动阶段的重要基础性工作，是保证普查全面有效开展的关键环节。2013 年，省普查办下发《关于做好全省国有单位文物收藏情况调查工作的通知》，明确调查对象、调查流程与方法、调查内容和重点、报送材料和时间要求，强调在普查范围上不漏单位、在普查对象上不漏文物、在信息登记上不漏项目。针对此次普查对象遍布各地市城乡，远近不一的实际情况，省普查办下发《致国有可移动文物收藏单位的公开信》，争取社会各界支持；基层把握方式方法，通过采取快递邮寄、邮政挂号、上门送达并指导调查表的填写等多种方式，切实做好《国有单位文物收藏情况调查登记表》的发放和回收工作。据统计，共发放调查登记表 48094 份，回收 48094 份，完成率 100%，反映全省共登记各类国有、企事业单位 48094 家，其中：机关单位 10459 家，事业单位 32979 家，国有企业及国有控股企业 4656 家。2014 年 8 月，省普查办又下发《关于进一步加强我省可移动文物普查工作的通知》，布置开展国有文物收藏单位"回头看"活动。要求各级普查办在前期普查登记的基础上，认真排查，既要做到对本区域国有单位全覆盖，不留盲区；又要对有可能

收藏文物的重点单位进行复查，力争新增一批国有收藏单位。经汇总各地市所报普查数据，反馈有（疑似）文物收藏单位总数431家，占全省国有单位总数的0.9%。各普查办因此掌握了本辖区国有单位名册，摸清了国有文物收藏单位收藏情况，为第二阶段普查全面开展打下了坚实基础。

总结此阶段江西省工作方法：一是坚持以区域普查为主线，以条线核查为辅线，确保普查覆盖率。各级普查办积极与编办、国资委、统计局等部门沟通，收集国家机关、事业单位、国有企业和国有控股企业的名单，并逐一对名单进行电话核实，清理已撤销和新成立单位情况，获得准确完整的国有单位名录。二是通过实地走访、上门调查、邮寄调查表、电话联系等各种方式，多管齐下，确保调查表的回收率、反馈率。三是重点深入调查、动态跟踪到位。想方设法让相关单位了解可移动文物普查的意义和重要性，打消疑虑，积极配合、参与普查工作，对个别单位做到"一对一"服务；对部分国有单位填报的调查表未能全面准确反映文物的实际情况，按照所属行业、系统分片、分级、分类分配排查任务，分工协作，层层落实，确保不漏、不缺。

2. 国有可移动文物认定工作阶段

为使可移动文物认定工作有序开展，2014年组建江西省第一次全国可移动文物普查文物认定组专家库。省普查办下发《关于印发江西省第一次全国可移动文物普查文物认定专家组成员名单的通知》，其中省普查文物认定组包括陶瓷、青铜、玉杂、书画、货币、近现代、古生物七类36名专家；11个设区市达到全覆盖，共200名专家。文物认定工作实行属地管理、分级负责原则，坚持文物认定程序，对反馈有可移动文物收藏的国有单位统筹安排文物认定工作。省本级普查办文物认定组负责江西省境内各省直国家机关、事业单位、国有企业和国有控股企业等各类国有单位以及其他中央驻赣单位所提出其收藏保管的国有可移动文物的认定工作，并对市、县的第一次全国可移动文物普查的文物认定工作给予指导、帮扶。各设区市建立的专家组，原则上负责本辖区的文物认定工作，如有需要，也可请省普查办抽调省专家组成员予以支持。

为确保文博系统外国有单位的文物认定工作顺利完成，省普查办对全省文博系统外国有文物收藏单位的文物认定工作进行了统一部署，确定了分步进行的工作思路，即先由非文博系统单位依据相关标准和规范将各类藏品进行筛查整理、登记，再由各普查办文物认定组上门进行认定并采集有关数据。认定中，各普查办根据工作实际及时派出专家给予指导，对存有争议的，由市普查办提请省普查办专家予以最终裁定，从而确保了文物认定工作的严谨性、科学性和准确性。如针对景德镇国有老陶瓷企业库存瓷器多的状况，景德镇市普查办协助江西省陶瓷工业公司，邀请国家、省、市三级共9位专家参与库存瓷器的分类遴选工作，对其所辖数十家瓷厂库存134484件陶瓷器行了分类遴选，最终遴选出 43 件/套古陶瓷和 5 件禁止出口的现代艺术家作品。

3. 国有可移动文物信息采集登录阶段

文物信息采集登录是可移动文物普查工作的重中之重。

（1）印发文件等情况

普查之初，江西省按照要求开展了可移动文物数字化现状调查和初始化信息填报工作，分别下发了《关于填报〈可移动文物数字化现状调查表〉的通知》《关于填报〈普查办用户初始化信息表〉和〈收藏单位初始化信息表〉的通知》；进入全面采集登录阶段，又陆续下发了《关于进一步加强我省可移动文物普查工作的通知》《关于加快推进可移动文物普查工作的通知》《关于可移动文物普查工作的督办函》《关于我省珍贵文物登录工作有关事项的通知》《关于进一步加快可移动文物普查工作的通知》等通知，扎实推进本阶段工作任务。

（2）采集登录工作组织情况

省普查办下设信息登录组，负责指导全省数据采集登录工作。各设区市、县级普查办也相应设立机构，采用属地管理与分级管理相结合、各收藏单位具体负责与各级普查办分类指导相结合的方式来开展藏品数据采集登录工作。

（3）对非文博系统单位的帮扶和组织工作

在采集登录阶段，各级普查办对非文博系统单位采取了一系列的帮扶和组织工作：其一，针对全省高校文物数据相对较多的情况，组建了高校普查办，派遣专家前往教育系统普查培训班授课，具体指导和负责全省高校的数据采集登录工作；其二，针对非文博系统单位技术力量薄弱的实际情况，由各级普查办组成专家组或技术人员前往收藏单位现场，采取上门服务的形式，帮助其完成藏品信息采集与录入工作，确保数据准确与文物安全。

（4）采集登录工作方式

开展培训、培养骨干。在全省范围内开展多次多层面的采集登录骨干培训班，将国家培训、全省培训、分片培训、各设区市培训相结合，将文物数据采集的要点、数据登录平台操作和经验交流相结合，培养出一批能具体操作的业务骨干，为普查工作提供人力保障。

制定程序、推广经验。根据实际情况，制定切实可行的采集登录程序，并将全省做得好的收藏单位的工作经验进行推广。如鹰潭市博物馆的经验，人员配置：文物普查数据采集、登录及联网阶段，安排三人一组，一人负责文物藏品测量、拍照，一人负责搬运文物，配合测量拍摄工作，一人进行文物信息登记和录入工作；工作程序：普查人员按时入场→数据采集设备安置→数据采集→数据备份→数据采集结束→数据导入国家信息登陆平台→数据联网上报→等待数据审核→审核通过→结项。工作设备：相机、灯光器材、测重电子秤、测量用直尺、三角尺、卡尺、卷尺、白色手套等。

（5）采集登录推进方式

为确保于 2015 年底前完成全省普查登录任务这一目标，省普查办三令五申，对各级普查机构提出明确要求：一是不松劲。抓督导、抓通报、抓进度，建立业务指导组，以先带后做好普查各项工作，倒排时间表，确保普查进度。督促各县普查办在 2015 年 9 月前完成系统外收藏单位的登录工作；1000 件藏品以内的博物馆、纪念馆，在 10 月底前完成数据登录；5000 件藏品以内的博物馆、纪念馆，在 11 月底前完成数据登录。二是不打折。全省普查工作做到区域全覆盖、单位全覆盖、藏品全覆盖、指标全覆盖，不留盲点，确保全覆盖，未如实申报藏品数的单位督促其限期改正；对前期预申报文物收藏单位经认定没有文物藏品的，9 月底前以设区市为单位报省普查办汇总。三是不返工。认真按照规范标准做好普查每一环节工作，不马虎，不做无用功，不浪费时间返工，一步到位；安排好时间进度，严格控制管理普查数据质量，对上报数据，根据国家要求进行初审、中审、终审，确保数据质量，把普查差错率严格控制在 0.5% 以内。四是不失手。普查过程中对文物藏品做到不打掉、不偷掉、不换掉，确保文物安全。

在省普查办的强力组织推进下，依靠各设区市、县及省直各级普查机构和收藏单位的共同努力，2015 年 12 月 31 日，江西完成全省第一次全国可移动文物普查数据登录工作。

4. 国有可移动文物信息审核阶段

普查数据质量是普查成功的根本保障，数据审核是普查工作的重要环节。

（1）印发文件等情况

省普查办陆续下发了《关于印发〈江西省第一次全国可移动文物普查数据审核实施方案〉的通知》《关于召开江西省第一次全国可移动文物普查数据审核实施工作会议的通知》《关于开展江西省第一次全国可移动文物普查数据集中审核工作的通知》等文件，全面落实国家文物局对普查数据审核的要求。

（2）审核工作部署、时间安排、组织实施情况

为按时保质保量完成可移动文物普查审核阶段的任务，江西省分阶段采取了两种审核方式：

前期，主要采用端口前移、线下审核、逐级负责的方式，严把收藏单位数据登录和审核质量关，有效减少了数据在线修改的数量。省普查办对全省已登录平台的数据进行质量分析和意见反馈，完成部分设区市和收藏单位数据的线下审核工作，完成全

省珍贵文物数据线下审核工作。同时，通过数据审核工作，剖析典型问题，明确相应的修改方式，优化文物登录质量。

后期，结合江西省可移动文物普查数据审核工作量大，总体数据质量不够理想，修改数据时间紧、任务重、困难大等实际情况，省普查办决定开展全省可移动文物数据集中审核工作。根据全省各市县及省直属单位可移动文物普查情况，分四批于2016年7～8月轮流在省会南昌集中审核。一期先行试点，二三期解决数据量大或修改难度较大的单位，四期安排数据量小或质量较好的单位。2016年8月31日，江西省按时完成普查数据审核工作。

（3）审核工作流程、阶段、次数、审核数量、专家数量

江西省成立省级审核工作专家组，成员由具有丰富实际工作经验且专业水平较高的省、市文博单位的七名专家组成。集中审核请专家现场指导，市普查办专家对本市各县普查数据具体把关，省级审核专家对各市普查工作技术问题释疑解难，统一标准，提高数据质量，最后逐一对各普查单位数据现状进行评估，并对达标数据验收。

参加人员分成四批（共174人）：第一批：7月19～24日，宜春市、新余市、萍乡市（30人）；第二批：7月24～29日，省直单位、景德镇市、抚州市（47人）；第三批：8月1～7日，九江市、赣州市、吉安市（73人）；第四批：8月7～15日，南昌市、上饶市、鹰潭市（24人）。

（4）非文博系统收藏单位审核工作情况

江西省各非文博系统收藏单位审核顺利通过，各单位认真负责，积极组织，指派专人负责此项工作，对所在单位各类文物进行认真登记并做数据录入，确保无错误、无遗漏。

（5）数据审核中反映的问题、后期改进措施等情况

对数据审核中发现的问题，省普查办及时梳理，并立即改进解决。如：反映多个收藏单位藏品性质可能存在错误，专家提出后，绝大多数被指出的单位都能及时改正，杜绝了一批非文物类藏品作为文物登录；审核抽查中发现并及时修正了一些收藏单位藏品名称的通名错误、时代不准错误，对于此类错误出现率较高的单位则要求全面改正；发现数家单位一件套藏品表格中登录多件套文物，及时要求收藏单位改进，有序分号，避免了多件套器物杂混的情况；对全省登录表中的部分关键词语进行了界定与统一，如文物级别中"一般""未定级"，还有"文物""标本""资料"做出了明确的界定。

江西省高度重视珍贵文物数据的导入和核对工作。由各文物收藏单位自行认真核实数据信息，然后提交省普查办。省普查办进行了一次全面细致的审核，从中发现与

纠正了一些关键数据。为了保证在全国第一次可移动文物普查平台中江西省珍贵文物的安全，避免错报、多报、重报、少报的误差，在2015年底全省博物馆馆长培训班上，专门安排专家讲解《关于全国第一次可移动文物普查中我省珍贵文物登录的问题》，要求各普查单位高标准地严格控制珍贵文物数据质量，高度重视珍贵文物数据的导入，列举珍贵文物导入时应特别注意的几个问题，强调珍贵文物重要指标项修改后必须备案与统计。后并将此内容作为省普查办通讯中刊发。

（6）省级终审工作成效

数据质量明显提高。通过省级终审，江西省可移动文物普查数据质量有了一个全面提高，规范了数据的各指标项内容。

照片整体质量大有改进。对不符合标准的照片，要求收藏单位重新拍照。照片与实物不一致，错放藏品总登记号的，也要求收藏单位对照片进行正确编号。

文博队伍得到锻炼。通过集中审核，不仅进一步规范了数据标准，提高了数据质量，为江西省未来可移动文物高质量数据库的建立奠定了坚实的基础，而且参加这次工作的全体人员在干中学，在学中练，大家业务水平普遍有很大的提高。

（三）宣传动员

为营造良好的舆论氛围，动员社会力量广泛参与普查，江西省注重普查宣传工作的提前介入和全面铺开。

1. 细化工作计划

省普查办制定《江西省第一次全国可移动文物普查宣传工作计划》和《实施方案》，对全省普查宣传工作做出具体安排，宜春、新余、赣州等设区市制定了具体的宣传方案，一些地方还建立了普查工作信息报送制度。

2. 明确宣传责任

省文化厅、省文物局要求全省各地把普查宣传工作作为本行政区域内重点文化建设工作进行宣传，并作为年度绩效考评重要内容之一。据统计，全省各级共组建普查宣传机构98个，制定宣传方案102个。

3. 编发普查工作简报

全省编印普查工作简报118期，其中省普查办印发27期、地市级印发91期，及时反映工作动态、进展和成效。及时更新普查平台相关栏目信息，根据进展情况，完善"重要通知""新闻资讯""政策文件"等普查平台中地方频道的栏目信息。

4. 丰富宣传方式

省市县三级普查办综合运用报纸、电视、网络等传播手段和条幅、海报、宣传册页、流动展览、手机群发普查标语、文艺表演等宣传方式，全方位加大普查宣传力度。其中电视 174 次，互联网 244 次，报刊 134 次，发放海报 19410 份，组织文艺演出 4 次，出版主题期刊 5 次，发放册页 89140 份，制作发放普查宣传品 229 个，宣传单 65100 份，展览 20 个。利用国际博物馆日、中国文化遗产日等重要文化节日，广泛宣传可移动文物普查的重大意义，向公众普及文物知识与普查知识，激发公众对普查工作的关注和参与。有的还创新宣传手段，以新颖、实用的方法让普查深入人心，如新余市可普办设计制作了普查纸折扇、普查瓷杯、普查环保袋等日常生活用品；永修县博物馆为普查宣传谱写歌曲《文博梦》，让群众喜闻乐见。

5. 加强宣传力度

各地积极参与中国文物报的"第一次全国可移动文物普查征文"活动，《我所感知的文物普查》《历史的脚步》在"我是普查员"栏刊登；《玉山浙赣铁路抗战殉职员工纪念碑》《一份红色交通证》在"我是国宝"栏刊登。《中国文化报》《中国文物报》《江西日报》和江西卫视等媒体也对江西省普查工作进程和工作经验进行了及时报道。

（四）质量控制

根据国家文物局下发《关于做好第一次全国可移动文物普查进度管理和质量控制的通知》和《关于做好第一次全国可移动文物普查数据安全管理工作的通知》精神和要求，省市县三级普查办严格按照"属地管理、分级负责、统一标准、分类填报、规范登记、严格把关"的原则，通过开展培训、加强督导、组织验收、安全管理等，狠抓普查质量控制，有序推进全省可移动文物普查工作。

1. 开展业务培训，规范工作流程

第一次全国可移动文物普查工作是一项系统工程，有严格填写规范、报送制度和专用的报送软件及统一平台。前期必须对工作人员进行系统的普查培训，使大家熟悉普查工作流程和各个环节的要求，熟练使用普查软件以及全国可移动文物信息登录平台的各项操作。

2013 年 11 月 17～18 日，省普查办举办全省可移动文物普查骨干培训班，培训重点为信息登录平台、信息采集软件、普查登录规范、文物拍摄注意事项和文物信息采集注意事项等内容，近 200 名负责同志和业务骨干人参训。

2014 年 7 月 15～17 日，省普查办举办全省可移动文物普查信息登录平台骨干培训班，讲授信息登录平台、普查登录规范等内容，90 人参训。此后，全省各设区市和省普查领导小组成员单位全面开展普查培训工作，共培训普查业务骨干 600 余人次。

2015 年 5～6 月，省普办陆续在鹰潭、宜春、吉安、九江、南昌市举办五期可移动

文物普查审核工作培训班，讲授普查进度管理与质量控制、普查数据审核与质量评定及普查数据审核工作流程等内容，400 余人参训。

2016 年 5 月，省普查办在鹰潭举办全省可移动文物普查审核骨干培训班，讲授数据审核工作要求和普查总结编写要求，80 余人受训。

2. 加强督导力度，狠抓进度管理

为确保普查工作按计划、保质量完成，江西省加大督导力度，2015 年省普查办增设工作督导组，采取多种方式推动工作。

一是实施月报制度。省普查办制定全年进度表，各设区市、区县级普查办制定相应的工作计划和工作进度表，每月向上一级普查办提交工作进度情况，确保信息报送进度和完成率。

二是建立进度管理和质量考核管理制度。将普查工作成绩列入每年度设区市绩效考评内容；对各设区市、县区普查办和收藏单位普查情况进行阶段性监测，每月印发一期工作月报，及时通报各地普查进度，对进度较慢的地区，有针对性地采取召开现场座谈会、督察会等方式加以检查指导；对进度太慢的单位，下发督办函，督促十余个单位采取有力措施，倒排时间表，并请其上级主管部门帮助督办。

三是组织实地督导。2015 年省文化厅、省文物局下发《关于建立全省文物重点工作督导机制的通知》，将可移动文物普查、馆藏文物管理等 8 项工作作为全省文物重点工作，成立了重点工作督导组和专家组，督导组下设 11 个督导小组，每个督导组分片包干负责 1 个设区市的督导工作，连续两年派出督导组进行实地督察。

3. 组织普查验收，评定总体质量

省普查办下发《关于做好江西省第一次全国可移动文物普查验收工作的通知》，省内各级普查机构和登录至全国可移动文物信息登录平台的收藏单位均纳入验收范围。各设区市普查办和省直文博单位按要求汇总填报《第一次全国可移动文物普查验收表》，并根据本辖区本单位普查工作情况，形成《验收报告》；省普查办负责开展全省普查验收工作，按照《关于组织江西省第一次全国可移动文物普查实地验收的通知》，验收组一行 5 人分别在吉安、宜春、鹰潭、南昌四地，分片对各设区市和部分重点文物收藏单位普查情况进行验收，采取查工作台账、查制度原件和实地抽查相结合的方式，全面验收普查的组织、普查的覆盖率、普查实施进度和质量等，重点查看普查工作整体推进与宣传情况、收藏单位与文物名录、制度建设情况以及普查审核中发现问题整改工作情况。

4. 强化安全措施，确保文物安全

各级普查办和文物收藏单位，始终把人员安全、文物安全、数据安全的管理作为

普查工作的重中之重来抓。普查过程中的人员用电、攀爬，文物的提取、拍照、测量、清洁、存放、装箱、转移，数据的存储与备份、规范管理等安全工作，都列入了培训内容，得到了严格执行。

（五）普查工作总结情况

2016 年 5 月，省普查办落实全国省级普查办主任会议精神，在全省可移动文物普查办公室主任座谈会上部署普查总结工作，要求各地尽快全面完成可移动文物普查任务，总结经验，于 9 月底前上报普查总结报告，并安排专家讲授《普查报告编制要求》。各地着手开展普查工作总结，陆续上报验收报告和普查总结。10 月，省普查办在各地上报材料基础上，编制《江西省普查工作报告》。

省普查办计划普查工作总结暨表彰方案，对普查工作中的突出单位和个人进行嘉奖。

三、普查工作成果

江西省第一次全国可移动文物普查圆满完成，基本实现了摸清家底、信息化管理、展示利用等预定的普查目标，极大地推动了全省新时期可移动文物保护工作，为实现江西省建设文物强省打下了坚实的基础。主要成果表现在：

（一）掌握江西省可移动文物资源情况及价值

一是全面摸清了全省国有单位可移动文物的数量分布、保管权属、保存状况和使用管理等情况，增强了对可移动文物保护工作的针对性，为科学制定保护政策和规划提供依据。

二是建立了全省国有可移动文物收藏单位名录和国有可移动文物目录，方便今后检索查询，为文物的标准化、动态化管理创造基础条件。

三是有了完善的可移动文物信息登录系统、综合管理系统和社会服务系统，为实现全省文物信息资源的整合与合理利用打下坚实基础。

四是培养造就了一批精通业务并适应信息时代的新型文物工作者。艰苦的普查过程，让普查人员发现了各自的业务短板，从而增强了业务人员的责任心、使命感、危机感；普查的完成，更提升了业务人员的工作自信心、自豪感。

（二）健全文物保护体系

1. 完善文物档案

本次普查采集、登录的主要内容包括文物名称、类别、级别、年代、质地、保存状态、收藏单位等14项基本信息，11类附录信息、照片影像资料以及文物收藏单位主要情况。所有国有文物收藏单位按要求对一般文物和未定级文物进行清查、梳理，填写档案和编目卡；对现有珍贵文物档案、编目卡进行整理完善；补充了符合规范的影像信息，使每件文物有了自己的"身份证"。普查前只有博物馆等文物机构建有文物藏品账目，而其他一些收藏单位几乎未对藏品进行过整理。如鹰潭市普查前有639件/套文物未建立过文物档案，现在完成了普查13184件/套文物的建档。

文博系统内主要大型收藏单位，如江西省博物馆对馆藏铜钱进行清理清点，景德镇御窑博物馆对馆藏品及馆藏标本进行清理入库调查，景德镇陶瓷馆完成了清库建档工作和账目核对工作情况。

通过普查，解决了不少相关建档问题。名称、数量统计更加规范、准确；尺寸的计量、完残程度、质地的认定更加精确；一些单位部分藏品的来源不十分清晰的，经过多方求证，得到及时改正；完残状况的表述更加清晰。

2. 完善制度和规范

在第一次全国可移动文物普查工作中，从调查走访、摸清文物家底、文物认定登记、数据录入、数据审核等几方面工作的不断总结经验，现基本形成了可移动文物工作机制。通过普查，各文物收藏单位相继完善了安全保卫制度、安全责任追究制度、重大案件、灾害事故、重大隐患报告制度、文物安全检查及事故隐患整改制度、文物安全保卫人员培训和考核制度、库房保管人员守则、库房值班制度、库房管理制度、关于藏品提用、注销及统计的规定、文物标本资料管理制度、入库制度、节日期间应急方案、外来人员管理制度、24小时值班与交接班制度、安全保卫应急预案等规章制度。

3. 明确保护需求

通过文物普查，各地各单位明确了本行政区域本单位文物总体保护需求，将从保存环境、保管人员、保护技术等方面制订相应工作计划；明确了不同类型文物保护需求，将从文物级别、类别、年代、完残程度等方面，制定具体可移动文物保护方案；明确了各类收藏单位保护需求，将根据不同级别收藏单位、不同类型收藏单位、不同行业收藏单位的具体情况，制订相应的保护计划，确定今后保护工作的重点。

普查期间，宜春、吉安、赣州、景德镇等几大设区市和进贤、玉山、德兴、宁都等20余个县级博物馆新建或改扩建馆舍，可移动文物保护条件、保存环境得到明显改善和提升。

4. 扩大保护范围

以往文物藏品保护工作多局限于文物系统的博物馆纪念馆，通过本次可移动文物普查，增加了行业外的文物收藏单位，扩大了文物保护范围，拓展文物资源领域，拓宽了文物保护利用工作新思路。在继续做好传统文物收藏单位保护利用工作的基础上，将非文博系统收藏单位实现藏品规范化管理，建立统一的数据平台，实现藏品资源共享，将大大提高文物的利用率，让文物真正的活起来。

（三）有效发挥文物在本行政区域经济社会发展中的重要作用

2015 年起，江西省普查工作重点由数据登录转向数据审核和成果转化，努力让人民群众共享普查成果，以更好地惠及民众、普及民生。集中宣传与普查有关的文物法律、法规，普查标准规范、工作进展、成果、先进事迹等，扩大普查的社会影响。普查也为陈列展览、研究、成果出版等提供了极大的便利，收藏单位可以便捷利用普查数据，如根据数据分析、比较和研究，较容易找到展览和交流的主题，方便提交展览清单和制作宣传册页，可大致计算出展柜所需的空间；学术研究时，可直接引用现成的数据。

普查成果展览：江西省普查办配合国家文物局举办"第一次全国可移动文物普查成果展"，收集全省普查图片、影像等相关资料；许多地市县都举办了普查成果图片展，其中景德镇市 2013 年作为"中国文化遗产日"全国主会场、鹰潭市 2015 年作为全省"5·18 国际博物馆日"暨"中国文化遗产日"宣传活动主会场，期间推出普查展览，影响较大。值得一提的是，南昌汉代海昏侯遗址考古取得重大成果，按照国家文物局"一流的发掘、一流的保护、一流的展示"要求，省博物馆、省文物考古研究所对 1 万余件出土文物进行科学清理、修复保护、建档建账，同时为让社会公众能更加及时、直观了解考古成果，已分别在南昌、北京两地向社会推出"海昏侯考古成果展"，展览受到观众广泛欢迎，领导高度评价，媒体高度聚集，社会高度认可，其中在首博展出 117 天，42 万人次观展；第三次展出已有 17 万人次观展。省博物馆同时推出微信公众号、开展学术讲座等，引导观众看精美珍贵文物、看汉代社会文化、看刘贺传奇人生，观众通过手机可以微预约、品"海"展、读故事。

普查期间，景德镇市国有文博单位共举办常设展览 12 个，对外交流展览 19 个，共展出藏品数量 4800 余件／套、参观人次约 735 万人次。其中景德镇御窑博物馆利用馆藏文物分别在北京、天津、广东、山东、湖北、湖南、福建、浙江等近 10 个省和台湾、澳门两地举办近 20 场御窑瓷器精品展，其中与故宫博物院合作举办的"大明御窑瓷器——御窑遗址出土与传世洪武、永乐、宣德瓷器对比展"和"御窑出土成化官窑瓷器展"在业界影响很大。

普查成果出版物：上述展览均配合出版相关图录和研究论文，如景德镇陶瓷馆出版了《话说瓷都》，景德镇御窑博物馆出版了《东方华彩》《朱见深的世界——成化斗彩鸡缸杯特展》《洪武、永乐官窑出土文物展》《成化官窑出土文物展》《景德镇文化》《御窑史话》等。与海昏侯相关的出版物与文创产品更是如雨后春笋，如《图说海昏侯》《刘贺证史》《传奇刘贺》《海昏之谜》《发现海昏侯》《海昏王的自述》等等，很受百姓欢迎。

普查利用计划：一是充分利用本省普查成果，编制《江西省可移动文物普查文物精品图录》，举办"全省第一次全国可移动文物普查成果展"；二是以普查成果为基础，借助信息化技术，切实摸清江西革命文物的数量、保存现状和保护需求等基础信息，要求各设区市梳理本辖区现有馆藏革命文物资源目录，省普查办建立江西省革命文物专题数据库；三是开展革命文物巡回鉴定工作，争取三年内完成全省文博系统内文物收藏单位馆藏革命文物分类、定级、建账和建档等工作；四是制订全省可移动文物保护需求计划，分类别、分级别、分项目推动文物系统馆藏文物修复保护和预防性保护工作。

建 议

第一次全国可移动文物普查工作全面结束，但可移动文物保护工作任重道远，为更好改进和推动江西省文物事业的发展，提出以下建议：

1. 创新文物保护监管机制

加强对新发现文物的建档备案工作，实现专人管理、专地存放，建立起技防、人防保护体系。专业文博机构要充分发挥保护、管理和修复等技术优势，积极主动帮助和指导其他收藏单位开展好文物保护相关工作。文物部门要加强技术指导和信息交流，不定期调查走访，与收藏单位建立起有效地沟通协调机制，最终建立横向文物保护网络和动态文物管理机制。

2. 健全文物保护资金投入体系

通过普查，分散在文博系统外的国有可移动文物被发现，文物总量有了大幅提高，文物保护经费投入与文物保护任务的矛盾更加突出。提高经费使用效率的同时，必须加大财政资金支持力度，一方面增加对文博机构、场馆的文物保护资金投入；另一方面对收藏有文物的国家机关、国有企业和文博系统外的事业单位设立文物保护管理专项资金，用于文物保护管理工作。

3. 加强文物专业队伍建设

目前江西省文化遗产保护力量总体不足，文物保护从业人员高层次人才相对缺乏，非文博单位文物管理人员能力素质与岗位职责需求差距较大，因此，要不断加强文物保护队伍建设，针对文物保护工作需要，开展有计划、有步骤、有层次的针对性培训、进修，提高文物保护队伍素质，增强文物保护工作能力。同时，要重点培养、引进一批中青年学科带头人和高层次复合型人才，形成支撑文物保护事业持续发发展人才基础，保证文物保护事业顺利、高效、持续发展。

4. 提高文物展示利用率

可移动文物不是束之高阁的古董、秘不示人的"宝贝"，而是直接关系民生幸福指数的文化大餐。可移动文物普查后文物不能还"藏在深闺人未知"，而应按习近平总书记指示，"让文物说话、把历史智慧告诉人们"。要在有效保护管理的前提下合理利用，充分发挥文物特色资源优势，切实让广大群众共享文物保护成果。有条件的国有文物收藏单位可以利用现有场所，也可以由文物部门统筹协调，利用文物藏品自身特点，开办各具特色的专题博物馆或陈列馆，或结合本区域文化特色，举办各类专题展览，展示文物的丰富内涵，使博物馆事业真正融入社会，融入公众生活中。

山东省
第一次全国可移动文物普查工作报告

　　山东省地处华北平原东部，黄河下游，东临海岸，是中华民族重要的发祥地之一，创造和积淀了博大精深的齐鲁文化，留下了极其丰厚的文化遗产。

　　第一次全国可移动文物普查是新中国成立以来我国首次针对可移动文物领域的一次重大国情国力调查，是一项旨在全面掌握我国文物资源、加强文物保护、建设文化遗产强国的国家工程。山东省高度重视第一次全国可移动文物普查工作，为做好国有可移动文物普查的前期准备工作，2012年3月经山东省文物局推荐，青岛市承担了国家文物局确定为国有可移动文物普查试点工作，在试点工作过程中探索了构建一套普查组织体系，促进"全面普查和重点普查相结合、普查工作与提高队伍素质相结合"两个结合、突显"三个落实、三个到位、三个清楚"，建立普查督导制度、信息通报制度、专家咨询制度、沟通协调制度四项制度等做法，为全国普查工作有效建立普查机制、开展国有单位调查起到了积极的探索作用，对全省、全国普查工作有借鉴意义。

　　2012年10月国务院发布《关于开展第一次全国可移动文物普查工作的通知》，普查工作正式启动以来，山东省委、省政府高度重视，山东省政府召开山东省第一次全国可移动文物普查电视电话会议，贯彻落实国务院通知和电视电话会议精神，部署全省普查工作。在组织全省开展国有可移动文物收藏保管情况调研、制定普查实施方案、编制普查经费预算、组建普查机构和队伍、开展普查培训等前期准备工作的基础上，省政府办公厅于2013年11月印发了《山东省第一次全国可移动文物普查实施方案》，对普查范围、技术路线、组织形式、实施步骤、经费保障、成果应用等方面做了具体安排。

　　普查启动以来，在省委、省政府正确领导下，在省文物保护委员会各成员单位的大力支持下，全省各级普查机构精心组织、扎实推进，广大一线普查员求真务实、开拓创新、攻坚克难、奋发进取，圆满完成了全省国有单位文物收藏情况摸底调查、文物认定、文物信息采集登录、数据审核及验收总结各阶段工作，普查进度、文物数量、数据质量等指标均居全国前列，全省第一次可移动文物普查取得丰硕成果。

全省17个市、央属驻鲁和省属国有单位共6.7万家参与了本次普查，投入普查工作经费5675.7638余万元，普查培训2万余人次，举办普查展览360余次。截至2016年10月31日，全省国有单位共普查登录文物5580463件。省普查办组织专家对全省数据进行了全覆盖审核，按时、高质量地完成山东省普查工作任务，切实实现了普查摸清家底、建立登录制度、服务社会的三大目标。

为全面总结山东省第一次全国可移动文物普查工作情况，特别是为研究制定国家经济社会发展与文物保护事业发展战略、规划和决策提供科学依据，为文物保护工作者和社会公众提供信息服务，组织编写了《山东省第一次全国可移动文物普查工作报告》。

本《报告》包括普查数据分析、普查工作实施情况、普查工作成果等三大部分，对全省第一次可移动文物普查工作的组织实施及成果展示等进行了较为全面的总结，能够如实反映山东省可移动文物普查的总体状况。

一、山东省普查数据

截至2016年10月31日，山东省在全国可移动文物信息平台登录可移动文物2860174件/套，实际数量为5580463件。其中，珍贵文物105936件/套，实际数量为185131件。登录可移动文物信息的收藏单位671家。

（一）山东省可移动文物基本情况

1. 类别

表1　可移动文物类别

可移动文物类别	可移动文物实际数量（件）	实际数量占比（%）
合计	5580463	100.00
玉石器、宝石	58198	1.04
陶器	116826	2.09
瓷器	120884	2.17
铜器	75033	1.34
金银器	13511	0.24
铁器、其他金属器	9404	0.17
漆器	1985	0.04

续表

可移动文物类别	可移动文物实际数量（件）	实际数量占比（％）
雕塑、造像	18400	0.33
石器、石刻、砖瓦	71184	1.28
书法、绘画	117880	2.11
文具	12667	0.23
甲骨	11061	0.20
玺印符牌	13028	0.23
钱币	2888274	51.76
牙骨角器	45749	0.82
竹木雕	20592	0.37
家具	4377	0.08
珐琅器	1513	0.03
织绣	26812	0.48
古籍图书	1069730	19.17
碑帖拓本	102745	1.84
武器	24978	0.45
邮品	33013	0.59
文件、宣传品	103336	1.85
档案文书	426083	7.64
名人遗物	2735	0.05
玻璃器	8391	0.15
乐器、法器	4398	0.08
皮革	528	0.01
音像制品	44969	0.81
票据	46722	0.84
交通、运输工具	314	0.01
度量衡器	1156	0.02
标本、化石	49202	0.88
其他	34785	0.62

2. 年代

（1）可移动文物年代类型

表2　可移动文物年代类型

可移动文物年代类型	可移动文物实际数量（件）	实际数量占比（%）
合计	5580463	100
地质年代	42898	0.77
考古学年代	55576	1.00
中国历史学年代	5023716	90.02
公历纪年	343548	6.16
其他	67370	1.21
年代不详	47355	0.85

（2）可移动文物中国历史学年代分布

表3　可移动文物中国历史学年代分布

可移动文物中国历史学年代	可移动文物实际数量（件）	实际数量占比（%）
合计	5023716	100.00
夏	40	0.00
商	19890	0.40
周	160196	3.19
秦	9295	0.19
汉	519983	10.35
三国	529	0.01
西晋	1277	0.03
东晋十六国	241	0.00
南北朝	6940	0.14
隋	6397	0.13
唐	195477	3.89
五代十国	3043	0.06
宋	1314044	26.16
辽	322	0.01
西夏	65	0.00

可移动文物中国历史学年代	可移动文物实际数量（件）	实际数量占比（%）
金	9317	0.19
元	11377	0.23
明	104935	2.09
清	1811556	36.06
中华民国	815273	16.23
中华人民共和国	33519	0.67

3. 级别

表4　可移动文物级别

可移动文物级别	可移动文物实际数量（件）	实际数量占比（%）
合计	5580463	100.00
一级	10804	0.19
二级	16532	0.30
三级	157795	2.83
一般	2112818	37.86
未定级	3282514	58.82

4. 来源

表5　可移动文物来源

可移动文物来源	可移动文物实际数量（件）	实际数量占比（%）
合计	5580463	100.00
征集购买	1025662	18.38
接受捐赠	164333	2.94
依法交换	780	0.01
拨交	218698	3.92
移交	593134	10.63
旧藏	2195894	39.35
发掘	914478	16.39
采集	312515	5.60
拣选	22946	0.41
其他	132023	2.37

5. 入藏时间

表6　可移动文物入藏时间范围

可移动文物入藏时间范围	可移动文物实际数量（件）	实际数量占比（%）
合计	5580463	100.00
1949 年 10 月 1 日前	905838	16.23
1949 年 10 月 1 日～1965 年	915288	16.40
1966～1976 年	351059	6.29
1977～2000 年	2422672	43.41
2001 年至今	985606	17.66

6. 完残程度

表7　可移动文物完残程度

可移动文物完残程度	可移动文物实际数量（件）	实际数量占比（%）
合计	5534625	100.00
完整	1460537	26.39
基本完整	3382526	61.12
残缺	608441	10.99
严重残缺（含缺失部件）	83121	1.50

注：根据国家文物局《关于做好馆藏自然类藏品登录工作有关要求的通知》的要求，登录的自然类藏品 45838 件（组），不填写"完残程度"指标项。

（二）山东省可移动文物分布情况

1. 按收藏单位隶属关系统计可移动文物数量

表8　可移动文物数量分布（按收藏单位隶属关系）

收藏单位隶属关系	可移动文物实际数量（件）	实际数量占比（%）
合计	5580463	100.00
中央属	81389	1.46
省属	1021993	18.31
地市属	1635173	29.30
县区属	2840900	50.91
乡镇街道属	895	0.02
其他	113	0.00

2. 按收藏单位性质统计可移动文物数量

表 9　可移动文物数量分布（按收藏单位性质）

收藏单位性质	可移动文物实际数量（件）	实际数量占比（％）
合　计	5580463	100.00
国家机关	19024	0.34
事业单位	5533485	99.16
国有企业	26855	0.48
其他	1099	0.02

3. 按收藏单位类型统计可移动文物数量

表 10　可移动文物数量分布（按收藏单位类型）

收藏单位类型	可移动文物实际数量（件）	实际数量占比（％）
合　计	5580463	100.00
博物馆、纪念馆	3732946	66.89
图书馆	626516	11.23
美术馆	13593	0.24
档案馆	98336	1.76
其他	1109072	19.87

4. 按收藏单位所属行业统计可移动文物数量

表 11　可移动文物数量分布（按收藏单位所属行业）

行业	可移动文物实际数量（件）	实际数量占比（％）
合　计	5580463	100.00
农、林、牧、渔业	136	0.00
采矿业	13578	0.24
制造业	537	0.01
电力、热力、燃气及水生产和供应业	59	0.00
建筑业	21	0.00
批发和零售业	0	0.00
交通运输、仓储和邮政业	185	0.00
住宿和餐饮业	4	0.00

行业	可移动文物实际数量（件）	实际数量占比（%）
信息传输、软件和信息技术服务业	224	0.00
金融业	1115	0.02
房地产业	56	0.00
租赁和商务服务业	0	0.00
科学研究和技术服务业	456	0.01
水利、环境和公共设施管理业	77	0.00
居民服务、修理和其他服务业	3210	0.06
教育	241841	4.33
卫生和社会工作	12528	0.22
文化、体育和娱乐业	5233169	93.78
公共管理、社会保障和社会组织	73267	1.31
国际组织	0	0.00

二、山东省普查工作组织实施

（一）属地管理、分级负责

1. 设立普查领导小组，成立普查机构

（1）山东省普查领导机构建立情况

经过精心筹备和周密部署，山东省人民政府下发了《山东省人民政府办公厅关于印发〈山东省第一次全国可移动文物普查实施方案〉的通知》，确定由山东省文物保护委员会作为全省第一次全国可移动文物普查的领导机构，负责全省普查工作的组织和领导，协调解决普查中的重大问题。

为了加强对第一次全国可移动文物普查工作的组织领导，充分发挥省文物保护委员会各成员单位在普查工作中的主导作用，确保普查任务顺利完成，经省政府同意，确定对山东省文物保护委员会进行了调整。文保委主任由山东省副省长担任。成员分别来自省委宣传部、省政法委、省编办、省党史研究室、省发展改革委、省教育厅、省科技厅、省民委、省公安厅、省民政厅、省司法厅、省财政厅、省国土资源厅、省住房和城乡建设厅、省交通运输厅、省水利厅、省农业厅、省海洋与渔业厅、省林业厅、省文化厅、省卫生和计划生育委员会、省环保厅、省国资委、省统计局、省工商局、省旅游局、省机关事务管理局、省法制办、省档案局、省文物局、省科协、省人民银行济南分行、青岛海关等 33 家责任单位。文物保护委员会办公室设在省文物局，负责普查的日常组织和具体协调。

全省 17 市的普查领导机构全部落实到位，各市分管副市长担任本市普查领导机构的负责人。办公室设在文广新局。全省 149 个县（市、区）均成立了普查领导机构。

（2）山东省普查办公室建立情况

为保障普查工作按时、高效、高质量地完成，省文物局从省直文博单位中抽调了 10 名业务骨干，充实省普查办公室，下设综合协调、专业指导与质量控制和文物认定 3 个工作组，负责全省普查可移动文物普查工作的组织实施、业务指导、工作督导和协调推进。全省各市、县（市、区）均成立普查工作机构。

（3）其他行业系统普查工作机制建立情况

为加强行业系统普查工作领导和工作机制的建立，更好地完成全国第一次可移动文物普查工作，摸清全省区域内国有单位文物收藏情况，省文物局主动出击，同文物收藏相对集中的政法、教育、民政、文化等行业部门积极联系、协商、动员，建立起了通过行业部门推进普查工作的有效机制。

省直文化系统是文物收藏量最大的行业系统，省文物局、省文化厅先后两次召开省直文化系统单位可移动文物普查工作调度推进会，要求各单位要将可移动文物普查作为当前压倒一切的首要任务，明确责任，狠抓落实，确保全面完成普查登录工作。省文物局还同省博物馆、省考古所等 4 家省直文博单位签订了《山东省省直文博单位第一次可移动文物普查工作责任书》，将可移动文物普查工作完成情况列为年终考核事项。

山东省委政法委、省文物局联合召开山东省有关政法部门第一次可移动文物普查工作协调会，研究推进山东省政法系统可移动文物普查工作。省法院、省检察院、省公安厅、省司法厅等与会各部门按照会议安排，落实责任，分别明确了 1 名普查责任领导及 2~3 名普查联络员，负责本系统普查工作。7 月 22 日，山东省委政法委、省文物局联合举办了山东省有关政法部门第一次全国可移动文物普查骨干培训班，为省政法系统培训普查骨干。

山东省教育厅、省民政厅、省国资委、省银监会会同省文物局联合下发通知，动员、协调教育、民政、银行系统各单位，各级国资监管部门和省管企业积极参加可移动文物普查工作。

山东省国土资源厅高度重视可移动文物普查工作，及时下发通知，要求全省国土系统各单位结合正在开展的古生物化石调查、评价与区划项目，积极配合所在地普查机构做好可移动文物普查工作。同时省国土资源厅积极向省普查办提供收藏有文物单位的线索，协调省地质博物馆等古生物化石收藏单位参与并完成普查工作。

（4）大型收藏单位普查工作机制建立情况

山东博物馆、山东省文物考古研究所等大型收藏单位对可移动文物普查工作高度重视，按照国家普查办和省文物局的要求，建立起了普查的工作机制，成立领导小组和工作小组，明确责任到人，确保了普查工作顺利开展。

（5）其他行业系统收藏单位组织协调工作

为保障非文物系统国有单位普查工作规范、有序、高效开展，根据普查实施方案和培训计划安排，省文物局采用"以培代会"的方式，分批、分期举办山东省第一次全国可移动文物普查重点国有单位普查骨干培训班，对山东大学、曲阜师范大学、省图书馆、省美术馆、青岛啤酒博物馆、孔繁森同志纪念馆、山东省天宇自然博物馆等50余家不同行业系统重点文物收藏单位的普查分管领导和普查业务骨干进行协调、动员和培训，有效地促进了各行业收藏单位的普查工作进展。

（6）省级普查工作部署会、动员会、推进会情况

山东省普查办按年度工作目标确定各年度工作要点，统领可移动文物普查工作走向。在不同的工作阶段和重要环节，通过发通知、召开协调会等方式做好沟通协调工作，2013～2016年每年组织召开各项工作会议20多场，如"山东省市级普查办主任会议""山东省第一次可移动文物普查审核员与用户管理员培训会""山东省第一次全国可移动文物普查数据审核会"等。会议在指导贯彻落实普查工作，推进国有收藏单位普查工作按时完成，全面把握普查进度和控制质量等方面发挥了重要作用。

（7）省级领导小组及普查机构工作模式及发挥情况

山东省人民政府，省文物保护委员会高度重视普查工作，采取"条块结合"的方式，按照行业部门的"条条"和各地市的"块块"两条路线，层层落实责任制，同步推进普查工作开展。

2014年2月12日，省政府召开省文物保护委员会全体会议，按照"谁主管、谁负责、谁普查"的原则，统筹做好各行业系统普查组织协调和服务保障工作。会议审议通过了《山东省第一次全国可移动文物普查责任分工》。各部门均成立普查相应的领导机构和工作机制，明确分管领导、责任处室和联络员并上报省政府备案。

2013年，副省长代表省政府与17市政府签署了《山东省第一次全国可移动文物普查政府责任书》，明确各地市普查的任务、目标和时间节点。全省17市均与各县（市、区）也签订了政府责任书，普查责任层层落实到位。

省政府高度重视普查责任落实情况，副省长专门听取了关于各市落实普查政府责任书情况的汇报，并做出批示。省文物局建立普查工作月报、通报、公告、排名、督

察制度。汇总各市普查进展情况在全省范围内通报，表扬先进，督促后进，通报存在的问题，明确每个节点的工作重点和工作方法。通报按时寄发各市政府、各市文物行政部门和收藏单位。

省文物局主要领导着力沟通、协调各市政府将普查工作摆在重要日程，亲赴各地市动员、协调，解决了不少思想、工作难点和问题。省普查办进行了实地检查，掌握进度、控制质量，在督导检查中解决实际困难和业务工作难点。

2. 制定普查实施方案和工作制度

（1）本行政区域各级普查机构制订的普查实施方案情况

根据国务院《关于开展第一次全国可移动文物普查的通知》精神和国家文物局《第一次全国可移动文物普查实施方案》要求，结合山东省文物资源的实际状况，在广泛征求各方面意见的基础上，山东省人民政府办公厅制定出台了《山东省第一次全国可移动文物普查实施方案》，对普查的意义、目的，普查的范围和内容，普查的技术路线、方法与质量管理，普查组织机构、职责和工作方式，普查的时间、步骤与流程，普查工作制度，普查培训，普查数据管理和成果应用，普查经费，普查宣传等做出了具体的规定和说明。

《实施方案》出台后立即下发各市普查办，要求各市分别制定本辖区的可移动文物普查实施方案，按要求开展工作。17市及各区（县）也出台了本行政区《第一次全国可移动文物普查实施方案》。

（2）各级普查机构及大型收藏单位制定普查相关工作制度情况

按照国家文物局实施方案以及各个普查阶段下发的相关指导性文件，结合山东的实际，全省各级普查办建立起普查管理制度体系和响应机制，制定了普查督导、沟通协调、信息通报、专家咨询、宣传工作等制度，制定了安全操作规范、文物认定机制、出土（水）文物和自然标本类文物的登录办法以及图书、档案普查标准规范等系列制度。

山东博物馆、山东文物考古研究所、山东省文物总店、山东省石刻艺术博物馆、山东省图书馆等大型收藏单位也根据省政府《实施方案》，按照与省文物局签订的普查进度责任书的要求，结合本单位的收藏实际制定工作计划和相关制度。

（3）实施情况及效果

山东省普查办制定的普查实施方案和工作制度，坚持坚持"谁收藏、谁登记、谁负责"和"应登尽登，应普尽普"的原则，做到合理安排和分配普查各阶段时间及实施步骤，确保各级普查工作完成的时间节点的有机统一和有效衔接，确保国有单位调查、文物认定、文物信息登录和审核工作的顺利完成，以保证工作有序开展、普查任务顺利完成。各收藏单位和全体普查工作人员按照自身的岗位职责和任务要求，严格执行相关的业务工作标准和规范，取得良好的效果。

3. 落实普查工作经费

（1）本行政区域各级经费落实和经费使用等相关文件制定情况

按照财政部、国家文物局《关于加强第一次全国可移动文物普查经费保障与管理的通知》要求，各地将普查经费纳入本级相应年度财政预算，积极争取各级政府财政支持。2014 年 6 月，按照财政部、国家文物局的要求，省财政厅、文物局组织开展了全省第一次可移动文物普查经费保障专项督察，全面检查普查经费落实情况，并根据工作需要对部分市进行重点督导。全省各市和各县（市、区）普查经费均落到实处。

（2）山东省 2013～2016 年省级各年度工作经费及四年工作经费汇总情况

2013～2016 年，全省共落实普查经费 5675.7638 万元，其中省级 912 万元，地市级 1828.1 万元，区县级 2935.7638 万元。

表 12　山东省 2013～2016 年省级年度工作经费汇总表

单位：万元

行政区	合计	2013 年	2014 年	2015 年	2016 年
总计	5675.7638	823.04	1797.8238	1715.22	1339.68
省级	912	100	112	400	300
地市级	1828.1	300.1	563.6	506	458.4
区县级	2935.6638	422.94	1122.2238	809.22	581.28

（3）经费使用情况、基本绩效

普查经费主要用于本级普查机构工作运行、组织宣传、人员培训、单位调查、文物认定、质量检查控制、信息采集和数据管理等项目。

山东省文物局按照国家财政制度规定，在普查经费的使用中注重加强管理，加强审计，强调厉行节约，做到专款专用，确保资金使用规范、安全、高效。同时，加强普查设备的登记、使用与管理，防止国有资产流失。

4. 组建普查队伍

（1）普查总投入人员

按照统筹兼顾、合理调配的原则，山东省组建起一支以文博系统专业骨干为主、社会各方面力量参加的普查队伍。山东省普查第一次可移动文物普查中，共投入普查人员 7157 名。其中，办公人员 1077 名，占普查人数的 15%；专家组人员 605 名，占普查人数的 8.5%；收藏单位人员 1803 名，占 25.2%；普查志愿者 3672 名，占 51.3%。

省级 896 名，占普查人数的 12.5%；市（区、县）级 1120 名，占普查人数的 15.6%；县（市、区）级 5141 名，占普查人数的 71.9%。

表 13 山东省普查人员统计表

单位：人

行政区	各级普查办	收藏单位	普查专家	普查志愿者	合计
省级	10	234	152	500	896
地市级合计	186	398	116	420	1120
区县级合计	881	1171	337	2752	5141

（2）非文博系统专家数量和志愿者发挥作用情况

山东省文物局组建全省第一次可移动文物普查专家指导组，主要由各文物保护委员会成员单位推荐专家、省直文博单位专家、省文物鉴定委员会专家、各市地文物专家组成，共 152 人，其中由非文博系统专家达 67 人。主要负责全省普查的文物认定、业务指导和质量控制等工作。

为壮大可移动文物普查队伍，山东省各地广泛发动和组织志愿者参与可移动文物普查工作。山东省普查办与山东大学、山东财经大学、山东省工艺美术学院、山东省城建职业学院等高校建立了合作关系，招募 500 余名普查志愿者，组建省直普查志愿者服务队，并对普查志愿者进行上岗培训，并对考核合格的志愿者建立人员档案，统一管理、统一调配，根据文物收藏单位的工作需要，安排志愿者持证上岗参与普查工作，不仅极大地推动了普查力量薄弱、业务工作繁忙的收藏单位数据采集登录工作，也为省各大高校文物相关专业大学生提供了专业学习和实践机会，为山东省文物事业培养了后备人才和力量。

全省共有 3672 余名志愿者参与到可移动文物普查工作中，其中省级 500 名，市级 420 名，县（市、区）级 2752 名。普查志愿者的加入为可移动文物普查工作注入了新鲜血液，充实了普查队伍，为普查工作开展增添了有生力量。

（3）人员培训

为提高普查队伍的专业素质和业务水平，确保普查工作质量，省文物局把握各个普查工作节点，制定了分期、分区、分类的普查培训方案，在普查启动阶段先后举办了东、西部地区骨干培训班、省直部门骨干培训班、重点国有单位普查骨干培训班等。

2014 年 6 月全国可移动文物信息登录平台正式上线，省文物局根据普查工作进展需要，先后举办了省直文博系统可移动文物信息登录平台骨干培训班、山东省西部地区、东部地区可移动文物信息登录平台骨干培训班等。

2014～2016年为规范数据登录、提高数据质量，省普查办举办全省审核员及用户管理员培训班、数据审核与管理培训班等，组织全省普查审核人员集中培训9次，还专门邀请国家文物局普查办领导和专家来济授课，培训审核规范和操作。省级普查办专家先后参与地市普查办、各省直收藏单位举办的审核培训班达20余次。

各地按照省文物的培训内容，分头组织培训，有的市提出以会代培的方式，定期集中召开工作推进会、年会等方式，开展人员培训工作，确保普查的工作方式、标准和专业知识武装到每个普查人员。全省共举办各类培训班1153次，培训普查专业人员20397人次，其中省级培训1136人次，市级培训6147人次、县级培训13114人次。

（二）调查、认定、采集、登录、审核，分阶段实施

1. 国有可移动文物收藏单位调查阶段

（1）各级普查机构印发的通知、方案、调查表、规范性文件等

按照国家文物局指导的统一标准，山东省积极开展国有单位文物收藏情况的调查摸底工作，以通知文件、网上平台下载等方式将调查的通知、调查表及相关说明发放给各级普查机构和各相关部门同时，汇总全省各市、各县（市、区）的普查办联络方式和联络人信息在网上主动公开，方便各单位反馈文物收藏信息。

（2）国有可移动文物收藏单位名单编制和汇总

为编制和汇总山东省境内各级国家机关、事业单位、国有企业和国有控股企业等国有单位的名单和相关信息，便于调查摸底工作开展，省文物局先后协调省统计局、省工商局、省编办及省质监局，取得在统计局、工商局、组织机构基本信息数据库、编办等处登记或备案的国有单位信息，经省普查办整理、汇总后，下发各市。

泰安、枣庄等市在按照省局提供的单位名单开展调查工作的同时，积极同正在开展的第五次经济普查工作相结合，利用经济普查的信息对全市范围内的国有单位情况进行补充了完善，确保调查无遗漏。

（3）调查表发放及反馈情况

2014年6月底，完成了全省国有单位文物收藏情况的调查摸底工作。全省累计发放《国有单位文物收藏情况调查登记表》67475份，覆盖率100%；已回收登记表67475份，回收率100%。实际调查的67475个国有单位中，机关单位占15698个，事业单位占37314个，国有企业及国有控股企业占13253个，其他单位占1210个，分别占国有单位调查总数的23.3%、55.3%、19.6%、1.8%。其中，反馈收藏有文物的单位687个，占已调查国有单位总数的1.02%。初步统计全省文物收藏量为2651704件/套。

（4）国有可移动文物收藏单位走访情况

全省各地按照以县域为单位的基本工作模式，依据省局提供的国有单位名单开展全覆盖式的调查走访工作。对反馈有文物和掌握收藏有文物线索的单位进行重点走访，反复动员。

（5）国有可移动文物收藏单位回头看情况

山东省文物局督导各级普查机构，坚持将属地调查与行业调查相结合，进一步动员、协调重点行业系统和重点单位，开展国有单位文物收藏情况调查复查、复核"回头看"工作。全省复查、复核国有单位16046家，新增反馈收藏有文物的国有单位74家。

通过调查和回头看工作的开展，全省累计完成67510家国有单位的调查摸底工作，《国有单位文物收藏情况调查登记表》发放覆盖率和回收率均为100%。其中，反馈收藏有文物的国有单位761家，占全省国有单位总量的1.13%。初步统计全省文物收藏量为2679407件/套。

2. 国有可移动文物认定工作阶段

（1）文物认定阶段本行政区域印发的通知、方案、规范性文件等

为做好全省文物认定工作，省文物局下发了《关于开展山东省第一次全国可移动文物普查文物认定工作的通知》，明确了文物认定对象、认定范围、认定程序等。

（2）文物认定工作组织实施情况

山东是文物大省，系统外国有单位数量多，工作难度大。根据数据质量参差不齐，文物分布地点不均匀，文物门类繁多的特点，省普查办制定了前期规范命名、现场记录纠错、整合专家意见、后期汇总修正四步走的认定流程。具体工作步骤分为：①由各国有文物收藏单位填报申请文物认定清单；②市级普查机构组织专家对申报文物进行初步筛选，去除不符合要求的文物；③市级普查机构将符合要求的文物再次填写需认定文物清单，申报省级普查机构；④省级普查机构依据需认定文物清单，再组织3人以上省级专家进行现场最终认定，然后重新整理认定文物清单，最后专家签字存档。

各级普查机构按照要求，组建了文物专家认定组，全面启动文物认定工作。各级认定专家秉持高度负责、严谨细致的工作作风开展认定工作。对存有争议的，由省可移动文物普查专家指导组予以最终认定，确保了认定工作的严谨性、科学性。

（3）文物认定工作次数及开展情况、非文博系统收藏单位现场认定工作情况

全省文物认定从2014年底开始到2015年年中结束，辗转全省近90个区县、认定国有单位440家、派出认定专家23位、认定文物数量100017件/套。认定国有单位数量占全省的70%以上。

（4）重点非文博系统收藏单位认定工作情况

《大众日报》1939 年 1 月 1 日创刊于山东抗日民主根据地——沂水县云头峪村，是中国报业史上连续出版时间最长的党报，创造了中国乃至世界新闻史上的奇迹。

全国第一次可移动文物普查开展以来，大众报业集团高度重视，积极参与，发现并保护了一批见证党的舆论阵地峥嵘岁月的珍贵藏品。大众报业集团按照全国第一次可移动文物普查的标准，梳理报业集团具有珍贵历史价值的藏品，对所藏战争年代 10 年的《大众日报》、"挑过创刊号的扁担"、早期的印刷机、摄影器材等 2000 余件藏品进行了申报，经过省普查专家指导组认定，共认定文物 2416 件/套。随后，省普查办组织力量对全部文物开展了信息采集和登录，顺利完成了认定文物的普查登记工作。

3. 国有可移动文物信息采集登录阶段

（1）采集登录阶段本行政区域印发的通知、方案、规范性文件

文物信息采集登录工作是本次普查的核心任务和关键环节，为了确保普查信息登录工作按时、高质量完成，省文物局在充分掌握各市、各收藏单位文物收藏情况的基础上，有针对性地制定了文物信息登录工作办法，先后下发了《关于加快推进我省文物信息登录工作的通知》等多个文件。

（2）采集登录工作组织情况

山东是文物大省，普查文物信息采集和登录任务繁重，仅初步统计的文物数量就达 260 万件/套；文物分布极不均衡，济宁、潍坊、临沂等市分布集中，鲁西及东部沿海部分市藏量较小；文物收藏单位差异化现象严重，少数大型收藏单位数量在十数万甚至几十万件/套，大量收藏单位尤其是系统外收藏单位分布较广但单个单位藏量有限。

省文物局为了布置和安排普查登录任务先后召开各市普查办主任会议、省直文化系统普查调度推进会，要求各地市和省直文化系统重点收藏单位切实落实普查登录进度指标，倒排工期，确保打赢文物普查登录攻坚战，同时与登录任务最为繁重的省直文博单位签订了普查工作责任书，按月考核、通报。

在各级普查机构的精心组织和周密安排下，经过全省一线普查员们夜以继日，忘我工作，山东省在 2016 年 8 月底前，全面完成了文物信息的采集登录工作。

（3）采集登录阶段对非文博系统单位的帮扶和组织工作

各文博系统外省直文物收藏单位文物收藏量大、种类丰富，业务工作任务繁重，人员相对匮乏，是普查的难点。为此，省普查办主动上门提供技术支持、业务指导，甚至直接上门开展普查登录，为这些单位能够按时、高质量地完成普查登录任务保驾护航。山东大学、山东师范大学、济南大学、山东省广播电视台等单位历史悠久、文

物收藏量大，省文物局领导带领普查办工作人员先后 10 余次上门开展动员、协调和督导，使普查工作得以顺利开展。

为了解决普查任务繁重，普查人员匮乏的现状，省普查办充分利用省直普查志愿者服务队，由普查办工作人员和普查专家带领，直接携带摄影、电脑等普查器材深入到筛选出的重点督导单位，进行现场采集、拍摄、审核和数据录入，与这些单位的普查员一起，加班加点，共同工作，以实际行动感染和带动了文物收藏单位的工作积极性，提高了工作热情和工作效率，有力地保障了普查登录工作的按时完成。

（4）采集登录推进方式

省文物局以召集会议、下发文件、现场督导等形式对工作进行安排部署，将各项工作明确责任、明确节点、落实到位，多措并举，扎实推进普查采集登录工作。

把握普查工作节奏，及时进行工作部署。可移动文物普查是个系统工程，不同工作阶段、不同类型收藏单位都有其不同的特点。省普查办准确把握工作节奏，及时进行工作部署，赴各市、省直单位召开普查现场督导及培训会议 40 余次，向各市及部分省直单位发出培训类、督导类、登录类公函 50 件，确保了整个普查工作稳步推进。

编制普查进度计划，工作任务量化到月。与省直文博单位签订了普查工作责任书，各市编制了普查月度计划，明确 2015 年底前基本完成全省普查采集登录工作，并以此建立了月报、周报制度。

督促单位平台注册，打下登录增量基础。针对前期收藏单位在平台注册比例偏低的情况，省普查办集中力量，督促协助收藏单位进行平台注册，确保全部收藏单位全部完成平台注册。

划分藏品数量等级，梯次推进数据登录。将 665 家收藏单位按照藏品数量划分为 1000 件/套以下、1000～5000 件/套、5000～10000 件/套、10000～30000 件/套、30000 件/套以上 5 个等级，提出分别在 6 月 1 日、7 月 1 日、8 月 1 日、9 月 1 日、10 月 1 日、11 月 1 日前完成数据采集登录的进度计划，各级普查办、收藏单位根据不同时间节点梯次推进数据登录。

开展全覆盖督导，推进各市提效增量。按照"带着具体问题、解决具体问题、明确责任到人、确保督导实效"的原则，省普查办派出多路督导组同时在全省开展了全覆盖的普查专项督导，2015 年 3～6 月，普查信息登录的攻坚阶段，省普查办督导组集中用 3 个月的时间对 17 个市、70 个县区、200 余家收藏单位以及 18 个驻济的央属、省属单位进行了现场的普查专项督导，对问题进行现场解决，并进行电话回访，解决了普查登录冲刺阶段全省文物信息采集登录技术、进度等方面的难题，确保了普查进度。

总结推广"四步登录法"，优化工作流程。借鉴国家文物信息中心等专业文物普查数据采集机构的工作流程，并结合菏泽、济宁等市普查中好的经验，总结出适合山东省文物信息采集、上传的"四步登录法"，在各收藏单位进行培训推广，收到了事半功倍的效果。

主动争取国家支持，开展珍贵文物、古籍普查数据转换。省普查办先后多次带领有关单位赴国家普查办、文物信息咨询中心争取普查技术支持。在国家文物局中国文物信息咨询中心的帮助下，山东省开展馆藏珍贵文物数据库文物数据转换，转换珍贵文物数据 39197 件/套，同步开展了古籍数据转换工作。

（5）省、地市非文博系统收藏单位工作情况及帮扶情况

2016 年 6 月下旬，在全省普查登录"回头看"工作中，省文物局副局长带领省文物局博物馆与社会文物处、省普查办、省博物馆有关同志专程赴中共山东省委党校进行普查专项督导，中共山东省委党校常务副校长、分管副校长以及图书馆等部门负责同志参加了普查督导工作座谈会。会后，省普查办、山东博物馆书画部古籍专家及省直普查志愿者队即入驻省委党校，与图书馆工作人员一起白天在库房一边对古籍进行版本甄别，一边进行数据采集和进行文物拍照，晚上再回到住处对照片整理和数据审核。经过近两个月的加班加点，中共山东省委党校全面完成了 5000 余件/套，1 万余册文物古籍的清单整理、测量、拍摄、登记及数据审核，圆满完成了普查任务。

4. 国有可移动文物信息审核阶段

文物信息审核工作是确保本次普查质量的核心，是关系的普查成败的重要一环。山东省文物局根据国家文物局《第一次全国可移动文物普查数据审核工作管理办法》《数据质量审核与评定标准》等文件要求，着力推进文物信息审核工作，狠抓普查数据质量，确保全省数据终审高质量、高标准完成。

（1）明确任务，确定目标

省文物局高度重视审核工作，明确了全省要对采集登录的全部可移动文物开展全覆盖式审核，并确保数据差错率不高于 0.2%，要低于 0.5% 的国家要求。

山东省普查办制订了《山东省可移动文物普查数据审核实施方案》和《山东省可移动文物普查数据审核要求》，作为全省审核工作的标准开展分级审核工作。

（2）组织力量，落实责任

在省普查办全员参与的基础上，又从全省各文博单位抽调 36 名业务骨干组成了 45 人省级审核队伍，并与每位审核人员签订了《山东省第一次全国可移动文物普查数据省级审核责任书》，确保审核数据安全。制定"数据汇总表""审核数据表""数据审核进度表"等管理规范，审核单位、数量、质量明确到人。

（3）创新模式，规范流程

山东省登录藏品数量巨大，且在线审核效率较低，整体导出数据又不能保证数据完整和质量，省普查办在广泛征求意见和借鉴兄弟省份经验的基础上，在国家普查办和中国文物信息咨询中心的大力协助下，采取离线审核数据、在线审核图片相结合的工作模式进行终级审核。

省普查办依据登录总量和行政分布，明确审核时间表，立足现实，将全省分成 9 个数据审核片区，集中审核、逐一解决，加快推进数据审核。2016 年 1~8 月，山东省普查办共组织了 10 期可移动文物普查数据省级专家集中审核会，其中 5 期采取多方联合、封闭式集中审核，召集省、市普查办、收藏单位审核专家和业务人员边审边修改的方式。专家审核和联合审核不仅加快审核进度，也提高了数据质量，确保全省所有收藏单位和所以文物藏品全覆盖，差错率控制在 0.2% 以内。

山东省普查办研究出"3+3 审核评定法"，即在数据审核中，将审核环节分解为"以审代训""单位自查""分配审核""抽查复审""修改数据""终审考评"等 6 个步骤依次进行，开展 3 轮审核，确保了数据质量。

普查审核工作虽然时间紧、任务重，在国家文物局的指导下，山东省文物局采取了一系列积极措施，全省各级普查办和文物收藏单位负责人亲自上阵，调配精干力量，科学规划，狠抓落实；全体审核人员发扬精益求精、吃苦耐劳的精神，克服重重困难，封闭审核时每天工作十几个小时，严扣标准、严控质量，最终，山东省省级普查数据终审工作不辱使命，按时、高效、高质地完成全省可移动文物普查数据终审任务。

（三）宣传动员

第一次全国可移动文物普查工作开展以来，按照"服务普查搞宣传，搞好宣传促普查"的思路，山东省文物局加强舆论引导，广泛深入开展普查宣传，通过全媒体、多角度、立体式的宣传举措，营造全社会关注、支持和参与普查的工作机制和舆论氛围。

省文物局会同省委宣传部编制下发了《山东省第一次全国可移动文物普查宣传报道方案》，成立了专门的宣传小组，组织协调全省文物普查宣传工作。省普查办还与省委宣传部联合召开新闻通气会，安排部署可移动文物普查宣传工作。

1. 组织开展普查专题宣传活动

（1）策划组织山东省第一次可移动文物普查成果系列展

为了将普查成果惠及民众，让"活起来"的文物走进百姓，省普查办策划组织了"山东省第一次可移动文物普查阶段性成果展""金猴献瑞·春节民俗文物图片展"

"山东省教育系统第一次可移动文物普查成果展"等普查成果系列巡回展览。展览先后在山东建筑大学、泰安市博物馆、宁阳县博物馆、菏泽市牡丹区文化广场等市、县和单位巡回展出，进一步提高社会各界的文物保护意识。

全省各地围绕可移动文物普查成果开展形式多样的展览。2012～2016年，全省共举办实物展、图片展、巡回展览等各类型展览共359个，其中省级40个，市级90个，县（市、区）级229个。

（2）策划组织普查专题宣传活动

按照国家文物局统一安排，2015年9月中旬，《人民日报》、《光明日报》、中央电视台、中新社、《中国文化报》、《中国文物报》等中央主流媒体记者团赴山东，对山东省第一次全国可移动文物普查工作进行了专题采访。在为期4天的采访活动中，中央主流媒体记者团先后深入济宁市、济南市、山东大学、青岛市和省直文博单位的普查一线，对山东博物馆、山东大学博物馆、青岛市博物馆、曲阜市文物局等重点文物收藏单位和青岛啤酒博物馆等文物系统外收藏单位进行了实地采访和报道。

2015年6～9月，山东省委宣传部、省政府新闻办、省文物局策划组织"文化遗产保护全国媒体齐鲁行"宣传活动。采访活动分为两个阶段，通过国内主流报刊、电视、新闻网站以及微博、微信，对山东省第一次可移动文物工作进行了全面地宣传报道。活动期间新华网、中新社、《中国日报》等中央媒体，《大众日报》、山东广播电视台等省市媒体和《大公报》《文汇报》等香港媒体发表可移动文物普查专题文章141篇。

（3）充分利用"5·18国际博物馆日""中国文化遗产日"等节日突出主题，开展普查专题或主题宣传活动

2014年6月14日"文化遗产日"当天，山东省文物局、山东大学联合在山东大学举办"文化遗产进校园"活动。山东省副省长、文物保护委员会主任出席，并为"山东省第一次全国可移动文物普查山东大学志愿者服务队"授旗。活动当天，省普查办还在山东大学校园内展示可移动文物普查宣传版面，发放普查宣传单，现场为师生介绍普查相关知识，宣传普查意义。设立普查志愿者服务联系处，为志愿者开展现场服务。

2015年、2016年"国际博物馆日""中国文化遗产日"等节日，全省各级普查机构均启动了形式多样、内容丰富的普查专题宣传活动。

2. 综合运用多种宣传手段推动普查宣传

普查开展以来，省普查办坚持常态报道与政策解读相结合，集中宣传和自主宣传相结合，传统媒体与新兴媒体相结合，通过开辟专栏、专题，刊发和推送消息，微博、微信、公益广告等形式，形成全媒体、立体式的宣传大格局。《光明日报》《中国日

报》《中国文物报》《中国文化报》《大众日报》等报刊以及电视、网站等发布普查专题文章 200 余篇，微博阅读量 50 余万人次。

（1）制作播放《山东省第一次可移动文物普查电视公益宣传片》

为切实做好全省第一次全国可移动文物普查的宣传工作，营造全社会广泛关注、大力支持、主动配合和积极参与普查的良好氛围，2014 年 5 月，山东省文物局制作了体现山东文化特色的《山东省第一次全国可移动文物普查公益宣传片》，并在山东电视台卫视、齐鲁、公共等频道滚动播出。山东各地按照省里的统一要求，积极利用各种媒体渠道播放宣传片，扩大社会影响。

（2）利用微博、微信等新媒体宣传手段开展普查宣传

省普查办与中国山东网共同开设新浪微博#文化遗产保护齐鲁行#话题，就全省可移动文物普查工作展开讨论，阅读量已达 50 万人次。与中国山东网联合编制《山东省第一次可移动文物普查阶段性成果展》h5 微信杂志，利用手机微信，向社会各界推广。

（3）关注普查动态，编发工作简报

省普查办及时关注全省普查动态，结合各地普查工作的进展情况，编写印发普查工作简报。2013 年至 2016 年 8 月，共编写普查工作简报 75 期。

（4）开设"国宝在我身边""普查风采"主题宣传版块

普查工作启动以来，省普查办在"山东文物网"上开设"国宝在我身边""普查风采"主题宣传版块。重点宣传普查工作的重要新发现、普查先进集体和典型人物。几年来，共刊登 34 篇专题稿件，同时将稿件推荐到国家文物局网站、《中国文物报》、《大众日报》、《中国文化报》、中国山东网、齐鲁网等媒体。积极向国家文物局报送"普查之星"推荐材料。

（四）质量控制

山东省文物局对普查工作的质量控制高度关注，为推进全省普查工作进度，确保普查质量，山东省采取一系列措施对各地普查工作开展情况进行检查督导和质量控制，以登录平台数据误差率不高于 0.2% 为工作目标，细化各阶段工作目标，动态确定考核内容，着重加强普查各环节的检查、总结和评估，贯穿普查工作全部过程，实行全流程质量控制。采取自我检查、专项督察、定期通报等多种方式进行进度和质量管理控制，保证普查成效。

1. 数据采集质量控制

采集录入过程中，严格控制数据采集质量，先期对普查队员进行普查方式方法培训，使普查队员能够较好地掌握普查工具使用技能和普查数据采集要点，依据"边清

点、边采集、边合成、边汇总、边审核、边上报"的动态工作原则，按照"四步登录法"的标准流程，"分组工作、同步推进、互相协助"的工作方式，根据普查相关标准规范开展文物信息数据的采集、整理、录入工作，尽可能将信息错误修改控制在采集环节，避免上报后审核不通过导致来回修改，尽量提高一次性通过率，提高工作效率。

曲阜文物管理委员会是全省文物登录数量最大的单位，在普查工作中的做法具有典型性。为了确保所收藏的 60 余万件文物全部完成采集登录，采取了如下措施：一是加强学习和培训，尽量少走弯路，不做重复性的工作；二是制定详细的工作方案和工作计划，从细节入手，把任务具体到人，倒排工期，做到进度明确、信息数据清晰；三是实行"一周一例会"和"一周一调度"的工作制度，及时交流工作经验，现场解决普查中存在的困难和问题，不留死角；四是避开上传数据高峰，尽量利用夜间和节假日期间人员少、网速快的特点，提高普查数据上传的质量和速度；五是实行"老新结合"的工作方法，通过老职工带领新职工、高级专业人员带领一般技术人员的方式，保证了信息数据采集和上传审核的质量；六是把大学生志愿者纳入到普查队伍中来，充分发挥他们的热情和特长，提高普查进度；七是在充分利用现代科学技术的情况下，创新工作方法，合理分配工作流程。

2. 数据审核质量控制

省文物局将文物信息登录质量控制前置，在文物信息登录工作启动阶段即狠抓数据质量，及时将登录平台升级调整及文物信息登录工作中常见问题整理成《可移动文物信息登录常见问题说明》下发，及时规避和解决登录工作中遇到的问题。

在审核工作全过程实行责任制，明确责任到人，将市级、省级审核责任人予以公示，发现问题数据，将所在单位和相关审核人予以通报。

3. 普查推进过程的质量控制

山东省在整个普查过程中对本辖区的普查质量控制进行了定期检查、抽查和现场指导，随时解决数据质量控制中的各项问题，并及时组织数据审核和验收。一线普查人员在普查过程中，严格按照国家规定的各项数据采集标准收录数据，规范操作，做到了不漏查、不误查，保证了数据质量的真实可靠。

省文物局先后召开了全省第一次全国可移动文物普查 2014 年、2015 年、2016 年市级普查办公室主任工作会议，传达贯彻国家文物局第一次全国可移动文物普查该年度省级普查办公室主任工作会议精神，总结普查阶段性成果，查摆存在的问题和差距，交流普查工作经验，研究加快推进的措施和方法。

4. 督察

省文物局为切实推进普查工作，集中开展普查督察工作，督促、指导各级普查办、收藏单位开展普查工作。根据各地、各单位工作进展情况，开展督察工作。文物行政部门分管领导、普查办主要负责人、收藏单位分管领导和普查骨干等参加相关督察工作。各单位汇报普查工作进展情况，交流普查中存在的困难与问题，提出改进措施，确保工作进度和质量，扎实推进普查各项工作有序进行。

（1）督察次数。2014 年组织专项督察 7 次，2015 年专项督察 17 次，2016 年专项督察 25 次。对各省直文博单位定期巡回督察近百次。

（2）督察内容。山东省文物局重点督察了各级普查办和各国有收藏单位文物收藏情况调查摸底情况、在国家文物局普查登录平台的注册情况、文物认定工作完成进度、文物信息采集与登录工作、文物数据审核工作的进展情况以及普查经费保障情况，文物及文物数据安全情况，普查"回头看"工作开展情况。

（3）督察方法。主要采用专项督察、定期巡回督察、定期报告等形式对普查工作的开展情况进行督察。

（4）督察对象。各市、部分县（市、区）普查机构和收藏单位，央属及省属重点文物收藏单位。

（5）督察成效。通过质量督察，文物调查与文物认定工作按时按质完成，文物信息的采集、登录工作和数据审核工作开展顺利，实现登录平台数据差错率控制在 0.2% 以内，超过国家普查办的质量要求。

5. 验收

为保证山东省可移动文物普查数据的真实、准确和规范，山东省文物局根据国家文物局验收工作要求，在全省范围开展普查验收工作，对各市和各收藏单位的普查数据质量、普查数据登录总数、普查数据登录进度、普查组织实施等情况进行验收。

2016 年 10 月，省文物局召开全省关于召开各市第一次全国可移动文物普查验收及总结报告编制、审核会议，对各市普查验收工作进展和验收报告的编写情况进行了统一调度。

6. 人员安全、文物安全、数据安全管理等情况

山东省文物局将普查过程中的安全问题作为做好普查工作的首要问题来抓，要求各级普查机构及文物收藏单位应制定完善的文物普查安全工作制度，加强防范意识和安全措施，严格遵守操作流程，切实保障普查过程中的人员安全和文物安全，确保清库建档、文物认定和信息采集等各环节无安全事故。

在普查数据的管理和安全方面，省普查办严格要求各级普查机构和收藏单位，加强数据安全管理，纸质媒介的数据做到及时整理、归档，并指定专人专柜妥善保存。

电子媒介的数据做到及时更新和备份保存。省普查办全体工作人员签订了《普查数据安全承诺书》，确保在数据汇总、审核等工作环节上不出现泄密。

（五）普查工作总结情况

根据国家文物局、省政府普查实施方案的部署，按照国家文物局普查办关于总结工作的文件要求，山东省扎实开展普查工作总结工作，对普查档案进行全面梳理和归档，对普查的成果和经验进行总结。

1. 编制普查档案

按照 2012 年国家文物局颁布《国有可移动文物普查建档备案工作规范（试行）》，山东普查办编制了全省第一次全国可移动文物普查档案。安排专人进行可移动文物普查档案的归档管理，对于收到和下发的文件、通报、月报、简报等原始纸质资料及时整理归档存放。

为了科学规范地开展普查档案整理工作，省普查办派出专人赴省档案局培训学习，并按照档案工作的要求在指定地点采购了相关设备。山东省普查办共清理文件案卷 1000 余卷。

2. 普查专题研究

由山东省普查办承担的国家文物局普查专项课题"山东省近现代音像资料可移动文物调查、认定、登记、管理机制研究"和"山东省甲骨、简牍类可移动文物清点整理、调查登记、合理利用研究"已完成并上报。通过这两个专项调查的开展，对山东省近现代音像资料和甲骨、简牍两类文物进行了进一步的梳理、研究，并借鉴省内外此类文物保护先进单位的经验，提出了下一步更好的保管、保护的建议。通过这两个专项调查，进一步促进了相关收藏单位对这两类文物的认识和重视程度，一批新的、未整理的资料被及时发掘和保护起来，形成了调查研究和普查工作相互促进的良好局面。

在普查工作过程中，以山东博物馆为代表的文物收藏单位以普查为契机，与中国社会科学院、中国文化遗产研究院等科研机构开展全面合作，开展了"山东博物馆珍藏殷墟甲骨文的整理与研究"和"银雀山汉简保护、整理与研究"等重大课题，均已取得阶段性重大成果。利用这些先进的技术和方法，将文物信息科学、全面保留下来，是对文物的有效保护，也有利于文物的进一步的研究与展示，也提高了普查的质量和效率，实现了普查与保护的融合推进。

3. 普查表彰情况

全省各级普查机构和收藏单位精心组织、扎实推进，圆满完成了山东省第一次全国可移动文物普查任务，各项工作在全国位居前列，并涌现出一批先进集体和先进个人。根据国家文物局《关于做好第一次全国可移动文物普查总结阶段工作的通知》精神，在做好普查总结工作的基础上，并呈报省人力资源和社会保障厅批准，经各市文广新局、文物局，各省直单位评选推荐，并报省文物局审核，山东省在 2016 年全省文物工作电视电话会议上对济宁市文物局等 100 个先进集体和杨琨等 200 名先进个人颁发了证书和奖牌。

三、山东省普查工作成果

第一次全国可移动普查工作启动以来，在省委、省政府的正确领导下，在有关部门的大力支持下，各级普查机构精心组织、扎实推进，广大一线普查员求真务实，开拓创新，攻坚克难，奋发进取，圆满完成了国有单位文物收藏情况摸底调查、文物认定、文物信息采集登录、数据审核及验收总结各阶段工作，普查进度、文物数量、数据质量等指标项均居全国前列，全省第一次可移动文物普查取得了丰硕成果。

（一）掌握山东省可移动文物资源情况及价值

1. 摸清数量及分布

本行政区域内可移动文物资源的地域分布情况如下表，可移动文物资源主要分布在济宁市、济南市、烟台市、潍坊市、青岛市。其中，济宁市已登录 1302916 件，约占已登录总数的 23.35%；济南市（包括央属及省属单位）已登录 1107907 件，约占已登录总数的 19.85%；烟台市已登录 648973 件，约占已登录总数的 11.63%；潍坊市已登录 601668 件，约占已登录总数的 10.78%。青岛市已登录 523641 件，约占已登录总数的 9.38%。

表 14　山东省可移动文物资源地域分布表

序号	区域	实际数量（件）	所占比例
1	济宁市	1302916	23.35%
2	济南市	1107907	19.85%
3	烟台市	648973	11.63%
4	潍坊市	601668	10.78%
5	青岛市	523641	9.38%
6	临沂市	309407	5.54%

续表

序号	区域	实际数量（件）	所占比例
7	菏泽市	231504	4.15%
8	聊城市	187971	3.37%
9	泰安市	169800	3.04%
10	枣庄市	151414	2.71%
11	淄博市	96765	1.73%
12	威海市	77999	1.40%
13	滨州市	49458	0.89%
14	德州市	37030	0.66%
15	东营市	34039	0.61%
16	日照市	31726	0.57%
17	莱芜市	18245	0.33%

2. 掌握保存状况

山东省所辖下级收藏单位共有671家，其中博物馆、纪念馆210家，图书馆69家，美术馆14家，档案馆78家，其他300家。

从全省上报的数据来看，山东省可移动文物绝大多数保存于博物馆、纪念馆；图书馆中，其他单位保存文物相对较少。反映出山东省可移动文物管理规范、集中。但是随着《博物馆条例》的颁布实施，大批行业博物馆陆续建立，如何加强相应的管理，使其规范运作也是下一步工作的一个重要方面。

在671家收藏单位中，博物馆、纪念馆；美术馆、图书馆和档案馆共有371家，占全部普查单位的55.29%。这些文物收藏单位中省、大部分市级以上的单位文物的可移动文物保护条件、保存环境基本优良。但大部分县（市、区）级的单位收藏情况一般或较差。

另外300家收藏单位中，大部分也比较注重文物的保存条件和环境，但还没有达到优良的水平。小部分收藏单位，由于改制或其他原因，一些文物藏品被遗忘或束之高阁，保存条件堪忧。

随着普查工作的开展以及上下各级政府领导的重视，博物馆、纪念馆库房、展览环境及条件较以往有了极大的提升。以县级博物馆青州市博物馆为例，自2014年开始，在国家文物局、山东省文物局支持下，陆续有四个展厅进行了提升改造，文物库房也集中进行了设备更新，环境提升。明赵秉忠殿试状元卷、馆藏字画、龙兴寺佛教造像以及香山汉墓出土彩绘陶俑的一大批文物得到了修复。青州市博物馆整体水平与实力也得到了极大的提升。

3. 掌握使用管理情况

在文物保存条件和环境较好收藏单位中，博物馆、纪念馆和美术馆的管理和使用情况较理想，这部分单位有 224 家，占到 33.38%。但也存在大部分藏品积压，缺乏研究和使用的情况。图书馆和档案馆收藏的 12.99% 文物藏品中，古籍图书所占有比例较大。古籍图书的保存状态差异呈现两极化趋势，在大型图书馆和档案馆中，古籍善本一般都能得到很好的保护，有的保存在专用的书柜或书架上，因为保存年代久远，纸质脆弱，不堪翻动，使用起来禁忌较多，有待进一步思考使用策略。但大量的一般古籍尤其是民国时期的印刷图书，得不到很好的清理和保护。

保存状况一般或较差的可移动文物，分散在其他收藏单位中。在普查之前，这些文物有的是摆设，有的被尘封，缺乏有效的利用。普查之后，被确认为文物的，文物认定专家或省普查办督导人员都按照文物种类给予合适的保存方法或建议。

（二）建立可移动文物登录制度

1. 完善文物档案

2016 年 8 月 31 日山东省圆满完成了全国第一次可移动文物普查工作。最终，确认有可移动文物的收藏单位共计 671 家。登录国有可移动文物收藏量为 5580463 件。全省 671 家收藏单位中新建/重建藏品账目及档案的数量有 509 家，新建/重建藏品账目及档案 981150 件/套。其中，文博单位 144 家，完善藏品账目及档案 892279 件/套，非文博单位 365 家，完善藏品账目及档案 88871 件/套。

文博系统完成藏品账目及档案信息化的收藏单位数量有 178 家。非文博系统完成藏品账目及档案信息化的收藏单位数量有 376 家。

（1）系统内主要大型收藏单位完成清库建档工作和账目核对工作情况。

山东省博物馆利用普查的契机对馆藏文物进行了全面的情况建档和账目核对工作。省博物馆对馆藏拓片、钱币等文物进行了细致的梳理和清点，到普查工作完成时实际数量 367258 件。省文物考古研究所是山东省最大的文物考古发掘机构，但是部分文物还掌握在发掘领队的工作站中。通过普查，对所内收藏的全面整理和登记后，实际数量 74833 件文物被登记和上报到全国可移动文物信息登录平台上。

（2）普查中解决的相关问题

结合普查登记，建立和完善可移动文物藏品档案体系，完成重点收藏单位清库建档和账目核对工作，是此次普查的重要内容。对此，省普查办做了专门部署，普查实施过程中，组织专业力量，参照文物行业关于藏品档案的相关标准，按照边普查、边收集、边归档的工作原则，实施开展普查登记文物藏品建档工作，重点解决了文物考古机构、文物商店在文物档案一些历史遗留问题，对本行政区域文物保护管理等基础工作起了较大推动作用。列入普查范围的671个文物收藏单位收藏保管的5580463件可移动文物的登记建档（包括：纸质档案和电子档案）全部完成；按照要求全部完成山东博物馆、山东省图书馆、山东大学等10余家重点文物收藏单位的清库建档和账目核对工作。健全和完善可移动文物藏品档案，对确认文物藏品的归属，维护其法律地位，依法监督、管理，均具有重要意义。

（3）对本行政区域文物保护管理等基础工作的推动作用

通过普查，对山东省文物保护管理工作起到了重大的推动作用，重点是通过可移动文物藏品档案的全面建立，切实完成了摸清家底的普查目标，对下一步开展文物管理、陈列展览、预防性保护和保护修复起到了重要的基础作用。山东省文物修复中心已向省文物局申请利用可移动文物藏品信息开展文物的保护修复项目，并获得国家文物局批准。

2. 完善制度和规范

（1）完善本行政区域可移动文物调查、认定、登记、管理及利用制度

通过普查确立了可移动文物调查、认定、登记、管理及利用制度，在五年的工作中已经深入各文物行政管理部门和收藏单位，并形成一套完整、有效的工作机制，参加普查工作的671家收藏单位，对可移动文物调查、认定、登记、管理及利用制度进行了完善。

（2）建立专门的藏品管理机制单位数量及情况

文博系统内大型收藏单位如山东博物馆、山东文物考古研究所、曲阜文物管理委员会等多家收藏单位均建立或完善了专门的藏品管理机制。

非文博系统收藏单位如山东大学、山东省图书馆、青岛啤酒博物馆等多家收藏单位均建立了专门的藏品管理机制。

（3）普查中解决的相关问题，对本行政区域文物保护管理等基础工作的推动作用

普查中针对省图书馆等单位缺乏民国图书保护和管理的情况，省文物局给予了重视，并拨专款用于改善库房条件。部分县级博物馆利用普查的契机，主动申请文物专项经费，用于文物的保护、管理和修复工作，使基层文物保护工作得到了有效改善。

3. 明确保护需求

（1）明确本行政区域文物总体保护需求

保存环境。博物馆、纪念馆、国家机关、大型企事业单位等收藏的文物保存环境比较安全、稳定，文物保存状态总体较好。需要加强文物保存环境的专项课题研究，

强化对文物的预防性保护。中小型博物馆、系统外基层文物收藏单位缺乏足够的文物保存场地。全省文物库房总面积为203790.9平方米，平均每单位仅为303平方米，尚不能满足当前的文物保护需要。

保管人员。根据全国文物信息登录平台统计，全省共有专业文物保管员1913人，平均每单位不到3人。且大多数集中在专业的文博单位中，有的文博系统外单位文物量庞大，但专门的保管人员缺乏。

保护技术。文物保护技术是极为专业的科学技术，除省文物局下属的保护中心、修复中心、省博物馆、考古所，部分市博物馆，及青州博物馆、曲阜市文物局等单位具备保护和修复专门力量外，相比较庞大的文物数量，山东省当前的文物修复技术和修复技术人员严重缺乏。

（2）明确不同类型文物保护需求

文物级别。已登录的文物中，一级10804件，二级16532件，三级157795件，一般2112818件，未定级3282514件。比例分别为0.19%、0.3%、2.83%、37.86%、58.82%。可见，未定级文物数量占了很大比重，文物定级工作任重而道远。

文物分类。文物类别中钱币类文物数量最多，但钱币类文物保存状态一般比较稳定。纸质文物所占比重也较大。其中，古籍图书1069730件、文件宣传品103336件、档案文书426083件、书法、绘画117880件、邮品33013件、票据46722件、碑帖拓本102745件，合计1899509件，占总数的34.04%。纸质文物对温度、湿度、防火、防虫、防折损都有一定要求，大部分收藏单位还未完全达标，保管条件应当改善。

文物完残程度。已登录文物中，保存完整的为1460537件，基本完整的为3382526件，残缺的为608441件，严重残缺的为83121件，比例分别为26.39%、61.12%、10.99%、1.50%。残缺和严重残缺文物占比达12.49%。

（3）明确各类收藏单位保护需求

根据统计，山东省文物收藏单位中县（市、区）级文物收藏单位421家，占绝大多数，是保护工作的重点。绝大多数县级文物收藏单位经费、人员、资金缺乏的现象突出，文物局、文管所、博物馆经常是几个牌子一套人马，缺人缺资金的情况比较突出。按单位类型看博物馆、纪念馆210家，图书馆69家，美术馆14家，档案馆78家，其他300家。在其他类中教育系统的各大中小学校数量较多，由于教学任务比较繁重，在以往的工作中对文物的收藏和保护比较欠缺。按收藏单位行业类型看，文化、体育和娱乐业单位366家，占绝大多数，公共管理、社会保障和社会组织173家紧随其后。文博系统单位占各行业的绝对多数，因此文化文物单位仍然是文物保护工作的重点。在基层文物收藏单位中，文管所、文物局、博物馆合为一体的情况比较明显，基层文物保护工作还需要加大力度。

（4）今后保护工作的重点

按照国家"保护为主、抢救第一、合理利用、加强管理"的文物工作方针，进一步加大对基层文物收藏单位保护的工作投入和力度。

4. 扩大保护范围

经统计，山东省共有收藏单位671家，其中博物馆、纪念馆210家，图书馆69家，美术馆14家，档案馆78家之外，其他新增收藏单位300余家。

（1）非文博系统收藏单位规范化管理

山东大学是山东省最负盛名的综合性大学，建校110余年，历史积淀丰厚。长期以来缺乏对全校范围内的可移动文物和标本进行系统的梳理和登记。经过省文物局协调沟通，山东大学成立可移动文物普查领导小组领导，校办公室、财务部、资产与实验室管理部、档案馆、博物馆、图书馆、生命科学院等14个处室、院系全面参与，由山东大学博物馆牵头，完成了全校7733件文物及标本的信息采集和登录，建立了与之相对应的电子和纸质账目。校图书馆、博物馆、档案馆、生命科学院、计算机学院部门、院系均建立起比较完备的藏品管理制度和使用办法。

（2）普查拓展文物资源领域

本次普查过程中，山东省普查办在拓展文物资源领域工作方面也做了卓有成效的努力。在承担的国家文物局专项调研项目"山东省近现代音像资料可移动文物调查、认定、登记、管理机制研究"开展过程中，省普查办经过充分的调研和走访，确定项目调查内容即近现代音像资料，除了按照原来认定的内容——包括各种原版照片、胶片、唱片、磁带、珍贵拷贝等以外，光盘、录像带、照相机、录像机、影碟机等具有收藏价值的各种视听载体、摄影相关设备等也纳入普查范围。年代范围上是1949年以前遗留下来的音像资料，同时还包括博物馆、纪念馆等单位收藏的1949年以后的能反映当代社会建设发展历程的重要音像资料。

为了解决文物的性质判断问题，省文物局组织专家，专门召开了研讨论证会，就美术馆收藏的书画作品年代为1949年以后且不在国家文物局颁布的1949年后已故著名书画家作品限制出境（两批）范围内的藏品，博物馆、纪念馆等收藏的1978年以后（以改革开放为时间点）、且未经省级专家认定为文物的藏品的性质进行了研讨并形成专家意见，在全省范围内执行，也积极的拓展了文物资源的领域。

（3）下一步保护措施及规划

通过普查，明确了山东省文物总体保护需求。从改善文物保存环境方面，应着力解决基础文物收藏单位库房紧张和保存环境落后的问题。

从提高保管人员素质方面，文博系统人员老化、青黄不接，专业人员尤其缺乏，急需引进有文博专业知识的年轻人员充斥到文物一线队伍中来。

从运用先进的保护技术方面，文博系统由于资金、人才等缺陷，先进的保护技术不能运用到文物保护工作中，致使文物保存状况不能得到有效改善，从文物保护的长远利益上急需引用先进的文物保护技术以加强对本区域文物的管理保护。

（三）有效发挥文物在本行政区域经济社会发展中的重要作用

1. 充分利用和开发普查成果资源

（1）加速普查成果转化，不断促进地方文化建设。充分利用国有可移动文物普查成果，以举办普查成果展、特色展、专题展，出版发行研究成果等形式，拓宽服务形式，深入挖掘蕴含的文化内涵和信息，改善人民群众物质文化生活，让人民群众在共享普查成果上"各得其利"，保障人民群众的基本文化权益，更好地惠及民众、普及民生。充分利用普查成果，推进文物保护与文化旅游相结合，使文化旅游走进民众生活，融入经济社会，提升城市文化旅游吸引力。推动社会力量和社会资金参与文物资源利用工作，在促进经济发展的同时，用文物保护事业带来的社会、经济效益，更好地保护文物资源，形成文物保护事业与经济社会协调发展的良好局面。通过普查成果转化，保持浓厚的文化环境、创造美好的宜居环境，为推动文化建设，打造文化强省，提高城市文化软实力奠定基础。

（2）推动文化文物相关产业发展。充分利用可移动文物普查成果，开发各具特色的文物衍生品和文化创意产品，满足消费者的多元需求，带动艺术品的收藏、鉴别、欣赏等文化活动。鼓励和支持与文物相关的文化产业发展，参与创造物质财富和精神财富，实现文物有效传承和持续发展。要在有效保护的前提下，大力发掘文物隐性资源，开发特色文化旅游产品，变"死文物"为"活产品"，充分发挥文化遗产多方面的功能，满足人民迅速增长的多层次、多样化、多方面的文化需求，为社会发展、经济建设和人民生活服务。合理利用文化遗产资源，加快发展文化产业，开发各类文化产品，丰富服务种类，增强公共文化产品和服务供给，提升公共文化服务质量。积极开发旅游业，提高衍生产品和配套服务质量，使文化遗产资源成为促进经济社会发展的新亮点。

（3）推进公共文化服务体系建设。普查工作是我们夯实文物基础工作，完善文化文物服务体系的重大举措，普查摸清了家底，实现了文物藏品数字化建设，促进数字化博物馆文化服务体系建设，实现藏品信息的交流共享。进一步推进流动展、发放宣传资料、举办讲座等文化服务走进社区、学校、厂矿和农村。健全各类公共文化服务机构，争取将博物馆教育纳入国民教育体系。积极引导社会力量参与文物博物馆公共文化服务，实现公共文化服务多元化、社会化。

（4）拉动区域经济发展，促进经济社会协调发展。文物作为一种文化软实力，也在极大地促进国家经济的发展，以文物收藏单位为载体的文化产业产生了大量的衍生商品，通过向相关行业、产业、领域的发挥辐射、带动作用来实现对经济的贡献，以文博场馆为中心的文化圈，带动周边的商业活动和社会活动，在改造文化环境的同时，也促进了社会福利、社会就业等问题的解决，从而提升了文化遗产事业的影响力，密切了文化遗产与民生的关系，拓展了文化市场，给文化遗产事业带来了丰厚的经济效益。在与文化产业的互动中，实现了经济方面的贡献，更为其教育功能的实现，满足公众文化生活的需要，以及促进区域经济发展提供重要支撑。

（5）利用可移动文物普查成果，融入现有的规划和建设信息系统。目前可移动文物保护管理采用的大多是传统的方法和手段，主要从人工角度来分析收集现状基础资料，缺乏对现状基础数据的快速准确分析。而可移动文物保护是一个长期的、动态的过程，需要全过程的动态控制和调整，要充分利用第一次可移动文物普查为成果资源，整合各方面资源，为下一步可移动文物保护提供依据。

2. 开展普查成果展览，让普查成果惠及大众

普查工作过程中，除了省普查办策划组织的普查成果系列巡回展览外，各市县、大型收藏单位也利用普查成果组织开展形式多样的普查成果展览。其中，山东博物馆"大羽华裳——明清服饰特展""大河上下——黄河流域史前陶器展"，山东省石刻艺术博物馆"中国山东汉代画像石拓片展"国外巡展等都取得了良好的效果。据统计，自普查工作开展以来，全省共开展普查成果展览 359 次，其中大型收藏单位 37 次，参观人数达数百万。

为贯彻习近平总书记"让文物活起来"的指示精神，弘扬传统文化，2015 年由山东省委宣传部、山东省文物局等多个部门联合，主办了"让文物讲好山东故事——齐鲁瑰宝"推选活动。在各博物馆自荐的基础上，以网友推选和专家评选相结合的方式，从全省馆藏可移动文物精品中最终确定了 100 件最具历史、艺术和研究价值的"齐鲁瑰宝"。省文物局协调各相关收藏单位组织了"齐鲁瑰宝"巡展，把山东省文物精品汇集一堂，在省内外形成了极大反响。

3. 普查成果出版物

省普查办根据省政府"发布普查成果"的要求，按照省文物局的安排，在普查总结阶段启动了山东省第一次全国可移动文物普查成果丛书的编辑出版工作。丛书两册：《文物山东——山东省第一次可移动文物普查成果集萃》《博物山东——山东省第一次可移动文物普查收藏单位名录》，由中华书局正式出版。

各市在普查期间也积极推出各种普查成果出版物。如菏泽文物局在完成普查各阶段普查工作任务后编辑出版的《菏泽文物》一书，不仅汇总了菏泽市普查工作的经验，也将普查精品文物集结成册，实现了总结成果和服务社会两方面的作用，获得了一致好评，也为全省普查总结和成果出版工作积累了宝贵经验。济宁市文物局、日照市文物局也正在筹备编辑出版普查成果书籍或图录。

建 议

1. 进一步规范可移动文物保护管理工作

一是要规范文物保护法律法规，创新文物监管机制。以《中华人民共和国文物保护法》《中华人民共和国文物保护法实施条例》为依据，建立健全省、市、区（市）、镇（街道）四级纵向文物保护管理体制，将文物管理工作纳入重要工作议程和目标责任制，明确具体责任单位和责任人。正确认识和分析文物工作中所出现的新情况、新问题，做到认识到位、思想到位、责任到位、工作到位，真正将"保护为主、抢救第一、合理利用、加强管理"的文物工作方针落实到行动上。

二是要着力加强对新发现文物的建档备案工作，建立一套完整、详细、科学的藏品档案，使藏品便于保存、查找、研究，实现专人管理、专地存放，建立起技防、人防保护体系。专业文博机构要充分发挥保护、管理和修复等技术优势，积极主动帮助和指导其他收藏单位开展好文物保护相关工作。文物部门要加强技术指导和信息交流，不定期调查走访，与收藏单位建立起有效地沟通协调机制，最终建立横向文物保护网络和动态文物管理机制。

三是要依法保护文物安全。各级文物部门要不断完善文物安全工作制度和责任追究制度，加强文物安全隐患的排查治理，制定文物安全防范应急预案与预警机制，确保文物安全。要针对国有可移动文物分布范围广、种类多、数量大，保护情况复杂和管理难度大的特点，突出加强地方性文物法规建设。要依法严严厉查处因单纯追求经济效益或疏于管理而破坏文物的做法，不得以转让、抵押、出租等方式将文物交给企业经营管理，不得擅自改变文物保护管理责任和体制。对发生盗窃、抢劫等文物犯罪活动的情况，要联合公安、工商等职能部门，加大管理和执法力度，实施警民联防、群治，发现线索要一查到底，坚决严打盗窃文物、非法倒卖文物的犯罪行为。

四是要多渠道筹措资金，健全文物保护资金投入体系，解决文物保护经费严重不足的问题。文物保护是一项既困难又复杂的工作，开展工作需要一定的人力、物力、财力。通过普查工作，分散在文博系统外的大量国有可移动文物被发现，文物总量有了大幅提高，文物保护经费投入与文物保护任务的矛盾更加突出。提高经费使用效率的同时，必须加大财政资金支持力度，一方面增加对文博机构、场馆的文物保护资金投入；另一方面对收藏有文物的国家机关、国有企业和文博系统外的事业单位设立文物保护管理专项资金，用于文物保护管理工作。可以采取在各单位现有财政预算不变的情况下，增加文物保护管理资金列支项目；也可以采取各级财政部门为各单位额外增加文物保护管理资金专项补贴，用于文物保护管理工作；或者各级财政部门一部分资金专项补贴，另一部分由各单位在现有资金基础上增加一定比例或额度的专项资金，实现两者有机结合，确保文物保护管理资金落到实处。

2. 进一步加大对可移动文物合理利用

一是准确把握文物利用的基本原则。坚持把社会效益放在首位。注重发挥文物的公共文化服务和社会教育功能，传承弘扬中华优秀文化，秉持科学精神、遵守社会公德。坚持依法合规。严格遵守文物保护等法律法规，注重规范要求，切实加强监管。坚持合理适度。可移动文物利用必须以确保文物安全为前提，不得破坏文物、损害文物、影响文物环境风貌。可移动文物利用必须控制在文物资源可承载的范围内，避免过度开发。通过对文物的保护，对传统制作工艺的保护，传播知识、发展现代科技。通过对古代文物的鉴定、修补、仿制，让观众了解当时工艺，感受历史生活场景，更好地发挥文物的社会教育作用。

二是要提高全民文物保护意识。不断拓展民众参与文化遗产保护的渠道，普及各类文化遗产保护知识，充分利用广播、电视、报刊、网络等大众媒介，印制宣传册页，发放宣传材料等形式，使文物保护法律法规和文化遗产保护知识走进工厂、学校及社区街道等场所，广泛宣传文物法律法规和文物工作知识，使全民做到知法、懂法、守法，使保护文物成为每一个公民的自觉行为。通过多种形式，宣传社会上涌现的文物保护先进人物，树立典型，发挥先进事迹的影响带动作用。及时发布公安、法院严厉打击文物犯罪分子的动态，对有文物犯罪动机的给予震慑。

三是创新利用方式，落实文化创意产品开发政策。以中华优秀传统文化、革命文化和社会主义先进文化为主题，深入挖掘文物资源的历史文化内涵、思想精髓和时代价值，推动展陈策划专业化、社会化，打造精品陈列；支持文博单位依托文物资源，采取合作、授权、独立开发等方式进行文化创意产品开发，面向社会提供知识产权许可服务。支持符合条件的企业、项目纳入扶持文化产业发展专项资金、税收政策范围，纳入文化产业投融资服务体系支持和服务范围。

四是要积极推进专题类博物馆或陈列馆建设，促进馆际交流提高藏品利用率。文物保护的目的不是要文物"藏在深闺人未知",而是在有效保护管理的前提下合理利用,充分发挥文物特色资源优势,切实让广大群众共享文物保护成果。有条件的国有文物收藏单位可以利用现有场所,也可以由文物部门统筹协调,利用文物藏品自身特点,开办各具特色的专题博物馆或陈列馆,使博物馆事业真正融入社会,融入公众生活中。同时可以结合本区域文化特色,举办各类专题展览,发挥文物自身优势、展示文物丰富的历史、文化内涵。支持博物馆间通过博物馆联盟、对口帮扶、总分馆制等,形成博物馆藏品资源共享平台;支持国有博物馆间通过调拨、交换、借用等方式,优化藏品结构,帮助藏品较少的博物馆形成有特色的陈列展览;支持各级各类博物馆开展联展、巡展和出国境展览,推进流动展览进乡村、进社区、进校园、进军营、进企业。

3. 进一步加强对基层文物行业人才培养

第一次全国可移动文物普查之后,山东省将搭建起文博系统内外可移动文物保护网络,各级博物馆和国有收藏单位承担着文物保护的神圣职责。然而,人才是关键。根据山东省国有收藏单位目前人才队伍状况,加强文博专业人才配套是一件急需解决的问题。因此继续引进和培养专业人才,加强基层行业人才的培养,以充实国有收藏单位专业队伍。

目前全省文物保护力量总体不足,文博单位从业人员高层次人才相对缺乏,非文博单位文物管理人员能力素质与岗位职责需求差距较大,因此,要不断加强文物保护队伍建设,针对文物保护工作需要,开展有计划、有步骤、有层次的针对性培训、进修,提高文物保护队伍素质,增强文物保护工作能力。同时,要重点培养、引进一批中青年学科带头人和高层次复合型人才,形成支撑文物保护事业持续发展人才基础,保证文博事业顺利、高效、持续发展。努力营造良好宽松的人才发展环境,针对各类人才的不同特点和成长规律,分类指导,实现事业留人、感情留人、适当待遇留人的目标,稳定文物保护人才队伍。做到用事业造就人才,用环境凝聚人才,用机制激励人才,用荣誉褒奖人才,用学习提升人才,用法制保障人才,最大限度地调动各层次广大文博工作者的积极性、主动性、创造性,自觉为推进文物保护事业贡献聪明才智。

4. 进一步明确可移动文物登录工作的长效机制

建议在普查工作结束以后继续加强对可移动文物普查登录机制方面的工作。出台相关规范性文件,组建相关机构,要加强可移动文物登录平台的维修和保护,真正做到实时在线上传文物数据,同时为已登录的文物信息开展检索、查询提供方便,同时增加导出、打印功能,以便更好地为文物工作服务。

河南省
第一次全国可移动文物普查工作报告

第一次全国可移动文物普查是继第三次全国文物普查（不可移动文物部分）之后在文化遗产领域开展的又一次国情国力调查，是加强文物保护管理、健全文物保护体系的重要基础工作。根据《国家"十二五"时期文化改革发展规划纲要》，2012年10月1日国务院下发了《关于开展第一次全国可移动文物普查的通知》，决定利用2012～2016年五年的时间，分三个阶段开展第一次全国可移动文物普查工作。河南省积极响应，省政府于2013年2月6日印发了《关于开展第一次可移动文物普查的通知》，对全省的可移动文物普查工作进行周密部署，同时成立了以副省长为组长、省发展改革委等13个成员单位负责人组成的河南省第一次全国可移动文物普查领导小组，领导小组办公室设在河南省文物局。河南省第一次全国可移动文物普查工作正式启动。

河南地处中原腹地，是中华民族和华夏文明的重要发祥地，是全国重要的文物资源大省。自5000年前中华文明在河南初露曙光，历经夏、商、东周、东汉、北魏、隋唐，至北宋达到鼎盛时期，河南作为全国政治经济文化中心长达3000余年，漫长的文明进程给河南遗留下丰厚的文物资源。河南省以此次普查为契机，经过4年多的努力，全面摸清了全省可移动文物收藏单位数量及分布，国有单位调查阶段共调查国有单位64454家，申报收藏有文物的单位559家，申报文物230余万件/套。经过文物认定、信息采集和登录、数据审核修改，全省470家文物收藏单位，共录入各类藏品信息4783457件，新建/重建藏品账目及档案的收藏单位243家，新发现、新认定藏品466792件/套，鉴定复核各类文物1.4万余件/套，抢救保护明代书法家文徵明《七律诗碑》等石刻文物1.58万件。可移动文物普查工作取得圆满成功。

第一次全国可移动文物普查工作，使河南省全面掌握了国有可移动文物的总体情况，对于科学评价河南整体文物资源价值，健全文物登录备案机制与保护体系具有重要意义。可移动文物普查成果为科学制定文物保护政策和规划提供了可靠依据；全省各文物收藏单位信息数据库的完善，为可移动文物信息管理平台的建立、完善，为文物的标准化、动态化管理创造了有利条件；同时也为丰富公共文化服务内容，更好地发挥文物资源在推动全省经济、文化和社会建设中的积极作用奠定了坚实基础。

一、河南省普查数据

截至 2016 年 10 月 31 日，河南省在全国可移动文物信息平台登录可移动文物 1773620 件/套，实际数量为 4783457 件。其中，珍贵文物 238586 件/套，实际数量为 312881 件。登录可移动文物信息的收藏单位 470 家。

（一）河南省可移动文物基本情况

1. 类别

表 1　可移动文物类别

可移动文物类别	可移动文物实际数量（件）	实际数量占比（%）
合计	4783457	100.00
玉石器、宝石	89832	1.88
陶器	561832	11.75
瓷器	151476	3.17
铜器	135982	2.84
金银器	13570	0.28
铁器、其他金属器	21514	0.45
漆器	356	0.01
雕塑、造像	51224	1.07
石器、石刻、砖瓦	159688	3.34
书法、绘画	29772	0.62
文具	3216	0.07
甲骨	4763	0.10
玺印符牌	7019	0.15
钱币	2370098	49.55
牙骨角器	83278	1.74
竹木雕	18827	0.39
家具	2719	0.06
珐琅器	290	0.01

续表

可移动文物类别	可移动文物实际数量（件）	实际数量占比（%）
织绣	7226	0.15
古籍图书	629561	13.16
碑帖拓本	85454	1.79
武器	22774	0.48
邮品	5963	0.12
文件、宣传品	27735	0.58
档案文书	67705	1.42
名人遗物	5691	0.12
玻璃器	5766	0.12
乐器、法器	3903	0.08
皮革	1082	0.02
音像制品	14546	0.30
票据	23977	0.50
交通、运输工具	147	0.00
度量衡器	941	0.02
标本、化石	156273	3.27
其他	19257	0.40

2. 年代

（1）可移动文物年代类型

表2 可移动文物年代类型

可移动文物年代类型	可移动文物实际数量（件）	实际数量占比（%）
合计	4783457	100
地质年代	153023	3.20
考古学年代	106827	2.23
中国历史学年代	4380980	91.59
公历纪年	18166	0.38
其他	106609	2.23
年代不详	17852	0.37

（2）可移动文物中国历史学年代分布

表 3　可移动文物中国历史学年代分布

可移动文物中国历史学年代	可移动文物实际数量（件）	实际数量占比（％）
合计	4380980	100.00
夏	6894	0.16
商	88265	2.01
周	327869	7.48
秦	6380	0.15
汉	1120555	25.58
三国	1443	0.03
西晋	18089	0.41
东晋十六国	501	0.01
南北朝	10492	0.24
隋	19698	0.45
唐	312461	7.13
五代十国	3682	0.08
宋	1035645	23.64
辽	245	0.01
西夏	74	0.00
金	10222	0.23
元	19409	0.44
明	122961	2.81
清	870134	19.86
中华民国	262566	5.99
中华人民共和国	143395	3.27

3. 级别

表 4　可移动文物级别

可移动文物级别	可移动文物实际数量（件）	实际数量占比（％）
合计	4783457	100.00
一级	7171	0.15

可移动文物级别	可移动文物实际数量（件）	实际数量占比（%）
二级	23766	0.50
三级	281944	5.89
一般	3384672	70.76
未定级	1085904	22.70

4. 来源

表 5　可移动文物来源

可移动文物来源	可移动文物实际数量（件）	实际数量占比（%）
合计	4783457	100.00
征集购买	560753	11.72
接受捐赠	325137	6.80
依法交换	3215	0.07
拨交	155954	3.26
移交	219693	4.59
旧藏	1036863	21.68
发掘	2187474	45.73
采集	228464	4.78
拣选	22994	0.48
其他	42910	0.90

5. 入藏时间

表 6　可移动文物入藏时间范围

可移动文物入藏时间范围	可移动文物实际数量（件）	实际数量占比（%）
合计	4783457	100.00
1949 年 10 月 1 日前	437998	9.16
1949 年 10 月 1 日～1965 年	335337	7.01
1966～1976 年	96775	2.02
1977～2000 年	2244876	46.93
2001 年至今	1668471	34.88

6. 完残程度

表7 可移动文物完残程度

可移动文物完残程度	可移动文物实际数量（件）	实际数量占比（%）
合计	4633320	100.00
完整	504772	10.89
基本完整	2835273	61.19
残缺	1105766	23.87
严重残缺（含缺失部件）	187509	4.05

注：根据国家文物局《关于做好馆藏自然类藏品登录工作有关要求的通知》的要求，登录的自然类藏品150137件（组），不填写"完残程度"指标项。

（二）河南省可移动文物分布情况

1. 按收藏单位隶属关系统计可移动文物数量

表8 可移动文物数量分布（按收藏单位隶属关系）

收藏单位隶属关系	可移动文物实际数量（件）	实际数量占比（%）
合计	4783457	100.00
中央属	46469	0.97
省属	1125866	23.54
地市属	2486907	51.99
县区属	1110790	23.22
乡镇街道属	8302	0.17
其他	5123	0.11

2. 按收藏单位性质统计可移动文物数量

表9 可移动文物数量分布（按收藏单位性质）

收藏单位性质	可移动文物实际数量（件）	实际数量占比（%）
合计	4783457	100.00
国家机关	32329	0.68
事业单位	4736555	99.02
国有企业	1413	0.03
其他	13160	0.28

3. 按收藏单位类型统计可移动文物数量

表 10　可移动文物数量分布（按收藏单位类型）

收藏单位类型	可移动文物实际数量（件）	实际数量占比（%）
合计	4783457	100.00
博物馆、纪念馆	2249872	47.03
图书馆	560190	11.71
美术馆	4478	0.09
档案馆	13622	0.28
其他	1955295	40.88

4. 按收藏单位所属行业统计可移动文物数量

表 11　可移动文物数量分布（按收藏单位所属行业）

行业	可移动文物实际数量（件）	实际数量占比（%）
合计	4783457	100.00
农、林、牧、渔业	133	0.00
采矿业	0	0.00
制造业	5	0.00
电力、热力、燃气及水生产和供应业	2	0.00
建筑业	0	0.00
批发和零售业	0	0.00
交通运输、仓储和邮政业	0	0.00
住宿和餐饮业	0	0.00
信息传输、软件和信息技术服务业	0	0.00
金融业	28888	0.60
房地产业	0	0.00
租赁和商务服务业	0	0.00
科学研究和技术服务业	5814	0.12
水利、环境和公共设施管理业	13294	0.28
居民服务、修理和其他服务业	79	0.00
教育	189235	3.96
卫生和社会工作	218	0.00

续表

行业	可移动文物实际数量（件）	实际数量占比（%）
文化、体育和娱乐业	4519531	94.48
公共管理、社会保障和社会组织	26258	0.55
国际组织	0	0.00

二、河南省普查工作组织实施

（一）属地管理、分级负责

1. 设立普查领导小组和普查机构，推进普查工作顺利开展。

2013 年 2 月 6 日，河南省人民政府印发《关于开展第一次可移动文物普查的通知》。省政府成立了以副省长为组长、省发展改革委等 13 个成员单位负责人组成的河南省第一次全国可移动文物普查领导小组，领导小组办公室设在河南省文物局。河南省文物局第一次全国可移动文物普查领导小组随即成立，同时抽调 12 名专业技术人员组成了河南省第一次全国可移动文物普查领导小组办公室。

随后，全省所辖 18 个省辖市分别成立了市级可移动文物普查领导小组，均由分管文物（文化）的副市长担任组长，普查办公室设在各市文物（文化）局，由主管普查的副局长担任普查办公室主任。158 个县（市、区）也相应成立了县级可移动文物普查领导小组，由主管副县（市、区）长担任组长，普查办公室设在县（市、区）文广新局，由主管普查的副局长担任普查办公室主任。另外，参加此次可移动文物普查的省直文博单位和系统外国有文物收藏单位，也成立了以主要领导为组长、相关部门领导为成员的第一次可移动文物普查领导小组和普查办公室。28 个大型文物收藏单位及系统外国有文物收藏单位均相继成立了普查工作机构。

积极协调各国有单位开展普查工作，与省国资委、教育厅、民政厅、中国银监会河南监管局、文化厅、档案局等单位联合发文，大力推动本次普查工作，并多次召开系统外国有单位可移动文物普查工作座谈会，及时掌握各国有单位文物普查中遇到的问题和困难，组织各单位参加省普查办举办的各类业务培训及会议。省普查办组织专家对 20 余个省级及省级以上国有文物收藏单位逐一走访，现场进行业务指导，确保各国有单位的普查进度。省人力资源与社会保障、教育、民政、国土资源、司法、统计、工商、卫生与计划生育、新闻出版、宗教等部门积极为省普查办提供辖区内国有单位名单，为建立省级国有单位名录、开展国有单位文物收藏情况的调查工作提供了便利条件。

河南省普查办作为文物普查组织协调机构，根据普查工作进度，适时召开动员会、工作推进会，积极组织全省各普查单元开展文物普查工作。2013～2016 年 4 年中分别针对国有单位调查进展、文物认定鉴定、文物信息采集登录工作、数据审核和修改问题，及时召集各省辖市、省级及省级以上国有文物收藏单位普查负责人，召开普查办公室主任会议及普查工作推进会，通报工作进展，落实工作任务，推进工作进度，为各地顺利开展普查工作打下了坚实基础。

2. 制定普查实施方案和工作制度，确保普查工作落实到位

河南省按照国家文物局的统一部署，为科学、规范、有序、高质量地完成全国可移动文物普查工作，结合本省文物资源特点，精心编制了《河南省第一次全国可移动文物普查实施方案》，对全省普查工作进行详细安排，明确了可移动文物普查的任务和目标，采取全省统一安排，相关部门共同参与，市县级人民政府分级负责，国有单位全面参加的原则组织实施第一次全国可移动文物普查工作。全省将本次普查分为工作准备、普查实施和验收汇总三个阶段。第一阶段（工作准备）：2013 年 3～12 月，主要任务是组建普查机构和队伍，制定普查实施方案，学习规范和标准，组织培训，开展国有单位文物普查认定。第二阶段（普查实施）：2014 年 1 月～2015 年 12 月，主要任务是以县域为基础，采取采集、建档、整理、报送、审核、登录同时进行的方式开展信息数据登录。第三阶段（验收汇总）：2016 年 1～12 月，主要任务是按照国家要求进行普查工作的验收，资料的整理汇总，数据库建设和普查成果的发布等。

随着普查工作的不断深入，又相继制定和完善了《河南省国有单位文物收藏情况调查工作方案》《河南省第一次全国可移动文物普查宣传工作方案》《馆藏自然类藏品普查工作方案》和《河南省田野零散石刻文物集中保管工作方案》等 4 部普查实施方案。各省辖市按照各方案要求，先后编制印发了本级可移动文物普查实施方案；各县（市、区）普查办也分别编制了各自的普查实施计划和实施方案。

各级普查机构制定普查相关工作制度情况。为稳步推进全省的普查工作，河南省普查办建立了普查工作进度通报和约谈制度，在国有单位调查阶段、数据信息采集、登录及审核阶段、普查经费落实方面都及时督促，确保在文物普查各阶段都能够严格按照时间节点要求完成各项普查任务。各级普查办也根据各自的工作实际情况及特点，因地制宜，科学规划，创新方法，狠抓落实，制定了一系列切实可行的工作制度。

郑州市及所辖各县市区制定了《各国有单位普查联络员主要职责》《普查办专业普查员主要职责》，并建立工作例会制度、信息反馈制度、档案管理制度等普查工作制度，推动普查工作有条不紊开展。开封市制定了《第一次全国可移动文物普查调查制度》《第一次全国可移动文物普查数据录入制度》《第一次全国可移动文物普查数据报

送制度》《第一次全国可移动文物普查数据审核制度》等，规范了普查操作规程、数据的录入、报送及审核等各阶段工作。洛阳市明确要求各级普查办工作人员，严格遵守《人员出入库房管理制度》《库房安全管理制度》《藏品出入库管理制度》《藏品账目管理制度》等制度规范。新乡市为做好文物的认定和鉴定定级工作，制定了《第一次全国可移动文物普查文物认定鉴定工作方案》和《可移动文物普查文物定级标准操作细则》，解决了文物认定定级中因专家专业、经验等不同而产生的分歧，确保了文物认定和鉴定定级工作的顺利开展。许昌市建立了实地督导制度、沟通协调制度、信息通报以及专家咨询制度，实现了市、县（市、区）上下联动，形成合力，确保全市普查工作步调一致。

3. 经费及时落实到位，为普查提供有力保障

2013 年以来，全省共投入普查经费 6505 万元，其中，省级经费 3000 万元，市级（含县区）经费 3505 万元。2013～2015 年省级经费每年均投入 1000 万元，地市及区县每年分别投入经费 687.73 万元、985.9 万元和 901.35 万元。2016 年普查经费 930.2 万元。其中，郑州、开封、洛阳、商丘、信阳和驻马店等省辖市自筹普查经费位列全省前茅。洛阳市文物考古研究院筹措经费 260 余万元，用于购置普查器材及临时人员工资。河南省图书馆共投入经费 540 余万元，用于改造古籍书库消防、安防、智能安全运行管理系统、添置恒温恒湿设备和樟木书柜等。

在经费的管理方面，严格遵守国家财务制度，专款专用，主要用于文物普查培训、国有单位调查、普查设备购置、文物认定鉴定、数据审核等。

4. 加强业务指导和培训，提高普查队伍整体素质

全省在省、市、县（市、区）三级成立了各级普查办，共投入各类工作人员 10031 人。其中，各级普查办工作人员 790 人、国有单位普查工作人员 1516 人、普查专家 430 人、普查志愿者 7295 人。2013～2016 年，河南省各级普查机构结合实际，组织所辖区域普查人员进行各种业务培训共计 625 期次，培训人员 17093 人次。其中，2013 年培训 204 期次、7723 人次；2014 年培训 157 期次、4092 人次；2015 年培训 161 期次、3408 人次；2016 年培训 103 期次、1870 人次。

培养和锻炼文物工作者队伍既是可移动文物普查的目的之一，更是开展文物普查工作的实际需要。河南省普查办先后组织举办了"全省第一次全国可移动文物普查首期（保管员）培训班""全省考古发掘单位可移动文物普查培训班""全省第一次全国可移动文物普查员培训班（4 期）""河南省第一次全国可移动文物普查数据登录培训班（3 期）""河南省第一次全国可移动文物普查文物认定和鉴定定级人员培训班""全省可移动文物普查文物摄影人员培训班（3 期）""全省第一次全国可移动文物普查田

野零散石刻集中保管人员培训班""河南省可移动文物普查数据审核培训班""河南省可移动文物普查数据审核专家培训班"等专项培训班。通过开展各项业务培训，确保普查队员能够准确掌握普查的标准和技术规范，为加快普查进度和提高数据质量提供了强有力的人才保障。

河南省可移动文物普查培训工作主要呈现以下特点：一是培训方式多样。根据普查进展和工作实际需要，河南省采取集中培训与个别培训相结合、课堂培训与实地培训相结合、理论培训与实际操作相结合等多种方式，而且充分发挥老专家的作用，通过"传帮带"帮助年轻普查队员的成长，达到普查文物、锻炼队伍的目的。二是培训人员广泛。河南省普查办不但对全省文物系统的普查人员进行培训，而且将文物系统外的文物收藏单位普查人员都纳入培训范围，特别是全省档案系统的各级档案馆都参加了培训工作。三是培训内容强调普查与文物管理并重。培训工作紧密结合普查工作要求，在普查质量控制、文物认定鉴定、文物安全、文物摄影、零散石刻集中保管、数据登录、数据审核等内容外，加入文物藏品管理利用相关知识，以普查带动文物管理人员培养。四是培训效果显著。河南省普查办对全省的培训工作做到统筹规划，针对性强，每一次培训班的举办都为即将开展的普查工作提供及时的技术支持，取得了良好成效。

(二) 调查、认定、采集、登录、审核，分阶段实施

1. 国有可移动文物收藏单位调查阶段

国有单位文物收藏情况调查工作，是第一次全国可移动文物普查的关键环节，其成败直接关系到整个普查工作的效果。河南省普查办积极组织开展调查工作，一是编制工作方案。2013 年 6 月，省普查办编制了《河南省国有单位文物收藏情况调查工作方案》，对国有单位调查的对象、内容、各级普查办的任务、调查步骤进行了规定，确保全省国有单位文物收藏情况调查工作的有序、科学开展。二是细化调查项目。为了确保调查数据的科学性和实用性，省普查办在国家标准规范的基础上，对汇总表、文物认定信息表、文物认定内容进行细化，根据本省实际增加了相关调查内容。三是统一印制相关资料。为提高全省调查工作的质量，省普查办统一印制《国有单位文物收藏情况调查表》《河南省第一次全国可移动文物普查公开信》各 15 万份，确保全省普查数据的全面性。四是充分发挥基层政府的作用。各市、县、乡级等基层政府，召开动员会，把国有单位文物收藏情况调查工作，动员到每一个乡镇及街道办事处，基层政府承担了国有单位文物收藏情况调查阶段调查表的发放和回收工作，确保此项工作落到实处。五是做好查漏补缺工作。2013 年 11 月，针对个别单位调查不细致的情况，

省普查办及时部署全省国有单位文物收藏情况调查工作的补充复查工作，要求全省各级普查办开展调查"回头看"，确保不漏掉辖区任何一个国有单位，不漏掉任何一件国有单位收藏的文物。该项工作由各级普查办组建查漏补遗工作队组织实施，工作任务包括分析辖区本级国有单位的调查数据、列出排查对象、对需要排查的单位进行宣传和业务辅导、赴实地进行调查。

经过两轮的调查工作，全省共发放调查表 64454 份，收回调查表 64454 份，其中 559 个国有单位反馈收藏有文物。河南省区域覆盖率达到 100%，调查表反馈率 100%，并根据调查实际情况，整理编制了《河南省第一次可移动文物普查国有单位名单》共四册。

2. 国有可移动文物认定工作阶段

2013 年 10 月，河南省普查办印发了《河南省第一次全国可移动文物普查领导小组办公室关于开展文物认定和鉴定工作的通知》，全省各级普查办迅速部署辖区国有单位收藏文物的认定工作。首先要求各国有单位在按照普查工作要求在清库的基础上，将所有文物进行初步建档，填写《文物登记卡》和《可移动文物认定信息表》，向本级普查办提出《认定申请》，县普查办接到国有单位的认定申请后，组织本级专家对该国有单位进行文物认定。市普查办接到各普查单元的认定申请后，组织市普查办专家对辖区国有单位收藏的文物进行全面认定。省普查办对省级及省级以上国有单位收藏的文物进行逐一认定。全省新发现、新认定藏品数 466792 件/套，文博系统内新发现、新认定藏品数 257075 件/套，非文博系统新发现、新认定藏品数 209717 件/套。

3. 国有可移动文物信息采集登录阶段

根据国家文物普查登录平台的建设进度，河南省有序部署全省的普查数据登录工作，确保数据登录进度顺利推进。

各级普查办加强对普查工作的指导和协调力度，采取分片区召开推进会和座谈会、组织专家组进行实地督导、针对文物收藏量大和数据登录进度慢的单位实行倒排工期、每周通报登录进度等多种形式科学规划，狠抓落实，加快推进数据登录进度。一是举办培训班夯基础。2014 年 7 月，河南省普查办举办可移动文物普查数据登录工作培训班，主要课程有国家可移动文物普查数据登录平台讲解演示、可移动文物普查数据登录平台离线工具讲解演示、馆藏文物定名、馆藏文物分类、馆藏文物计量等。二是采取多种方式促进度。各市（县、区）收藏单位，采取加班加点、错峰工作、夜间上传等措施，实行两个工作组同步推进的方式，一组进行文物信息录入，一组进行拍照摄影，然后再进行信息合成、审核、上传，加快文物信息采集登录工作。

大型文物收藏单位中,河南博物院通过积极协调,在该院数字资产管理系统中成功设置河南博物院可移动文物普查模块,有效解决了离线软件多机转存数据和审核效率慢的问题。河南省文物考古研究院藏品量 37 余万件/套,居全省之首,该院高度重视,以院库房等为主 4 个站点 9 个工作组 60 余人同时开展工作,按照普查环节制定工作流程,环环相扣,责任到人,按时完成所有藏品信息的录入工作。河南省图书馆负责全省的古籍普查工作,协助导出上传至全国古籍普查平台的数据 8.5 万多条,为全省的古籍数据顺利转换提供大力帮助。河南师范大学生物标本馆在人员少、任务重的情况下,合理调配人员,完成了 83191 件/套标本的信息采集登录工作。中原农业博物馆牵头承担全省馆藏自然类藏品标本的采集登录及业务指导工作,通过协调动、植物学教授、研究员等相关人员组成普查专家指导小组,制订了《馆藏自然类藏品普查工作方案》,并对 6 所高校进行现场业务指导,共采集登录自然类藏品标本 10 余万件。系统外的 20 多家文物收藏单位,从普查之初,始终积极配合普查工作,为顺利完成普查任务提供了有力支持。

2016 年 8 月 31 日,河南省 470 家已注册国有可移动文物收藏单位,全部完成文物信息采集录入工作,共计录入文物信息数量为 4783457 件。

4. 国有可移动文物信息审核阶段

国有可移动文物信息审核阶段,河南省采取层层审核、层层把关的办法,确保普查质量。审核分为文物信息采集单位审核、县普查办审核、市级初审、省级初审和终审四级审核的模式。在文物信息采集阶段,由收藏单位采集员、录入员审核把关,审核人员进行二次校验审核。之后,由县级普查办、市普查办集中审核、反馈并修改完善。最后由省普查办进行初审,初审后返回修改,然后再送省级终审。

为确保数据审核质量,河南省采取了以下措施:一是建立各级专家审核组,所有拟上报数据必须经专家审核通过。各市均选调符合条件的文博专家组成市级专家组,负责本市数据的审核把关。文物系统外国有单位的数据由图书馆,档案馆,大中专院校等单位选派古籍、文史、自然类藏品的专家进行审核。二是省普查办统筹指导专家审核工作。通过举办数据审核培训班,统一审核标准、工作步骤和要求,现场解决数据审核中的难点和问题。三是加强审核,严把质量关。在初步抽审基础上,依据《第一次全国可移动文物普查数据质量评定标准》,按计划分步骤地全面展开对全省普查数据的终审工作,要求全省数据容错率务必控制在 0.2% 以内。四是采取省、市联合审核的方式进行。以河南省普查办专家为主,从相关省辖市抽调业务骨干充实到审核队伍中,省市专家通过共同审核,统一了审核标准,提高了工作效率,为全省数据审核的准确性奠定了基础。

为顺利推进全省的数据审核工作，2015年相继举办了"河南省可移动文物普查数据审核培训班"和"河南省可移动文物普查数据审核专家培训班"，专家们针对学员们在数据登录及审核工作中发现的问题进行现场解答；各参会单位在座谈会上对审核的经验做法进行交流发言。自2015年9月开始，省普查办组织专家对郑州等18个省辖市以及中国文字博物馆等3个文物收藏单位的20余万件/套普查数据，进行初步抽审。2016年2月底，河南省普查办组织专家赴北京对精心挑选的285条数据进行预审，根据北京专家审核意见，结合全省普查数据实际情况，统一了终审标准。2016年3月，全省的普查数据终审工作正式展开；至8月中旬，圆满完成了全省18个省辖市和28个省级国有收藏单位的数据终审任务。

（三）做好宣传工作，扩大文物普查工作的影响力

河南省普查办依托"河南文物网"开通了普查专题网页，开设普查机构、普查动态、政策法规、通知公告、地方频道和普查热线等栏目，大力宣传普查工作；并制定《河南省第一次全国可移动文物普查宣传方案》，落实宣传目标，明确宣传专（兼）职人员，编写宣传资料，充分发挥报纸、广播、电视、网络等新闻媒介，采取多种形式加强文物普查宣传工作。全省共计在新闻媒体宣传421次，刊发各类宣传信息737篇，编写简报、制作条幅10069条，印制宣传彩页、折页327996份，电子屏、宣传版面1418块。各级普查机构通过开展全方位多角度多层面的宣传动员，积极营造广大民众关注和支持普查工作的良好社会氛围，扩大了可移动文物普查工作的社会影响力。

1. 利用媒体和新闻优势，加大宣传力度。各地联系当地新闻媒体对国有文物调查情况进行同步跟踪报道，起到宣传造势的效果。

2. 采取多种方式宣传普查工作。将此次文物普查的意义、范围、对象等相关资料整理编写为宣传彩页、折页等，除在公共场所进行发放、张贴，还在国有单位调查阶段随调查表一起发放。

3. 在加强日常宣传的同时，各级普查办还紧密结合"中国文化遗产日""5·18国际博物馆日"等时机，通过发放宣传材料、调查问卷等方式对文物普查进行广泛深入的宣传，收到了良好的社会效果。

如巩义市利用电视台、巩义时讯、中国巩义网等媒体加大对普查工作的宣传报道，并对无偿捐赠石刻的民众授予"巩义市文物保护工作特殊贡献奖"；获嘉县通过报刊宣传等方式，极大地调动民众保护文物的积极性，当地的一些文物收藏爱好者无偿向县文物管理所捐赠文物70件，其中珍贵文物7件。安阳市普查办在《中国文物报》《安阳日报》和国家文物局网站等发表数十篇文章宣传文物普查工作。鹤壁市普查办在市

级电台、电视台以及《鹤壁日报》《淇滨晚报》等媒体上发布 10 余条普查工作信息，大力宣传开展可移动文物普查的重要意义。许昌市在《中国文物报》《许昌日报》等主流媒体先后刊登了"可移动文物普查也是一次大练兵""我的普查生活"等宣传信息 31 篇。三门峡市在《三门峡日报》发表专版文章《用心灵感悟文化，以行动保护遗产》，并举办"三门峡市可移动文物普查成果展""灵宝市可移动文物普查成果展"等宣传文物普查成果。南阳市利用广播电台每月一次的行风热线，普及文物知识，解答群众提出的相关问题，达到了宣传普查的目的。济源市充分利用微博、微信公众号等新兴媒体力量，宣传可移动文物普查工作的重要性和意义。确山县、平舆县、汝南县普查办利用电视滚动字幕，进行了为期一周的可移动文物普查电视宣传活动。

（四）做好数据质量控制工作，确保数据安全

1. 上下联动，抓好安全工作

为进一步做好全省可移动文物普查质量控制工作，河南省普查办下发《关于做好河南省第一次全国可移动文物普查进度管理和质量控制的通知》，并及时转发国家文物局《关于做好第一次全国可移动文物普查数据安全管理工作的通知》，安排部署各级普查办开展多种形式的督察工作，加强对信息采集、录入及数据审核等各个环节的把握，确保文物安全、数据安全。

2. 做好普查验收工作

按照国家文物局《关于做好第一次全国可移动文物普查验收工作的通知》要求，河南省普查办及时下发了《关于做好第一次全国可移动文物普查验收工作的通知》，各省辖市普查办严格按照验收工作要求，逐项核查完成情况并汇总整理各县（市、区）和文物收藏单位普查验收表及相关普查档案资料，根据普查验收情况确定验收结论，完成各市的验收工作，最后编制验收报告报送至省普查办。第一次全国可移动文物普查工作期间，全省未出现普查工作人员安全问题，未出现可移动文物安全事故，数据安全管理规范到位。

3. 做好全阶段质量控制工作

为确保可移动文物普查质量和数据安全，河南省普查办采取了多种方式实行全阶段全流程质量控制。一是做好国有单位调查的查漏补缺工作。在国有单位调查阶段，针对国有单位调查结果，河南省普查办下发关于补充复查工作的通知，对普查结果进行查漏补遗工作；二是开展清库建档提高文物信息的全面性。在清库过程中对文物各项信息，包括名称、时代、完残程度等比照普查标准，进行了逐一规范。同时检查了文物库房安全及相关工作制度，确保普查过程中文物提取流程、信息采集过程严格按

照规范进行操作，确保文物安全。三是加强账号管理，确保文物数据信息安全。河南省普查办要求全省各普查单位及时建立安全保障规章制度，严格各类账号使用人员按照各自分配的工作权限或范围工作，以实名制方式注册账号及使用，并履行各自工作职责，有效管理文物普查数据，确保登录账号安全和普查数据安全，把信息安全保密工作落到实处。

（五）普查工作总结情况

1. 编制普查档案

第一次全国可移动文物普查开始以来，河南省普查办及时对各种普查资料开展搜集、整理、汇总，采取边普查边整理，及时归档的原则，分门别类按照年份、类型进行归档，现已整理2013~2106年的各类文件、简报、培训资料、宣传资料、通讯录等档案18册，国有收藏单位汇总表18册，文物鉴定复核登记表4册，省级数据终审存疑问题汇总表及省级终审存疑问题修改反馈表5册，普查工作总结和验收表4册，普查数据入库申请表2册，文物数据终审意见汇总资料1册，共计52册。截至2016年12月各级普查办均已完成普查档案汇总及编制工作。

2. 普查表彰工作开展情况

在普查工作实施过程中，河南省涌现出一批先进集体和个人。为树立典型、激励先进，总结各市普查工作经验，促进全省普查工作再上新台阶，河南省文物局于2015年6月印发《关于评选河南省第一次全国可移动文物普查先进集体和先进个人的通知》，面向全省18个市、28个省级及省级以上文物收藏单位和1700余名一线普查工作者，开展普查先进集体和先进个人评选工作。参评单位和个人由各省辖市按名额比例开展初评并推荐至省普查办，由省普查办进行终审。经过为期三个多月的评选，郑州市文物局等64家单位和158名普查工作者脱颖而出，荣获表彰。河南省文物局印发《关于表彰河南省第一次全国可移动文物普查工作先进单位和先进个人的决定》，通报表彰结果。郑州、平顶山、新乡及许昌等四个省辖市，分别对所辖区域内在可移动文物普查工作中表现突出的29个先进单位和70名先进个人，进行了表彰活动。

三、河南省普查工作成果

（一）河南省可移动文物资源情况及价值

1. 全面摸清文物资源的数量及分布

从文物普查结果分析，河南省共收藏各类文物4783457件。全省18个省辖市，郑州、洛阳和新乡等三个省辖市收藏文物数量较大。其中，郑州市所辖区域收藏单位38家，藏品数量1412642件；洛阳市所辖区域收藏单位46家，藏品数量1048581件；新乡市所辖区域收藏单位21家，藏品数量289751件。全省470家文物收藏单位，系统内主要收藏单位为洛阳市文物考古研究院591704件，河南省文物考古研究院390300件，河南博物院198049件；系统外主要收藏单位为河南省图书馆322444件。全省文物类别多样，35类文物全部涵盖。

2. 基本掌握文物的保管保存现状

通过普查，河南省可移动文物保管保存现状基本摸清，现有文物库房186458.3平方米，保管员人数1266人，完整的文物占比为10.89%，基本完整的占比为61.19%，残缺的占比为23.87%，严重残缺的占比为4.05%，其中残缺和严重残缺比例达到27.92%。全省藏品保存条件参差不齐，普遍存在市区大型博物馆库房面积较大，保存条件较好；县区库房面积较小，保存条件较差的状况。通过开展普查工作，省级财政及地方各级财政加强库房设施提升改造工程，省级财政共计投入经费975万元，用于郑州、开封、洛阳、安阳、三门峡、驻马店等15个省辖市部分文物收藏单位购置相关保护设备和库房可移动文物保存条件提升，使文物保存环境得到明显改善。

例如：洛阳市共收藏有档案文书、古籍图书、书法绘画、竹木雕等有机质文物6万余件/套，洛阳博物馆还为有机质文物库房专门配备了恒温恒湿机，确保温湿度适宜文物保存。安阳博物馆文物库房面积2600平方米，并配有恒温恒湿设备，2015年为珍贵文物量身定做文物囊匣。安阳市文物考古研究所搬到新址后，文物库房面积达3000余平方米，投资数万元，购买了文物柜架和电脑、照相器材、空调等保护设施，大大改善了文物保护条件。驻马店市博物馆及汝南县文物管理所等五家单位购置樟木柜架80多组、陈列柜架100多组、除潮除湿设备1套，使可移动文物保存环境得到较大的改善。

3. 不同类型和行业的文物使用管理情况

全省藏品总量4783457件，博物馆、纪念馆收藏文物2249872件。省级和市级博物馆基本成立综合性或专题性博物馆，有符合本馆主题的基本陈列和专题展览，同时不定期组织各种类型的临时展览；县市级条件较好的单位成立有博物馆，对可移动文物进行保管和展示，条件较差的单位藏品基本保管在市级博物馆或文物保管所里。

以洛阳为例，不同类型或行业收藏单位可移动文物使用管理情况：

（1）不同类型收藏单位可移动文物使用管理情况

博物馆、纪念馆共12家，收藏可移动文物163130件。主要是偃师市文物管理所收藏有63823件，洛阳民俗博物馆收藏有53950件，洛阳博物馆收藏有27885件，宜阳县文物保护管理所收藏有8944件，新安县博物馆收藏有5139件。各博物馆纪念馆以基本陈列、专题陈列或临时展览等方式对本单位收藏的可移动文物进行展示，并有专职的保管人员和专业的文物库房对本单位的可移动文物进行保护和管理。图书馆及各县区图书馆共7家，收藏可移动文物36843件，也都有专职的保管人员和专业的古籍旧籍特藏室对本单位的可移动文物进行保护和管理。档案馆共5家，收藏有可移动文物283件，由于保存的文物数量较少，基本都是兼职的文物保管员。因收藏的都是古籍图书和档案文书等纸质文物，在保存和管理方面与本单位收藏的其他纸质档案一并保管。其他类型的文物收藏单位22家，收藏有可移动文物848325件。主要是洛阳市文物考古研究院收藏有591704件，孟津县文物保护管理所收藏有195430件，伊川县文物办收藏有13841件，洛阳市文物交流中心收藏有13765件。其他类型的收藏单位中，市级及市级以上的收藏单位文物保管条件普遍好于县区级的收藏单位。

（2）不同行业收藏单位可移动文物使用管理情况

科学研究和技术服务业1家，为中国社会科学院考古研究所洛阳工作站，收藏可移动文物5814件，2013年对库藏文物进行了摸底调查，2016年全面完成藏品的登录和审核工作。制造业2家，分别为中信重工机械股份有限公司和一拖（洛阳）福莱格车身有限公司，收藏有可移动文物5件。其中，中信重工机械股份有限公司收藏有可移动文物音像制品、书法作品、机械等4件，并在厂区内有专门的展示和收藏区域。教育2家，分别为洛阳师范学院和老城区农校街小学，共收藏可移动文物3230件。公共管理、社会保障和社会组织11家，分别为洛阳市公安局、洛阳市白马寺等，共收藏可移动文物5663件。文化、体育和娱乐业30家，主要包括各博物馆纪念馆、图书馆、考古发掘机构。

通过此次可移动文物普查，全面了解了全省可移动文物使用管理情况，基本掌握了各文物收藏单位的藏品账目和档案建设情况。根据普查数据，已逐步通过网络公开部分珍贵文物信息，并调取部分文物参加各种陈列展览，部分单位还即将出版发行馆藏文物的图录。同时此次普查还实现了河南省全部可移动文物资源的信息化，为以后研究利用，陈展宣传以及文物保护修复提供了有利条件。

（二）健全河南省文物保护体系

1. 完善了文物档案

第一次全国可移动文物普查工作开展以来，全省新建/重建藏品账目及档案的收藏单位243家，新建/重建藏品账目及档案的文物数量266452件/套，完成藏品账目及档案信息化的单位274家。其中，文博系统内新建/重建藏品账目及档案的收藏单位140

家，新建/重建藏品账目及档案的文物数量 169542 件/套，完成藏品账目及档案信息化的单位 167 家。非文博系统新建/重建藏品账目及档案的收藏单位 103 家，新建/重建藏品账目及档案的文物数量 96910 件/套，完成藏品账目及档案信息化的单位 107 家。

2. 完善了制度规范

通过普查，河南省不断建立和完善文物调查、文物认定鉴定、文物保护和藏品管理等规章制度。系统内文物收藏单位先后制定完善了《文物库房管理制度》《文物出入库制度》《文物入库接收规定》《藏品提调注销制度》《非库房人员入库制度》《文物库房保管员职责》《藏品账目管理制度》《文物库房安全保卫制度》等相关规章制度，为全省可移动文物普查工作的规范化、制度化建设奠定了坚实基础。

3. 明确了保护需求

通过普查，基本摸清了各文物收藏单位现存文物保存环境状态、保管人员数量、保护技术水平，明确了下一步需要保护修复的文物数量、种类，为制定文物保护修复规划提供了依据。从普查情况分析来看，全省 470 家收藏单位，藏品总量 4783457 件，珍贵文物 312881 件，占全省藏品总量的 6.54%，库房总面积 186458.3 平方米。

市级以上博物馆的文物库房大部分文物保存条件良好，按照藏品管理需求，基本达到按质地分类保管的标准；少数保存条件较好的基层文物库房面积较大，配备温湿度调控、防尘设备；大多数基层文物收藏单位，保管条件较差，库房面积小，柜架陈旧，文物得不到妥善保管；极少数单位没有专门的文物库房。部分珍贵文物没有专柜、囊匣保管，长年裸露在外受粉尘、光线以及空气中有害气体的侵蚀；基层库房保管员兼职现象比较普遍，业务水平较低，急需提高业务能力；文物保护修复设备不够完善，修复技术人员比较缺乏，不能满足今后的文物保护需求。

4. 扩大了保护范围

通过本次可移动文物普查，不仅摸清了文物底数，掌握了文物的数量、分布、特征等基本情况，还首次对非文物系统单位进行了文物调查，同时将零散石刻及标本类文物进行了摸底，增加了文物类型，拓展了文物资源领域。全省新建/重建藏品账目及档案的收藏单位 243 家，其中非文博系统 103 家。文物类别涉及到古籍图书、钱币、档案文书、文件宣传品、音像制品、交通运输工作等领域。下面以非文博系统收藏单位河南省钱币博物馆和洛阳师范学院为例进行说明。河南省钱币博物馆收藏各类钱币 11131 枚（张），在清库建档的基础上，按照此次普查标准共录入 5217 件/套（28888件），按时完成普查工作的同时，建立了文物资源总目录和数据资源库，实现了藏品的规范化管理，博物馆的监控系统及保管条件的提升改造工作正在进行中。洛阳师范学院共藏有可移动文物 1843 件/套，主要包括契约文书 1701 件/套，器物石刻 82 件/套，民国旧籍 60 件/套。在此次文物普查过程中，已经完成清库建档和账目核对工作，建立并完善了馆藏特色藏品总账及档案，建立起了特藏文献资产总账，为科学制定特藏文献保护规划和措施提供了可靠依据。

（三）有效发挥文物在河南经济社会发展中的重要作用

1. 普查成果提供公共服务及利用计划

公共服务情况。2013 ~ 2016 年，全省共举办各类展览 135 个。其中省级成果展 4 个，市级成果展 50 个，县级成果展 81 个。2016 年"国际博物馆日"和"中国文化遗产日"活动期间，河南省第一次全国可移动文物普查成果图片展《廓清典藏文化财富　滋养弘毅民族精神》在河南博物院、洛阳博物馆、许昌博物馆等场馆展出，展览共分为《统筹规划　科学指导》等五个板块，利用 100 余张精美图片对可移动文物实地调查、信息采集、数据登录及审核等各阶段工作进行全面展示，收到了良好的社会反响。

利用计划。各省辖市将组织辖区内的文物收藏单位通过举办实物展览或网络展示、出版图录和研究论著等方式宣传本单位的可移动文物普查成果。如郑州市拟建设文物资源数字化研究和展示中心，将普查成果通过互联网向公众展示；郑州、洛阳、安阳、许昌、三门峡等地市拟于 2017 年举办可移动文物普查成果展，洛阳博物馆拟于 2017 年推出"清代宫廷佛教文物展"等。

2. 普查成果出版物及资源开发利用情况

普查工作开展期间，河南省部分文物收藏单位已编制出版 10 余部图录和专著：《寻踪觅古：洛阳市文物考古研究院近年重要考古发现成果》《洛镜铜华：洛阳铜镜发现与研究》《洛阳民俗博物馆馆藏文物》《洛阳师范学院图书馆藏地契精选图录》《安阳墓志选编》《河南安阳木版年画》《中国南阳汉画像石大全（10 卷）》《龙卧南阳——南阳出土文物展》《卧龙岗武侯祠碑刻》和《芒砀遗珍》等。资源开发利用方面，组织开展"三门峡市国有可移动文物普查工作体系与普查成果转化研究"和"三门峡虢国墓出土玉器科学检测研究"等。驻马店市文物考古所已完成陶器、青铜器修复 200 多件/套；驻马店市博物馆申报的馆藏文物《清宋祖法寿屏科技保护实施方案》已经编制完成，报送国家文物局正在审定中。

（四）普查工作中的创新和亮点

1. 创新经费使用、管理

2013 年普查工作开展以来，河南省连续投入经费 1000 余万元，用于在 112 个县域和 18 个省辖市市区开展田野零散石刻集中保管工作。为了调动系统外国有单位普查工作的积极性，对系统外 20 余个文物收藏单位给予经费补助；另外对全省 40 个经济较困难的文物系统普查单位进行经费补助，确保全省普查工作的顺利开展。为提高第一次全国可移动文物普查的数据质量，河南为全省文物收藏单位配发了统一的照相背景纸和移动硬盘；同时为统一全省的文物鉴定定级标准，为各省辖市文物鉴定专家组配发了《文物藏品定级标准图例》。

2. 以文物认定为契机，推进文物藏品建档、鉴定定级工作

河南省根据实际情况，在国家确定属地调查与行业调查相结合，单位自查申报与集中调查相结合，传统调查方法和新技术应用相结合等普查技术路线的基础上，增加了"普查与文物清库建档、鉴定定级相结合的普查内容"。2013 年 3 月，开始部署全省文物系统，特别是考古发掘单位和县级文物管理所的文物清库建档工作。在国有单位文物收藏情况调查工作的基础上，河南省普查办印发了《关于做好全省文物认定和鉴定定级工作的通知》，随后制定了鉴定定级工作方案、统一全省各类文物的鉴定定级标准，培训鉴定定级人员，并将鉴定工作分为省辖市初步鉴定和省级复核鉴定两个阶段。鉴定工作步骤：一是各文物收藏单位在开展清库建档工作的基础上，把本单位未鉴定的文物进行整理，填写《河南省馆藏文物鉴定意见表》；二是各县（市、区）普查办核对辖区和国有单位的《河南省馆藏文物鉴定意见表》，向市普查办提出《鉴定申请》；三是市普查办收到县级普查办的鉴定申请后，组织市级专家进行初步鉴定并填写初步鉴定意见；四是向省普查办提出鉴定复核申请，省普查办派专家对初步鉴定结果与实物对照进行鉴定复核。

全省共计完成了对郑州等 18 个省辖市 130 余个文物收藏单位的 1.4 万余件/套文物的省级鉴定复核工作。采取普查与文物清库、鉴定定级相结合的工作方法，既节约了工作成本，又减少了搬动次数对文物的损伤，提高了文物的安全系数，为普查数据的准确性和完整性提供了保证。

3. 创新性地开展田野零散石刻集中保管工作

此项工作是在充分调研全省田野零散石刻保存现状的基础上启动的。可移动文物普查工作开始前，河南省发现近 2 万件离开原地、分布田野的零散石刻碑刻，它们既没有列入不可移动文物点，也未纳入馆藏文物保管范畴，缺乏切实的保护措施，河南省积极探索集中保管经验，先后在巩义等 11 个县市开展试点工作，摸索出了一整套切实可行的工作方法。可移动文物普查工作开始后，河南省抓住这一有利契机，把此项工作纳入到普查范畴，全面开展田野零散石刻集中保管工作。一是制定田野零散石刻集中保管工作方案。在《河南省田野零散石刻文物集中保管试点工作方案》的基础上，修改完善田野零散石刻集中保管规范，对田野零散石刻的范围、集中保管的原则、各

类石刻集中保管的方法、搬运的措施以及集中保管的地点都作了详细规定。二是培训零散石刻集中保管人员。对全省负责开展田野零散石刻碑刻集中保管工作人员进行专业培训，要求根据不同保存状态的石刻采取妥善的保管措施，加强石刻搬运和保管工作的安全，为集中保管工作奠定基础。三是指导开展零散石刻集中保管及展示工作。指导各市县成立协调、安全、技术小组，在确保石刻文物安全的前提下，对每件集中保管的石刻进行 GPS 定位、拓片、照相及原始的文字记录，科学记录石刻的原始信息，加强对这些文物的研究，挖掘其历史、科学及艺术价值，通过陈列展示等方法发挥其教育作用。巩义市、沁阳市、光山县政府为集中保管的石刻专门开设场地筹建了博物馆或展示场所。

按照国家文物局安排，由河南省承担"第一次全国可移动文物普查田野零散石刻集中保管工作专项调查"项目。为确保此项目的顺利完成，河南省普查办印发了《关于做好河南省零散石刻集中保管总结工作的通知》，全面部署零散石刻集中保管的总结工作。经过一系列的实地调研、认定鉴定、资料整理，全省共抢救保护重要石刻文物 1.58 万件，其中包括明代书法家文徵明《七律诗碑》、乾隆四十一年的《建修山陕会馆碑志》以及对研究万里茶路有重要意义的"骆驼岭碑"等。

河南省自 2011 年开展零散石刻集中保管工作以来，始终由河南省文物局统一部署，各市政府及文保机构积极配合，全省通过如此大规模的实地调查和集中保管，虽然取得了丰硕的成果，发现并妥善保护了一批具有文物价值的石刻，但还有大量后续工作亟待进行，河南省将持续加大对田野零散石刻的保护力度，使散落在田间山野的"历史记忆"重新绽放光彩。

建　议

1. 建立可移动文物普查工作常态化机制

本次普查是新中国成立以来对国有文物收藏单位进行的首次可移动文物大普查，通过普查发现，随着国家大发展大繁荣的整体趋势，配合基本建设等考古发掘工作的日渐增多，新的文物源源不断地充实到文物收藏单位，鉴于这类文物数量较大，建议逐步建立起可移动文物普查工作长效机制，将新增文物及时登录，为文物的标准化、动态化管理创造基础条件。

2. 加大对基层文物库房提升改造力度

建议加大专项经费扶持力度，改善基层文物库房保管环境，提高各类文物的保存条件。加强防火、防盗、防潮、防虫、防尘、防光（紫外线）、防震、防空气污染等保护措施；根据文物的不同级别和质地配备相应的保管设备（如柜架、囊匣和恒温恒湿等），满足基本的保护需求。

3. 切实提高文物资源管理利用水平

本次可移动普查虽然圆满完成，但可移动文物的登录、保护、管理和利用等方面的工作还将持续，丰富公共文化服务内容的工作也将持续。因此，建议从国家层面逐级设立专门的可移动文物登录和管理机构，充分发挥文物信息数据库在文物利用工作中的重要作用，逐步实现文物资源的整合与合理利用，推进文物资源利用制度化、程序化、规范化，使文物在国民经济和社会发展中发挥更大的积极作用。

4. 进一步加强基层机构建设的人才培养

加强基层队伍建设，健全基层文物管理部门工作机制，在机构、经费、人员编制上予以保证。研究制定文博专业人才培养规划，优化人才队伍结构，扩大培训规模，提高培训质量，通过举办培训班或到先进单位实地学习等形式对基层文物管理人员进行定期培训，同时重视科技新成果的普及和应用，全面提升文博系统人才队伍的整体素质。

湖北省
第一次全国可移动文物普查工作报告

根据国务院《关于开展第一次全国可移动文物普查的通知》部署，决定从 2012 年 10 月到 2016 年 12 月，将普查分为工作准备、全面实施、验收总结三个阶段，对我国境内（不含港澳台地区）全部国有单位收藏保管的文物进行全面普查登记。普查标准时点为 2013 年 12 月 31 日。

湖北省高度重视，迅速组建普查工作专班，编制普查实施方案，落实普查工作经费，全省普查工作组织有力，保障充分。2013 年 4 月 3 日，湖北省人民政府办公厅印发《关于成立湖北省第一次全国可移动文物普查工作领导小组的通知》。4 月 18 日，省人民政府召开全省第一次全国可移动文物普查电视电话会议，湖北普查工作全面正式启动。6 月 19 日，经报请省政府同意，省普查办印发了《湖北省第一次全国可移动文物普查实施方案》，明确了湖北文物普查工作的目标、范围、内容，要求分工作准备（2012 年 10 月～2013 年 9 月）、全面实施（2013 年 10 月～2015 年 12 月）、验收总结（2016 年 1 月～12 月）三个阶段，全面完成湖北省可移动文物普查工作。

湖北是楚文化的发祥地、三国文化的发生地、首义文化的策源地、红色文化的富集地，拥有数量大、种类多、价值高等丰富的文物资源，素有文物大省之誉。国有单位收藏的 150 余万件/套可移动文物藏品中，有曾侯乙编钟、越王勾践剑、郭店楚简、云梦秦简以及楚国丝绸、漆木器，以及诸多珍惜动植物标本化石等，享誉国内外，呈现出显著的"种类齐全、资源丰富、特色鲜明、收藏多元"的荆楚文化遗产特点。这些弥足珍贵的文化遗产既是璀璨夺目的中华优秀文明传承中的重要组成部分，也是湖北悠久历史文化的物质载体和实物鉴证。

第一次全国可移动文物普查是一项旨在全面掌握我国文物资源、加强文物保护、建设文化强国的国家工程，也是继第三次全国文物普查（不可移动文物部分）之后在文化遗产领域开展的又一重大国情国力调查，更是加强文物保护和利用的一项重要举措。开展湖北省第一次全国可移动文物普查，对于准确把握全省可移动文物资源底数、科学制定文物保护政策和合理利用规划，发挥文物资源在促进地方经济社会发展、全面建成小康社会中的作用，加快贯彻落实《湖北省委关于制定全省国民经济和社会发展第十三个五年规划的建议》提出的"迈入文化强省"奋斗目标，作用显著，意义重大。

一是摸清了底数。通过开展湖北全部国有单位收藏的可移动文物调查、认定、采集和登录，全面掌握全省国有可移动文物的总量规模、分布特点、保存状况和保护需求等资源底数。

二是打下了基础。开展可移动文物普查，为建立健全文物登录备案机制和文物保护体系提供了科学依据，为有针对性的开展文物保护和扩大文物保护范围提供了有效支撑，为科学制定全省文物保护政策和科学合理利用规划奠定了扎实基础。

三是发挥了作用。通过全省开展形式多样的宣传和国有单位可移动文物大调查，既提高了全社会对文物保护工作的关注度，又加强了国有资产登记监管。同时，还将进一步促进全省文物资源的有效整合利用，增强荆楚文化软实力，丰富公共文化服务内容，充分发挥文物在国民经济和社会发展总体布局中的积极作用。

四是培训了队伍。从国有单位调查、文物认定到信息的采集、登录和审核，普查工作者的全过程参与，一方面让基层青年骨干和刚参加工作的年轻同志得到了全方位、立体式的能力锻炼，另一方面扎实提升了普查工作者的科学知识、专业技能和管理水平，有效促进全省建立起一支综合素质过硬、专业技能全面的文博从业队伍。

一、湖北省普查数据

截至 2016 年 10 月 31 日，湖北省在全国可移动文物信息平台登录可移动文物1531877 件/套，实际数量为 2187192 件。其中，珍贵文物 94887 件/套，实际数量为149997 件。登录可移动文物信息的收藏单位 514 家。

（一）湖北省可移动文物基本情况

1. 类别

表 1　可移动文物类别

可移动文物类别	可移动文物实际数量（件）	实际数量占比（%）
合计	2187192	100.00
玉石器、宝石	103594	4.74
陶器	87539	4.00
瓷器	105987	4.85

可移动文物类别	可移动文物实际数量（件）	实际数量占比（%）
铜器	77305	3.53
金银器	41043	1.88
铁器、其他金属器	9915	0.45
漆器	10756	0.49
雕塑、造像	10259	0.47
石器、石刻、砖瓦	35793	1.64
书法、绘画	37572	1.72
文具	6974	0.32
甲骨	198	0.01
玺印符牌	6203	0.28
钱币	1063609	48.63
牙骨角器	8715	0.40
竹木雕	11535	0.53
家具	2056	0.09
珐琅器	269	0.01
织绣	12179	0.56
古籍图书	241028	11.02
碑帖拓本	28441	1.30
武器	26304	1.20
邮品	88790	4.06
文件、宣传品	17787	0.81
档案文书	32155	1.47
名人遗物	16178	0.74
玻璃器	6457	0.30
乐器、法器	4177	0.19
皮革	410	0.02
音像制品	5845	0.27
票据	9200	0.42
交通、运输工具	267	0.01

可移动文物类别	可移动文物实际数量（件）	实际数量占比（%）
度量衡器	1086	0.05
标本、化石	31470	1.44
其他	46096	2.11

2. 年代

（1）可移动文物年代类型

表2　可移动文物年代类型

可移动文物年代类型	可移动文物实际数量（件）	实际数量占比（%）
合计	2187192	100
地质年代	21016	0.96
考古学年代	42972	1.96
中国历史学年代	1988842	90.93
公历纪年	102491	4.69
其他	5750	0.26
年代不详	26121	1.19

（2）可移动文物中国历史学年代分布

表3　可移动文物中国历史学年代分布

可移动文物中国历史学年代	可移动文物实际数量（件）	实际数量占比（%）
合计	1988842	100.00
夏	455	0.02
商	4297	0.22
周	129377	6.51
秦	25405	1.28
汉	142741	7.18
三国	18326	0.92
西晋	2804	0.14
东晋十六国	2887	0.15
南北朝	6493	0.33
隋	1581	0.08

续表

可移动文物中国历史学年代	可移动文物实际数量（件）	实际数量占比（%）
唐	93730	4.71
五代十国	1856	0.09
宋	367252	18.47
辽	111	0.01
西夏	97	0.00
金	912	0.05
元	2233	0.11
明	39550	1.99
清	823188	41.39
中华民国	313656	15.77
中华人民共和国	11891	0.60

3. 级别

表 4 可移动文物级别

可移动文物级别	可移动文物实际数量（件）	实际数量占比（%）
合计	2187192	100.00
一级	13116	0.60
二级	18875	0.86
三级	118006	5.40
一般	491124	22.45
未定级	1546071	70.69

4. 来源

表 5 可移动文物来源

可移动文物来源	可移动文物实际数量（件）	实际数量占比（%）
合计	2187192	100.00
征集购买	690836	31.59
接受捐赠	97999	4.48
依法交换	368	0.02

续表

可移动文物来源	可移动文物实际数量（件）	实际数量占比（%）
拨交	49872	2.28
移交	69079	3.16
旧藏	500116	22.87
发掘	596817	27.29
采集	119724	5.47
拣选	54198	2.48
其他	8183	0.37

5. 入藏时间

表6　可移动文物入藏时间范围

可移动文物入藏时间范围	可移动文物实际数量（件）	实际数量占比（%）
合计	2187192	100.00
1949年10月1日前	13767	0.63
1949年10月1日～1965年	201062	9.19
1966～1976年	194207	8.88
1977～2000年	1038165	47.47
2001年至今	739991	33.83

6. 完残程度

表7　可移动文物完残程度

可移动文物完残程度	可移动文物实际数量（件）	实际数量占比（%）
合计	2164246	100.00
完整	764241	35.31
基本完整	1019253	47.10
残缺	335144	15.49
严重残缺（含缺失部件）	45608	2.11

注：根据国家文物局《关于做好馆藏自然类藏品登录工作有关要求的通知》的要求，登录的自然类藏品22946件（组），不填写"完残程度"指标项。

（二）湖北省可移动文物分布情况

1. 按收藏单位隶属关系统计可移动文物数量

表8　可移动文物数量分布（按收藏单位隶属关系）

收藏单位隶属关系	可移动文物实际数量（件）	实际数量占比（%）
合计	2187192	100.00
中央属	46609	2.13
省属	626236	28.63
地市属	801281	36.64
县区属	711120	32.51
乡镇街道属	1883	0.09
其他	63	0.00

2. 按收藏单位性质统计可移动文物数量

表9　可移动文物数量分布（按收藏单位性质）

收藏单位性质	可移动文物实际数量（件）	实际数量占比（%）
合计	2187192	100.00
国家机关	6360	0.29
事业单位	2148285	98.22
国有企业	4634	0.21
其他	27913	1.28

3. 按收藏单位类型统计可移动文物数量

表10　可移动文物数量分布（按收藏单位类型）

收藏单位类型	可移动文物实际数量（件）	实际数量占比（%）
合计	2187192	100.00
博物馆、纪念馆	1837323	84.00
图书馆	58670	2.68
美术馆	4708	0.22
档案馆	11064	0.51
其他	275427	12.59

4. 按收藏单位所属行业统计可移动文物数量

表 11　可移动文物数量分布（按收藏单位所属行业）

行业	可移动文物实际数量（件）	实际数量占比（%）
合计	2187192	100.00
农、林、牧、渔业	8	0.00
采矿业	131	0.01
制造业	2265	0.10
电力、热力、燃气及水生产和供应业	1681	0.08
建筑业	116	0.01
批发和零售业	0	0.00
交通运输、仓储和邮政业	136	0.01
住宿和餐饮业	0	0.00
信息传输、软件和信息技术服务业	0	0.00
金融业	2603	0.12
房地产业	153	0.01
租赁和商务服务业	0	0.00
科学研究和技术服务业	6054	0.28
水利、环境和公共设施管理业	43	0.00
居民服务、修理和其他服务业	298	0.01
教育	77482	3.54
卫生和社会工作	237	0.01
文化、体育和娱乐业	2056973	94.05
公共管理、社会保障和社会组织	39012	1.78
国际组织	0	0.00

二、湖北省普查工作组织实施

（一）属地管理、分级负责

1. 成立普查领导小组，设立普查办

2013 年 4 月，湖北省人民政府正式发文，成立以分管副省长为组长，分管副秘书长和省文化厅厅长为副组长，省文化厅、省委党史研究室、省档案局、省科协、省发展改革委、省教育厅、省民宗委、省民政厅、省财政厅、省国土资源厅、省国资委、省统计

局、人民银行武汉分行、省文物局等 14 家单位为成员单位的湖北省第一次全国可移动文物普查工作领导小组，办公室设在省文化厅（省文物局），负责全省普查工作的领导、组织和协调。2013 年 4 月 18 日，召开全省普查工作电视电话会议，分管副省长王君正出席会议并讲话，就贯彻落实国务院会议精神，做好全省普查工作进行专题部署。省普查领导小组成员单位有关负责人，全省 17 个市、州及 99 个县（市、区）人民政府分管文物工作负责人，普查领导小组成员及部分重要文物收藏单位代表参加了会议。

2013 年 5 月 9 日，全省第一次全国可移动普查主任会议暨全省普查工作动员部署会在武汉召开，14 个普查领导小组成员单位负责同志、各市州、直管市及神农架林区文化普查办主任和重要文物收藏单位负责人共 92 人参会，部署推进第一阶段普查工作，确保全省整体全面启动普查。大型收藏单位如湖北省博物馆、辛亥革命武昌起义纪念馆、荆州博物馆等重点文物收藏单位组建普查工作专班，组织专业人员开展馆藏文物清库工作，普查工作有序推进。地方文博系统内文博单位陆续开展馆藏可移动文物的调查摸底、信息采集等工作。如荆门市博物馆成立了由馆长担任组长的普查工作领导小组，编制普查工作实施方案，明确工作责任分工、实施步骤、时间节点等，稳步推进馆藏可移动文物的摸底调查、信息采集、数据录入等工作。

2013 年，省普查办通过积极加强沟通协调、组织召开动员会等方式，由省文物局与省档案局、省教育厅、省民政厅、省国资委等重点行业单位联合发文，部署所属行业系统内的可移动文物普查工作，提出针对性的指导意见，推动全省普查工作全覆盖、抓落实。2013 年 9 月，与省教育厅联合召开驻汉高校普查工作会议，部署推进普查工作。驻汉高校相关部门负责同志 60 余人参加会议，省教育厅副厅长黄俭、省文物局局长沈海宁出席会议，黄俭在讲话中对高校普查工作提出明确要求，要求各高校要建立起一把手负责的普查工作机制，通过普查摸清资源家底，通过合理利用进一步彰显驻汉高校的历史底蕴和公众形象。2014 年 5 月，与省档案局联合召开全省档案系统普查工作会议，省普查办解读档案系统普查范围、重点与建议，省档案局强调技术规范，合力推进档案系统馆藏实物普查工作。

2. 制定普查实施方案和工作制度

依据国家文物局发布的普查实施方案，结合湖北实际，省普查办制定了《湖北省第一次全国可移动文物普查实施方案》，在征求普查领导小组成员单位意见的基础上发布全省执行。2013 年 5 月 22 日，为加强普查统筹协调和督导落实，省普查办下发《关于设立省可移动文物普查相关工作机构及专家库的通知》，组建省普查办各机构，设综合协调组、文物认定组、信息登录与数据审核组和省普查工作队，以及由文博系统和部分重点行业部门推荐的 23 名专家组成省级普查专家库。随后，参照省级模式，武汉、宜昌、荆门、襄阳、恩施等 17 个市（州）、直管市和神农架林区也相继成立了本级专家库，共计 100 余人。全省 116 个市（州）、县（市、区）全部成立了普查领导小组及相应机构，编制完成各辖区普查实施方案和工作计划。省、市、县三级普查工作机构的形成，为普查各项工作有序奠定了坚实的组织基础。

为加强普查工作的组织领导，推进全省普查工作信息交流，省普查办依托互联网快捷高效的信息手段，建立了全省普查工作 QQ 交流群，及时解答普查疑问、发布工作信息，随时了解掌握各地普查工作动态，建立工作联系机制，各普查办确定一名联系人，及时报送相关信息。

为确保各项普查工作有效落实，省普查办积极探索普查模式，选取荆门市为试点地区，创新普查工作方法，通过媒体平台、走访调研、专家咨询会等多种途径征集国有单位文物收藏线索，并摸索出社区网格员、以会代训和招募志愿者三种行之有效的普查工作模式。全省多个地方先后实地学习、参照开展工作。

为推进普查工作的全面铺开，省普查办积极沟通衔接，跟进重点难点。通过组织召开普查动员会、积极联络普查领导小组成员和重点行业单位等途径，争取对普查工作的支持与配合。与此同时，各级普查办通过印制宣传折页、广播电台、报纸杂志和政府网站等传播手段发布普查资讯介绍、编报工作简报、征集文物收藏情况线索等，不断加强普查宣传，形成工作氛围。

3. 落实普查工作经费

为强化全省普查工作经费保障，全省各级普查办积极与财政部门沟通，编制落实普查工作经费，有的按照普查阶段落实年度预算，有的编制普查总预算后按年度下达执行。全省 2013～2016 年度共落实普查专项经费 4114.47 万元，其中省级 1488 万元，市县两级 2626.47 万元。

（1）省本级普查经费落实情况。2013 年，省财政厅、省文物局科学编制经费预算，经报省政府批准，安排落实普查专项经费 1488 万元，其中分两个年度补助 103 个县（市、区）各 5 万元，分三个年度补助 13 个市州各 10～15 万元不等，并对 2 个试点地区各增加补助 5 万元。同时，对重点行业部门如档案、图书、宗教、教育及国资等文博系统外单位给予一定补助经费。

（2）各市县普查经费落实情况。全省各市（州）、县（市、区）共争取落实普查专项经费 2626.47 万元。其中，17 个市（州）安排本级普查经费 860.5 万元，99 个县（市、区）安排本级普查经费 1765.97 万元。

（3）大型文物收藏单位普查经费补助情况。根据湖北省博物馆、荆州博物馆、襄阳博物馆等大型收藏单位藏品数量和实际需求，省普查办从专项经费中调剂 150 万元给予补助。并对档案、图书、宗教、教育及国资等文博系统外国有单位补助 101 万元。

（4）专项督察，争取经费落实。2014 年 6 月，按照国家文物局、财政部关于开展普查经费保障自查的通知要求，省财政厅、省文物局联合下发《关于联合开展湖北省第一次全国可移动文物普查经费保障专项督察工作的通知》，抽调财政、文物部门骨干联合成立两个专项督察小组，采取分组督察和集中督察方式，于同年 6 月底 7 月初分别赴武汉、襄阳、荆州、随州等 19 个市县区实地督察，通过召开座谈会、查看财政部门年度预算项目清单等方式，进一步促进督察地区和单位普查经费的保障落实。如潜江、云梦等地先后落实年度普查经费 5 万元。

湖北普查专项经费实行"统一领导、分级管理、分级负担"的原则，普查经费预算、拨付和使用管理等在各级财政部门的支持监管下得到有效落实和严格执行，为普查设备购置、人员培训和数据处理等提供有力保障。2015 年，可移动文物普查专项纳入省财政厅组织开展的文化文物项目绩效评估中，经专家组综合考核评估，该项目获得优秀等次。

4. 组建普查队伍

全省参与可移动文物普查人员共计 4287 人，其中专家组成员 414 人，普查办工作人员 496 人，收藏单位人员 2630 人，志愿者 747 人。为确保普查质量，组建可移动文物普查专家库，涵盖文博、国资、高校、档案和图书等领域专家。在普查过程中充分发挥各专家的专长，深入基层开展文物认定，指导文物信息采集，悉心做好数据审核。他们不顾严寒酷暑，克服舟车劳顿，加班加点没有补助，不计报酬得失，发挥良好示范带头，为全面完成普查任务作出积极贡献。

为确保普查工作顺利开展提供人才和技术支撑，省普查办采取集中培训、主题培训、分片区轮训等方式狠抓普查骨干培训，参训学员覆盖全省各级普查办和全部收藏单位。全省各市（州）、县（市、区）按照统一部署，以会代训或集中培训，相继召开本辖区可移动文物普查工作专题会议和普查培训班。通过层层组织培训、实干代训，省市县三级共培训普查骨干队员 3000 余人次，基本形成了全省普查工作的骨干队伍。同时，充分利用志愿者资源，积极与湖北艺术职业学院联系，组织文博专业的学生作为志愿者分配到多家馆藏文物数量大的重点单位，参与文物信息采集工作，一方面解决了重点单位人手紧缺的困难，另一方面也给予学生专业实践学习的机会，帮助他们明确专业努力方向。

2013～2016 年，省普查办共举办普查业务培训班 9 期，邀请专家授课近 50 人次，培训普查骨干 1280 人。2013 年，举办培训班 3 期，培训普查骨干 380 人。2014 年，举办培训班 3 期，培训普查骨干 420 人。2015 年，举办 1 期培训，培训各级普查办和收藏单位负责人、审核员等 150 人。2016 年，举办 2 期培训，培训各级普查办负责人、业务骨干等330人。全省各市（州）、县（市、区）从2013年至2016年，共举办普查业务培训班60余期，培训人员2000余人。

（二）调查、认定、采集、登录、审核，分阶段实施

根据实施方案，湖北普查以县域为基本单元的国有单位调查，文物认定、信息采集和数据审核，以及普查验收、成果发布等均按照时间节点要求顺利完成。

1. 国有可移动文物收藏单位调查阶段

省普查办通过组织召开普查动员会、积极联络普查领导小组成员和重点行业单位等途径，争取国有单位对普查工作的支持与配合，并先后到武汉、襄阳、荆州、黄冈、十堰等重点地市进行调研督察。主要做法有：

一是克难走访，争取支持。根据部分地方普查办反映进入监狱系统发送调查表存在很大困难的情况，省普查办积极协调省监狱管理局争取支持配合，转发省普查办文件至武汉、荆门等30余家监狱，确保各辖区普查办获取调查阶段相关信息。

二是重点联系，以点带面。针对普查队员反映调查表发送及回收有困难的单位，省普查办先后带队到省公安厅、省国家安全厅等单位进行协调宣传，取得支持配合。

三是组织专家现场指导。大冶市普查办汇报在调查中了解到该市二中收藏有大量古籍图书，省普查办及时组织专家到现场查看指导，帮助该校进行古籍图书分类及编制目录等，为下一步普查工作做好准备。

在各级政府的大力支持和国有单位的全力配合下，各级普查办精心组织、协力推进，全省圆满完成了普查《国有单位文物收藏情况调查登记表》发放、回收、数据汇总工作，并上报了国有单位调查工作报告。主要成果有：

（1）调查表发放与回收。各级普查办充分利用和发动政府管理的力量和资源，县域以街道、乡镇、社区的网格化为片区单元开展国有单位调查表发放和回收工作。全省各级普查员、乡镇、街道办和社区工作人员以及普查志愿者等累计3000余人参与到第一阶段国有单位文物收藏情况调查，确保不漏单位，调查表发送及回收100%。

（2）数据汇总与分析。全省全面完成国有单位文物收藏情况调查并汇总上报，共调查登记国有单位41265家，反馈收藏有文物的国有单位共748家，其中文博系统内的博物馆纪念馆共140家，系统外单位608家。反馈有文物的单位约占被调查单位的1.81%。普查登记发现，文博系统外国有单位收藏有文物、图书、档案等各类实物、资料超过20万件。

（3）积极开展收藏单位"回头看"。为进一步摸清底数，省普查办积极鼓励各级普查办开展国有收藏单位回头看，如武汉市在2016年开展普查回头看时，该市普查办积

极协调属地宗教部门和管理机构配合普查工作，顺利完成归元禅寺可移动文物藏品的清理、认定和建档工作，认定文物1168件/套、资料212件/套。

表12　湖北省国有单位文物收藏情况调查统计表

地　区	区域内国有单位总数（个）	反馈收藏有文物的单位数量（个）	百分比
总计	41265	748	100%
武汉市	5221	113	2.16%
黄石市	1629	27	1.66%
襄阳市	4029	46	1.14%
荆州市	3154	65	2.06%
宜昌市	3713	56	1.51%
十堰市	3319	49	1.48%
孝感市	2974	41	1.38%
荆门市	2550	38	1.49%
鄂州市	380	12	3.16%
黄冈市	5112	133	2.60%
咸宁市	2074	36	1.74%
随州市	1544	16	1.04%
恩施州	3324	93	2.80%
仙桃市	1091	12	1.10%
天门市	464	1	2.16%
潜江市	547	6	1.10%
神农架	140	4	2.86%

表13　湖北省反馈有文物的国有单位类型统计表

地区 ＼ 单位类型	博物馆纪念馆	图书馆	美术馆	档案馆	其他	总计
总计	140	65	2	79	462	748
武汉市	24	3	1	9	76	113
黄石市	9	3	0	2	13	27
襄阳市	11	6	0	6	23	46
荆州市	9	6	0	8	42	65
宜昌市	13	7	0	8	28	56

地区＼单位类型	博物馆纪念馆	图书馆	美术馆	档案馆	其他	总计
十堰市	7	5	0	2	35	49
孝感市	14	6	0	7	14	41
荆门市	3	3	0	4	28	38
鄂州市	2	1	0	1	8	12
黄冈市	19	8	1	11	94	133
咸宁市	7	2	0	7	20	36
随州市	5	2	0	3	6	16
恩施州	10	10	0	8	65	93
仙桃市	2	1	0	1	8	12
天门市	1	0	0	0	0	1
潜江市	3	1	0	1	1	6
神农架林区	1	1	0	1	1	4

从汇总数据来看，湖北国有可移动文物收藏情况特点明显：一是各地区国有文物收藏单位在辖区国有单位中所占的比例不高（表1），不超过1.8%。二是文博系统外单位在各辖区国有文物收藏单位总量中占比61.8%，比重较大（表2）。三是普查登记发现文博系统外国有单位收藏有文物、图书、档案等各类实物和资料超过20万件，其中古籍图书数量较大。

2. 国有可移动文物认定工作阶段

根据国家文物局统一部署，2014年普查重点是开展普查文物认定工作。省普查办统一部署，以市州为单位，共组织20个以文博中高级职称为主、吸收相关专业专家组成的文物认定组，对反馈有文物收藏的610家国有单位进行认定，调查最终确认有文物的国有单位381家，认定文物总数133414件/套，实际数量超过20万件。

全省各级普查办在推进国有单位文物认定中，普查发现认定了一批珍贵文物，省普查办组织专家认定定级文物766件/套。如武汉大学收藏的美国人开尔斯于1929年设计的武汉大学建校整套图纸，武汉市普查办在上海路天主教堂发现4000余册18～19世纪涉及英法德俄拉丁等语种的外文书籍，黄冈市普查发现明代隆庆六年刻本《太师诚意伯刘文成公集》，宜昌市普查发现《康熙四十二年奉天诰书》，襄阳市普查发现全国唯一的警察服制条例附图等。

表 14　湖北省国有单位文物认定情况汇总表

普查办	调查单位总数	反馈有文物单位总数（家）	认定有文物单位总数（家）	有文物单位占比	认定文物总数（件/套）
总计	41265	610	381	62.46%	133414
省普查办	以县域为单元	30	19	63.33%	67509
武汉	5221	61	57	93.44%	16984
黄石	1629	18	14	77.78%	18842
襄阳	4029	35	28	80.00%	1472
荆州	3154	54	37	68.52%	1324
宜昌	3713	43	28	65.12%	9403
十堰	3319	42	34	80.95%	2087
孝感	2974	27	18	66.67%	1115
荆门	2550	35	22	62.86%	1211
鄂州	380	10	3	30.00%	434
黄冈	5112	114	47	41.23%	1687
咸宁	2074	29	12	41.38%	490
随州	1544	11	10	90.91%	135
恩施	3324	83	37	44.58%	9500
仙桃	1091	10	9	90.00%	145
潜江	547	3	3	100.00%	373
天门	464	2	2	100.00%	52
神农架	140	3	1	33.33%	651

主要做法有：

（1）制定规范，统一普查标准。为确保全省文物认定普查工作顺利推进，省普查办制定下发了《关于做好全省第一次全国可移动文物普查文物认定工作的通知》及认定方案等，对认定工作的依据、原则、程序、专家组成以及时间节点等提出明确的要求，为全省做好认定工作统一标准、统一认识。

（2）专项培训，提高业务能力。2014 年 4 月上旬，举办全省可移动文物认定专项培训班，邀请首都博物馆、省内文物专家专题讲授文物认定的方法和原则等，通过"理论讲解、操作实训"，着力提高各级普查员的业务能力，为全省做好可移动文物认定打下基础。

（3）试点先行，取得突破性进展。作为省内普查试点先行的荆门市，积极探索和创新普查工作方法，顺利完成 22 个系统外单位的文物认定工作，为全省普查工作积累了宝贵的经验。

（4）严格管理，确保有序合规。依照湖北普查实施方案，严格标准成立专家组，每次认定至少抽取三位以上专家组成专家组开展工作。普查认定过程中，专家组须依据《文物认定管理暂行办法》《文物藏品定级标准》等标准开展认定，并严格按照普查认定程序及时填报认定信息登记表和文物登记卡等。

3. 国有可移动文物信息采集登录阶段

2014 年 7 月，全国可移动文物普查信息登录平台正式启动后，省普查办积极组织试点，强力推进信息登录工作。2014 年，全省文物信息采集登录数量突破 10 万件/套，圆满完成年初目标计划。2015 年，除省博物馆、省文物交流信息中心（原省文物总店，下同）、荆州博物馆等 3 家完成采集登录总量的 60% 外，其他单位均完成采集登录任务，全省共完成平台登录总量突破 100 万件/套，位居全国第 3，顺利完成国家文物局制定年度普查目标。2016 年，荆州博物馆于 4 月、省文物交流信息中心于 8 月、省博物馆于 10 月分别完成信息采集登录任务，全省采集登录工作圆满完成。

表 15　湖北省普查办采集登录完成情况统计表（截至 2016 年 10 月 31 日）

序号	普查办	国有单位数量（家）	采集登录（件）
合计		514	2187192
1	省普查办	29	670788
2	武汉市	72	105414
3	黄石市	23	68110
4	十堰市	43	96256
5	荆州市	47	240874
6	宜昌市	43	123735
7	襄阳市	40	178502
8	鄂州市	4	88027
9	荆门市	25	122111
10	孝感市	28	39104
11	黄冈市	65	199936
12	咸宁市	21	51405
13	潜江市	6	18738
14	仙桃市	11	3122

序号	普查办	国有单位数量（家）	采集登录（件）
15	神农架	2	3747
16	恩施州	36	132132
17	天门市	3	23097
18	随州市	16	22094

为确保按照国家文物局统一部署，加快文物信息采集登录工作，湖北省重点采取了以下措施：

（1）强化责任担当，纳入年度责任目标任务。省文物局将部署落实普查任务列入全省 2014~2016 年度文物重点工作之一，写入年度责任目标，纳入考核。在年度全省普查主任会上提出总体要求，按季度专题研究落实，先后召开了全省普查工作推进会、重点收藏单位普查督导会和鄂东片区普查现场推进会，不断强化普查任务落实的责任担当和工作执行力。自 2013 年起，十堰市连续 4 年将"做好第一次全国可移动文物普查工作"列入年度文物工作目标责任，年终统一考核，有效促进了十堰市的普查工作在调查阶段和登录阶段均处于全省前列。

（2）建立通报制度，促进普查快速推进。为贯彻落实 2015 年度全国普查主任年会精神，省普查办建立定期通报制，加强采集登录进度和质量控制管理。连续发布六期普查督导通报，着力解决平台登记注册滞后、申报藏品数量不实，登录进度缓慢、进度不平衡等问题，确保全省普查工作进度和质量控制的"双推进"和"双提高"。

（3）树立服务意识，群策群力解决问题。省普查办始终坚持问题导向，牢固树立服务意识，针对进度慢的地区进行基层走访、举办片区交流会，提供解决思路；针对重点收藏单位的突出困难，邀请国家文物局普查工作办公室专家实地问症、帮助解决。

（4）纳入绩效考核，促进履职尽责。为促进后进赶超先进，省普查办着眼全省普查一盘棋思路，积极支持各级普查办将普查工作纳入各地的综合绩效考核目标，促进普查工作顺利推进。如黄冈市面临辖区大、单位多、藏品散且总量大等重难点，黄冈市文化（物）局积极争取市政府支持，将采集登录任务纳入全市综合绩效考核目标。针对普查进度滞后的县（市、区），启动黄冈市政府政务督导，该市整体登录进度得以快速推进，至 2015 年底，收藏单位平台注册、采集登录任务全部完成。

（5）以奖代补，促进普查争先创优。为鼓励先进，省普查办从 2016 年普查经费中安排 60 万元，对截至 2015 年底已完成采集登录任务且文物数量较大的荆门、十堰、恩施、宜昌、黄冈等 5 个市州，以及藏品数量超过万件、工作进度居全国前 30 名的丹江口市、宜都市、通山县、枝江市和浠水县等 5 个县市，采取以奖代补的形式给予经费奖励。

4. 国有可移动文物信息审核阶段

为贯彻落实 2016 年度全国省级普查办主任会议精神，全面完成全省 150 余万件/套数据审核工作，省普查办经过充分调研、精心组织、勇于尝试，在实践中逐渐探索出了一条省、市、县三级联合数据审核创新模式，为全省普查工作顺利收官发挥了突出作用。

（1）精心组织，统一标准。为进一步强化省级审核出口质量关，省普查办组织相关专家进行座谈讨论，统一全省的数据审核尺度和质量把控标准。针对质量审核共性问题，通过召开审核小组讨论会、专家咨询会以及工作群交流会等多种方式集思广益，群策群力，深化提高，解决分歧，有效确保全省数据质量审核"出口关"安全。同时，省普查办下发《关于配合做好可移动文物普查数据终审工作的通知》，制定"数据汇总表""审核数据表"等管理规范，进一步明确工作职责、经费保障和实施方案等内容，为数据审核提供制度保障。

（2）加强培养，夯实基础。国家文物局下发《第一次全国可移动文物普查数据质量评定标准》后，省普查办认真组织学习，并举办两期全省普查数据质量审核培训班，邀请国家文物局普查办专家和省内文物专家进行权威讲解，对全省 150 余名收藏单位审核员进行专项培训，有效提升全省普查人员技能，确保普查重点工作有序开展。

（3）创新试点，总结提升。2015 年，为克服在线审核慢的困难，省普查办极推动襄阳市试行的离线审核模式，对照数据审核标准严格执行，逐步实施"先易后难、全面铺开""离线审核、后台导入""集中力量、定点解决"的普查创新思路和机制。无论是作为普查试点先行的荆门市，还是开展离线审核试点的襄阳市、十堰市等，均提前完成县、市两级数据审核工作，为全省数据审核顺利推进积累了宝贵经验。

（4）"三级联审"，加快推进。2016 年年初，湖北已登录平台数据 120 余万件/套，大部分均未完成县、市、省的逐级审核要求。时间紧、任务重，省普查办立足现实，根据藏品总量和行政区划，将全省分成 7 个片区，按照"分区划片、集中审核、逐个解决"思路加快推进审核工作，研究制定出"离线数据、三级联审、实地审核"的工作模式，既化解掉"逐级审核"的在线审核难题，又实地解决了基层审核人员缺乏等诸多问题，实现数据质量和审核效率的"双提高"。历时 5 个月时间，省普查办共派出 8 批专家组 300 余人次奔赴全省各地，奔波行程 4000 余公里，与各市（州）、县（市、区）普查骨干组成联合审核专家组，共同开展普查数据"三级联审"，全面完成已采集登录的 150 余万件/套数据的省级终审核，完成率 100%。

（三）宣传动员

牢固树立普查是文物保护工作重要组成部分的理念，把宣传工作贯穿于本次普查的全过程，并督促全省各级普查办、各国有单位及时总结，发布普查工作动态、宣传好的经验做法，编写工作简报。支持鼓励各地、各单位及时利用广播、电视、媒体等传统方式，以及网络平台、手机微信等新手段，拓展宣传渠道和方式，与舆论媒体加强互动，积极宣传普查阶段性成果和重要发现，引导媒体、社会公众和舆论为普查工作累积正能量。普查队员也积极当好宣传员，努力把文物保护的理念传播到普查的每个角落。

在普查实施工作过程中，省普查办围绕如何推进普查工作，坚持实地督导、电话督导与信息快报相结合的方式狠抓全省整体推进，采取工作快报、情况通报、群内公告以及在省普查工作群内"晒进度"等形式，展现全省普查重点工作的进展情况、创新做法和优秀普查员等内容，不断营造开展文物普查的良好氛围。通过强有力宣传发动，逐渐形成湖北普查你追我赶的工作态势。省内各地也纷纷加大对普查先进单位和典型的宣传力度，如十堰对各辖区采取"完成一个通报一个、鼓励先进促进后进"的方式，促进各县区加快普查工作进度。

2013 年，累计编报 14 期工作简报上报国家文物局，在省文化厅网站发布信息 10 篇，编发文化信息快报 2 期。各地也陆续开展系列宣传，如荆门市在《发现荆门》杂志刊出专版介绍可移动文物普查，征集国有单位文物收藏情况的线索等。十堰市在《十堰日报》就普查内容进行专题访谈，并利用手机短信平台向全市 150 多万手机用户发送普查公益短信等。

2014 年，湖北省普查办累计编报 20 期工作简报，在全国普查统一平台上报信息快报 34 条，宣传发布"普查之星" 1 名，在湖北省文化厅网站发布普查信息 26 条。在省普查工作群内发布平台登录情况通报 9 期、普查公告 26 期、晒普查进度表 10 次。部分普查重要发现还引起《东方早报》《大武汉》和荆楚网等媒体的关注和报道。"5·18 国际博物馆日"期间，省普查办在辛亥首义广场举办可移动文物普查专题展一周。12 月初，省文化厅在武汉市江夏区开展"深入生活、扎根人民"主题活动，省普查办将普查展牌送到现场，宣传和介绍普查。省内各地也纷纷加大普查宣传力度：如咸宁市通过地方电视台滚动播出可移动文物普查的宣传片等内容；十堰市在"中国文化遗产日"期间举办"寻找历史记忆 做好文物普查"成果展；武汉市在汉口江滩举办"普查阶段性成果展"等，引导广大市民积极参与、关注、支持文物普查。

2015 年，全省各级普查办围绕加强普查宣传，展示普查进展、创新做法和优秀普查员等内容，营造全省普查争先创优的良好氛围。全省共报送发布普查工作信息 67 期，先后在国家文物局、厅局网站等官方网站发布普查信息 73 篇。其中，省普查办报送的《全省可移动文物普查藏品登录总量接近百万》在湖北省委《每日要情》上刊发。

2016 年，省普查办结合全年普查数据审核工作重点，加强数据审核工作的重要性和创新性的宣传推广，有效促进全省数据审核工作顺利完成。全年共报送普查工作信息 11 期，先后在国家文物局、省文化厅和省文物局网站等官方网站发布普查信息 22 篇。全省各级普查办结合"国际博物馆日""中国文化遗产日"等活动，举办普查成果图片展等宣传展览。

（四）质量控制

在完成普查阶段任务基础上，确保全过程的普查质量控制，是实现"底数清、情况明、质量高"等普查总目标的关键。湖北重点加强了以下几个方面的质量控制：

1. 严格标准规范，强化质量意识

自全面启动普查工作以来，省普查办连续四年在年初召开的普查工作推进会上，部署并重点要求从对本馆、本地区、全省以至全国普查工作的角度，以对文物、对历史认真负责的态度来对待各类文物藏品的信息质量把控，确保登录平台的信息数据客观、准确、全面、完整。在调查阶段，逐一核对，实地走访，确保调查完整准确；在认定阶段，组织专家实地实物对照藏品，依照法律法规，按照认定要求开展认定；在采集登录阶段，对照标准，认真落实采集登录指标，细致核对收藏单位和藏品数量；在审核阶段，集中专家，严格规范，逐条审核，确保数据质量"不漏一条"。

2. 积极加强培训，强化能力提升

着眼于提高全省普查工作的质量把控能力，省普查办通过邀请国家文物局专家、省内文物专家进行权威讲解，通过"理论讲解、操作实训"进行有针对性的培训，先后举办了涉及文物认定、文物摄影规范、数据审核要点等 9 期专题培训班，包括普查员、专家、志愿者及普查单位录入员等近 3000 人次的普查骨干培训，有效提升全省普查人员技能，确保全省普查统一质量控制要求。

3. 强化督导检查，确保量准质高

一是专题通报督导。根据国家文物局普查办通知要求，省普查办积极部署，狠抓落实，结合全省普查工作进展，印发了 2 期全省普查专项质量通报，对当前普查存在的质量问题改进提出明确要求。二是邀请专家督导。2014 年，针对各阶段普查质量反馈问题，邀请国家文物局普查办专家组来鄂，通过召开现场辅导会和实地走访等方式，先后到湖北省博物馆、荆州博物馆和武汉市上海路天主教堂等，对普查档案管理、信息采集和平台登录进行现场指导。三是实地督导检查。2016 年，省普查办为解决在线审核效率低、质量参差不齐等问题，组织选派了 8 批专家组奔赴全省 17 个市、州、直管市和神农架林区，以及省属、央属等重点收藏单位，依照"逐条审核、保质争优"的原则实地督导检查，开展数据审核质量把控，顺利实现普查"量准质高"的质量控制要求。

与此同时，针对全省各地反馈的文物认定、数据质量审核标准把控等普遍性和共性问题，及时在省普查群发布如信息采集、文物认定、数据审核和质量把控等方面的共性问题的解决方案及对策，为全省普查工作提供较为完整的质量保障和解决措施。

（五）普查工作总结情况

1. 编制普查档案

普查工作编制档案材料齐全与否、质量高低，是衡量档案管理工作水平的重要标志。湖北省在普查工作档案材料上始终坚持"精、全、快"基本要求。一是普查档案力求"精"。形成的档案材料既要完整，又不能复杂，对涉及国有单位调查、普查文物认定、数据审核和专项督察、任务通知、质量标准规范等，均全部整理完成并归档，把不属归档的材料尽量清除，力求简洁、明了。二是普查档案力求"全"。在做好普查全流程纸质材料归档的同时，对实物档案，图像档案和存放文物数据的新介质档案全部实现了"有情况的必须有记录"普查档案痕迹管理。三是普查归档时间力求"快"。在普查全流程中，只要完成一项，其相关档案材料以及在归档范围内的材料一经认定立即按要求进入归档管理程序，迅速准确地实现了普查档案的编制要求。

全省按照普查档案管理要求，编制完成了国有单位调查表的全覆盖，发放调查问卷表 41265 份，收回《国有单位文物收藏情况调查登记表》41265 份，顺利编制完成《国有单位文物收藏情况调查汇总表》；制定编制完成全省可移动文物认定信息登记表 381 份，文物登记卡 13 万余份；编制并登记《湖北省第一次可移动文物普查专家组审核情况汇总表》近 100 份，顺利完成《湖北省第一次可移动文物终审数据移交表》20 余份和《湖北省第一次可移动文物普查数据终审专家工作组签到表》500 余份，以及《湖北全省各级普查办普查数据统计表》和《湖北省收藏单位藏品》；编制完成全省《第一次全国可移动文物普查收藏单位名录》等。

全省各地积极落实《湖北省第一次全国可移动文物普查实施方案》要求，严格普查档案编制工作，各市（州）、直管市和神农架林区共编制完成全流程普查档案 100 余份，各县（市、区）共编制完成全流程普查档案近 260 份。

2. 开展普查专题调查研究

湖北的馆藏漆木器富有特色，书画类藏品收藏分散、底数不清，为进一步拓展湖北省第一次全国可移动文物普查成果，全面摸清全省漆木器和书画类藏品底数，更好地促进可移动文物保护利用，提升湖北特色资源藏品的保管保护和研究利用水平，省普查办开拓思路，积极研究筹划开展漆木器和书画两类藏品的普查成果拓展项目，努力推动建立湖北特色文物资源保护与利用的机制。经过与荆州博物馆、湖北省博物馆共同研究后，采用普查专项课题调查研究形式，与两馆分别签订《湖北省漆木器藏品专项调查课题协议书》、《湖北省书画藏品专项调查课题协议书》，并分别补助 2 个专项调查项目各 15 万元，有效推进全省特色资源的专项课题研究。

2015 年，国家文物局专项支持武汉大学开展《湖北省教育系统可移动文物调查、认定、登记及管理机制研究工作报告》的研究课题。2016 年，国家文物局又专项支持湖北荆州博物馆开展《第一次全国可移动文物普查漆木器类文物专项调查项目》的专题项目。

目前，两项国家级和省级的普查专项调查课题均顺利通过审核，圆满结项，为进一步促进湖北省特色文物资源的保护、利用奠定坚实基础。

3. 普查表彰情况

普查实施近五年来，全省各地各单位和广大普查工作者，牢记使命、恪尽职守，放弃节假日、休息时间，不计个人得失，忘我工作，高效优质地完成了各项普查任务，涌现出一大批作风过硬、成绩突出的单位和个人，为全省文物工作树立了楷模。为认真做好全省普查工作总结，积极弘扬他们担当尽责、敬业奉献的崇高精神，省普查办根据国家普查办有关通知精神，组织各级普查机构和相关国有单位认真考核、层层推荐并公示，共推选出在全省普查工作中作出突出贡献的 52 家单位和 128 名同志。

经报请省政府批准，省普查办（省文物局）已经以全省第一次全国可移动文物普查领导小组名义通报普查工作情况，并对这些单位和个人进行通报表扬。

三、湖北省普查工作成果

普查工作启动以来，经过全面调查、文物认定、采集登录、数据审核和建档总结的完成，湖北省已经基本实现了"摸清家底，建立登录机制，促进保护管理和科学利用"的普查总目标。省普查办汇总编制了国有可移动文物收藏单位名录，建立了国有可移动文物的纸质及电子档案名录，为健全全省国有可移动文物保护体系和建立起登录制度打下了良好基础。

（一）掌握本行政区域可移动文物资源情况及价值

1. 摸清数量及分布

普查工作经过向全社会宣传、动员广泛参与、严格把握标准、有序规范推进，已全面摸清并掌握了全省收藏有可移动文物的国有单位情况，以及国有可移动文物数量及分布、特点等。具体如下：一是区域分布相对集中的特点明显，如集中在武汉、荆州、襄阳等历史文化比较富集的地区；二是收藏单位可移动文物数量差异巨大；三是非传统类可移动文物藏品数量丰富，如动植物标本、地矿化石等自然类博物馆藏品具有重要价值。

截至 2016 年 10 月 31 日，湖北省 514 家收藏单位在平台登录 2187192 件文物。珍贵文物 149997 件，占全部文物的 6.86%，其中一级文物 13116 件，二级文物 18875 件，三级文物 118006 件。按文物分类统计，超过 10 万件的为钱币 1063609 件，古籍图书 241028 件，瓷器 105987 件，玉石器宝石 103594 件，分别占全部文物的 48.63%、11.02%、4.85%、4.74%。按隶属关系统计，登录文物最多的为省属、地市属、区县属，分别占 28.63%、36.64%、32.51%。按单位性质统计，登录文物最多的是事业单位，占 98.22%。按单位类型统计，登录文物最多的为博物馆、纪念馆，占 84%。按所属行业统计，登录文物最多的是文化、体育和娱乐业，占 94.05%。文物系统内登录文物 2013449 件占 92.06%，文物系统外登录文物 173743 件占 7.94%。库房面积 165428.7 平方米，保管人员 1118 人。

2. 掌握保存状况

通过普查，全省 2187192 件可移动文物保存状况清楚，各级普查办结合清库建档、信息采集等过程，积极开展文物清理、添置柜架、分类保管、建章立制等基本工作，进一步提升和改善了可移动文物的保存环境和保存状况。如湖北省文物交流信息中心通过全面清库，完整掌握每件文物藏品基本信息，为掌握固定资产状况、明确定位单位职能与发展方向提供了有力支撑。

对文博系统外收藏单位，发挥技术优势和业务指导作用，及时提出改善意见，进一步促进改善全省可移动文物的保存状况。如荆门市普查办针对市图书馆古籍中出现虫蛀霉变现象等提出合理化建议，得到收藏单位重视，促进藏品管理环境的进一步改善。武汉市普查办针对归元禅寺文物藏品专业人员缺乏、保存条件简陋和部分文物破损严重等困难，积极组织博物馆人员积极给予技术支持，帮助开展文物藏品的清理、擦拭，对少数变形的文物进行简单整形，对脱落主体的残件进行粘连等基本保护措施，并采取措施改善文物藏品保管环境。

3. 掌握使用管理情况

湖北全省国有可移动文物收藏单位共计514家，登录平台的馆藏文物藏品数量达2187192件，数量巨大，但总体来说使用的利用率不高。如湖北省博物馆、荆州博物馆等可移动文物量大的单位，其使用率最高的不足5%，最低的仅1.2%，平均不足2.8%。而新建的一些市县博物馆，可移动文物藏品少得连基本陈列都充实不起来。至于像文博系统外单位的国有收藏单位和行业博物馆，受限于人员编制少、经费保障缺和展陈条件局促等诸多原因，展出的是具有一定代表性的藏品，且一旦展出多年不变，而大多数藏品都是存放在库房中，利用率不高，且受库房条件所限，藏品保管十分拥挤，恒温恒湿设备不足。如华中农业大学博物馆，拥有丰富的动植物类标本，展厅里仅展出不到1.5%代表性标本，而大量具有教学和科普价值的藏品只能静静地躺在库房柜架中。

（二）健全文物保护体系

1. 完善文物档案

经过此次普查，全省国有可移动文物收藏单位逐步完善了藏品账目并基本实现了档案信息化，其中文博系统单位有165家，文物数量2013449件；非文博系统单位349家，文物数量173743件，完成率100%。重点单位如湖北省博物馆、荆州博物馆等，实现了电子档案和纸质档案的双系统管理。文博系统内部分单位通过普查完成考古发掘移交文物的清理建档工作和账目核对工作。通过省级部署、市级统筹、县级落实，加强与登记有文物的非文博系统国有单位沟通，与相关负责同志建立起联系，了解文物保管情况，指导完备档案登记。如大冶二中在市博物馆、图书馆等单位业务人员指导下，整理并登记完成1949年以前古旧图书和古籍等共计4500余册。

通过普查，全省文物资源档案建档和完善工作取得了显著进步：一是树立起文物档案的科学管理观念。各收藏单位逐步建立起完备、准确和翔实的藏品档案，树立科学做好文物藏品档案管理的理念，为今后开展文物藏品科学研究打下基础。二是完善国有收藏单位的文物档案。在普查中发现，各收藏单位的文物档案管理存在"重藏品、轻档案"的情形，通过普查建立起统一规范的档案标准和格式，通过专家认定和数据采集、审核后，具有了详备、准确、丰富的文物档案，促进了全省可移动文物纸质档案向电子档案的升级转型。

2. 完善制度和规范

为规范全省普查工作，湖北省人民政府正式发文，成立了湖北省第一次全国可移动文物普查领导小组，下设普查工作办公室，领导、组织、协调全省的可移动文物普查工作。

为规范国有单位摸底调查工作，省普查办设计印制《第一次全国可移动文物普查》宣传折页，统一印制《国有单位文物收藏情况调查登记表》及填写说明、《致国有单位的一封信》等，有效推进国有单位调查顺利铺开。

为规范全省普查经费使用，省文物局与省财政厅联合下发《湖北省第一次全国可移动文物普查专项经费管理办法》，办法对经费支出范围、开支渠道、使用与管理等予以明确，确保专款专用，提高资金绩效。

为确保全省普查标准统一，全面落实普查登录进度目标和质量控制要求，省普查办及时转发普查数据审核工作管理办法等标准要求，并制定出《湖北省第一次全国可移动文物普查藏品数量核定规范》《湖北省第一次全国可移动文物普查文物信息数据审核工作方案》等，为全省普查工作规范开展提供较为完整的制度保障和解决措施。

为突出摸清家底确保数据准确的核心要求，省普查办坚持实事求是原则科学核定收藏单位的数量和藏品总量，除专门制定下发"全省藏品数量核定规范"外，针对数量存在差异的地区和收藏单位，要求及时通报并要求各单位就产生原因提交书面报告。

各地各单位还结合工作实际，出台相应的普查工作管理办法，如襄阳市制定《襄阳市第一次全国可移动文物普查登录工作绩效考核办法》，十堰市制定《十堰市第一次全国可移动文物普查文物认定工作流程》《十堰市第一次全国可移动文物普查文物安全工作守则》，荆门市制定《第一次全国可移动文物普查专家审核工作方案》等。

3. 明确保护需求

通过本次普查，全省可移动文物的总体保护水平有了较大进步。但是，与文物本体保护的实际需求、与文物藏品的合理有效利用相比仍有较大差距：一是可移动文物的保存现状、保管环境仍不容乐观；二是文物藏品管理人员的专业素质参差不齐、亟待提高；三是部分珍贵文物藏品的数字化保护工作急需跟进；四是自然标本类藏品的科技保护水平和能力急需得到加强和提升。

"十三五"期间，湖北省文物局将积极争取各级财政支持，通过省保经费支持文物库房改善、编制申报馆藏预防性保护方案争取中央专项支持等措施，推进基层文博单位争取改善文物保管条件、指导系统外收藏单位规范管理等方式，进一步理顺文物保护管理与科学利用机制，加强先进文物保护技术的应用推广，创新保护与利用相结合的服务公众模式，不断满足全社会对于高质量高水平的创意产品、陈列展示、社会教育和服务公众等方面的需求。

4. 扩大保护范围

随着普查的全面推进，全省可移动文物藏品的保护管理机制和资源领域拓展均取得突破性进展。

一是非文博系统收藏单位文物藏品管理进一步规范。通过普查全过程参与和全流程的规范要求，非文博系统收藏单位藏品的认定、建档、登记等管理机制得到健全，藏品的"文物身份证"基本确立，实现了标准化、动态化和规范化管理，建成了国有可移动文物信息资源库。如湖北钱币博物馆、湖北地质博物馆、中国地质调查局武汉地质调查中心等单位，由于历史原因面临着档案残缺、要素不齐和管理混乱等问题，通过专家组逐一排查认定以及普查队员的采集登录和登记建档等工作，其藏品均建立起翔实完备的纸质和电子档案，顺利实现非文博系统收藏单位的藏品规范化管理。

二是可移动文物资源领域得到极大丰富和拓展。通过结合图书、宗教、国资、国土、地质和高校等系统的普查开展和深入，文物资源普查由瓷器、青铜和书画等传统类别向宗教经书、自然标本、化石矿石以及民俗服装等更广泛的文物资源领域扩展，许多非传统的可移动文物资源不断显现，进一步丰富和完善了湖北文物资源领域。如武汉市在天主教堂和宝通禅寺等通过宗教普查，使得众多珍贵的宗教藏品得以新发现；如恩施州博物馆、中南民族大学等通过普查，使得湖北文物资源领域向民族服装、生产生活用具等实物进行拓展；通过在华中农业大学、湖北地质博物馆的普查推进，自然类和矿石标本类藏品也进入了湖北文物资源领域。

（三）有效发挥文物在经济社会发展中的重要作用

湖北将认真贯彻落实习近平总书记、李克强总理的重要指示批示精神，牢固树立"保护文物也是政绩"的科学发展理念，坚持"保护为主、抢救第一、合理利用、加强管理"的文物工作方针，依法履行管理和监督职责，使文物保护成果更多惠及人民群众，为加快湖北文物大省向文物强省迈进做出新贡献。文物作为中华民族文化遗产的杰出代表及实物见证，具有重要的历史、艺术、科学价值，是开展爱国主义教育、传播先进文化、弘扬民族精神、构建社会主义和谐社会的宝贵资源，在促进经济社会发展中具有不可替代的作用。

荆楚大地丰富的文物资源，是老祖宗留下的宝贵遗产，是湖北的"金色名片"。湖北省文物局将积极组织、加大力度、加强协调，采取有力措施，奋力推进各地各单位充分利用普查成果，从通过组织策划普查成果社会展、优化文物资源配置、促进文博创意产业发展等六个方面加强工作，积极回应社会公众对文物工作的关切，积极发挥文物在湖北省经济社会发展中的重要作用。

一是利用普查成果建立健全辖区文物资源管理体系。充分利用第三次全国不可行移动文物普查和此次可移动文物普查工作取得的各项成果，进一步加强全省文物登录机构和文物登录职能建设，积极建立健全文物资源调查、认定、登记、公布和动态监管机制，为文物的管理保护、开发利用和社会服务提供重要抓手。

二是从盘活文物资源、推出展览、开展社会教育等。通过开展馆藏文物数字化展示，围绕"互联网＋中华文明计划"实施资源共享，扩大服务覆盖面，积极弘扬和培育社会主义核心价值观。各级博物馆结合新馆建设，做好文物藏品的合理利用。

三是培育发展文博创意产业。利用普查成果，进一步建立藏品共享和有偿交流机制，推动收藏单位深入挖掘馆藏文物资源的价值内涵和文化元素，加强与社会力量深度合作，做好文物资源创意产品的开发研究，促进资源、创意、市场共享。积极推进以湖北省博物馆为龙头试点，推动文化创意产品开发。

四是发挥文物资源优势、与旅游融合发展、拓展文物使用功能等，积极服务湖北经济社会发展。通过构建完善博物馆体系建设、对口帮扶等措施保障人民群众基本文化权益。

五是配合国家"一带一路""长江经济带"等重大战略，促进资源共享，加强对外文物交流，扩大荆楚文化影响力。

六是坚守文物利用底线，推进合理适度利用。

建 议

1. 普查成果亟待深入规范

一是关于档案系统的实物。根据国家文物局、国家档案局下发的普查档案通知精神，档案系统的文物普查主要是针对除纸质文物外的实物。从普查实际情况看，档案系统保管的基本为有文字的纸质实物，因此不少的名人字画、契约、信函等十分重要的纸质文物不在文物认定范畴，影响和制约了此类档案文物的认定以及今后的保护利用。二是仍有少数单位认识不到位。在开展普查文物认定过程中，有金融、司法和海关系统等极少数国有收藏单位虽经多次沟通，仍然申报没有文物，而据了解，公安和海关在近几年打击文物违法犯罪活动中缉获的各类文物均未向文物部门进行移交，部分银行也存在文物没有进行申报。建议针对这些问题，继续加强协调，不断加大督导力量，促进文物普查工作不留死角。三是古籍图书类藏品的采集登录推进存在困难。由于古籍图书类藏品归属非文博系统管理，需要从国家层面加强与图书、古籍保护中心等系统沟通协调，集中推进。另外，据了解，部分国有单位受限于保管、维护和保护条件等原因，有些纸质类藏品要么或是已经完全损坏，要么或是正在受到损害，亟需引起极大的关注和解决。

2. 加大专业人才特别是基层人才的训练培养

在进入到文物信息采集登录阶段后，各地普查办和收藏单位反映较强烈、较集中的突出问题是专业人才匮乏，远非通过短期培训能解决。主要表现在：一是文物认定、信息采集登录和数据审核过程中，各专业人才特别是基层文博力量十分薄弱，由于质量问题经常返工，严重影响文物普查工作的开展；二是基层工作人员基本为兼职，既要做好日常工作还要兼顾其他文物保护的相关工作，不少基层文博单位工作人员偏少，导致普查力量明显不足，不得不依托上级单位的帮助和护持。

3. 积极建立长效机制，促进文物资源管理与服务社会能力提高

普查完成了阶段性工作，如何提高数据的运用、发挥好文物资源的价值，建立健全服务社会的长效机制，落实好习近平总书记重要指示精神，让收藏在博物馆里的文物活起来。同时，充分调动文博单位和社会力量参与开发文创产品的积极性，开发特色鲜明、有吸引力的文博创意产品，满足公众多样化文化需求等，都需要全体文博工作者和全社会共同加强研究，探索创新，建立起可持续发展的长效机制。

湖南省
第一次全国可移动文物普查工作报告

可移动文物是我国多民族文化的实物见证，是不可再生的珍贵的文化遗产资源。为提高我国文化遗产保护管理水平，促进社会主义文化大发展大繁荣，建设社会主义文化强国，根据《国家"十二五"时期文化改革发展规划》，国务院决定从2012年开始开展第一次全国可移动文物普查工作。第一次全国可移动文物普查是继第三次全国文物普查（不可移动文物部分）之后在文化遗产领域开展的国情国力调查，是确保国家文化安全、保障人民群众基本文化权益的重要措施。

为认真做好全国第一次可移动文物普查工作，根据国务院的总体部署，2013年2月19日，湖南省人民政府下发了《关于认真做好第一次全国可移动文物普查工作的通知》，对全省可移动文物普查工作进行了总体部署安排，成立了湖南省第一次全国可移动文物普查领导小组。领导小组组长由副省长担任，省委党史研究室、省发改委、省教育厅、省财政厅等15家单位负责人为领导小组成员。领导小组负责全省普查工作的组织和领导，协调解决重大问题。会议明确，普查领导小组各成员单位要各司其职、各负其责、通力协作，广泛动员和组织本系统国有单位积极参加并认真配合普查工作。

湖南省普查工作从2012年10月开始，到2016年12月结束。普查的标准时点为2013年12月31日。分三个阶段进行：2013年2月以前为第一阶段，主要任务是制定普查方案，落实普查经费，开展培训、试点工作；2013年3月~2015年12月为第二阶段，主要任务是以县域为基本单元开展调查、文物认定、信息采集和审核；2016年1~12月为第三阶段，主要任务是进行调查资料的整理、汇总、数据库建设和公布普查成果。

通过本次普查，湖南省基本掌握了全省收藏有可移动文物的国有单位的数量、类别等基本信息，基本摸清了全省国有可移动文物家底状况。经统计，截至2016年10月31日，湖南省共调查国有单位50795家，初步反馈有文物2105823件/套。湖南省所辖收藏单位共有511家，经组织专家进行文物认定鉴定，认定鉴定文物357688件/套。共有 444 家国有单位上报了文物，登录可移动文物 1817056 件。

湖南省可移动文物种类丰富，数量庞大，价值突出。可移动文物的年代序列完整，从距今 50 万年前旧石器时代的石制品到距今数千年的碳化稻糠，从稻作之乡的清晰谱系到礼乐方国的青铜玉器，从里耶出土的数万枚秦简、马王堆汉墓出土的三千多件精美珍贵文物，到魏晋南北朝时期沟通内外勇于开拓的海上瓷路，再到宋元明清历代经国救世的实证，尤其是晚清以来，湖湘涌现出的众多立志救国济民的伟人，其遗物、手札都是其伟绩的见证。古籍、秦简、吴简、钱币、青铜器、玉石器、书法、绘画、标本化石以及具有时代特色和地域特点的文件、宣传品等集藏有序，这些可移动文物反映出湖南深厚的历史底蕴和丰富的文化积淀，串联起来，就是一部意义深邃的湖南实证史。

通过近五年的努力工作，湖南省圆满完成了本行政区域普查工作，基本实现了可移动文物普查工作摸清资源家底、建立登录制度、服务社会的三大目标。湖南省利用现代信息手段实现了全省可移动文物的动态化管理，对于掌握和科学评价全省文物资源情况和价值，健全了湖南省文物登录备案机制和文物保护体系，促进文物资源整合利用，丰富公共文化服务内容，有效发挥文物在全省国民经济和社会发展总体布局中的积极作用，具有十分重大且深远的意义。

一、湖南省普查数据

截至 2016 年 10 月 31 日，湖南省在全国可移动文物信息平台登录可移动文物 656777 件/套，实际数量为 1817056 件。其中，珍贵文物 44210 件/套，实际数量为 70150 件。登录可移动文物信息的收藏单位 444 家。

（一）湖南省可移动文物基本情况

1. 类别

表 1　可移动文物类别

文物类别	文物数量（件）	数量占比（%）
合计	1817056	100.00
玉石器、宝石	23420	1.29
陶器	64051	3.52
瓷器	72447	3.99
铜器	28030	1.54

续表

文物类别	文物数量（件）	数量占比（％）
金银器	10464	0.58
铁器、其他金属器	4252	0.23
漆器	1228	0.07
雕塑、造像	5797	0.32
石器、石刻、砖瓦	23668	1.30
书法、绘画	30732	1.69
文具	6748	0.37
甲骨	18	0.00
玺印符牌	4283	0.24
钱币	280737	15.45
牙骨角器	1918	0.11
竹木雕	11403	0.63
家具	3221	0.18
珐琅器	428	0.02
织绣	12537	0.69
古籍图书	949891	52.28
碑帖拓本	2899	0.16
武器	8641	0.48
邮品	1798	0.10
文件、宣传品	43989	2.42
档案文书	135279	7.44
名人遗物	2411	0.13
玻璃器	12303	0.68
乐器、法器	2488	0.14
皮革	622	0.03
音像制品	15833	0.87
票据	16350	0.90
交通、运输工具	123	0.01
度量衡器	1054	0.06
标本、化石	23253	1.28
其他	14740	0.81

2. 年代

（1）可移动文物年代类型

表 2　可移动文物年代类型

可移动文物年代类型	可移动文物实际数量（件）	实际数量占比（％）
合计	1817056	100
地质年代	21332	1.17
考古学年代	26887	1.48
中国历史学年代	1724378	94.90
公历纪年	10769	0.59
其他	9656	0.53
年代不详	24034	1.32

（2）可移动文物中国历史学年代分布

表 3　可移动文物中国历史学年代分布

可移动文物中国历史学年代	可移动文物实际数量（件）	实际数量占比（％）
合计	1724378	100.00
夏	0	0.00
商	6192	0.36
周	28844	1.67
秦	36835	2.14
汉	75989	4.41
三国	76655	4.45
西晋	1832	0.11
东晋十六国	1043	0.06
南北朝	1958	0.11
隋	711	0.04
唐	22780	1.32
五代十国	2075	0.12
宋	105778	6.13
辽	33	0.00
西夏	20	0.00

可移动文物中国历史学年代	可移动文物实际数量（件）	实际数量占比（%）
金	297	0.02
元	5104	0.30
明	52726	3.06
清	734061	42.57
中华民国	425508	24.68
中华人民共和国	145937	8.46

3. 级别

表 4　可移动文物级别

可移动文物级别	可移动文物实际数量（件）	实际数量占比（%）
合计	1817056	100.00
一级	4769	0.26
二级	12446	0.68
三级	52935	2.91
一般	466373	25.67
未定级	1280533	70.47

4. 来源

表 5　可移动文物来源

可移动文物来源	可移动文物实际数量（件）	实际数量占比（%）
合计	1817056	100.00
征集购买	220013	12.11
接受捐赠	104498	5.75
依法交换	137	0.01
拨交	12796	0.70
移交	149689	8.24
旧藏	909613	50.06
发掘	304534	16.76
采集	53454	2.94
拣选	4236	0.23
其他	58086	3.20

5. 入藏时间

表6 可移动文物入藏时间范围

可移动文物入藏时间范围	可移动文物实际数量（件）	实际数量占比（%）
合计	1817056	100.00
1949年10月1日前	458860	25.25
1949年10月1日~1965年	393523	21.66
1966~1976年	42477	2.34
1977~2000年	539261	29.68
2001年至今	382935	21.07

6. 完残程度

表7 可移动文物完残程度

可移动文物完残程度	可移动文物实际数量（件）	实际数量占比（%）
合计	1796808	100.00
完整	877874	48.86
基本完整	562736	31.32
残缺	309336	17.22
严重残缺（含缺失部件）	46862	2.61

注：根据国家文物局《关于做好馆藏自然类藏品登录工作有关要求的通知》的要求，登录的自然类藏品20248件（组），不填写"完残程度"指标项。

（二）湖南省可移动文物分布情况

1. 按收藏单位隶属关系统计可移动文物数量

表8 可移动文物数量分布（按收藏单位隶属关系）

收藏单位隶属关系	可移动文物实际数量（件）	实际数量占比（%）
合计	1817056	100.00
中央属	26269	1.45
省属	831867	45.78
地市属	392459	21.60
县区属	566305	31.17
乡镇街道属	95	0.01
其他	61	0.00

2. 按收藏单位性质统计可移动文物数量

表9　可移动文物数量分布（按收藏单位性质）

收藏单位性质	可移动文物实际数量（件）	实际数量占比（%）
合计	1817056	100.00
国家机关	25537	1.41
事业单位	1755770	96.63
国有企业	11855	0.65
其他	23894	1.31

3. 按收藏单位类型统计可移动文物数量

表10　可移动文物数量分布（按收藏单位类型）

收藏单位类型	可移动文物实际数量（件）	实际数量占比（%）
合计	1817056	100.00
博物馆、纪念馆	701097	38.58
图书馆	681639	37.51
美术馆	1948	0.11
档案馆	4779	0.26
其他	427593	23.53

4. 按收藏单位所属行业统计可移动文物数量

表11　可移动文物数量分布（按收藏单位所属行业）

行业	可移动文物实际数量（件）	实际数量占比（%）
合计	1817056	100.00
农、林、牧、渔业	46	0.00
采矿业	25	0.00
制造业	96	0.01
电力、热力、燃气及水生产和供应业	5	0.00
建筑业	0	0.00
批发和零售业	0	0.00
交通运输、仓储和邮政业	0	0.00
住宿和餐饮业	15	0.00
信息传输、软件和信息技术服务业	0	0.00

续表

行业	可移动文物实际数量（件）	实际数量占比（%）
金融业	2321	0.13
房地产业	0	0.00
租赁和商务服务业	0	0.00
科学研究和技术服务业	57605	3.17
水利、环境和公共设施管理业	68	0.00
居民服务、修理和其他服务业	0	0.00
教育	228641	12.58
卫生和社会工作	43	0.00
文化、体育和娱乐业	1359706	74.83
公共管理、社会保障和社会组织	168485	9.27
国际组织	0	

二、湖南省普查工作的组织实施

（一）属地管理、分级负责

1. 设立普查领导小组，成立普查机构

湖南省第一次全国可移动文物普查领导小组办公室设在省文物局，由湖南省文化厅党组成员、副厅长、省文物局局长兼任办公室主任，领导小组办公室负责普查工作的日常组织和具体协调。同时就各市州、县市区人民政府普查工作组织实施做了统筹部署，并确定了属地管理的原则。

根据总体安排，全省县级（含）以上各级人民政府、文物（文化）行政部门分别相应成立了普查领导小组和普查工作办公室（省本级、14 个市州、123 个县市区）。领导小组由政府分管文物（文化）工作的负责人担任组长；领导小组办公室设于同级文物（文化）行政部门，负责普查工作的具体组织实施。

全省普查工作采取"分级实施、责任落实"的工作原则，省普查办抽调专人成立省直普查工作队，负责长沙市区范围内央、省直国有单位的组织、督促、指导工作，各国有单位负责普查的具体实施。市、县级普查办根据实际情况，确定组织实施方法，多数采取市级普查办负责市区范围内中央、省、市属国有单位的组织、督促、指导工作，县级普查办负责本县域范围内全部国有单位的组织、督促、指导工作。由于各地行政区划、机构设置、人员编制等情况不一，部分市、县级普查办在组织实施中相应

依照本区域实际具体确定普查组织实施办法。

教育、金融、档案、文化等收藏量大的行业系统也相应建立了本部门本系统的普查工作机制，对推动所属行业系统的普查工作起到了重要作用。2013 年 10 月 23 日，省文物局与省教育厅联合印发《关于做好全省教育系统第一次全国可移动文物普查工作的通知》，部署全省教育系统的普查工作；省普查办积极争取省委、省政府、省人大、省政协、省宗教局、省轻工盐业集团、省公安厅、中国人民银行长沙中心支行等央、省直重点单位的支持配合，推动了行业系统组织普查工作的顺利开展；省文物局副局长、省文物局普查办主任亲自带队，赴湖南大学、湖南师范大学、中南大学、湖南图书馆、湖南省党史陈列馆等国有单位指导普查工作，有力促进了重点单位普查工作的开展；一些大型文物收藏单位如湖南省博物馆、湖南省文物考古研究所、长沙简牍博物馆、湖南图书馆等也相应组建了本单位的普查工作班子，强力推进本单位的普查工作。

2. 制定普查实施方案和工作制度

2013 年 8 月 29 日，在逐一征求领导小组各成员单位书面反馈意见的基础上，省普查领导小组印发《湖南省第一次全国可移动文物普查实施方案》（以下称《实施方案》）。

《实施方案》根据国家文物局发布的《第一次全国可移动文物普查实施方案》，同时切实立足全省实际，对湖南省普查的九个方面工作做出了因地制宜的具体安排，对各级普查机构、各部门和国有单位的职责提出了明确要求。湖南省《实施方案》密切结合实际，广泛征求意见且由省普查领导小组印发，力度大，针对性强，为普查提供了有力的制度保障。

各市州、各县市区也相应制定了本行政区域的普查实施方案，有以本行政区域普查领导小组名义印发的，如长沙市、株洲市、常德市等，有以人民政府办公室的名义印发的，如辰溪县等。

3. 落实普查工作经费

按照国务院的要求，此次可移动文物普查所需经费中央和地方分别负担。湖南省各级文物行政部门认真编制了可移动文物普查工作实施方案及资金需求方案，报同级财政部门审核后实施。各级财政部门做好了本级第一次全国可移动文物普查的经费保障工作，并将经费列入统计财政预算。

全省各级人民政府严格落实国务院普查精神，均已将普查经费列入财政预算，按照"一次规划，分年度安排"的原则，全省各级财政共落实 2013～2016 年度普查专项经费 5670.3 万元，其中省级 1100 万元，地市级 1437.5 万元，区县级 3132.8 万元。其分年度来看，2013 年，省本级落实 500 万元，地市级落实 229 万元，区县级落实 601.1 万元；2014 年，省本级落实 200 万元，地市级落实 405 万元，区县级落实 904.7 万元；2015 年，省本级落实 200 万元，地市级落实 422 万元，区县级落实 844 万元；2016 年，省本级落实 200 万元，地市级落实 377.3 万元，区县级落实 783 万元。

2014 年 6 月，为全面掌握全省普查经费的落实情况，根据财政部、国家文物局文件精神，省财政厅与省文物局联合下发了《关于开展第一次全国可移动文物普查经费保障专项督察工作的通知》文件，并开展专项经费督察工作，有力保障了全省各级普查经费的落实。

为更好地促进部分行业系统普查工作开展，省普查办根据各文物收藏单位实际情况，2015 年 10 月，经请示省财政厅、省文化厅，向湖南图书馆、湖南师范大学等文物收藏量较大的单位调剂部分省本级普查经费。

一些市州还根据实际印发了适合本行政区域普查工作的经费保障文件。怀化市普查领导小组经市人民政府同意，印发了《关于认真做好我市第一次全国可移动文物普查后勤保障工作的通知》，在经费保障、设备配置尤其对参与普查工作的人员补助保障方面作了明确安排。一些国有文物收藏单位都对普查工作经费予以了专项支持。如韶山毛泽东同志纪念馆落实专项经费用于设备采购、人员经费等；湖南师范大学将普查工作与校资产清查相结合，安排专项经费有力地推进了普查工作的开展。

4. 组建普查队伍

一支强有力的普查人才队伍是普查工作圆满完成的关键。根据省实施方案，组建了省、市、县三级普查队伍。由各级文博单位、系统外国有收藏单位、返聘的专家学者、高校志愿者、外聘人员等 3361 名工作人员组成，包括省级 155 名、市州 1072 名、县级 2134 名。其中，省级普查办 9 人，地市级普查办 162 人，区县级普查办 558 人；省级收藏单位 37 人，地市级收藏单位 184 人，区县级收藏单位 656 人；省级普查专家 35 人，地市级普查专家 121 人，区县级普查专家 251 人；省级普查志愿者 74 人，地市级普查志愿者 605 人，区县级普查志愿者 669 人。这支普查队伍服务于普查的各个阶段，承担着各级普查的日常工作和专项工作。

在普查各阶段实施过程中，加强人员培训始终贯穿其中。湖南省普查培训始终围绕"以普查促业务、以业务促完善"的中心任务，做到讲授普查知识与提高人员业务能力并重，文物资源调查与省内博物馆长远发展相结合。

省普查办根据阶段性工作重点制定了培训计划，有针对性地开展了培训。组织部分业务骨干赴北京、厦门、成都等地参加了国家文物局组织的全国普查业务培训。2013～2016 年省级共组织培训班或专题会议 11 次，培训根据不同阶段的工作要求和重点，分层次、有侧重地进行课程组织和设置，共培训全省普查骨干人员、文物收藏单位保管员、文物系统外省直国有单位普查人员近1000余人次。省级的培训，为开展市县级培训储备了师资力量，并依此建立起全省文物保管员的信息档案库。

在省普查办的统筹安排和直接指导下，2013～2016年，全省14个市州普查机构均组织开展了针对县市区级的普查各阶段培训，共培训辖区内普查办、文物收藏单位业务骨干6800余人次。其中，益阳市、衡阳市、湘潭市、岳阳市、怀化市、湘西州的培训由省普查办直接派出专家为市州同志上课，反响良好。可以说，以普查为契机，湖南省组织开展了近十几年来省内最大规模的针对可移动文物保护管理基础工作的培训工程，为今后开展可移动文物管理和保护打下了坚实的人才基础。

（二）调查、认定、采集、登录、审核，分阶段实施

1. 国有可移动文物收藏单位调查阶段

为全面掌握全省国有单位数量，全省各级普查办可谓"八仙过海，各显神通"，通过各级编制委员会、邮政部门、工商行政管理部门、统计部门、国资委等部门获取了大量国有单位名录。湖南省文物局经强力协调，多方获取基础数据。经综合省统计局、省质监局提供的国有单位数据并排查全省14个市州123个县（市、区），湖南省各级普查机构共需调查国有单位61218家。全省实际发放《国有单位文物收藏情况调查登记表》64835份，共回收63693份，回收率为98.2%；全省反馈收藏有文物的国有单位534家。初步统计反馈收藏文物2105823件/套，其中文物系统国有单位收藏文物670570件/套，文物系统外国有单位反馈收藏有（疑似）文物1435253件/套。

在发放并回收《国有单位文物收藏情况调查登记表》方面，各级普查办通过实地走访调查、电话通知、信函寄送、召开会议、社区上门服务等方式，有效确保了《调查登记表》的发放回收效率和质量。由于机构改革、部门重组、国企改制等原因，原调查得知的一些国有单位如今仅有其名而无其实，此也是调查覆盖率未能实现百分之百的重要原因。

调查表回收后，各级普查机构对各国有单位反馈信息进行梳理，对存疑的单位进行复查，保证了调查数据的真实反馈。

调查摸底阶段性工作告一段落后，根据国家文物局的安排，在普查实施的各个节点，湖南省又认真开展了国有可移动文物收藏单位调查"回头看"工作，全省"回头看"累计发放调查表14040张，回收12898张，新增反馈有文物收藏的国有单位41家，湖南省的调查工作稳打稳扎、卓有成效，取得重要阶段性成果。

2. 国有可移动文物认定工作阶段

湖南省普查办重点抓好了文物系统外收藏单位的文物认定工作和系统内收藏单位的鉴定定级工作。

2014年6月，湖南省普查办印发了《关于做好我省第一次全国可移动文物普查文物认定和信息采集登录工作的通知》，制定了《湖南省第一次全国可移动文物普查文物认定和信息采集登录工作方案》，成立了湖南省第一次全国可移动文物普查认定鉴定专家组和信息采集登录工作组，标志着湖南省国有可移动文物认定和信息采集登录工作正式启动。市州、县市区普查办也相应制定了本行政区域文物认定和信息采集登录工作方案。

2014年6月，省普查办根据实际情况组建普查认定专家组，专家组成员共计407人（其中省级35人、地市级121人、区县级251人），基于此次普查工作特点，专家组适当充实文物系统外如古籍图书、宗教类、教育管理类人才。

由省直普查队负责的央省属驻长文物系统外国有单位的普查工作有亮点。省普查办组建了直属普查队，直接组织开展央省属驻长文物系统外国有单位的普查工作，在对央省属驻长文物系统外国有单位的文物认定工作过程中，发现了很多非常珍贵的文物。如在岳麓书院发现了元版《新编古今事文类聚》善本，一套15册，在湖南是首次发现，在全国范围内，保存品相如此完好、存卷如此完整的亦不多见，具有极高的收藏和研究价值；省湘绣博物馆对100余幅书画艺术家作品进行了认定，许多作品都是名家鼎盛时期的作品；省陶瓷研究所后勤服务中心将1915年在巴拿马万国博览会上获金奖的扁豆双禽瓶、民国时期醴陵釉下五彩瓷纳入文物登记范围等等。在实际现场认定工作中，省直普查队始终把握开展文物普查与指导国有单位藏品保管业务相结合的原则，利用专业优势在库房保管、总账建立、藏品分类等方面积极主动地为系统外文物收藏单位提供服务，受到广泛好评。

在省普查办的指导下，各地普查办、相关国有文物收藏单位进一步核查、掌握国有单位收藏文物的基本情况，建立文物收藏目录，将认定和鉴定工作相结合，鉴定和认定工作同步开展。如在韶山毛泽东同志纪念馆，为配合文物普查工作的顺利开展，报请省文物局委派文物鉴定专家对馆藏的书画、"文革"资料、毛泽东像章等原来未登记入文物账的藏品进行了鉴定，并根据鉴定结论，分类登记、入账。经过此次普查的清理和鉴定，共有馆藏字画、"文革"时期宣传品、"文革"时期像章计9308件被鉴定为文物和参考品，进一步充实了该馆的馆藏。又如，株洲攸县博物馆2013年组织河南省文物鉴定委员会的专家对新征集的文物进行了鉴定；攸县红军标语博物馆2014年12月对新征集的89件红军标语文物进行了鉴定定级，其中珍贵文物达到62件，为湖南省革命文物大省之名又添实证。

至 2014 年 12 月 31 日，全省共完成 552 家国有单位开展文物认（鉴）定工作，其中 242 家文物系统外国有单位确定有文物收藏单位；全省共新或重新认（鉴）定文物 357688 万余件/套。

3. 国有可移动文物信息采集登录阶段

文物认定工作完成后，湖南省立即全面开展了信息采集登录工作，尤其是湖南大学岳麓书院、湖南省博物馆、湖南省文物考古研究所、长沙市博物馆、长沙简牍博物馆等文物收藏量较大的收藏单位均成立专门的普查信息采集登录工作组，专职负责信息采集登录工作。因人员结构、藏品数量不一，时间紧迫，任务重大，为保质保量按时完成信息采集登录工作任务，各级普查办也是采取了各种有效方法全力推进信息采集登录工作开展。

省直单位信息采集登录工作在省直普查队的督促协调下有序开展。省直普查工作队强力协调非文博系统外央、省属国有单位的信息采集和藏品登录工作。如，针对有些单位文物量少、摄影器材不全、无法自行开展影像采集等难题，省直普查工作队经请示局领导，组织专业人员协助湖南党史陈列馆、湖南省陶瓷馆等单位开展文物拍摄工作。有些单位如湖南省公安厅、中国人民银行长沙中心支行等，由于本单位普查工作人员少，对平台不熟悉或受限于网络，普查志愿者就主动上门拷贝数据，安排上传。还有些单位，如湖南图书馆、湖南师范大学移交的古籍图书数据是根据古籍平台要求采集的，省普查办及时向国家文物局普查工作办公室请求技术支持，完成全省 105020 件/套古籍图书的平台上传工作。各项帮扶措施取得了良好效果，确保了工作任务的完成。

市县级普查工作以市级统筹、县级为主的方式实施，因部分县级普查办人员较少、专业力量弱、藏品数量多，部分市州采取纵向指导、横向互助的方式实施，收到了良好的效果。如怀化市成立了第一次全国可移动文物普查县域互助组，市文物处业务科负责人任组长，部分县市区普查业务骨干为成员，历时近两个月，帮助靖州县、会同县等县域圆满完成了普查信息采集登录工作任务。

至 2015 年 12 月，除个别收藏量大的国有单位因特殊原因未完成登录工作外，全省普查信息采集登录工作基本完成。

4. 国有可移动文物信息审核阶段

保障普查数据质量，是普查收官工作的重中之重。2016 年 5 月，湖南省普查办面向全省举办了普查数据审核培训班，标志着全省第一次全国可移动文物普查信息审核工作正式启动。湖南省信息审核工作采取分级负责、省级终审，线下审核、统一导入的原则组织实施。

各市州有采取县级初审、市级再审的方式实施，也有在市级普查办集中审核的方式开展的。为做好省级第一次全国可移动文物普查数据审核工作，确保省级审核工作顺利完成，根据湖南省文物系统专业人员情况和省级审核工作量的实际需要，省文物局于 2016 年 7 月底印发了《关于抽调业务骨干参加湖南省第一次全国可移动文物普查信息数据省级审核工作的通知》，由省普查办组织，抽调各市州普查业务骨干，以及省博物馆专家共 50 人，其中省博物馆专家 17 人，市州文博单位专家 33 人，共同组成普查数据的省级终审组，对湖南省普查数据进行统一集中的省级审核。审核时间从 2016 年 8 月 1 日~9 月 2 日，在长达一个月的封闭式集中审核期间，审核专家们付出了大量的时间和精力，充分发挥斗志昂扬的工作精神，有些同志克服孩子中考、高考需要照顾的困难，有些同志甚至因为短期集中观看电脑，数据又相对繁杂，体力和脑力双重考验，出现了短暂性的视力下降。正是他们敬业辛苦的工作，才有效保障了全省普查信息省级审核工作高质量如期完成。

针对审核中发现的问题，湖南省也采取了不同的处理方式，如数据审核中发现部分文物收藏单位信息数据不完整的，即时要求相关收藏单位补充数据；发现信息数据错误的，当场进行改正并做好审核记录。还通过邀请专家现场复核、疑问数据集体讨论的形式，保证审核质量。如长沙市博物馆对馆藏的一部分考古移交瓷器所列年代存疑，专门向省普查办申请，请专家到现场复核，对存疑年代予以确认。

至 2016 年 9 月，全省各级普查办分别通过在线、离线方式完成了普查数据的四级审核，其中省级审核合格率为 100%。按时按质完成普查数据省级终审。

（三）宣传动员

宣传是普查工作的重要内容，湖南省普查宣传工作创新宣传手段，丰富宣传形式。多管齐下，使普查工作众所周知，深入人心。

省普查办制定了普查宣传方案，明确专人负责普查宣传工作，在湖南省文物局官网上开设全省普查专栏，各级普查机构通过报纸、海报、横幅标语、户外广告牌、广播、电视等媒体广泛宣传，提高普查工作的关注度，扩大影响力。全省共张贴国家统一印制的普查宣传海报 2200 份。在地方报纸、政府网站上报道普查工作情况并刊发《致国有单位的公开信》，为国有单位文物收藏情况摸底调查打开局面。

充分借助现代传播手段，利用微博、微信，建立了普查交流 QQ 群，加强各级普查员的沟通和学习交流，形成国家、省、市、县四级普查信息通畅交流。

各级普查办通过普查简报、发布通讯、参加征文等方式积极开展宣传工作。截至

2016 年 10 月底，印发省级工作简报 33 期，及时将普查政策、工作动态上传下达至各级普查工作领导小组、普查机构。充分利用国家文物局官网、中国文物信息网、湖南文化遗产网等网站、湖南省文化厅微信、微博和官网和《中国文物报》、地方政府机关报等纸媒报道普查进展情况、发布普查新发现、推介普查经验做法，收到了良好效果。

各级普查员积极参加《中国文物报》开展的"我是普查员""我是国宝"征文比赛，《慧眼识珠》《清末浏阳师范教育的见证者》《我的一普情结》《我想把更多沉睡的宝贝摇醒》等一些优秀作品在该报刊载。

各地充分利用"5·18 国际博物馆日""中国文化遗产日"等节庆活动开展集中重点宣传，第一次全国可移动文物普查期间，全省 14 个市州均通过不同途径、合理利用资源组织了各类普查成果展览 93 个。2016 年 5 月，在"国际博物馆日"活动期间，湖南省普查办在长沙市博物馆举办了"寻珍辑宝　典藏湖湘——湖南省第一次全国可移动文物普查成果展"，由"幕启""寻珍""辑宝""明星"等四部分组成，系统展出了湖南省第一次全国可移动文物普查全过程，短短两个月的展览时间，参观人数达 29 万人次，展览同时吸引了《湖南日报》、华声在线等各大媒体现场报道，收到了良好的社会效果。

普查期间，湖南省还涌现出了不少杰出的普查团队和先进作者，因工作方法创新、普查各节点工作成效明显，益阳市博物馆邱卫红、怀化市县域互助组入选为国家文物局普查办"普查之星"；株洲市文物局、益阳市博物馆、湖南师范大学图书馆、中南大学等单位的普查团队，工作都可圈可点。

（四）普查数据质量控制

湖南省在积极推进普查进度的同时，狠抓登录数据质量，把质量控制贯穿普查全过程。全省要求将审核关口前移到各文物收藏单位，并要求收藏单位在离线工具上将数据审核完成后再上传平台。为提高数据准确率，湖南省对市州级普查办的数据质量要求将差错率控制在 0.3% 以内。

湖南省主要采取实地督察、规范制度、纳入年度考核等方式实施，在全省普查数据量的提升和质的把控方面起到了重要作用。

1. 实地督察突破重点难点

2015 年 9 月，省普查办专门印发了《关于开展第一次全国可移动文物普查督察工作的通知》，并从 10 月中旬开始，由省文物局普查办领导带队组成督察组，采用听取汇报、座谈、抽查资料、实地检查等方式开展督察。2016 年 3 月，湖南省普查办印发了《湖南省第一次全国可移动文物普查精准督察实施方案》，启动了全省普查精准督察工作，共实地督察了 8 个市州及所属 13 个县市区，对 21 个普查办和 22 个文物收藏单位进行了重点督察。督察组着重督导检查了普查办和收藏单位在平台的注册信息情况、文物信息采集登录和审核工作进展情况等。有效确保了全省信息采集登录工作按时保质保量完成任务。

2. 规范制度控制普查质量

2014 年底，湖南省普查办转发了国家文物局普查办《关于做好第一次全国可移动文物普查进度管理和质量控制的通知》，制定了《湖南省第一次全国可移动文物普查进度管理和质量控制自查表》，要求各市州普查办督导所属普查机构和收藏单位对照自查，做好中期评估工作。

针对个别收藏单位平台申报数量与年检时所报藏品数量不一致的情况，省普查办明确要求各市州普查办、各收藏单位严格自查，如实申报藏品数量。

3. 纳入考评确保普查实效

为突出各级政府的普查主体作用，推动全省普查工作开展，2015 年省普查办面向各市州、县市区人民政府和普查办印发了 3 期全省文物普查工作阶段性通报，通报内容主要包括总体阶段性进度情况、市州和省普查办属省直单位登录进度情况、存在的主要问题、下一步工作要求、分析附表等。同时，省文物局根据通报结果，结合申报总数、完成比率等指标项纳入对市州文物局（处）的年度考核。

自 2013 年开始，各单位普查工作完成情况纳入省直文博单位、市州文物局（处）的年度考核。

普查数据审核结束后，根据国家文物局验收工作要求，省普查办及时印发了《关于做好我省第一次全国可移动文物普查验收工作的通知》，要求各级普查办及时开展普查验收工作，2016 年 10 月，全面完成全省普查数据的验收工作，验收结论为合格。

（五）普查工作总结情况

全省各级普查办已开展普查总结报告编制和表彰工作。根据国家文物局的安排，省普查办要求各级普查办及时做好普查资料梳理、整理工作，全省各级普查办已经基本完成普查档案归类整理工作。部分市州，如株洲、张家界、益阳、怀化等市州已完成辖区内国有可移动文物收藏单位名录的编制工作，有些市州，如长沙、常德、娄底、湘西等市州编制完成了辖区内普查成果资料汇编。省普查办根据工作实施方案，将 4 年多来普查各阶段的阶段性报告，印发的文件，制定的方案，进行系统梳理回顾，整理归档，积累经验，对比普查规范查漏补缺，及时发现问题，解决问题。

第一次全国可移动文物普查是中华人民共和国新中国成立 60 多年来第一次对国有

可移动文物进行的普查，正因为"第一次"，普查工作难免缺乏经验，存在不足，出现很多复杂情况。但是，面对困难，湖南省省普查工作者从来不曾退缩。各级普查机构、各国有单位迎难而上，创新工作方式方法，攻坚克难，每一个普查环节都汇集着普查工作者的辛勤和付出，每一条普查数据都凝结了他们的智慧和汗水，普查工作者不是空谈理想的梦想者，而是一步一个脚印向目标迈进的实干家，精神的坚守，平凡的力量，在努力工作中实现人生的价值，普查工作者就是最耀眼的明星。湖南省直普查工作队、岳麓书院普查团队、湖南省直文物认定专家团队、湖南古籍认定专家、益阳市博物馆等，还有许许多多平凡普通的为普查默默奉献的志愿者们，他们都是在普查工作中涌现出的先进集体和先进个人，省普查办通过单位推荐、综合普查成效评选出全省普查先进集体和先进个人，2016 年度年终总结时进行了表彰。

在开展总结工作的同时，有关县市区已经开始了普查的表彰工作，如中方县等普查办以政府办公室名义对普查中涌现的先进个人和先进集体进行了表彰活动。

三、湖南省普查工作成果

通过第一次全国可移动文物普查，湖南省基本实现了摸清资源家底、建立登录制度、服务社会的三大工作目标。主要表现在：

（一）掌握本行政区域可移动文物资源情况及价值

湖南省第一次全国可移动文物普查共登录可移动文物 1817056 件，登录文物收藏单位 444 家，主要集中在文化、体育和娱乐业，教育，公共管理、社会保障和社会组织，分别占 74.83%，12.58%，9.27%，这三个行业的国有单位数量占全省收藏有国有可移动文物单位的 96.68%。登录文物保存状况相对较好，基本具备了防火、防盗、防潮等保管条件。

普查期间，文物库房清理和功能完善工作得以重视，以普查为契机改善了文物保管环境，改良文物保护条件。如中国人民抗战胜利受降纪念馆一直以来十分重视对外宣传展示工作，库房保管一直是该馆的薄弱环节，以可移动文物普查为契机该馆设立了专门的文物库房、配备了专职文物保管员，购买了文物柜等保管设备。但是在调查中，也发现一些县级及以下文物收藏单位因文物库房简陋、设备老旧欠缺，文物保护环境不甚理想，文物库房保管条件亟待改善，原修复的文物，因经年历久，部分文物粘连不牢，亟待重新修复。

地市级及以上多数建有博物馆对外公开展示收藏文物，文物收藏单位收藏的可移动文物利用率相对较高；县市级及以下多数虽然拥有自己的文物管理部门，但尚未建有公开展示收藏文物的博物馆，收藏的可移动文物利用率相对较低。文博系统外的文物收藏情况，除湖南图书馆、湖南大学岳麓书院、湖南省党史陈列馆等少数单位外，多数收藏文物数量小、类别少，均未建立专门的文物库房，保管条件有限，没有专业的保管人员，利用率也相对较低。

1. 健全文物保护体系

（1）完善文物档案和制度规范

以可移动文物普查为契机，湖南省实施了国有单位可移动文物信息采集登录和馆藏文物清理建档相结合的方式方法。全省共新建/重建藏品账目及档案的收藏单位数量367家，涉及文物456710件/套。其中文博系统117家，涉及文物333654件/套；非文博系统250家，涉及文物123056件/套。完成藏品账目及档案信息化的收藏单位433家，其中文博系统内191家，文博系统外242家。文博系统内的收藏单位多数完成了清库建档和账目核对工作，借此契机，此次登记的文博系统外国有单位全部完成了藏品账目及档案信息化工作，特别是湖南师范大学，将普查工作与学校的资产清查相结合，理顺了各院系之间的藏品权属问题，解决了多年账目不清、权属不明的老大难问题。可以说通过可移动文物普查工作的开展，不仅完善了各国有收藏单位的文物藏品档案，还为做好全省文物保护管理工作奠定了重要基础。

部分收藏单位以普查为契机提升藏品管理水平。韶山毛泽东同志纪念馆、株洲市博物馆、怀化市博物馆等国有文物收藏单位以普查为契机，使文物信息采集登录工作与库房清库建档相结合，与考古发掘出土（水）文物清理入账相结合，促使各文物收藏单位在库房管理、藏品保管等方面有了较大的提升。尤其是株洲市博物馆通过普查工作，积极做好考古发掘出土（水）文物移交工作、馆藏文物和标本鉴选工作和征集文物入账工作，株洲市博物馆藏品总数在文物信息采集登录工作结束后增加了近七倍，从2013年底时的2607件/套增加至当前的20518件/套。

部分收藏单位开展藏品科学研究工作。如湖南省博物馆，虽然馆藏文物因馆舍改扩建暂存它处库房，但藏品管理工作仍然按部就班进行。开展了馆藏档案资料课题研究和一部分文物保护修复的课题研究，如馆藏纺织品修复、湖南商周青铜器铸造工艺测试与研究、珠饰课题测试与研究等。

普查期间，国家文物局、省文物局在可移动文物普查调查、文物认定、信息登录、藏品管理等方面均下发了相关文件，国家文物局还根据普查实际修正了《馆藏文物登录规范》，是做好本次普查工作的行动指南和重要遵循，也对以后做好可移动文物保护管理工作起到重要的指导作用。一些文物收藏单位还根据可移动文物保护管理发展需要建立或更新了专门的藏品管理机制。

（2）明确保护需求和扩大保护范围

通过普查数据分析，发现除一些地市级及以上文物收藏单位保管环境、保管人员、保护技术方面较为健全、基本完善外，全省可移动文物在这些方面普遍存在良莠不齐、亟待改善的方面，省文物局将根据全省实际加大资金投入，改善文物收藏单位的保管环境；加大业务培训，培养适应新时期可移动文物保护管理需要专业技术人才；加强与科研院所、企事业单位合作，改进可移动文物保护管理技术条件。根据可移动文物的级别、类别、年代、完残程度等不同情况，出台适合各级各类可移动文物保护管理的相关文件、规范、标准，明确不同类型的文物保护需求。加强针对不同级别、不同类别、不同行业的文物收藏单位保护管理需求调研，积极作为，切实满足各类文物收藏单位需求。

湖南省在第一次全国可移动文物普查中新备案的收藏单位242家，其中多为非文博系统的文物收藏单位，不仅拓展了文物资源领域，还利用普查现代技术手段实现了收藏文物的规范化、信息化管理。下一步，湖南省将研究建立可移动文物收藏单位保护管理联动机制和信息资源适度共享机制。

2. 有效发挥文物在本行政区域经济社会发展中的重要作用

普查工作没有完成时，只有进行时。自普查工作开展以来，全省共举办普查主题展览（含网络展览）94个，65家文博单位公开藏品资源数量，通过展板、实物展览、陈列展示等形式公开藏品数量50529件/套。如韶山毛泽东同志纪念馆利用馆藏资源举办了"风范长存——毛泽东文物展""中国出了个毛泽东""毛泽东与反腐倡廉"等一系列固定展览，展出文物472件，接待观众2千万人次。其中，"中国出了个毛泽东"展览还荣获全国十大精品陈列奖，取得了很大的社会反响。如长沙市博物馆、张家界市博物馆自开放以来，都成为当地热点的文化事件，为老百姓提供了丰富多样的公共文化产品，为助推当地旅游发展、助力民生改善发挥了重要作用。

建 议

湖南省普查工作基本实现了摸清资源家底、建立登录制度、服务社会的三大工作目标，然而，对今后一段时期如何做好普查后可移动文物的管理和保护工作，湖南省各级文物部门依然任重而道远，结合全省可移动文物保护利用现状和存在的问题，提出如下建议。

1. 要建立可移动文物管理和保护人才培养机制

经统计分析，湖南省共有文博从业人员共4072人，与体量巨大的各级文物保护单位数量和庞大的文物保护重任来说，全省文博人才队伍总量相对偏少。尤其是这些人员中，从事藏品保管、研究的人员几乎不到总人数的十分之一，特别是在基层文博单位，副高职称以上的研究人员凤毛麟角。有些地方的库房保管员存在业务不精、情况不熟，或是在同一个岗位上坚守若干春秋。人才结构不合理，人才老化、后继乏人，保管员少、科研人员少，是制约湖南省可移动文物保护和利用工作发展的"瓶颈"。

为此，各级文物部门应科学统筹，将可移动文物保护和利用人才培养作为重要方面纳入"十三五"文物事业发展规划，要将对可移动文物保护和利用人才的培养纳入文博人才教育培养的规划中，确保进入各级、各部门工作决策。在年度教育培训计划、班次设置、培训内容、对象和时间上做到统筹安排。同时应该明确，可移动文物保护和利用的"人才培养"并不等于"人才培训"，还应包含修复资质系统建设与管理、文博职称的科学分类与设定等行业体系建设内容。还应与人事部门加强衔接，共同研究出台促进文物行业专业化、规范化建设；库房保管员职业"特殊性"保护，有利于可移动文物保护人才终身职业发展的法规政策。围绕这支可移动文物保护和利用人才"队伍"的培养，可以进行相应指标设置。比如，建立的专家库专家数量，国家级、省级科研基地学术带头人数量，可移动文物修复行业资质单位、人员数量，在国家级、省级主要专业刊物上发表论文数量，获得国家级、省级科研及其他评选活动奖励的人员和项目数量。

2. 要建立博物馆藏品数字化管理和成果转化工作机制

藏品的保护和收藏是国有文物收藏单位工作的基础，加强藏品管理，是现代化博物馆藏品管理工作的迫切需要。首先，要注重普查完成后藏品数字化管理的延续性。文物普查有时间范围，但藏品保管是博物馆的一项长期工作。藏品保管是动态管理的，各国有文物收藏单位应充分利用已形成的藏品信息，继续做好藏品日常管理的数字化管理工作，应该利用平台已有的数据，为博物馆或其他国有文物收藏单位的教育、研究和陈展服务。其次，要有全省、全国一盘棋的思想，将普查确定的标准规范纳入到今后的博物馆评估体系当中，不再单纯的以藏品数字为评估依据，而是对藏品的后续管理信息的完整和更新作为重要的指标考核体系，推进博物馆逐步步入规范化、科学化管理。再次，要通过对数据的运用，推动整体管理水平的提升，推动库房规范化管理和藏品物联网的建设，逐步实现成果转化，最终形成大数据时代的智慧化博物馆。

3. 要建立互联共享的可移动文物大数据生态系统

普查为每一件文物登记了一个"身份证"，要将这张"身份证"用好，为国家制定文物保护科学决策，提供重要的数据支撑。首先就是要建立互联网生态的平台设计理念。当今互联网时代，NFV、SDN、IoT、工业 4.0、网络能力开放、5G 等新技术不断涌现，当万物互联互通的时候，"开放"将成为大数据时代最关键的要素。随着网络能力和运营平台能力的开放，和更多的用户角色加入互联网生态系统，平台各种应用的体验将极大丰富，这就意味着专家、学者、藏品保管员、陈列展览设计人员、参观博物馆的观众、收藏家、中国传统文化爱好者等等都是平台的用户，既是平台中内容的使用者，也是内容的提供者和平台生态的建设者。建议全国可移动登录平台形成可自我发展互联网生态系统。

其次，通过平台实现信息交流与共享。全国可移动登录平台首先可广泛应用于博物馆的业务管理中的保管、陈列、研究、宣教及行政事务管理的各个方面。如，文物内涵的研究与交流，通过建立藏品的数字档案，不仅可以减少实物的流通次数，降低损坏的风险，还能够有效的改善藏品管理的质量，提高管理水平，同时便于藏品得到更广泛更有效的应用，利于研究工作的深入开展，可以为专家学者营造出一个开放的、完整的研究环境，使得学术研究能够更加深入、更为方便。再次，平台应实现信息资源服务的多元化应用。传播与展示是博物馆发挥其社会作用的重要途径。博物馆固定的传统展示方式的地位固然是不可替代的，但由于时间和空间的限制，文化传播往往只能局限于一定的范围。应用各种网络及多媒体技术的展示手段，可以实现生动形象的展示效果。

第一次全国可移动文物普查的顺利开展和显著成果，充分体现了党中央、国务院对文物工作的高度重视。湖南省各级党委政府、文物部门和广大文博工作者，要深入贯彻落实《国务院关于进一步加强文物工作的指导意见》，不断开拓文物事业发展新局面。可移动文物普查是保障人民群众基本文化权益的重要措施，以进一步促进文物资源整合利用，丰富公共文化服务内容，推动全民共享。热切期望通过普查，进一步增强湖南省社会各界的文物保护意识，为推动文化遗产保护利用、传承中华优秀传统文化、建设民族共有精神家园做出新的贡献。

广东省
第一次全国可移动文物普查工作报告

2012年10月8日，国务院印发了《关于开展第一次全国可移动文物普查的通知》，决定从2012年10月到2016年12月，对我国境内（不含港澳台地区）国有单位收藏保管的文物进行全面普查登记。这是新中国成立60多年来我国首次开展的全国可移动文物普查，也是继第三次全国不可移动文物普查之后在文化遗产领域开展的又一重大国情国力调查，是一项旨在全面掌握我国文物资源、加强文物保护、建设文化遗产强国的国家工程。

广东省高度重视，根据国务院统一部署，扎实推进全省第一次全国可移动文物普查工作。2012年12月中旬，广东省召开全省文物工作会议，正式启动广东省第一次全国可移动文物普查工作。2013年1月省文化厅发出《关于做好第一次全国可移动文物普查准备工作的通知》，要求各级文化文物行政部门积极配合各级政府，启动各地的可移动文物普查工作。2013年4月17日，省政府办公厅印发了《广东省第一次全国可移动文物普查实施方案》，对全省普查工作进行了安排部署，明确普查标准时点为2013年12月31日，普查分三个阶段：2012年10~12月为第一阶段，主要任务是制定标准和规范，开展培训和试点工作；2013年1月~2015年10月为第二阶段，主要任务是以县域为基本单元，开展调查、文物认定、信息采集、登录和审核工作；2015年10月~2016年10月为第三阶段，主要任务是进行调查资料的整理、汇总、数据库建设和公布普查成果。普查总体目标是：通过普查，全面掌握广东省现存国有可移动文物的数量分布、保存状况、保管权属和使用管理等情况；总体评价可移动文物保护现状，为科学制定保护政策和规划提供依据；建立、完善可移动文物档案和可移动文物名录；建立、完善基于现代信息技术的可移动文物信息管理平台，为标准化、动态化管理创造基础条件；建立可移动文物信息的知识产权保护制度，实现文物信息资源的整合与合理利用。

4年多来，广东省各级普查机构精心组织、攻坚克难，顺利完成了普查各个阶段的工作任务。全省收藏有国有可移动文物的单位418家，登录藏品1714122件。

通过此次普查，广东省全面摸清了国有可移动文物收藏单位情况，掌握了国有可移动文物数量及分布；健全了国有可移动文物保护体系，完善了国有可移动文物档案，初步实现国有可移动文物资源标准化、动态化管理；建立完善了国有可移动文物调查、认定、登记、管理工作机制；基本建成国有可移动文物信息资源库，建立国有可移动文物收藏单位名录和国有可移动文物名录；展示了普查成果，丰富了公共文化服务内容，让文化遗产保护成果更好地惠及广大人民群众。因此，本次普查对于推动广东省可移动文物保护事业健康可持续发展，具有十分深远的意义。

一、广东省普查数据

截至 2016 年 10 月 31 日，广东省在全国可移动文物信息平台登录可移动文物 875254 件/套，实际数量为 1714122 件。其中，珍贵文物 78460 件/套，实际数量为 109493 件。登录可移动文物信息的收藏单位 418 家。

（一）广东省可移动文物基本情况

1. 类别

表 1　可移动文物类别

可移动文物类别	可移动文物实际数量（件）	实际数量占比（％）
合计	1714122	100.00
玉石器、宝石	18250	1.06
陶器	98257	5.73
瓷器	130725	7.63
铜器	20464	1.19
金银器	5346	0.31
铁器、其他金属器	7059	0.41
漆器	1604	0.09
雕塑、造像	18782	1.10
石器、石刻、砖瓦	31778	1.85
书法、绘画	139736	8.15
文具	11978	0.70
甲骨	248	0.01
玺印符牌	4583	0.27

可移动文物类别	可移动文物实际数量（件）	实际数量占比（%）
钱币	685420	39.99
牙骨角器	3859	0.23
竹木雕	16056	0.94
家具	4834	0.28
珐琅器	588	0.03
织绣	8492	0.50
古籍图书	128411	7.49
碑帖拓本	6828	0.40
武器	12672	0.74
邮品	86437	5.04
文件、宣传品	35550	2.07
档案文书	30474	1.78
名人遗物	14672	0.86
玻璃器	8490	0.50
乐器、法器	2379	0.14
皮革	661	0.04
音像制品	34371	2.01
票据	38155	2.23
交通、运输工具	144	0.01
度量衡器	815	0.05
标本、化石	68630	4.00
其他	37374	2.18

2. 年代

（1）可移动文物年代类型

表2　可移动文物年代类型

可移动文物年代类型	可移动文物实际数量（件）	实际数量占比（%）
合计	1714122	100
地质年代	41810	2.44

可移动文物年代类型	可移动文物实际数量（件）	实际数量占比（%）
考古学年代	41008	2.39
中国历史学年代	1425459	83.16
公历纪年	110066	6.42
其他	24682	1.44
年代不详	71097	4.15

（2）可移动文物中国历史学年代分布

表3　可移动文物中国历史学年代分布

可移动文物中国历史学年代	可移动文物实际数量（件）	实际数量占比（%）
合计	1425459	100.00
夏	48	0.00
商	4759	0.33
周	17348	1.22
秦	645	0.05
汉	157617	11.06
三国	1229	0.09
西晋	912	0.06
东晋十六国	3306	0.23
南北朝	10100	0.71
隋	848	0.06
唐	62740	4.40
五代十国	16386	1.15
宋	330733	23.20
辽	311	0.02
西夏	129	0.01
金	804	0.06
元	5707	0.40
明	77057	5.41
清	284368	19.95
中华民国	241309	16.93
中华人民共和国	209103	14.67

3. 级别

表 4　可移动文物级别

可移动文物级别	可移动文物实际数量（件）	实际数量占比（%）
合计	1714122	100.00
一级	4991	0.29
二级	26168	1.53
三级	78334	4.57
一般	677078	39.50
未定级	927551	54.11

4. 来源

表 5　可移动文物来源

可移动文物来源	可移动文物实际数量（件）	实际数量占比（%）
合计	1714122	100.00
征集购买	408529	23.83
接受捐赠	314961	18.37
依法交换	3982	0.23
拨交	154987	9.04
移交	101994	5.95
旧藏	196040	11.44
发掘	373057	21.76
采集	100880	5.89
拣选	5684	0.33
其他	54008	3.15

5. 入藏时间

表 6　可移动文物入藏时间范围

可移动文物入藏时间范围	可移动文物实际数量（件）	实际数量占比（%）
合计	1714122	100.00
1949 年 10 月 1 日前	13856	0.81
1949 年 10 月 1 日 ~ 1965 年	158030	9.22

可移动文物入藏时间范围	可移动文物实际数量（件）	实际数量占比（%）
1966～1976 年	145437	8.48
1977～2000 年	804472	46.93
2001 年至今	592327	34.56

6. 完残程度

表 7　可移动文物完残程度

可移动文物完残程度	可移动文物实际数量（件）	实际数量占比（%）
合计	1654199	100.00
完整	321370	19.43
基本完整	840025	50.78
残缺	445048	26.90
严重残缺（含缺失部件）	47756	2.89

注：根据国家文物局《关于做好馆藏自然类藏品登录工作有关要求的通知》的要求，登录的自然类藏品 59923 件（组），不填写"完残程度"指标项。

（二）广东省可移动文物分布情况

1. 按收藏单位隶属关系统计可移动文物数量

表 8　可移动文物数量分布（按收藏单位隶属关系）

收藏单位隶属关系	可移动文物实际数量（件）	实际数量占比（%）
合计	1714122	100.00
中央属	3766	0.22
省属	252563	14.73
地市属	918558	53.59
县区属	516829	30.15
乡镇街道属	22146	1.29
其他	260	0.02

2. 按收藏单位性质统计可移动文物数量

表 9　可移动文物数量分布（按收藏单位性质）

收藏单位性质	可移动文物实际数量（件）	实际数量占比（％）
合计	1714122	100.00
国家机关	1917	0.11
事业单位	1699140	99.13
国有企业	2876	0.17
其他	10189	0.59

3. 按收藏单位类型统计可移动文物数量

表 10　可移动文物数量分布（按收藏单位类型）

收藏单位类型	可移动文物实际数量（件）	实际数量占比（％）
合计	1714122	100.00
博物馆、纪念馆	1509555	88.07
图书馆	46607	2.72
美术馆	45075	2.63
档案馆	1935	0.11
其他	110950	6.47

4. 按收藏单位所属行业统计可移动文物数量

表 11　可移动文物数量分布（按收藏单位所属行业）

行业	可移动文物实际数量（件）	实际数量占比（％）
合计	1714122	100.00
农、林、牧、渔业	44	0.00
采矿业	0	0.00
制造业	6	0.00
电力、热力、燃气及水生产和供应业	6	0.00
建筑业	0	0.00
批发和零售业	0	0.00
交通运输、仓储和邮政业	2	0.00
住宿和餐饮业	3	0.00
信息传输、软件和信息技术服务业	0	0.00

行业	可移动文物实际数量（件）	实际数量占比（%）
金融业	0	0.00
房地产业	0	0.00
租赁和商务服务业	64	0.00
科学研究和技术服务业	651	0.04
水利、环境和公共设施管理业	11	0.00
居民服务、修理和其他服务业	567	0.03
教育	28494	1.66
卫生和社会工作	1722	0.10
文化、体育和娱乐业	1670974	97.48
公共管理、社会保障和社会组织	11578	0.68
国际组织	0	0.00

二、广东省普查工作组织实施

（一）属地管理、分级负责

1. 设立普查领导小组，成立普查机构

领导重视，建立健全机构，是普查工作顺利开展的重要保证。广东省可移动文物普查工作于 2012 年 12 月正式启动。2013 年 4 月，成立广东省第一次全国可移动文物普查领导小组，副省长任组长，省政府副秘书长、省文化厅厅长任副组长，省委党史研究室、省发改委、省教育厅、省民宗委、省民政厅、省财政厅、省国土资源厅、省国资委、省统计局、省文物局、省科协、省档案局、中国人民银行广州分行相关负责同志任成员。

普查领导小组负责工作部署和协调解决重大事项。如 2013 年底针对国家文物局专项督察时广东省普查进度滞后问题，广东省于 12 月 6 日召开广东省第一次全国可移动文物普查电视电话会议，领导小组成员单位参加了会议。此次会议收效明显，未健全领导机构的县（市、区）迅速成立由分管领导任组长的普查领导小组，领导小组成员单位共同推进普查工作，全省进度偏后的状况明显改善。

普查领导小组成员单位在普查中发挥了积极的作用，各成员单位均指定专人作为联络员，负责与本级普查办协调普查事宜；根据自身职能，为普查工作提供信息、资金等方面的帮助；充分动员和督促本系统内的国有文物收藏单位积极参加并认真配合

做好普查工作。如在国有单位调查阶段，各级统计部门积极向本级普查办提供辖区内国有单位名录；普查实施阶段，各级财政积极落实普查经费，党史研究部门积极推荐专家参与数据审核，省文物部门与档案、教育、民政、国资等部门联合转发国家有关文件，指导系统内国有文物收藏单位做好自查申报、文物认定、信息采集等工作。

为具体落实各项普查工作，2013年，省文化厅成立推进第一次全国可移动文物普查工作办公室，日常工作由省文物局负责，下设工作组和专家组，具体指导各地开展普查工作。工作组由省文物局和各地文物科负责人共32人组成；专家组以省文物保护委员会、省文物鉴定委员会专家为主体，并吸收其他行业专家参加，共53人。参照省的做法，各地成立相应的文物普查工作办公室。各级普查办作为常设机构，负责组织实施本行政区的可移动文物普查宣传、国有单位调查、文物认定、信息采集、登录，数据审核、汇总和上报等工作。

据统计，全省共成立普查领导小组和普查工作办公室共143个，其中省级1个、地市级21个、区县级121个；建立普查工作机制的行业系统共27个，其中省级8个、地市级10个、区县级9个；建立普查工作机制的收藏单位346家，其中省级29家、地市级107家、区县级210家。

2. 制定普查实施方案和工作制度

2013年4月，省政府办公厅印发了《广东省第一次全国可移动文物普查实施方案》，明确了普查目标、普查范围、普查内容，划分了普查三个阶段及时间安排，提出了普查的组织方式和实施内容，要求加强组织领导、加强沟通合作、提供经费保障、抓好试点、加强宣传、开展培训、做好普查数据登录和管理。《方案》从制度和内容上为各级政府、普查机构和工作人员提出了明确的工作方法和指引。各市、县（市、区）结合实际制定了各地普查实施方案。全省制定普查实施方案141个，其中省级1个、地市级21个、区县级119个。

为增强普查工作的规范性，2013年9月，省文物局在国家文物局编制的《第一次全国可移动文物普查工作手册》的基础上进行补充完善，编印了《广东省第一次全国可移动文物普查工作手册》，将相关通知文件、技术标准和法律法规集中在一个手册上，具有很强的指导性和操作性，发挥了重要参考作用，极大提高了工作效率。

创新与亮点。为规范普查工作，2014年省文化厅制定了《广东省文化厅推进第一次全国可移动文物普查工作办公室工作制度》，对工作分工、经费管理、办公设备管理与使用、车辆管理和使用以及会议召开做出明确规定。《广东省文化厅推进第一次全国可移动文物普查工作办公室工作制度》结合广东省实际，将全省普查工作分为珠三角、粤东、粤西、粤北四个片区，每个片区设组长和副组长各1人，专家成员平均每片区

10 人，工作人员 1 人，实施组长负责制，落实责任分工。由于责任明确，各组在整个普查工作中形成了你追我赶的良好局面，确保每个阶段工作按计划推进。各市、县（市、区）和大型收藏单位也制定了相关工作制度，保证了普查工作有序开展。

3. 落实普查工作经费

普查经费是普查工作的重要保障。根据财政部、国家文物局《关于加强第一次全国可移动文物普查经费保障与管理的通知》，省财政落实了普查工作经费 4000 万元，其中省普查办工作经费 1376 万元，对经费落实困难市县补助 2624 万元。2014 年，根据财政部办公厅、国家文物局办公厅《关于开展第一次全国可移动文物普查经费保障专项督察工作的通知》，省财政厅、省文化厅联合下发了《关于开展第一次全国可移动文物普查经费保障专项督察工作的通知》，要求各级财政部门落实普查工作经费。普查期间，全省共投入普查经费 8810 万元。按年度分，2013 年投入 592 万元，2014 年投入 3588 万元，2015 年投入 2489 万元，2016 年投入 2141 万元。按级别分，省级投入 4238 万元（含省财政厅安排的 4000 万元及省文化厅、省文物局安排的 238 万元），地市级投入 2264 万元，区县级投入 2308 万元。

表 12　广东省普查经费保障情况表

单位：万元

行政区	合计	2013 年	2014 年	2015 年	2016 年
总计	8810	592	3588	2489	2141
省级	4238	54	1384	1400	1400
地市级	2264	214	1130	544	376
区县级	2308	324	1074	545	365

创新与亮点：一是充分考虑广东区域发展不平衡、基层财政困难等实际情况，省级财政在安排省普查办工作经费的同时，每年均对欠发达地区市县普查工作进行经费补助，解决了基层普查经费紧缺问题。普查期间，省财政安排普查经费达 4000 万元，居全国前列。二是加强监管，规范普查经费的使用管理，提高资金使用效益，确保普查的顺利进行。按照《广东省省级财政专项资金管理办法》，省文化厅印发了《广东省第一次全国可移动文物普查专项经费使用管理办法》，明确了部门职责、补助范围和支出内容、申报和管理、监督和绩效评价等。在经费使用过程中，依据该《办法》进行严格管理、每年对经费使用情况进行督察。2016 年省财政厅委托第三方机构对广东省第一次可移动文物普查工作经费进行绩效评价，认为该普查经费管理规范，项目绩效目标完成质量较高，取得良好的社会效益，经综合评定，广东省第一次全国可移动文

物普查专项经费绩效等级为良。

4. 组建普查队伍

人才队伍是普查工作的重要支撑，普查实施也是培养和锻炼队伍素质的重要途径。据统计，广东省参与普查的人员达 4374 人。按级别分，省级 377 人、地市级 1230 人、区县级 2767 人；按类型分，普查办工作人员 1266 人、专家组成员 647 人、收藏单位人员 1789 人、志愿者 672 人。

表 13　广东省普查人员保障情况表

单位：人

行政区	普查办	收藏单位	普查专家	普查志愿者	合计
总计	1266	1789	647	672	4374
省级	30	150	107	90	377
地市级	255	673	184	118	1230
区县级	981	966	356	464	2767

创新与亮点：一是动员社会力量参与，充分发挥志愿者作用。广东省参与普查的志愿者人数达 672 人，占普查人员总数的 15.4%，其中省级 90 人，占本级普查人员的 23.9%；地市级 118 人，占本级普查人员的 9.6%；区县级 464 人，占本级普查人员的 16.8%。志愿者的参与，一方面解决了专业普查员人手不足问题，另一方面通过志愿者广泛参与，起到了宣传推广作用，营造全社会参与文物保护的良好氛围。二是在组建好队伍的同时，采取多种形式对普查人员进行培训。省普查办组织了 12 期普查业务培训班，培训人员 1534 人次。此外，为做好普查文物认定工作，广东省专门举办了两期文物鉴定培训班，邀请专家就陶瓷和书画鉴定进行了专门培训，参训人员 190 人次。在普查过程中，发现全省有 30% 的国有可移动文物保存现状是残缺或者严重残缺的，而广东省文物修复专业人员甚少，为此广东省有针对性地举办了两期书画装裱培训班，培训人数 48 人次。通过培训，切实提高文博队伍的业务能力和专业素养。

（二）调查、认定、采集、登录、审核，分阶段实施

1. 国有可移动文物收藏单位调查阶段

2013 年 10 ~ 12 月，在统计、编办、国资委等部门大力支持下，各级普查办汇总整理了本辖区国有单位名录，随后通过邮寄、传真、电子邮件等方式向国有单位发送了《国有单位文物收藏情况调查登记表》，省级普查机构负责中央驻粤及省属国有单位调查，各市县负责辖区内国有单位调查。在调查开始阶段，由于部分单位地址变迁，邮

寄出去的调查表被退回，普查办人员对单位信息进行仔细核对并重新发送调查表；部分单位收到调查表后不反馈信息，普查办人员加强沟通协调，争取理解和支持，确保了调查表及时回收。2013年，广东省完成了全部国有单位文物收藏情况调查表回收汇总等工作，基本摸清了全省国有单位文物收藏情况。

广东省共发放调查表52587份，发放率为99.6%；回收49921份，回收率为95%；反馈收藏有可移动文物的国有单位586家，其中省级96家、地市级142家、区县级348家。在普查登录平台，广东省登录有可移动文物的收藏单位为418家。

2. 国有可移动文物认定工作阶段

2014年，省普查办印发了《广东省可移动文物认定工作方案》，分珠三角、粤东、粤西、粤北四个片区，组织专家赴现场开展文物认定。全省各级普查办组织专家对351家收藏单位开展了文物认定，经过两年来的不断努力，新发现、新认定藏品92991件/套，占普查藏品总数的11.3%。分系统看，文博系统新发现、新认定72831件/套，占新发现、新认定总数的78.3%；非文博系统新发现、新认定20160件/套，占21.7%。分级别看，省级13098件/套，占新发现、新认定总数的14.1%；地市级19518件/套，占21%；县区级60375件/套，占64.9%。本次认定工作，只进行文物认定，没有进行文物定级。

创新与亮点：一是边认定边培训队伍。文物认定阶段，充分发挥省文物鉴定站的技术力量，重点对文物系统外的收藏单位及县区级基层收藏单位进行文物认定，认定时要求各普查单位的普查工作人员跟班学习，专家边认定边现场教学，经常工作到晚上八九点，学员的学习热情异常高涨，培训效果显著。二是拓展认定范围。民办博物馆藏品未纳入此次普查范围，但广东省以普查为契机，对未开展过藏品认定工作的16家民办博物馆的藏品进行了文物认定，明确了藏品性质、年代、命名等，规范了民办博物馆藏品管理，也为广东省安排民办博物馆补助资金提供了重要参考依据。

3. 国有可移动文物信息采集登录阶段

文物信息采集和登录是普查工作的重中之重。广东省文物数量多，为按时保质完成普查信息采集登录工作。广东省通过下达普查进度目标任务，定期进行普查工作进度通报，组成督察组分片区赴各市开展专项督察等方式，确保普查工作的顺利开展。

广东省的文物信息采集登录工作采取了以下三种方式：一是直接导入。珍贵文物的数据由国家普查办数据中心直接导入全国可移动文物信息登录平台，再由各收藏单位对数据进行修改完善。二是离线采集。部分收藏单位采用离线采集软件和信息采集模版，进行藏品数据的离线采集，然后分批上传至全国可移动文物信息登录平台。三是在线填报。藏品数量较少的多数收藏单位直接在全国可移动文物信息登录平台上在线填报。

创新和亮点。一是建立普查工作通报制度。2013 年，对各地建立普查机构情况及经费落实情况进行通报；2014 年，省普查办将普查工作进度进行分解，下发了普查进度目标，并定期进行全省排名通报。2013～2016 年，共下发了 7 期普查通报，通报同时抄送各级普查领导小组，有效推动了全省普查工作，2016 年 4 月顺利完成全省第一次全国可移动文物普查信息采集登录工作。二是针对非文博系统国有文物收藏单位进行重点帮扶。非文博系统国有文物收藏单位专业力量薄弱，广东省各级普查办及时组织精干力量进行指导，并组织系统内国有博物馆对口帮扶，避免了国有博物馆进度快、数据质量好，非文物系统国有单位进度慢、数据质量差的跛脚现象。如南华寺有藏品555 件/套，大部分为珍贵文物，其中一级品 322 件/套，二级品 18 件/套，三级品 196件/套。为做好这批文物的普查工作，南华寺所在地曲江区普查办专门外聘 1 名专业摄影师进行拍照，并组织曲江区博物馆 3 名工作人员花费 1 个月的时间帮助南华寺完成所有藏品的信息采集和录入工作，确保这批珍贵文物拥有了"文物身份证"。三是在信息采集阶段，完成了考古发掘品移交工作。2014 年，省文物局下发了《广东省文物局关于做好考古发掘文物普查工作的通知》，省考古研究所根据要求，选取了部分文物和标本作后续研究，其余考古发掘品依法依规移交或调拨给地方博物馆，既便于地方博物馆及时开展普查，充实馆藏，也有利于考古所日后的整理研究工作。普查期间，省考古所完成了 67 个项目考古发掘品的整理工作，向 30 个地方博物馆共移交了 25455件/套文物。

4. 国有可移动文物信息审核阶段

按照国家文物局发布的《第一次全国可移动文物普查数据审核工作管理办法》，广东省制定了《广东省第一次全国可移动文物普查数据审核工作指南》，采取四级审核的方式进行文物信息审核：一是由各收藏单位的审核人对本单位的藏品信息进行初审，然后报送给所属县（区）普查办（市级收藏单位直接报送市普查办）；二是由各县（区）普查办对辖区内各国有收藏单位提交的数据信息进行审核和修改，重点审核文物的定名、年代、类别、质地、数量等要素，审核通过后，提交市普查办；三是市普查办组织了省、市专家，对各县（区）和市直单位报送的藏品信息进行审核；四是省普查办组织专家到各市及中央驻粤和省属主要文物收藏单位进行抽查审核。

藏品信息审核反映的问题主要是定名要素不齐，名称与年代、质地等指标项不符和归类错误。各收藏单位也着重针对这些问题对藏品信息进行修改和完善。

创新和亮点。一是省普查办精心编制了《广东省第一次全国可移动文物普查数据审核工作指南》，该《指南》包括普查数据审核工作方案、普查人员操作指南、普查数据审核工作管理办法、藏品登录操作手册、普查文物认定工作方案，为审核工作提供了指引和参考。二是要求专家提前介入，要求区县级普查办或市级普查办必须有专家审核环节，存疑数据须经省普查办专家把关。如东莞市为最大限度降低数据的出错率，减少在国家平台的修改次数，在正式登录平台前，市普查办邀请省文物普查专家，对所有普查数据进行一一把关，各国有文物收藏单位根据省文物普查专家的反馈意见，对数据进行修改或完善后，再上传到信息平台。通过省普查专家审核，提高了登录数据的质量，减少了差错率。2015 年 4 月，东莞市全面完成 18 个国有文物收藏单位 35926 件/套文物信息采集、登录和数据审核工作，2015 年 8 月，东莞市率先通过省普查的普查数据质量验收。

（三）宣传动员

此次可移动文物普查，广东省充分利用报纸、宣传册、电视、网站、微信公众号、宣传栏、LED 宣传屏、书刊、工作简报等渠道，做好普查宣传工作。向全社会宣传第一次全国可移动文物普查的目的、意义和内容，宣传文物保护的法律法规和方针政策，普及文物保护知识、文物普查知识，宣传文物事业在经济社会发展中的重要作用。据统计，全省制定普查宣传方案 98 个，其中省级 1 个、地市级 15 个、区县级 82 个；从宣传方式看，全省编发简报 235 期，其中省级 19 期、地市级 87 期、区县级 129 期；电视宣传 418 次、互联网宣传 435 次、报刊宣传 211 次、海报宣传 17330 份。

广东省结合"国际博物馆日"和"中国文化遗产日"开展普查宣传工作。如 2016 年"国际博物馆日期间"，广东省在《中国文物报》刊登了普查工作专刊，并在活动主会场免费向市民发放；同时，广东省在"国际博物馆日"和"中国文化遗产日"活动期间举办了"全省第一次全国可移动文物普查成果图片展"。各地市在"国际博物馆日"活动期间，通过展演活动及有奖问答等形式宣传文物保护法律法规和可移动文物普查，电视、报刊等媒体争相报道，掀起了市民参观博物馆和关心参与文物普查的热潮。

普查宣传发挥了积极作用。各级党政领导高度重视，全力支持文物普查；各级文物普查机构和工作人员依法开展文物普查；广大普查对象如实申报、认真填报、主动配合文物普查；全社会关心文物普查，积极参与文物保护工作。

创新和亮点。一是广州市推出广州地铁媒体平台宣传项目，在重点地铁站点内设置 30 个大型灯箱广告宣传牌，并在两列地铁列车内对全市第一次全国可移动文物普查进行宣传，收到良好效果。二是省普查办组织制作了《广东省第一次全国可移动文物普查宣传片》和《馆藏岭南》系列纪录片，对馆藏精品和广东省第一次可移动文物普查进行广泛宣传，使普查工作深入人心。三是省普查办安排250万元专款，委托广东省博物馆制作、举办"岭南藏珍——广东省第一次全国可移动文物普查成果展览"，对为期四年的普查工作进行总结、宣传和展示，该展览计划于2016年底推出。

（四）质量控制

广东省在普查的各个阶段、各个环节都严把质量关，全力确保登录藏品信息的真实、完整、准确，主要做法如下：

一是开展试点工作。广东省安排了50万元用于开展试点工作，选择了肇庆封开县和阳江阳春市作为全省普查工作试点。试点单位按照国家和省的相关要求和规范，摸索总结出了一套藏品信息采集、登录、上传、审核的方法。省普查办将试点单位的做法在全省推广运用，少走了许多弯路，为全省普查工作的顺利开展奠定良好的基础。

二是狠抓培训，提升队伍整体素质。四年来，全省共举办了675次培训班，培训人数10557人次。其中省级共举办12期培训班，培训普查人员1543人次；地市级共举办377次培训班，培训普查人员3640人次；区县级举办286次培训班，培训普查人员5374人次。培训内容包括普查工作流程、普查登记表解读、登录平台及信息采集软件使用方法、文物认定基本知识、可移动文物摄影技术及要求、普查任务解读、普查试点经验介绍、离线采集工具及信息采集模板操作、普查进度管理与质量要求、普查数据安全与数据管理、普查数据审核工作要求及工作流程、国家普查验收工作要求解读和普查工作报告编写等。

表14　广东省普查培训情况表

行政区	合计		2013 年		2014 年		2015 年		2016 年	
	班次	人次	班次	人次	班次	人次	班次	人次	班次	人次
全省总计	675	10557	97	4741	315	2776	188	1935	75	1105
省级	12	1543	5	610	3	345	3	338	1	250
地市级	377	3640	23	1156	221	1146	115	864	18	474
区县级	286	5374	69	2975	91	1285	70	733	56	381

三是开展全省督察工作。普查期间，省普查办开展督察50次，对普查进度慢及工作质量较低的地区和单位进行督察和指导，重点督察普查信息采集登录和数据审核情况。督察组由省普查办有关领导带队，3名以上专家和工作人员组成，通过督察，引起

地方重视，及时解决存在问题，推进普查整体进度，保证了普查工作质量。

广东省在本次可移动文物普查工作中十分注重人员安全、文物安全、数据安全等安全问题，整个普查过程没有出现安全事故。

创新与亮点是，省普查办对各地市和中央驻粤及省属主要文物收藏单位进行了质量验收，达到质量验收全覆盖。2016 年 1 月，省普查办制定了《广东省第一次全国可移动文物普查验收标准》，该《标准》从普查进度、藏品数量、数据质量、组织验收四方面对各地普查工作进行打分。2015 年 8 月～2016 年 8 月，省普查办派出专家 30 批次对全省 21 个市、顺德区以及 8 个中央驻粤和省属主要文物收藏单位的数据质量进行现场抽查复核，对数据质量进行验收，验收通过率 100%。

（五）普查工作总结情况

全省各级普查机构已完成普查工作报告，广东省各国有收藏单位编制普查档案，特别是对新认定藏品建立档案，同时以此次可移动文物普查的数据为基础，着手编印藏品精品图录，以向社会分享此次文物普查的成果。

普查期间，涌现了许多组织得力、成绩突出的先进集体和不辞辛劳、默默奉献的先进个人。为激励先进，省普查办报请省相关部门批准，对普查工作先进单位和个人进行了表彰。

三、广东省普查工作成果

通过普查，广东省基本实现了普查目标，掌握了全省可移动文物资源情况及价值；健全了文物保护体系；有效发挥文物在经济社会发展中的重要作用。

（一）掌握本行政区域可移动文物资源情况及价值

1. 摸清数量及分布

全省国有文物收藏单位共 418 家，其中多数为文博系统单位，共 180 家，占 43.06%。按单位性质统计，事业单位 335 家，占 80.14；国家机关 50 个，占 11.96%；国有企业 13 个，占 3.11%。

全省共登录文物 1714122 件，这些文物绝大多数分布在文博系统，如博物馆、纪念馆收藏可移动文物 1509555 件，占全省总量的 88.07%。

从地区分布看，主要集中在珠江三角洲地区，如珠三角地区（广州、深圳、佛山、东莞、中山、珠海、江门、肇庆、惠州）收藏单位共 244 个，占总数的 58.37%；登录总量为 1141154 件，占登录总量的 66.57%。在珠三角地区中，广州市区域内（含中央属和省属）收藏单位共 86 个，登录总量为 596648 件，占全省总量的 34.81%；其他地区，收藏单位共 158 个，登录总量为 544506 件，占登录总量的 31.77%。除珠江三角洲其余地市的收藏单位共 174 个，占总数的 41.63%；登录总量为 572968 件，占登录总量的 33.43%。

从类别上看，10 万件以上的，有钱币，书法、绘画，瓷器，古籍图书；1 万件以上 10 万件以下的，有陶器，邮品，标本、化石，票据，其他，文件、宣传品，音像制品，石器、石刻、砖瓦，档案文书，铜器，雕塑、造像，玉石器、宝石，竹木雕，名人遗物，武器，文具；其余类别为 1 万件以下，其中度量衡器，皮革，珐琅器，甲骨，交通、运输工具等数量都不足 1000 件。

从级别看，全省的珍贵文物共有 109493 件，占登录总量的 6.39%；其中一级文物有 4991 件，占珍贵文物登录总量的 4.56%。珍贵文物多在大型文博收藏单位，如广东省博物馆珍贵文物数量 22233 件，占全部藏品的比例为 10.41%，占全省珍贵文物五分之一；其中一级品 556 件，占馆藏珍贵文物数量的 2.5%。广州市珍贵文物数量 56313件，占全省珍贵文物数量的 51.43%，其中一级品 3544 件。这些文物珍品是广东省至为重要的文化遗产，需要特别认真做好保护和管理工作，并充分发挥其应有的作用。此外，普查发现，有一些在普查期间来不及进行定级的重要文物，需在今后及时做好定级工作，使之纳入规范的管理和利用轨道，充分体现其价值。

2. 掌握保存状况

总体来说，全省的可移动文物一半是基本完整品，占文物的 50.78%；其次为残缺品，占 26.9%；完整品占 19.43%；严重残缺品（包括缺失部件）占 2.89%。铜钱多数有锈蚀，有一部分甚至看不出年代或年号，需要进行除锈以便整理。书画和古籍图书容易受潮及蠹虫侵蚀，保管颇为不易。陶器容易破损，修复工作量较大。这些类别尤需改善保护条件和保存环境，也更需投入科技力量，以对文物藏品进行有针对性的保护。

目前，全省国有文博系统的收藏单位，基本上都有专门的文物保管库房和保管人员，有严格的库房管理制度和安防设备。就文物的保护条件和保存环境而言，大型博物馆的文物库房已达到分类分柜保管，如广东省博物馆、深圳博物馆、孙中山故居纪念馆、广州市直文博单位等，且已做到恒温恒湿；各地多数博物馆也有专门的文物库房，大、中型博物馆的珍贵文物，多数已制作了囊盒，予以重点保护。欠发达地区也努力改善文物保存环境，如韶关市博物馆、南雄市博物馆、乳源县博物馆等定制了专门放置文物的铁柜，并在库房增加了控制温度和湿度的仪器。潮州市博物馆添置了空调、风扇、抽湿机等设备，并对部分文物进行重新包装及增加防护装备。但也有一部分文博系统的收藏单位，特别是欠发达地区的县级（小型）博物馆，文物库房的保管条件和环境较差，柜架不全，没有囊盒，更无法做到恒温恒湿，文物安全得不到保障。

美术馆、图书馆、档案馆和其他系统的博物馆，文物保管条件较好，一般都有专门的保管库房和保管人员，有严格的库房管理制度。但大、中、小学的文物保管条件较差，即使是藏品达两千多件/套的中山大学人类学系博物馆，虽然有文物库房管理制度，但没有专门的文物管理员，文物库房柜架不全，珍贵文物没有囊盒，没有恒温恒湿条件，文物保管条件堪忧。

3. 掌握使用管理情况

省级文博单位对藏品的使用管理较规范，如省博物馆制定了《广东省博物馆藏品保管工作管理办法》，专门设立了藏品管理与研究部，充分利用丰富的馆藏资源，不断推出各种类型的展览，免费供大众参观。以 2015 年例，广东省博物馆全年举办11 个临时展览中，其中原创展览 2 个，引进国外展览 2 个，引进国内博物馆展览 3 个，与社会机构合作办展 4 个。原创展览"岭南印记——粤港澳考古成果展"荣获2014 年度中国博物馆十大陈列展览精品推介港澳台合作奖。参观人数达 148.92 万人次。地市级文博单位藏品使用管理也较规范，基本上都有专门制度和部门对藏品进行管理。区县级文博单位藏品使用管理水平有待提高，特别是粤东西北欠发达地区，少部门收藏单位安防消防设施尚未配备到位，人力不足，目前尚未布置展览，也不能对外开放。

就收藏单位类型而言，文博单位中以大型或较大型的博物馆可移动文物使用管理最为规范，如广东省博物馆、广州南越王博物馆、深圳博物馆、孙中山故居纪念馆等，藏品管理有章可循，保管条件很好，展场面积较大，管理员的素质也很高；经常使用藏品进行展示，有综合性展览，也有专题展览，还有流动展览。各地县的博物馆、纪念馆，多数都展出了所收藏的藏品；少数新建的收藏单位，因缺乏资金暂时没有陈列展览。图书馆、美术馆也能利用收藏的文物举办各类展览，使用管理情况比较正常。档案馆收藏的文物有较完善的管理制度，其收藏的文物更多的是提供有关部门查询和研究。其他收藏单位则没有展示，缺乏有效的管理制度，如有一些收藏单位，包括机关或小学、企业，文物长期处于无人管理状态，或者"躺在深闺无人识"，没有发挥应有的作用。因此，需要有相关的政策，引导这些收藏单位加强对文物的管理，使文物得到充分利用，发挥其作用。

普查初步掌握广东全省的文物资源数量、分布，也了解了它们在社会中所存在的价值，这对今后全省不可移动文物的管理和使用具有深远的现实意义，也为如何进一步做好文物的保护工作打下坚实的基础。

（二）健全文物保护体系

1. 完善文物档案

通过普查，全省新建/重建藏品账目及档案的单位数量 341 家，其中文博系统 187 家、非文博系统 154 家；新建/重建藏品账目及档案的文物数量 209361 件/套，其中文博系统 190151 件/套、非文博系统 19210 件/套。如广东省文物考古研究所新建了文物档案登记表，并建立了总账表，同时进行了信息化管理，使纳入普查的文物都拥有了"文物身份证"，初步实现本所文物资源标准化、动态化管理，规范和健全了文物管理体系。全省文博系统 180 个收藏单位均对藏品账目及档案资料进行核对和完善。同时，收藏单位核对了 2013 年的文化文物年鉴数量，对一些大宗的铜钱进行分类登录，对一些陶器残件进行选登，如和平县博物馆。

省级和广州、深圳、东莞、中山市文博系统的直属收藏单位，以及各地级以上市博物馆，多数已完成文物档案信息化，只有少数及县级文博系统的收藏单位，仍未完成文物档案信息化。而非文博系统的收藏单位，只有省立中山图书馆、广东美术馆、省档案馆、广东金融学院货币博物馆和省华侨博物馆、广东中医药博物馆完成了藏品账目的核对，并完成了文物档案信息化；其他收藏单位初步建立了文物藏品账目，但均未完成文物档案信息化。

系统内主要的大型收藏单位，如广东省博物馆，完成了清库建档工作和账目核对工作，尤其是 4 万多件/套岩石标本与现生动物标本，一直只有总账而没有具体的登录数据，通过普查，核对了账目，也使清库建档工作得以完成。在普查过程中，解决了一些疑难问题。如广州市海珠区文博管理中心的一件藏品，以往经过鉴定，认为是民国时期的，这次经专家审核，从邮戳上得出结论是清代的，改正了以前的错误意见。全省的藏品，有不少都是在审核过程中发现错误而得到纠正。通过完善藏品档案，推动了各级文物机构在保护管理方面的基础工作。

2. 完善制度和规范

通过普查，完善了本行政区可移动文物调查、认定、登记、管理及利用制度。由省文物局与各地文化文物管理部门主持的普查日常工作，对本行政区的所有国有单位进行调查，初步摸清了广东辖区内的中央及省属文物收藏单位、各地区的文物收藏单位；并由省文物局派出专家组对各收藏单位需要确认的器物进行认定，在此基础上再进行数据的采集和登录。经过登录的藏品进入了管理系统，各级管理机构由此完善了管理制度。今后进入库房的藏品，均需进入认定和登记程序，并由此获得利用信息。

管理部门对藏品管理和使用实现制度化、信息化，这是规范化建设的必要途径。

文博系统内的大型收藏单位如广东省博物馆、广州博物馆、广州艺博院、南越王博物馆和深圳博物馆、东莞市博物馆、东莞虎门鸦片战争纪念馆、孙中山故居纪念馆等，非文博系统收藏单位如广东美术馆、广东中医药博物馆、广东金融学院货币博物馆和省华侨博物馆，都建立了专门的藏品管理机制。

3. 明确保护需求

从保存环境看，各收藏单位还有很大的改善空间，尤其是县级收藏单位，柜架、恒温恒湿设备明显不足；保管人员缺乏，素质有待提高；保护技术落后，普遍没有修复人员。省文物保护科技中心亟待成立，以解燃眉之急。机关与企业的文物收藏保存环境不佳，没有专职管理员，也缺乏展示条件。

从级别看，珍贵文物保存条件较好，未定级文物保存条件有待改善；从类别看，纸质和布质文物保存状况不理想；在完残程度上，全省近三分之一藏品属于残缺或严重残缺，需要修复的工作量很大，尤其是金属器、石刻等，保护难度大，需加大科研及保护力度。

从收藏单位类型看，文博系统的收藏单位藏品数量大，文物的保护需求很大，特别是县区级文博单位。其他系统的收藏单位，应重视安防设施建设，文物管理部门应加强业务指导，提供文物保护的技术支持。

4. 扩大保护范围

普查中新备案的收藏单位均是非文博系统的，数量共236个，这些单位包括有机关、事业、国企和其他四类，隶属于中央、省、地市和县区。普查中非文博系统实现藏品规范化管理的收藏单位主要是图书馆、美术馆、档案馆以及省华侨博物馆、广东中医药博物馆、广东金融学院货币博物馆等。这些单位有较为严格的藏品管理制度，有专职的管理员以及藏品档案，藏品的进出均需办理手续，使用时需要做好相关记录，藏品保护管理程序较规范。

通过普查，拓展了文物资源领域，为进一步做好可移动文物的保护、管理工作打下良好的基础。各级文化文物管理部门将在普查的基础上，指导各类收藏单位制定文物保护措施及规划，对非文博系统的收藏单位提出相关指导意见，使之纳入文物保护的整体规划。

（三）有效发挥文物在本行政区域经济社会发展中的重要作用

一是举办普查成果展。各地积极利用普查成果举办本地的普查成果精品展。江门市博物馆已成功举办"江门市可移动文物普查成果图片展""四会市第一次可移动文物普查成果展"，展出实物近 100 件。"佛山市文物普查精品展"在南海区博物馆展出，展出实物 130 件。省文物局以全省各地选送展品为主要内容、委托省博物馆举办的"广东第一次全国可移动文物普查成果展"，实物约 250 件。

二是出版普查成果。省文物局利用普查成果，计划分门别类地编辑出版普查成果图录（共 8 卷）；全省各地市或有条件的县区，出版本区域的精品图录。广州市海珠区普查办已出版《广州海珠区文物精品图录》。这些公开出版物在展示普查成果的同时，将为丰富人民群众精神文化生活和提高社会公众文物保护意识发挥积极作用。

建　议

1. 对未参加普查的国有文物收藏单位和可移动文物进行查漏补缺

本次普查是新中国成立以来第一次全国可移动文物普查，调查范围广、时间紧、任务重，一些单位自查申报欠缺主动性，增加了调查难度，调查工作难免有遗漏和不足。建议出台相关政策或采取有效措施，促使未参加普查的国有文物收藏单位，今后积极主动纳入调查范围。

2. 完善文物认定制度，加强文物认定工作

国有收藏单位可移动文物认定的藏品类别繁多，而且文物认定工作的专业性极强，建议加强文物认定业务培训，如采取理论与实践相结合的方法，有针对性地进行系统培训，重点关注和帮扶基础能力相对薄弱的地区，培养一支具备文物认定基本技能的专业队伍。

3. 进一步加强可移动文物管理工作

基层文博单位和文博系统外的收藏单位可移动文物管理工作薄弱。各级文物管理部门应加强指导，要求各文物收藏单位设立专门保管部门或配备专职保管人员；建立、完善文物登记总账和明细账，规范文物档案，对新进藏品按照本次普查的规范进行登记建档，实现藏品的规范化、信息化管理；重视库房建设，文物库房应有防火、防盗、防潮、防虫、防尘、防光（紫外线）、防震、防空气污染等设备或措施，改善库房保管环境，消除隐患，确保文物安全。

4. 提高可移动文物利用率，发挥其弘扬中华优秀文化、推动社会发展的作用

充分挖掘文物历史、艺术、科学价值，利用普查成果，整合各地各单位的文物资源，加强馆际合作与交流，让沉睡在库房里的文物活起来；开展对口帮扶，帮助藏品较少的博物馆形成有特色的陈列展览；发展流动博物馆，推进流动展览进乡村、进社区、进校园、进军营、进企业，让普查成果惠及大众。

5. 加大文博人才培养力度

认真贯彻落实《全国文博人才发展中长期规划纲要》，培养一支政治坚定、业务过硬、求真务实的高素质人才队伍。一是加强业务培训，落实培训经费，拓展培训方式，充实培训内容，通过培训切实提高队伍素质和能力；二是优化队伍结构，重点加强基层人才队伍建议，增加基层队伍中、高级职称专业技术人员的比重，改善基层工作条件，稳定基层人才队伍；三是关注文博系统外的收藏单位人员的业务培训，加强与其他行业的沟通与合作，有针对性地对文博系统外的文物管理人员进行培训和指导。

广西壮族自治区
第一次全国可移动文物普查工作报告

2012 年 10 月，国务院发布了《关于开展第一次全国可移动文物普查工作的通知》，启动了第一次全国可移动文物普查工作。为贯彻落实国务院通知精神，提高全区文化遗产保护管理水平，建设民族文化强区，自治区人民政府于 2013 年 4 月下发《关于开展第一次全区可移动文物普查的通知》（以下简称《通知》），决定从 2013 年开始在全区范围内开展第一次可移动文物普查。此次普查的对象是广西壮族自治区各级国家机关、事业单位、国有企业和国有控股企业等各类国有单位收藏保管的国有可移动文物，包括普查前已经认定和新认定的国有可移动文物。按照国务院的统一部署，此次普查由国家统一组织开展并由专业部门采用现代信息手段对可移动文物进行调查、认定和登记，目的是全面掌握全区可移动文物的规模、分布范围、保存现状及相关信息等。现根据全国第一次可移动文物普查办公室工作要求和广西壮族自治区 4 年多来普查工作的实际情况，将全区第一次可移动文物普查工作报告如下。

一、广西壮族自治区普查数据

截至 2016 年 10 月 31 日，广西壮族自治区在全国可移动文物信息平台登录可移动文物 327688 件/套，实际数量为 961954 件。其中，珍贵文物 39094 件/套，实际数量为 113667 件。登录可移动文物信息的收藏单位 279 家。

（一）广西壮族自治区可移动文物基本情况

1. 类别

表 1　可移动文物类别

可移动文物类别	可移动文物实际数量（件）	实际数量占比（%）
合计	961954	100.00

可移动文物类别	可移动文物实际数量（件）	实际数量占比（%）
玉石器、宝石	16030	1.67
陶器	29079	3.02
瓷器	40528	4.21
铜器	11488	1.19
金银器	7204	0.75
铁器、其他金属器	3727	0.39
漆器	294	0.03
雕塑、造像	1785	0.19
石器、石刻、砖瓦	38534	4.01
书法、绘画	19143	1.99
文具	1526	0.16
甲骨	105	0.01
玺印符牌	1502	0.16
钱币	278443	28.95
牙骨角器	2117	0.22
竹木雕	7853	0.82
家具	1586	0.16
珐琅器	117	0.01
织绣	27491	2.86
古籍图书	327271	34.02
碑帖拓本	16587	1.72
武器	4904	0.51
邮品	309	0.03
文件、宣传品	12384	1.29
档案文书	23276	2.42
名人遗物	1767	0.18
玻璃器	29791	3.10
乐器、法器	1293	0.13
皮革	456	0.05
音像制品	1638	0.17

续表

可移动文物类别	可移动文物实际数量（件）	实际数量占比（%）
票据	3084	0.32
交通、运输工具	105	0.01
度量衡器	465	0.05
标本、化石	21878	2.27
其他	28194	2.93

2. 年代

（1）可移动文物年代类型

表2　可移动文物年代类型

可移动文物年代类型	可移动文物实际数量（件）	实际数量占比（%）
合计	961954	100
地质年代	19883	2.07
考古学年代	40652	4.23
中国历史学年代	848742	88.23
公历纪年	38712	4.02
其他	7417	0.77
年代不详	6548	0.68

（2）可移动文物中国历史学年代分布

表3　可移动文物中国历史学年代分布

可移动文物中国历史学年代	可移动文物实际数量（件）	实际数量占比（%）
合计	848742	100.00
夏	15	0.00
商	694	0.08
周	3024	0.36
秦	51	0.01
汉	60146	7.09
三国	1005	0.12
西晋	976	0.11
东晋十六国	456	0.05

续表

可移动文物中国历史学年代	可移动文物实际数量（件）	实际数量占比（%）
南北朝	1950	0.23
隋	366	0.04
唐	21079	2.48
五代十国	218	0.03
宋	76635	9.03
辽	47	0.01
西夏	8	0.00
金	161	0.02
元	2229	0.26
明	25942	3.06
清	395670	46.62
中华民国	194579	22.93
中华人民共和国	63491	7.48

3. 级别

表 4　可移动文物级别

可移动文物级别	可移动文物实际数量（件）	实际数量占比（%）
合计	961954	100.00
一级	1531	0.16
二级	17201	1.79
三级	94935	9.87
一般	298919	31.07
未定级	549368	57.11

4. 来源

表 5　可移动文物来源

可移动文物来源	可移动文物实际数量（件）	实际数量占比（%）
合计	961954	100.00
征集购买	299844	31.17
接受捐赠	49535	5.15

续表

可移动文物来源	可移动文物实际数量（件）	实际数量占比（%）
依法交换	81	0.01
拨交	31850	3.31
移交	34856	3.62
旧藏	346098	35.98
发掘	118189	12.29
采集	37553	3.90
拣选	35278	3.67
其他	8670	0.90

5. 入藏时间

表6　可移动文物入藏时间范围

可移动文物入藏时间范围	可移动文物实际数量（件）	实际数量占比（%）
合计	961954	100.00
1949 年 10 月 1 日前	279123	29.02
1949 年 10 月 1 日～1965 年	62701	6.52
1966～1976 年	25279	2.63
1977～2000 年	363768	37.82
2001 年至今	231083	24.02

6. 完残程度

表7　可移动文物完残程度

可移动文物完残程度	可移动文物实际数量（件）	实际数量占比（%）
合计	943459	100.00
完整	221683	23.50
基本完整	574009	60.84
残缺	135483	14.36
严重残缺（含缺失部件）	12284	1.30

　　注：根据国家文物局《关于做好馆藏自然类藏品登录工作有关要求的通知》的要求，登录的自然类藏品18495件（组），不填写"完残程度"指标项。

（二）广西壮族自治区可移动文物分布情况

1. 按收藏单位隶属关系统计可移动文物数量

表 8　可移动文物数量分布（按收藏单位隶属关系）

收藏单位隶属关系	可移动文物实际数量（件）	实际数量占比（%）
合计	961954	100.00
中央属	17	0.00
省属	409797	42.60
地市属	200073	20.80
县区属	351888	36.58
乡镇街道属	62	0.01
其他	117	0.01

2. 按收藏单位性质统计可移动文物数量

表 9　可移动文物数量分布（按收藏单位性质）

收藏单位性质	可移动文物实际数量（件）	实际数量占比（%）
合计	961954	100.00
国家机关	656	0.07
事业单位	961018	99.90
国有企业	253	0.03
其他	27	0.00

3. 按收藏单位类型统计可移动文物数量

表 10　可移动文物数量分布（按收藏单位类型）

收藏单位类型	可移动文物实际数量（件）	实际数量占比（%）
合计	961954	100.00
博物馆、纪念馆	552830	57.47
图书馆	293740	30.54
美术馆	91	0.01
档案馆	25458	2.65
其他	89835	9.34

4. 按收藏单位所属行业统计可移动文物数量

表 11　可移动文物数量分布（按收藏单位所属行业）

行业	可移动文物实际数量（件）	实际数量占比（%）
合计	961954	100.00
农、林、牧、渔业	0	0.00
采矿业	0	0.00
制造业	117	0.01
电力、热力、燃气及水生产和供应业	0	0.00
建筑业	0	0.00
批发和零售业	0	0.00
交通运输、仓储和邮政业	5	0.00
住宿和餐饮业	29	0.00
信息传输、软件和信息技术服务业	4	0.00
金融业	400	0.04
房地产业	0	0.00
租赁和商务服务业	0	0.00
科学研究和技术服务业	3	0.00
水利、环境和公共设施管理业	9	0.00
居民服务、修理和其他服务业	2	0.00
教育	79630	8.28
卫生和社会工作	404	0.04
文化、体育和娱乐业	871781	90.63
公共管理、社会保障和社会组织	9570	0.99
国际组织	0	0.00

二、广西壮族自治区普查工作组织实施

（一）启动普查工作

1. 建立普查机构和协作机制，全面动员开展普查工作

为加强对普查工作的组织领导，有效开展普查工作，2013 年 4 月自治区人民政府成立了全区可移动文物普查领导小组，负责普查工作的组织和领导，领导小组组长由自治区副主席担任，领导小组副组长由自治区人民政府副秘书长和自治区文化厅厅长

担任。领导小组办公室设在自治区文化厅,负责普查工作的日常组织和具体协调。领导小组办公室主任由自治区文物局局长担任。领导小组下设综合管理组、业务指导组、宣传工作组,负责普查日常事务和办公室工作的运转。领导小组成员由自治区发展改革委、自治区国资委和自治区档案局等16个厅局单位分管领导组成。各有关部门各司其职、通力协作,并动员和组织本系统国有单位积极参加普查工作。全区各市、县(市、区)人民政府均按照《通知》要求设立相应的普查领导小组及其办公室,组织普查队伍,认真做好本行政区域可移动文物普查的组织实施工作。至2013年6月,自治区本级及全区14个地市均建立普查工作领导小组,以属地管理、分级负责为工作原则迅速推进本级普查工作。自治区普查办在自治区文化厅设立了固定办公地点并配备专职工作人员,统一部署和组织全区普查工作的开展。一方面建立各级普查办负责人工作联系QQ群、微信群,便于各项普查工作的落实安排和经验交流;另一方面下发各类通知、普查简报和实地督察,确保普查各项工作有效开展。

此外,逐级建立普查协作机制,共同推动普查工作的开展。一是自治区普查办建立了普查领导小组成员单位间的协同合作机制。每个单位由1名处级以上领导干部担任本单位的联络员,负责日常工作的联系和本系统普查工作的推进。二是根据国家文物局先后与宗教、教育、档案、民政四个系统印发的联合文件,也先后与自治区宗教局、教育厅、档案局、民政厅联合发文,明确了普查中各行业、各系统的职责与义务。三是全区14个地市建立普查工作机制的行业系统达到47个。各系统协同合作机制的建立,有效推动全区普查工作向纵深开展。四是区内的大型国有收藏单位作为此次普查工作的试点单位均率先建立了各自的可移动普查机构和机制。五是广西壮族自治区博物馆、广西自然博物馆、广西民族博物馆等12家博物馆成立了普查领导小组和普查工作队伍,馆领导负责组织、协调,藏品部负责对本馆的标本藏品进行清查登记,普查认定组对清查出的文物进行认定,藏品信息采集登录组负责对藏品信息进行采集登录。各组及成员间实行分工协作。彻底摸清馆藏文物数量,理清文物账,针对库房及展厅区域,开展文物盘点核查工作。

2013年4月18日,广西各级普查机构收看了全国第一次可移动文物普查电视电话会议,聆听了国务院副总理刘延东同志的重要讲话。会后,全区召开了广西第一次可移动文物普查电视电话会议。广西第一次可移动文物普查领导小组成员、文化厅直属文博(文化)单位主要负责人,未设立分会场的市、县有关普查负责人员和重要文物收藏单位负责人均到场参加会议。会议由自治区人民政府副秘书长主持,自治区副主席作重要指示。自治区副主席要求各普查相关单位要明确任务,抓住重点,确保全区第一次可移动文物普查取得实效。为加强广西可移动文物普查专业人员队伍建设和推动普查工作的全面开展，广西于 2015 年 5 月 7 日至 9 日举办了广西第一次全国可移动文物普查工作动员会暨可移动文物普查全区骨干培训班，动员部署广西第一次全国可移动文物普查的各项工作，并针对可移动文物普查实施方案、工作流程、馆藏文物登录规范、普查工作软件平台进行培训和答疑，为下一步普查工作的开展打下了坚实的基础。

2. 制定普查实施方案

2013 年 4 月上旬，自治区普查办拟出《广西壮族自治区第一次可移动文物普查实施方案》（以下简称实施方案），经核稿、审阅后，形成《实施方案》（征求意见稿）。5 月 10 日，自治区普查办以自治区文化厅名义向成员单位发函征求方案意见。根据反馈意见，自治区普查办对方案进行了修改、完善，并正式印发《实施方案》。全区市、县（市、区）两级普查办根据自治区普查办下发的普查《实施方案》要求，结合本地实际，编制本级普查《实施方案》。区内大型国有收藏单位高度重视此次可移动文物普查工作。例如广西民族博物馆，将普查工作列入年度十大重点工作，并制定了详细的工作制度，由藏品部牵头组织协调馆内外各方力量开展普查工作。以库房为单位成立工作小组，落实责任，明确分工，藏品部工作人员主要负责文物盘点核对、拍照摄影和登录文物数据上传工作，志愿者或高校学生负责记录文物信息兼顾部分文物拍照摄影工作。确立普查工作技术路线，严格按照普查工作时间节点，稳步有序推进普查工作。确立了"统一平台、统一标准、先易后难、联网直报"的普查工作技术路线，并通过多次组织人员进行培训学习，充分掌握普查的规范及标准，认真学习第一次可移动文物普查登录平台操作方法，结合本馆实际情况，以先易后难的工作方法转换并登录数据。最后，严格控制数据质量并联网上传最终数据。

3. 落实普查工作经费

根据国务院、自治区普查办《实施方案》要求，本次普查经费由县级以上人民政府分别负担。2013 年，自治区财政安排落实本级普查经费 200 万元，14 个地级市财政共安排落实普查经费共 191.4 万元。自治区普查办于 2013 年底从本级普查经费中拿出 116 万元，向全区 105 个文物收藏单位调拨了一批台式电脑、单反照相机、打印机、硬盘等普查设备以解决基层普查经费落实困难的问题。2014 年，各地积极向地方政府申请普查经费，自治区本级普查经费 200 万元，14 个地市普查经费列入本级财政预算，落实总额 453.99 万元。2015 年，自治区本级普查经费 160 万元，14 个地市安排普查经费 366.06 万元。2016 年，自治区本级普查经费 50 万元，14 个地市安排普查经费 145.22 万元。2013~2016 年，自治区本级财政共安排普查经费 610 万元，14 个地市共安排普查经费 1178.67 万元，全区共安排普查经费 1788.67 万元。普查经费的落实保障，对推动全区各级普查工作有效地开展起到了积极的促进作用。

4. 组建普查工作队伍

为推动全区普查工作的开展，全区甄选专业普查工作人员 468 人。其中：自治区级普查员 36 人、市级普查员 150 人、县（市、区）级普查员 282 人。由于本次可移动文物普查涉及不同的行业和系统，既具有综合性，又具有较强的专业性。各级普查办根据实际情况，建立了本级的普查工作专家库，共遴选出涵盖文博、图书、党史、档案、金融等系统、行业的文物认定专家 103 人。成立由 34 人组成的自治区普查工作指导组，主要负责全区普查咨询、指导和数据审核工作。经统计，全区各收藏单位参与人员 930 人，普查专家 165 人，普查志愿者 537 人，全区共计有 2100 人参与此次可移动文物普查工作。

此外，还积极利用社会力量参与普查。一是志愿者参与普查。如广西民族博物馆在试点工作中充分调动社会志愿者的积极性，将他们纳入普查试点工作队伍，安排志愿者到文物库房配合开展文物清库、账物核对的工作，选派具备静物摄影专长的志愿者协助开展文物影像采集工作。志愿者的参与，使更多的人开始关心、关注普查，扩大了普查的社会影响力。二是实习生参与普查。如广西文物保护与考古研究所为保证试点工作的顺利开展，从广西民族大学选取了四名科技考古方向的研究生参与普查工作，解决了普查人员紧缺问题，也给学生提供了学习机会，为普查的后续工作创造了条件。

5. 积极举办各类普查培训

为推动普查工作的顺利开展，全区各级普查办积极举办各类普查培训。2013～2016 年自治区普查办举办了 6 次全区范围的培训班，培训人员 1170 人次。全区 14 个地市各区、县普查办举办培训班 204 次，培训人员 4502 人次。2013 年 5 月，自治区普查办举办了广西第一次可移动文物普查动员暨普查骨干培训会，全区各级普查办及试点收藏单位共 260 人参加。随后，全区 14 个市先后开展了本地普查员培训的工作，各地共开展培训 100 多次。南宁市在开展县（市、区）级培训时，由市文化局分管领导带队，组织业务人员到辖区内县（区）依次开展了 12 场培训会议，使全市普查员较好地掌握普查流程及相关工作要求。6 月 7～10 日，自治区普查办选派近 40 名业务骨干参加了国家文物局在柳州举办的第四期全国第一次可移动文物普查培训班，提高了全区普查队伍的业务水平。7 月份，自治区普查办向文物出版社订购《第一次全国可移动文物普查工作手册》，免费向各市、县普查机构、收藏单位发放。10 月份，自治区普查办召开广西第一次可移动文物普查试点经验座谈暨国有单位摸底排查培训会议，邀请试点国有单位交流普查工作经验，并根据普查工作要求开展摸底排查培训。2014 年 5

月，自治区普查办举办广西第一次可移动文物普查第二阶段工作培训班，总结全区普查第一阶段工作，部署第二阶段工作任务，针对可移动文物认定和可移动文物信息登录平台培训，全区各级普查办负责人及普查工作业务骨干、自治区级文物认定专家组成员和各设区市文化局选派的文物认定专家共 240 人参加此次培训班。为加强普查工作中的文物摄影工作，自治区普查办于 2014 年 6 月举办了广西第一次可移动文物普查摄影培训班，邀请了首都博物馆首席摄影师前来授课，全区各文博单位文物摄影业务骨干 120 人参加此次培训班。为加快普查登录进度，保证普查质量，自治区普查办在2015 年 4 月举办了广西第一次可移动文物普查数据审核与管理培训班，邀请国家文物局普查工作办公室的两位老师给全区 260 余名文博系统收藏单位数据工作负责人讲授数据登录与审核要求，有效推动了全区普查数据登录工作的开展。

（二）分阶段实施各项普查工作

1. 进行可移动文物收藏单位摸底调查

2013 年 7～12 月，全区开展国有单位收藏保管文物摸底调查工作。各级普查办根据自治区统计局提供的《国有单位名录》建立本行政区域国有单位名录，发放并回收《国有单位文物收藏情况调查登记表》，登记《国有单位文物收藏情况汇总表》。2014 年 3 月，自治区普查办下发《广西第一次可移动普查领导小组办公室关于尽快完成国有单位文物收藏情况摸底排查工作的通知》，督促各有关单位加快工作进度，确保 2014 年第一季度前完成摸底排查工作。截至 2014 年 4 月底，全区共走访、发放调查表格 45747 份，回收表格 45747 份，全区完成率 100%。全区收藏保管有 1949 年以前物质遗存的国有单位已经排查到 280 家，涵盖了文博系统、档案系统、民政系统、教育系统、企业系统等领域，实现了全区国有单位摸底调查全覆盖。自治区普查办编制了 280 家国有收藏单位名录，名录包括有隶属关系、单位性质、单位类型、行业、藏品申报数量等信息。

2. 开展可移动文物认定工作

根据《实施方案》的工作安排，全区 2014 年 7～9 月开展为期三个月的文物认定工作，对国有单位收藏保管的文物进行认定，并采集、登录相关信息。自治区普查办于 7 月份下发了《广西第一次可移动文物普查文物认定工作方案》，认定工作以县域为基本单元，以由各市普查办为主要认定力量，同时派出自治区直属有关文博单位专家负责指导，组织 14 个区内文博系统各领域专家组成的文物认定专家小组，按照统一规划、分级负责的工作要求，统筹实施各市、县（市、区）的文物认定工作。文物认定工作筹备充分并得到了各相关单位的积极配合，各市级普查办也就文物认定工作召开会议并组织培训，使全区文物认定工作顺利开展。文物认定工作人员各司其职，准确填写《文物认定信息表》和《文物登记卡》，对文物进行拍照和信息采集，确定新增文物。在文物认定阶段，各市普查办组织自治区级文物认定专家组对全区 207 家申报有文物的非文博系统国有收藏单位开展认定工作，共组织了 254 次文物认定，累计派出专家和工作人员 2430 人次。经过文物认定后，全区共有收藏单位 280 家。各国有收藏单位按照认定结果填写《可移动文物信息认定登记表》，针对专家认定为文物的收藏品，各国有单位均认真填写《文物登记卡》，以便于开展信息采集登录工作。

3. 推动可移动文物信息采集登录

从 2015 年开始推进全区可移动文物数据在"全国可移动文物信息登录平台"上的登录工作。一是下发《广西壮族自治区第一次可移动文物普查领导小组办公室关于加快推进可移动文物普查工作的通知》，明确全区的登录工作计划安排，并且要求落实责任到位。二是采取每周一在全区文博 QQ 联系群上通报各市登录情况的办法，督促区内 14 个市级普查办加快辖区内国有收藏单位登录工作的开展，并主动联系登录工作开展较慢的市级普查办主管领导，确保登录工作在全区范围内顺利开展。三是邀请国家普查办的两位专家为参加全区可移动文物普查办主任会议暨数据审核与管理培训班的收藏单位登录工作负责人进行数据登录与审核培训。经过摸底调查和认定的 279 家国有收藏单位已经全部完成在平台的注册和登录工作，注册率和登录进度均为 100%。在平台上注册的国有收藏单位均按照普查工作要求如实填写隶属关系、单位性质、单位类型、行业、系统等信息。

2015 年 4 月，自治区普查办成立 4 个督察小组赴全区 14 个地市就国有收藏单位文物认定、注册登录和文物数据登录等进行督察，并将督察结果以简报的形式向普查领导小组、各市县文化行政部门、普查办和国有收藏单位发布，推动普查工作的落实。自治区普查办于 2015 年分别下发了《广西第一次可移动文物普查领导小组办公室关于可移动文物普查数据登录情况的通报》《广西第一次可移动文物普查领导小组办公室关于国家文物局督察广西可移动文物普查工作的通报》和《广西壮族自治区文化厅转发国家文物局关于开展 2015 重点工作专项督察的通知》等，通过自查与督察结合的方式，及时通报在普查数据登录过程中出现的问题，确保全区各项普查工作顺利开展。

此外，自治区普查办还建立互助工作机制，分别在文博和图书系统中选出 2 家登录工作开展得较好的广西壮族自治区博物馆、广西壮族自治区图书馆负责对区内国有收藏单位的登录工作进行技术指导和帮助，两家单位均成立了由本系统专家组成的指导小组，通过远程教学和实地指导的方式推动区内国有收藏单位登录工作开展。例如广西壮族自治区图书馆派出 5 名信息资料部工作人员到广西壮族自治区档案局协助开展数据采集、文物信息登录、文物摄影和图片命名工作，使该单位圆满完成6065件文物数据的登录工作。

为提高数据登录效率，全区收藏文物数量较多的单位均选择离线上传的方式。普查工作人员严格按照全国可移动文物普查的统一规范和技术标准，开展文物测量、拍摄、信息数据资料采集和登记，填写《可移动文物信息登记表》，结合原有文物账册和文物实物，按照普查规范，对所藏文物进行定名，分配总登记号，确定类别、级别、年代、质地、外形尺寸、完残程度、保存状态、包含数量、来源方式等基本指标项，录入文物Excel离线采集模板，采集文物影像待本单位审核员审核后报送市级普查办，由市级普查办委托市级专家离线审核后报送自治区普查办，由自治区普查办汇总全区数据。与此同时，自治区普查办还建立文物普查信息数据质量控制机制，按照普查工作的规范和要求，着重加强各环节的督察、检查和阶段性总结。通过国有收藏单位、区县普查办和市普查办三级审核和复核，确保文物登录信息的真实性、准确性和规范性。严格按照国家文物局《第一次全国可移动文物普查数据审核工作管理办法》的要求，进一步明确各单位和各级普查办的审核流程和责任，加强质量控制，必须将文物数据差错率控制在0.5%以下，确保2015年10月份前全部完成普查数据的登录工作。为进一步推动普查工作任务的落实，在2015年6月全区文物工作座谈会上，自治区文化厅副厅长向14个地市文化（文物）行政主管部门的领导强调了可移动文物普查工作的重要性，要求普查工作责任到人，确保辖区范围内的国有收藏单位按时完成全区普查数据的登录工作。在领导的重视和积极推动下，广西已于2015年10月份完成全部文物普查数据的登录工作，广西在"全国可移动文物信息登录平台"上登录961954件，藏品报送进度为100%。

4. 完成可移动文物信息审核

为确保普查数据质量，自治区普查办成立了由广西壮族自治区博物馆、广西民族博物馆、广西壮族自治区图书馆、柳州博物馆和桂林博物馆等5家单位专家组成的专家审核小组，2016年1~6月对全区普查数据进行统一审核。针对全区普查审核过程中发现的问题，自治区普查办充分参考国家文物局制定的各项标准和规范，结合广西可移动文物现状，统一了全区藏品信息的各项指标，对参加审核的工作人员开展培训，提高了终审工作的准确性和规范性。在审核过程中，审核人员以高度的责任感和敬业精神，对藏品信息逐条进行认真审核，并做好审核记录。自治区普查办在审核、修改普查数据的过程中，安排专人与修改单位点对点的跟踪联系，完善各收藏单位上报的文物信息。在最终汇总的阶段，审核工作人员反复检查自己负责的审核单位，一一对应清点汇总。通过上述工作得到开展，使得全区的普查数据质量得到了有效保障。

2016 年 9 月，自治区普查办完成全区数据审核工作。

（三）开展普查宣传动员工作

为努力营造全社会共同关心、主动配合参与文物普查的良好氛围，2013 年 7 月，自治区普查办根据国家宣传方案和工作计划，制定了《广西第一次可移动文物普查宣传工作总体方案》。7 月中旬，在自治区文化厅前楼挂牌广西壮族自治区第一次可移动文物普查领导小组办公室，方便各有关单位和市、县联系普查工作事宜。自治区普查办还定期印发《广西第一次可移动文物普查工作简报》，工作简报以汇总全区普查工作情况为主要内容，定期呈送国务院第一次可移动文物普查领导小组办公室、广西第一次可移动文物普查领导小组组长、副组长、成员，并印发抄送至各市、县普查办和试点单位。梧州、防城港、北海、崇左等市也积极印发本市普查简报，及时推送本市普查工作进度情况及普查亮点。

根据《广西第一次可移动文物普查宣传工作总体方案》，自治区普查办综合运用电视、报刊、网络等多种宣传平台，采取喜闻乐见、丰富多彩的宣传形式，将普查的意义、目标和任务，普查范围、内容要求和技术路线、标准规范，以及普查进展情况、普查阶段性成果及重要发现等等贯穿于普查工作中。与此同时，还通过制作简报，将普查信息及时向上级主管部门和领导小组成员汇报，向社会各界通报，形成了"文物普查人人参与，文物保护人人有责"的良好氛围，让群众了解到可移动文物普查的重要性，解除了"文物＝古董"的保守观念，拓展了人们对文物资源的认知。为此，自治区普查办专门制作了广西第一次可移动文物普查主题宣传片，在广西电视台、南宁电视台以及南宁市区繁华商圈的户外 LED 屏、优酷视频、爱奇艺视频和腾讯视频等视频网站上进行播放，扩大普查宣传影响。自治区普查办还利用与普通市民生活息息相关的公交车及公交站台为载体宣传普查成果，采用时下流行的微信公众号推送内容的方式推送介绍普查工作内容和普查成果的文章，让更多人了解普查工作。广西壮族自治区博物馆则利用的"国际博物馆日"为契机，采用展览的形式对可移动文物普查的实施过程和成果进行宣传。柳州市利用中国电信手机短信平台向全市电信手机用户发送三期普查宣传短信，引导广大市民参与、支持普查工作。河池市利用《河池新闻》栏目固定播出可移动文物普查宣传口号。梧州市万秀区还利用文艺演出的形式来宣传可移动文物普查知识。全区各级普查办、收藏单位形式多样且贴近民生的宣传方式起到了良好的宣传效果。经统计，全区各级普查办 4 年多来共印发普查工作简报 134 期、在电视媒体宣传 191 次、在互联网媒体宣传 121 次、在报刊媒体宣传 125 次、制作宣传海报 7504 份、发放宣传册页 156642 份、制作宣传板报 107 块。

（四）紧抓质量控制

全区各级普查办在普查工作中严把质量关，通过培训、试点和督察相结合的方式确保普查各工作环节按照普查工作要求保质保量开展。自治区普查办举办在 2013～2015 年期间举办了 5 次全区范围的培训，还在普查工作开展初期选派近 40 名业务骨干参加了国家文物局在柳州举办的第四期全国第一次可移动文物普查培训班。各市、县级普查办也积极开展普查培训，如柳州市前后召开 6 次全市普查工作培训班。武鸣县则结合本县实际，通过培训会、现场指导等方式对本辖区国有收藏单位进行了文物业务培训，使普查工作人员了解和掌握了文物信息采集、登录有关知识。大型国有收藏单位如广西壮族自治区博物馆可移动文物普查工作组多次派人参加全国、全区的可移动文物普查工作培训，同时在馆内也多次组织普查工作业务培训，不断提高普查工作人员的普查业务水平，保障普查质量，提高普查效率。

为了给全区可移动文物普查工作积累经验，改进工作方法，自治区普查办于 2013 年 7 月采用试点先行、逐步推广的办法组织开展全区可移动文物普查数据试点采集工作。试点单位按照可移动文物普查统一标准规范，选取了广西自然博物馆、广西文物考古研究所等 10 家收藏单位的 12500 件文物进行试点录入，采集登录数据。9 月份，试点单位均顺利完成试点工作，为开展普查下一阶段工作打下良好基础，也积累了丰富的普查工作经验。

自治区普查办于 2014 年 1 月下发了《广西壮族自治区第一次可移动普查领导小组办公室关于开展全区可移动文物普查工作的通知》，就全区可移动文物普查的组织实施及经费落实情况、国有单位文物收藏情况调查的完成情况和大型国有收藏单位可移动普查工作情况进行督察，通过各市普查办自查和自治区督察小组实地督察的方式，督察摸清了全区普查工作开展的基本情况，总结了主要做法和经验，并对存在的问题要求限期整改。2015 年，自治区普查办下发了《广西第一次可移动文物普查领导小组办公室关于国家文物局督察广西可移动文物普查工作的通报》和《广西壮族自治区文化厅转发国家文物局关于开展 2015 重点工作专项督察的通知》，及时通报在普查数据登录过程中出现的问题，要求全区博物馆按实际馆藏藏品数量进行申报，不能出现漏报和少报，确保全区藏品申报数量准确无误。

（五）普查工作总结情况

自治区普查办非常重视普查各工作环节中的档案保存工作，设置有专门的广西第一次可移动文物普查资料室。在日常工作中，明确归档范围，注重档案的收集和整理，将普查各工作环节产生的各类文件、通知、简报和设备采购手续等按照时间和性质进行分类编目，便于需要时查阅。此外，自治区普查办还收集了14个地市发放的《国有单位文物收藏情况调查登记表》《国有单位文物收藏情况汇总表》和《可移动文物普查认定表》，予以归类存档，使普查工作做到了有档可查。

根据《国家文物局办公室关于做好第一次全国可移动文物普查验收工作的通知》要求，自治区普查办积极开展全区普查总结和验收工作，下发了《广西第一次可移动文物普查领导小组办公室关于报送可移动文物普查工作报告的通知》，要求14个地市普查办要高度重视此次工作报告编写工作，对2013～2016年开展的普查相关工作进行认真梳理和总结。工作报告按照国家文物局发布的《第一次全国可移动文物普查验收表》和《第一次全国可移动文物普查验收报告》标准进行编写。此外，还要求14个地市普查办将普查工作开展以来下发的各类文件、通知按照年度进行整理存档，把普查工作开展以来的图片资料按照机构成立、摸底调查、文物认定、数据登录和宣传等五个工作阶段进行分类汇总，并为图片标注文字说明。截至2016年8月底，全区14个地市均已将本辖区内的普查工作报告和相关材料报送自治区普查办。

三、广西壮族自治区普查工作成果

（一）健全全区可移动文物保护体系

1. 完善文物档案

经过文物认定后，全区共有收藏单位279家。其中文博系统收藏单位128家，非文博系统收藏单位151家。文博系统单位中新发现、新认定藏品数54976件/套，新建、重建藏品账目及档案的单位59家，新建、重建藏品账目及档案的文物98830件/套，完成藏品账目及档案信息化的单位84家。非文博系统单位中新发现、新认定藏品数5702件/套，新建、重建藏品账目及档案的单位117家，新建、重建藏品账目及档案的文物5425件/套，完成藏品账目及档案信息化的单位136家。各国有收藏单位按照认定结果填写《可移动文物信息认定登记表》，针对专家认定为文物的收藏品，各国有单位均认真填写《文物登记卡》，以便于开展信息采集登录工作。区内大型收藏单位还根据可移动文物普查的指标项，按照总登记号对馆藏文物进行登记造册，部分收藏单位如广西文物保护与考古研究所在可移动文物普查的指标项的基础上，按照遗址进行登记造册，便于本单位对遗址文物的管理和研究。

2. 完善制度和规范

由于资金、人员等多种原因，区内馆藏文物数据库建设较为缓慢，大部分馆藏文物基本采取纸质账本、纯人工管理办法，一定程度上影响了馆藏文物管理以及利用。借此次可移动文物普查之机，区内博物馆将全部馆藏文物列入普查范围，统一按照可普工作规范与标准进行文物影像采集、文物信息登录，核查无误后统一上传至全国第一次可移动文物普查信息登录平台，同时利用全国第一次可移动文物普查离线工具对馆藏文物进行分类管理，全面实现了馆藏文物数据化管理，基本建立完成了馆藏文物信息资源库，为今后区内博物馆开展相关文物工作提供了便利。

(二) 积极利用可移动文物普查成果

1. 国有收藏单位公开藏品资源

第一次全国可移动文物普查工作开展以来，全区共有 42 家国有收藏单位公开藏品资源，公开方式包括实物陈列、图片展览、媒体报道和讲座等，公开的藏品数量达到 8826 件/套。如广西壮族自治区博物馆、南宁昆仑关战役旧址纪念馆、三江侗族自治县博物馆等文博系统收藏单位充分发挥博物馆文化服务功能，结合普查工作进度对外积极介绍本馆普查工作中发现的极具本地特色和蕴含广西历史价值的文物，让群众可以更加了解文物常识以及本土特色与历史。梧州学院、北海市人民医院等国有收藏单位则利用新闻报道的方式公开本单位的藏品资源。合山市文物管理所举办了大型知识讲座，向广大群众介绍文物管理所收藏的精品文物，增强群众对本地文物的认识和理解。全区共有 11 家国有收藏单位举办普查成果展览，展览数量 13 个，展览形式以图片展览和实物陈列为主、展出藏品量 4512 件/套，参观人数达 2753257 人次。其中，柳州博物馆举办的"千年古韵　龙壁回澜"、来宾市博物馆"麒麟献瑞　古域新城——来宾历史文化陈列"和都安瑶族自治县博物馆举办的"瑶山物语"等利用普查成果举办的展览均在观众中引起热烈的反响，取得了良好的社会效益。

2. 开展全区可移动文物普查文物定级工作

为进一步做好广西壮族自治区可移动文物普查工作，加强珍贵文物藏品的保护和管理，广西于 2016 年 4 ~ 9 月组织专家开展了一次全区文博单位文物藏品定级工作（本次定级工作限于申请认定一、二、三级文物）。自治区文化厅成立了以文化厅党组副书记、副厅长，自治区文物局局长担任组长的广西第一次可移动文物普查文物定级工作领导小组，由自治区普查办负责此次文物定级工作的组织和实施。3 月份，下发了《广西壮族自治区文化厅关于开展全区珍贵文物藏品定级工作的通知》，全区各设区市文化（文物）行政管理部门和厅直属文博单位共报送 9869 件申请定级文物，自治区文化厅根据器物类别成立了青铜器、陶瓷器、玉石器、杂项和书画 5 个文物定级专家组，由全区各器物类别领域内 52 名专家组成专家组成员。经过集中初审和实地复核后，此次文物定级共认定一级文物 17 件、二级文物 382 件、三级文物 4040 件。为保证定级结果权威公正，自治区普查办还邀请区外专家对一级文物的定级结果进行复核。2016 年底自治区文化厅向社会公布了此次文物定级结果。

3. 开展全国铜鼓专项调查

2016 年广西承担了第一次全国可移动文物普查铜鼓专项调查项目。该项目由区内铜鼓调查研究开展得较好的广西民族博物馆具体推动实施。本次铜鼓专项调查选取广西、广东、云南、四川、贵州、重庆、上海七省（区、市）等馆藏铜鼓数量较多的博物馆，采用实地调研、问卷调查和专家座谈相结合的方式，并依据全国可移动普查登录铜鼓相关数据，对全国铜鼓相关信息进行全面统计和详细分析。截至 2016 年 5 月，除河南、青海、西藏外，全国 28 个省、自治区、直辖市均收藏有铜鼓。全国共有 314 家国有单位收藏铜鼓，总登录数量为 1683 面。其中 292 家为文博系统单位，按中央和地方的管理等级，国家级博物馆 5 家，省（直辖市）级博物馆 36 家，市（州）级博物馆 126 家，县（区）级博物馆、文物管理所 125 家。其他行业博物馆或收藏单位 24 家，包括专题博物馆 3 家，高校博物馆 11 家，景区寺庙 5 家，民营、企业博物馆 2 家和其他收藏单位 3 家。全国 314 家铜鼓收藏单位均已按照相关要求完成或正在开展对本单位收藏的铜鼓开展摸底、信息采集、拍照、登录、审核等工作。

4. 开展全区士人文物普查工作

自治区普查办委托南宁孔庙博物馆自 2015 年 5 月起正式启动"广西士人调查"项目，项目主要内容为调查收集广西士人（重点是进士）相关遗物和遗迹资料，以图文的形式公开出版《广西进士》一书。调查人员通过在广西通志馆、广西图书馆翻阅馆藏古籍各版本县市志，拍摄、拷贝、誊抄进士基本资料近 20 万字。同时，积极开展实地田野调查，深入到区内外 30 多个市、县，找寻遗存的古迹，并与当地文博工作者、方志工作者就相关问题进行咨询了解和研究探讨，考证和核定进士共计 1125 人，制成新版"广西进士题名表"和"广西进士简介"，并收集进士诗词 200 余首、书画 50 余幅。

5. 建立全区可移动文物登录制度

根据国务院《关于开展第一次全国可移动文物普查工作的通知》《关于进一步加强文物工作的指导意见》工作要求，广西高度重视文物登录工作，以全区第一次可移动文物普查为契机，建立全区文物登录制度。此次可移动文物普查完善了全区可移动文物档案，建立"文物身份证"和管理体系，初步实现全区国有可移动文物资源标准化、动态化管理。首先，健全了全区国有可移动文物账册。自治区普查办要求全区所有文博单位对馆藏可移动文物重新进行清点梳理，登记造册，便于收藏单位对文物进行管理和研究；其次，建立文物信息数据库和文物影像数据库。各个文博收藏单位按照普查规范，健全了所藏文物信息，建立了文物信息数据库；同时，在文物普查工作中，对所有文物按照规范进行多方位的影像信息数据采集，建立了所藏文物影像信息数据库，便于检索、查阅与管理。自治区文物局于 2015 年 7 月下发了《广西壮族自治区文物局关于建立文物登录制度的通知》，要求全区文博单位在摸清家底的基础上，完善文物认定标准，规范文物申报和登记程序，今后凡有新增、借调和划拨的文物藏品均要在"全国可移动文物信息登录平台"进行登录，保持平台上的数据与库房台账一致，实现平台数据的实时更新。自治区文物局将不定期对区内文博单位的平台数据和库房台账进行对比督察，确保登录制度能在文博单位中得到落实执行。通过建立全区文物登录制度，能够不断完善全区文物资源数据库，全面掌握全区文物保存状况和保护需求，实现文物资源动态管理，推进文物信息资源社会共享，从而进一步提高了全区文物保护和管理水平。

建　议

通过此次可移动文物普查，基本掌握了全区文物藏品的完残情况和保存状况。发现部分收藏单位库房保存环境非常恶劣。一是南方长期潮湿天气作用，二是老式库房设计使得恒温恒湿等设施设备添置无法实现。藏品预防性保护任重道远。恶劣的库房环境不仅对藏品保管不利，对于长期在库房内工作的保管人员身体也造成较大威胁，有毒有害影响严重，藏品安全和人身安全都需要得到重视。

海南省
第一次全国可移动文物普查工作报告

  海南省根据国务院《关于开展第一次全国可移动文物普查工作的通知》《第一次全国可移动文物普查实施方案》等文件的精神和要求，迅速成立了海南省第一次全国可移动文物普查领导小组和领导小组办公室，召开了海南省第一次全国可移动文物普查培训班暨全省第一次全国可移动文物普查动员大会，印发了《海南省第一次全国可移动文物普查实施方案》，对海南省普查工作进行了全面部署。根据国家文物局关于普查实施阶段工作时点的要求，海南省于2013年、2014年先后完成了全省国有单位文物收藏情况摸底调查，普查宣传，普查藏品总账、分类账、藏品资料卡的印发，文物认定工作，确定51家文物收藏单位进入海南省文物信息采集工作范围。2015年底，海南省完成了全省文物定级工作和108856件文物信息采集、登录和审核，全面完成普查实施阶段工作。2016年海南省开展文物普查成果转化工作，编制国有可移动文物普查收藏单位名录，编写"海南省第一次全国可移动文物普查工作汇报展"展陈任务设计书，出版海南省第一次全国可移动文物普查《历史菁华》和《民族精粹》图书资料。

  海南省国有可移动文物总量为108856件，收藏于海南省6个行业系统的51家文物收藏单位。其中文博系统内26家文物收藏单位收藏可移动文物97330件，占全省国有可移动文物总量的89.41%。文博系统外新确定25家文物收藏单位收藏可移动文物11526件，占全省国有可移动文物总量的10.59%。海南省的文物收藏充分展现了海南省独特的地域、资源、文化特点，包括海南黄花梨、南海海域沉船海捞瓷、琼崖抗日革命文物、黎苗族生活生产工作实物、农垦生活生产实物、华侨生活生产实物等海南特有的文物收藏。

  本次可移动文物普查，全面摸清了海南省可移动文物家底；掌握了海南省现存国有可移动文物的数量分布、文物级别、保存状况、保管权属和使用管理等情况；对海南省可移动文物保护现状做出基本评价，为科学制定保护政策和规划提供依据；完成了文物藏品的信息化采集和登录，为标准化、动态化管理创造基础条件。

一、海南省普查数据

截至 2016 年 10 月 31 日，海南省在全国可移动文物信息平台登录可移动文物 55482 件/套，实际数量为 108856 件。其中，珍贵文物 2761 件/套，实际数量为 3257 件。登录可移动文物信息的收藏单位 51 家。

（一）海南省可移动文物基本情况

1. 类别

表 1　可移动文物类别

可移动文物类别	可移动文物实际数量（件）	实际数量占比（％）
合计	108856	100.00
玉石器、宝石	168	0.15
陶器	2816	2.59
瓷器	23370	21.47
铜器	2764	2.54
金银器	410	0.38
铁器、其他金属器	1001	0.92
漆器	2	0.00
雕塑、造像	990	0.91
石器、石刻、砖瓦	1418	1.30
书法、绘画	2002	1.84
文具	90	0.08
甲骨	0	0.00
玺印符牌	354	0.33
钱币	49331	45.32
牙骨角器	225	0.21
竹木雕	246	0.23
家具	156	0.14
珐琅器	16	0.01
织绣	2435	2.24

可移动文物类别	可移动文物实际数量（件）	实际数量占比（%）
古籍图书	7161	6.58
碑帖拓本	806	0.74
武器	423	0.39
邮品	77	0.07
文件、宣传品	818	0.75
档案文书	466	0.43
名人遗物	280	0.26
玻璃器	3750	3.44
乐器、法器	329	0.30
皮革	32	0.03
音像制品	1181	1.08
票据	673	0.62
交通、运输工具	23	0.02
度量衡器	42	0.04
标本、化石	104	0.10
其他	4897	4.50

2. 年代

（1）可移动文物年代类型

表2 可移动文物年代类型

可移动文物年代类型	可移动文物实际数量（件）	实际数量占比（%）
合计	108856	100
地质年代	31	0.03
考古学年代	866	0.80
中国历史学年代	106551	97.88
公历纪年	298	0.27
其他	120	0.11
年代不详	990	0.91

（2）可移动文物中国历史学年代分布

表3　可移动文物中国历史学年代分布

可移动文物中国历史学年代	可移动文物实际数量（件）	实际数量占比（%）
合计	106551	100.00
夏	0	0.00
商	13	0.01
周	306	0.29
秦	152	0.14
汉	1415	1.33
三国	63	0.06
西晋	54	0.05
东晋十六国	51	0.05
南北朝	211	0.20
隋	42	0.04
唐	2440	2.29
五代十国	164	0.15
宋	35402	33.23
辽	11	0.01
西夏	6	0.01
金	47	0.04
元	974	0.91
明	5106	4.79
清	32467	30.47
中华民国	14282	13.40
中华人民共和国	13345	12.52

3. 级别

表4　可移动文物级别

可移动文物级别	可移动文物实际数量（件）	实际数量占比（%）
合计	108856	100.00
一级	179	0.16

可移动文物级别	可移动文物实际数量（件）	实际数量占比（%）
二级	493	0.45
三级	2585	2.37
一般	936	0.86
未定级	104663	96.15

4. 来源

表5 可移动文物来源

可移动文物来源	可移动文物实际数量（件）	实际数量占比（%）
合计	108856	100.00
征集购买	41639	38.25
接受捐赠	19719	18.11
依法交换	4	0.00
拨交	21806	20.03
移交	3225	2.96
旧藏	2063	1.90
发掘	18060	16.59
采集	1511	1.39
拣选	0	0.00
其他	829	0.76

5. 入藏时间

表6 可移动文物入藏时间范围

可移动文物入藏时间范围	可移动文物实际数量（件）	实际数量占比（%）
合计	108856	100.00
1949年10月1日前	1850	1.70
1949年10月1日~1965年	365	0.34
1966~1976年	4024	3.70
1977~2000年	57543	52.86
2001年至今	45074	41.41

6. 完残程度

表 7 可移动文物完残程度

可移动文物完残程度	可移动文物实际数量（件）	实际数量占比（%）
合计	108855	100.00
完整	38967	35.80
基本完整	45107	41.44
残缺	24334	22.35
严重残缺（含缺失部件）	447	0.41

注：根据国家文物局《关于做好馆藏自然类藏品登录工作有关要求的通知》的要求，登录的自然类藏品 1 件（组），不填写"完残程度"指标项。

（二）海南省可移动文物分布情况

1. 按收藏单位隶属关系统计可移动文物数量

表 8 可移动文物数量分布（按收藏单位隶属关系）

收藏单位隶属关系	可移动文物实际数量（件）	实际数量占比（%）
合计	108856	100.00
中央属	85	0.08
省属	65410	60.09
地市属	13570	12.47
县区属	29791	27.37
乡镇街道属	0	0.00
其他	0	0.00

2. 按收藏单位性质统计可移动文物数量

表 9 可移动文物数量分布（按收藏单位性质）

收藏单位性质	可移动文物实际数量（件）	实际数量占比（%）
合计	108856	100.00
国家机关	642	0.59
事业单位	103427	95.01
国有企业	4766	4.38
其他	21	0.02

3. 按收藏单位类型统计可移动文物数量

表 10　可移动文物数量分布（按收藏单位类型）

收藏单位类型	可移动文物实际数量（件）	实际数量占比（％）
合计	108856	100.00
博物馆、纪念馆	101325	93.08
图书馆	5921	5.44
美术馆	0	0.00
档案馆	350	0.32
其他	1260	1.16

4. 按收藏单位所属行业统计可移动文物数量

表 11　可移动文物数量分布（按收藏单位所属行业）

行业	可移动文物实际数量（件）	实际数量占比（％）
合计	108856	100.00
农、林、牧、渔业	4622	4.25
采矿业	56	0.05
制造业	0	0.00
电力、热力、燃气及水生产和供应业	0	0.00
建筑业	0	0.00
批发和零售业	0	0.00
交通运输、仓储和邮政业	85	0.08
住宿和餐饮业	0	0.00
信息传输、软件和信息技术服务业	0	0.00
金融业	0	0.00
房地产业	0	0.00
租赁和商务服务业	0	0.00
科学研究和技术服务业	0	0.00
水利、环境和公共设施管理业	0	0.00
居民服务、修理和其他服务业	0	0.00
教育	2103	1.93
卫生和社会工作	0	0.00
文化、体育和娱乐业	101249	93.01

行业	可移动文物实际数量（件）	实际数量占比（%）
公共管理、社会保障和社会组织	741	0.68
国际组织	0	0.00

二、海南省普查工作组织实施

（一）属地管理、分级负责

1. 设立普查领导小组，成立普查机构

（1）海南省第一次全国可移动文物普查领导小组成立

按照国务院《关于开展第一次全国可移动文物普查工作的通知》的要求，海南省成立了海南省第一次全国可移动文物普查领导小组，负责普查工作的组织和领导，协调解决重大问题。普查领导小组组长由省政府分管文化工作的副省长担任，普查领导小组成员单位包括省文化广电出版体育厅、省文物局、省委党史研究室、省发展改革委、省教育厅、省民政厅、省财政厅、省国土环境资源厅、省国资委、省统计局、省民宗委、省档案局、省科协、省军区政治部、人民银行海口中心支行等有关单位。

（2）海南省第一次全国可移动文物普查领导小组办公室成立

省文化广电出版体育厅成立普查领导小组办公室，负责普查工作的协调执行。普查领导小组办公室主任由省文体厅分管文物的副巡视员担任，普查领导小组办公室成员单位包括国家文物进出境审核海南管理处、海南省史志办、海南省农垦总局、海南省博物馆、海南省民族博物馆、海南农垦博物馆和海口市博物馆。确保大型文物收藏单位和有关业务部门全力参与本次可移动文物普查工作。

（3）建立普查工作机制

省文化广电出版体育厅分别同省教育厅、省民政厅、省国资委、省档案局联合下发通知，进一步做好4个行业系统的可移动文物普查工作。要求各级部门要根据《海南省第一次全国可移动文物普查实施方案》，提出本级的工作方案和具体措施。按照国家统一的标准规范及属地普查机构的要求，开展自查申报，做好文物普查认定、信息登录及其他相关工作；根据《第一次全国可移动文物普查宣传方案》提出具体的宣传方案和宣传措施，并以此动员广大国有单位和社会公众主动支持、配合和参与可移动文物普查工作，为普查机构和人员提供必要的工作便利。

省博物馆、省民族博物馆、省农垦博物馆3家大型文物收藏单位建立了专门的工

作机构和普查机制，组织专业人员开展文物清库、完善相关档案记录，并按照国家统一的标准规范和省级普查工作办公室要求开展文物数据的采集和数据上报。

（4）召开省级普查工作部署会、动员会、推进会

2013 年 4 月 15 日，海南省召开"海南省第一次全国可移动文物普查电话会议"，省文化广电出版体育厅、省委党史研究室、省发展改革委、省教育厅、省民政厅、省财政厅、省国土环境资源厅、省国资委、省统计局、省民宗委、省档案局、省科协、省军区政治部、人民银行海口中心支行以及海南省博物馆、海南省民族博物馆、海南农垦博物馆等参加了会议。会议要求各系统单位加入海南省第一次全国可移动文物普查领导小组，积极做好本系统文物普查工作，各大型文物收藏单位要建立专门的普查工作机构和工作机制，积极做好本单位的文物普查工作任务。

2013 年 8 月 12～16 日，海南省举办了为期 5 天的海南省第一次可移动文物普查骨干培训班暨全省第一次全国可移动文物普查动员大会"。海南省各级普查办、博物馆、档案馆等相关人员参加会议。会上对海南省普查一线工作者进行了广泛的动员，并由国家文物局普查办和海南省文物专家对普查员进行了培训，培训效果良好。

2014 年 5 月 20 日，海南省召开海南省第一次全国可移动文物普查阶段工作会议。全省 13 个普查领导小组成员单位、各市县普查领导小组组长、各级普查办负责人共110 人参加会议。会议总结了海南省国有单位文物收藏情况摸底调查工作成果，并要求进一步开展摸底调查复核工作，保证普查工作不留死角；大型文物收藏单位要尽快按照工作计划开展文物普查信息采集和登录工作。

2015 年 1 月 29 日，海南省召开海南省第一次全国可移动文物普查工作座谈会。省文物局、国家文物进出境审核海南管理处、市县各级可移动文物普查工作负责人以及业务骨干共 80 人参加此次工作座谈会。会议肯定海南省 2014 年的文物普查工作，并要求各文物收藏单位要认真整理文物数据，严格控制差错率；省博物馆、省民族博物馆要严格按照普查工作计划完成信息采集和登录工作任务；同时对文物定级和普查成果转化工作进行了部署。

2015 年 5 月 12 日，海南省召开海南省第一次全国可移动文物普查阶段工作座谈会。各级普查办和有关文物收藏单位负责人共计 70 人参加了本次会议。旨在加强海南省文物信息的质量管理，为历史文物定级的前期工作做好准备，进一步讨论文物普查成果转化工作的具体思路。

2015 年 12 月 14 日，海南省召开海南省第一次全国可移动文物普查成果转化部署会议。各级普查办和有关文物收藏单位负责人共计 70 人参加了会议。会议研究部署成

果转化工作,并支持鼓励以培训班、成果汇报展览、普查文物精粹图书资料的形式展开。

2. 制定普查实施方案

海南省根据国务院《关于开展第一次全国可移动文物普查工作的通知》《第一次全国可移动文物普查实施方案》结合本省文物资源的实际情况,制订了《海南省第一次全国可移动文物普查实施方案》。2013 年 9 月 13 日,省可移动文物普查领导小组办公室印发了《海南省第一次全国可移动文物普查实施方案》,对全省第一次可移动文物普查工作进行了统一的要求和部署。

要求各市县将普查工作列为今后四年文物工作的重点,成立文物普查领导小组,制订可移动文物普查工作实施方案,负责组织实施辖区内文物普查工作。海南省 19 个市县陆续成立了文物普查领导小组,完成了可移动文物普查工作实施方案的制订,并全面开展了辖区内的文物普查各项工作。

3. 落实普查工作经费

(1)海南省普查经费落实和经费使用文件

2013 年 9 月 13 日,省文体厅转发财政部、国家文物局《关于加强第一次全国可移动文物普查经费保障与管理的通知》,要求各级普查机构要高度重视可移动文物普查工作;合理安排普查经费预算确保普查经费及时、足额拨付到位;建章立制,加强管理,专款专用,规范资金支出渠道和开支范围,把资金管好用好,确保每一分钱都用在刀刃上。

2014 年 6 月 13 日,省文体厅、省财政厅联合下发《关于开展第一次全国可移动文物普查经费保障专项督察工作的通知》,要求各级财政、文物行政部门成立联合督察组,对本区域普查经费保障与管理工作开展全面自查,形成并报送自查报告。对于未按要求对普查经费予以保障的市县,要做出书面说明并限期整改。本次督察工作效果显著,少数 2013 年、2014 年未落实普查经费的普查机构得到了经费的补充,同时确保了海南省 2015 年、2016 年各级普查机构普查经费落实。

(2)海南省可移动文物普查经费汇总

2013~2016 年,海南省落实普查经费总额为 1300.7 万元,其中 2013 年 271.4 万元、2014 年 379.1 万元,2015 年 331.2 万元、2016 年 319 万元。省本级每年落实 200 万元,落实经费总额为 800 万元。地市级落实经费总额为 213.4 万元、区县级落实经费总额 287.3 万元。

4. 组建普查队伍

参加海南省本次可移动文物普查工作的人员共有 1427 人。从区域等级上看,省级 105 人、地市级 662 人、区县级 660 人。从人员类型上看，全省各级普查办工作组成员 1015 人、专家 46 人、收藏单位 162 人、志愿者 204 人。海南省本次普查工作专家非文博系统专家共计 11 人，来自海南省委党史研究室、海南省档案局、海南农垦博物馆、海南大学、海南师范大学 5 家单位。海南省本次普查工作的志愿者主要集中在地市级和区县级普查机构，主要协助相关普查机构开展文物普查摸底调查及复核工作。

海南省各级普查机构所有工作人员由本级普查机构聘用，进行管理、培训并根据工作内容和工时发放工作报酬。

（二）调查、认定、采集、登录、审核，分阶段实施

1. 国有可移动文物收藏单位调查阶段

2013 年 11 月 12 日，海南省文物局发放《关于请提供海南省国有单位名录的函》，请省统计局提供截至 2012 年底，海南省登记的国家机关、事业单位、国有企业、国有控股企业的统计数目和名录。经过整理分类后，将普查名录下发到各级普查机构，由各市县负责当地国有单位摸底调查工作。

2014 年 5 月，海南省摸底调查工作初步完成，调查表发放率达 100%，回收率达 100%。经各级普查机构反馈，待认定文物收藏单位数量 44 家。

随后，省普查办开展国有单位可移动文物收藏情况调查"回头看"工作，将复核重点放在档案、教育、国资、民政系统，发放《关于开展海南省第一次全国可移动文物普查摸底调查复核工作的函》，要求以上 4 个系统对所属单位开展文物收藏情况复核，反馈文物收藏单位清单。另一方面，省普查办要求市县级普查机构反馈待复核国有单位清单。根据市县普查办反馈的线索，省普查办组织普查员赴各市县开展走访复核工作。复核工作效果显著，待认定文物收藏单位增至 72 家。

2. 国有可移动文物认定工作阶段

（1）文物认定工作

2014 年 10 月，省普查办开展全省文物认定工作。省文物认定工作组由国家文物进出境审核海南管理处副主任和省普查办工作人员组成。工作组先后 4 次各市县进行文物认定工作。11 月 14 日，文物认定工作结束，72 家待认定文物收藏单位中有 19 家单位的藏品经认定不属于本次可移动文物普查工作的调查范围，海南省文物收藏单位确定为 51 家。

本次文物认定工作中，33 家单位的 12202 件藏品认定为文物。

从隶属关系上看，新认定 33 家文物收藏单位中，中央属文物收藏单位 1 家，收藏

文物85件；省属文物收藏单位3家，收藏文物4896件；地市属文物收藏单位13家，收藏文物2606件；县区属文物收藏单位16家，收藏文物4615件。

从藏品类型上看，33家文物收藏单位的12202件藏品中，玉石器宝石1件、陶器14件、瓷器57件、铜器8件、金银器2件、铁器与其他金属器94件、漆器0件、雕塑造像11件、石器石刻砖瓦33件、书法绘画659件、文具5件、甲骨0件、玺印符牌229件、钱币24件、牙骨角器2件、竹木雕6件、家具21件、珐琅器0件、织绣107件、古籍图书6001件、碑帖拓本9件、武器23件、邮品66件、文件与宣传品599件、档案文书56件、名人遗物250件、玻璃器1件、乐器法器37件、皮革2件、音像制品1178件、票据565件、交通运输工具6件、度量衡器2件、标本化石12件、其他2122件。

海南省农垦博物馆是海南省文物系统外的大型国有企业博物馆，记录了新中国成立后半个多世纪以来，见证海南农垦人艰苦奋斗、勇于开拓的历史的文物。省文物普查认定工作组认为海南农垦是海南省蓬勃发展的重要见证，农垦博物馆的藏品具有重要的历史、科学、文化价值。经过整理和筛选，认定了4564件藏品为文物，列入海南省文物信息采集工作范围。

（2）文物定级工作

2015年1～7月，海南省先后完成了全省书画文物、行业文物、民族文物和历史文物的鉴定定级工作。

根据定级文物类型，从海南省第一次全国可移动文物普查专家库中抽调专家，分别组成了省书画文物、行业文物、民族文物和历史文物鉴定专家组。为了确保本次文物定级工作科学、客观，海南省特邀国家文物鉴定委员会书画鉴定委员会、南京博物馆等单位专家加入书画鉴定专家组和文物鉴定专家组。

鉴定专家组先后赴海南省25家文物收藏单位开展鉴定定级，新确定一级文物94件/套、二级文物290件/套、三级文物349件/套、一般文物6件/套（从珍贵文物级别下调至一般文物）。同海南省之前的文物定级成果结合后，海南省一级文物133件/套、二级文物460件/套、三级2190件/套。

3. 国有可移动文物信息采集登录阶段

2014年9月28日，省普查办下发《关于全面实施全省第一次全国可移动文物普查文物信息采集和登录的通知》，要求省级大型文物收藏单位、各级普查机构全面启动文物信息采集和登录工作，按照《普查藏品操作登录手册》的要求开展标准化登录，争取在2015年6月底前完成全省文物信息采集和登录。

由于海南省各市县文物收藏单位人员不足，独立完成文物信息采集和登录工作存在困难，故海南省建议可采取购买服务的方式，同有能力开展文物信息采集和登录工作资质的公司合作开展工作。此种工作方式在保证工作质量的同时，有效地加快了文物信息采集和录入工作的效率。2016 年 6 月底，海南省文物信息采集和登录工作顺利完成。

为了推动海南省大型文物收藏单位的信息采集工作，2014 年省可移动文物普查办公室从本级普查经费中支出 26 万元用于援助省博物馆、省农垦博物馆、海南大学、五指山市文化馆、屯昌县文化馆、乐东县文体局、临高县博物馆的文物信息采集费用。

4. 国有可移动文物信息审核阶段

2015 年 8 月 18 日，海南省普查办下发《关于开展海南省第一次全国可移动文物普查文物信息审核工作的通知》，要求海南省各级普查机构借助文物信息采集离线软件将区域内所有文物收藏单位采集登录的文物信息彩色打印成册，文物照片的电子版打包，于 2015 年 8 月 26 日前上报至省普查办，以便于开展文物信息线下审核工作。

2015 年 9 月，海南省开展文物信息审核工作。邀请来自海南省博物馆、海南省民族博物馆、国家文物进出境审核海南管理处、海南省图书馆、海南师范大学共计 12 位专家组成专家组。根据《第一次全国可移动文物普查数据质量评定标准》《普查藏品登录手册》等规范要求，对海南省第一次全国可移动文物普查文物信息审核指标项列表、纸质文物信息材料册、文物照片等开展审核。审核完成后，专家分别在各自审核的在纸质文物信息资料册上签字并提交至省普查办，省普查办数据审核负责人完成终审工作。

2015 年 12 月底，海南省完成 51 家文物收藏单位的 108856 件数据终审工作。

（三）宣传动员

1. 宣传方案和方式

海南省根据国家文物局《关于发布〈第一次全国可移动文物普查宣传工作计划〉和〈实施方案〉的通知》的精神和有关要求，制订《海南省第一次全国可移动文物普查宣传工作方案》。

海南省普查的宣传工作分为 3 个阶段开展：一是启动和扩大影响阶段、二是全面推进阶段、三是成果转化和发布阶段。各阶段的普查宣传工作都遵照统一组织、突出重点、形式多样、注重实效的原则开展。海南省主要通过印发普查宣传折页，张贴条幅、海报，借助报纸、电视和互联网等多种宣传途径，全方位加大普查宣传力度，做好可移动文物普查工作的各阶段基础宣传。将普查取得的成果及时在宣传工作中体现出来，并对普查工作中涌现的先进集体和先进个人予以鼓励，不遗余力的推动普查宣传工作。

2. 宣传成果

2014 年 1 月 16 日，海南省普查办下发《关于报送可移动文物普查工作简报的通知》，要求各市县普查机构定期汇总普查工作进展，报送普查工作简报。海南省省级工作简报 27 期、地市级工作简报 6 期、区县级工作简报 32 期。

全省各级普查机构通过多种媒介开展了广泛的宣传工作，包括电视 54 次，互联网 151 次、报刊 56 次、海报 8373 份、册页 33436 份、横幅 280 条、文化衫 350 件、"中国文化遗产日"活动 2 次。

省级普查办主要宣传工作成果包括宣传折页 1 期、宣传海报 5 种、深度报道 26 篇、宣传纪录片 1 期。

（四）质量控制

海南省十分重视本次可移动文物普查的质量控制工作，对于普查各项工作质量的要求贯穿了整个普查工作始终。定期召开文物普查工作进展会议，组织文物普查阶段工作培训，开展工作督察，并在文物认定、信息采集、文物定级工作中着重注意文物安全和数据安全的把控。

1. 普查培训

海南省组织人员培训 80 期 4790 人次。包括省级普查培训 4 期 320 人次，地市级普查培训 13 期 311 人次，区县级普查培训 63 期 4159 人次。2013 年组织培训 19 次人数 2852 人次，2014 年组织培训 28 次人数 1297 人次，2015 年组织培训 23 次人数 404 人次，2016 年组织培训 10 次人数 237 人次。培训重点内容包括可移动文物普查工作准备、摸底调查的实施、信息采集工作指标、文物拍照细则和平台登录操作说明、文物的鉴定与鉴赏等。

2. 普查会议

海南省先后召开 5 次省级工作会议：全省第一次全国可移动文物普查动员大会、2014 年海南省第一次全国可移动文物普查阶段工作会议、2015 年海南省第一次全国可移动文物普查工作座谈会、2015 年海南省第一次全国可移动文物普查阶段工作会议、2015 年海南省第一次全国可移动文物普查阶段性总结与成果转化工作会议。会议主要对海南省文物普查工作进行阶段总结，对下一阶段工作进行部署。五次会议中分别对普查全面启动、海南省摸底调查"回头看"、文物认定与定级、文物信息采集、信息审核、文物普查成果转化等工作提出了具体要求。会议效果显著，对海南省文物普查的质量控制起到了良好的作用。

3. 督察工作

根据国家文物局要求、海南省共开展过3次督察工作。

2013年11月，海南省开展第一次全国可移动文物普查工作督察，对海南省各级普查机构普查组织实施情况、国有单位调查情况开展督察。督察效果显著，于2013年12月31日前初步完成了全省国有单位摸底调查工作。

2014年6月13日，根据财政部办公厅、国家文物局办公室《关于开展第一次全国可移动文物普查经费保障专项督察工作的通知》，海南省财政厅、文体厅联合下发通知，开展普查经费保障专项督察工作，要求各级财政、文物行政部门对本区域内普查经费保障和管理工作开展全面自查。本次督察工作效果显著、少数2013年、2014年未落实普查经费的普查机构得到了经费的补充、并且确保了2015年、2016年各级普查机构普查经费落实。

2014年10月9日，根据国家文物局《关于开展2014年重点工作专项督察的通知》的精神，海南省开展第一次全国可移动文物普查质量控制自查工作，对海南省的普查组织、国有单位收藏情况调查和文物认定、信息登录审核、普查安全、普查总结与数据管理进行了全面自查。自查工作结束后，海南省积极筹措，切实加快了文物信息审核工作效率，并于2015年底全面完成了海南省108856件文物数据的终审。

4. 验收工作

根据国家文物局关于《做好第一次全国可移动文物普查验收工作的通知》，海南省下发《关于开展海南省第一次全国可移动文物普查验收工作的通知》，要求各级普查机构开展了普查验收工作，如实编写《第一次全国可移动文物普查验收表》和《第一次全国可移动文物普查验收报告》。经省级普查机构验收，海南省各级普查机构验收结论均为合格。

（四）普查工作总结情况

1. 档案整理工作

海南省根据《第一次全国可移动文物普查工作手册》的要求，结合海南省具体情况，编制了海南省普查档案整理工作方案，于11月中旬开展海南省可移动文物档案整理工作。

2. 普查表彰

海南省要求各级普查机构报送文物普查先进集体和个人推荐材料，制订表彰工作的具体方案。

三、海南省普查工作成果

海南省本次全国可移动文物普查基本达到了预期工作目标。

（一）掌握本行政区域可移动文物资源情况及价值

1. 摸清数量及分布

本次海南省第一次全国可移动文物普查确定文物收藏单位 51 家，采集登录 108856 件文物数据，全面摸清了海南省可移动文物家底。

其中文物系统内 26 家文物收藏单位共计收藏可移动文物 97330 件，占全省国有可移动文物总量的 89.41%。从文物藏量上看，海南省文物系统内排名前 5 的收藏单位依次为海南省民族博物馆（31083 件）、海南省博物馆（29431 件）、海口市博物馆（9028件）、定安县博物馆（7945 件）、保亭黎族苗族自治县民族博物馆（4392 件）；以上 5家博物馆可移动文物藏量共计 81879 件，占海南省文物系统内可移动文物总量的 84.13%

文物系统外新确定 25 家文物收藏单位共计收藏文物 11526 件，占全省国有可移动文物总量的 10.59%。从文物藏量上看，海南省文物系统外排名前 3 的单位依次为海南省农垦博物馆（4564 件）、文昌市图书馆（4053 件）、儋州市第一中学（1826件），以上 3 家单位文物藏量共计 10443 件，占海南省文物系统外可移动文物总量的 90.6%。

2. 掌握保存状况

（1）文物系统内单位保管情况

海南省文物系统内的 26 家文物收藏单位的文物保管情况参差不齐，县区级文物收藏单位同省级、地市级文物收藏单位相比，普遍存在一定差距。海南省省级大型博物馆文物仓库面积大，保管人员充足，具有专业的恒温恒湿和监控设备，文物保管条件优越。其他市县级博物馆文物仓库面积同文物藏量大致匹配，具有必要监控设备，普遍缺乏专业恒温恒湿设备，文物保管条件较好。另外市县级文物保护单位的文物普遍摆放于展厅，具有必要监控设备，文物保管条件尚可。

（2）文物系统外单位保管情况

海南省文物系统外 25 家文物收藏单位中，尤以海南农垦博物馆保管条件最为优越，其他各单位在普查工作之前虽并未按照文物保管标准进行保管，但藏品保管于各单位的资料室内，保管柜并无虫蛀、腐蚀现象，保管条件较好。

海南省农垦博物馆是海南省文物系统外大型文物收藏单位，本次文物普查信息采集工作结束后，新添置了恒温恒湿柜等专业保管设备，进一步提升了本馆的保管条件。

3. 掌握使用管理情况

海南省 51 家文物收藏单位中，国有博物馆、纪念馆、文化馆对公众开放，收藏的文物主要用于支撑基础展览、展示、外出展览等工作需要，省级大型博物馆兼有开展文物的研究和修复等工作。党史办、档案局、海南矿业股份有限公司收藏的文物作为资料档案留存于档案室。图书馆、儋州市第一中学收藏的古籍图书皆由保管人员妥善保管。粤海铁路有限公司、海南大学、兴隆华侨旅游经济区工会委员会、三亚市育才生态区管委会藏品陈列于内部的纪念馆、校史馆、展览馆等场所，用于本系统人员进行参观学习。

本次文物普查工作对海南省可移动文物资源数量、分布及管理情况有了总体把握，对于海南省开展文物研究、进一步扩大文物保护范围提供了翔实依据。

（二）健全文物保护体系

1. 完善文物档案

海南省 108856 件文物信息均按照本次普查的标准进行采集和登录，所有文物收藏单位都对藏品账目进行了完善和新建。文博系统内 22 家单位对藏品账目进行了完善；5 家单位对藏品数量进行了新建，新建藏品档案数量 535 件/套。文博系统外单位全部对藏品账目进行了新建，新建藏品档案数量 9287 件/套。海南省全部 51 家文物收藏单位全部完成了藏品账目及档案信息化，包括文博系统内 26 家，文博系统外 25 家。

借助本次可移动文物普查工作的时机，海南省大型文物收藏单位建立专门的工作机构和普查机制，按照本次普查登录标准开展了一次彻底的清库建档和账目核对工作，文物藏品账目分类科学、数量清晰。为海南省文物今后的保护与管理等工作打下了扎实的基础。

2. 完善制度和规范

根据本次可移动文物普查实施阶段有关要求，海南省全面完善了可移动文物调查、认定、登记和管理及利用制度。海南省文博系统内中 19 家单位，系统外的 1 家单位均已建立起了藏品管理机制。

3. 明确保护需求

海南省大型文物收藏文物保存环境较为优越、保管人员充足，文物研究工作和文物保护技术方面需要进一步提高。部分市县由于并无博物馆，或者博物馆同其他单位合址办公，文物保管条件存在局限，在经费允许的情况下，需要建设新馆，招聘专业保管人员，提升文物保护管理综合能力。

海南省珍贵文物藏量为 3257 件，其中完残程度为基本完整的共计 985 件，占据珍贵文物总量的 30.24%。从文物级别上看，一级文物 59 件、二级文物 133 件、三级文物 793 件。为防止因保存环境不合适，造成以上珍贵文物发生进一步损坏，海南省需要购置相匹配的专业保管设备，开展文物制作工艺方面的研究工作，为开展预防性文物保护工作提供依据。

海南省珍贵文物藏量为 3257 件，其中完残程度为残缺、严重残缺的共计 1081 件，占据珍贵文物总量的 33.19%。从文物级别上看，一级文物 38 件、二级文物 135 件、三级文物 908 件。为了对以上珍贵文物，开展科学的修复工作，海南省需要尽快引进、培养专业文物修复人员，并在迫切需要的情况下请国内具有文物保护资质的机构代为修复。

海南省唯一的中央属文物收藏单位为粤海铁路有限责任公司，由于其收藏的火车、机车等大型珍贵文物展于室外，需要针对这一状况开展有关文物保护工作。海南省省级大型文物收藏单位迫切需要引进、培养文物保护方面的人才、开展文物的预防性、修复性的保护工作。海南省市县级文物收藏单位需要扩大文物仓库面积、购置专业保管设备、引进、培养专业的文物保管人员。

海南省需加大有关纪念馆、图书馆、档案馆和各行业文物收藏单位的保管人员培训工作。

今后的保护工作的重点将围绕海南省大型文物收藏单位获得文物保护修复资质、开展文物保护修复工作、市县博物馆馆舍的改造、扩建或新建，保护管理设备的添置、系统外文物收藏单位保管机制的确立和保管人员培训展开。

4. 扩大保护范围

海南省本次普查新备案的收藏单位共计 32 家。文博系统外 25 家收藏单位中，文博系统外文物收藏单位中海南农垦博物院实现了藏品规范化管理。

下一步将加大对文博系统外文物收藏单位的扶持力度，加强文物资源的保护和利用范围。

（三）有效发挥文物在海南省经济社会发展中的重要作用

海南省计划于 2017 年第二季度举办"海南省第一次全国可移动文物普查工作汇报展"，已完成展陈任务设计书的编制。另外，海南省利用本次普查成果举办区县级展览 7 次，包括文物陈列展 4 次，图片、多媒体展览 3 次，共展出藏品 1037 件/套，参观人数 9 万余人次。

海南省整合本次可移动文物普查、第三次全国文物普查、文物进出管理工作的数据建立海南省文化遗产信息管理系统，对全省文物数据进行综合管理，为海南省文博工作决策提供依据。目前，系统已完成一期验收工作，已实现全省文物数据进行导入、查阅和动态管理。

海南省计划遴选海南省文物普查数据，编制出版《历史菁华》和《民族精粹》。目前，已完成书稿的编制，预计于展览同时印制出版。

重庆市
第一次全国可移动文物普查工作报告

　　重庆是中西部唯一直辖市，长江上游地区经济中心，全国统筹城乡综合配套改革试验区，是我国人口最多、面积最大的直辖市，具有中等省份的规模。1986 年，重庆被国家公布为第二批历史文化名城，文物资源丰富。随着重庆市文博事业的稳步发展，在全市范围内正逐步形成历史、抗战、革命、工业、自然五大博物馆群，而序列完整、数量众多、类型丰富的可移动文物资源更为博物馆发挥作用提供了有利条件。

　　2012 年 10 月，国务院启动了第一次全国可移动文物普查工作，这是继第三次全国不可移动文物普查之后，在文化遗产领域开展的又一次重大国情国力资源调查，是一项旨在全面掌握我国文物资源、加强文物保护、建设文化遗产强国的国家工程。本次普查自 2012 年 10 月启动至 2016 年底结束，分为工作准备、普查实施和验收汇总三个阶段。历时 4 年多，持续周期长，涉及多个行业和领域，全市各级人民政府认真贯彻国务院和国家文物局的通知精神，精心组织，积极动员，扎实推进工作，如期实现普查目标。据统计，整个普查期间，全市共投入人员 6671 人，举办各类培训班 432 次，落实普查经费 2896.79 万元（其中市级落实 1084.8 万元，区县级落实 1811.99 万元），共发放调查表 29080 份，回收 29080 份，排查出全市 39 个区县共有 26104 家国有单位，实现了全市国有单位摸底调查 100% 全覆盖。此次普查涵盖了国民经济 20 个行业中的 10 个行业，新认定文物 37660 件/套（其中文物系统国有收藏单位 28893 件/套，文物系统外国有收藏单位 8767 件/套）。截至 2016 年 10 月 31 日，全市 165 个国有收藏单位共采集登录文物 1482489 件，其中珍贵文物 42172 件，共收录文物图片 91.5479 万张，数据容量 2584G。

　　现存重庆市国有文物收藏单位的可移动文物在 35 个文物类别中都有分布，主要具有以下四个特点：一是分布相对集中。全市约 85% 的文物集中收藏在主城区和三峡库区，5 家省级重点收藏单位的藏品占一半以上。二是文物特色鲜明。三峡出土文物体现了本地区考古学文化发展脉络，揭示了三峡地区悠久灿烂的历史文化在我国古代文化中的重要地位和作用。抗战文物是重庆最富价值、最具代表性的资源之一，是重庆作为历史文化名城的重要载体。革命文物基本涵盖了新民主主义革命各个历史阶段，充分展现了重庆革命文物资源的丰富性与独特性。三是文物类型较为丰富。35 个类别均有分布，不同材质的文物不缺项，文物均匀性好。四是文化序列较完整。从距今约 200 万年至现代，基本没有大的缺环，重要历史时期、有代表意义的重要文化、反映不同层面社会生产生活的各类文物齐备，文化内涵极为丰富。

通过第一次全国可移动文物普查，重庆市全面摸清可移动文物家底，掌握了可移动文物资源状况，建立起了完备的登录备案机制，实现了可移动文物的标准化、动态化、规范化管理，为更好地发挥文物的价值作用和提升社会服务管理水平奠定了良好的基础。

一、重庆市普查数据

截至 2016 年 10 月 31 日，重庆市在全国可移动文物信息平台登录可移动文物 470234 件/套，实际数量为 1482489 件。其中，珍贵文物 29378 件/套，实际数量为 42172 件。登录可移动文物信息的收藏单位 165 家。

（一）重庆市可移动文物基本情况

1. 类别

表 1　可移动文物类别

可移动文物类别	可移动文物实际数量（件）	实际数量占比（％）
合计	1482489	100.00
玉石器、宝石	9633	0.65
陶器	72381	4.88
瓷器	42892	2.89
铜器	15397	1.04
金银器	2166	0.15
铁器、其他金属器	4120	0.28
漆器	825	0.06
雕塑、造像	15257	1.03
石器、石刻、砖瓦	22925	1.55

可移动文物类别	可移动文物实际数量（件）	实际数量占比（%）
书法、绘画	35357	2.38
文具	2967	0.20
甲骨	274	0.02
玺印符牌	8077	0.54
钱币	330993	22.33
牙骨角器	4388	0.30
竹木雕	5814	0.39
家具	1987	0.13
珐琅器	464	0.03
织绣	7050	0.48
古籍图书	657639	44.36
碑帖拓本	33392	2.25
武器	5825	0.39
邮品	367	0.02
文件、宣传品	22747	1.53
档案文书	14391	0.97
名人遗物	5730	0.39
玻璃器	15483	1.04
乐器、法器	1378	0.09
皮革	2019	0.14
音像制品	29950	2.02
票据	4531	0.31
交通、运输工具	429	0.03
度量衡器	313	0.02
标本、化石	96494	6.51
其他	8834	0.60

2．年代

（1）可移动文物年代类型

表2　可移动文物年代类型

可移动文物年代类型	可移动文物实际数量（件）	实际数量占比（%）
合计	1482489	100
地质年代	92916	6.27
考古学年代	13077	0.88
中国历史学年代	1349682	91.04
公历纪年	5334	0.36
其他	8883	0.60
年代不详	12597	0.85

（2）可移动文物中国历史学年代分布

表3　可移动文物中国历史学年代分布

可移动文物中国历史学年代	可移动文物实际数量（件）	实际数量占比（%）
合计	1349682	100.00
夏	20	0.00
商	2464	0.18
周	15172	1.12
秦	3012	0.22
汉	203344	15.07
三国	4893	0.36
西晋	721	0.05
东晋十六国	5693	0.42
南北朝	16542	1.23
隋	80	0.01
唐	21306	1.58
五代十国	716	0.05
宋	50952	3.78
辽	92	0.01
西夏	163	0.01

可移动文物中国历史学年代	可移动文物实际数量（件）	实际数量占比（%）
金	449	0.03
元	2753	0.20
明	80949	6.00
清	710339	52.63
中华民国	162971	12.07
中华人民共和国	67051	4.97

3. 级别

表 4　可移动文物级别

可移动文物级别	可移动文物实际数量（件）	实际数量占比（%）
合计	1482489	100.00
一级	2375	0.16
二级	5784	0.39
三级	34013	2.29
一般	266762	17.99
未定级	1173555	79.16

4. 来源

表 5　可移动文物来源

可移动文物来源	可移动文物实际数量（件）	实际数量占比（%）
合计	1482489	100.00
征集购买	116542	7.86
接受捐赠	44474	3.00
依法交换	245	0.02
拨交	7337	0.49
移交	41477	2.80
旧藏	813175	54.85
发掘	343471	23.17
采集	105023	7.08
拣选	369	0.02
其他	10376	0.70

5. 入藏时间

表 6   可移动文物入藏时间范围

可移动文物入藏时间范围	可移动文物实际数量（件）	实际数量占比（%）
合计	1482489	100.00
1949 年 10 月 1 日前	466316	31.45
1949 年 10 月 1 日—1965 年	326566	22.03
1966 年—1976 年	8559	0.58
1977 年—2000 年	334788	22.58
2001 至今	346260	23.36

6. 完残程度

表 7   可移动文物完残程度

可移动文物完残程度	可移动文物实际数量（件）	实际数量占比（%）
合计	1387245	100.00
完整	135543	9.77
基本完整	958189	69.07
残缺	266514	19.21
严重残缺（含缺失部件）	26999	1.95

注：根据国家文物局《关于做好馆藏自然类藏品登录工作有关要求的通知》的要求，登录的自然类藏品 95244 件（组），不填写"完残程度"指标项。

（二）重庆市可移动文物分布情况

1. 按收藏单位隶属关系统计可移动文物数量

表 8   可移动文物数量分布（按收藏单位隶属关系）

收藏单位隶属关系	可移动文物实际数量（件）	实际数量占比（%）
合计	1482489	100.00
中央属	87352	5.89
省属	786162	53.03
地市属	0	0.00
县区属	608560	41.05
乡镇街道属	346	0.02
其他	69	0.00

2. 按收藏单位性质统计可移动文物数量

表 9 可移动文物数量分布（按收藏单位性质）

收藏单位性质	可移动文物实际数量（件）	实际数量占比（%）
合计	1482489	100.00
国家机关	37	0.00
事业单位	1477144	99.64
国有企业	2036	0.14
其他	3272	0.22

3. 按收藏单位类型统计可移动文物数量

表 10 可移动文物数量分布（按收藏单位类型）

收藏单位类型	可移动文物实际数量（件）	实际数量占比（%）
合计	1482489	100.00
博物馆、纪念馆	824927	55.64
图书馆	500380	33.75
美术馆	0	0.00
档案馆	459	0.03
其他	156723	10.57

4. 按收藏单位所属行业统计可移动文物数量

表 11 可移动文物数量分布（按收藏单位所属行业）

行业	可移动文物实际数量（件）	实际数量占比（%）
合计	1482489	100.00
农、林、牧、渔业	87	0.01
采矿业	0	0.00
制造业	1300	0.09
电力、热力、燃气及水生产和供应业	49	0.00
建筑业	34	0.00
批发和零售业	0	0.00
交通运输、仓储和邮政业	0	0.00
住宿和餐饮业	0	0.00
信息传输、软件和信息技术服务业	0	0.00

续表

行业	可移动文物实际数量（件）	实际数量占比（%）
金融业	0	0.00
房地产业	602	0.04
租赁和商务服务业	0	0.00
科学研究和技术服务业	656	0.04
水利、环境和公共设施管理业	0	0.00
居民服务、修理和其他服务业	0	0.00
教育	144277	9.73
卫生和社会工作	408	0.03
文化、体育和娱乐业	1329237	89.66
公共管理、社会保障和社会组织	5839	0.39
国际组织	0	0.00

二、重庆市普查工作组织实施

（一）加强组织，健全机构

1. 设立普查领导小组，成立普查机构

根据《国务院关于开展第一次全国可移动文物普查的通知》精神，为切实加强普查工作的组织领导，2013年4月8日，重庆市成立了"第一次全国可移动文物普查领导小组"，负责普查工作的组织和领导。普查领导小组组长由市政府分管领导担任，副组长由市政府副秘书长、市文化广播电视局局长、市文物局局长担任。普查领导小组单位成员由市发展改革委、市教委、市民政局、市财政局、市经信委、市国土资源和房屋管理局等20个相关部门和单位的负责人组成。市普查领导小组办公室设在市文物局，主任由市文物局局长担任。办公室下设综合协调组、技术服务组、专家审核组、市级普查组、宣传报道组等。普查办公室主要负责制订和组织实施普查各阶段的工作计划，编制普查经费预算，组织普查工作培训、开展普查的宣传报道、组织业务人员进行相关资料、信息的报送、登录，组织普查档案的建档备案，编制《重庆市第一次全国可移动文物普查工作报告》。在重庆市第一次全国可移动文物普查领导小组的统一指导、协调下，各成员单位各司其职，通力协作，共同做好文物普查各项工作。

2013年4月18日，国务院第一次全国可移动文物普查电视电话会后，重庆市立即召开全市可移动文物普查工作电视电话会议，市普查工作领导小组组长强调，各区县

政府要高度重视普查工作，要找准重点难点，厘清轻重缓急，严格按照国家文物局制定的时间表、路线图，确保普查工作有序开展。会后，全市 39 个区县（含万盛经济技术开发区，下同）认真学习贯彻国务院有关文件精神，积极开展工作，按照市普查办的组织模式，相继成立了普查工作领导机构，搭建了普查平台。重庆中国三峡博物馆、重庆红岩革命历史博物馆、重庆自然博物馆、重庆市文化遗产研究院、重庆图书馆等市级重点收藏单位也分别组建了普查工作领导小组，为普查工作顺利开展做好了组织保障。

2. 制定普查实施方案和工作制度

为贯彻落实《国务院关于开展第一次全国可移动文物普查的通知》和《重庆市人民政府关于开展第一次全国可移动文物普查的通知》精神，科学、规范、有序完成普查工作，市普查办在广泛征求普查领导小组成员单位、市属文博单位、区县文物部门及有关专家意见的基础上，借鉴吸收第三次全国不可移动文物普查和馆藏珍贵文物数据库建设经验，依据《第一次全国可移动文物普查实施方案》，结合重庆市情，拟定了《重庆市第一次全国可移动文物普查实施方案》，并于 2013 年 5 月 2 日下发执行，方案明确了普查工作的组织管理、时间步骤、技术路线、经费保障等内容。以此为指导，各区县以及市级重点收藏单位也制定了符合自身实际情况的普查工作执行方案，全市由此形成了完善的方案体系。

文物普查是一项复杂的社会系统工程，需要各有关部门的通力协作与配合，需要各级普查机构的精心组织和实施。重庆市将与普查工作相关的行政部门，以及可能与可移动文物普查有关的各行业行政部门，均纳入普查领导小组成员单位，确保普查对象不遗漏，普查工作有保障。2013 年普查工作全面展开后，市普查办多次与国资委、统计局、档案局、图书馆、教育部门、财政局等 19 个重点行业系统沟通联系，建立了联系机制，通过联合印发通知，共同部署安排，使各系统各行业普查工作顺利推进。如与重庆市档案局联合行文，要求各区县档案局（馆）要高度重视档案系统可移动文物普查工作，按照国家文物局、国家档案局的要求，加强组织领导，落实工作责任，加快档案系统非纸质实物档案的认定登录；与中国银行业监督管理委员会重庆监管局联合行文，督促银行系统与各级普查办密切配合，积极自查申报；以重庆市文化委员会名义印发通知，要求全市图书馆、美术馆等各级文化单位自觉配合，积极参与普查；加强与市教委以及重庆师范大学、西南大学、西南政法大学、重庆大学、四川美术学院等高校的联系协调，确保了高校普查工作顺利实施；与重庆市财政局联合印发通知，督促各级严格落实财政部和国家文物局要求，保障普查经费落实。为加强市、区县两级普查办工作联系，利用 QQ 平台搭建了普查工作群和普查审核群，及时传达文件精神、部署工作和通报进展情况。

3. 落实普查工作经费

根据《财政部国家文物局关于加强第一次全国可移动文物普查经费保障与管理的通知》精神，重庆市普查办和各区县普查办分别编制了普查经费预算，并纳入同级财政预算，确保普查经费保障到位。按照财政部和国家文物局要求，会同市财政局联合开展普查经费落实情况的督查工作。截至 2016 年 10 月 31 日，重庆市可移动文物普查共到位经费 2896.79 万元，其中市级普查工作经费 614.8 万元，市直属重点文物收藏单位普查专项经费 470 万元，区县普查经费共 1811.99 万元。详见下表。

表 12　重庆市 2013－2016 年可移动文物普查经费落实情况表

单位：万元

	合计	2013 年	2014 年	2015 年	2016 年
全市总计	2896.79	697.4	840.16	737.78	621.45
市级	614.8	194.9	155.75	155.75	108.4
市属单位	470	——	200	100	170
区县级	1811.99	502.5	484.41	482.03	343.05

经费使用上，各级普查办严格按照国家财务制度规定，加强经费管理，专款专用，厉行节约，反对浪费，确保资金使用的规范、安全、有效；同时，加强普查设备的登记、使用与管理，防止国有资产流失。

4. 组建普查队伍

队伍建设是普查工作的基础保障。重庆市在普查队伍的组建上充分考虑了科学性、合理性、专业性以及公共性等特点。2013 年普查工作启动以来，全市先后有 6671 人参与普查工作。从人员构成来看，各级普查办 359 人，国有文物收藏单位 1308 人，招募培训志愿者 4786 名。全市普查员实行统一登记，持证上岗，分级管理。此外，全市有 218 名专家参与文物认定、鉴定和数据审核、验收等工作。广泛的参与人群和高素质的专业力量构成，为普查工作的顺利开展奠定了坚实的基础。

表 13　重庆市可移动文物普查队伍统计表

单位：人

	各级普查办	收藏单位	普查专家	普查志愿者	合计
合计	359	1308	218	4786	6671
市级	10	153	65	137	365
区县级合计	349	1155	153	4649	6306

各级普查办积极宣传，充分调动社会资源参与可移动文物普查。普查期间，西南大学、重庆师范大学、重庆工商大学等高校文博、历史、考古和摄影等专业的在读优秀学生争当普查志愿者。青年学生学习态度认真、求知欲望强烈，经过培训后，很快适应普查基础性工作，成为重庆市普查工作中的重要有生力量。学生志愿者的加入一方面缓解了普查人员不足的现实问题，保证了普查工作的进度；另一方面通过参与普查工作，他们把理论与实践相结合，巩固了专业知识和专业技能，开拓了文物视野，增强了实践能力，丰富了人生阅历，是一次非常有意义的实践经历。这次普查为以后与这些高校开展全面合作，实现双方互利共赢、长远发展打下了良好的基础。

（二）划分阶段，有序实施

1. 国有可移动文物收藏单位调查阶段

重庆市摸底调查工作历时半年，共调查全市 39 个区县 26104 家国有单位，涵盖了文物系统（文管所、博物馆、纪念馆、陈列馆）、文化系统（图书馆、美术馆）、档案系统、民政系统、教育系统、企业系统等领域，实现了全市国有单位摸底调查全覆盖。

《国有单位文物收藏情况调查登记表》的发放与回收是普查前期的基本工作，也是重点工作，重庆市普查办专门制定了《重庆市〈国有文物收藏情况调查登记表〉发放、回收工作制度》，并对普查员进行了培训，要求"发得出去，收得回来"，确保两个100% 开展工作。全市共发放调查表 29080 份，回收 29080 份，做到了全覆盖、全回收。在摸底调查中，各级普查机构克服了国有单位数量多、性质及隶属关系复杂、基础数据与实际情况不符、部分单位不配合等困难，通过召开工作会、与相关部门建立协调机制、实地走访等方式，最终圆满完成此项任务。

根据调查结果显示，反馈可能收藏有文物的单位共 238 家，其中 35 家经认定没有文物，故未在平台注册单位信息，其余 203 家全部完成注册，注册率达到 100%。经过最终认定，确认收藏有文物资料的单位有 165 家，其余 38 家国有单位登录数量为 0，具体原因是：巴南区天心寺和潼南区 7 家文物点的文物已经移交给当地文物管理所，重庆美术馆、北碚美术馆、重庆市綦江农民版画院等 31 家不属于此次文物普查范围。

2. 国有可移动文物认定工作阶段

重庆市严格按照《文物认定管理暂行办法》，制定印发了《重庆市可移动文物普查文物认定规范》，规范了文物认定程序和工作细则。同时，将文物普查与文物清库建档、定级相结合，推进藏品管理工作。为确保文物认定工作的科学性、权威性，印发了《关于建立重庆市第一次可移动文物普查文物认定审核专家库的通知》，市普查办组建了由 36 名专家组成的文物认定专家库。各区县普查办也分别组建文物认定专家库。

2014 至 2015 年，市、区县两级文物行政部门共组织专家 700 余人次，先后到 80 个文物系统外国有收藏单位和 24 个文物系统国有收藏单位开展认定工作，新认定文物 38960 件/套，其中文物系统国有收藏单位 28777 件/套，文物系统外国有收藏单位 10183 件/套。

普查期间，一大批新发现、新认定的文物成为亮点。重庆中国三峡博物馆 600 多张沉睡了 50 多年的宣传画从库房中被"唤醒"，经专家认定为文物。这批宣传画主要记录了新中国成立初期农村、城市生活的风貌与社会变迁。重庆钢铁（集团）有限责任公司档案馆新发现的一批古籍图书也是普查的亮点发现之一，其中《张文襄公函稿》（民国九年刊本）、《江夏县志》（清同治八年刊本）等珍贵古籍对于研究中国近代史上的洋务运动特别是汉阳铁厂的历史有重要价值。重庆图书馆在普查期间对馆藏的近 2500 件碑帖进行了整理、发掘。其中最具价值的是拓于清代的白鹤梁碑帖。这批白鹤梁碑帖长约 160 厘米，宽约 95 厘米，由于当时江水污染较少，且水流对石碑的侵蚀程度小，所以拓片字体清晰，质量较高，对今后白鹤梁石刻的研究具有较高的价值。

3. 国有可移动文物信息采集登录阶段

2013 年 8 月，重庆市举办了可移动文物信息采集技术培训班，开始进行文物信息采集登录的有益尝试，2014 年初，重庆市文物信息采集工作全面展开，2014 年 7 月下旬，举办了可移动文物信息登录平台骨干培训班，140 余名普查骨干参与了培训，文物信息登录工作正式启动。2015 年初，全市文物工作会议专门对 2015 年年度普查工作作出部署，明确了全年普查工作任务、计划和要求。为加快普查工作进度，确保完成年度目标任务，同时保证数据质量，市普查办与各区县普查办和市属收藏单位签订了普查工作《目标责任书》，明确了全年的目标任务，普查工作得以快速推进。2015 年 10 月，市普查办根据全市普查工作整体推进情况，组织 4 支普查工作队，支持帮助进度较为滞后的黔江区、忠县以及市图书馆、市档案馆开展文物信息采集和登录工作。2016 年 6 月 30 日，全市 165 个国有收藏单位采集登录 1482489 件；导入馆藏珍贵文物数据 15922 件/套；依托国家普查办导入古籍数据 44016 册/套；全国美术馆藏品普查导入数据 3244 件/套，全市采集登录进度达到 100%。

4. 国有可移动文物信息审核阶段

数据审核是可移动文物普查收官工作的关键环节。重庆市严格按照《第一次全国可移动文物普查数据审核工作管理办法》的要求，以属地管理、分级负责的原则开展数据审核工作。

一是精心组织，有序推进。市普查办统筹各方面资源，做好人财物保障，协调解决审核中出现的问题，全力保证普查审核工作的顺利进行。2016年初，在各区县普查办完成县域普查数据审核的基础上，重庆市按照《第一次全国可移动文物普查数据审核工作管理办法》，制订了《重庆市可移动文物普查数据市级审核实施方案》，明确审核时间表和任务图；组建市级审核队伍，在全市各文博单位抽调54名业务骨干和36名专家库成员共90名组成审核队伍，并与每位审核人员签订了《重庆市第一次全国可移动文物普查数据市级审核责任书》，确保审核数据安全；组织审核培训，为保证市级审核质量，提高审核效率，市普查办2016年先后组织了5次市级审核培训会，邀请国家普查办和北京自然博物馆专家来渝对市级审核人员进行培训，进一步统一审核标准和流程；建立普查审核工作QQ群，针对审核中发现有争议的问题，通过讨论交流、专家咨询等方式及时予以解决。

二是创新机制，提速增效。市普查办依托重庆中国三峡博物馆，统筹全市普查力量，对所有上报市普查办的数据进行逐条审核，54名审核员共审核数据466990件/套（不包含美术系统3244件/套）。在逐条审核的基础上，先后组织19次专家抽审会对已审核数据进行抽审，在抽审中做到全市所有收藏单位和所有文物类别"两个全覆盖"，确保抽审覆盖率达100%，差错率控制在0.5%以内。

三是群策群力，如期完成。普查审核时间紧、任务重，承担市级审核主要任务的重庆中国三峡博物馆和重庆自然博物馆在进行采集登录的同时，派出业务人员参与市级审核工作。全体审核人员和专家克服重重困难，经常加班加点，挑灯夜战，奋战在普查审核第一线，2016年8月17日，经过多方努力，重庆市第一次可移动文物普查数据市级终审任务全面完成。

（三）宣传动员，营造氛围

普查宣传是确保普查各项工作顺利开展的有力保障。重庆市高度重视普查宣传工作，普查工作开展之初，重庆市普查办就将对外宣传列入普查工作的重要内容，制定了《重庆市可移动文物普查宣传方案》，同时要求各区县普查办制定符合辖区实际的普查宣传方案，为文物普查营造了良好的社会环境与舆论氛围。

1. 媒体宣传

首先是利用传统媒体重点宣传。2014年4月下旬，中央电视台、中国文物报等7家中央媒体来渝对重庆普查工作进行专门采访报道。2015和2016年连续两年与《重庆日报》合作，开设"走进博物馆"、"走进可移动文物普查"专栏50期，由报社选派记者专门采写以普查员和文物背后的故事为主题的专栏文章，起到很好的宣传效果。此外，垫江、彭水等区县还策划拍摄了《垫江县第一次全国可移动文物普查宣传片》、

《彭水县第一次全国可移动文物普查宣传片》、《彭水文化遗产》等系列纪录片，广泛提高了文物普查工作在民众中的认识度。

其次是积极利用网络新媒体广泛宣传。自普查工作开展以来，重庆市各级普查办在中华文物信息网、华龙网、大渝网等网站定期发布可移动文物普查工作进展，展示普查成果。此外，重庆市将开设可移动文物普查专题网页纳入普查宣传工作计划。经过制定网页设置方案，搜集、整理网页素材，征询各地普查办及相关单位意见建议等精心筹备工作之后，重庆市开通了普查专题网页，将普查机构设置、相关政策文件、普查资料、通知公告、热点新闻、工作动态和工作简报等内容向公众公开。依据客观需求设置的专题网页更加具有针对性与合理性，普查宣传理念渗透进专题网页各大板块，不仅便于普查工作交流互动，也使公众能够全面、及时地了解可移动文物普查工作的最新进展，真正贯彻了"服务普查搞宣传、搞好宣传促普查"的理念。

2. 活动宣传

普查工作期间，重庆市充分利用各类主题日和主题月，组织开展形式多样、受众面广、影响巨大的专题宣传活动，有力推动了文物保护理念的传播和普及。

2010年开始，重庆市从每年5月18日的国际博物馆日起，到6月的第二个周六中国文化遗产日止，开展持续近一个月的"文化遗产宣传月"活动。截至2016年6月，该项活动已经成功开展了七届，获得了良好的社会反响。其中，与可移动文物普查相关的活动主要有以下几项：

一是策划展览进行宣传。文化遗产宣传月期间，重庆市各级普查办举办多场形式多样、内容丰富的展览，宣传第一次可移动文物普查。

二是走进考古现场、文物保护现场活动。如2016年重庆市第七届文化遗产宣传月期间，重庆中国三峡博物馆组织参观者探访文物保护中心实验室，让民众了解文物修复工作；重庆市文化遗产研究院组织网友和文物保护志愿者走进巫山高唐观遗址考古发掘工地，亲身体验考古发掘工作。这些活动都增进了民众对文物保护工作的理解和认识。

三是开展"文化遗产走进校园"活动。重庆市多次组织文博专家在重庆师范大学、鹅岭小学等大中小学开展考古专题讲座和文物保护专题讲座。提升青少年学生对文化遗产的认知，培养他们的文化传承意识。

3. 其他宣传

重庆市在充分利用媒体宣传和活动宣传的同时，还积极拓展宣传形式，以制作展览、张贴海报、资料发放等手段拓展宣传范围，真正做到普查宣传"三下五进"，即普查宣传下乡、下农村、下基层，进社区、进学校、进军营、进企业、进机关。使人人共享普查成果，人人了解文物保护。据部分统计，普查期间重庆市各级普查办共制作展板1050块，发放宣传资料8.15万份，海报3.22万份，宣传册页10万余份。这些宣传活动受众面广，宣传教育效果好，使得"保护文物、人人有责"的理念更加深入人心，为以后的文物工作创造了更好的社会环境和舆论环境。

通过丰富多样的广泛宣传，受众明确的目标宣传，重庆市第一次可移动文物普查工作得到了各级领导、社会大众的广泛理解和积极支持，扩大了普查工作的社会影响，同时对普查工作也形成了巨大的推动力。

（四）质量控制，确保进度

普查工作中，重庆市严格按照国家文物局发布的《第一次全国可移动文物普查质量控制管理办法》，强化检查指导、质量抽查和数据审核机制，加大对普查质量的控制管理。制订《重庆市可移动文物普查质量控制管理制度》，将普查组织、国有单位文物收藏情况调查、文物认定、信息采集登录报送、数据整合汇总等环节贯穿到质量控制管理的全过程。加强普查质的控制管理，量化工作目标，督促各区县和市级重点收藏单位按照统一部署推进普查工作，重培训、定标准、明责任、强督查，普查质量控制取得了良好的效果。

1. 构建培训体系

文物普查具有技术要求高，工作难度大的特点。为切实推进文物普查工作，提高普查人员的业务素质，严格掌握文物普查的相关规范标准与普查技术，重庆市在完成国家规定普查任务的同时，将培训工作作为一个体系工程，长期坚持开展下去。2013年至2016年重庆市共参加国家文物局举办的全国文物普查培训班7次，累计培训34人次。市普查办先后举办10次可移动文物普查业务培训班，累计培训普查骨干744人次。各区县组织普查业务培训共422次，累计培训4466人次。通过各类培训，重庆市文物工作者业务水平有了显著提高，不仅为文物普查培养了大批业务力量，同时也为重庆市文博事业发展积蓄了人才。

表14　重庆市各区县组织的普查培训班情况一览表

行政区	合计		2013年		2014年		2015年		2016年	
	次数（次）	人数（人）	次数（次）	人数（人）	次数（次）	人数（人）	次数（次）	人数（人）	次数（次）	人数（人）
万州区	15	322	4	177	4	69	5	60	2	16
黔江区	1	21	0	0	1	21	0	0	0	0

续表

行政区	合计		2013 年		2014 年		2015 年		2016 年	
	次数（次）	人数（人）	次数（次）	人数（人）	次数（次）	人数（人）	次数（次）	人数（人）	次数（次）	人数（人）
涪陵区	22	30	4	6	6	6	6	8	6	10
渝中区	47	286	12	62	16	104	13	108	6	12
大渡口区	4	220	1	70	1	50	1	50	1	50
江北区	10	124	2	47	4	36	2	18	2	23
沙坪坝区	6	138	1	44	2	36	2	37	1	21
九龙坡区	32	702	9	266	7	246	9	110	7	80
南岸区	5	18	1	4	2	4	1	5	1	5
北碚区	23	127	5	36	4	23	7	44	7	24
渝北区	12	95	1	50	7	25	3	17	1	3
巴南区	4	120	1	88	1	10	1	10	1	12
长寿区	12	92	3	43	3	27	3	11	3	11
江津区	4	124	1	85	1	16	1	16	1	7
合川区	3	56	1	40	1	8	1	8	0	0
永川区	4	80	1	10	2	60	1	10	0	0
南川区	5	120	2	39	1	39	1	21	1	21
大足区	13	72	3	18	4	18	4	18	2	18
綦江区	4	11	2	4	1	4	1	3	0	0
潼南区	10	161	2	60	3	28	4	63	1	10
铜梁区	12	92	3	23	3	23	3	23	3	23
荣昌区	8	64	2	53	3	6	2	3	1	2
璧山区	8	76	3	30	2	21	2	22	1	3
梁平县	30	44	10	11	10	11	5	11	5	11
城口区	16	20	4	5	4	6	5	6	3	3
丰都县	3	86	1	27	1	28	1	31	0	0
垫江县	5	160	2	90	1	30	1	20	1	20
武隆县	15	48	4	12	3	12	5	12	3	12
忠县	13	107	8	82	0	0	5	25	0	0
开州区	10	230	2	132	3	44	3	43	2	11

续表

行政区	合计		2013 年		2014 年		2015 年		2016 年	
	次数（次）	人数（人）	次数（次）	人数（人）	次数（次）	人数（人）	次数（次）	人数（人）	次数（次）	人数（人）
云阳县	37	107	8	26	10	26	11	29	8	26
奉节县	1	39	0	0	0	0	1	39	0	0
巫山县	8	199	2	147	4	38	1	8	1	6
巫溪县	4	15	2	5	1	5	1	5	0	0
石柱县	4	6	1	1	1	2	1	2	1	1
秀山县	3	64	2	54	0	0	1	10	0	0
酉阳县	1	26	1	26	0	0	0	0	0	0
彭水县	4	104	1	78	1	18	1	6	1	2
万盛经开区	4	60	1	24	1	16	1	13	1	7
全市合计	422	4466	113	1975	119	1116	116	925	74	450

2. 普查工作督查

为保证调查质量，加强对各区县普查工作的指导力度，及时为区县解难答疑，督促各项工作进度，重庆市建立普查工作月报制度，掌握各地工作进度及质量，并多次深入基层督促各项工作落实。2014 年 6 月和 11 月组织开展经费落实和工作进展等专项检查，2015 年派出督查组开展督查和专项检查，对普查工作进展较慢的区县普查办进行约谈，向采集登录缓慢的黔江区、南岸区和忠县发出了督办通知。2015 年 10 月中旬，召开市直属文博单位普查工作推进会。通过业务专家检查发现问题，行政管理开展督察的方式，针对发现的问题，及时研究提出具体整改意见，指导区县逐一解决，有力地确保了重庆市普查工作质量进度。

3. 普查中的人员、文物、数据安全管理

重庆市可移动文物普查工作始终坚持"安全第一"和"安全工作做在前，隐患解决在事故前"的原则，将普查人员的文物安全教育放在首位。通过岗前培训，加强普查人员的职业道德教育，增强荣誉感和责任感；在普查设备设施的使用上，均以保证文物和人员的安全为前提。

文物不可再生，损坏或损毁文物都是无法弥补的损失。重庆市在可移动文物普查工作中，要求普查员在进行文物操作时必须合乎安全规范，坚持制度化管理，分工合理，责任分明，准确掌握普查操作规程和技术标准。注意文物的防火、防盗、防震等，同时要求有预防性保护意识，注意文物掉落、磕碰、挤压、震裂等安全威胁，尽可能

减少搬运文物次数，以避免文物损坏的几率。此外，还制定应对突发情况的预防措施及处理方法。

普查得到的综合数据和基础资料均严格保密，做到专人负责，妥善保管。纸质媒介的数据及时整理、归档并指定专人专柜妥善保存。电子媒介的数据及时更新和备份保存。普查数据未经上一级可移动文物普查办公室批准，不得随意公布。

4. 普查验收

根据国家文物局《关于做好第一次全国可移动文物普查验收工作的通知》，重庆市于 2016 年 10 月 13 至 10 月 28 日组织 5 个工作组，对各区县及市直属文博重点收藏单位第一次全国可移动文物普查工作进行检查验收。通过听取汇报和实地检查验收，全市 39 个区县和 6 个市直属重点文博单位普查工作全部合格。重庆市本级为验收合格。

（五）展示成果，做好总结

1. 编制普查档案

建立可移动文物普查档案是科学规范文物档案管理工作的必要措施，是对第一次可移动文物普查各类数据进行全面保存、保管并发挥其作用的基础。2015 年 6 月，重庆市启动普查资料建档和数据库的筹备工作，严格按照《国有可移动文物普查建档备案工作规范（试行）》的要求，实行专库、专柜、专人保管档案资料。普查数据实行两级备份，市、区县分别保留一套电子数据，同时市普查办负责对各区县的建档备案工作进行指导、督促和检查。

重庆市入档的资料包括可移动文物普查登记表，各区县普查报告，各普查机构的请示、报告、通知、工作计划、总结、简报、会议记录、方案、规章制度，各有关机构工作人员名册，各种培训资料教材、宣传材料、工作照片、声像资料、展览文本等以及普查工作中形成的其他重要相关资料。

2. 普查专题研究

2013 年，以普查为契机，重庆市率先启动抗战可移动文物专题研究。2013 年 11 月 6 日，市普查办印发《关于开展抗战可移动文物专项调查的通知》，先后对全市抗战文物、革命文物、长征文物（可移动文物部分）进行调查统计，摸清了现状，为下一步开展文物保护利用奠定了良好的基础。2016 年 3 月 7 日，受国家文物局委托，重庆市组织相关单位对四川、云南、贵州、重庆等西南 4 省市抗战可移动文物进行专项调查，2016 年 4 月 30 日完成该调查并编制完成专项调查报告。

3. 普查表彰情况

重庆市普查工作的顺利推进离不开相关领导小组成员单位的大力支持，也与广大一线普查队员发扬艰苦奋斗、互帮互助、牺牲奉献的精神密不可分。重庆中国三峡博物馆和重庆自然博物馆这两家市属重点文博单位普查数据分别为 279035 件和 94880 件，普查任务十分艰巨。为保障可移动文物普查工作快速推进，重庆中国三峡博物馆提出"百日攻坚，决战决胜"的目标，组织藏品部、文物信息部、研究部、文物保护部、安全管理处、文化产业处、公众教育部、陈列部、办公室等九个部门的约占全馆四分之一的职工参与到普查之中。根据藏品类别和未采集数据量，以 100 天为期限进行任务分解，共分 10 个普查组，以各类别保管员为组长，全天候入库采集登录文物信息，每天进行目标考核和技术分析，通过团结协作，形成合力，提前完成数据采集登录任务。重庆自然博物馆普查之际正值新馆建设时期，许多文物还保存在环境恶劣的老库房内，给普查工作带来很大难度，特别是大量的动物标本都是浸泡在福尔马林之中，库房内熏蒸和日常防虫所用药品具有强烈的刺激性气味，普查员即使戴上口罩，头疼、恶心、呕吐、眼疼、呼吸系统不适等症状仍然在所难免。面对艰难的工作环境，普查员们默默工作、牺牲奉献，在新馆建成后举全馆之力仅用半年的时间圆满完成普查任务。为发扬成绩、鼓励先进、总结经验，2016 年 11 月 3 日，重庆市文物局下文《关于开展重庆市第一次全国可移动文物普查工作先进集体和先进个人评选表彰活动的通知》，部分区县也对普查工作中业绩突出和有重要贡献的先进集体和个人给予了表彰，对普查中提供重大文物线索者也给予了物质和精神奖励。

三、重庆市普查工作成果

本次普查取得了丰硕的成果。普查登录的 1482489 件文物，全面展现了人类文明的进程，有筚路蓝缕开发这片土地的艰辛，有开埠时期的见证，有抗日大后方的坚韧，有艰苦卓绝的革命历程，有建国后发展建设的辉煌。可以说，发生在巴渝大地的重要历史事件，都能在可移动文物中找到印证。每一件文物都像历史长河中的闪亮珍珠，它们聚在一起装订成一本厚重的历史书，反映了重庆历史的沧桑变迁，见证了城市的发展，承载了重庆人的记忆，传承了巴渝文明，增强了文化底蕴，丰富了重庆市文化遗产保护事业的内涵。

（一）重庆市可移动文物资源情况及价值

1. 文物数量及分布

重庆市 165 个国有收藏单位共采集登录 1482489 件。

从文物收藏单位的性质来看，99.64% 的文物集中收藏在事业单位，国家机关、国有企业和其他单位的文物数量为 0.36%。从文物收藏单位的类型来看，55.64% 的文物集中收藏在博物馆、纪念馆，文物系统外图书馆为 33.75%；档案馆为 0.03%；其他单位为 10.57%。

从文物分布的地域来看，重庆市约 70% 的文物收藏在 5 家省级重点收藏单位和三峡库区 7 家收藏单位。重庆中国三峡博物馆、重庆红岩革命历史博物馆、重庆市文化遗产研究院、重庆自然博物馆、重庆图书馆 5 家省级重点收藏单位文物数量共计 733248 件，占总量的 49.46%。巫山博物馆、万州区博物馆（文物管理所）、云阳博物馆（文物管理所）、丰都县文物管理所、涪陵区博物馆（文物管理所）、忠县文物局、开州博物馆 7 家单位文物数量共计 268816 件，占总量的 18.13%。

表 15　重庆市市级以上国有收藏单位文物分布表

序号	市级以上国有单位名称	文物数量（件）	所占比例
	合计	873514	58.92%
1	重庆图书馆	299437	20.20%
2	重庆中国三峡博物馆	279035	18.82%
3	重庆自然博物馆	94880	6.40%
4	西南大学	75288	5.08%
5	重庆红岩革命历史博物馆	37189	2.51%
6	重庆师范大学	26800	1.81%
7	重庆市文化遗产研究院	22707	1.53%
8	重庆大学图书馆	11998	0.81%
9	重庆三峡学院	8544	0.58%
10	西南政法大学	7628	0.51%
11	四川美术学院	2916	0.20%
12	重庆市九龙坡区华岩寺（佛教协会佛学院）	2803	0.19%
13	重庆钢铁（集团）有限责任公司	1298	0.09%
14	重庆市中药研究院	656	0.04%
15	重庆工业博物馆置业有限公司	602	0.04%
16	重庆三峡医药高等专科学校	518	0.03%
17	重庆市第八中学	250	0.02%
18	重庆川剧博物馆	207	0.01%
19	重庆市中医院	177	0.01%
20	重庆市档案馆	117	0.01%

续表

序号	市级以上国有单位名称	文物数量（件）	所占比例
21	重庆市南山植物园管理处	87	0.01%
22	重庆警察博物馆	82	0.01%
23	重庆历史名人馆	82	0.01%
24	重庆大学教育基金会	66	0.004%
25	重庆三峡水利电力（集团）股份有限公司	49	0.003%
26	重庆市设计院	34	0.002%
27	重庆大韩民国临时政府旧址陈列馆	31	0.002%
28	史迪威研究中心	22	0.001%
29	重庆市育才中学校	11	0.001%

表 16 重庆市各区县文物分布表

序号	区县名称	文物数量（件）	所占比例
	合计	1482489	100.00%
1	渝中区	342348	23.09%
2	沙坪坝区	339181	22.88%
3	北碚区	274572	18.52%
4	万州区	91509	6.17%
5	巫山县	56224	3.79%
6	丰都县	53389	3.60%
7	云阳县	42076	2.84%
8	涪陵区	38706	2.61%
9	江津区	32586	2.20%
10	合川区	28026	1.89%
11	长寿区	23380	1.58%
12	忠县	19269	1.30%
13	渝北区	17650	1.19%
14	巴南区	12550	0.85%
15	开县	12183	0.82%
16	铜梁县	11156	0.75%
17	綦江区	8758	0.59%

续表

序号	区县名称	文物数量（件）	所占比例
18	大足区	8024	0.54%
19	九龙坡区	7706	0.52%
20	石柱土家族自治县	7460	0.50%
21	黔江区	6357	0.43%
22	奉节县	6278	0.42%
23	秀山土家族苗族自治县	6075	0.41%
24	巫溪县	5540	0.37%
25	南岸区	5019	0.34%
26	永川区	4344	0.29%
27	酉阳土家族苗族自治县	3804	0.26%
28	武隆县	3285	0.22%
29	梁平县	3185	0.21%
30	荣昌县	2339	0.16%
31	大渡口区	2082	0.14%
32	南川区	1744	0.12%
33	城口县	1554	0.10%
34	彭水苗族土家族自治县	1216	0.08%
35	璧山县	1044	0.07%
36	江北区	750	0.05%
37	垫江县	551	0.04%
38	潼南县	444	0.03%
39	万盛经开区	125	0.01%

2. 文物保存状况

从各个区县以及市级重点收藏单位的具体保存状况来看，重庆中国三峡博物馆等系统内收藏文物数量较大的单位整体保存情况较好，有专业的保管人员、封闭的展柜、独立的库房、安防设施完备。此外，忠县、江津、万盛等区县则以建设博物馆新馆为契机，筹备建立现代化文物库房，购置符合文物保存环境标准的储存设备及囊匣盒套，建立文物库房环境监控系统，并对现有藏品进行消毒、杀菌、灭虫等处理，文物的保存状况有了极大改善。但仍有大量的收藏单位在文物的保存条件上十分落后，特别是一些文物收藏量小的区县文物管理所，以及文物系统外的宗教寺庙、学校、档案馆等单位，保管条件差，保护措施落后，缺乏技术、人员、经费支持，文物保存现状不容乐观。

3. 文物价值

此次普查登录的1482489件文物，具有历史、科学、艺术价值。从出土文物来看，石器有原始之美，远古陶器有朴素之美，熠熠生辉的玉器有温润之美，巴渝青铜有时间之美，涂山瓷器有华丽之美，是我们人类共同的财富。革命文物是1840年以来，中华民族为争取民族独立，实现伟大复兴而奋斗的重要实物见证，是革命历史过程的再现，是中华民族为了自身命运顽强拼搏过程的再现。重庆是中国近现代史的重要舞台，革命文物数量多，分布广，等级高，价值大，是重庆的特色文物资源，对于开展爱国主义教育，推动精神文明建设有重要作用。民族文物是中华民族优秀文化遗产的重要组成部分，是各族人民在缔造祖国历史进程中，共同创造的多元一体的中华民族文化的物化反应。重庆民族文物在反应本地少数民族历史、宗教、习俗等方面有重要价值，对于我们了解文化多样性，理解和处理民族关系有重要作用，对于维系民族历史传承有促进作用，对于加强中华民族认同、国家认同有巨大意义。

（二）建立健全管理机制

1. 建立文物档案

一是规范登记账本。为加强藏品管理，规范藏品档案，2013年初，重庆市印制了《博物馆藏品总登记账本》，为新建或重建藏品账目及档案的单位做好保障服务。从普查验收的情况来看，市级重点收藏单位均有规范的文物总账；部分区县的收藏单位在文物总账制度上存在不规范的情况，通过此次普查进行重新建账建档。

二是建立文物信息数据库。重庆市正依托重庆中国三峡博物馆信息中心建立全市可移动文物信息档案和信息检索系统。信息管理条件较好的重庆中国三峡博物馆已逐步将馆藏文物信息纳入国家建立的以"云计算"等现代信息技术为支撑的文物数据应用服务平台，实现资源共享。

2. 健全制度规范

通过此次普查，进一步完善了重庆市可移动文物调查、认定、登记、管理及利用制度。普查期间，各文物收藏单位陆续制定或完善了《馆藏文物藏品使用细则》、《文物藏品保管员岗位职责》、《文物藏品登记编目登记员岗位职责》、《总账管理人员岗位职责》等相关制度，对重庆市文物使用管理等基础工作具有较大的推动作用。重庆图书馆馆藏文物299437件，在非文博系统收藏单位中文物藏品数量最多。为加强藏品规范化管理，重庆图书馆制订了《重庆图书馆古籍书库管理制度》，对古籍保护环境、保管、检查、出入库、安全等做出了明确规定，并加大执行力度，确保文物保护管理制度落到实处。

3. 加强文物保护

首先是改善可移动文物保存条件。部分区县由于库房狭小，许多文物处于堆放、叠放状态，需要加强文物保存环境的硬件设施建设，新建标准文物库房。现有技术设备落后，不能满足文物保护需要的，需要进行技术升级和设备的更新换代，如防盗、防火设施以及必要的空气调节和控制设备等。文物保护工作是一项公益性事业，往往面临经费缺乏的情况，需要各级政府加大财政投入，将文保经费列入财政预算，每年拿出专项经费用于文物的常态性保护。

其次是可移动文物保护修复工作。十二五期间，重庆市加强珍贵文物修复和出土文物修复，提升文物修复技术水平，重点开展金属器、陶瓷器、纺织品、纸质文物修复，经批准立项实施的馆藏珍贵文物本体修复和三峡出土文物再修复项目45个，共修复珍贵文物和三峡出土文物3886件。但是，与此次普查数据中需要修复的文物数量相比，无论是资金投入，还是修复力量，都远远不够，可移动文物保护修复工作任重道远。今后要积极争取国家和市级财政资金投入，加大可移动文物保护修复力度，实施各类文物分级保护，实现文物规范化管理。

4. 引进培养人才

专业人才队伍的缺失是制约重庆市文物保护事业发展的瓶颈。从调查情况来看，重庆市可移动文物的保护与管理人员严重不足，许多收藏单位缺乏专业的保管人员，部分单位即使能够做到配备一名保管人员，但在实际工作中往往是身兼多职，并且缺乏文物保管方面的专门培训。针对这一问题，一是需要引进高水平的专业人才，二是要注重加大对现有员工的培养力度，积极鼓励他们参加与文物保管或研究相关的各类专业培训，提高自身专业素养和业务研究能力。

（三）发挥文物在经济社会发展中的重要作用

1. 普查成果利用计划

根据《重庆市第一次全国可移动文物普查实施方案》的要求，重庆市将建立可移动文物信息管理平台和文物数据库，建立可移动文物综合管理系统和公共服务系统，通过网络展示普查成果，为文博系统和社会公众提供科研和教育服务。

2. 利用普查成果举办展览情况

普查期间，结合每年开展的"5.18"国际博物馆日、中国文化遗产日和重庆市文化遗产宣传月等活动，通过实物展览和图片展板流动展出的方式，市、区县两级利用普查成果共举办了 35 个临时展览，展出文物 3240 件，吸引观众近 60 万人次。其中 2016 年的"文化遗产宣传月"期间，重庆市各级普查办和市属文博单位群策群力，推出了《细数家珍，传承文明——重庆市第一次全国可移动文物普查》展览。展览期间，吸引了众多群众、学生、社区居民、文博爱好者参观，通过此次巡展向社会各界展示了重庆市可移动文物普查的阶段性成果，进一步宣传可移动文物普查的重要意义，提升社会公众的认知度和普查的社会影响力，动员社会力量参与文博保护，营造了全民参与保护文化遗产的良好氛围。

3. 普查成果公开出版发行情况

全市各收藏单位发表与普查成果相关文章 150 余篇。重庆中国三峡博物馆编辑出版《重庆中国三峡博物馆馆藏文物选粹—玉器》、《重庆中国三峡博物馆馆藏文物选粹—鼻烟壶》和《重庆中国三峡博物馆馆藏文物选粹—铜镜》三本图录，整理 300 余件有关江南会馆的材料，并以"馆藏江南会馆文物资料整理与研究"为题，作为 2015 年度重庆市社会科学规划特别委托项目立项。渝北区出版《渝北古韵》，在普查清理木质文物的基础上，重点研究馆藏特色古床等文物。黔江区文化部门经过系统整理，出版发行了《双冷斋文集校注》、《笭珊年谱校注》，填补了黔江区清代历史文献的空缺。

建　议

回顾五年来的工作，重庆市圆满地完成了全国第一次可移动文物普查任务，成果丰硕，收获巨大。但也存在一些问题需要加以改进，普查工作经验教训需要深入总结。

1. 大力夯实人才基础

在各级政府和文物行政主管部门的大力支持下，重庆市第一次全国可移动文物普查工作开局比较顺利。但是，随着普查工作的深入展开，普查人员数量不足、专业不强、专家队伍匮乏等问题逐渐暴露出来，导致普查工作特别是采集审核工作进度一度迟缓。因此需要进一步加强基层专业人员的培养工作，特别是在薄弱地区提高人员配置并积极开展后续培训工作，努力提升基层文保人员整体专业素质。

2. 注重普查指导和监督

普查各阶段各环节是有机统一体，需要有机联动、相互配合，任何一个环节出问题就会影响相关环节的运行。普查调查、认定、采集、登录、审核、验收和报告等完成状态和质量需要各级普查办组织力量及时给予指导，否则会贻误时机，影响全局。同时，要针对薄弱环节、落后单位加强监督，补好短板，调节状态，协调发展，整体推进。

3. 提升可移动文物保护水平

在第一次全国可移动文物普查结束后，重庆市将加强文物数字化保护工作，珍贵文物全部配备柜架囊匣。建设国家一、二级博物馆文物保存环境监测平台、环境调控系统，建立覆盖较为全面的保护修复平台。扩大可移动文物修复保护资质单位队伍，建立健全可移动文物保护修复体系。推进地市级博物馆库房和区域文物中心库房建设，提高可移动文物保护管理水平。

4. 加强文物的合理利用

教育是博物馆的基本职能。合理利用馆藏文物，坚持用文物说话，讲中国故事，通过展览使观众更好地了解文物，了解历史，最终实现教育目的。积极参与"互联网＋中华文明"三年行动计划，让文物有更广阔的展示平台，最大限度地满足人民群众的文化需求。

5. 深化普查成果研究

普查工作虽然基本结束，但普查成果不能束之高阁。各文博单位应该深入开展普查资料整理，充分发挥资源和人才优势，努力扩大科学研究领域，并积极与国内外科研机构、高等院校开展合作，推出一批重要科研成果，真正做到让收藏在博物馆里的文物和书写在古籍里的文字活起来。

四川省
第一次全国可移动文物普查分省工作报告

第一次全国可移动文物普查是继第三次全国文物普查（不可移动文物部分）之后在文化遗产领域开展的又一次重大国情国力调查，是一项旨在全面掌握我国文物资源、加强文物保护、建设文化遗产强国的国家工程。

依据国务院《关于开展第一次全国可移动文物普查工作的通知》精神，四川省人民政府于 2013 年 1 月 5 日印发了《关于开展第一次全国可移动文物普查的通知》，启动了四川省第一次全国可移动文物普查工作。按照国务院和国家文物局对普查工作的部署和要求，四川省确定的普查范围是，四川省辖区内各级国家机关、事业单位、国有企业和国有控股企业、中国人民解放军和武警部队等各类国有单位所收藏保管的国有可移动文物，包括普查前已经认定和在普查中新认定的国有可移动文物。普查内容主要为，调查统计四川全省国有可移动文物的数量、类型、分布和收藏保管等基本情况，按照国家统一下发的标准、规范和软件要求，采集、登录和汇总相关信息。县级以上人民政府根据普查结果，编制普查报告，建立普查档案和国有可移动文物名录，并进一步加大保护管理力度。普查时间从 2012 年 10 月开始，到 2016 年 12 月结束。普查标准时点为 2013 年 12 月 31 日。

为规范、有序、高质量地完成四川省第一次全国可移动文物普查工作，四川省人民政府高度重视，成立了以分管副省长为组长，14 个省级部门参加的四川省第一次全国可移动文物普查领导小组，并在四川省文物局设立领导小组办公室，负责普查工作的日常组织和具体协调，地方各级人民政府也成立了相应的普查机构，及时下发通知，适时召开会议，安排部署并全力推进普查工作，形成政府主导，部门协作的良好工作机制，同时省、市、县分级落实了普查经费及普查人员，为普查工作的顺利开展提供了组织保障、机制保障、经费保障和人员保障。

四川省各级普查机构以各地文物部门为主体，是普查推进的中坚力量，严格按照国家的统一部署和标准规范，认真制定工作计划，积极开展宣传动员，全面组织普查培训，及时安排部署普查各项任务，扎实做好普查督导和质量控制。各国有文物收藏单位，切实履行文物数据采集登录的第一职责，将普查作为近年来最重要的业务工作抓好抓实，并高度重视机制创新和技术进步，有力地调动了各方面的积极性，确保了工作质量，并极大地提高了普查工作的效率。

四川普查工作历时四年，已取得突出的成绩，全省共调查国有单位 65652 家，确认国有文物收藏单位 594 家，采集登录文物 2029342 件。普查全面摸清了全省国有可移动文物的数量、分布、保存状况、保管权属和使用管理等情况，发现并重新认识了一大批文物的突出价值，健全了文物登录备案机制和文物保护体系，为改善文物保存环境，促进文物的科学保护、有效管理和合理利用提供了科学可靠的依据，为有效发挥文物在国民经济和社会发展总体布局中的积极作用奠定了坚实的基础。

一、四川省普查数据

截至 2016 年 10 月 31 日，四川省在全国可移动文物信息平台登录可移动文物 1078254 件/套，实际数量为 2029342 件。其中，珍贵文物 105588 件/套，实际数量为 163013 件。登录可移动文物信息的收藏单位 594 家。

（一）四川省可移动文物基本情况

1. 类别

表 1　可移动文物类别

可移动文物类别	可移动文物实际数量（件）	实际数量占比（%）
合计	2029342	100.00
玉石器、宝石	31268	1.54
陶器	45421	2.24
瓷器	58230	2.87
铜器	35004	1.72
金银器	11485	0.57
铁器、其他金属器	7160	0.35
漆器	1742	0.09
雕塑、造像	29319	1.44
石器、石刻、砖瓦	29425	1.45

可移动文物类别	可移动文物实际数量（件）	实际数量占比（%）
书法、绘画	89572	4.41
文具	4793	0.24
甲骨	150	0.01
玺印符牌	4336	0.21
钱币	560716	27.63
牙骨角器	10647	0.52
竹木雕	3269	0.16
家具	2432	0.12
珐琅器	196	0.01
织绣	10672	0.53
古籍图书	387658	19.10
碑帖拓本	34592	1.70
武器	12058	0.59
邮品	50387	2.48
文件、宣传品	95875	4.72
档案文书	42920	2.11
名人遗物	13630	0.67
玻璃器	3164	0.16
乐器、法器	7978	0.39
皮革	154436	7.61
音像制品	16874	0.83
票据	46659	2.30
交通、运输工具	39	0.00
度量衡器	995	0.05
标本、化石	24944	1.23
其他	201296	9.92

2. 年代

（1）可移动文物年代类型

表 2　可移动文物年代类型

可移动文物年代类型	可移动文物实际数量（件）	实际数量占比（%）
合计	2029342	100
地质年代	20391	1.00
考古学年代	10850	0.53
中国历史学年代	1601812	78.93
公历纪年	275657	13.58
其他	31734	1.56
年代不详	88898	4.38

（2）可移动文物中国历史学年代分布

表 3　可移动文物中国历史学年代分布

可移动文物中国历史学年代	可移动文物实际数量（件）	实际数量占比（%）
合计	1601812	100.00
夏	19	0.00
商	3816	0.24
周	22784	1.42
秦	1154	0.07
汉	117668	7.35
三国	5000	0.31
西晋	125	0.01
东晋十六国	300	0.02
南北朝	1619	0.10
隋	426	0.03
唐	148877	9.29
五代十国	4078	0.25
宋	70436	4.40
辽	89	0.01
西夏	69	0.00

续表

可移动文物中国历史学年代	可移动文物实际数量（件）	实际数量占比（%）
金	380	0.02
元	2524	0.16
明	35731	2.23
清	662700	41.37
中华民国	414702	25.89
中华人民共和国	109315	6.82

3. 级别

表4　可移动文物级别

可移动文物级别	可移动文物实际数量（件）	实际数量占比（%）
合计	2029342	100.00
一级	4745	0.23
二级	18273	0.90
三级	139995	6.90
一般	613022	30.21
未定级	1253307	61.76

4. 来源

表5　可移动文物来源

可移动文物来源	可移动文物实际数量（件）	实际数量占比（%）
合计	2029342	100.00
征集购买	444264	21.89
接受捐赠	134009	6.60
依法交换	1487	0.07
拨交	152968	7.54
移交	113721	5.60
旧藏	772370	38.06
发掘	204672	10.09
采集	75122	3.70
拣选	114793	5.66
其他	15936	0.79

5. 入藏时间

表6　可移动文物入藏时间范围

可移动文物入藏时间范围	可移动文物实际数量（件）	实际数量占比（％）
合计	2029342	100.00
1949年10月1日前	291954	14.39
1949年10月1日~1965年	325415	16.04
1966~1976年	57120	2.81
1977~2000年	791041	38.98
2001年至今	563812	27.78

6. 完残程度

表7　可移动文物完残程度

可移动文物完残程度	可移动文物实际数量（件）	实际数量占比（％）
合计	2009405	100.00
完整	64740	3.22
基本完整	1600220	79.64
残缺	291577	14.51
严重残缺（含缺失部件）	52868	2.63

注：根据国家文物局《关于做好馆藏自然类藏品登录工作有关要求的通知》的要求，登录的自然类藏品19937件（组），不填写"完残程度"指标项。

（二）四川省可移动文物分布情况

1. 按收藏单位隶属关系统计可移动文物数量

表8　可移动文物数量分布（按收藏单位隶属关系）

收藏单位隶属关系	可移动文物实际数量（件）	实际数量占比（％）
合计	2029342	100.00
中央属	72823	3.59
省属	550078	27.11
地市属	615586	30.33
县区属	681984	33.61
乡镇街道属	1138	0.06
其他	107733	5.31

2. 按收藏单位性质统计可移动文物数量

表 9　可移动文物数量分布（按收藏单位性质）

收藏单位性质	可移动文物实际数量（件）	实际数量占比（%）
合计	2029342	100.00
国家机关	6474	0.32
事业单位	1890995	93.18
国有企业	489	0.02
人民解放军、武警部队	——	——
其他	131384	6.47

3. 按收藏单位类型统计可移动文物数量

表 10　可移动文物数量分布（按收藏单位类型）

收藏单位类型	可移动文物实际数量（件）	实际数量占比（%）
合计	2029342	100.00
博物馆、纪念馆	1208683	59.56
图书馆	185428	9.14
美术馆	2301	0.11
档案馆	37143	1.83
其他	595787	29.36

4. 按收藏单位所属行业统计可移动文物数量

表 11　可移动文物数量分布（按收藏单位所属行业）

行业	可移动文物实际数量（件）	实际数量占比（%）
合计	2029342	100.00
农、林、牧、渔业	2	0.00
采矿业	75	0.00
制造业	536	0.03
电力、热力、燃气及水生产和供应业	0	0.00
建筑业	0	0.00
批发和零售业	0	0.00
交通运输、仓储和邮政业	5	0.00
住宿和餐饮业	0	0.00

续表

行业	可移动文物实际数量（件）	实际数量占比（%）
信息传输、软件和信息技术服务业	0	0.00
金融业	1	0.00
房地产业	5	0.00
租赁和商务服务业	0	0.00
科学研究和技术服务业	0	0.00
水利、环境和公共设施管理业	7	0.00
居民服务、修理和其他服务业	1	0.00
教育	125095	6.16
卫生和社会工作	358	0.02
文化、体育和娱乐业	1702049	83.87
公共管理、社会保障和社会组织	201208	9.91
国际组织	0	0.00

二、普查工作的组织实施

（一）属地管理，分级负责

2013年普查工作开展以来，四川省各级人民政府和相关部门高度重视，周密部署，精心组织，落实好机构、制度、人员、经费，为普查工作的顺利推进奠定了坚实基础。

1. 设立普查领导小组，成立普查机构

根据国务院《关于开展第一次全国可移动文物普查的通知》的要求，四川省于2013年1月5日下发了《四川省人民政府关于开展第一次全国可移动文物普查的通知》，成立了以四川省人民政府副省长为组长，四川省委党史研究室、发展改革委、教育厅、民政厅、财政厅、国土资源厅、文化厅、人民银行成都分行、四川省国资委、四川省统计局、四川省宗教局、四川省档案局、四川省文物局、四川省科协14个成员单位参加的四川省第一次全国可移动文物普查领导小组，负责全省文物普查工作的组织和领导，协调解决普查中出现的重大问题。普查领导小组办公室设在四川省文物局，负责全省普查工作的日常组织和具体协调工作。全省21个市（州）、184个县（市、区）人民政府也相继成立了普查领导小组及其办公室。四川博物院、四川省文物考古研究院、四川省文物总店、成都博物院以及四川大学、西南民族大学等文物收藏量较大的单位按要求建立了普查领导小组及工作机构。

为有效组织好全省普查工作，落实好普查各项任务，四川省文物局依托四川博物院组建了普查工作办公室，作为全省普查工作的核心机构。

2. 制定普查实施方案和工作制度

为规范、有序、高质量地完成此次普查工作，四川省普查办根据《中华人民共和国文物保护法》《中华人民共和国物权法》《国家"十二五"时期文化改革发展规划纲要》《国务院关于开展第一次全国可移动文物普查的通知》《四川省人民政府关于开展第一次全国可移动文物普查的通知》以及《第一次全国可移动文物普查实施方案》，并结合四川实际，制定了《四川省第一次全国可移动文物普查实施方案》以及《四川省第一次全国可移动文物普查工作进度表》，对全省的普查工作提出了具体的目标和任务，并对四川省第一次全国可移动文物普查的总体要求、内容、范围、原则、实施步骤、数据和资料管理、宣传、总结等进行了明确规定。全省各市（州）以及部分重要收藏单位结合实际情况编制了普查工作方案，研究制定了落实普查工作的相关制度。

3. 落实普查工作经费

按照国务院《关于开展第一次全国可移动文物普查的通知》和财政部、国家文物局《关于加强第一次全国可移动文物普查经费保障与管理的通知》精神，四川省人民政府高度重视文物普查经费保障工作，要求全省普查所需经费由各级财政负担，分别列入本级财政预算，直至全面完成普查任务。四川省财政厅、四川省文化厅成立了以分管领导为组长，相关部门负责人为成员的普查经费保障督察小组，对全省普查经费落实情况进行督导，规范资金支出渠道和开支范围，确保专款专用，并协调帮助解决困难市、县以及大型国有收藏单位的普查经费。

2013~2016年，四川省共落实普查经费8839.9278万元，其中省级2154.01万元，地市级2692.5988万元，区县级3993.319万元。

表12　四川省第一次全国可移动文物普查经费落实情况表

单位：万元

行政区	合计	2013 年	2014 年	2015 年	2016 年
总计	8839.9278	1905.166	2670.13038	2263.06042	2001.571
省级	2154.01	500	516.17	611.73	526.11
地市级	2692.5988	393.54	864.90638	746.00142	688.151
区县级	3993.319	1011.626	1289.054	905.329	787.31

4. 组建普查队伍

为保证普查工作优质、高效开展，各级普查单位都成立了第一次全国可移动文物普查工作队，并根据需要设普查组、技术组、专家组、审核组、宣传组等，全省投入普查人员数量共计 6144 人，全省普查队伍形成了多方协作、上下联动、部署到位的组织架构，为确保普查工作顺利开展提供了有力的人员保障。

表 13　四川省第一次全国可移动文物普查工作人员数量统计表

单位：人

	分工	行政区	人数
全省普查人员 （6144）	普查办工作人员 （1566）	省级	33
		地市级	261
		区县级	1272
	专家组成员 （542）	省级	73
		地市级	163
		区县级	306
	收藏单位工作人员 （1935）	省级	255
		地市级	235
		区县级	1445
	志愿者 （2101）	省级	193
		地市级	266
		区县级	1642

（二）宣传动员，发布成果

为使全省广大人民群众和社会各有关方面充分了解普查的重要意义、主要内容和方法要求等，营造全社会积极支持、主动配合和参与普查的良好舆论氛围，根据国务院《关于开展第一次全国可移动文物普查的通知》精神和《第一次全国可移动文物普查实施方案》有关要求，2013 年四川省第一次全国可移动文物普查领导小组制定了《四川省第一次全国可移动文物普查宣传计划》和《四川省第一次可移动文物普查宣传实施方案》，结合普查工作各环节的内容和要求，将普查宣传工作分为前期动员阶段（2013 年 7~10 月）、集中宣传阶段（2013 年 11 月~2015 年 12 月）和成果发布阶段

（2016 年 1 ~ 8 月）三个阶段。

1. 初期动员顺利助推

四川省人民政府、地方各级人民政府以及教育、文化、文物等相关部门及时下发普查通知，召开专题会议部署和动员普查工作，为普查的顺利开展提供了保障。据统计，全省各级政府和相关部门下发普查文件通知 1486 种，全省性针对不同行业不同阶段工作的动员会议 8 次。为配合国有单位文物收藏情况调查工作，省普查办制定了《致国有单位的一封信》范本，各地结合本地实际印发后寄送到各国有单位，既针对各国有单位进行了普查宣传、告知和感谢，又清楚明了地对普查相关知识做了简要释义，对于争取国有单位的积极配合与支持起到了积极作用。

2. 集中宣传营造氛围

为引起社会对普查的关注，省普查办通过省文物局和博物院的官网发布公告，举办面向社会公开征集海报及折页设计方案的活动。报名投稿者需独立完成图版宣传海报、文字宣传海报或折页设计作品，要求内容简洁、大气，宣传主题突出、鲜明。从 8 月中旬至 9 月初征稿活动历时半个月，共收到投稿作品百余篇，评选出优秀设计作品四幅。

集中宣传阶段，四川省共印制海报 163562 份，其中省级 20021 份、地市级 44029 份、区县级 99512 份；册页 430234 份，其中省级 50500 份、地市级 91566 份、区县级 288168 份。此外，省普查办每年都制作了口袋书，将该年普查工作计划、重要时间节点以及各收藏单位推荐的精品文物图片作为内页插图，既具实用价值，又以此形式加强普查宣传。

省普查办设计制作了普查宣传视频，依托四川博物院"大篷车"流动博物馆进行全省巡回宣传，大大提升了观众对文物普查的兴趣，每到一地都吸引大批观众驻足观看。

四川省各级普查机构积极编写工作简报，及时向各级政府、有关部门宣传普查工作，并向社会公布动态报道、普查成果、工作访谈、专家视点等。全省各级普查机构累计发布普查简报 2 万余条。

3. 成果发布宣传亮点

充分利用电视、报纸、网络等多种媒体开展普查成果发布和宣传，先后通过《中国文物报》、《人民日报（海外版）》、四川卫视、《四川日报》、《成都商报》、《华西都市报》以及各地方媒体集中宣传可移动文物普查成果、普查工作先进人物、先进事迹。据统计，全省电视新闻和专题宣传共计 9070 次，其中省级 1 次、地市级 149 次、区县级 8920 次。网络专题宣传 1115 次，其中省级 12 次、地市级 379 次、区县级 724 次。

报刊专题宣传 383 次,其中省级 8 次、地市级 149 次、区县级 226 次。

(三)调查、认定、采集、登录、审核,分阶段实施

1. 国有可移动文物收藏单位调查阶段(2013 年 8～11 月)

为做好国有可移动文物收藏单位调查,四川省文物局下发了《关于上报国有单位文物收藏情况的通知》,各地普查机构迅速组建和培训了普查队伍,省市县三级普查办共发放普查员证书 1621 份。各级普查办组织普查员认真学习实施方案,明确技术路线。普查员分级承担调查任务,积极行动,团结合作,扎实推进,克服了四川幅员辽阔、地形复杂、行政区划多等重重困难,承担起全省国有单位文物收藏情况调查工作任务。

国有可移动文物收藏单位调查经过了摸底调查、数据上报、整改复查和整理汇总四个步骤。覆盖全省各市州和区县的普查队伍通过走访统计局、编办、工商管理局、技术监督局等部门获取国有单位名录,按属地管理原则分片区整理国有单位清单。为确保调查的完整性、真实性和准确性,各级普查办通过政府发文、电话问询、登门询访等方式向辖区范围内各国有单位发放《国有单位可移动文物收藏情况调查表》,指导排查文物线索,收集反馈意见,并进行汇总整理。

调查方式上,德阳、绵阳等市充分发动街道、乡镇和社区力量,分片区逐一开展调查,确保了调查资料的准确可靠;自贡、广安等市采取了市普查办负责市级以上单位调查工作、调查资料返回县(区)普查办汇总的模式,大大减轻了有关县(区)级普查办的压力,同时也减小了调查工作难度,取得了满意的调查效果。

国有可移动文物收藏单位调查工作始于 2013 年 8 月初,止于 11 月中旬,历时三个半月时间。此次调查,全省共发放调查表 66596 张,回收调查表共 66336 张,应调查国有单位(含公布为各级文物保护单位的宗教活动场所)65652 家,实际调查国有单位 65652 家,反馈收藏有文物的国有单位共 896 家。

四川省结合四川宗教活动场所收藏文物数量多、级别高的实际情况,将公布为各级文物保护单位的宗教活动场所纳入了调查范围,积极会同统战、民族宗教部门推进调查工作,但由于宗教活动场所属于民间组织,调查较为艰难。尽管如此,四川仍基本上掌握了宗教文物在全省的分布情况,甘孜等 14 个市州 307 家宗教活动场所申报文物 11495 件/套。另外,个别市州国有单位名录的更新换代较为滞后,在实际调查中,部分国有单位已合并或注销。基于上述原因,国有单位文物收藏情况调查结束后,一些普查机构仍持续地开展调查工作,在已有的调查结果基础上做出实事求是的修订和补充完善。

2. 国有可移动文物认定工作阶段（2014 年 1 ~ 12 月）

在国有可移动文物收藏单位调查数据汇总的同时，四川各级普查机构及时展开实地文物调查工作。在这一阶段中，文物的信息采集、筛选和认定是工作关键，特别是大量文物系统外的非专业文物收藏单位的藏品，数量庞大，种类繁多、收藏体系多元，需要经过文物认定方可纳入普查范围。四川严格按照国家文物局第一次全国可移动文物普查统一颁布的认定标准，明确认定范围、掌握认定依据、订立认定流程，依托四川省文物鉴定站建立省级专家库指导全省的文物认定工作。各地以县域为基本单元，建立各级普查专家组，根据国有单位文物收藏情况调查的反馈信息，全面组织展开实地文物调查，对各个单位的文物申报信息进行核查认定，组织收藏单位填写《可移动文物信息登记表》和《文物登记卡》，为下一步文物信息登录工作做好准备。

文物认定的程序为：首先由区县级普查办派出专家组，依据《可移动文物信息认定登记表》和《文物登记卡》，结合实地查看的方式，对文物进行初步筛选和认定，去除明显不符合此次普查认定标准的物品，去除复制品和仿造品，无法认定的文物信息报送至市州普查办；市州普查办专家组认定后依旧存疑的文物信息报送至省普查办；省级专家组采取集中审核认定的方式，对存疑的文物进行终审认定；央属和部属单位直接向四川省文物局提交文物认定申请书，并向省普查办提交疑似文物清单。省普查办组织专家赴现场开展文物认定工作。

通过组织专家对全省收藏单位特别是各级图书馆、档案馆、文化馆以及高等院校的文物进行认定，发现了一大批有较高价值的精品文物。

3. 国有可移动文物信息采集登录阶段（2014 年 1 月 ~ 2016 年 8 月）

2016 年 8 月 31 日，全省共采集登录文物 2029342 件，登录注册国有收藏文物单位共计 594 家。调查阶段反馈有文物收藏，但经专家认定，所有藏品均不属于文物的单位不再登录注册，部分单位因不是法人单位也做了归并。

文物信息采集登录是此次普查的核心任务。为确保工作顺利开展，提高工作效率，省普查办积极组织业务培训，指导全省采取了科学有效的工作流程，同时通过技术创新解决了一些工作中遇到的突出困难。

（1）积极组织业务培训

按照国家普查办规定的技术标准和规范，省普查办组织编印了普查工作手册，录制了普查教学视频，确保全省统一标准，规范操作。全省共组织各级各类培训 1576 次，培训人数共计 24690 人次。其中，省级培训共 43 次，参加培训的人数共 1707 人次；市州级培训共 223 次，参加培训的人数共 6594 人次；区县级培训共 1310 次，参加培训的人数共 16389 人次。

表14 四川省第一次全国可移动文物普查培训情况表

行政区划	年度	培训次数（次）	培训人数（人）
合计	2013～2016 年	1576	24690
省级	2013 年	6	302
	2014 年	17	820
	2015 年	15	370
	2016 年	5	215
	合计	43	1707
地市级	2013 年	50	1904
	2014 年	70	1911
	2015 年	64	1825
	2016 年	39	954
	合计	223	6594
区县级	2013 年	377	7306
	2014 年	417	4207
	2015 年	329	3004
	2016 年	187	1872
	合计	1310	16389

（2）勇于开展技术创新

四川博物院有关技术人员认真研究攻关，独立编写完成了"照片批量导入"和"照片重命名辅助工具"两款实用程序，提高工作效率超过3倍，并大大提高了照片重命名准确率。

4. 国有可移动文物数据审核阶段（2015 年 9 月～2016 年 10 月）

在收藏单位审核人、市州普查办用户管理员和审核人、审核组，省普查办用户管理员和审核人的层层把关下，四川文物数据质量过硬，准确性高。经抽查，数据合格率100%，数据质量优等98%以上，平台登录数据质量差错率低于0.2%。

在数据审核阶段，省普查办认真研究收藏单位和各级普查机构的管理权限，制定了科学合理的工作流程和机制，组织全省顺利完成了文物数据审核（初审）工作。

（1）规范工作流程，创新工作机制

首先由收藏单位审核人对本单位文物数据进行审核，会同录入人员修改完善，无误后提交至上级普查办。各级普查办逐级对本地文物数据进行审核后提交至省普查办。考虑到省普查办用户管理员审核数据量较大的问题，省普查专门成立了审核组，在市州数据上传至省普查办之前提前介入，对市普查办平台上的数据进行抽查，并现场指导地方进行修改，待文物数据符合规范后再提交至省普查办用户管理员账号。省普查办用户管理员、审核人审核后再向国家文物局提交。这样既可保证平台登录数据的准确度，也减轻了省普查办工作人员的压力和工作量。

除了提前介入审核的工作机制，为进一步做好省级数据审核，提高审核质量和审核效率，2015 年 9 月起，省普查办认真研究审核方式，组建了 6 支省级审核小组，采取"走下去"和"请上来"两种省级集中审核方式同步开展审核工作。其中，"走下去"组分别前往德阳、阿坝、广安、达州、内江、泸州、资阳、乐山、眉山、巴中和宜宾 11 个市州开展实地审核，发现问题当场修改；"请上来"组把凉山、广元、攀枝花、雅安、绵阳、南充、甘孜、遂宁、自贡和成都 10 个市州报送的数据，集中到省普查办和广汉三星堆博物馆分别进行审核。

（2）认真组织审核，严把审核质量关

四川的数据审核，重点做好了以下几个方面工作。

一是按照《第一次全国可移动文物普查数据审核工作管理办法》，逐条审核文物数据，发现问题同步修改，确保数据合格率达到 100%。

二是审核结果由省市两级审核员分别在《四川省第一次全国可移动文物普查省级审核情况表》上签字确认，审核员对所审核数据负责。

三是针对错误率高的市州，将数据退回其市州普查办，按照省级审核员提出的修改要求全面修改后接受再次审核，直至审核合格。

四是审核组领队负责按照平台申报数核准汇总验收数据，对审核数据与调查阶段申报数有差异的，由市级普查办写出书面说明，待省普查办下一步核查。

五是反复检查审核，尽力杜绝差错。2016 年 1 月，省普查办从平台导出全省所有数据，指派专人对数据进行再次审核。2016 年 8 月，省普查办组织人员按照国家普查办对数据质量的要求，重点开展了指标项一致性问题审查。

（四）质量控制

为做好质量控制，四川省重点把握了以下几个环节：

1. 强化技术支持

为畅通对基层普查办和收藏单位的沟通渠道，省普查办公布了咨询电话，建立了覆盖全省普查机构和收藏单位的工作 QQ 群，及时提供电话及网络答疑。为使工作更有针对性，加强与各地的紧密联系，省普查办建立了普查督导区域专管员制度，指派专人分别负责相应市州以及相关行业普查工作的技术指导和督促。为与国家的要求保持一致，省普查办积极与国家普查办沟通汇报，请求解决技术问题。

2. 加强实地督导

普查工作开展以来，省文物局、省普查办组织了 60 余次实地调研和督导，既与地方普查机构领导座谈督促普查任务落实，又率技术人员现场答疑解惑，解决技术困惑。为督促高校的普查工作并做好高校普查的质量控制，省文物局会同省教育厅组织了 3 批高校普查工作专项督导。

3. 坚持工作通报

为推广先进的工作方法，同时也为鼓励先进，鞭策后进，省普查办建立了普查工作月度通报机制。每月的普查工作通报分送至国务院第一次全国可移动文物普查领导小组办公室；四川省第一次全国可移动文物普查领导小组组长、副组长、成员；各市（州）文化（文物）局；四川省文物局局领导；省直各文博单位。

（五）普查工作总结情况

1. 认真组织普查总结和名录编制

2016 年 6 月省普查办组织各级普查机构启动普查总结工作。2016 年 8 月 31 日，全省 21 个市州、184 个区县均全面完成《第一次全国可移动文物普查工作报告》以及《第一次全国可移动文物普查国有可移动文物收藏单位名录》编制，对普查工作进行了认真总结，并形成初步成果。

2. 完成普查专项调查

四川省文物局在完成国家文物局《高等院校可移动文物调查、认定、登记和管理机制》课题研究基础上，按照出版要求对研究报告进行了深入研究和完善，梳理和总结了高等院校普查工作亮点与得失，并提出对策和建议。

3. 及时开展普查先进评选表彰

2016 年 10 月，四川省人力资源和社会保障厅、四川省文化厅联合印发《关于表彰四川省第一次全国可移动文物普查工作先进集体、先进个人的决定》，表彰先进集体 30 个，表彰先进个人 127 名。

三、普查工作成果

在国家文物局和国家普查办的部署和指导支持下，在四川省人民政府的直接领导下，四川省第一次全国可移动文物普查圆满完成各项工作任务，实现了预期目标。

（一）全面掌握国有可移动文物资源情况及价值

1. 通过调查和文物数据采集登录，全面掌握文物资源状况

四川全面掌握了国有文物收藏单位、国有可移动文物的数量及分布，新发现并登录了一大批库存长期未得到整理的文物。同时，也全面了解了文物保护利用状况以及文物管理基础工作，详细掌握了收藏单位特别是基层收藏单位在人员配备、经费收支、账目管理、陈列展览等方面状况，为加强文物的管理和利用提供了依据。此次普查，将文物系统外的国有文物纳入保护管理视野，对于加强行业管理具有十分重要的意义。

2. 通过文物认定，发现文物突出价值

在很多非文博系统收藏单位的旧藏中，有许多极其珍贵的藏品，长期以来没有鉴定，无法确定文物等级并充分认识文物价值。文博系统内一些收藏单位，也有许多旧藏的文物长期以来没有进行过整理研究。此次普查，明确了全面清理库房并对所有文物藏品进行全面采集登录的工作任务，许多收藏单位利用此次普查的契机，并借助文物认定专家，对旧藏进行了认真细致的整理研究，重新认识了文物的突出价值。比如，在四川音乐学院，专家们一致认为其中的张善孖《虎啸图》、清光绪红木镜屏以及多位名人的入学档案具有较高的价值，为近现代文物中的精品。省普查办组织专家在西华师范大学共认定文物 564 套，1199 件。经专家仔细鉴定，对部分精品进行了定级，共认定二级文物 1 套共 2 件，三级文物 50 套共 51 件。专家们一致认为其中的川陕苏区纸币布币、中华苏维埃共和国川陕省工农银行纸币、明代龙泉青瓷盘、宋代炉卦双龙纹带钮铜镜等具有较高的价值，宋代炉卦双龙纹带钮铜镜为研究宋代道教文化的重要物证。阿坝州第一次清库发现了一批古籍善本，包括《戊戌房书·大题汇删观》《程墨约矩》《程墨坊士集》等清代初期的文献资料，以及清嘉绒屯兵云豹皮帽和清沃日安抚司铜印两件颇为珍贵的文物。再次清库针对 20 世纪 80 年代在汶川县阿坝铝厂出土的窖藏古钱币清理，成效显著，阿坝州文物管理所通过此次窖藏钱币清理，进一步摸清了馆藏古钱币家底，其成果将为研究岷江上游地区的社会、经济、历史、民俗等提供准确的第一手资料。四川博物院对 20 世纪五六十年代囿于文物保护条件所限而封箱保存的物品和当时鉴定拟处理文物进行彻底清理和价值重新审视，新增入藏 20388 件/套文物。

3. 通过调查，了解文物保管薄弱环节

普查发现，部分文物收藏单位在文物管理使用中存在不同程度的问题，尤其是非文博系统收藏单位，文物管理使用的基础工作十分薄弱，主要存在以下问题：一是文物管理人员配置极度匮乏，全省 594 家文物收藏单位共有专职文物保管员 1209 人，平均每家单位 2.04 人，不少基层收藏单位真正从事藏品管理工作的就 1~2 人，无法实行总账、分类账及库房责任人的职能切分，往往一人身兼数种管理工作职能，可见文物保管队伍建设亟待加强。二是文物利用不足，尽管大多数文物收藏单位已经向公众开放，成为本地区公共文化服务体系的重要组成部分，有效发挥了文物的科研、教育、文化传播功能，做到了藏品的合理利用。但仍有相当部分的收藏单位将文物"束之高阁"，文物基础研究工作近乎停滞，更谈不上为社会公众服务。

（二）健全文物保护体系，促进文物保护工作

1. 完善了文物建档基础工作

通过普查与档案数据整理，四川新建及重建藏品账目档案的收藏单位数量为 403家，新建及重建藏品账目档案的文物数量为 314781 件/套。其中文博系统新建及重建藏品账目档案的文物数量为 119924 件/套，非文博系统新建及重建藏品账目档案的文物数量为 194857 件/套。特别是以高校博物馆为代表的非文博系统文物收藏单位，通过普查工作，积极推进文物建档，取得十分显著的成效，解决了长期以来文物账目档案不规范的问题。

2. 健全了文物保护制度和规范

在省普查办的积极推动下，在各级文物部门、地方政府及基层单位的共同努力下，四川省大部分地区已经形成了一套科学合理的工作流程，并完善了可移动文物调查、认定、等级和管理利用制度，形成了可持续性的管理制度和规范。全省各类文物收藏单位基本建立了相关的文物制度和工作规范。

3. 改善了文物保管设施

普查工作的实施，增强了各级政府和相关部门对国有可移动文物保护工作的了解、关注和支持，极大地促进了文物保管设施的改善。四川大学博物馆在国家和学校的支持下，先后完成了库房改造中的藏品密集架项目、文物存储盒箱项目和瓷器文物修复项目。巴中市大部分文物收藏单位文物库房功能和设施简陋，缺乏防盗、防震、防火设施以及必要的环境控制设备，文物藏品基本处于自然保存状态。加之馆藏文物科技保护及研究工作开展较少，致使部分受损文物不能得到及时的保护，保存状况较为严峻。对此，各级普查单位积极争取资金改善文物保存环境，如：川陕革命根据地博物馆、南江县博物馆、川陕苏区将帅碑林纪念馆 3 家单位对文物库房设施设备进行了更新，使文物保存环境得到了根本改善，文物保护效果有了很大提升。普查工作开始之前，泸州市江阳区文管所和龙马潭区文管所均无文物库房，文物随处堆放，安全隐患十分严重。普查期间，这一现象得到当地政府的重视，江阳区政府划拨资金，为江阳

区文管所修建了 300 平方米文物库房，并安装了安防设备，文物有了栖身之地。泸州各县主要文物收藏单位也相继改善文物保存环境，更新了恒温、监控设施，添置了铁皮柜、除湿机、空气采样头等设备，并实现文物囊匣保护。广安市第一次全国可移动文物普查期间，市级中心库房完成文物囊匣升级（可防虫、防霉、防震），更新了恒温、监控设施，添置了除湿机、空气采样头等设备。县级文物库房也根据实际添置铁皮柜、囊匣，完善监控、防盗、防火设施设备。

（三）充分发挥文物在经济社会发展中的重要作用

1. 举办文物普查成果展示宣传

在文物普查工作中，各地同步推进各种形式的普查成果展览、展示，将普查最新成果及时向社会公布，让公众能够通过直观的展示语言学习文物科普知识、了解文物普查工作的重要意义。普查期间，四川省各市州共举办文物普查成果展 140 次，展出文物 24011 件/套，接待观众 64837006 人，产生了广泛的社会影响力。

2. 推进文物信息资源共享

四川省充分利用普查取得的数字成果，通过互联网、移动网络终端平台、微博、微信等新媒体实现文物信息的社会共享。普查期间全省通过网站、微博、微信等媒体平台公开发布文物信息 95886 件/套。成都市文物信息中心在成都数字文化文物信息平台建设成果的基础上推出成都数字文化文物信息平台青少年版（青青锦点），同时推出"锦城家珍"数字博物馆项目，搭建成都市博物馆精品文物专题系列数字展厅，以科技与文化相融合的模式，通过线上线下联动体验，充分展现成都悠久的历史和深厚的文化底蕴，更好地宣传成都文化形象。巴中等市州文物部门积极鼓励文物收藏单位开展文物的数字化展示工作，文物信息资源共享初见成效。

3. 促进文物研究水平提升及成果转化，实现文物研究的大众化传播

四川博物院等文物收藏单位率先依托文物普查成果，出版《第一次全国可移动文物普查成果选编》等文物精品图录，并公开向社会发行，使社会公众能够享受到普查工作成果，实现文物收藏单位为观众服务、为社会服务的职能。在编写文物图录的基础上，各市州依托普查成果积极开展科研工作和科普读物的出版。泸州、遂宁等市州积极与科研单位合作，依托可移动文物普查数据，先后编写了《泸县宋代石刻》《泸县宋代墓葬石刻艺术》《遂宁文物》《图说遂宁宋瓷》《民国时期的遂宁》等专业书籍和大众读物，有效促进了本地区历史文化的宣传。

4. 加强文物资源整合和创新开发，教育活动与文创产品两翼齐飞

普查中，四川省文物局、省普查办要求各地各单位以普查成果为基础，加强文物

精品课程和示范活动的研发，建立文物教育资源库和项目库，实现藏品资源社会价值和社会效益最大化。全省共设计教育项目 29 个，开展活动 160 余项，编制了科普读物 11 册。同时，推动收藏单位深入挖掘文化资源的价值内涵和文化元素，开发艺术性和实用性统一的文化创意产品和兼具文化内涵、科技含量、实用价值的数字创意产品，取得较丰硕的成果。

建　议

为进一步加强文物保护利用，充分发挥第一次全国可移动文物普查成果价值，现提出如下建议。

1. 进一步健全文物保护管理体制

各级政府要严格遵循文物保护"五纳入"的要求，不断深化文物保护的体制改革，加强文物保护管理机构建设和职能配置，规范各级文物保护单位的管理程序。按照属地管理、分级管理、权责一致、监管到位的原则，明确文化遗产保护管理的责任、权利和义务，建立责权明晰、效能统一的文化遗产事业管理体系，并逐步强化文物行政部门对文物的管理权。

2. 重视基层文物保护的队伍建设

文物保护专业技术人员严重匮乏是基层文物收藏保护单位普遍面临的最主要问题，在很大程度上影响着该地文物保护工作的正常开展。文物保护领域所需的各类专业人才，尤其是文物保护规划、修缮工程设计、展览陈列设计、传统建筑维修、藏品管理展示、文物修复与科技保护等专业技术人员严重短缺。建议针对以上问题，不断加强文物保护队伍建设，加强现有从业人员的培养，组织开展各种类型的进修、培训，提高文物保护队伍素质，增强文物保护工作能力。同时建议增加编制，建立引进人才、留住人才的人事流动良性机制，稳定文保队伍，促进文博事业和产业的发展。

3. 进一步完善文物保护的法制建设

文物保护的法制建设和文物行政执法是文物工作的重要保障，进一步促进健全完善文物保护法规体系，尽快将普查成果纳入到整体规划管理和法律保护轨道中来。文物部门应针对现代社会中文物保护工作出现的新情况、新问题，将现有法律保护模式进行归纳整理，既要研究专门针对单项文物、系列文物的有效手段，又要强化和改善可移动文物保护法培训，探讨利用行政、民事和刑事三种模式对可移动文物进行特别保护和综合保护相结合的对策抉择，提高法律调控作用和约束力的有效性。

4. 加大基层地区和单位的文物保护资金投入

"十二五"期间，国家财政、四川省财政及各市州政府对文物事业投入的经费在逐步增加，但文物保护经费的需求与供给之间仍存在严重的资金缺口。此次可移动文物普查数据显示，四川省未定级文物达到 1253307 件，占总量的 61.76%，需要投入大量人力物力组织开展文物的巡回鉴定工作。从文物完残程度看，残缺或严重残缺的占总量的 17.14%，保存状况不容乐观。因此，呼吁加大对文物保护的资金投入力度，将文物保护真正纳入经济社会发展规划、纳入财政预算，争取各级财政随经济增长而同步增加文物保护专项经费。

5. 建立文物登录长效机制

建议在国家和省设立文物登录的专门管理机构，制定文物登录相关制度，建立文物登录的长效机制，一是确保已登录文物数据的安全存储和合理利用；二是收藏单位的新增文物应及时在平台登录；三是不断完善平台技术，拓展功能，方便用户管理使用。

6. 加快国家文物管理登录制度的顶层设计

第一次可移动文物普查是一项旨在全面掌握国家文物资源、加强文物保护、建设文化遗产强国的国家工程。此次普查仍有一批国有企业，因其行业的特殊性，大量珍贵藏品未纳入此次普查，如何推动这些国有单位开展文物保管和保护，需要针对国有文物管理登录主体、客体的特殊属性开展专题研究，并从国家层面完善管理制度。

7. 进一步夯实文物保护的公众基础

民众参与文物保护机制的建设和完善是文物保护事业发展中的一项重要任务。要加强引导，充分尊重和维护民众与文化遗产之间的关联和情感，利用各种方式方法拓展民众参与文化遗产保护的渠道，普及各类文化遗产保护知识，培养民众用可持续发展的科学观来理性审视文化遗产保护活动，并将民众与文化遗产之间的情感提炼为强势的主观需求，引导当地居民倾心地、持久地自觉守护，实现文化遗产应有的尊严，维持普查成果旺盛的生命力。

贵州省
第一次全国可移动文物普查工作报告

2013～2016 年，根据国务院《关于开展第一次全国可移动文物普查的通知》要求，在国家文物局统一安排部署下，贵州省开展了为期 4 年多的第一次可移动文物普查工作，得到了全省各相关部门和单位的大力支持，受到了社会各界的广泛关注。第一次全国可移动文物普查，是新中国成立后首次针对可移动文物开展的普查，是继第三次全国文物普查后文化遗产领域又一次重大国情国力调查，是确保国家文化安全、保障人民群众基本文化权益的重要措施，是健全国家文物保护体系的重要基础工作，将有利于掌握和科学评价我国文物资源情况和价值，加大文物保护力度，进一步促进文物资源整合利用，丰富公共文化服务内容，有效发挥文物在经济社会发展中的积极作用。

贵州可移动文物数量众多、种类丰富、特色鲜明、价值突出，红色革命文物、少数民族文物、古生物及古人类化石等，都是贵州历史文化和民族精神的实物见证及文化遗产资源的重要组成部分。本次普查的目的，是要了解贵州省国有文物资源分布情况，建立文物信息登录制度，健全文物保护体系，全面掌握文物保存状况和保护需求，实现文物资源动态管理，推进信息资源社会共享。在贵州省人民政府的领导及全社会的支持下，全省文物工作者、各有关部门和单位共同努力，本次普查中共调查省内国有单位 36076 家，反馈有疑似文物的国有单位 653 家，经认定确定收藏有文物的国有单位 307 家，共登录文物 398290 件，新发现、新认定文物 50643 件/套，协助 292 家收藏单位新建或重建了藏品账目及档案，为 87897 件/套文物新建了藏品账目及档案。所有藏品均完成了登录及省级审核工作，全面完成了各项普查工作任务，基本摸清了贵州省国有可移动文物家底，取得了丰硕的成果。

普查过程中发现贵州文物工作基础薄弱，专业人才不足，硬件条件落后，社会对文物保护工作的理解和认识不够，文物资源向社会提供服务的程度较低等问题。贵州省文物局以普查为契机，提高对于文物保护工作的重视程度，加大对文物基础工作的投入力度，培养更多文物专业人才，积极向社会宣传文物保护的概念和社会意义，促进文化产品的开发，进一步向社会提供更丰富、更优质的公关文化服务。

"让文物活起来"是中共中央总书记习近平同志对全国文物工作者提出的要求。第一次全国可移动文物普查对于提高全省文物保护管理水平，培养锻炼文物保护队伍，增强全社会文化遗产保护意识，发挥文物资源在社会精神文明建设中发挥作用，丰富人民群众的精神文化生活具有重要意义。在实现贵州中国梦的征程中，特别需要构筑"精神高地"，特别需要有文化作为和文化贡献。做好可移动文物普查，有利于进一步推动全省多民族文化大发展大繁荣，对贵州建设文化强省、提升贵州中国梦的向心力和凝聚力具有十分重要的意义。

一、贵州省普查数据

截至 2016 年 10 月 31 日，贵州省在全国可移动文物信息平台登录可移动文物 184096 件/套，实际数量为 398290 件。其中，珍贵文物 6336 件/套，实际数量为 10680 件。登录可移动文物信息的收藏单位 307 家。

（一）贵州省可移动文物基本情况

1. 类别

表 1　可移动文物类别

可移动文物类别	可移动文物实际数量（件）	实际数量占比（％）
合计	398290	100.00
玉石器、宝石	10343	2.60
陶器	3992	1.00
瓷器	10133	2.54
铜器	4627	1.16
金银器	7282	1.83
铁器、其他金属器	3777	0.95
漆器	152	0.04
雕塑、造像	696	0.17
石器、石刻、砖瓦	6457	1.62
书法、绘画	10752	2.70

可移动文物类别	可移动文物实际数量（件）	实际数量占比（%）
文具	457	0.11
甲骨	1	0.00
玺印符牌	2147	0.54
钱币	29460	7.40
牙骨角器	1007	0.25
竹木雕	3743	0.94
家具	1137	0.29
珐琅器	5	0.00
织绣	20318	5.10
古籍图书	215331	54.06
碑帖拓本	5958	1.50
武器	955	0.24
邮品	406	0.10
文件、宣传品	21575	5.42
档案文书	17510	4.40
名人遗物	751	0.19
玻璃器	1134	0.28
乐器、法器	1193	0.30
皮革	166	0.04
音像制品	141	0.04
票据	2945	0.74
交通、运输工具	34	0.01
度量衡器	164	0.04
标本、化石	6395	1.61
其他	7146	1.79

2. 年代

（1）可移动文物年代类型

表 2　可移动文物年代类型

可移动文物年代类型	可移动文物实际数量（件）	实际数量占比（%）
合计	398290	100
地质年代	5974	1.50
考古学年代	5096	1.28
中国历史学年代	356853	89.60
公历纪年	15250	3.83
其他	2605	0.65
年代不详	12512	3.14

（2）可移动文物中国历史学年代分布

表 3　可移动文物中国历史学年代分布

可移动文物中国历史学年代	可移动文物实际数量（件）	实际数量占比（%）
合计	356853	100.00
夏	0	0.00
商	63	0.02
周	285	0.08
秦	8	0.00
汉	14155	3.97
三国	6	0.00
西晋	17	0.00
东晋十六国	111	0.03
南北朝	475	0.13
隋	10	0.00
唐	243	0.07
五代十国	30	0.01
宋	2112	0.59
辽	2	0.00
西夏	2	0.00

可移动文物中国历史学年代	可移动文物实际数量（件）	实际数量占比（%）
金	32	0.01
元	282	0.08
明	8794	2.46
清	227381	63.72
中华民国	45331	12.70
中华人民共和国	57514	16.12

3. 级别

表 4　可移动文物级别

可移动文物级别	可移动文物实际数量（件）	实际数量占比（%）
合计	398290	100.00
一级	747	0.19
二级	2404	0.60
三级	7529	1.89
一般	64668	16.24
未定级	322942	81.08

4. 来源

表 5　可移动文物来源

可移动文物来源	可移动文物实际数量（件）	实际数量占比（%）
合计	398290	100.00
征集购买	90564	22.74
接受捐赠	28355	7.12
依法交换	34	0.01
拨交	12963	3.25
移交	24065	6.04
旧藏	211204	53.03
发掘	23866	5.99
采集	4415	1.11
拣选	670	0.17
其他	2154	0.54

5. 入藏时间

表6　可移动文物入藏时间范围

可移动文物入藏时间范围	可移动文物实际数量（件）	实际数量占比（%）
合计	398290	100.00
1949年10月1日前	10375	2.60
1949年10月1日~1965年	145492	36.53
1966~1976年	13216	3.32
1977~2000年	78746	19.77
2001年至今	150461	37.78

6. 完残程度

表7　可移动文物完残程度

可移动文物完残程度	可移动文物实际数量（件）	实际数量占比（%）
合计	394838	100.00
完整	84828	21.48
基本完整	277905	70.38
残缺	26242	6.65
严重残缺（含缺失部件）	5863	1.48

注：根据国家文物局《关于做好馆藏自然类藏品登录工作有关要求的通知》的要求，登录的自然类藏品3452件（组），不填写"完残程度"指标项。

（二）贵州省可移动文物分布情况

1. 按收藏单位隶属关系统计可移动文物数量

表8　可移动文物数量分布（按收藏单位隶属关系）

收藏单位隶属关系	可移动文物实际数量（件）	实际数量占比（%）
合计	398290	100.00
中央属	0	0.00
省属	177621	44.60
地市属	143364	35.99
县区属	75712	19.01
乡镇街道属	762	0.19
其他	831	0.21

2. 按收藏单位性质统计可移动文物数量

表9　可移动文物数量分布（按收藏单位性质）

收藏单位性质	可移动文物实际数量（件）	实际数量占比（%）
合计	398290	100.00
国家机关	2599	0.65
事业单位	375766	94.34
国有企业	19423	4.88
其他	502	0.13

3. 按收藏单位类型统计可移动文物数量

表10　可移动文物数量分布（按收藏单位类型）

收藏单位类型	可移动文物实际数量（件）	实际数量占比（%）
合计	398290	100.00
博物馆、纪念馆	137192	34.45
图书馆	146317	36.74
美术馆	0	0.00
档案馆	12273	3.08
其他	102508	25.74

4. 按收藏单位所属行业统计可移动文物数量

表11　可移动文物数量分布（按收藏单位所属行业）

行业	可移动文物实际数量（件）	实际数量占比（%）
合计	398290	100.00
农、林、牧、渔业	8	0.00
采矿业	0	0.00
制造业	416	0.10
电力、热力、燃气及水生产和供应业	0	0.00
建筑业	30	0.01
批发和零售业	0	0.00
交通运输、仓储和邮政业	15	0.00
住宿和餐饮业	9	0.00
信息传输、软件和信息技术服务业	0	0.00

行业	可移动文物实际数量（件）	实际数量占比（%）
金融业	0	0.00
房地产业	0	0.00
租赁和商务服务业	0	0.00
科学研究和技术服务业	53	0.01
水利、环境和公共设施管理业	0	0.00
居民服务、修理和其他服务业	4	0.00
教育	48615	12.21
卫生和社会工作	0	0.00
文化、体育和娱乐业	336634	84.52
公共管理、社会保障和社会组织	12506	3.14
国际组织	0	0.00

二、贵州省普查工作实施情况

（一）普查组织机构的建立

1. 普查机构的建立

根据国务院《关于开展第一次全国可移动文物普查的通知》文件要求，贵州省文物局从 2012 年底开始准备普查相关工作。2013 年 6 月 6 日，贵州省人民政府印发了《省人民政府关于开展第一次可移动文物普查的通知》，成立了由分管副省长负责的贵州省第一次可移动文物普查工作机制，统筹协调解决普查工作涉及的重大问题。贵州省文物局负责具体工作的组织和协调，随即建立了贵州省第一次可移动文物普查办公室，确定了由省政府办公厅、省文化厅、省委宣传部等 20 个部门共同参与的贵州省第一次可移动文物普查联席会议制度。全省 10 个市、州均建立了市州级普查办，区县级普查办建立了 92 个（含 88 个区县和 4 个特区），标志着贵州省普查工作正式启动。

本次普查范围包括贵州省行政区域内各级国家机关、事业单位、国有企业和国有控股企业等各类国有单位收藏保管的国有可移动文物。为有效推动普查工作，省文物局分别和省文化厅、省教育厅、省民政厅、省国资委、省档案局联合转发了国家文物局和文化部、教育部、民政部、国务院国资委、国家档案局关于积极做好各部门普查工作的通知，并根据贵州实际情况，分别与省民委、省宗教局、省委党史研究室联合印发了关于积极做好民族、宗教、党史部门普查工作的通知，并与省财政厅联合转发了关于普查经费保障与管理的通知。文物部门与这 9 个行业系统的联系协调机制，明确了普查的任务和责任，提供了普查技术支持，为积极争取各行业系统的理解和配合打下了基础。另外，根据贵州省文物专家和技术人才力量主要集中在各大型专业文博收藏单位的实际情况，省普查办要求并指导省博物馆、省民族博物馆、省考古研究所、省图书馆等 4 家省级重点收藏单位建立了由分管领导负责的普查工作组，以单位内部专家及技术人才为主力，自行开展并协助省普查办推进普查工作。省普查办和贵州大学、贵州画院、贵州茅台酒厂（集团）公司等 9 家省属国有收藏单位建立了普查联系机制，以省级专家和技术人员力量协助其开展各项普查具体工作。

2. 普查实施方案

2013 年 7 月 17 日，贵州省政府召开了贵州省第一次可移动文物普查电视电话会议，贯彻落实国务院第一次全国可移动文物普查电视电话会议精神，安排部署全省第一次可移动文物普查工作。副省长出席会议并作重要讲话。省文化厅副厅长、省文物局局长介绍了贵州省第一次可移动文物普查前期工作情况，并就全省普查工作安排以及具体问题做了说明。省财政厅副厅长代表有关部门做了发言。7 月 25 日，省普查办印发了《贵州省第一次可移动文物普查工作方案》，明确了普查的意义、目标、范围和内容，根据属地管理、分级负责的原则，按照属地调查与行业调查相结合、单位自查申报与集中调查相结合、传统调查方法和新技术应用相结合的原则，确定可移动文物普查技术路线。本次普查将统一标准，规范登记，统一平台，联网直报，以县域为单位，各国有单位按照属地原则，在所在区（县）普查机构完成普查登记。确立了各级普查组织机构的职责。确立了普查的重要时间节点和分三个阶段进行的工作部署：第一阶段，建立机构、编制方案、组建队伍、开展培训和试点工作，以县（市、区）域为基础，开展国有单位收藏文物情况调查及普查登记；第二阶段，开展文物认定，文物信息采集、数据审核、整理等，全面完成信息数据登录；第三阶段进行普查资料的整理、汇总和公布普查成果。全省 10 个市州、92 个区县随后陆续印发普查通知及工作方案，贵州省普查工作全面展开。

3. 普查经费保障

2013 年 8 月 8 日，省财政厅、省文化厅、省文物局三家单位联合转发了《财政部国家文物局关于加强第一次全国可移动文物普查经费保障与管理的通知》，明确要求此次普查经费由同级财政负责，各市（州）、区（县）要认真按照省政府要求，切实将可移动文物普查所需经费列入统计财政预算，专款专用。对普查经费落实得好，保障有力的市（州）、区（县），省级财政、文物部门在分配中央及省级文物专项经费时予以倾斜。要求各地财政文物部门要合理安排预算，建章立制、加强管理，规范资金支出渠道和开支范围，把资金管好用好，确保每一分钱都用在刀刃上。在普查工作中，应充分利用现有成果和条件，在已有文物数据中心的统一平台上完成各项技术工作。要按照中央八项规定和厉行节约、反对浪费的要求，在确保普查任务完成的同时，避免重复建设、资源浪费。同时，各地财政部门要切实加强文物普查资金使用情况的监管，加强普查中的国有资产管理，防止国有资产流失，提高资金使用的安全性和有效性。2014年6月12日，省财政厅、省文物局联合下发《关于开展第一次全国可移动文物普查经费保障专项督察工作的通知》，肯定了积极落实普查经费，推进普查工作，取得的阶段性成果。针对一些地方仍然存在普查经费不落实，影响普查工作顺利开展的问题，对各地普查经费保障情况进行专项督察。要求各市、州财政部门和文化文物部门成立联合督察组，全面开展自查并对本行政区域进行督察，汇总本级及所辖各区县普查经费落实情况，6月30日前将自查（督察）报告和《第一次全国可移动文物普查经费落实情况表》分别报送省财政厅和省文物局。省财政厅、省文物局将根据情况进行实地重点督察，督察结果向财政部和国家文物局作专题报告。这次自查与督察工作同步展开，及时发现了普查经费预算安排和实际落实过程中存在的问题，督促各地落实普查经费列入年度财政预算，专项安排，及时足额拨付到位，为一些经费落实不到位，影响普查工作进展的地区争取了财政支持。

4年多来，全省共计落实普查经费约2467.89万元，其中省级经费542万元，市州级经费640.71万元，区县级经费1285.18万元；2013年落实经费561.01万元，2014年落实经费780.17万元，2015年落实经费637.51万元，2016年落实经费489.2万元，为普查工作的推进提供了必要的财力支持。普查期间，省级和各市（州）都得到足额的经费保障，但由于贵州整体经济情况较为落后，财政困难的贫困地区还有很多，部分区、县普查经费落实情况不理想，个别地区存在没有专项经费，只能从文物工作经费中分拨，到位率很低的情况。省普查办从省级可移动文物普查经费中，多次向重点收藏单位，各市（州）、区（县）拨付普查专项经费共计300余万元，督促各级普查办切实了解基层实际需求，提供各类硬件设备支持，在做好普查工作的同时也要做好可移动文物保护的基础性工作。

4. 普查队伍建设

根据普查工作方案要求，全省各级普查办均建立了普查队伍，普查员实行统一登记，持证上岗，分级管理，全员培训。全省共1419人申领了普查员证，参与普查工作的人员共3108人。其中省级普查工作人员193人，市州级417人，区县级2498人；各级普查办936人，收藏单位801人，普查专家219人，参与普查的志愿者有1152人。根据贵州省实际情况，区县级普查办难以组织专家力量进行认定或审核，市州级普查办主动承担了大部分技术支援工作。形成了以省普查办为核心，各市、州普查办具体操作，具体负责，省级专家组实地督察指导，上下联动的工作机制。普查期间，除了经调查没有收藏有文物的国有单位的贵安新区之外，省普查办工作组和省级专家组，走遍贵州九个市州、几十个重点区县普查办及各大收藏单位，解决了大量基层遇到的实际问题和困难，督促改进工作方法和工作思路，为有效推进全省普查工作进度提供了人员保障。全省的普查志愿者主要来自各大高校，以历史考古等相关专业的在校大学生为主，主要负责协助各大收藏单位的文物信息采集和录入工作。专业对口的志愿者一方面发挥了自身专业的特长能更快的熟悉工作，另一方面也从大量实践文物工作中增长了见识，积累了宝贵的经验，为全省文博系统培养锻炼了后备人才力量。

（二）贵州省普查工作组织实施

1. 国有可移动文物收藏单位调查

2013 年 8 月 23 日，贵州省普查办印发了《关于认真做好贵州省第一次可移动文物普查工作的通知》，进一步对普查工作中应提高认识，建立机构，开展单位调查，规范标准和宣传动员等工作进行强调和要求。9～10 月，省普查办工作组对部门市级、区县级普查办及重要收藏单位开展了实地调研。10 月 25 日，印发了《关于我省第一次可移动文物普查第一阶段工作中若干问题的通报》，就普查启动以来各地的工作进度及出现的问题进行了通报，针对个别单位或市、州普查办落实工作不到位，单位调查进度滞后，调查数据存在疑问等情况，进行了严肃批评并限期改正。由于行动迅速，措施得力，贵州省国有单位收藏文物情况调查工作进展顺利，之后又抓紧开展了复查工作，对反馈有文物的单位名单再次核实确认，为开展专家认定工作打下了基础。

根据本次普查要做到全面覆盖所有国有单位，摸清国有文物家底的工作要求，贵州省依照属地管理原则，各级普查办从当地编办、统计、工商等部门获取国有单位名单，相互对照填补删重，形成基础名单。然后通过电话或实地查访，将已合并、撤销、改制和正在组建中的单位删除，最终形成以区县级为单位的行政区域内国有单位名录。全省共计国有单位 36076 家，其中国家机关 8149 家，事业单位 24223 家，国有企业及国有控股企业 3197 家，其他类别国有单位 507 家。共发放《国有单位文物收藏情况调查登记表》36076 份，覆盖率达到 100%，各级普查办分工协作，层层落实，力求做到普查登记的不遗漏、不错发、不交叉。全体普查员任劳任怨，主动投入，认真负责，把普查登记和普查宣传结合起来，对调查单位耐心解答，争取绝大多数单位的理解与配合。

第一阶段贵州省反馈有疑似文物的国有单位有 653 家，占登记国有单位总数的

1.81%。博物馆、纪念馆和陈列馆等专业文物收藏单位74家，图书馆34家，档案馆8家，其他国有单位537家，非文物收藏单位占反馈有文物的单位为82.2%。653家国有单位分布于19类行业，所占比例较大的集中在文化、体育和娱乐业（299家，所占比例为45.7%）、公共管理、社会保障和社会组织（214家，所占比例为32.7%）、教育（86家，所占比例为13.2%）等三类；其他16类行业、系统共计54家，所占比例为8.2%。经过反复核实，并组织专家组进行认定筛选后，最终确定收藏有文物的国有单位共307家，含省属单位13家，地市属单位43家，区县属单位224家，乡镇街道属23家、其他4家。

2. 文物认定

2014年3月6日，省普查办下发《关于认真做好我省第一次可移动文物普查第二阶段准备工作的通知》，要求各级普查办继续做好第一阶段国有单位文物收藏情况调查的复查工作，并统计所有文博单位及非文博单位保管藏品的属别、数量和大致分类，为开展专家组文物认定工作提供基础数据。经过复查和统计，贵州省国有非文博单位共计446家，待认定文物数量71872件/套。在非文博单位中，中央属及省属单位32家，待认定文物32230件/套，地市属单位29家，待认定文物9654件/套，县区属及街道和其他单位17家，待认定文物59件/套。待认定文物主要类型有书籍、印章、革命文物、民族文物、金银器、石器、陶器、化石等，各地根据文物资源分布情况和类别侧重，组建专家组准备开始认定工作。

2014年7月，省普查办组织召开了普查工作会议并举办了全省可移动文物信息采集及登录平台骨干培训班，特邀请专家进行了全国可移动文物信息登录平台相关操作的培训，省内专家也就文物认定，信息采集和拍摄等实际操作工作方法和标准进行了授课，贵州省普查第二阶段工作全面展开。8月，安顺市、铜仁市、黔西南州等市州成立了专家认定组，奔赴各区（县）指导开展文物认定工作。贵安新区针对工作重点和难点，到反馈有文物的白马寺等宗教单位进行了实地调研，最终确认辖区内反馈疑似有文物的几家单位的藏品都属于私人所有，不属于本次普查范围。六盘水市赴辖区内各区（县）开展专项督察，对发现的问题提出了针对性解决方案。在文物认定工作开展过程中，也遇到了新的困难和问题，主要表现在：①各级普查办普遍缺乏专职工作人员、文物拍摄和电脑操作技术人员；②县级普查办基本上无可移动文物专家，无法独立完成文物认定工作；③个别区（县）由于领导重视不够，普查经费仍然没有落实，特别是对普查工作必要的硬件设备投入认识不足，以致文物信息采集和数据录入等工作不能开展；④部分市（州）普查办对工作中存在的问题缺少有效解决方法。省普查办根据各地工作进展，加强调研，及时总结推广普查工作中各地的有益方法和经验，及时发现问题并解决问题，扎实推进全省可移动普查工作。2014 年 10 月，省普查办印发了《关于加快推进我省可移动文物普查文物认定和数据采集报送等工作的通知》，对文物认定工作的进度和计划提出了具体的时间要求，要求各地倒排工期，逐月制定完成计划并汇报进展程度，省普查办定期全省通报各地完成情况，并对进度不理想的市、州予以指导督促。至 2014 年底，贵州省各级专家组对反馈有文物的收藏单位全部完成了认定工作，共认定文物 50643 件/套，协助 292 家收藏单位新建或重建了藏品账目及档案，为 87897 件/套文物新建了藏品账目及档案。

3. 数据登录

贵州省从 2014 年 7 月全面开始在全国可移动文物信息登录平台开展登录工作。省级和市州级人才力量较强的各大专业文博单位独力开展文物信息采集和平台登录工作，各级普查办主动承担起不具备专业知识和缺乏专业人员的非文博国有收藏单位的文物信息采集和平台登录工作。受重视程度不够、技术力量有限、基础资料薄弱、对"统一平台，联网直报"工作模式不熟练等因素影响，全省至 2014 年底共登录藏品数量 17435 件/套，含珍贵藏品 1018 件/套，只完成了总申报量 15% 左右的登录工作。9 个市/州中，有 4 个没有达到省普查办要求完成的 20% 的登录量，其中两家不到 10%，进度不够理想。

2015 年贵州省调整工作思路，加强培训和监督。5 月 25 日全省普查工作会议及骨干培训班之后，省普查办实地督察指导工作，要求各市、州普查办根据实际工作量，合理制定下半年月度工作计划。省普查办每月月初公布进度排名，根据各地报送的进度计划严格核查，一次不达标点名督促，两次不达标全省通报，责令整改。至 6 月 15 日，全省平台登录藏品总量达 41140 件/套。其中六盘水市表现最为突出，20 天内新增登录文物藏品信息近 5000 件/套，登录总量超过 11000 件/套，全市藏品登录进度已完成 80%，居各市、州首位。黔东南州登录总量超过 8200 件/套，居于全省第二位。省级文物收藏单位中，贵州省民族博物馆已登录文物 4200 余件/套，起到了良好的示范带头作用。至 2015 年 12 月，全省共完成平台信息登录 117793 件/套，所有市、州均完成了藏品申报量的平台登录工作，省属收藏单位中，除贵州省博物馆外，其余均完成了普查平台登录工作。2016 年，省普查办一方面加强对尚未完成登录工作的省博物馆进行督导，另一方面对已登录信息进行质量管理，并完成了古籍收藏单位由古籍登录平台至文物普查登录平台的数据转换工作。2016 年 8 月底，贵州省共计登录文物 184096 件/套，实际数量 398290 件，完成率 100%，按计划达到了普查登录工作目标。

4. 数据审核

2015 年 5 月，省普查办举办全省第一次可移动文物普查数据审核骨干培训班，就普查进度管理与质量控制、普查数据安全与数据管理、普查数据审核工作流程及要求等问题，做了专项培训。6月下发《关于做好我省第一次可移动文物普查信息登录及审核工作的通知》，要求各级普查办充分认识到数据审核是普查质量控制的关键，确保文物登录信息真实、完整、准确的重要性。省普查办从收藏单位及市州级普查办中抽选精兵强将，组成省级普查专家组，统一协调，分片包干，责任到人，具体指导省属单位和各市、州的普查技术问题，并承担起文物认定及信息审核等大量业务工作，成为确保普查进度和质量管理的关键。2016年初登录工作基本完成后，省级终审和各市、州自审工作同步展开。省级专家组按市、州和文物类别分配审核任务，责任到人，和市、州普查办负责人一对一互动，及时反馈审核修改意见，文物信息和指标项逐条审核，付出了艰苦繁重的劳动，修改完善了大量错漏信息，大幅提高全省普查数据质量。至2016年8月底，贵州省398290件藏品信息，全部完成了省级审核工作。

（三）宣传动员

根据普查工作方案，为了给普查工作营造良好社会氛围和舆论氛围，贵州省各级普查机构组织了形式多样的普查宣传活动。4年多来，贵州省各级共组织普查电视宣传884次，互联网可搜索到的贵州普查相关报道263次，报纸杂志227次，印发海报或宣传册页20余万份，出版或计划出版书籍4000本以上，利用"5·18国际博物馆日"、文化遗产日等重要节日，组织志愿者进行的广场宣传，通过张贴海报、发宣折页、挂横幅、播放LED屏、知识问答、文艺表演等方式，向市民宣传有关文物普查及文物保护的概念、目标、成果等。其中，以2016"年国际博物馆日"宣传活动声势最为浩大。此次宣传活动由省文物局主办，贵阳市文物局承办，省、市联动，组织相关区县普查办、志愿者、民办博物馆在筑城广场、市级行政中心进行宣传，主要以宣传展板、发放册页、省博专家现场解说等方式向参观群众展示全省普查成果，之后又到周边各区（县）进行了为期一个月的巡展。广播、电视、网络等多家媒体争相报道了本次活动，《贵州都市报》头版及两个专版进行了详细报道，取得良好的社会效益，提高了可移动文物普查在民众中的认知度，普及了文物保护的意识。

（四）质量控制

1. 普查培训

自2013年9月全省第一次普查骨干培训班起，贵州省各级四年来共组织开展培训381次，培训了11521人次，其中省普查办召开的全省培训共9次，973人次；市州级培训61次，1680人次；区县级培训311次，8868人次。根据不同工作环节的具体要求，就普查概念、单位调查、文物认定、平台登录、审核报送等内容陆续开展培训。2013 年，主要就第一次可移动文物普查方案、普查工作流程、普查信息登录平台等内容，包括可移动文物普查组织实施方法、单位调查步骤，并对《第一次全国可移动文物普查工作手册》进行解读，共培训人员 7557 人次，为普查工作的启动和国有单位文物收藏情况调查阶段的工作打下了基础。2014 年，主要就文物认定、信息采集及填表流程，文物影像拍摄及信息登录，文物信息登录平台相关操作，和普查办信息发布系统相关操作等内容开展了培训，还特别邀请了相关专家进行授课，为全面进入文物认定和平台登录工作明确了方法。2015 年 5 月，省普查办举办了全省普查数据审核骨干培训班，主要培训了普查进度管理与质量控制，普查数据安全与数据管理，普查数据审核工作流程和要求等内容。强调了数据审核工作的重要性，以及确保登录文物信息完整性、规范性、准确性的责任。2016 年，再次针对可移动文物普查数据审核，及普查总结报告编制工作多次开展培训，就审核实际工作中出现的问题，离线数据审核操作方法，普查验收表格填写与验收报告的编制，普查工作报告的编制等方面，进行了系统全面的指导。普查培训为普查工作方法和技术操作的推广奠定坚实基础，也为原本文物业务人才较为匮乏的文博系统，培养了一批业务熟练，吃苦耐劳，真抓实干的技术及管理人才。

2. 工作督察

为确保贵州省第一次可移动文物普查工作的顺利推进，省普查办在普查各个工作阶段都对各级普查办和各收藏单位的工作进展情况进行了督察。2013 年 10 月，针对国有单位调查阶段的工作进度，省普查办赴贵阳市、安顺市、遵义市等地的普查机构展开了调研工作，发现单位调查中存在漏报、错报、瞒报等数据不准确的情况，部分区县级普查办在负责填写单位登记卡的过程中存在代填虚报，甚至空表虚报的情况。省普查办责令相关普查机构立即整改，严肃强调工作责任和追责到底的决心，并把相关情况向全省公报，及时防微杜渐，确保了调查工作的进度和质量。2015 年，为了确保信息登录和数据审核工作顺利完成，从 6 月开始，省普查办针对各地普查工作推进过程中出现的问题，对全省普查工作进行了全面督察，并实地抽查了贵阳市、遵义市、毕节市、黔南州、大方县等地的普查办，和贵州省博物馆、贵州省民族博物馆、遵义会议纪念馆、毕节市博物馆、奢香博物馆等重要收藏单位。在实地督察中，省普查办听取相关部门及单位的工作汇报，查看信息采集和登录现场，了解工作中的困难和个别单位进度迟缓的原因，及时解答技术疑难问题，充分肯定普查工作已取得的成绩，同时也指出普查工作中存在的问题，对下阶段工作目标提出了建议和要求。本次督察解决了基层部门及单位普查工作中出现的不少问题，进一步明确了工作方法和工作目标，增强了各级普查办和重要收藏单位的信心，为优质、高效、按时完成普查工作任务夯实了基础。2016 年，为了保证 8 月底完成全部数据登录及审核报送工作，省普查办再次在全省范围展开实地督察。省文物局副局长亲自带队，赴铜仁市、黔南州、黔东南州、安顺市、黔西南州、六盘水市等地进行了工作督察和技术指导，一方面对各地开展普查工作 3 年多以来的成绩予以肯定，要求再接再厉做好收官工作；另一方面，专家组实地检查数据审核情况，及时发现存在的问题，进一步提升了普查数据质量。

（五）普查工作总结

1. 普查档案留存情况

按照普查工作方案的相关要求，省普查办要求各级普查办做好普查各个工作环节的档案管理工作，每项重要工作和关键工作节点都必须建档备案，妥善留存。省普查办每次赴各级普查办调研督察中都对工作档案管理情况进行了解，全省各级普查办基本做到了边工作、边留档、边整理，普查档案涵盖了成立机构、组建队伍、建立机制、制定预算、宣传动员、人员培训等各个环节的行文资料，《国有可移动文物调查登记表》等调查资料保存完整，包括表格、文件、简报、照片、数字信息等多种形式。同时，普查档案实行专人管理，要求实行备份贮存，避免数据丢失和损坏，确保信息安全。

2. 普查的总结

2016 年 9 月，贵州省已经按照国家文物局相关要求，编制了贵州省可移动文物收藏单位名录。贵州省共 307 家国有收藏单位，共登录文物 398290 件，已全部完成普查登录、审核及平台报送。省普查办连续下发《关于做好第一次可移动文物普查验收工作的通知》和《关于做好第一次可移动文物普查工作报告编制的通知》，要求各级普查办做好验收工作，填写验收表格，编制验收报告及普查工作报告。至 10 月底，贵州省各级普查办均已完成本级验收工作，并编制了普查工作报告。下一步，贵州省文物局还将根据国家文物局工作安排，在全省推广使用普查二期平台中综合管理子系统和社会服务子系统，充分利用普查成果，做好国有可移动文物藏品资源管理，并更好地向社会提供文化服务。

三、贵州省普查工作成果

（一）贵州省可移动文物资源情况及价值

1. 数量及分布

从贵州省普查数据情况来看，按隶属关系统计，国有收藏单位主要分布在区县属，占总单位比 72.96%，其次为地市属，占比 14.01%，省属收藏单位数量占 4.23%，基础较为薄弱的区县级单位比重最大，收藏条件较差。国家机关收藏的文物占全省可移动文物总量 0.65%，事业单位藏品数量占比 94.34%，国有企业藏品数量占比 4.88%，绝大多数藏品收藏于各类专业博物馆、纪念馆；图书馆，占比 71.18%，非文博收藏单位中，教育系统占比较大，比例为 12.21%。贵州省是多民族省份，少数民族众多，留下了丰富的生产生活物质遗存和民族工艺品，陶器、竹木雕、织绣类藏品数量众多。地域上主要集中分布在贵阳地区，黔西南州、遵义市、黔东南州的藏品量也超过一万件。

针对贵州省民族文物数量多，比例较大的特点，拟依托贵州省博物馆，紧密联合高等院校和科研院所，建立贵州省民族文物保护修复中心，以民族纺织品、民族银器为重点优先发展，承担全省各地博物馆民族文物保护和修复工作以及重要科研课题。

2. 保存状况

经第一次全国可移动文物普查，本行政区域内国有可移动文物收藏单位 307 家，保管人员 563 人，库房（总）面积 41095.07 平方米。307 家收藏单位平均保管人员不到两人，保管人员严重不足。文博系统大多没有专职保管人员，基本都是身兼数职，非文博单位中文物保护状况更不乐观。保管库房有的设置在阴暗潮湿的地下室，保存柜普遍为普通木质橱柜，库房内无任何必要的安全防范和报警设施设备，以及恒温、恒湿、文物储存设施。贵州省文物局十分重视文物安全，针对贵州实际，努力改善文物保存条件，提升馆藏文物保存环境稳定、清洁的微环境调控和风险预控管理能力，最大限度地防止或减缓环境因素对文物的破坏。同时，加大了残损文物保护修复力度。第一次全国可移动文物普查开展以来，在国家文物局的支持下，省文物局组织省博物馆、遵义会议纪念馆、遵义市博物馆等省内重点博物馆、纪念馆编制可移动文物预防性保护方案和文物本体保护修复方案 70 多个。项目实施情况良好，一大批馆藏珍贵文物得到有效保护利用，馆藏文物保存环境及条件有了较大改善和提升。

3. 使用管理情况

各省级、市州级博物馆、纪念馆都举办各类型文物展览面向社会公众开放，图书馆实现公开借阅和查询，部分非国有收藏单位还将藏品用于公开展示，其余收藏单位由于保管展示条件有限，加之对文物藏品的研究也跟不上，尚未进行有效利用。通过全省第一次可移动文物普查工作的开展，全面掌握贵州省可移动文物的数量、种类、文物的基本信息，以及文物管理保存状况等，为科学制定全省可移动文物保护规划，促进全省文化大发展大繁荣提供了科学依据。通过文物普查，各级文物保管人员的专业素养、保护意识、业务能力和精神面貌普遍得到全面加强。通过普查，全省文物保护管理机构职能更加清晰，工作目标更加明确，管理效能更加提升。普查也是对全省文物管理队伍的大练兵和保护管理能力的全面"摸底调查"。

（二）健全文物保护体系

1. 完善文物档案

在开展文物普查工作期间，贵州省要求各文物收藏单位要加强文物藏品档案的建立和完善。针对原有的文物档案，通过此次普查工作，及时补充相关文物信息，对原有档案按照国家文物局《文物藏品档案规范》建立规范的文物账目并加以完善。同时，对于新发现国有单位收藏文物，积极指导边开展普查边及时收集相关文物资料信息，并要求建立规范的文物档案，并做到一文物一档案。各市州文物收藏单位均建立了文物登记总账，彻底改变了底数不清、账目不明的情况。通过此次可移动文物普查，不仅摸清了全省可移动文物收藏单位和藏品数量，还完善了所有申报文物藏品的详细信息，建立可移动文物藏品编号，配套相应唯一的普查编号，形成每件藏品有独立的"身份证"。做到了制度健全、账目清楚、认定确切、编目详明、保管妥善、查用方便，初步实现了国有可移动文物资源信息标准化，管理电子化、动态化，进一步夯实了文物保护管理基础性工作。

2. 完善制度规范

文物主要为出土文物和征集文物，有部分采集品，文物的来源、年代等信息较为明确，文物调查和认定工作由省内专家组织完成。通过普查，进一步完善了文物的调查、认定、登记、管理工作机制，完善了文物日常保管、库房管理、档案管理等各项制度。通过第一次全国可移动文物普查工作的开展，一是进一步带动了全省各级文物管理部门和收藏单位对于藏品管理的规范化建设，各地积极结合普查工作开展推进自身藏品管理规范化。如省市州博物馆通过此项普查，对馆藏藏品再次进行了一次全面清查，补拍藏品各角度照片、账目清单重新梳理、开展文物定性工作、按照藏品编号入库管理，编目信息规范齐全。二是建立全省各市州馆藏文物建档保护机制。结合普查离线采集系统，每个收藏单位建立了独立的可移动文物信息管理系统，实现了线上账号登录管理、线下独立系统查询，线上线下数据一致，改变底数不清、账目不明，实现同步管理保护的局面。通过文物普查工作的开展，全省各市州文物收藏单位认识到制度建设的重要性，相继出台了出入库文物安全应急预案，文物库房管理办法，藏品管理办法，文物接收、登记、入库工作流程等，以加强对文物安全、科学、规范管理。

3. 明确保护需求

尽管贵州在国家可移动文物保护和利用方面做了大量工作，也取得了一些成绩，但随着时代的发展，科技的进步，国有可移动文物保护工作在软件及硬件方面存有明显的不足。一是缺乏现代化的文物库房。博物馆馆藏文物除部分展出外，剩余大部分文物藏品都存放在一间面积不大的库房里，所有馆藏文物存放的间距、温度、湿度、光和度等均不符合国家文物局文件规定的要求。文物库房内没有通风设备和温湿度监控设施，保持自然温度环境，相对湿度偏高，夏季有霉变的味道。二是日常维护经费投入不足。由于没有申请用于国家可移动文物保护和管理的专项经费，致使许多珍贵的文物得不到有效的保护。三是文物科技保护人员匮乏，基层文物保护人员专业技能不足。多年来，馆藏文物缺乏专业人员进行管理，缺乏系统性、专业性，致使馆藏文物管理及保护工作存在很大的局限性。

馆藏文物保管的几点需求：一是加大经费投入。积极争取经费，把馆藏文物保护工作经费纳入文物保护项目预算内，每年从预算中划出资金专门用于馆藏文物的日常维护和保养。建议修建现代化的文物库房，按照文物管理标准将所有馆藏文物分类、分室存放，确保馆藏文物的安全。二是加强文物管理专业人才培训。建议对从事文物管理工作人员进行岗位技能培训，在全面熟悉掌握本单位所有文物状况后，参加文物保管、信息技术等相关专业方面的培训，提高文管人员的专业水平。三是文物保管信息化。随着当今信息网络化的快速发展，对馆藏文物管理工作也应转变观念、改进方法。充分利用先进的计算机技术手段保护、管理、利用馆藏文物，将文物本体信息、文物影像资料等各种资源通过计算机信息技术进行整合，建立文物信息数据库，结合多媒体、网络等数字化手段使文物保护、利用、管理等专业工作逐步实现信息化。四是配备安全防范设施。建议在文物库房以及博物馆内尽快安装监控设备，同时配备安全可靠的防盗、防火、防腐、防损坏设施，建立健全管理制度，确保馆藏文物的安全。

4. 扩大保护范围

过去对于文物保护的概念，主要集中在专业博物馆、纪念馆。通过本次普查，在非文博单位中发现了大量可移动文物资源，部分已鉴定为珍贵文物。非文博单位大都缺乏专业保管知识和保管条件。今后要将非文博单位文物藏品的保护纳入到全省的文物保护体系中来。

（三）普查成果利用

1. 激发了社会办馆的积极性

由于贵州经济相对落后，政府文化资金投入不足，全省公共博物馆较少，文化遗产的利用及满足人民群众精神文化需求的程度较低。通过本次普查，不少非文博收藏单位认识到了文物藏品的历史价值及社会作用，利用好本单位文物藏品资源，对宣传及提升本单位文化影响力和社会美誉度具有重要意义，提高了收藏单位对文物价值的概念和文物保护意识。普查期间，贵州财经大学建立了票据博物馆；贵州中医大学已在筹建贵州苗医药博物馆。贵州茅台酒厂（集团）公司利用所收藏的文物，建立了茅台酒文化博物馆，这是贵州省大型国有企业中建立的首家博物馆，在国有企业中是一次难得的文物知识普及宣传，对丰富贵州省文物藏品范围，督促国有企业提高对文物保护的重视程度，将其视为企业文化和提升企业社会形象的的组成部分，发挥了积极的作用。与此同时，一批非国有博物馆应运而生。这些博物馆的设立，对贵州省构建公共文化服务体系，起着十分重要的作用。

2. 普查成果利用计划

公布全省可移动文物普查名录，举办全省可移动文物精品巡回展，编辑出版贵州省可移动文物普查精品文物集。为了使沉睡在贵州省博物馆库房中的文物"活"起来，贵州省博物馆将对贵州省具备相应条件的国有博物馆提供藏品借展，让全省各地的群众都能就近观赏。

3. 普查成果展览

文物普查工作开展期间，各级普查办积极利用每年的"5·18国际博物馆日"和"中国文化遗产日"，将普查中新发现的文物藏品，制作成展板走进社区、走进乡镇进行展示宣传，部分市、州还为社会开展免费文物鉴赏工作，增加了社会各界对文物的关注与兴趣。在2015年贵州省博物馆新馆试运行期间，推出"彩墨黔山——贵州现代书画作品展""徐悲鸿书画展""俏比琼琚——贵州省博物馆颜色釉瓷展""丹青溢彩　翰墨流香——贵州省博物馆藏书画名家作品展"等临时展览，展示各类文物藏品近300余件/套，吸引观众近10万人次，取得了良好的社会效果。

建　议

1. 加大对文物保护的支持力度

由于贵州各级博物馆、纪念馆文物保存环境及条件普遍较差，文物残损状况严重，建议加大对贵州的重点博物馆、纪念馆可移动文物预防性保护和文物本体保护修复项目的支持力度。针对馆藏珍贵文物实施保护修复项目，对虽未上级，但经专家评估认为通过修复就可定为珍贵文物的藏品，建议支持对其进行保护修复。

2. 完善文物管理机构，加强人才队伍建设

要建立健全可移动文物保护机构，特别是要健全县级文物行政管理机构，巩固发展乡镇、社区可移动文物保护网络，充分发挥基层文物管理部门的积极作用。要加大人才培养和队伍建设，吸引高素质专业人才充实到文物管理队伍，同时，要加强对在职人员的再教育和业务培训，着力提高从业人员的综合素质和业务技能，努力形成一支结构合理、适应时代要求的文物保护人才队伍。

云南省
第一次全国可移动文物普查工作报告

文物普查是科学保护和利用文化遗产的基础工作。第一次全国可移动文物普查是新中国成立60余年来，我国首次针对可移动文物开展的普查，是在我国文化遗产领域开展的重大国情国力调查项目。第一次全国可移动文物普查由国务院统一领导，集中技术和人才力量，对我国可移动文物进行全面调查登记，并建立全国可移动文物信息登录平台和数据库，从而实现全国文物信息资源的整合利用和动态管理。

2012年10月国务院印发《关于开展第一次全国可移动文物普查的通知》。2013年4月18日，第一次全国可移动文物普查电视电话会议召开，国务院普查领导小组对普查工作的组织、质量控制、技术路线、成果应用及保障措施等进行了部署，并要求科学、规范、有序、高质量地完成好普查工作。根据中央的要求，云南省人民政府2013年2月28日正式下发《云南省人民政府关于开展第一次可移动文物普查的通知》，紧接着制定并下发了《云南省第一次可移动文物普查实施方案》，具体明确了云南省第一次可移动文物普查的意义、目标、范围和内容、技术路线、普查的组织、时间和步骤、普查成果应用、经费、宣传和总结等方面目标和内容。

为全面落实各级政府对第一次全国可移动文物普查的组织领导责任，确保组织机构到位，云南省政府和各级政府都成立了普查领导小组及其办公室，有效地开展研究、协调、组织、部署工作，确保了政令畅通、上下联动。云南省普查工作大致分为三个阶段：第一阶段，2012年10月~2013年6月，主要任务是成立机构、编制方案、发布规范和标准、组建普查队伍、开展培训等工作；第二阶段，2013年7月~2015年12月，主要任务是以县域为基本单元，开展调查、文物认定、信息采集、数据登录和审核报送、档案建设等工作，普查数据资料边采集、边建档、边整理、边报送、边审核、边登录；第三阶段，2016年1~12月，主要任务是整理和汇总普查数据与资料，建立文物名录和数据库，公布普查成果、编写普查报告等工作。通过普查，云南省各级政府基本摸清了辖区内国有单位的可移动文物收藏情况，第一次较为全面而详细地建立各级国有可移动文物收藏单位藏品档案,并实现了电子化动态管理,各级普查办建立了普查员队伍,制定了文物普查的相关制度,全社会对于可移动文物普查的重要性和意义有所了解,云南省第一次可移动文物普查的目标基本实现。

全国第一次可移动文物普查开展以来,云南省各级普查办精心组织、狠抓落实,普查工作取得了好成绩,可以用一个特点和一个亮点来概括。一个特点就是"快、准、新"。一是进度快,云南省普查办狠抓责任制,严格按照普查的时间节点,督促各级单位按时上报数据。2015 年 12 月,除两家省级单位外,全省各级单位均已完成了数据采集登录上报工作。二是普查数据准,各级普查办在数据采集阶段,要求登录单位按照手册对采集的文物进行规范的命名,各级普查办严把质量关,为了数据准确,很多单位聘请请省、市专家组老师对文物及采集数据进行定名与断代,甚至提出了下一步的研究保护计划。三是办法新,主要是在人员上广泛吸纳专家和普查志愿者参加,合理利用时间。2015 年 7 月,全省普查办主任会议暨业务培训及时召开,会议要求严格按照国家要求进度完成普查,同时狠抓普查质量管理,一方面要求各单位立下质量控制军令状,一方面增设文物摄影、文物分类定名等实际操作培训,培训效果显著,会后部分单位精益求精,积极发现数据质量存在问题,及时提出申请删除,重新数据采集上报。一个亮点就是"双管齐下",文物普查的关键环节在于文物的认定与登录,省普查办充分考虑到云南省基层业务人员的实际困难,特派出普查督导组与文物鉴定专家组同时跑遍全省 16 个州市 129 个县区,督导组督导各级普查办工作进展,协助各收藏单位进行文物数据登录,专家组同时开展文物鉴定工作,行程 10 余万公里,为全省各国有单位收藏文物新增珍贵文物 8000 多件。

本次可移动文物普查是云南省首次较为准确、科学、全面的掌握了全省各级单位的文物收藏状况,并初步建立了文物登录备案机制,为健全文物保护体系,加强文物保护力度,扩大保护范围,保障文物安全,促进文物资源整合利用,以及发挥文物在国民经济和社会发展总体布局中起到了积极作用。从 2012 年 10 月开始,到 2016 年 12 月结束,云南省各级普查办共计投入 2000 余人,他们辛勤工作,默默奉献,克服了普查经费不足,物力紧缺,人手不足等困难,按时、按质、按量地完成了云南省第一次全国可移动文物普查工作。本次普查无疑提高了地区文化影响力,有助于弘扬中华传统文化和爱国主义精神,增进民族凝聚力、向心力,提升了文化软实力。

一、云南省普查数据

截至 2016 年 10 月 31 日,云南省在全国可移动文物信息平台登录可移动文物 419895 件/套,实际数量为 784196 件。其中,珍贵文物 20686 件/套,实际数量为

29187 件。登录可移动文物信息的收藏单位 374 家。

（一）云南省可移动文物基本情况

1. 类别

表 1　可移动文物类别

可移动文物类别	可移动文物实际数量（件）	实际数量占比（%）
合计	784196	100.00
玉石器、宝石	29618	3.78
陶器	49475	6.31
瓷器	13368	1.70
铜器	36524	4.66
金银器	18262	2.33
铁器、其他金属器	6159	0.79
漆器	1119	0.14
雕塑、造像	3145	0.40
石器、石刻、砖瓦	57315	7.31
书法、绘画	34808	4.44
文具	2032	0.26
甲骨	27	0.00
玺印符牌	1360	0.17
钱币	221223	28.21
牙骨角器	3717	0.47
竹木雕	7429	0.95
家具	2634	0.34
珐琅器	333	0.04
织绣	35448	4.52
古籍图书	36530	4.66
碑帖拓本	15912	2.03
武器	3945	0.50
邮品	48532	6.19
文件、宣传品	28058	3.58

可移动文物类别	可移动文物实际数量（件）	实际数量占比（%）
档案文书	15737	2.01
名人遗物	3570	0.46
玻璃器	662	0.08
乐器、法器	4733	0.60
皮革	1345	0.17
音像制品	23375	2.98
票据	34716	4.43
交通、运输工具	301	0.04
度量衡器	1043	0.13
标本、化石	19983	2.55
其他	21758	2.77

2. 年代

（1）可移动文物年代类型

表 2　可移动文物年代类型

可移动文物年代类型	可移动文物实际数量（件）	实际数量占比（%）
合计	784196	100
地质年代	16134	2.06
考古学年代	66647	8.50
中国历史学年代	632330	80.63
公历纪年	21583	2.75
其他	6709	0.86
年代不详	40793	5.20

（2）可移动文物中国历史学年代分布

表 3　可移动文物中国历史学年代分布

可移动文物中国历史学年代	可移动文物实际数量（件）	实际数量占比（%）
合计	632330	100.00
夏	12	0.00
商	344	0.05

可移动文物中国历史学年代	可移动文物实际数量（件）	实际数量占比（%）
周	17857	2.82
秦	407	0.06
汉	57386	9.08
三国	58	0.01
西晋	172	0.03
东晋十六国	50	0.01
南北朝	136	0.02
隋	22	0.00
唐	13052	2.06
五代十国	51	0.01
宋	6653	1.05
辽	76	0.01
西夏	178	0.03
金	15	0.00
元	1662	0.26
明	33375	5.28
清	206837	32.71
中华民国	136260	21.55
中华人民共和国	157727	24.94

3. 级别

表4　可移动文物级别

可移动文物级别	可移动文物实际数量（件）	实际数量占比（%）
合计	784196	100.00
一级	969	0.12
二级	2865	0.37
三级	25353	3.23
一般	438857	55.96
未定级	316152	40.32

4. 来源

表5 可移动文物来源

可移动文物来源	可移动文物实际数量（件）	实际数量占比（%）
合计	784196	100.00
征集购买	263428	33.59
接受捐赠	31238	3.98
依法交换	970	0.12
拨交	8890	1.13
移交	142434	18.16
旧藏	147553	18.82
发掘	140195	17.88
采集	43766	5.58
拣选	1713	0.22
其他	4009	0.51

5. 入藏时间

表6 可移动文物入藏时间范围

可移动文物入藏时间范围	可移动文物实际数量（件）	实际数量占比（%）
合计	784196	100.00
1949年10月1日前	13258	1.69
1949年10月1日~1965年	144414	18.42
1966~1976年	15733	2.01
1977~2000年	289907	36.97
2001年至今	320884	40.92

6. 完残程度

表7 可移动文物完残程度

可移动文物完残程度	可移动文物实际数量（件）	实际数量占比（%）
合计	768024	100.00
完整	189182	24.63
基本完整	374662	48.78
残缺	197963	25.78
严重残缺（含缺失部件）	6217	0.81

注：根据国家文物局《关于做好馆藏自然类藏品登记工作有关要求的通知》的要求，登录的自然类藏品16172件（组），不填写"完残程度"指标项。

（二）云南省可移动文物分布情况

1. 按收藏单位隶属关系统计可移动文物数量

表8　可移动文物数量分布（按收藏单位隶属关系）

收藏单位隶属关系	可移动文物实际数量（件）	实际数量占比（%）
合计	784196	100.00
中央属	2599	0.33
省属	285840	36.45
地市属	232066	29.59
县区属	261515	33.35
乡镇街道属	1870	0.24
其他	306	0.04

2. 按收藏单位性质统计可移动文物数量

表9　可移动文物数量分布（按收藏单位性质）

收藏单位性质	可移动文物实际数量（件）	实际数量占比（%）
合计	784196	100.00
国家机关	2425	0.31
事业单位	776840	99.06
国有企业	4163	0.53
其他	768	0.10

3. 按收藏单位类型统计可移动文物数量

表10　可移动文物数量分布（按收藏单位类型）

收藏单位类型	可移动文物实际数量（件）	实际数量占比（%）
合计	784196	100.00
博物馆、纪念馆	552468	70.45
图书馆	6312	0.80
美术馆	225	0.03
档案馆	55167	7.03
其他	170024	21.68

4. 按收藏单位所属行业统计可移动文物数量

表11　可移动文物数量分布（按收藏单位所属行业）

行业	可移动文物实际数量（件）	实际数量占比（%）
合计	784196	100.00
农、林、牧、渔业	9	0.00
采矿业	0	0.00
制造业	26	0.00
电力、热力、燃气及水生产和供应业	63	0.01
建筑业	0	0.00
批发和零售业	0	0.00
交通运输、仓储和邮政业	2325	0.30
住宿和餐饮业	0	0.00
信息传输、软件和信息技术服务业	0	0.00
金融业	0	0.00
房地产业	0	0.00
租赁和商务服务业	0	0.00
科学研究和技术服务业	658	0.08
水利、环境和公共设施管理业	29	0.00
居民服务、修理和其他服务业	1798	0.23
教育	17967	2.29
卫生和社会工作	39	0.00
文化、体育和娱乐业	752060	95.90
公共管理、社会保障和社会组织	9222	1.18
国际组织	0	0.00

二、云南省普查工作组织实施

（一）建立各级普查结构

2012 年 10 月 8 日，国务院印发了《关于开展第一次全国可移动文物普查的通知》，在全国范围内启动了第一次全国可移动文物普查工作。2013 年 4 月 18 日，第一次全国可移动文物普查电视电话会议召开，对普查工作进行全面部署。2013 年 2 月 28 日，云南省人民政府下发《关于开展第一次可移动文物普查的通知》，制定并下发了《云南省第一次可移动文物普查实施方案》，成立由分管副省长任组长，省政府副秘书长、省文化厅副厅长、省文物局局长任副组长，相关委办局负责人为成员的可移动文物普查领导小组，下设办公室在省文化厅，办公室下设秘书组和文物鉴定组，云南省普查工作正式启动。根据国务院的要求，以及省政府的工作部署，2013年4月，全省所辖16个州市以及部分省级重点文物收藏单位均成立了本级第一次全国可移动文物普查办公室。5月，云南省所辖129个县区也根据省、州市的要求，全部成立了由本级人民政府牵头的可移动文物普查办公室。普查启动后，省文物局发函省教育厅、省档案局、省宗教事务局、中国人民银行昆明中心支行、省科协等单位进一步征求意见，并与省国资委协商后，下发了《云南省国资委关于做好第一次可移动文物普查工作的通知》。2013年8月，省文化厅考虑到文物普查的专业要求等因素，成立了由省文物局局长任组长的文物普查专家组，委托云南省文物鉴定专家委员秘书处具体负责专家组日常工作，组织来自国家文物进出境审核云南管理处、云南省文物考古研究所、云南省博物馆、云南省图书馆等相关省级业务单位共26位专家开展普查过程的有关文物认定和藏品定级工作。

（二）制定实施普查方案

2013年4月2日，云南省可移动文物普查领导小组办公室印发了《关于下发文物普查实施方案的通知》。

2016年4～5月，云南省辖属16个州市129个县区以及一些重点大型文物收藏单位，根据省政府文件精神，分别制定了适用于本行政区域或本单位的普查实施方案，制订和执行普查各阶段工作计划，编制普查经费预算，督促落实地方财政。可移动文物普查的实施方案被以政府正式通知的形式印发至辖区各国有单位，并利用网络、电视媒体、重要宣传日等积极面向社会宣传可移动文物普查工作的相关内容。

（三）明确普查机构职责

明确要求各级人民政府要按照国务院《关于开展第一次全国可移动文物普查的通知》要求和《云南省第一次全国可移动文物普查实施方案》以及本级实施方案，组织实施本行政区的可移动文物普查。建立本级文物普查领导小组，成立普查机构，组建普查队伍。

云南省各央属或省属文物收藏单位也成立了专门的普查办公室，从各部门抽调专业人员，集中人力物力最大限度从组织层面保障了普查工作的推进与完成。

（四）完善协调普查机制

为确保普查各项工作顺利进行，各级普查办与本级发改委、教育、宗教、旅游、工矿、科技、国土资源、民政、档案、人民银行、财政、文化等部门建立了普查联系协调机制，集中学习，联合发文，统一行动，确保了普查工作的顺利进行。这些相关单位和重点行业共同组成普查领导小组，各司其职，通力协作，根据上级通知精神，积极动员做好普查工作，提出工作方案和具体措施，落实本部门本系统普查工作经费，协助文物行政部门研究解决普查中涉及本系统的重要问题，提供本系统管辖范围内的文物线索，负责普查预算审核、安排和及时拨付使用，制定普查经费管理办法，做好监督、审计工作。文物部门不仅当好政府的参谋，还充分利用这次普查机会，争取人力、物力、财力的投入，不断改善设施设备，推进了全省可移动文物保护体系建设，而且，增强了责任心，勇于担当了普查的重任。

（五）开展国有可移动文物收藏单位调查

截至 2014 年 3 月 28 日，云南省 16 个州市对辖区内国有单位进行了普查表格的发放和回收，并形成汇总表格上报省局。经统计，基本情况如下：云南省辖区内收集各级各类国有单位清单为 42654 个，数据来源主要是由各州市编办、工商局、统计局提供。共对 44158 个国有单位进行普查，收回调查表 41748 份，其余国有单位因无法联系、地址不详、不愿配合等原因未能反馈，反馈率为 95%。其中，全省有 769 个国有单位反馈有文物收藏，占国有单位总量的 1.8%。

（六）做好普查档案留存

云南省第一次全国可移动文物普查根据各环节工作，主要涉及各类文件、文物档案，如《国有单位文物收藏情况调查登记表》《文物登记卡（含文物古籍、古生物化石）》《普查进度表》《质量控制自查表》等以及照片档案、账本，均归档留存。重要普查档案如《国有单位文物收藏情况汇总表》等除各级普查办自行留存外，还加盖公章上报省文物局正式存档，以方便日后查阅。重要行政档案基本留存完毕，如《第一次全国可移动文物普查实施方案》《第一次全国可移动文物普查领导小组办公室关于填报国有单位文物收藏情况调查登记表的通知》《关于成立云南省第一次全国可移动文物普查专家认定组的通知》《第一次全国可移动文物普查培训方案及经费预算》《普查业务办公室关于第一次全国可移动文物普查文物信息登录上报注意事项的通知》等（各类行政性文件、简报及材料，普查通报、数据报送情况通报、督察报告、普查总计等各类行政性文件及材料，统计报表，会议、培训资料及教材，宣传、报导相关资料，其他行政资料）。另外，普查资料包括文字、数据、照片均规范录入电脑内硬盘和移动硬盘保存。

（七）夯实普查人员基础

全国第一次可移动文物普查是文化遗产保护领域的一项重要的系统工程，涉及面广、专业性强，持续时间长。为了规范、有序、高质量地做好普查工作，根据相关规定，结合实际，制订《材料报送制度》《文物普查管理制度》《资料档案保管备案制度》《文物普查工作人员手册》等制度。加强培训，提高素质，为切实提高文物普查员普查技能和普查质量，普查开展以来，全省投入人员2596人。其中，省级，普查办11人，收藏单位30人，普查专家26人，普查志愿者15人；州市级，普查办249人，收藏单位154人，普查专家85人，普查志愿者158人；县区级，普查办643人，收藏单位580人，普查专家188人，普查志愿者457人，为普查工作积聚了坚实的专业力量。

一是重视普查人员选派。各级普查办针对第一次可移动文物普查内容多，指标体系复杂，技术要求高，工作难度大，要求普查队员不仅要有高度的工作责任心，还要熟悉文物业务知识，更要熟悉本地区普查单位的实际，把思想好、业务精、作风硬的同志抽调或聘用到文物普查岗位上来，为普查工作提供了人员保证。

二是重视调动普查人员积极性。各级普查办非常重视调动普查人员积极性，时时关心数据录入人员的工作、生活、学习，根据录入数据上网报送速度慢、录入数据量大、时间紧等特点，充分尊重录入人员的意见，允许录入人员自由调整作息时间。为了减轻录入人员工作压力，根据馆藏文物数量，有的市县及时聘请社会人员参加数据录入工作。对于录入人员，各级普查办从工作、生活、学习等方面给予关心、照顾，并积极创造条件，让录入人员一心一意开展普查工作，从而调动了录入人员的积极性，提高了文物信息数据登录进度和质量。

三是重视普查队伍稳定。为了保障文物信息登录人员工作岗位的稳定，各级普查办建立了各级普查办业务骨干人员的数据登录人员名单及其联系方式，要求各地变更这些登录人员工作岗位须报普查办同意。为了确保文物信息登录进度，积极鼓励社会各界参与普查工作，支持聘用人员参与文物信息数据登录工作。

为了准确、全面的做好可移动文物普查工作，云南省一方面派出相关负责人与业务骨干38人6次参加了国家文物局在柳州、厦门、合肥、成都和北京举办的全国普查办会议与培训；另一方面，省普查办积极组织全省范围内的业务骨干培训，根据云南省普查办工作"摸底调查——数据登录——总结验收"的总体部署，相应的人员培训大致可以分为四个阶段。

第一阶段，2013年9月全省在迪庆藏族自治州召开了全省州市级普查办主任会议暨普查业务培训会全省16个州市普查办主任及业务骨干70余人参加了会议培训。同年

10 月，全省县区级普查办业务骨干培训在普洱市召开。这次培训是迪庆会议的具体细化，来自全省 129 个县区，近 200 位普查业务骨干参加了培训，会上省普查办领导和专家重点介绍了普查方案、普及文物认定知识、文物普查登记表、文物普查汇总表的填报以及文物普查软件的登录、使用等。通过动员培训，明确了普查的目的，对工作进行了细致安排，提高了普查人员的专业素质，为普查工作的全面高效推进奠定了坚实的基础。

第二阶段，2014 年 6 月，根据国家普查办成都会议精神摸底调查阶段基本完成以及更换登录软件等中期重大调整，省普查办在陆良县及时召开"云南省可移动文物普查州市级普查办主任会议暨文物信息登录平台技术培训班"，全省 16 个州市级普查办主任，129 个县区普查办业务骨干，16 家行业博物馆等 230 余人参会。省普查办领导在主任会议上就摸底调查阶段工作做出总结，并对根据中央精神对云南省新阶段的普查工作进行了具体部署。省普查办业务骨干就文物信息登录平台以及离线软件的使用等事项向参会人员做出详细介绍，为确保学员能高效掌握普查技能，省普查办与陆良县文体局积极配合，除主席台大投影外，还在会议现场增设 10 个 60 英寸 LED 显示器，同时增开 50 个 WiFi 热点以方便全省学员现场学习与软件实际操作演练。高质量的培训有利确保了普查数据登录工作的全面顺利推进。

第三阶段，根据国家文物局在合肥市举办的第一次全国可移动文物普查 2015 年度全国省级普查办主任工作会议暨数据审核与管理培训班精神内容，2015 年 7 月，省普查办在蒙自市召开全省州市级普查办主任工作会议暨数据审核与管理培训班，全省各级普查办及收藏单位 200 余人参加会议。云南省文物局局长再次强调各级普查办务必按照国家普查办的要求，抓好数据质量的审核和普查单位的查缺补漏工作。业务培训会上，考虑到前阶段普遍存在照片质量不佳以及文物名称分类不准确两大问题，省普查办特邀请专家在会议现场搭设影棚，组织学员根据培训工作内容，提出了大理州需要完善的具体实际演练。同时邀请云南省文物鉴定专家举办了专题讲座，另外，根据国家普查办关于普查数据质量控制的要求，省普查办专家就建立专家数据库、审核相关数据、认定工作和数据上传、审核意见和数据质量打分标准等事项。会议结束后各级普查办积极查缺补漏，很多收藏单位主动自查，严要求、高标准，有些单位聘请专业摄影师重新拍摄文物照片，有些主动提出申请要求替换或者删除原来质量不佳的上报数据。为进一步加强全省文博业务人员的专业水平，省普查办于 2015 年 11 月、12月分别在石屏县和玉溪市举办了两期全省可移动文物保护暨文物鉴定培训班，全省 300余人参加培训。在强有力的培训会议保障下，全省各级收藏单位 358 家在 2015 年 12 月取得了基本全部完成数据上报工作喜人成绩（当时只有云南省博物馆和云南民族博物馆因搬迁和人事变动等原因暂未完成)。

第四阶段，2016 年 10 月，根据全国可移动文物普查办主任会议精神，全省普查办主任会议暨业务培训会在会泽县召开，会议及培训重点在普查工作的验收落实以及撰写总结方面。全省各级普查办人员近 200 人参会。11 月省普查办从全省挑选派出 7 人参加国家普查办在北京举办普查数据二期平台业务培训。

除省级普查培训外，各州市、县区也根据上级要求，结合本行政区特点开展了多次卓有成效的业务培训，如下表所示：

表 12　云南省州市、县区普查培训统计表

行政区划	年度	培训次数（次）	培训人数（人）
地市级	2013 年	20	1483
	2014 年	19	718
	2015 年	20	755
	2016 年	17	262
	合计	76	3218
区县级	2013 年	120	5032
	2014 年	117	2197
	2015 年	100	843
	2016 年	58	668
	合计	395	8740

（八）强化经费设备保障

云南省人民政府积极投入普查经费，2014～2016 年平均每年投入省级普查经费 500 万元，为了更好推动普查工作全面启动，在 2013 年下半年云南省普查开始阶段投入经费 200 万元，省级普查经费共计落实 1700 万元。根据财政部通知，云南省财政厅、云南省文物局联合下发《关于开展第一次全国可移动文物普查经费保障专项督察工作的通知》。鉴于云南省各地经济发展不平衡，基层和文物收藏较多单位普查压力大等实际情况，省普查办联合省财政厅对云南省博物馆补助可移动文物普查专项经费 50 万元，对省民族博物馆安排可移动文物普查专项经费 15 万元，全省 16 个州（市），每个州（市）各 5 万元的专项普查经费，共计 145 万。2015～2016 年，省普查办对全省各县级普查办分别进行 2 万～5 万的经费补助。

除省级普查经费外，全省州市级普查经费 2013 年落实 183 万元，2014 年落实

249.4 万元, 2015 年落实 182 万元, 2016 年落实 150.23 万元。

县区级普查经费 2013 年落实 187.1 万元, 2014 年落实 565.5 万元, 2015 年落实 283.7 万元, 2016 年落实 166.7 万元。

2014 年省普查办争取到财政厅支持, 为全省各州市、县区级普查办购置了普查使用的专用笔记本电脑。考虑到文物普查重心在文物数据采集, 义物摄影至关重要, 既要便于携带又要有过硬的画质表现, 省普查办联合财政厅为全省各级普查办配置了微型数码单反相机。除省普查办外, 一些财政配合较好的州市县区也为普查人员采购配置了专业摄影棚、新型文物储藏库等设备。"工欲善其事, 必先利其器"各种专业设备的到位为普查工作的开展提供了坚实的物质基础。

(九) 做好普查宣传动员

在全面宣传开始阶段, 主要有三个基本事项: 一是根据国家普查办指示, 各级普查办制定普查宣传方案, 二是组织本级人民政府有关单位参加可移动文物普查动员会, 三是做好辖区内各国有单位的宣传动员工作。为了更好地推进普查工作, 省普查办自己设计制作了全国第一次可移动文物普查宣传册页 20000 份和《云南省第一次可移动文物普查工作手册》600 本并下发给全省各级普查办、博物馆等单位, 要求各普查办在"世界博物馆日"、"中国文化遗产日"进行大规模的宣传活动。各级政府、博物馆利用 LED 大屏幕、网站、微信等媒体, 积极宣传普查工作的意义, 以及普查现阶段取得的成果, 广泛发动社会和人民群众积极参与、支持普查工作。对于普查中新发现和新认定的具有重要价值文物, 以及普查工作中涌现的先进事迹和人物, 予以重点采集记录, 形成相关材料。为了扩大影响, 省普查办联合云南省发行量领先的《都市时报》进行了 8 期跟踪报道, 社会反响热烈。2016 年 1 月 15 日,《中国文物报》用四个整版做了云南省文物普查的专题报道。昆明电视台也跟踪制作了两集 30 分钟的专题报道。普查机构和有关部门结合实际制定普查宣传方案, 通过多种渠道, 大力宣传文物普查的目的意义、对象范围、内容方法、法律法规等, 提高广大普查工作者、普查对象及社会各界对文物普查工作重要性的认识, 为开展文物普查工作营造良好的社会氛围。云南省各行政区纷纷组建宣传机构, 制定宣传方案, 主要通过博物馆网站、流动博物馆展览、报刊、电视媒体等进行宣传, 其中组建宣传机构 119 个, 制定宣传方案 129 个, 电视宣传 529 次, 互联网宣传 347 次, 各类报刊宣传 190 次, 海报 29967 份, 省普查办自行制作印发普查宣传册页 190000 份, 大理州等州市还自行印发了普查问答册页印发各有关单位, 共计 85534 份, 宣传单 55534 份, 展出 187 次, 利用志愿者进学院宣传 80 次, 利用电子屏幕宣传 47 次, 微信公众号宣传 24 次, 标语 345 条, "中国文化遗产日"及"国际博物馆日"宣传 19 次，宣传开展可移动文物普查目的、意义、内容、措施，营造了可移动文物普查的社会氛围。

（十）全省文物巡回认定

云南省第一次全国可移动文物普查工作的亮点是文物认定工作，简单概括为"双管齐下、巡回鉴定"。"双管齐下"是指普查督导工作和文物认定工作同时进行，加强了行政监督与业务指导；"巡回鉴定"是指省普查办文物鉴定组专家亲自跑基层，用三年时间把云南省全部国有文物收藏单位的藏品进行了现场实物鉴定，成绩斐然。

云南省上次开展全省文物巡回鉴定工作是 20 世纪 90 年代，至今已有近 20 年，各级收藏单位的藏品数量和级别均发生了一定变化。同时，考虑到本次可移动文物普查的关键环节在于各国有单位藏品的认定，包括文物与非文物的区分，文物的真伪、定名、类别、年代以及珍贵级别的认定，云南省文化厅于 2013 年 8 月成立了文物普查专家组和督导办公室。其中，督察办公室由省文物局博物馆处具体负责，而普查专家组则委托云南省文物鉴定专家委员会秘书处负责根据每次鉴定实际情况，从委员会 26 名鉴定专家中组织至少 3 人赴各收藏单位开展现场实物鉴定工作。巡回鉴定和全省普查巡回督导这种"双管齐下"的模式很快见效，一方面督导小组行政层面督促了各级可移动普查工作的有序推进，对于工作滞后、人力和技术不足的单位起到了及时督促与协助；另一方面鉴定专家从业务层面保障了各级文物收藏单位藏品的鉴别，甚至是珍贵文物定级工作，从专业角度保障了文物数据采集和登录工作的有效进行。

4 年多来，省普查办督导组和专家组驱车跑遍全省 16 个州市 129 个县区，行程 10 余万公里，涉及全省各州市县区 945 家国有单位，并协助各级普查办认定出 361 家国有单位收藏有文物。省普查办督导组深入基层，每到一个县区都要认真听取当地普查办的普查情况，及时传达中央与省政府的普查精神，提高了基层对可移动文物普查工作的认识程度，进一步有效督促当地政府对本辖区普查经费、人员、场地和设备等问题的及时解决。专家组专家每到一处文物收藏单位，便深入文物库房，和保管人员一起拣选文物，并指导进行文物定名分类登记和文物摄影等专业工作。初步统计，本次巡回鉴定工作共鉴定藏品 41 万件套，新认定珍贵文物 8000 多件，极大地丰富和深化了各地对辖区所收藏文物的认识。有很多州市如红河州、大理州、文山州、迪庆州、昭通市、曲靖市、玉溪市、德宏州、西双版纳州、普洱市等普查办还特意安排专业骨干 3 ~ 4 人，一起陪同省文物专家鉴定组深入县区开展鉴定工作，工作中遇到困难和问题，及时与省文物专家鉴定组、各级普查办沟通协商，通过共同参与，既学习了本领又保障了鉴定工作的有序开展，通过本次全省文物巡回鉴定工作，一支强大的文物骨干队伍正在发展壮大。

(十一) 编制名录与总结表彰

根据国家文物局全国第一次可移动文物普查的实施方案的总体部署,省普查办根据云南省实际注册登录国有收藏单位情况,已经编制了文物收藏单位名录,并要求各州市文物行政管理部门积极、妥善、客观编制辖区内国有文物收藏单位名录,名录既要如实反映出本次可移动文物普查的工作成果,又要注意保护文物信息安全。此外,云南省各级文物收藏单位已经根据本次普查的电子档案格式、内容以及文物摄影要求等指标体系,辅助以离线登录软件等及时更新完善了本单位的档案编制体系,全省374家文物收藏单位已经全部完成电子化文物信息档案。

云南省各级普查机构均按时完成了工作报告的编写并在2016年11月内全部上报至省普查办。

在本次可移动文物普查工作中,云南省多个普查办配合中国三峡博物馆顺利完成了国家文物局"第一次全国可移动文物普查抗战文物专项调查"的课题。根据全省新发现大量珍贵文物,省普查办委托云南人民出版社出版一套《云南省珍贵文物大系》(每套4本、大16开、300页彩版图录书籍),内容以地区为基本框架,在介绍云南省各地可移动文物普查工作成绩的基础上,根据辖区所收藏珍贵文物的类别,以时间为顺序,图文并茂地系统整理介绍了云南省第一次可移动文物普查中全省文物巡回鉴定的重要成果。云南省各级普查办以及国有文物收藏单位也纷纷编纂了本级有关的普查成果书籍,初步统计已有50余册。

2016年11月,云南省普查办根据国家文物局有关通知精神,印发了《云南省文物局关于推荐第一次全国可移动文物普查先进集体和先进个人的通知》,各地普查办也根据通知精神展开了相关评优推先的工作。省普查办省级表彰61个先进普查集体,在云南省近1100名普查员中选取300人作为先进个人进行表彰。此外,考虑到各级普查员在本次普查工作中的辛勤付出,省普查办为全省每一名普查员颁发了荣誉证书,以表示感谢与鼓励。除省普查办外,云南省多数州市级人民政府均在本辖区内开展了评选先进集体与先进个人的表彰活动。

三、云南省普查工作成果

(一) 加强藏品管理利用

在开展普查过程中,云南省绝大多数收藏单位在认真按照全国普查技术规范采集信息，同时健全馆藏文物账目及资料档案，建立了操作性强的管理模式，对库房环境进行了改造。部分单位在普查过程中及时争取到了文物保护修复经费，同时开展了文物修复保护工作。例如，文山州广南县民族博物馆就利用本次普查集中整理了馆藏西汉时期重要文物，并对其中经省文物局专家认定的保存状况较差的上级别珍贵文物争取了专门的文物维修经费，交付国内有实力的青铜文物修复单位进行修复保护。有些较为困难的地区例如怒江州，全州没有博物馆，藏品也未清理过，在几乎没有普查经费的条件下，几位业务人员身兼数职克服各种困难，边清理边登录，虽然普查进度较慢，但依然出色地完成了普查任务，实现了全州文物档案制定建设的重大突破。云南民族博物馆在本次普查期间，共征集了551套民族文物，接受社会捐赠344套，丰富了藏品数量，提高了藏品质量。

云南省部分收藏单位藏品资源采用基础展览、流动展览、互联网、多媒体等方式加以公开，免费为观众开放，让群众享受文化遗产成果，贴近生活，为民服务。例如，云南省博物馆在普查过程积极宣传藏品，同时面向社会开展了以云南省文物为要素的文化创意产品设计大赛；红河州博物馆就针对本次可移动文物普查做了专题展览；迪庆州博物馆也利用普查契机对馆藏民族服饰进行了系统整理，形成了特色展览并交流到上海福建等博物馆；临沧市在经历本次可移动文物普查后进一步摸清了藏品家底，为筹建市级博物馆打下来良好基础；曲靖市文物管理所在普查文物认定结束后，考虑到保存条件有限，调拨了一批珍贵文物给刚刚成立的曲靖市博物馆，极大丰富了博物馆藏品，也让更多的市民共享到珍贵的文物资源；大理州博物馆是云南省藏品最多的州市级博物馆，该单位利用本次普查成果重新全面提升改造了展厅形式和展品内容，新馆得到了社会各界好评；文山州普查办特邀请省普查办专家在文山州博物馆文物库房为全州各县区普查业务人员进行了现场实物培训，收效很大；丽江博物院在本次普查中发现大量珍贵藏传佛教噶举派文物，资料整理已经完成，计划出版专门研究成果；玉溪市博物馆在普查期间实现了博物馆的全面升级换代，并举办了"博物馆之夜"专题文化活动，并把"中国的声音——聂耳与国歌图片展""穿越古滇文明之光——云南玉溪文物精品展"巡回北京、贵阳、上海、福建、内等地；德宏州文物管理所在普查期间注重宣传，带来良好社会反响，接受捐赠文物三百余件；昭通市在推进普查的过程中，积极鼓励业务人员开展相关科研工作的跟进，发表多篇关于普查发现的重点文物和热点问题的专业论文。此外，昆明市、楚雄州、红河州、大理州、玉溪市等州市级普查办，昆明市官渡区博物馆、盘龙区文物管理所、安宁市博物馆、大理市博物馆等收藏单位都在计划出版相关普查成果集萃图录等。

全省各文物收藏单位已经建立完善了文物档案资料，在普查工作过程中，采用边普查边建档，认真核对数据与实物，做到准确无误。在完成可移动文物普查工作档案建设的同时，有的收藏单位或普查办还完成了一些更具体的事项，如云南陆军讲武堂历史博物馆、昆明市博物馆还完成了清查固定资产的相关工作。云南省各级普查机构基本完善了本行政区域可移动文物调查、认定、登记、管理及利用制度。各文物收藏单位建立了专门的藏品管理机制。

（二）明确文物保护需求

云南省各级文物行政管理部门通过本次可移动文物普查，进一步明确了本行政区域文物总体保护需求，具体分为总体管理保护需求、不同类型文物保护需求和各类收藏单位保护需求。云南省各级部门将继续要加大对文博队伍的建设及培养力度，进一步提高人员素质，改善库房管理条件，规范档案管理，加大文物藏品的保护力度，在丰富的文化资源环境下，重点考虑文物保护与开发利用的关系，使云南省丰富的文物藏品得到全面的展示。全省文物收藏单位在保存环境、保管人员、保护技术等方面，均不平衡，文物系统的博物馆拥有专门的文物库房、管理人员、库房具有一定的保存条件和保护技术设施，但文博系统外的部分收藏单位缺乏必要的保护设施。保管人员也是身兼多职，大多数文物只是简单地存放在柜子中、架子上，只有一个温室度计挂在房间中，没有符合保管博物馆藏品的收藏库房和专门设备。与科学的文物管理保护需求有较大的差距。通过可移动文物普查，文物收藏单位在盘点整理文物时，按照文物的保护要求审视保管存放条件，在条件允许的情况下，通过添置设施设备、调整库房位置、分类保管等举措，改善文物保管条件。改善文物藏品的保管条件、加强保管人员的业务素质提高和保护新技术的运用，对不同的文物实行不同的管理和保护，将是文物工作的一个重点工作之一。

例如西双版纳州普查人员发现了不少重要贝叶经，它不仅记载南传上座部佛教经文，还大量记载了傣族的历史文化、文学艺术作品、生产生活、天文地理等诸多方面的内容。但是古籍资料的保存状态让普查人员担忧，特别是一些非文博系统单位收藏的贝叶经，没有专门的库房，就摆放在不到 30 平方米的办公室，没有恒温恒湿设备的专门的库房，甚至有些收藏单位的文物就放在工作人员办公室的文件柜里，而且保管人员数量少，甚至没有专门的保管人员，保管人员没有受过专业培训，不懂得如何存放文物。通过此次普查，对类似非文博系统收藏的文物藏品进行整理、编号、录入表格，再配上图像资料，形成规范化的管理。

建　议

经过 4 年多的辛勤工作，云南省第一次全国可移动文物普查工作圆满结束，通过全省各级普查办的认真验收和查缺补漏，云南省第一次全国可移动文物普查工作验收合格。

回顾过去，展望未来，文物保护任重而道远，困难与希望同在，机遇与挑战并存，以本次普查为良好契机，云南省文物工作将总体向以下几个方面继续努力：

1. 加大文物保护管理经费的投入与监督管理使用，加强文物收藏，征集工作。

2. 积极改善文物藏品保存环境，加大库房新建改建，完善文物保护设施设备。

3. 建立健全文物执法机构，加强社会流散文物监管工作，严厉打击文物买卖行为和盗掘古文化遗址，古墓葬的行为。

4. 加强人才队伍建设，加强文物专业知识培训，提高文物鉴赏水平、认定能力、业务素质。

5. 不断完善全国可移动文物信息登录网云南省文物数据库建设，进行科学规范的管理。

6. 充分整合利用文物资源，做好地区、馆际间文物交流展览工作，以普查成果，积极服务社会大众。

西藏自治区
第一次全国可移动文物普查工作报告

　　文物是国家不可再生的文化资源。文物普查是国情国力调查的重要组成部分，是确保国家文化遗产安全的重要措施，是我国文化遗产保护的重要基础工作。

　　西藏是我国文化资源大区，历史文明悠久，文化底蕴丰厚，文化遗产丰富。作为我国重要的中华民族特色文化保护地，以西藏民族文化的多元化，历史数千年的积淀，留下了数量庞大、价值珍贵的可移动文物。文物作为民族历史文化的载体，记录着民族发展的历程，折射着民族文化的光辉，凝聚着民族的勤劳和智慧。开展第一次全国可移动文物普查对西藏自治区文物保护工作来说是一次重大的机遇，对于摸清西藏自治区可移动文物家底，促进文化遗产全面、有效保护具有十分重要的作用。这些文物是中华民族文化的瑰宝，是西藏与祖国不可分割的实物见证，是西藏自治区实现文化资源大区向文化强区的重要支撑。

　　自西藏可移动文物普查工作开展以来，得到了各级党委、政府的高度重视和国家文物局的大力支持，各级文物收藏单位和基层文物工作者的积极参与，也得到了广大驻寺干部和僧尼们的支持和协助，现已阶段性完成全区可移动文物普查各项工作。

　　2012年10月8日《国务院关于开展第一次全国可移动文物普查的通知》下发后，自治区人民政府办公厅于2012年12月4日印发了《西藏自治区人民政府办公厅关于在全区开展第一次全国可移动文物普查工作的通知》，组织西藏自治区相关单位按照国务院要求，同时同步在全区开展第一次全国可移动文物普查工作。为了加强西藏自治区可移动文物普查工作的组织、领导和协调工作，2012年12月，成立了西藏自治区第一次全国可移动文物普查领导小组，成员单位由自治区22个相关部、委、厅、局、办组成，负责对西藏自治区境内的国家机关、事业单位、国有企业和国有控股企业、宗教团体等各类国有单位所收藏保管的国有可移动文物普查工作的组织和领导，协调解决重大问题组织实施。普查领导小组办公室设在西藏自治区文物局文物鉴定中心，领导小组办公室负责进行对 5 市 2 地共 73 个县（区）以及所有自治区直属国有文物收藏单位的可移动文物普查工作的组织和协调工作。2013 年 4 月 18 日，国务院召开全国第一次可移动文物普查动员大会。按照国家文物局、国家普查办以及自治区可移动文物普查领导小组的统一部署和要求，自治区政府组织全区五市两地普查机构和相关单位参加了在京召开的第一次全国可移动文物普查动员电视电话会议，并随即召开了西藏地区第一次可移动文物普查动员大会；各地（市）结合当地实际，召开了所属辖区的普查动员大会，成立了普查领导小组及办公室，2013 年年内，全区各地（市）、73 个县（区）都成立了普查领导小组及工作机构，确定了普查人员。通过普查一批有价值的国宝不断得到发现和认定，数量众多的藏品登录到全国可移动文物信息登录平台。

一、西藏自治区普查数据

截至 2016 年 10 月 31 日，西藏自治区在全国可移动文物信息平台登录可移动文物 127950 件/套，实际数量为 148355 件。其中，珍贵文物 66571 件/套，实际数量为 72306 件。登录可移动文物信息的收藏单位 790 家。

（一）西藏自治区可移动文物基本情况

1. 类别

表 1　可移动文物类别

可移动文物类别	可移动文物实际数量（件）	实际数量占比（%）
合计	148355	100.00
玉石器、宝石	85	0.06
陶器	154	0.10
瓷器	4652	3.14
铜器	5779	3.90
金银器	2781	1.87
铁器、其他金属器	490	0.33
漆器	26	0.02
雕塑、造像	80309	54.13
石器、石刻、砖瓦	1090	0.73

续表

可移动文物类别	可移动文物实际数量（件）	实际数量占比（%）
书法、绘画	15334	10.34
文具	36	0.02
甲骨	26	0.02
玺印符牌	27	0.02
钱币	265	0.18
牙骨角器	678	0.46
竹木雕	498	0.34
家具	724	0.49
珐琅器	231	0.16
织绣	11503	7.75
古籍图书	5658	3.81
碑帖拓本	79	0.05
武器	135	0.09
邮品	42	0.03
文件、宣传品	20	0.01
档案文书	53	0.04
名人遗物	72	0.05
玻璃器	25	0.02
乐器、法器	15541	10.48
皮革	481	0.32
音像制品	14	0.01
票据	27	0.02
交通、运输工具	29	0.02
度量衡器	39	0.03
标本、化石	536	0.36
其他	916	0.62

2. 年代

（1）可移动文物年代类型

表2　可移动文物年代类型

可移动文物年代类型	可移动文物实际数量（件）	实际数量占比（%）
合计	148355	100
地质年代	0	0.00
考古学年代	275	0.19
中国历史学年代	22543	15.20
公历纪年	78790	53.11
其他	41689	28.10
年代不详	5058	3.41

（2）可移动文物中国历史学年代分布

表3　可移动文物中国历史学年代分布

可移动文物中国历史学年代	可移动文物实际数量（件）	实际数量占比（%）
合计	22543	100.00
夏	0	0.00
商	0	0.00
周	11	0.05
秦	0	0.00
汉	0	0.00
三国	0	0.00
西晋	0	0.00
东晋十六国	0	0.00
南北朝	0	0.00
隋	0	0.00
唐	12	0.05
五代十国	0	0.00
宋	11	0.05
辽	0	0.00
西夏	0	0.00

续表

可移动文物中国历史学年代	可移动文物实际数量（件）	实际数量占比（%）
金	0	0.00
元	12	0.05
明	656	2.91
清	12647	56.10
中华民国	8537	37.87
中华人民共和国	657	2.91

3. 级别

表 4　可移动文物级别

可移动文物级别	可移动文物实际数量（件）	实际数量占比（%）
合计	148355	100.00
一级	2550	1.72
二级	13006	8.77
三级	56750	38.25
一般	63353	42.70
未定级	12696	8.56

4. 来源

表 5　可移动文物来源

可移动文物来源	可移动文物实际数量（件）	实际数量占比（%）
合计	148355	100.00
征集购买	1153	0.78
接受捐赠	2190	1.48
依法交换	0	0.00
拨交	37	0.02
移交	14630	9.86
旧藏	129852	87.53
发掘	448	0.30
采集	3	0.00
拣选	0	0.00
其他	42	0.03

5. 入藏时间

表 6　可移动文物入藏时间范围

可移动文物入藏时间范围	可移动文物实际数量（件）	实际数量占比（%）
合计	148355	100.00
1949 年 10 月 1 日前	116735	78.69
1949 年 10 月 1 日 ~ 1965 年	222	0.15
1966 ~ 1976 年	158	0.11
1977 ~ 2000 年	28181	19.00
2001 年至今	3059	2.06

6. 完残程度

表 7　可移动文物完残程度

可移动文物完残程度	可移动文物实际数量（件）	实际数量占比（%）
合计	148355	100.00
完整	69582	46.90
基本完整	66076	44.54
残缺	11905	8.02
严重残缺（含缺失部件）	792	0.53

（二）西藏自治区可移动文物分布情况

1. 按收藏单位隶属关系统计可移动文物数量

表 8　可移动文物数量分布（按收藏单位隶属关系）

收藏单位隶属关系	可移动文物实际数量（件）	实际数量占比（%）
合计	148355	100.00
中央属	0	0.00
省属	55848	37.64
地市属	22216	14.97
县区属	45894	30.94
乡镇街道属	22694	15.30
其他	1703	1.15

2. 按收藏单位性质统计可移动文物数量

表9 可移动文物数量分布（按收藏单位性质）

收藏单位性质	可移动文物实际数量（件）	实际数量占比（%）
合计	148355	100.00
国家机关	5420	3.65
事业单位	62009	41.80
国有企业	0	0.00
其他	80926	54.55

3. 按收藏单位类型统计可移动文物数量

表10 可移动文物数量分布（按收藏单位类型）

收藏单位类型	可移动文物实际数量（件）	实际数量占比（%）
合计	148355	100.00
博物馆、纪念馆	20892	14.08
图书馆	0	0.00
美术馆	0	0.00
档案馆	75	0.05
其他	127388	85.87

4. 按收藏单位所属行业统计可移动文物数量

表11 可移动文物数量分布（按收藏单位所属行业）

行业	可移动文物实际数量（件）	实际数量占比（%）
合计	148355	100.00
农、林、牧、渔业	0	0.00
采矿业	0	0.00
制造业	0	0.00
电力、热力、燃气及水生产和供应业	0	0.00
建筑业	0	0.00
批发和零售业	0	0.00
交通运输、仓储和邮政业	0	0.00
住宿和餐饮业	0	0.00
信息传输、软件和信息技术服务业	0	0.00

续表

行业	可移动文物实际数量（件）	实际数量占比（%）
金融业	2	0.00
房地产业	0	0.00
租赁和商务服务业	0	0.00
科学研究和技术服务业	0	0.00
水利、环境和公共设施管理业	0	0.00
居民服务、修理和其他服务业	0	0.00
教育	0	0.00
卫生和社会工作	0	0.00
文化、体育和娱乐业	62177	41.91
公共管理、社会保障和社会组织	86176	58.09
国际组织	0	0.00

（二）可移动文物普查工作的组织实施

1. 全面开展西藏可移动文物普查前期工作

西藏自治区文物局成立由自治区人民政府、统战、民宗、财政、文化、文物等多部门组成的西藏自治区第一次全国可移动文物普查领导小组，并在西藏自治区文物局成立西藏自治区可移动文物普查办公室，同时在西藏各地市成立普查领导小组和普查办公室。为了弥补基层普查人员专业力量的不足，自治区普查办协调全区现有的专业力量，从全区范围抽选了40名专业人员，组成专家组。其工作职责是：（1）为普查培训工作人才培训提供师资力量，普查技术规范的制定，并在全区多次举办西藏文物普查工作人员培训班；（2）巡查普查现场，进行业务指导；全区各地（市）包括文物局直属布达拉宫管理处、罗布林卡管理处、西藏博物馆等大型收藏单位都建立了普查机制；（3）对普查数据进行审核、验收，制定《西藏自治区全国可移动文物普查工作手册》。

2014年5月14日，西藏自治区第一次全国可移动文物普查工作会议在拉萨召开。此次会议是西藏自治区文物历史上规格最高、规模最大、内容最丰富的会议之一，参会的有全区各地、市分管专员、市长、普查领导小组组长、普查办公室主任、文物局长、县级普查机构的人员及九座重点寺管会的代表，共170余人。

西藏自治区的可移动文物普查工作，得到了自治区党委、政府的高度重视。文物部门以义不容辞的历史使命感和社会责任感来全力以赴、积极投入到普查工作之中，文化、统战、民宗、教委以及公安、海关等其他各相关部门也大力支持、热情参与，形成了一股由政府主导、部门支持、社会参与、公众理解的强大合力。

2. 属地管理、分级负责

按照"统一规划、分级负责""属地管理、县为基础"的普查组织原则，西藏自治区刚开始实行属地管理、分级负责，但是在西藏各地市普查开始之前未做过详细的文物数据统计和登记建档等基础性工作，所以这次文物普查在全面开展基础建档的同时完成普查工作。加之西藏各地市文物工作力量薄弱文物认定专家缺乏，为此西藏文物普查办公室从三家直属文博单位借调西藏文物专业骨干，在西藏文物普查办公室成立文物普查专家小组，普查办组织专业人员下乡协助完成各地（市）文物收藏单位的文物调查、认定、采集、登录、审核工作。普查文物登录工作由各单位自力进行，完成普查数据的汇总、审核和上报。

3. 其他行业系统收藏单位组织协调工作

西藏文物普查工作涉及部门多、涵盖范围广，为了充分落实好各部门、各单位"各司其职、各负其责"的可移动文物普查工作原则，自治区普查办积极争取各有关部门的支持与协作，除及时与区教育厅、民政厅、国资委、文化厅、档案馆等单位和部门联合转发国家相关部委关于各系统积极配合做好普查工作的相关文件外，经过努力，自治区文物局、自治区党委统战部、自治区民族宗教委员会、自治区宗教工作领导小组办公室联合下发了《关于积极做好全区寺庙第一次全国可移动文物普查的通知》，通知明确要求，全区各级文物、统战、民宗、宗教办要"相互配合、紧密协作、共同组织"，开展好可移动文物普查工作；并要求全区所有收藏有国有文物的寺庙管理委员会必须指定一名主要领导"全程参与、专职负责"可移动文物普查工作。

4. 制定普查实施方案和工作制度

为规范、有序、高质量地完成普查各项工作，区普查领导小组办公室根据国家的统一要求和工作安排，根据《第一次全国可移动文物普查实施方案》的统一要求，区普查领导小组办公室研究制定了《西藏自治区第一次全国可移动文物普查实施方案》，并报经西藏自治区人民政府审核通过。在国家和自治区普查方案的基础上，各地（市）、县（区）文物普查机构，又根据自己的条件和特点，明确了具体的目标任务及方案。同时，结合西藏实际编制了涉及文物法律、法规、文物鉴定知识等内容的藏汉双语版《西藏自治区可移动文物普查宣传与工作手册》发放给各地市普查办公室和各收藏单位，认清普查工作的重要性，促使西藏自治区可移动文物普查各项工作有序推进。

5. 数据的安全措施

按照"谁收藏、谁登记、谁负责"的原则进行普查和数据填报，结合西藏的实际，按照属地管理的原则，由地、市文物部门组织，各地、市普查办负责实施。各级文物部门和普查办要本着对历史、对事业、对国家高度负责的态度加强对普查数据工作的审核、报送和管理，在确保数据的准确性、真实性和完整性的同时，还要确保普查文物资料、信息的安全，未经文物主管部门批准，普查办不得擅自向任何个人和单位提供系统性的文物信息资料。为了已完成数据采集工作的可移动文物数据信息保密工作，区普查办与各级可移动文物数据管理人员签订保密协议书，对可移动文物的文物数据管理和文物安全排除数据泄露的隐患。

6. 西藏自治区开展普查工作的方法步骤

（1）此次可移动文物普查，专业要求高、技术难度大。为了高质量完成西藏自治区普查工作，各级普查机构开展多种形式的培训和实践相结合的工作模式，不仅使西藏自治区基层文物工作者学到了专业知识和加强锻炼，同时也使参与国有文物收藏、管理工作的寺院组织和相关人员的文物保护、管理水平得到提升。另外，利用普查契机，做好了国有文物藏品的登记建档建设，通过对人员的培训和锻炼，可提升各寺院国有文物藏品的科学化、规范化管理水平和能力。

（2）通过此次文物普查工作，建立健全文物档案，掌握了全区文物收藏单位数量，基本摸清了西藏自治区文物家底。截至 2016 年 10 月 31 日，西藏自治区完成了 148355 件可移动文物数据采集和登录工作，完善了馆藏文物数据。

（3）统一标准、规范登记。普查工作规范和技术标准统一制定，实行标准化管理。西藏自治区普查工作依据国务院第一次全国可移动文物普查领导小组统一制定的普查工作规范和技术标准，在全国可移动文物普查信息平台统一登录。主要包括以下五个方面：①《第一次全国可移动文物普查单位登记表》和《第一次全国可移动文物普查文物登记表》及其著录说明。②第一次全国可移动文物普查文物登录标准。根据《馆藏文物登录规范》制定文物分类、定名、年代、计量等文物普查标准及程序。③第一次全国可移动文物普查文物名录编制规范、文物收藏单位名录编制规范、工作报告编制规范、建档备案工作规范。④第一次全国可移动文物普查文物和文物收藏单位编码规范、文物信息采集技术要求和规范、文物数据汇总规范、电子数据处理工作规范、数据移植规范等。⑤第一次全国可移动文物普查信息采集软件、信息登录系统、单位信息管理系统、数据管理系统、数据应用服务系统。

（4）统一平台、联网直报。普查实施统一平台、联网直报、一次入库、分级审核、动态管理。充分利用现代信息技术，信息上报和管理在国家统一平台上集中进行。国务院普查领导小组办公室建立全国可移动文物信息登录平台，统一管理平台上的信息，建立动态运行的数据库系统。各国有单位在统一平台上注册本单位专有账号，按照统一规范进行文物信息登录。各级普查机构分配专门审核账号，依照权限在平台上对登录信息逐级审核，建立登录制度。

7. 落实普查工作经费

按照国务院《关于开展第一次全国可移动文物普查的通知》《西藏自治区人民政府办公厅在全区开展第一次全国可移动文物普查工作的通知》和《财政部 国家文物局关于加强第一次全国可移动文物普查经费保障与管理的通知》要求，自治区财政部门积极筹措资金，确保西藏自治区普查经费落实到位。2013～2016年全区共落实普查经费208333万元，其中自治区普查经费417.45万元（2013年61万元、2014年107.96万元、2015年118.46万元、2016年130.30万元）；拉萨市普查经费（含县级普查经费）354.04元；日喀则市普查经费（含县级普查经费）436.92万元；昌都市普查经费（含县级普查经费）92.68万元；林芝市普查经费（含县级普查经费）246.30万元；山南地区普查经费（含县级普查经费）272.56万元；阿里地区普查经费（含县级普查经费）89.11万元；那曲地区普查经费（含县级普查经费）23.17万元。

8. 制定普查规定、举办普查培训

西藏已调查的国有可移动文物收藏单位有1335处，所收藏的可移动文物类型十分丰富。西藏自治区文物收藏单位大多数的普通寺庙，90%以上的可移动文物都与藏传佛教的教义相关，因此，规范、统一全区普查文物的指标选项、技术参数和登录内容，是确保普查成果真实有效性的重要内容。可移动文物普查内容复杂，专业要求高，除制定了文物认定、命名、测量等统一标准外，为了弥补基层普查人员专业力量的不足，自治区普查办协调全区现有的专业力量，从全区范围抽选了40名专业人员，组成专家组，专门负责：（1）为普查培训工作人才培训提供师资力量，普查技术规范的制定；（2）巡查普查现场，进行业务指导；（3）对普查数据进行审核和终验、整理和发布普查成果等工作。

为了规范、统一全区文物普查的技术参数和登录内容，结合西藏可移动文物的特点，区普查办组织专家制定了文物认定、命名、测量等标准并结合西藏许多国有可移动文物，都有寺庙组织管理、保护的现状，组织专家编纂、印制了涉及文物法律、法规、文物鉴定知识等内容的藏汉双语版《西藏自治区可移动文物普查宣传与工作手册》；同时，组织专家制定了《西藏自治区第一次全国可移动文物普查文物登录标准》（专门用于规范和统一普查文物定名、译名标准的《藏传佛教常见神明谱系》）；制定了文物登记本、文物拍摄编号器和专用背景纸等工作用品，发放给全区普查机构和文

物收藏单位。

为保证普查培训做到"全覆盖",从全区各普查单位选派专业骨干,作为区、地(市)级培训班的授课教师和指导员,参加了每一期国家文物局举办的全国可移动文物普查骨干培训班。2013年11月,在拉萨举办了80人规模的西藏自治区可移动文物普查培训班,学员范围不仅涵盖了全区各地(市)、县文物行政部门、重要的国有文物收藏单位,而且还涉及海关、档案馆、图书馆和部分寺庙管理委员会,培训不仅提升了全区各级普查机构和部门工作人员的普查业务能力,同时也进一步调动了各相关部门支持、配合和参与普查工作的热情和信心。2014年,自治区普查办公室组织专家赴拉萨市、山南市、日喀则市、昌都市、林芝市、那曲地区、阿里地区各级辖区内文物普查培训工作任务,培训人数达251人,其中拉萨市32人、山南市38人、日喀则市40人、昌都市56人、林芝市30人、阿里地区15名、那曲地租40人。培训班除开设《普查信息登录平台介绍和单机采集软件》《馆藏文物登录标准》等课程外,针对西藏自治区国有可移动文物的分布情况和管理特点,还专门聘请7名区内外专家开设了《藏传佛教造像和唐卡鉴定标准》《藏式琍玛鉴赏》《藏传佛教神像译名规范》《丝织品鉴定》《瓷器鉴定》等教学内容,重点进行了实地模拟普查馆藏文物登录标准和软件操作的培训班。

西藏自治区成功举办各类培训,使进一步明确了西藏自治区可移动文物普查的工作目标和重要意义,全面掌握了普查技能,为西藏自治区可移动文物普查工作保质、保量、圆满完成奠定了坚实的基础。

二、调查、认定、采集、登录、审核,分阶段实施

(一)国有可移动文物收藏单位的调查

西藏自治区分布的各类收藏单位点多、面广,在各级普查办积极与各级民宗、统战和寺管会等部门协调配合下,较为全面地掌握了西藏自治区各类国有单位的名称、地址、联系方式等基本信息,汇总生成了西藏自治区国有单位摸底调查基本名录库,并在全国可移动文物信息登录平台上进行了填写更新。同时,自治区普查办根据有关部委和国家文物局联合下发的各系统做好第一次全国可移动文物普查的相关通知精神,对自治区档案馆、自治区公安厅、自治区教育厅、自治区民政厅、自治区教育厅、自治区国资委、西藏大学、西藏藏医学院等单位的国有文物收藏情况进行调查,并发放国有单位文物收藏情况调查登记表。按照第一次全国可移动文物普查"属地管理、分级负责"的工作原则,要求各地(市)各、县(区)普查办据此对本辖区的国有单位

与当地相关部门进行核对，确保国有单位调查不重、不漏，真正做到全覆盖。

通过各级普查机构和各部门积极配合、认真核实，反馈有收藏文物的国有单位1295家，截至2016年10月底，西藏自治区国有文物的单位共790处。作为西藏国有文物收藏单位的大多数寺院都处在偏远的高山深谷、草原河谷、茂密深林等环境中，因此，在开展可移动文物普查过程中，经常遭遇行走迷路、跋山涉水、经风冒雪、忍饥挨饿等难以预料的困难，为了建立健全西藏自治区国有收藏单位可移动文物档案、全面完成西藏自治区第一次可移动文物普查工作，各普查队员不怕苦、不怕累的精神，全力以赴开展普查工作。在寺院开展文物普查工作，首先要跟僧人做好协调工作，同时，与当地民宗、统战、驻寺等多部门进行协调工作，只有相关部门的积极配合，各项工作才能有序推进。

可移动文物普查不仅仅是调查统计文物数据，而是在此基础上更好发挥文物信息的价值和作用，提高文物收藏单位的管理水平，促进文物资源的整合利用，丰富公共文化服务内容。让藏在博物馆里的文物活起来，服务人民群众。通过开展文物展览活动，进行现场观赏，让更多的群众能亲自体验到文物，还有一些展品通过社会教育服务活动，在现场以互动体验的形式让文化遗产走进百姓的生活。

（二）国有可移动文物信息采集登录工作

鉴于西藏自治区国有可移动文物大部分都在寺院，为进一步做好自治区文物局、自治区党委统战部、自治区民族宗教委员会、自治区宗教工作领导小组办公室联合下发了《关于积极做好全区寺庙第一次全国可移动文物普查的通知》，通知明确要求，全区各级文物、统战、民宗、宗教办要"相互配合、紧密协作、共同组织"开展好可移动文物普查工作，并在全区所有收藏有国有文物的寺庙管理委员会指定一名主要领导"全程参与、专职负责"可移动文物普查工作，在各方的积极配合下，西藏自治区可移动文物普查各项工作进展顺利，有序推进。

（三）国有可移动文物数据质量审核

普查质量是普查工作的重中之重，是普查工作的生命线。西藏自治区普查办紧紧围绕普查质量控制这条主线开展工作，通过明晰的思路、操作性强的做法、可靠的保障措施，搭建起较为完整的质量控制链，从一开始就为普查工作打下了较为坚实的基础。

自治区普查办以"先难后易、由远到近、全程参与"的工作思路，组建由文物认定专家、信息数据录入人员构成的普查工作小组，分赴从路途最偏远、文物基础最为薄弱的地（市）、县（区）开始进行普查数据采集、文物认定、拍照、验收、审核等工作，达到了国家制定的 14 项指标要求。西藏自治区普查数据质量的掌控采取"线上线下结合，专家逐级审核"的方式，即登录前先有各地（市）、县（级）普查办对所属收藏单位上报采集数据进行审核通过后在上报市级普查办，市级普查办再组织专家对数据进行审核后，报至自治区普查办审核，再上报全国可移动文物信息登录平台，经过这一流程，使西藏自治区各项普查数据在登录、审核、上报的每一个环节都做到规范、有序，从而确保数据准确无误。在普查工作的每个环节都力求做好不虚报、不满报、不凑数。

普查数据的审核，按照国家文物局第一次全国可移动文物普查办公室《关于加快推进普查文物认定和数据报送工作等有关事项的通知》精神，根据自治区第一次全国可移动文物普查第二阶段工作计划，区普查办组织专家对全区文物数据采集、文物认定、登录和审核等重要环节进行重点抽查，发现文物照片本体不够清晰、背景不够整洁，文物名称、质地、特征等文字描述不够准确、翔实，文物断代、定级不够准确等问题，针对发现的问题，各级普查机构加强了文物信息现场采集工作的督促、检查和指导力度，做到发现问题及时纠正，组织开展可移动文物普查情况讨论会，解决普查中遇到的疑难问题确保，从源头把好质量关。在数据审核认定过程中，严格按照"线下逐级审核，数据集中报送"的数据质量控制新模式展开。审核认定期间，各审核人员及普查队员认真负责，加班加点，恪守工作守则，数据逐条过手，照片逐张看，图文逐件对照，发现问题，认真修改，遇到难题，畅所欲言，共同商讨，及时解决，做到工作不留死角，不应付了事，审核认定工作进展有序。

三、进一步加强普查宣传

西藏自治区可移动文物普查办从普查伊始，就对普查宣传加大了力度，在各级普查机构组织开展了多种形式的宣传、教育活动，使广大公众、各部门和各行业，充分认识到民族文化遗产保护工作的必要性和重要性。为了引起全社会对第一次全国可移动文物普查工作的广泛关注，动员各部门参与到文物普查工作当中，区、地（市）、县（区）文物普查机构一直把"第一次全国可移动文物普查"宣传工作作为文物普查工作的重要任务之一进行狠抓落实，并开展了形式多样的宣传活动。一是各级普查机构利用"中国文化遗产日""法制宣传日""国际博物馆日"等特定时间，采取悬挂横幅、制作宣传版画、印制宣传单等方式在区、地（市）、县（区）城镇人员集聚区和进学校等方式集中进行宣传。二是利用各国有收藏单位采集可移动文物普查数据为契机，将宣传工作重心移到收藏单位一级，向各寺庙僧人、寺管会进行宣传普查工作的重要性，做到"边普查、边宣传"。三是通过接受媒体采访、在文物保护单位张贴宣传海报等形式，开展文物普查宣传工作。四是利用广播、电视、报刊等方式实时报道文物普查工作动态。

2014年4月23日，区普查办组织在藏的20家区内外媒体召开新闻发布会，利用各种媒介对全区可移动文物普查工作进行了一次内容丰富、覆盖广泛的宣传活动。

2014～2016年，中央电视台驻西藏记者站专门对布达拉宫、西藏博物馆、罗布林卡、桑耶寺等重点国有收藏单位的可移动文物普查情况进行采访报道，全方位、多视角地挖掘珍贵文物背后的故事，以点带面对西藏自治区可移动文物普查工作和开展普查的意义进行了深入的报道。期间，区、地（市）、县电视台共播报文物普查新闻50多次。同时，为了向社会各界展示西藏自治区普查工作阶段性成果，进一步宣传可移动文物普查的重要意义，提升社会公众对文物普查的认知度及普查工作的社会影响力，2016年6月举办"西藏自治区可移动文物普查成果展"上发放了《西藏自治区可移动文物普查工作手册及宣传资料汇编》《文物鉴赏小知识》《西藏自治区可移动文物普查——国宝大调查（1）》《西藏珍宝——国宝大调查图录集萃》等宣传资料3000余份，在普查期间，各宣传媒体共报道百余次，通过在电视上接受专访等，达到了很好的宣传效果。

四、普查验收

为切实保证西藏自治区第一次全国可移动文物普查的工作质量，实现可移动文物普查的完美收官，根据国家文物局《关于做好第一次全国可移动文物普查验收工作的通知》精神，各级普查机构严格按照相关通知要求，对所属国有收藏单位进行验收，此次验收主要内容有：各级普查机构从组织、管理、国有收藏单位调查、文物认定、数据登录、数据审核、珍贵文物核查和存在问题等内容，各级普查机构验收结果形成验收工作报告，已上报西藏自治区第一次全国可移动文物普查领导小组办公室，经验收，西藏自治区第一次全国可移动文物普查验收结论为合格。

五、编制普查档案及普查工作总结表彰

（一）编制普查档案

文物普查数据档案是文物普查重要的成果记录和基础信息资源。全面、系统、科学、规范地建立西藏自治区第一次全国可移动文物普查档案，是对西藏第一次全国可移动文物普查各类数据和信息资料有效的保存，并能在实际工作中发挥其作用的必要措施，也是西藏自治区一项加强文物保护工作和促进文物资源信息化科学规范管理的基础性工作，意义重大。为确保西藏自治区国有收藏单位可移动文物的安全，减少对质地脆弱文物的反复搬动，西藏自治区各级普查机构始终坚持普查与建档工作同步推进，并以藏汉两种文字进行国有收藏单位的可移动文物登记建档工作，已完成790家国有收藏单位148355件文物数据采集工作，正在整理藏品账目及档案编制建设工作，为下一步西藏自治区国有收藏单位可移动文物信息化管理提供强有力的保障。

（二）普查表彰情况

自西藏可移动文物普查实施以来，各级普查机构及各有关部门通力协作、紧密配合，认真贯彻落实相关通知精神，坚持可移动文物普查工作原则，依法履行文物保护职责，推动西藏自治区文物保护事业科学发展，取得了显著的成绩，涌现出了一批团结协作、真抓实干、业绩突出的单位及个人，从普查开始以来，每年在全区文物工作会上，均对普查人员进行表彰，这几年先后表彰的先进集体共3个单位：日喀则市普查办、山南市普查办、昌都市普查办；先进个人共18名。计划召开全区可移动文物普查工作总结表彰大会，在回顾总结近四年工作成绩的基础上，对先进集体和先进个人进行表彰。

六、普查工作成果

西藏的可移动文物建档工作任务重、起步晚，尤其是寺院的文物建档历史欠账多，为做好全区1305处国有文物收藏单位的普查，全区各级可移动文物普查办的全体工作人员克服重重困难，满怀信心地投入三年多时间的普查工作中，按预期圆满完成了可移动文物普查的各项工作任务。

（一）掌握本行政区域可移动文物资源情况及价值

为确保西藏自治区国有收藏单位可移动文物的安全，减少对质地脆弱文物的反复搬动，西藏自治区各级普查机构始终坚持普查与建档工作同步推进，并以藏汉另种文字进行国有收藏单位的可移动文物纸质建档和点子档案建设工作，为下一步西藏自治区国有收藏单位可移动文物信息化管理提供强有力的保障。

1. 摸清数量及分布

通过各级普查机构和各部门积极配合、认真核实，在国家文物局可移动文物信息登录平台上完善收藏单位信息并上报数据的收藏单位共有790家。按单位性质分析，其中有国家机关26家，事业单位25家，国有企业0家，其他类型739家；按单位类型分析，其中有博物馆、纪念馆 7 家，图书馆 0 家，美术馆 0 家，档案馆 2 家，其他类型 781 家；按隶属关系分析，其中有中央所属单位 0 家，省属单位 4 家，地市所属单位 33 家，县区属单位 277 家，乡镇街道所属单位 451 家，其他单位 25 家。

2. 掌握保存状况

普查各工作环节档案留存情况。全区国有文物收藏单位所收藏的可移动文物藏量特别丰富，其日常管理状态，基本可分为三类：第一类是布达拉宫、西藏博物馆、罗布林卡三家自治区文物局直属的文物收藏单位，博物馆建设工作开展的相对较早；布达拉宫自 20 世纪 90 年代国家投巨资修缮竣工后，开始着手进行文物登记建档工作，自 1999 年西藏博物馆成立后，及时开展了文物建档工作；罗布林卡文物建档工作也是自 21 世纪初逐步开展，以上三家单位各自建立的文物档案比例大约不足其文物收藏量的五成。第二类是文物收藏较为丰富的宗教场所，位置处于经济、文化相对发达的城市地区的寺庙，如拉萨大昭寺、色拉寺、哲蚌寺，日喀则市扎什伦布寺、萨迦寺等，也陆续十余年前相继开始建立了较为简单的文物登记账目，但这些账目仅仅是作为寺庙财产的登记，其记录的文物信息量不及此次可移动文物普查所要求登记的 14 项信息指标细致。以上两类文物收藏单位在全区国有可移动文物收藏单位中所占的比例约为一半以上。第三类是占西藏自治区文物收藏单位大多数的普通寺庙，这些寺庙因经济、交通等各种因素的制约，所收藏的大量国有可移动文物甚至连最基本的登记账目都尚未建立完备。为此，西藏普查办以国家第一次全国可移动文物普查为契机，全区国有收藏单位可移动文物以 14 项指标的要求，进一步建立健全国有收藏单位的可移动文物档案，各级普查机构以藏、汉两种文字进行数据采集和建档国有收藏单位可移动文物。

根据西藏自治区可移动文物的特点，在藏文古籍文献、上师传记、论著、寺志等著述中对现代意义上的文物只有佛像、佛经、佛塔、供器和日用器具的记载。当代辞书中文物的定义是，文物是人类在历史发展过程中，所创造和使用并遗留下来的具有一定历史、艺术、科学价值的文化遗物和遗迹。民族文物是各民族产生以来，在其各自历史发展的长河中所创造的具有一定价值的文化遗存，民族文物具有时间、地域和形态等诸多特征。

3. 可移动文物普查工作中的收获

可移动文物普查是一项特别需要认真细致的工作，任务重，困难多，涉及全区国有文物收藏单位，在高原险道上交通极为不便。但是，全区各级可移动文物普查办的全体工作人员克服重重困难，满怀信心地投入 4 年多时间的普查工作中，按预期圆满完成了可移动文物普查的各项工作任务。

（1）文物收藏单位

作为西藏国有文物收藏单位的大多数寺院都处在高山深谷、岩石山谷、雪山峡谷、草原河谷、茂密深林等环境中，因此，在可移动文物普查过程中，经常遭遇行走迷路、跋山涉水、经风冒雪、忍饥挨饿等难以预料的困难。比如，在日喀则地区吉隆县贡唐乡的极个别国有文物收藏单位开展工作时，大部分羊肠小道都处于悬崖和岩山深谷中，骑马、步行五六个小时都是常事，有时在山路上行走时，遇到岩羊、羚羊等野生动物在山间跳跃奔跑导致岩石滚落受伤的危险；在聂拉木县雪巴岗和定结县陈唐镇等地的大多数寺院都处于高山密林中，没有汽车行驶的道路，只能靠向导前行；在定日县果仓寺和珠穆朗玛山脚的绒布寺开展工作时，因极度高寒缺氧，遭遇强烈的高山反应，还要步行在险峻陡峭的山路上，回想起来极度危险；在阿里地区与印度接壤的底雅和古鲁宋杰等寺院地处边境线，由于路途遥远、行走困难等因素不能按时开展工作。在此期间，有时还要野外露宿、忍受饥饿寒冷。

（2）文物认定

在可移动文物普查工作中，文物认定是一项极其重要和十分紧迫的项目，加之佛像种类繁多、来源复杂、风格各异、传承不同等原因，使之在认定文物时很难确定文物名称。比如：在鉴定三世佛、千尊佛等佛像时，能够一一认定就十分困难；最常见的释迦牟尼佛、燃灯佛、弥勒等佛像，不同种类及名号就达几十种，须精通历史、工艺、来源、利益，才能一一认定准确。在藏传佛教的各传承系统和本教中，由于传承不同，就出现不同的上师传承体系、不同的本尊、不同的护法、不同的域神等，须熟悉藏传佛教上师传承系统，一一认定；在格鲁巴上师传承系统中，宗喀巴大师的造像和擦擦（藏语，意为复制，指一种模制的泥佛或泥塔）名号就多达几十种，须精读上师传记等著述；在鉴定本尊、菩萨、罗汉时，要明确各种不同的风格特点，必须熟悉阅读大量典籍，这样都需要在实际鉴定时积累经验。总之，在进行文物认定时，首先要了解掌握佛像的来源、工艺等，在此基础上，通过研究分析区域、传承系统、法衣装束、手印等特点，逐一谨慎细致地进行认定。

（3）文物断代

断定年代是鉴定佛像一个十分重要的关键工作，断代包括公元年、年号、地方历法、中国历史朝代、外国朝代年号、考古学年代等几种断定年代的方法，依照国际上通用的方法，就以公元年代断代法为主。在文物断代中，按照考古学年代的断代方法是，公元前或无文字记录时代出现的石器、陶器等从古迹遗址中发掘，并与历史关系紧密的文物。在西藏博物馆收藏的卡若和曲贡出土陶器、石器等要按新石器时代断代。为了研究工作的需要，在琼结、都兰吐蕃墓等陵墓出土的大部分文物都按公元年代断代。在年号使用上，当文物上面出现北魏、任何朝代任意皇帝的明确年号、佛像和唐卡上的永乐和宣德及万历等，就按该年号断代。清朝时期，作为文物交流和相互赠送礼铙器、物的佛像、唐卡、瓷器等文物上有等十分明确的年号，因而，就要使用朝代年号。此外，在藏区、印度、尼泊尔、克什米尔等国家和地区出现的大部分佛像上既无朝代年号，也无题记铭文，就很难断定该文物的年代，因此，就要通过分析研究纷繁多样的绘画特点、艺术风格和地域美术工艺，断定有题记铭文的文物，并在比较研究中断定其他文物年代，明确标明该文物的朝代年号。

（4）文物材质

佛像等文物的材质多种多样。一般而言，佛像的材质有金、银、铜三种金属和白檀香、红檀香、药泥、大理石、黑滑石、海泥、赤金等。如：在琍玛像中基本上可分为颜色琍玛和响铜琍玛两种，颜色琍玛主要是各种熔炼铁质浇铸琍玛像和以合金技术浇铸的各种不同颜色琍玛像，有白琍玛像、红琍玛像、黄琍玛像、紫琍玛像、黑琍玛像、生铁琍玛像等，在鉴定这种材质的文物时，若不掌握化学知识，就很难断定该文物的材质，当代文物研究工作者往往根据经验断定文物材质；声响琍玛是制作铃、钹、铙器、碰铃等乐器的主要材质。木质佛像主要以白檀香、红檀香、柏木等为材质，但是，在寺院中见到的大部分木质佛像都涂有金粉就难以辨认该文物的真实材质。依此，藏纸又有塔波纸、聂纸、金东纸等不同品种，绸缎和绢也有西洋缎、汉地锦缎、绫、幔子和汉地、尼泊尔以及外国出产的各种不同材质的品种，瓷器和中有元明清等朝代皇帝向藏族上师、活佛的供献和赠送礼品，在鉴定该类文物时，要具备内地的文物知识，同时邀请有关专家前来断定年代。

（5）文物级别

区分文物级别是文物研究和鉴定中一项身份重要的环节，要根据文物的历史、艺术、科学价值，依照中华人民共和国文化部令第19号《文物藏品定级标准》确定文物的级别。在开展文物普查的实际工作时，西藏一级文物必须是在藏族历史发展进程中具有特殊历史、艺术、科学和理论研究价值的藏品，该文物还必定要材质和工艺上乘，完整无缺损，能够解决历史和艺术上的疑难问题，比如：在藏族绘画历史上，由勉喇·顿珠嘉措亲手绘制的《释迦牟尼佛师徒三尊像》、有明显祷文和详细题记铭文的《五世达赖喇嘛泥塑像》，还有历史悠久、工艺精湛、具有代表性的佛像、特殊用具、以前从未见过的稀有文物、由近邻国家和重要人物亲手书写的书札等都是一级文物。其他二级文物和三级文物可以此类推，区分级别。一般文物是所有材质一般、常见、历史较短的文物，此类文物收藏量大、种类多，不具有特殊性和明显的个体特点。

5. 掌握使用管理情况

本次可移动文物普查数据中，发现了大量的国宝珍品，具有十分重要的历史、艺术、科学价值，并对研究西藏的社会发展历程、文化艺术、生产生活状况等提供了丰富的实物资料。各寺院的文物多为宗教圣物，除特定时段外，不对外展出，除此之外，还有大量的文物保存在库房中。为了向社会各界展示西藏自治区普查工作阶段性成果，进一步宣传可移动文物普查的重要意义，提升社会公众对文物普查的认知度及普查工作的社会影响力。2016 年 6 月 10 日，结合第 11 个"中国文化遗产日"，自治区文物局在西藏博物馆成功举办"西藏自治区可移动文物普查成果展"，共展出 52 件（套）珍贵文物，其中丝质彩绘勉拉顿珠真迹藏文款释迦牟尼师徒三尊唐卡、特派致祭护国弘化普慈圆觉大师达赖喇嘛专使黄慕松敬献景泰蓝香炉、彩绘仕女图、开国纪念瓷器和骑兵戎装 1 套等系首次亮相西藏博物馆。这些文物大部分都是第一次亮相，通过展示，使公众对家门口的国宝有了进一步的认识，区普查办也对全区可移动文物的管理情况和使用情况摸了一次底，对下一步文物的科学利用和管理奠定了好的基础。

（二）健全文物保护体系

1. 完善文物档案

文物普查调查资料档案是文物普查重要的成果记录和基础信息资源。西藏自治区的可移动文物档案及数据库建设、馆藏文物资源信息化、文物定级、文物保护修复、相关课题研究等项工作，正在有序开展。为确保西藏自治区国有收藏单位可移动文物的安全，减少对质地脆弱文物的反复搬动，西藏自治区各级普查机构始终坚持普查与建档工作同步推进，并以藏汉两种文字进行国有收藏单位的可移动文物建档工作。已完成 790 处国有收藏单位的 148355 件文物档案编制工作，对西藏自治区文物保护管理等基础工作的具有重要推动作用。

西藏绝大部分文物收藏单位为宗教寺院，通过开展此次可移动文物普查工作，全面掌握了全区文物收藏单位的分布，基本掌握了西藏自治区各大寺院的可移动文物现状，同时对宗教寺院可移动文物建立了以国家普查登记 14 项指标为准的藏汉双语数据档案，大大提高了寺院僧人参与普查的积极性。为了全区寺院僧人和信教群众对文物工作的认可，普查人员在寺院开展普查工作的同时帮寺院僧人开展文物（专业保存、清洗污渍、文物防腐、唐卡保管、库房要求、文物防火）保护的相关知识，使西藏个各寺院积极配合普查工作并僧人参加普查工作。

2. 完善制度和规范

完善全区可移动文物调查、认定、登记、管理及利用制度。普查数据的质量是普查工作的重中之重，鉴于西藏自治区国有收藏单位档案基础薄弱，且基层文物鉴定专家匮乏等诸多因素，自治区普查办以"先难后易、由远到近、全程参与"的工作思路，组建由文物认定专家、信息数据录入人员构成的普查工作小组，分赴地理位置最偏远、文物基础最为薄弱的地（市）、县（区）协助开展普查数据采集、文物认定、拍照、验收、审核等工作。根据国家文物局第一次全国可移动文物普查14项指标要求，西藏自治区可移动文物普查数据指标达到了国家标准。对西藏自治区普查数据质量的掌控采取"线上线下结合，专家逐级审核"的方式，即登录前先有各地（市）、县（级）普查办对所属收藏单位上报采集数据进行审核通过后在上报市级普查办，市级普查办再组织专家对数据进行审核通过后报至自治区普查办，再次审核后上报国家信息登录平台。经过这一流程，使西藏自治区各项普查数据在登录、审核、上报的每一个环节都做到规范、有序，从而确保数据准确无误。在数据审核认定过程中，审核认定工作严格按照"线下逐级审核，数据集中报送"的数据质量控制新模式展开。审核认定期间，各审核人员及普查队员认真负责，加班加点，恪守工作守则，数据逐条过手，照片逐张看，图文逐件对照，发现问题，认真修改，遇到难题，畅所欲言，共同商讨，及时解决，做到工作不留死角，不应付了事，审核认定工作进展有序。

3. 建立专门的藏品管理机制单位数量及情况

通过各级普查机构和各部门积极沟通、配合和协助下，西藏自治区普查办较为全面地掌握了西藏自治区各类国有收藏单位的名称、地址、联系方式等基本信息，汇总生成了全区国有收藏单位摸底调查基本名录库，并在国家文物局信息登录平台上进行了更新。①通过普查摸清家底。建立、完善西藏自治区可移动文物档案和可移动文物收藏单位名录，全面掌握西藏自治区现存国有可移动文物的数量分布、保存状况、保管权属和使用管理等情况；总体评价西藏自治区可移动文物保护现状，为制定文物保护政策和规划提供科学依据。②建立、完善基于现代信息技术的可移动文物信息管理平台，为文物标准化、动态化管理创造基础条件。③通过普查向全区基层文物收藏单位宣传西藏自治区文物方针政策和法律法规，提高基层文物收藏单位文物工作者的文物保护意识。④通过普查培养人才，锻炼普查工作者工作技术，努力提高可移动文物科学保护水平。⑤为了在普查中掌握以及评估我国文物遗产资源的基本情况与实际价值，完善西藏自治区可移动文物的登录机制、保护系统，加强保护力度，实现西藏自治区文物安全保护意识，进行文物资源的再利用。截至2016年10月底，西藏自治区共调查采集登录各类收藏单位790处，共上报文物148355件。上报文物中一级文物有2550件，占所有上报文物的1.72%；二级文物有13006件，占所有上报文物的8.77%；三级文物有56750件，占上报文物的38.25%；一般文物有63353件，占上报文物的 42.7%；未定级文物有 12696 件，占上报文物的 8.56%。

4. 普查中解决的相关问题

西藏自治区可移动文物普查工作，虽然已全面进入数据采集、文物认定、断代、拍照等工作，但因为西藏自治区国有收藏单位点多、面广、线长，全区可移动文物专业人员紧缺，基层普查工作人员更换相当频繁，加之西藏 90% 以上的可移动文物都在各大寺院等宗教场所，西藏自治区可移动文物普查工作的开展难度较大。此外，西藏地广人稀，再加上文物点非常分散、交通非常不便，许多地方不通车、不通电，使得西藏可移动文物普查的时间、经费等成本，都远远高于其他省区。

5. 扩大保护范围

在普查中发现有损毁文物，积极协助相关专家及时对损毁文物加修复和保护，如被蚊虫咬食的佛像、佛塔装藏物就清理污垢后用五色纯棉布封装起来；悬挂在殿堂且常年被供灯烟熏的唐卡用糌粑团清理，避免因过度维护导致唐卡二次损害文物表面的陈年风土和铜锈等用柔软的毛刷轻微清理等。布达拉宫、博物馆、罗布林卡可移动文物保护情况，如：如配备文物柜、制作囊匣、唐卡中间放宣纸等预防性保护措施。

（三）有效发挥文物在西藏经济社会发展中的重要作用

西藏的文物普查成果和数据将在西藏的经济社会发展中为西藏的支柱产业旅游业、文化产业、文创产业提供支撑，充分体现文化遗产成果惠及广大民众，努力为西藏自治区从文物资源大区向文物强区的跨越做出贡献。

（四）验收结论

为切实保证西藏自治区第一次全国可移动文物普查的工作质量，实现可移动文物普查的圆满收官，西藏自治区普查办根据国家文物局《关于做好第一次全国可移动文物普查验收工作的通知》精神，对各地（市）国有收藏单位进行普查验收工作，验收主要对各级普查机构从组织、管理、国有收藏单位调查、文物认定、数据登录、数据审核、珍贵文物核查及存在问题等进行了全面审验。经认真验收，西藏自治区第一次全国可移动文物普查验收结论为合格。

建　议

建立对口支援机制。西藏可移动文物除了西藏本土文物之外，还有大量的瓷器、玉器和丝织品等文物，这些文物的认定、建档等工作，急需依靠专家来完成。建议国家文物局协调兄弟省市区进行组团式人才对口支援。

陕西省
第一次全国可移动文物普查工作报告

陕西是中华文明重要发祥地之一，是中国古代历史上 14 个王朝的政治、经济、文化和军事中心，也是中国革命的圣地。悠久的历史灿烂文化，深厚的文化底蕴，给三秦大地留下丰富、完整、至高的文化遗产，其数量之多、密度之大、等级之高均居全国前列，被誉为"天然的历史博物馆"。近年来，陕西省在大遗址保护、国家考古遗址公园建设、博物馆公众服务能力、文化遗产保护等方面取得了显著成绩，特别是大遗址保护的"四个结合""五种模式"与智慧博物馆建设等工作在全国起到了示范和引领作用。

按照国务院的统一部署，陕西省第一次全国可移动文物普查，旨在全面掌握陕西省国有可移动文物的数量、分布、本体特征、人文信息和保存情况；建立、完善全省国有可移动文物档案和信息管理系统；建立陕西省国有可移动文物动态监测体系，全面提升文物保护和管理水平；建立新的文物数据应用服务平台，促进文物资源的合理利用，为文化遗产在社会主义物质文明和精神文明建设中发挥更大作用夯实基础。

此次普查的范围是陕西省境内的各级国家机关、事业单位、国有企业和国有控股企业等各类国有单位所收藏、保管的可移动文物。普查的内容包括可移动文物信息和收藏文物的单位信息两方面内容。时间节点为 2013 年 12 月 31 日 24 时。

陕西省的普查工作自 2012 年至 2016 年共历经 5 年时间，分为国有可移动文物普查试点和第一次全国可移动文物普查实施两个阶段。按照国家文物局关于普查工作的意见要求，陕西省将普查实施工作划分为四个阶段：国有文物收藏单位调查登记阶段（2012 年 10 月~2013 年 12 月），主要完成国有文物收藏单位的调查登记工作；文物藏品信息采集阶段（2014 年 1 月~2014 年 12 月），基本完成全省文物收藏单位（包括文物系统和非文物系统）文物登记表及附表的填报和数据上报工作；文物藏品数据质量审核阶段（2015 年 1 月~2015 年 12 月），组织和开展陕西省文物藏品数据质量审核工作；文物藏品数据录入阶段（2016 年 1 月~2016 年 8 月），开展全省普查数据的录入工作。

5 年来，在国家文物局的具体指导下，在陕西省委、省政府的高度重视下，在省第一次可移动文物普查领导小组的正确领导下，经过全省相关部门、行业的通力协作，陕西省的可移动文物普查工作取得了重大成果。通过普查，全面摸清了陕西省收藏有可移动文物的国有单位情况和国有可移动文物的数量及分布；建立起了较为完善的藏品登录制度，初步实现了国有可移动文物资源的标准化、动态化管理；建立起了较为完善的国有可移动文物调查、认定、登记、管理工作机制；基本建成了国有可移动文物信息资源库，建立了国有可移动文物收藏单位名录和国有可移动文物名录。同时，通过普查，陕西省文博工作者的文保意识进一步增强，文物藏品管理水平得到了显著提高，为藏品的科学化预防保护奠定了基础，为公众文化服务的体系得到了进一步完善。

一、国有可移动文物普查试点

（一）试点工作背景

2011 年 6 月，国家文物局下发了《关于申报国有可移动文物普查试点的通知》，要求全国文物工作基础较好、愿意先行先试的地区（行业或系统）在省级试点、市级试点和行业或系统试点三种类型中选取一种提出试点申报。

陕西省作为"文物调查及数据库管理系统建设"项目建设第二批推广省份，于 2006 年 3 月启动了该项目的建设工作。2011 年 6 月 18 日，国家文物局在北京召开"文物调查及数据库管理系统建设"项目总结会，陕西作为先进省份的代表在会上作了经验介绍。

鉴于陕西省在"文物调查及数据库管理系统建设"项目中取得的成功经验以及良好的文物工作基础，陕西省提出了试点申请。2011 年 7 月 29 日，国家文物局印发了《关于委托开展"国有可移动文物普查"试点工作的通知》，正式批准陕西省为国有可移动文物普查全国唯一省级试点省份，要求陕西省先期开展国有可移动文物普查工作，为全国开展可移动文物普查总结方法，提供经验。按照国家局的要求，在广泛调查研究的基础上，结合全省国有可移动文物资源的实际，陕西省文物局组织编制了《陕西省国有可移动文物普查试点工作方案》，并在 2012 年 1 月 4 日召开省政府常务会议审议通过。2012 年 2 月 17 日，陕西省国有可移动文物普查启动动员大会在西安举行，标志陕西省文物普查试点工作正式启动。

（二）主要工作

1. 成立领导机构

根据陕西省政府 2012 年第一次常务会议精神，4 月 13 日，陕西省国有可移动文物普查试点工作领导小组正式成立。领导小组由时任副省长任组长，省政府副秘书长、文物局局长副组长，领导小组成员单位由省委宣传部、省委党史研究室等 24 个相关部门的主管领导组成，并指定了各行业系统具体负责人。领导小组下设办公室，设在省文物局，主任由文物局局长兼任，负责普查工作的日常组织和协调工作。同时，还成立了"陕西省国有可移动文物普查项目办公室"，设在陕西历史博物馆，具体承担本次国有可移动文物普查试点工作。同时，全省 11 个市（区）、107 个县（区）也都成立了相应的普查试点工作领导机构。领导小组组长分别由主管副市（区）长、副县（区）长担任。各级领导机构的成立，从组织上保证了试点工作的顺利开展。

2. 修订标准规范

按照国家文物局博物馆与社会文物司编制的《国有可移动文物普查标准与规范汇编》，结合陕西省实际，对工作程序及采集内容进行了一些修订，制定了《陕西省国有可移动文物普查文物登记表》《陕西省第一次全国可移动文物普查单位登记表》和《陕西省第一次全国可移动文物普查文物登记表》及其著录说明。

3. 组建普查队伍

为了加强业务指导，组建了普查试点工作专家库。专家库由省文物局抽调的文物专家及各有关厅局和部门指定的本行业两名专家组成。各地市也都成立了可移动文物普查专家组，使可移动文物普查专家库人员达到 104 人。各级专家组按照国家文物局制定的相关标准，统一负责本次国有可移动文物普查的专业指导、技术咨询、文物鉴定认定、质量把关、信息汇总、检查验收等专业指导工作。为确保国有可移动文物普查工作顺利进行，项目办公室先后在西安、咸阳、铜川、汉中、榆林等地，分区分片组织参与全省文物系统和其他行业可移动文物普查的专业人员，连续举办了 5 期全省国有可移动文物普查集中培训班，培训人员合计超过 500 余人次。培训的内容主要是此次普查的标准与规范，介绍普查表格的填报及照相标准等。

4. 明确技术路线

在国家文物局明确普查不改变文物保管权属现状的前提下，按照属地清查与系统调查相结合、集中调查与单位自查相结合、清库建档与登录备案相结合、传统调查方法和新技术应用相结合的原则，根据普查工作的要求，确定了"属地管理、分级负责，市级组队、县为单元"的普查工作组织路线。在实际工作中，各地市因地制宜，积极开展工作，取得了良好效果。

经过各级政府、各机关部门一年多时间的共同努力，陕西顺利完成了国家文物局要求的国有可移动文物普查的试点任务，探索总结出了一条切实可行的工作路线，解决了部分技术难题，锻炼了基层业务人员队伍，提高了文物保护意识，取得了阶段性成果。

二、陕西省普查数据

截至 2016 年 10 月 31 日，陕西省在全国可移动文物信息平台登录可移动文物 3009455 件/套，实际数量为 7748750 件。其中，珍贵文物 97590 件/套，实际数量为 127717 件。登录可移动文物信息的收藏单位 522 家。

（一）陕西省可移动文物基本情况

1. 类别

表 1　可移动文物类别

可移动文物类别	可移动文物实际数量（件）	实际数量占比（%）
合计	7748750	100.00
玉石器、宝石	34145	0.44
陶器	187145	2.42
瓷器	43447	0.56
铜器	149606	1.93
金银器	8612	0.11
铁器、其他金属器	14201	0.18
漆器	492	0.01
雕塑、造像	69208	0.89
石器、石刻、砖瓦	94806	1.22
书法、绘画	36768	0.47
文具	2536	0.03
甲骨	424	0.01
玺印符牌	5260	0.07
钱币	6012577	77.59
牙骨角器	20935	0.27
竹木雕	3259	0.04
家具	2251	0.03
珐琅器	121	0.00
织绣	3331	0.04
古籍图书	495243	6.39

续表

可移动文物类别	可移动文物实际数量（件）	实际数量占比（%）
碑帖拓本	65718	0.85
武器	51714	0.67
邮品	8103	0.10
文件、宣传品	15068	0.19
档案文书	185909	2.40
名人遗物	866	0.01
玻璃器	6784	0.09
乐器、法器	1090	0.01
皮革	6490	0.08
音像制品	5376	0.07
票据	12036	0.16
交通、运输工具	815	0.01
度量衡器	50537	0.65
标本、化石	139104	1.80
其他	14773	0.19

2. 年代

（1）可移动文物年代类型

表2　可移动文物年代类型

可移动文物年代类型	可移动文物实际数量（件）	实际数量占比（%）
合计	7748750	100
地质年代	1127	0.01
考古学年代	56612	0.73
中国历史学年代	7568369	97.67
公历纪年	35185	0.45
其他	21527	0.28
年代不详	65930	0.85

（2）可移动文物中国历史学年代分布

表 3　可移动文物中国历史学年代分布

可移动文物中国历史学年代	可移动文物实际数量（件）	实际数量占比（%）
合计	7568369	100.00
夏	754	0.01
商	4022	0.05
周	83525	1.10
秦	83622	1.10
汉	900601	11.90
三国	777	0.01
西晋	1424	0.02
东晋十六国	798	0.01
南北朝	14239	0.19
隋	7297	0.10
唐	1505040	19.89
五代十国	19130	0.25
宋	1288971	17.03
辽	252	0.00
西夏	287	0.00
金	10527	0.14
元	14533	0.19
明	58561	0.77
清	2878725	38.04
中华民国	513181	6.78
中华人民共和国	182103	2.41

3. 级别

表 4　可移动文物级别

可移动文物级别	可移动文物实际数量（件）	实际数量占比（%）
合计	7748750	100.00
一级	9329	0.12
二级	18251	0.24

续表

可移动文物级别	可移动文物实际数量（件）	实际数量占比（%）
三级	100137	1.29
一般	6029078	77.81
未定级	1591955	20.54

4. 来源

表 5 可移动文物来源

可移动文物来源	可移动文物实际数量（件）	实际数量占比（%）
合计	7748750	100.00
征集购买	270733	3.49
接受捐赠	189739	2.45
依法交换	773	0.01
拨交	41104	0.53
移交	269224	3.47
旧藏	5506286	71.06
发掘	805403	10.39
采集	337462	4.36
拣选	319088	4.12
其他	8938	0.12

5. 入藏时间

表 6 可移动文物入藏时间范围

可移动文物入藏时间范围	可移动文物实际数量（件）	实际数量占比（%）
合计	7748750	100.00
1949 年 10 月 1 日前	111439	1.44
1949 年 10 月 1 日～1965 年	455128	5.87
1966～1976 年	75485	0.97
1977～2000 年	5691841	73.45
2001 年至今	1414857	18.26

6. 完残程度

表 7　可移动文物完残程度

可移动文物完残程度	可移动文物实际数量（件）	实际数量占比（%）
合计	7747613	100.00
完整	634868	8.19
基本完整	6181455	79.79
残缺	877351	11.32
严重残缺（含缺失部件）	53939	0.70

注：根据国家文物局《关于做好馆藏自然类藏品登录工作有关要求的通知》的要求，登录的自然类藏品1137件（组），不填写"完残程度"指标项。

（二）陕西省可移动文物分布情况

1. 按收藏单位隶属关系统计可移动文物数量

表 8　可移动文物数量分布（按收藏单位隶属关系）

收藏单位隶属关系	可移动文物实际数量（件）	实际数量占比（%）
合计	7748750	100.00
中央属	3170	0.04
省属	2665926	34.40
地市属	3474601	44.84
县区属	1604792	20.71
乡镇街道属	261	0.00
其他	0	0.00

2. 按收藏单位性质统计可移动文物数量

表 9　可移动文物数量分布（按收藏单位性质）

收藏单位性质	可移动文物实际数量（件）	实际数量占比（%）
合计	7748750	100.00
国家机关	62563	0.81
事业单位	7667241	98.95
国有企业	10895	0.14
其他	8051	0.10

3. 按收藏单位类型统计可移动文物数量

表 10　可移动文物数量分布（按收藏单位类型）

收藏单位类型	可移动文物实际数量（件）	实际数量占比（%）
合计	7748750	100.00
博物馆、纪念馆	5872754	75.79
图书馆	419088	5.41
美术馆	2362	0.03
档案馆	176043	2.27
其他	1278503	16.50

4. 按收藏单位所属行业统计可移动文物数量

表 11　可移动文物数量分布（按收藏单位所属行业）

行业	可移动文物实际数量（件）	实际数量占比（%）
合计	7748750	100.00
农、林、牧、渔业	147	0.00
采矿业	1	0.00
制造业	76	0.00
电力、热力、燃气及水生产和供应业	0	0.00
建筑业	0	0.00
批发和零售业	0	0.00
交通运输、仓储和邮政业	0	0.00
住宿和餐饮业	1	0.00
信息传输、软件和信息技术服务业	0	0.00
金融业	5065	0.07
房地产业	0	0.00
租赁和商务服务业	0	0.00
科学研究和技术服务业	6	0.00
水利、环境和公共设施管理业	52	0.00
居民服务、修理和其他服务业	47	0.00
教育	124757	1.61
卫生和社会工作	7725	0.10
文化、体育和娱乐业	7428097	95.86

行业	可移动文物实际数量（件）	实际数量占比（%）
公共管理、社会保障和社会组织	182776	2.36
国际组织	0	0.00

三、陕西省普查工作组织实施

根据 2013 年 3 月 12 日第一次全国可移动文物普查领导小组办公室发布的《第一次全国可移动文物普查实施方案》，结合陕西省试点工作的实际，陕西省制定了《陕西省第一次全国可移动文物普查实施方案》。2013 年 7 月 20 日，经省政府审议通过，正式下发了《陕西省第一次全国可移动文物普查实施方案》，宣布在全省正式开展普查工作。全省各市都按照省普查实施方案的要求制定了本市的实施方案，8～10 月全省 12 个市（区）的实施方案经政府审议后都已经发布。

（一）明确属地管理，各级分工负责

1. 调整普查机构，颁布实施方案

根据第一次全国可移动文物普查的要求，陕西省延续试点期间已经建立起来的各级普查机构，进行了个别人员调整，组成了新的普查机构。

2. 编制普查手册，提出具体要求

根据《第一次全国可移动文物普查工作手册》，编制了《陕西省第一次全国可移动文物普查工作手册》，设计了《陕西省第一次全国可移动文物普查文物登记表附表》《陕西省第一次全国可移动文物普查单位登记表》和《陕西省第一次全国可移动文物普查文物登记表》及其著录说明，以及《陕西省第一次全国可移动文物普查文物登录标准》。根据《馆藏文物登录规范》制定文物普查范围、文物认定程序以及文物登录信息的分类、定名、年代、计量标准；陕西省第一次全国可移动文物普查文物名录编制规范、文物收藏单位名录编制规范、工作报告编制规范、建档备案工作规范；陕西省第一次全国可移动文物普查技术规范，包括陕西省第一次全国可移动文物普查文物和文物收藏单位编码规范、信息采集技术要求和规范、文物数据汇总规范、电子数据处理工作规范、数据移植规范等。针对普查工作集中频繁接触文物的实际，制定了《陕西省第一次全国可移动文物普查文物安全要求》，要求普查员们在接触文物的过程中规范操作，确保了普查工作中文物安全万无一失。

3. 重视队伍建设，加大培训力度

技术培训是普查工作的基础。国家和省普查办对本次可移动文物普查适用的范围、

数据采集的内容、信息条目的录入都有明确而细致的规定。首先，对试点时期建立的各级普查组织机构按照人员的工作变化进行了相应的调整，并延续试点期间专家库的职能，全省确定普查员907人，发放了普查员证。其次，省普查办按照普查新要求、新标准，组织专家先后在西安、咸阳、宝鸡、延安、汉中、渭南、安康等市举办业务骨干培训班16次，培训普查人员1925人次。各地市及区县结合自身实际，先后举办可移动文物普查业务骨干培训班325次，累计培训7276人次。其中，2013年举办可移动文物普查骨干培训班118次，累计培训3890人次；2014年举办文物普查信息采集培训班83次，累计培训1733人次；2015年举办文物普查质量控制审核培训班77次，累计培训1155人次；2016年举办文物普查验收培训班47次，累计培训498人次。这些培训班的举办，提高了各级业务人员的专业素养，为普查各阶段的工作开展提供了强有力的技术保障。此外，陕西省充分发挥高校文博资源优势，从2013年开始，各文物收藏单位有针对性的培训、组织在校大学生983人，尤其是历史学、考古学、博物馆学、文献学专业的大学生志愿者成了陕西省文物普查技术支援队，为全省基层文物普查工作提供了人力支持。

表12　陕西省普查机构、普查人员统计表

单位：人

行政区	普查办	普查专家	普查志愿者	收藏单位工作人员
合计	596	341	983	1610
省级	22	104	54	121
地市级合计	197	81	188	694
区县级合计	377	156	741	795

4. 落实工作经费，确保工作实施

普查以来，国家、省级经费投入共计1873万（其中国家局试点期间2次拨付共计210万元）。市、县级地方政府配套资金为1486万。2013年，省级财政拨付430万元，其中350万元拨付陕西省普查项目办（陕西历史博物馆），主要用于工作组织、培训及文物数据集成等；其余80万元分别拨付省直重点普查单位，陕西省考古研究院、秦始皇帝陵博物院、西安碑林博物馆、汉阳陵博物馆各20万元。

2014年，省级财政拨付908万元，其中188万元用于普查设备的集中采购，其余720万元分别用于补助各市（区）普查工作。

2015年，陕西省文物局投入经费325万元，用于各地市和5个直属单位进行文物数据审核。

陕西省各级普查办都高度重视普查经费的科学管理,严格按照国家财政制度办事,专款专用,厉行节约,确保资金使用的规范、安全、有效。对于普查设备登记造册,管理和使用由专人负责,严防国有资产流失。

5. 开展普查宣传,扩大普查影响

为使社会大众了解普查、关注普查、支持普查,陕西省普查办制定了《陕西省第一次全国可移动文物普查宣传工作要点》,并采取多种方式,加大宣传力度,为普查工作营造了良好社会氛围。制作宣传折页,在汉唐网、陕西数字博物馆开设普查专栏,联系陕西电视台、西安电视台、《华商报》、《三秦都市报》及各级地方媒体作了近600次报道。同时利用每年"5·18国际博物馆日""中国文化遗产日"等重大节日和博物馆下乡、进社区等时机,安排各文物收藏单位以横幅、展板、气球及发放宣传册页等多种形式宣传普查工作。省普查办已编制26期普查工作简报,全省范围内向群众发放宣传册页及海报达24万余份。

表13 陕西省普查工作历年宣传统计一览表

项目		合计	省级	地市级	区县级
组建宣传机构(个)		134	1	26	107
制定宣传方案(个)		142	1	27	114
宣传方式	电视(次)	490	89	32	369
	互联网(次)	238	20	85	133
	报刊(次)	111	16	30	65
	海报(份)	27763	2000	6042	19721
	册页(份)	219029	10000	45350	163679
	其他(份)	762	26	530	206

(二)创新工作方式,确保工作质量

陕西省是试点省份,为了与试点工作相衔接,在文物信息的采集、审核、录入等阶段,陕西省采取各市、县(区)基层文物收藏单位填报普查文物登记表、开展图像信息采集,再由市级普查办汇总后上报省普查办,最后由省普查办组织人员集中审核录入、统一上报普查平台的方式,取得了较好的效果。

1. 文物科学认定

文物认定是此次普查的难点之一。对工作中遇到的具体问题,还是需要文物专家进行把关。为此,按照国家文物局下发的《可移动文物认定信息登记表》的要求,陕

西省对认定程序进行了专门规定，即只有从省级普查专家库中抽取专家，且对每一件文物、藏品的认定都需要三名以上的专家签字确认。

陕西省普查信息采集采用"各单位文物认定独立进行、表格填报与图像信息采集同步展开"的模式进行。文物认定工作由各基层单位提出申请，各市普查办汇总信息制定全市的文物认定计划并组织专家上门开展认定工作。认定情况由市普查办和相关单位分别记录建档。对于未提出文物认定申请的单位，各市普查办指定专人通过普查QQ工作群、电话、实地走访等方式进行反复确认，未发现漏报、瞒报单位。按照县（区）行政区划来执行具体的文物认定工作，一般每个区县的认定时间控制在7天，根据辖区内需认定文物的种类、数量聘请普查专家组成员3～5名对相关区县开展拉网式文物认定工作。对认定文物数量特别巨大的个别单位，聘请3名专家组成文物认定组进驻地方推进工作完成。

普查期间，全省普查办共组织专家200余人次，对531家单位进行了文物认定工作，涉及新认定藏品数量近30万件/套。

针对全省普遍存在的古生物化石缺乏鉴定数据，上报信息困难的情况。2014年下半年，陕西省专门组织省内古生物专家到全省43家单位开展了化石鉴定专项工作，为基层博物馆解决了鉴定的难题，实现了全省古生物化石的全数普查登记。

2. 文物信息采集

在"属地管理、县为基础"的组织方式的基础上，陕西省在信息采集阶段，总结试点工作经验，提出"县为单元，市级组队"的组织方式，发挥市级普查机构资源和技术优势，帮助、指导所辖各县完成信息采集工作。

在实际工作中，各市都根据自身情况采取了不同的工作模式。如榆林市组织全市文博业务人员，组成了6个工作队，分片包干，直接下到基层文物收藏单位帮助完成文物信息采集工作；西安、咸阳等市组织专家组深入各个基层单位，指导基层单位完成信息采集工作。这样，既解决了业务力量薄弱的基层单位的实际困难，同时充分发挥了市级普查机构的资源、技术优势，提高了工作效率。

在图像信息采集过程中，陕西省一些单位还积极引入社会力量协助工作，对工作的顺利完成起到了积极作用。如陕西省文物收藏量较大的陕西省考古研究院、西安博物院等单位，图像信息采集工程量巨大。为了完成普查工作任务，该馆在积极挖掘本馆潜力、寻求行业内兄弟单位的帮助之外，还按照购买服务的方式，与相关专业公司签订了信息采集合同，引入了社会力量协助二维图像的信息采集，最终按时保质完成了信息采集任务。

在此次普查过程中，陕西省还对许多积压问题展开了攻坚战。如陕西历史博物馆

"480 库"存文物的普查登记，就是陕西省普查攻坚克难工作的缩影。"480 库"是 20 世纪 60 年代在咸阳市旬邑县建设的一处战备库房，70 年代交给原陕西省博物馆使用。至陕西历史博物馆开馆前夕，已存放 1090 箱各类文物。由于账目简单，记载混乱，加之存放时间久，历经数次搬迁，这批文物的情况完全不明，已成为此次普查全省工作的难点之一。面对困难，该馆在省局的大力支持下，动员全馆力量，组织精兵强将，夜以继日集中 3 个月的时间完成了该库所有文物的开箱登记，共登记文物 40958 件，圆满完成了普查登记任务。

3. 普查质量控制

陕西省文物数据审核要求做到分级审核，统一把关。为确保文物信息准确无误，首先要求各文物收藏单位对自己填报的 Excel 表格和照片命名进行单位初审，然后由市级普查办组织专家对数据和照片进行第二次审核，统一上报省普查办，最后由省级普查办组织专家进行数据第三次审核。省级专家进行一次审核后如发现问题，下发各文物收藏单位修改；收藏单位修改后，再上报省普查办，由专家进行复审 1~2 次。2015 年下半年到 2016 上半年，在全省文物普查专家库中选取专家 122 人次，对全省 290 余万件/套文物进行文物普查数据省级审核，确保陕西普查数据达到千分之五以下的错误率。

4. 加强业务指导

为随时解决各地信息采集中遇到的问题和困难，省普查中，大力加强业务指导。一是省普查项目办及时开办 QQ 群，线上予以指导。二是深入工作一线，面对面予以帮助指导。几年来行程数万公里，对全省 107 个县区的 90 多个县区进行现场导，对工作中发现的问题、难点及时进行了纠正和解决。三是为了推动陕西省普查工作的顺利推进，先后展开文物普查启动会、普查推进会、普查标准实施现场会、普查工作座谈会、专家数据审核会等多种形式的会议，使大家及时掌握了政策，交流了经验，实施了工作重点的转移。

四、陕西省普查工作成果

在各级政府、部门及领导的大力支持下，通过普查员和志愿者 5 年的辛勤工作，陕西省第一次全国可移动文物普查取得了丰硕成果，基本实现了普查的既定目标。

（一）完成了文物收藏单位及文物收藏情况调查

2013 年，首先对全省具备独立法人资格的国有单位进行了调查统计，各县都编制了辖区国有单位的名录。在此基础上，对全省 107 个县（区）的所有 41085 家国有单位发放了《国有单位文物收藏情况调查登记表》和《国有单位文物收藏情况调查汇总表》，做到了无遗漏全覆盖。按照申报制的要丰硕成果、帮助、督促各单位完成了登记表的填报。编制了全省国有单位名录和收藏有可移动文物的国有单位名录。

经第一次全国可移动文物普查，本省行政区域内国有可移动文物收藏单位 522 家，保管人员 1281 人，库房面积 110155 平方米。按隶属关系，中央属单位 7 家，省属单位 23 家，地市属收藏单位 106 家，区县属收藏单位 343 家，乡镇街道属收藏单位 43 家；按单位性质，国家机关 49 家，事业单位 430 家，国有企业 9 家，其他 34 家。按单位类型，博物馆、纪念馆 166 家，图书馆 31 家，美术馆 3 家，档案馆 33 家；其他 289 家，按行业分布：20 个行业分布数量全部列举。

表 14　陕西省国有可移动文物收藏单位行业分布表

收藏单位所属行业 　　　　　　内容	收藏单位数量
合计	522
农、林、牧、渔业	4
采矿业	1
制造业	1
电力、热力、燃气及水生产和供应业	0
建筑业	0
批发和零售业	0
交通运输、仓储和邮政业	0
住宿和餐饮业	1
信息传输、软件和信息技术服务业	0
金融业	1
房地产业	0
租赁和商务服务业	0
科学研究和技术服务业	2
水利、环境和公共设施管理业	5
居民服务、修理和其他服务业	4
教育	63
卫生和社会工作	6

收藏单位所属行业 ＼ 内容	收藏单位数量
文化、体育和娱乐业	356
公共管理、社会保障和社会组织	78
国际组织	0

（二）摸清了全省国有可移动文物数量及分布

经第一次全国可移动文物普查，本行政区域国有可移动文物收藏量为7748750件。

按单位隶属关系：中央属收藏单位收藏可移动文物3170件、省属收藏单位收藏可移动文物2665926件、地市属收藏单位收藏可移动文物3474601件、区县属收藏单位收藏可移动文物1604792件、乡镇街道属收藏单位收藏可移动文物261件。

按单位性质：国家机关收藏可移动文物62563件、事业单位收藏可移动文物7667241件、国有企业、国有控股企业收藏可移动文物10895件、其他单位收藏可移动文物8051件。

按单位类型：博物馆、纪念馆收藏可移动文物5872754件、图书馆收藏可移动文物419088件、美术馆收藏可移动文物2362件、档案馆收藏可移动文物176043件、其他单位收藏可移动文物1278503件。

按行业：20个行业分布数量全部列举，如表15。

表15　陕西省国有可移动文物行业分布表

收藏单位所属行业 ＼ 内容	收藏文物数量
农、林、牧、渔业	147
采矿业	1
制造业	76
电力、热力、燃气及水生产和供应业	0
建筑业	0
批发和零售业	0
交通运输、仓储和邮政业	0

续表

收藏单位所属行业　　　　内容	收藏文物数量
住宿和餐饮业	1
信息传输、软件和信息技术服务业	0
金融业	5065
房地产业	0
租赁和商务服务业	0
科学研究和技术服务业	6
水利、环境和公共设施管理业	52
居民服务、修理和其他服务业	47
教育	124757
卫生和社会工作	7725
文化、体育和娱乐业	7428097
公共管理、社会保障和社会组织	182776
国际组织	0
合计	7748750

来源：征集购买 270733 件、接受捐赠 189739 件、依法交换 773 件、拨交 41104 件、移交 269224 件、旧藏 5506286 件、发掘 805403 件、采集 337462 件、拣选 319088 件、其他 8938 件。比例分别为 3.49%、2.45%、0.01%、0.53%、3.47%、71.06%、10.39%、4.36%、4.12%、0.12%。

类别：35 个分类分布数量全部列举。

表 16　陕西省国有可移动文物类别分布表

单位：件

文物类别	西安市	铜川市	宝鸡市	咸阳市	渭南市	延安市	汉中市	榆林市	安康市	商洛市	合计
玉石器、宝石	17587	62	8220	2016	1904	620	436	2434	528	338	34145
陶器	124561	1729	14453	17388	10412	4056	4119	6195	1936	2296	187145
瓷器	21350	2831	2441	1945	4120	3114	3068	2799	821	958	43447
铜器	81720	625	37870	9735	4896	2512	2688	7155	1382	1023	149606
金银器	5389	57	1597	369	220	287	197	302	62	132	8612
铁器、其他金属器	8475	91	1033	1626	762	946	296	417	276	279	14201

续表

具体类别	西安市	铜川市	宝鸡市	咸阳市	渭南市	延安市	汉中市	榆林市	安康市	商洛市	合计
漆器	193	14	20	37	41	7	49	9	108	14	492
雕塑、造像	48375	712	2044	14339	575	798	540	877	608	340	69208
石器、石刻、砖瓦	61927	695	7137	7728	5361	1705	2784	2320	2233	2916	94806
书法、绘画	26144	6	1389	2066	2237	792	2395	148	1029	562	36768
文具	1451	21	114	171	86	151	208	54	235	45	2536
甲骨	54	5	358	6	0	1	0	0	0	0	424
玺印符牌	3566	18	129	199	49	227	98	274	673	27	5260
钱币	3977859	100273	572084	99628	104834	88423	625539	50772	376629	16536	6012577
牙骨角器	14702	57	3751	595	115	80	435	840	13	347	20935
竹木雕	512	12	539	179	717	347	497	116	300	40	3259
家具	793	1	41	316	146	516	22	367	42	7	2251
珐琅器	23	0	2	4	11	51	13	14	1	2	121
织绣	1587	15	51	41	496	572	140	343	54	32	3331
古籍图书	437068	139	2835	4635	5319	10114	12356	20904	381	1492	495243
碑帖拓本	59178	0	676	80	1301	35	4113	12	278	45	65718
武器	46984	78	888	786	153	1742	305	137	186	455	51714
邮品	309	1	1	0	0	612	0	0	7180	0	8103
文件、宣传品	4585	57	56	68	151	6897	285	1661	1295	13	15068
档案文书	172025	104	1830	753	327	9739	24	1004	67	36	185909
名人遗物	311	63	13	18	3	365	10	81	2	0	866
玻璃器	2619	5	163	117	3207	47	205	337	80	4	6784
乐器、法器	569	11	112	200	57	37	56	17	17	14	1090
皮革	1893	8	8	29	1824	1508	6	25	1186	3	6490
音像制品	3437	2	21	11	26	1052	4	88	734	1	5376
票据	670	65	1	7	0	6397	15	247	4629	5	12036
交通、运输工具	649	5	6	123	2	12	1	3	14	0	815

具体类别	西安市	铜川市	宝鸡市	咸阳市	渭南市	延安市	汉中市	榆林市	安康市	商洛市	合计
度量衡器	334	17	110	90	61	49679	14	46	101	85	50537
标本、化石	137606	476	42	352	30	42	270	94	41	151	139104
其他	8730	213	846	519	1300	1059	802	582	699	23	14773
合计	5273235	108468	660881	166176	150743	194542	661990	100674	403820	28221	7748750

级别：一级 9329 件，二级 18251 件，三级 100137 件，一般 6029078 件，未定级 1591955 件；比例分别为 0.12%、0.24%、1.29%、77.81%、20.54%。

完残程度：完整为 634868 件，基本完整为 6181455 件，残缺为 877351 件，严重残缺（包括缺失部件）为 53939 件；比例分别为 8.19%、79.79%、11.32%、0.7%。

入藏时间：1949 年 10 月 1 日前入藏的 111439 件，1949 年 10 月 1 日～1965 年入藏的 455128 件，1966～1976 年入藏的 75485 件，1977～2000 年入藏的 5691841 件，2001 年至今入藏的 1414857 件，比例分别为 1.44%、5.87%、0.97%、73.45%、18.26%。

（三）掌握了国有可移动文物的保存状况，完善了文物保护规范和措施

陕西省 98% 的文物藏品都收藏在专业机构中，共有保管人员 1281 人，库房面积合计 110155 平方米。普查期间，针对部分单位文物库房设备落后条件简陋的实际状况，"十二五"期间，陕西省共投入近 7000 万元，统一库房柜架标准，极大改善了所有县以上文物收藏单位的文物保管状况。

文物档案的建立是文物管理的第一步，建立起完善、准确的文物档案，是文物科学化管理的基础。通过此次普查，文博系统各单位都对文物藏品档案进行了梳理，解决了一些账目建立不够规范、登记内容不够完整的问题，纠正了文物档案中的一些错误记录。比如许多单位都存在的不同类型文物登记一个文物号的问题，档案中的赝品问题，通过这次普查都提出了解决办法。还有一些地区没有建立规范的文物账册，在此次普查中也得到了解决。如安康市的岚皋县文物总账只是简单的几页纸。在此次普查工作中，安康市普查办组织专家为该县重新建立了文物总账和文物档案。针对文物系统外的一些收藏单位缺乏文物账册的情况，也组织专家对其进行了指导，帮助建立起了文物账册和文物档案。为了提高陕西省各收藏单位的文物管理水平，在普查过程中还专门举办了藏品管理培训班，专人讲解文物档案的管理的相关知识，收到了良好的效果。

据不完全统计，陕西省在普查期间为文物收藏单位共计新建文物账目 166（套）册，其中行业外单位 16 册。在完善收藏单位纸质档案的同时，部分单位还建立了藏品电子账目和文物信息档案，为实现馆藏文物信息化管理打下了良好的基础。

表 17　陕西省普查新建文物账目统计表

	收藏单位数量（家）	新建/重建藏品账目及档案的单位数量（家）	收藏单位数量（家）	新建/重建藏品账目及档案的单位数量（家）
省级	9	9	21	21
地市级总体情况	40	40	69	69
区县级总体情况	117	117	275	275

普查数据表明，陕西省的未定级文物占到总数的约 20.54%。为加强这方面的工作，从 2016 年 9 月至今，共举办文物鉴定培训班共 6 期，有 400 余人次参加了培训，为下一步开展文物鉴定储备了人才。

普查数据表明，陕西省藏品中完整的占 8.19%，基本完整的占 79.79%，残缺的占 11.32%，严重残缺的占 0.70%。对此，每年安排专项经费，委托陕西文物保护研究院，有计划安排文物修复。这项工作逐年实施。

（四）文物在服务经济社会发展中的作用日益显现

普查数据的采集为陕西省文化事业的进一步开发打下坚实的基础。主要表现在三方面：一是文物普查信息数据库的使用。通过普查，建立起了较为完善的数据库，在全省各文物收藏单位共建立 290 余个连接点，文物信息的使用更加便捷。在普查开展期间，延安市、汉中市、陕西师范大学、渭南博物馆、安康博物馆等地区和单位，已经体验到普查数据使用上的便捷。二是以普查数据为基础，进一步完善网上虚拟博物馆的建设，为更多的观众提供文物资源服务。陕西省文物局在陕西数字博物馆的建设基础上，相继推出了陕西数字博物馆互联网版、移动版、口袋版、文物三维数字摩卡等智慧化博物馆的建设。2016 年，在陕西历史博物馆西地下室开放的陕西数字博物馆实体体验馆，是在全省实体博物馆资源整合优势下，改变博物馆的展览形式和传播手段的新探索。先后有 12 个省市专家领导到陕西进行工作交流，得到国家文物局的高度重视。三是利用普查成果举办各种类型的展览。铜川、延安、渭南、韩城等市通过办展的方式向社会展出普查成果，同时利用微信及网络平台展示文物藏品，累计参观及受惠群众近 295 万人次。

（五）下一步工作打算

普查成果的宣传展示和转化利用是可移动文物普查的一项重要内容，也是今后工作的重点。为推动普查成果服务社会、惠及公众，开展以下工作：

1. 召开全省范围内的普查工作总结表彰会议，总结推广工作经验，表彰奖励在普查工作中做出突出贡献的个人。

2. 举办《陕西省第一次全国可移动文物普查成果展览》，采用线上的数字化展示和线下实体展示相结合的方式，向社会各界展示普查成果，增强公众的文化遗产保护意识，引导公众更多地关注和参与文化遗产的保护与传承。

3. 启动陕西文物数据的三维数据采集工作，建立 3D 文物数据库，持续提升陕西数字化博物馆功能，为《陕西省文物博物馆事业"十三五"规划》中的"创新公共文化服务方式，加快数字化建设，提升现代传播能力，扎实做好文物和大遗址保护"工程建设做好探索。

4. 加快开发陕西可移动文物普查成果数据管理，实现多方面的数据分类、检索功能，推动普查数据应用。

5. 积极借助有关部门、研究机构、大专院校力量，深度挖掘开发普查成果资源，全面推动文化事业以及文化创意产业的发展。

甘肃省
第一次全国可移动文物普查工作报告

甘肃是中华民族和华夏文明的发祥地之一，也是古丝绸之路上的咽喉要冲，历史悠久，文化底蕴深厚。特殊的自然环境，多样的民族民俗，复杂的历史进程，使甘肃可移动文物在带有与华夏文明一体相连的共性特征的同时，又独具风格，表现出了鲜明的地域特色，彩陶、木器简牍、纸质文物、佛教文物、丝织品等类别的文物在全国具有重要的影响力。其中，彩陶更是国内保存数量最多、品类最全、品位最高的省份，为甘肃赢得了"彩陶之乡"的美誉。除了灿烂的历史文物外，甘肃也有非常丰富的近现代文物和革命文物。

2012年10月，国务院下发《关于开展第一次全国可移动文物普查的通知》，标志着继第三次全国文物普查后文化遗产领域又一重大国情国力调查的正式启动。甘肃省迅速响应，于2013年1月22日下发《甘肃省关于开展第一次全省可移动文物普查的通知》，对全省普查工作进行了总体部署，并对普查各个阶段工作任务和要求做出了详细安排：全省普查工作与全国工作同步推进，共分三个阶段进行：2012年10月~2013年3月为工作准备阶段，主要任务是成立机构、制定方案、组建队伍、开展培训等；2013年4月~2015年12月为普查实施阶段，主要任务是以县域为单元，开展国有单位调查、文物认定、信息采集和审核报送等工作；2016年1~12月为验收汇总阶段，主要任务是整理汇总普查数据、建立文物名单和数据库，公布普查成果、编写普查报告等。

普查工作开展以来，在省普查领导小组的正确领导下，按照国家文物局统一安排部署，甘肃省各级普查办、各国有单位扎实工作、稳步推进，全面完成了普查各项工作任务。通过普查，全省国有可移动文物情况基本廓清。一方面，查清了全省收藏有可移动文物的国有单位的数量及单位基本情况，特别是对文物（文化）系统外国有单位收藏文物情况有了全面的了解；另一方面基本掌握了全省国有可移动文物数量、分布、种类、保存状况、保管权属和管理使用等情况。为科学评价全省文物资源价值、健全文物保护体系、进一步促进文物资源保护利用打下了坚实的基础。

一、甘肃省普查数据

截至 2016 年 10 月 31 日，甘肃省在全国可移动文物信息平台登录可移动文物 423444 件/套，实际数量为 1958351 件。其中，珍贵文物 117470 件/套，实际数量为 251890 件。登录可移动文物信息的收藏单位 330 家。

（一）甘肃省可移动文物基本情况

1. 类别

表 1　可移动文物类别

可移动文物类别	可移动文物实际数量（件）	实际数量占比（%）
合计	1958351	100.00
玉石器、宝石	19413	0.99
陶器	93986	4.80
瓷器	19634	1.00
铜器	99554	5.08
金银器	5227	0.27
铁器、其他金属器	11814	0.60
漆器	2404	0.12
雕塑、造像	6570	0.34
石器、石刻、砖瓦	35602	1.82
书法、绘画	25647	1.31
文具	1514	0.08
甲骨	708	0.04
玺印符牌	3318	0.17
钱币	881229	45.00
牙骨角器	26707	1.36
竹木雕	11979	0.61
家具	3088	0.16
珐琅器	142	0.01
织绣	4533	0.23
古籍图书	586446	29.95

可移动文物类别	可移动文物实际数量（件）	实际数量占比（％）
碑帖拓本	10499	0.54
武器	5204	0.27
邮品	557	0.03
文件、宣传品	2287	0.12
档案文书	50425	2.57
名人遗物	1096	0.06
玻璃器	2092	0.11
乐器、法器	1300	0.07
皮革	8064	0.41
音像制品	3815	0.19
票据	3578	0.18
交通、运输工具	181	0.01
度量衡器	430	0.02
标本、化石	9890	0.51
其他	19418	0.99

2. 年代

（1）可移动文物年代类型

表 2　可移动文物年代类型

可移动文物年代类型	可移动文物实际数量（件）	实际数量占比（％）
合计	1958351	100
地质年代	8901	0.45
考古学年代	85180	4.35
中国历史学年代	1808488	92.35
公历纪年	7925	0.40
其他	28602	1.46
年代不详	19255	0.98

（2）可移动文物中国历史学年代分布

表3　可移动文物中国历史学年代分布

可移动文物中国历史学年代	可移动文物实际数量（件）	实际数量占比（%）
合计	1808488	100.00
夏	8085	0.45
商	1532	0.08
周	25746	1.42
秦	5291	0.29
汉	258621	14.30
三国	999	0.06
西晋	1036	0.06
东晋十六国	1125	0.06
南北朝	2240	0.12
隋	423	0.02
唐	100165	5.54
五代十国	645	0.04
宋	400119	22.12
辽	148	0.01
西夏	2057	0.11
金	2975	0.16
元	6533	0.36
明	64942	3.59
清	802368	44.37
中华民国	94980	5.25
中华人民共和国	28458	1.57

3. 级别

表4　可移动文物级别

可移动文物级别	可移动文物实际数量（件）	实际数量占比（%）
合计	1958351	100.00
一级	13995	0.71

可移动文物级别	可移动文物实际数量（件）	实际数量占比（%）
二级	18508	0.95
三级	219387	11.20
一般	997571	50.94
未定级	708890	36.20

4. 来源

表5　可移动文物来源

可移动文物来源	可移动文物实际数量（件）	实际数量占比（%）
合计	1958351	100.00
征集购买	502399	25.65
接受捐赠	68100	3.48
依法交换	87	0.00
拨交	28737	1.47
移交	181048	9.24
旧藏	774876	39.57
发掘	326531	16.67
采集	55459	2.83
拣选	2874	0.15
其他	18240	0.93

5. 入藏时间

表6　可移动文物入藏时间范围

可移动文物入藏时间范围	可移动文物实际数量（件）	实际数量占比（%）
合计	1958351	100.00
1949 年 10 月 1 日前	454699	23.22
1949 年 10 月 1 日～1965 年	105568	5.39
1966～1976 年	79262	4.05
1977～2000 年	944474	48.23
2001 年至今	374348	19.12

6. 完残程度

表 7 可移动文物完残程度

可移动文物完残程度	可移动文物实际数量（件）	实际数量占比（%）
合计	1951269	100.00
完整	519030	26.60
基本完整	1038983	53.25
残缺	376012	19.27
严重残缺（含缺失部件）	17244	0.88

注：根据国家文物局《关于做好馆藏自然类藏品登录工作有关要求的通知》的要求，登录的自然类藏品 7082 件（组），不填写"完残程度"指标项。

（二）甘肃省可移动文物分布情况

1. 按收藏单位隶属关系统计可移动文物数量

表 8 可移动文物数量分布（按收藏单位隶属关系）

收藏单位隶属关系	可移动文物实际数量（件）	实际数量占比（%）
合计	1958351	100.00
中央属	40997	2.09
省属	680216	34.73
地市属	382734	19.54
县区属	761673	38.89
乡镇街道属	92018	4.70
其他	713	0.04

2. 按收藏单位性质统计可移动文物数量

表 9 可移动文物数量分布（按收藏单位性质）

收藏单位性质	可移动文物实际数量（件）	实际数量占比（%）
合计	1958351	100.00
国家机关	5811	0.30
事业单位	1859782	94.97
国有企业	5	0.00
其他	92753	4.74

3. 按收藏单位类型统计可移动文物数量

表 10　可移动文物数量分布（按收藏单位类型）

收藏单位类型	可移动文物实际数量（件）	实际数量占比（%）
合计	1958351	100.00
博物馆、纪念馆	1406306	71.81
图书馆	357718	18.27
美术馆	3724	0.19
档案馆	987	0.05
其他	189616	9.68

4. 按收藏单位所属行业统计可移动文物数量

表 11　可移动文物数量分布（按收藏单位所属行业）

行业	可移动文物实际数量（件）	实际数量占比（%）
合计	1958351	100.00
农、林、牧、渔业	35	0.00
采矿业	0	0.00
制造业	5	0.00
电力、热力、燃气及水生产和供应业	0	0.00
建筑业	0	0.00
批发和零售业	0	0.00
交通运输、仓储和邮政业	0	0.00
住宿和餐饮业	0	0.00
信息传输、软件和信息技术服务业	0	0.00
金融业	2446	0.12
房地产业	0	0.00
租赁和商务服务业	0	0.00
科学研究和技术服务业	200	0.01
水利、环境和公共设施管理业	17	0.00
居民服务、修理和其他服务业	60	0.00
教育	84342	4.31

行业	可移动文物实际数量（件）	实际数量占比（%）
卫生和社会工作	2485	0.13
文化、体育和娱乐业	1865593	95.26
公共管理、社会保障和社会组织	3168	0.16
国际组织	0	0.00

二、甘肃省普查工作组织实施

（一）属地管理 分级负责

1. 成立普查机构

2013 年 1 月，甘肃省政府印发《关于开展第一次全省可移动文物普查工作的通知》，成立了由主管副省长为组长，省委党史研究室、省发展改革委、省教育厅、省民政厅、省财政厅、省国土资源厅、省文化厅、中国人民银行兰州中心支行、省政府国资委、省统计局、省宗教局、省档案局、省文物局、省科协等 14 个部门为成员单位的甘肃省第一次可移动文物普查领导小组。按照要求，全省 14 个市（州）、86 个县（市、区）政府全部成立了由政府主管领导担任组长的普查领导小组，为普查工作的顺利推进提供了坚强的组织保障。为了协调普查中涉及的各领域、各行业的国有单位，确保普查工作规范有序进行，省普查领导小组在省文物局设立办公室，负责全省文物普查工作的具体实施，协调解决遇到的重大问题。在国有单位调查阶段，分别与省国资委、省教育厅、省档案局、省文化厅、省财政厅、省民政厅等 6 部门联合下发通知，对图书、档案、教育等重点单位的普查做出周密安排，保证了国有单位调查的全覆盖；在古籍图书数据转换阶段，积极与省古籍保护中心联系，全省古籍图书数据全部转换、登录至普查平台，实现了可移动文物普查的全覆盖。市、县级普查办公室均在文物（文化）局设立办公室，协调、推动本区域的普查工作。省博物馆、省考古所、甘肃简牍博物馆、武威市博物馆等藏品量大的单位都成立了相应的普查机构，形成业务副馆长亲自抓、业务部门人员为主、其他部门人员全力配合的普查工作模式。

2013 年 1 月 16 日，省文物局召开了全省第一次可移动文物普查工作会议，对全省普查工作的实施提出了工作要求。4 月 18 日，省普查领导小组召开《甘肃省第一次可移动文物普查电视电话会议》，对全省可移动文物普查工作进行了动员和总体安排部署。2014～2016 年，在省文物局召开的年度全省文物工作会议上，都特别安排会议专题，针对普查各阶段工作特点和任务，结合普查工作推进情况，进行专题的安排部署，总结经验成果，分析问题不足，并对下一年工作做出安排。根据普查进展情况，适时在普查工作进度滞后地区召开现场推进会议，现场了解情况、解决问题，保障全省按照时间节点要求完成各阶段普查工作任务。

2. 制定普查实施方案和工作制度

2013 年 5 月 13 日，省普查办制定印发了《甘肃省第一次可移动文物普查实施方案》，对全省普查工作进行了安排部署。随着普查工作的深入开展，根据各阶段工作任务，省普查办先后制定了《国有单位调查工作方案》《国有单位文物认定工作方案》《2002 年以来文物系统新增文物鉴定定级工作方案》《文物信息采集登录工作方案》《文物信息审核工作方案》《文物信息审核专家组数据审核工作方案》《可移动文物普查验收方案》等工作方案，对普查各阶段工作任务制定规范、提出要求。各市、县级普查办结合本地工作实际，细化工作措施，制定完善了本地区普查工作方案，有力地保障了普查规范有序开展。省博物馆、甘肃简牍博物馆等大型文物收藏单位均制定了相应的普查工作方案，明确工作任务、靠实工作责任。按照普查要求时间节点制定时间表，倒推工作任务，按星期划分工作量，每周自查自检，确保按时完成各阶段普查工作任务。

3. 落实普查工作经费

2013 年 11 月，甘肃省财政厅、甘肃省文物局联合转发了财政部、国家文物局《关于加强第一次全国可移动文物普查经费保障与管理的通知》，并要求各级普查办积极与财政部门联系沟通，落实普查经费，保障普查工作顺利开展。各级数普查办积极协调，2013 至 2016 年，共落实普查经费 1609.21 万元，其中，省级 400 万元（每年 100 万元）、市（州）县（区）1209.21 万元。2014 年，根据各地各单位普查工作进度及普查质量，省普查办从省级普查经费中列支 64 万元，用以奖代补的形式对普查工作开展较好的甘肃简牍博物馆、省文物商店等 2 家省属文物收藏单位以及兰州市、武威市、平凉市、红古区、西固区、榆中县等 6 个普查办给予了经费补助。各级普查办及文物收藏单位按照专款专用的原则，注重加强对普查经费的使用和管理，确保普查经费用好、用到位。

4. 组建普查队伍

自普查开展以来，全省各级普查办和国有单位共 3237 人参与了普查工作，其中，按隶属关系统计，省级 171 人，市（州）级 693 人，县（区）级 2373 人；按人员类别统计，各级普查办工作组人员 817 人，专家组成员 312 人，收藏单位人员 1165 人，志愿者 943 人。甘肃省考古所、武威市博物馆等藏品量大、普查人员不足的单位利用高校学生假期社会实践和实习等活动，组织吸收高校学生充当志愿者，参与普查工作，取得了博物馆、高校、学生"三赢"的良好社会效果。各级普查办共抽调业务过硬、工作负责的人员312人，组建成83个专家组（含4名系统外专家）负责普查培训、业务指导、文物认定、数据审核等工作，为普查工作规范有序开展提供了有力支撑。积极开展人员培训，除参加国家普查办组织的统一培训外，结合普查各个阶段工作任务和特点，适时组织省内培训。其中，省普查办组织培训5次，分别为：2013年，分河西、中部、陇东南三个片区举办3次普查培训班；2014年举办文物普查信息采集登录培训班；2015年举办文物信息审核培训班。市、县两级普查办共举办培训班596个，全省培训人员总数达8430人/次。天水市麦积区普查办在集中培训的基础上还开展了网上培训，培训人数达360余人。

（二）普查各阶段工作情况

1. 国有可移动文物收藏单位调查阶段

为了全面掌握全省国有单位数量，确保调查覆盖率，省普查办积极与省统计局、省编办、省工商局协调，在相关部门的支持配合下，获得了全省国有单位名录、省直行政事业单位名录和全省国有企业和国有控股企业名录等三个重要的名录，整理汇总为《甘肃省国有单位名单》，并向各单位发送了《关于开展第一次全省可移动文物普查的函》及《登记表》。2013年10～12月，全省抽调了937人组织了101个调查组开展国有单位文物调查工作。共调查国有单位29354个，包括党政机关7854家，事业单位16667家，国有企业和国有控股企业3052家。经核实，其中有1781家国有单位撤销、改制、合并成为非法人单位，另外还主动调查宗教寺庙220个。共发放《国有单位文物收藏情况调查登记表》27793份，回收27792份，回收率99.99%。其中省普查办实际调查国有单位960家，登记表回收率100%，14个市（州）除酒泉市中核404集团因属于保密单位未反馈《登记表》外，其他市（州）回收率均达到100%。

国有单位调查阶段初期，由于部分单位地址变更、单位改制等原因，《登记表》回收率较低。各级普查办及时调整工作方式，变"被动等"为"主动出"，抽调人员，按区域分片将调查任务落实到人，通过联系主管部门，网络、电话查询以及上门走访等多种方式对国有单位进行核实、排查、登记，并派员上门指导各单位工作人员规范填写《登记表》，保证了单位调查不存遗漏、不留死角、调查信息完整准确。

2. 文物认定工作阶段

为方便文物认定工作有序、高效地进行，各级普查办分别编制了本区域《国有单位收藏可移动文物目录清单》，并根据各国有单位收藏文物类型及数量，有针对性地抽调相关专家参加认定工作。文物认定工作开始之前，向有关国有单位发送了《关于开展文物认定工作的通知》，要求国有单位做好文物的提取、人员的抽调、场地的安排等准备工作。2014 年 3～8 月，全省各级普查办对非文物系统 200 家国有单位收藏的除图书档案外的 26069 件/套文物或疑似文物进行了认定，其中 162 家国有单位收藏的 18113 件/套文物纳入普查范围。认定的文物类别主要有古籍档案、明清字画、革命文献、敦煌遗书、拓片、造像、陶瓷器等，大部分集中在图书、档案和教育系统。文物认定工作过程中新发现了一批价值较高的文物，如西北民族大学收藏的清鎏金铜佛母，省档案局收藏的清北洋天津银号五两银票，天祝县东大寺收藏的明藏文大藏经、乾隆款隐龙纹白瓷高足碗等，这些文物填补了全省国有文物收藏空白，丰富了收藏品类。

对省图书馆、兰州大学博物馆、西北民族大学博物馆等藏品量大的系统外单位，省普查办重点安排，组织专家进行文物认定。同时，为了便于各单位今后开展文物建账、建档及对文物进行规范化管理，对认定的中央及省属国有单位的文物藏品确定文物级别，共认定二级文物 1 件/套、三级文物 15 件/套 。对市、县普查办认定工作中无法确认或存疑的文物藏品，省普查办积极提供帮助，组织专家进行重新认定，确保登录平台文物信息的真实、准确。

3. 国有可移动文物信息采集登录阶段

按照国家普查办要求时间节点稳步推进文物采集登录工作。2015 年 6 月，针对部分单位信息登录进度滞后的问题，省普查办下发了《关于进一步推进我省可移动文物普查工作的通知》，把全省有普查任务的国有单位根据文物总量划分为 1 千件以下、1 千件至 1 万件、1 万至 5 万件和 5 万件以上四个等次，分别规定了完成采集登录任务的时间节点。同时，组织相关单位认真进行核查，梳理文物数量变化的原因，并及时上报国家文物局。积极协调古籍图书数据转换工作，安排需进行数据转换的图书档案系统国有单位填报《古籍图书及档案数据转换需求表》，做好数据转换的前期准备；与省文化厅、省古籍保护中心联系沟通，确保全省古籍图书数据全部转换登录可移动文物普查平台。在文物信息采集登录过程中，部分文物系统外国有单位由于人员力量弱、业务不熟悉，采集登录工作停滞不前。在了解情况后，省普查办、张掖市、白银市、景泰县等普查办主动提供帮助，指派博物馆专业人员上门指导、帮助完成数据采集登录工作。

2015 年 6～12 月，甘肃省开展了 2002 年以来文物系统新增文物鉴定定级工作，省普查办组织专家对全省 104 个博物馆纪念馆 34783 件/套新增文物藏品（含古生物化石）进行了鉴定定级。全省新增珍贵文物 5672 件/套，其中一级文物 120 件/套、二级文物 672 件/套，三级文物 6297 件/套；新增重点保护古生物化石 1023 件，其中一级重点保护古生物化石43件，二级重点保护古生物化石176件，三级重点保护古生物化石804件。鉴定定级工作完成后，及时下发数据模板，组织各相关收藏单位按照鉴定定级后的文物信息对平台数据进行修改完善。通过新增文物鉴定定级，全省文物系统珍贵文物数量有了较大提升，个别纪念馆实现了馆藏珍贵文物"0"的突破，彻底实现了可移动文物普查范围的全覆盖，保障了数据的真实性、完整性。

4. 国有可移动文物信息审核阶段

甘肃省数据审核采用线上审核、逐级把关的方式。全省各级普查办共组建审核专家组83个，按照审核规范流程，管理员、审核员与专家组通力合作，层层负责、层层把关，有效保证了审核工作进度。在审核过程中，各级普查办结合实际，采用多种方式方法，将数据质量控制放在审核工作的首要位置，确保上报数据的质量。庆阳市、陇南市采取辖区内各县普查办互相审核数据的方法互相查找数据错误，互相监督数据质量。省普查办重点加强省级审核，把控数据质量的最后关口。一是成立审核专家组，抽调文物系统30名业务骨干成立省级终审专家组，将全省数据按区域、单位分为30个片区，每一名专家负责一个片区，质量责任落实到人。二是强化督导检查，将全省划分为3个督察区，由省普查办3名工作人员分别督察一个区域，每隔10天对省级审核专家上报数据质量进行抽查，及时撤换数据质量不过关的专家。三是高标准严格验收。按照单位自查、市县验收、省级验收三个阶段逐级进行普查验收，除审查材料外，加入实地检查环节，要求县级实地检查全覆盖，市级抽查率不低于到60%、省级抽查率不低于30%，为了保障普查验收结论的科学性和准确性，在省级验收阶段，再次对所有单位的普查数据按照0.5%的比例再次进行了抽检。经验收，甘肃省各级普查办、各国有单位数据差错率均低于0.5%，符合普查数据质量控制要求。但是个别单位的个别文物数据存在文物定名不规范及断代不准确等问题。

（三）宣传动员

广泛利用报纸、杂志、广播、电视、网络等渠道开展宣传活动。省普查办编发普查简报27期，并在"甘肃文物网"开辟专栏，宣传普查的目的意义、内容方法、与普查有关的法律法规以及普查工作进展等，发布普查动态70余条。各级普查办充分利用"5·18国际博物馆日"和"中国文化遗产日"等重大节庆活动，将普查宣传作为重要内容，共计制作宣传展板2000余个、宣传海报20203份，宣传册页364341份。部分普查办创新宣传方式，取得了较好的社会效果。如平凉市普查办在《平凉日报》组织了一期文物普查专刊、并利用平凉电视台对普查工作进行了四次专题报道；会宁县普查办录制了《会宁县第一次可移动文物普查宣传短片》等。

积极推荐普查工作中涌现出的爱岗敬业、成绩突出的优秀普查员评选国家普查办"普查之星"。共有七名普查员荣获"普查之星"荣誉称号，并在《文物报》"我是普查员"栏目发表文章7篇。通过多样化的宣传，为开展普查工作营造了良好的社会氛围，提高了社会各界对普查工作重要性的认识。

（五）普查工作总结

普查工作启动以来，省普查办制定下发了《甘肃省第一次可移动文物普查工作档案管理制度》，对普查档案的保存管理做了详细的规定。平凉等市普查办根据实际情况，细化工作要求，制定了本地区普查工作档案管理制度。各级普查办全部按照要求设立了普查专用档案柜、档案盒，完整保存了国有单位调查、文物认定、数据采集、登录等各阶段的档案资料。所有数据、文字、影像资料都留存了纸质、电子两种版本，普查每个工作环节都有记录可查。全省各级普查办全部编制了普查档案，共计101份。

甘肃省将召开全省第一次可移动文物普查总结大会，对普查工作进行系统总结，公布《甘肃省国有可移动文物收藏单位名录》《甘肃省国有可移动文物名录》等普查成果，并对普查中的先进集体和个人进行表彰。

三、甘肃省普查工作成果

通过普查，基本实现了摸清家底、建立文物登录制度、服务社会的三大目标。

（一）掌握了全省可移动文物的资源情况及价值

1. 摸清了数量及分布

全省共收藏国有可移动文物1958351件，珍贵文物数量为251890件，其中一级文物13995件，二级18508件，三级219387件。经过普查，全面地掌握了全省国有可移动文物的分布情况，按照单位隶属关系，中央及省属国有单位藏品量占比36.83%、市州属国有单位占比19.54%、区县属国有单位占比38.89%、其他单位0.04%；按照单位类型，博物馆、纪念馆藏品量占比71.81%、图书馆占比18.27%、其他单位占比9.68%。根据统计，全省可移动文物主要收藏在博物馆、纪念馆、图书馆、档案馆等国有文物（文化）单位，教育系统收藏文物较多，其他系统单位数量少。此外，从文物类别可以看出，全省钱币、古籍图书、铜器、陶器等类别文物收藏数量大，分别占文物总量的45%、29.95%、5.08%和4.8%。织绣、雕塑造像等文物类别虽然数量相对较少，仅占总量的0.23%和0.34%，但是珍贵文物比例高。通过普查，对全省国有文物数量、分布以及特色文物资源有了更深入、准确的了解，为下一步整合优势资源举办展览、促进博物馆社会服务能力提升打下基础。

2. 改善了全省可移动文物的保存保管条件

普查工作开展以来，酒泉市、定西市、陇南市、天祝县、麦积区等30余家文物系统博物馆以及永靖县黄河水电博览馆、和政古动物化石埋藏原址馆等4个行业博物馆新馆建成开放或正在布展，极大地改善了博物馆的基础设施条件。通过实施库房展厅维修改造、可移动文物预防性保护等项目，文物保存保管条件得到改善。如省考古所购置了文物柜架，将以往堆积在库房的文物全部归类上架；甘肃简牍博物馆、敦煌市博物馆等配备了库房温湿度调控系统。普查工作开展以来，共有47个文物保护项目相继立项实施，其中文物本体保护修复21项，预防性保护24项、库房展厅维修改造2项。

3. 提高了国有可移动文物的利用率

利用普查成果，不断加大对文化遗产资源的挖掘和研究力度，在推动文化遗产"活起来"方面取得了较好的成绩。文物系统博物馆充分利用文物藏品，举办各类型展览，博物馆社会服务能力和范围大大提升。除了办好本馆的基本陈列外，积极响应国家"一带一路"战略以及让文物"活起来"的精神，组织外展、巡展，把甘肃悠久的历史文化传播出去。敦煌研究院、甘肃省博物馆、甘肃简牍博物馆、甘肃省考古所等单位共组织举办专题性临时展览6个，先后赴国内30多家博物馆、美术馆进行展览；敦煌研究院"敦煌文化展"先后赴美国、土耳其、蒙古、香港、台湾等国家和地区展览；威武市、灵台县、礼县、高台县等十几家博物馆文物藏品积极参加各种外展20余次。

档案、图书系统收藏的古籍图书、档案等藏品按照本部门管理规范供公众借阅；教育系统所属高校博物馆努力改变以往校史馆和科研教学点的办馆模式，逐步向社会公众开放，取得了较好的社会反响。银行、地质等部门成立专题博物馆，或对已有的展厅进行了改造提升，社会效益显著。

（二）健全文物保护体系

1. 完善了文物档案

在全面清理藏品的基础上，推进文物建账建档工作。普查开展以来，共有219家国有单位开展了文物建账建档工作，补充完善了一般文物以及新增文物账册，其中122个文物系统外单位新建文物档案13125份。省博物馆、武威市博物馆等单位对长期未清理、未登账的一般文物进行了整理，登记入账，并对20世纪五六十年代借出或调拨出馆但手续不全等历史遗留问题进行了全面的清理；对大量的历代钱币进行了归类整理，规范登记入账。以第一次可移动文物普查为契机，国有单位藏品管理等基础工作得以加强。

2. 建立健全了制度和规范

在普查工作中，各级普查办细化工作流程和措施，制定、完善了关于文物调查、认定、鉴定、登记等一系列制度，为今后全省文物管理工作进一步夯实了基础。各国有单位进一步健全了藏品管理等方面的制度建设，如甘肃省考古所等单位对已有的《文物库房管理制度》《文物库房管理员岗位职责》《文物库房安全突发事件应急预案》等制度进行了修订。甘肃钱币博物馆、兰州大学博物馆等行业博物馆在普查中制定了相关的文物库房管理制度，全省可移动文物保护管理等基础工作得到进一步提升。

3. 明确了保护需求

根据普查情况，甘肃省可移动文物保护还存在基础设施条件较差、文物库房面积狭小、保存环境不达标；保管人员力量严重不足，业务能力和工作水平较低；文物保护修复人员短缺，且分布不均衡；大量的一般文物亟需科学保护；文物系统外国有单位可移动文物保护管理工作亟待规范等问题。通过普查，进一步明确了全省可移动文物保护需求，同时为科学制定全省国有可移动文物保护规划提供了重要依据。

（三）有效发挥文物在经济社会发展中的作用

通过普查，全省文物资源得到系统梳理，共出版了《兰州市第一次可移动文物普查新发现文物集萃》《雄关神韵——嘉峪关市第一次可移动精品文物鉴赏》等图录5套。依托可移动文物普查成果，全省共举办文物展览57个，展出藏品6300余件。甘南州、天水市麦积区等21个普查办举办了普查成果专题展。下一步，甘肃省将依法做好普查数据的发布、利用工作。组织力量系统分析普查数据，逐步建立起可移动文物数据资源对社会服务的开放平台，推动普查资料共享，充分发挥文物资源在促进经济社会发展中的作用。

青海省
第一次全国可移动文物普查工作报告

国务院发布《关于开展第一次全国可移动文物普查工作的通知》，决定从2012～2016年开展第一次全国可移动文物普查。这是继第三次全国文物普查之后，我国文化遗产领域开展的又一次重大国情国力调查项目。此次普查由国务院统一领导，集中技术和人才力量，对可移动文物进行全面调查登记，并建立全国可移动文物信息登录平台和数据库，从而实现全国文物信息资源的整合利用和动态管理。普查范围包括国家机关、事业单位、国有企业及国有控股企业、人民解放军及武警部队四大类国有单位。普查对象为具有重要历史、艺术、科学价值的珍贵艺术品、工艺美术品，重要古籍、文献资料、手稿，反映各民族社会制度、社会生产、社会生活有关的代表性实物及具有科学价值的古生动物化石和古人类化石。普查不改变文物权属现状。普查登录的内容包括文物名称、类别、级别、年代、质地、外形尺寸、质量、完残程度、保存状态、包含数量、来源方式、入藏时间、藏品编号、收藏单位名称等14项基本指标项，还包括11类附录信息以及照片影像资料。按照国务院精神和普查具体要求，青海省认真落实、全面推进各项普查工作。2013年成立了省普查领导小组，制定并公布了普查实施方案，扎实有序推进文物普查工作。普查分为工作准备、普查实施和验收汇总三个阶段：第一阶段（2012年11月～2013年4月），各州市成立普查机构，公布了普查实施方案，全面部署普查工作；第二阶段（2013年5月～2015年12月），开展文物调查认定和信息数据登录；第三阶段（2016年1～12月），对普查数据、资料的整理、汇总，数据库建设和公布普查成果。通过普查，全面掌握青海省国有收藏单位可移动文物家底，总体评价可移动文物保护现状及发展趋势，为构建科学有效的文化遗产保护体系提供依据；建立、完善国有可移动文物档案和信息管理系统，为文物的标准化和规范化管理创造基础条件；建立国有可移动文物动态监测体系，全面提升文物保护和管理水平。

青海省雄踞世界屋脊青藏高原的东北部，因境内青海湖而得名，是我国长江、黄河、澜沧江的发源地，故有"江河源头""三江源""中华水塔"之美誉。境内山脉纵横，峰峦重叠，湖泊众多，平均海拔在3000米以上，属于高原大陆性气候，具有昼夜温差大、日照长、太阳辐射强，冬季严寒而漫长，夏季凉爽而短促的特点。得天独厚的自然环境，青海拥有丰富多样的动植物资源和高原特色旅游资源，同时也是我国水能资源、太阳能、风能、矿产资源的"富矿带"，其中盐湖类矿产资源、石油、天然气等在全国占有重要地位。青海是多民族聚居、多宗教共存的省份。世居少数民族主要有藏族、回族、土族、撒拉族和蒙古族，其中土族和撒拉族为青海独有。佛教、伊斯兰教、道教、基督教和天主教五大宗教在青海省均有传播，其中藏传佛教和伊斯兰教在信教群众中有着广泛深刻的影响。青海文化资源内涵独特，颇具高原特色和民族风情。

2012~2016年，普查共调查各类各级国有单位及县级以上文物保护单位宗教场所可移动文物收藏单位6731家，反馈收藏有文物的国有单位及县级以上文物保护单位宗教场所可移动文物收藏单位共388家，经实地普查并确认有文物的国有单位及县级以上文物保护单位宗教场所可移动文物收藏单位为254家，登录国有可移动文物312793件，摸清了全省可移动文物的数量、文化属性、质地类别、保存现状、地域分布以及收藏单位的基本情况，普查成果显著。

通过开展可移动文物的普查，以普查数据为基础，制定有效的保护规划，保障文物安全，全面提升全省预防性保护的能力，进一步完善对文化遗产的保护措施。

通过开展文物普查，建立和完善全省可移动文物档案和信息管理系统，为文物的标准化和动态管理创造基础条件，同时也为研究制定全省文物遗产的保护规划、发展战略提供科学依据和技术支撑。

通过开展可移动文物的普查，不断挖掘和深化省文化遗产的丰富内涵，强化"让文物活起来"理念，进一步激发出高原特色文化深厚的传统和强大生命力，推进文化遗产活态利用和创新发展，突出高原地域特色和民族特色。以文化遗产作为优势资源发展文化产业和旅游业，为地方经济可持续发展及社会全面和谐发展提供强大的内在推动力，充分发挥文化的软实力作用，形成文化遗产保护利用与传承发展的高原特色模式。

通过开展可移动文物普查，培养和锻炼了青海省的文物保护队伍，提高了专业人员专业技能，提升了全省文物保护管理整体水平。

通过开展可移动文物普查，加大对文化遗产保护的宣传力度。充分利用"国际博物馆日""中国文化遗产日"等主题活动，宣传文物保护法规条例和普查相关规范，提高了公众对文化遗产保护和文物普查的关注度、参与度。

一、青海省普查数据

截至 2016 年 10 月 31 日，青海省在全国可移动文物信息平台登录可移动文物 69960 件/套，实际数量为 312793 件。其中，珍贵文物 2745 件/套，实际数量为 3706 件。登录可移动文物信息的收藏单位 254 家。

（一）青海省可移动文物基本情况

1. 类别

表 1　可移动文物类别

可移动文物类别	可移动文物实际数量（件）	实际数量占比（%）
合计	312793	100.00
玉石器、宝石	4001	1.28
陶器	26717	8.54
瓷器	1296	0.41
铜器	6219	1.99
金银器	1053	0.34
铁器、其他金属器	1251	0.40
漆器	42	0.01
雕塑、造像	3547	1.13
石器、石刻、砖瓦	32148	10.28
书法、绘画	5725	1.83
文具	170	0.05
甲骨	5	0.00
玺印符牌	526	0.17
钱币	81177	25.95
牙骨角器	22000	7.03
竹木雕	895	0.29
家具	102	0.03
珐琅器	83	0.03
织绣	5288	1.69
古籍图书	86411	27.63

续表

可移动文物类别	可移动文物实际数量（件）	实际数量占比（%）
碑帖拓本	83	0.03
武器	963	0.31
邮品	0	0.00
文件、宣传品	162	0.05
档案文书	830	0.27
名人遗物	30	0.01
玻璃器	2201	0.70
乐器、法器	16981	5.43
皮革	2027	0.65
音像制品	338	0.11
票据	36	0.01
交通、运输工具	135	0.04
度量衡器	95	0.03
标本、化石	577	0.18
其他	9679	3.09

2. 年代

（1）可移动文物年代类型

表2　可移动文物年代类型

可移动文物年代类型	可移动文物实际数量（件）	实际数量占比（%）
合计	312793	100
地质年代	543	0.17
考古学年代	58194	18.60
中国历史学年代	224837	71.88
公历纪年	276	0.09
其他	28638	9.16
年代不详	305	0.10

（2）可移动文物中国历史学年代分布

表 3 可移动文物中国历史学年代分布

可移动文物中国历史学年代	可移动文物实际数量（件）	实际数量占比（％）
合计	224837	100.00
夏	5	0.00
商	108	0.05
周	85	0.04
秦	23	0.01
汉	7171	3.19
三国	1	0.00
西晋	1	0.00
东晋十六国	16	0.01
南北朝	382	0.17
隋	2	0.00
唐	4803	2.14
五代十国	4	0.00
宋	1450	0.64
辽	0	0.00
西夏	292	0.13
金	23	0.01
元	1448	0.64
明	7300	3.25
清	148641	66.11
中华民国	37089	16.50
中华人民共和国	15993	7.11

3. 级别

表 4 可移动文物级别

可移动文物级别	可移动文物实际数量（件）	实际数量占比（％）
合计	312793	100.00
一级	659	0.21

续表

可移动文物级别	可移动文物实际数量（件）	实际数量占比（%）
二级	1241	0.40
三级	1806	0.58
一般	23282	7.44
未定级	285805	91.37

4. 来源

表 5　可移动文物来源

可移动文物来源	可移动文物实际数量（件）	实际数量占比（%）
合计	312793	100.00
征集购买	49540	15.84
接受捐赠	35576	11.37
依法交换	211	0.07
拨交	26660	8.52
移交	10100	3.23
旧藏	127922	40.90
发掘	58909	18.83
采集	3539	1.13
拣选	6	0.00
其他	330	0.11

5. 入藏时间

表 6　可移动文物入藏时间范围

可移动文物入藏时间范围	可移动文物实际数量（件）	实际数量占比（%）
合计	312793	100.00
1949 年 10 月 1 日前	25261	8.08
1949 年 10 月 1 日~1965 年	36	0.01
1966~1976 年	610	0.20
1977~2000 年	244561	78.19
2001 年至今	42325	13.53

6. 完残程度

表 7　可移动文物完残程度

可移动文物完残程度	可移动文物实际数量（件）	实际数量占比（％）
合计	312793	100.00
完整	126730	40.52
基本完整	161458	51.62
残缺	22812	7.29
严重残缺（含缺失部件）	1793	0.57

（二）青海省可移动文物分布情况

1. 按收藏单位隶属关系统计可移动文物数量

表 8　可移动文物数量分布（按收藏单位隶属关系）

收藏单位隶属关系	可移动文物实际数量（件）	实际数量占比（％）
合计	312793	100.00
中央属	0	0.00
省属	145322	46.46
地市属	53915	17.24
县区属	113556	36.30
乡镇街道属	0	0.00
其他	0	0.00

2. 按收藏单位性质统计可移动文物数量

表 9　可移动文物数量分布（按收藏单位性质）

收藏单位性质	可移动文物实际数量（件）	实际数量占比（％）
合计	312793	100.00
国家机关	1304	0.42
事业单位	278812	89.14
国有企业	636	0.20
其他	32041	10.24

3. 按收藏单位类型统计可移动文物数量

表10　可移动文物数量分布（按收藏单位类型）

收藏单位类型	可移动文物实际数量（件）	实际数量占比（%）
合计	312793	100.00
博物馆、纪念馆	198088	63.33
图书馆	59406	18.99
美术馆	0	0.00
档案馆	413	0.13
其他	54886	17.55

4. 按收藏单位所属行业统计可移动文物数量

表11　可移动文物数量分布（按收藏单位所属行业）

行业	可移动文物实际数量（件）	实际数量占比（%）
合计	312793	100.00
农、林、牧、渔业	0	0.00
采矿业	0	0.00
制造业	0	0.00
电力、热力、燃气及水生产和供应业	0	0.00
建筑业	0	0.00
批发和零售业	0	0.00
交通运输、仓储和邮政业	0	0.00
住宿和餐饮业	0	0.00
信息传输、软件和信息技术服务业	0	0.00
金融业	0	0.00
房地产业	0	0.00
租赁和商务服务业	0	0.00
科学研究和技术服务业	0	0.00
水利、环境和公共设施管理业	0	0.00
居民服务、修理和其他服务业	0	0.00
教育	36	0.01
卫生和社会工作	9	0.00

行业	可移动文物实际数量（件）	实际数量占比（％）
文化、体育和娱乐业	280204	89.58
公共管理、社会保障和社会组织	32544	10.40
国际组织	0	0.00

二、青海省普查工作组织实施

（一）属地管理、分级负责

1. 设立普查领导小组，成立普查机构

根据国务院《关于开展第一次全国可移动文物普查的通知》精神。2013 年 1 月，青海省在全国率先成立了以副省长为组长的青海省第一次全国可移动文物普查领导小组，印发了《青海省第一次全国可移动文物普查实施方案》。领导小组成员单位由省委党史研究室、省发展改革委、省教育厅、省民政厅、省财政厅、省国土资源厅、省文化新闻出版厅、中国人民银行西宁中心支行、省国资委、省统计局、省民族宗教委员会、省档案局、省科技厅、西宁市政府、海东地区行署、海北州政府、海南州政府、海西州政府、黄南州政府、玉树州政府、果洛州政府等 21 个部门为成员单位，普查领导小组在省文物管理局下设领导小组办公室（以下简称省普查办）。同时，全省 8 个市州和 47 个区县均分别成立了普查机构。

（1）积极工作，加强与其他行业系统收藏单位的组织协调工作

为使全省普查工作高效顺利实施，青海省文物局积极主动工作，加强了与普查领导小组各成员单位的协作。2013 年 10 月，分别与省财政厅、省教育厅、省国资委、省档案局、省民政厅、省文化新闻出版厅等 6 部门联合下发了国家文物局与各部委共同签发了关于积极做好本系统第一次全国可移动文物普查工作的通知和《关于加强第一次全国可移动文物普查经费保障与管理的通知》。

为全面摸清青海省境内各级国家机关、事业单位、国有企业和国有控股企业等国有单位所收藏保管的可移动文物，全省各级普查办积极工作，加强与其他行业系统收藏单位的组织协调工作；要求各成员单位积极提供本系统管辖范围内的收藏单位和文物线索，并配合普查机构严格按照相关操作规程进行调查登记、文物信息采集、登录及安全等工作；各级财政部门积极工作，编制、落实、管理本地区普查预算。全省各级普查工作办公室起到了牵头引领作用，在科学统筹资源、统一整合信息、提高工作效率，普查工作宣传等方面发挥了重要作用，尤其加强了与县级以上文物保护单位宗

教活动场所的组织协调，确保了全省普查工作的顺利完成。

（2）政府重视、各部门齐心合力部署普查工作

2013 年 4 月 18 日，青海省政府召开了青海省第一次全国可移动文物普查工作动员会。青海省第一次全国可移动文物普查领导小组组长就贯彻落实国务院通知精神和开展好青海省第一次全国可移动文物普查工作作重要讲话。同时对全省可移动文物的基本情况、普查前期工作的进展情况进行了通报，对下一阶段工作任务进行了安排部署，省普查领导小组各成员单位、各市州县文化（文物）局、省直文博单位负责同志参加会议。全省 8 个市州及部分县普查办相继召开了普查动员会。

（3）充分发挥各级普查办职能，全面推进普查工作

各级普查领导小组全面组织部署本辖区普查工作，各级普查办公室在普查领导小组的领导下负责编制普查经费预算、制定工作方案、工作计划、组建队伍、人员培训、普查宣传、汇总审核验收普查数据、信息发布、编制普查工作报告、公布普查成果等具体工作。

青海省普查领导小组办公室通过组建由相关成员单位、各州市普查办、各级博物馆文管所行政和专业人员组成的检查督导组、文物认定专家组、技术审核组、宣传组等四个工作组的方式建立普查管理机制，督促各地如期开展普查工作，并加强对基层普查工作的技术指导。为确保快速执行普查事宜的上传下达以及即时答复市县普查机构有关问题，建立了依托普查办专用电话、QQ 以及电子信箱为沟通渠道的普查信息管理体系。

（4）大型收藏单位普查工作机制建立情况

青海省博物馆作为全省博物馆行业的示范馆、带动馆，于 2013 年 9 月成立了由馆长任组长的第一次全国可移动文物普查领导小组，下设 4 个工作组。青海省博物馆制定了《青海省博物馆第一次全国可移动文物普查实施方案》《青海省博物馆普查平台数据专家终审计划》《青海省博物馆第一次全国可移动文物普查数据审核及编制总结报告的工作安排》等有关工作方案和工作制度。多次召开普查工作分析会，分清形势，明确任务，安排和推进普查工作，四个工作小组在领导小组的组织和领导下，明确"边清点、边采集、边上传"的一站式工作思路，按照统一规范和要求，同步开展普查工作。

青海省柳湾彩陶博物馆于 2014 年 4 月成立了由馆长担任组长的普查工作领导小组。面对人员少、任务重的现状，首先建立健全了文物出库、入库、数据采集、存储、保管以及审核等各个技术环节的规章制度，制定了详细的工作流程。人员方面，在本馆 10 名工作人员的基础上，补充省图书馆人员 2 名、招募工作人员 6 名和当地志愿者 2

名，组建了 20 人工作组并举办了"全国第一次可移动文物普查数据采集规范培训班"。由于馆藏文物数量较多，为确保完成普查任务，将每天的普查工作进行了量化，工作人员分两组进行文物信息的采集、拍照和信息录入工作，副馆长和业务部主任分别任组长，全面负责普查数据质量。

2. 制定普查实施方案和工作制度，确保普查顺利实施

2013 年 1 月，青海省第一次全国可移动文物普查领导小组印发了《青海省第一次全国可移动文物普查实施方案》。各市州县普查领导小组根据《青海省第一次全国可移动文物普查实施方案》，并结合本地区实际情况，也相继制定颁布了符合国家统一要求和本区域使用的普查实施方案和工作制度，其中海南州、海西州、黄南州、海北州、西宁市于 2013 年 3 月印发，玉树州、果洛州于 2013 年 5 月印发，海东地区于 2013 年 6 月印发。省直文博单位结合本单位实际，制定了本单位的普查实施方案。全省各级普查办及大型收藏单位根据工作准备、普查实施和验收汇总三个阶段，制定了相关工作计划和工作制度。按照青海省第一次全国可移动文物普查领导小组的部署，全省于 2013 年 1 月全面开展普查工作。各市州区县普查办及各收藏单位精心筹划、精密组织，按文物普查的程序和操作规程安排和推进普查工作。针对青海省点多面广、山高天寒、人才缺少的普查实际，省普查办分清形式，明确任务，克服自然环境带来的困难，战胜没有经验借鉴的挑战，严格工作标准，严密组织实施，严抓责任落实，精心测算工作量，进行任务倒排，制定出详细的、操作性强的《青海省第一次全国可移动文物普查工作计划》，按照时间表和路线图，一州一县推进，一件一物审定，一表一册登记。

为确保普查工作如期完成，要求各级普查办及收藏单位围绕一个"实"字，解决作风不实的问题；盯住一个"高"字，解决标准不高的问题；扭住一个"精"字，解决专业不精的问题；抓住一个"严"字，解决规范不严的问题。为推进普查工作，省普查办建立了普查工作进度、简报信息通报制度，要求各市州级普查办每月报送一次工作进度和一期简报信息，并以通报形式把各市州工作进展情况发送到全省范围，及时总结交流工作情况，总结推广好的普查方法和经验，从而推动普查工作深入扎实地开展。针对系统内各级博物馆、文管所普查工作，省普查办将每月工作进度按收藏单位藏品总量的 10% 量化，并要求每月报送普查进度，保证普查工作按时高质量完成。截至 2016 年 12 月，青海省已全面完成第一次全国可移动文物普查工作任务。

3. 编制预算方案，落实普查工作经费

根据财政部、国家文物局《关于加强第一次全国可移动文物普查经费保障与管理通知》精神，为切实做好青海省第一次全国可移动文物普查经费的保障与管理工作，省财政厅、省文化新闻出版厅联合转发了《财政部、国家文物局关于加强第一次全国

可移动文物普查经费保障与管理通知》，根据经费编制要求，省普查办编制上报了省级普查经费预算方案。同时，为规范和加强青海省第一次全国可移动文物普查专项经费的财务管理，提高资金使用的规范性、安全性和有效性，2014年4月，青海省文物局与省财政厅联合制定下发了《青海省第一次全国可移动文物普查经费管理办法》。各州市、区县普查机构结合各地实际编制普查经费预算文本，积极与当地财政部门进行沟通，统一思想、提高认识，把普查工作的经费落实作为一项重要工作来抓，申请并落实了普查经费。各级财政部门按照有关原则，保障落实各自应承担的经费，并将所需经费列入年度财政预算。全省各级普查办共落实普查经费1944.5万元，其中省级财政共安排935万元，2013年35万元，2014～1016年每年300万元；市州、区县级财政共安排1009.5万元。

为进一步提高全省第一次全国可移动文物普查数据质量，保障数据信息安全，妥善保管数据资料，省普查办以市、州为单位统一配发了普查资料检索柜，并为省直各文博单位分别配备了专业相机、影室灯、电脑等普查设备。与此同时，还根据各省直单位对普查工作的重视程度、普查工作进度、藏品数量等情况，下达了75万元普查项目补助经费。

在经费管理与使用机制方面，青海省科学合理使用普查经费，明确了普查经费的支出范围为培训费、设备购置费、出版印刷费、资料档案费、办公费和其他费用等。督促各级普查办严格按照专款专用、厉行节约的原则，加强普查经费的使用与管理。省普查办在进行普查文物认定的同时，将文物认定与经费落实情况督促检查同时进行，使普查经费使用规范、安全、有效，为全省普查工作的顺利展开奠定了良好的基础。

4. 组建各级普查队伍、开展业务培训，提高普查水平

青海省普查领导小组办公室组建了由相关成员单位、各州市普查办、各级博物馆、文管所行政和专业人员组成的检查督导组、文物认定专家组、技术审核组、宣传组等4个工作组。省普查办根据各州市普查办汇总的普查员信息，发放了普查员证，普查员由各级普查机构颁发证书并进行管理。青海省全省总投入普查人员1156人，其中省普查办工作组成员50人，专家组成员25人（含非文博系统专家2人），市州级普查办工作人员48人，收藏单位人员888人，志愿者7人，文物认定专家组吸纳了省内外文博专家及藏学研究和民族学相关专家6名。专家组积极发挥专业特长，完成了全省文物的认定工作，并结合宗教场所文物认定，开展了针对藏传佛教有关文物知识的现场培训，突显了地方民族特色。

为全面完成普查工作，省普查办从人员培训入手，积极参加国家文物局组织的普查培训，储备普查人才。为全面提升全省普查工作人员业务能力，准确掌握普查操作规程和技术标准，省文物局先后于 2013 年 9 月、2014 年 7 月、2015 年 3 月、2016 年 4 月举办了 4 期青海省第一次全国可移动文物普查培训班，省普查领导小组相关成员单位负责人、各州市县普查办负责人、各文管所（博物馆）负责人及专业人员、县级以上文物保护单位宗教活动场所管委会负责人和省直文博单位普查人员等共计 480 人参加了培训，同时组建完成了青海省第一次全国可移动文物普查工作网上联络群。全省 8 个市州也相继以专题或以会代训、传帮带等形式对普查员进行了培训，全省各级普查办共计培训普查人员 1010 人次。

（二）调查、认定、采集、登录、审核，分阶段实施

1. 全面开展国有可移动文物收藏单位调查

2013 年 12 月底，各市州普查办按计划完成了全省国有单位和县级以上文物保护单位宗教活动场所的文物收藏情况调查统计工作。全省共发放调查表共 6731 张，回收 6726 张，回收率 99.9%，反馈收藏有文物的国有单位共 388 家，占全部单位的 5.74%，其中西宁市 22 家，海东市 76 家，海北州 25 家，海南州 51 家，海西州 17 家，黄南州 50 家，玉树州 124 家，果洛州 23 家。反馈有文物的单位中县级以上文物保护单位宗教活动场所 291 家，占 75%。

全省各级普查办克服文物收藏单位类别多、地域范围广、环境条件差、工作难度大等诸多困难，以高度的责任感和科学严谨的态度，按计划完成了全省国有单位和县级以上文物保护单位包括宗教活动场所的文物收藏情况调查统计工作。同时，按照属地管理的普查原则，各级普查办与当地相关部门进行核对，确保国有单位及县级以上文物保护单位宗教活动场所调查不重、不漏，各普查组对登记有文物收藏的单位多次走访、重点复查，切实做到全面覆盖、万无一失。

2. 因地制宜，开展文物认定工作

青海省于 2014 年 1 月全面转入全省系统外收藏单位的文物认定阶段。全省文物认定工作由省普查办组织开展，青海省也是全国唯一由省普查办组织开展文物认定工作的省份。根据普查第一阶段上报的全省国有收藏单位调查数据中文物收藏概况及文物数量分布等情况，印发了《青海省第一次全国可移动文物普查文物认定工作方案》和《青海省第一次全国可移动文物普查文物认定手册》。省普查办精心制定普查路线和普查重点区域，按照"以点带面、以查带训"的工作方针，采取了各市州普查办提出认定申请、明确认定对象内容，由省普查办统一安排文物认定专家组现场认定，技术审核组现场培训指导与当地普查队伍进行数据采集同步实施的方式开展全省普查文物认定工作。

　　全省反馈有文物的收藏单位为388家，其中291家为县级以上文物保护单位宗教活动场所，有近50%的单位在海拔3500米以上。省普查办组织并带领文物认定专家组和技术审核组克服高寒缺氧、交通不便、条件恶劣、语言不通等困难，逐个进驻普查。并在实践中摸索出了适合青海省实际的工作方法，即文物认定、拍摄、信息采集和登录一次完成，节约了时间和经费。在专家组开展认定工作前要求各级普查办与当地文物收藏单位沟通，提前将文物装箱、分类集中摆放，极大地提高了文物认定效率。

　　普查中，全省各地文物保护意识普遍较强，创造条件，积极推进文物普查工作。在县级以上文物保护单位宗教活动场所较多的玉树州开展文物认定工作期间，为顺利推进玉树州文物普查工作，省普查办早准备、早安排，把玉树州普查工作列入2015年普查攻坚任务之一，并根据普查文物大多为藏传佛教文物的实际情况，组织有关宗教文物专家前往玉树州124家宗教场所开展文物认定工作。2015年6～8月，历时3个月，行程16000多公里完成了玉树州文物认定工作，共鉴定文物8248件/套，认定为文物的4649件/套，拍摄照片31289张，文物涉及雕塑、造像、乐器、法器、石器、石刻、铜器、铁器、书法、绘画（唐卡）等多种类别。普查认定得到宗教场所僧人的积极支持，主动为专家组提供文物线索，积极配合信息采集，参与普查的热情较高。

　　在文物认定阶段，结合认定还开展了文物鉴定定级、文物安全指导等其他工作。如青海省黄南藏族自治州文物遗存蕴藏丰富、品种繁多，但由于文物鉴定专家匮乏，使州民族博物馆文物鉴定、文物定级、评定价值等方面的工作滞后，近300余件文物未进行过鉴定。省普查办文物认定专家组在黄南州新建的热贡艺术馆（州民族博物馆）开展普查工作时对未定级馆藏文物进行了级别鉴定，专家组从时代风格、绘画手法、颜料运用等方面对11件馆藏文物进行了现场鉴定和评审，鉴定一级文物1件、二级文物3件、三级文物5件；部分宗教场所文物存放条件差、设施设备落后，文物认定专家组针对文物病害，从安全防范、科学存放、合理利用等方面进行了具体指导，避免或延缓了宗教文物病害的进一步加深。

　　截至2015年10月，青海省普查办先后组织文物认定专家46人次、技术审核组成员49人次，历时13个月，行程34800公里，对全省8个市州39个区县388家反馈有文物的系统外收藏单位（其中包括县级以上文物保护单位宗教场所可移动文物收藏单位291家）开展普查认定、登记造册、拍摄、信息采集和登录工作，认定藏品38749件/套，其中认定为文物的9592件/套。

3. 推进可移动文物信息采集登录工作

　　为切实推进全省可移动文物信息采集登录工作，省普查办下发了《关于进一步推进全省可移动文物普查工作的通知》。以 2015 年年底为时间节点，精心测算工作量，进行任务倒排，制定出详细的、操作性强的《青海省第一次全国可移动文物普查工作计划》，要求各市州级普查办每月汇总本辖区普查进度，填报《青海省第一次全国可移动文物普查工作进度汇总表》和《青海省第一次全国可移动文物普查收藏单位普查工作进度明细表》，并要求各市州普查工作每月登录完成上报数量不低于普查总量的10%，差错率不得高于 0.3%。各文博单位结合自身实际，创新工作方法，本着"有利于提高普查质量、有利于加快工作进度"的原则，组织实施本单位可移动文物信息的采集登录工作；非文博系统单位的采集登录工作由省普查办组织有关专家进驻进行文物认定工作的同时一次性完成了信息采集登录工作。

建馆时间长的博物馆利用队伍素质高、技术能力强的优势，文物信息一次性采集并上传；省考古所以普查工作为契机，前期进行了文物库房清点核查、标本室改陈和实施预防性保护及安消防设施的安装等扎实有效的准备工作。在管理机制上，各级普查办注重加强沟通学习，并积极解决普查设备、人员下乡补助等问题，极大地提高了普查员的工作积极性，同时加强监督，随时掌握工作动态，提高了工作进度和工作效率。全省于 2015 年 12 月底前完成系统外的普查认定和登录上传工作。

4. 加强文物信息审核，确保普查质量

按照国家文物局《第一次全国可移动文物普查数据审核工作管理办法》要求，青海省第一次全国可移动文物普查领导小组办公室印发了《青海省第一次全国可移动文物普查数据省级审核实施方案》，并下发了《关于开展青海省第一次全国可移动文物普查数据审核工作的通知》。

普查数据审核以县域为基本单位，按照属地管理、分级负责的原则展开，分为区（县）级数据初审、市（州）级数据复核、省级终审三个步骤。区（县）级普查办于 2016 年 5 月 30 日前完成本辖区普查数据的初审、修改工作，将离线数据和审核书面申请报至所属市（州）级普查办；市（州）级普查办于 2016 年 6 月 30 日前完成本辖区普查数据的复核、修改工作，将数据和审核书面申请报至省普查办；省直文博单位于 2016 年 6 月 31 日前完成普查数据自审、修改工作，将数据和审核书面申请报至省普查办；省级普查办负责对全省各单位的普查数据的真实性、完整性、准确性进行终审。

青海省数据审核工作总投入审核人员 138 人次，其中区（县）级为 94 人次，市（州）级为 32 人次，省级专家人数为 12 人次。

按照《馆藏文物登录规范》，审核内容包括收藏单位基本情况、藏品的基本信息、管理信息和图像信息等。省级普查数据审核以市州为单位，抽调专家组进行了数据终审，历时 62 天。截至 2016 年 9 月，青海省第一次全国可移动文物普查的终审数据为

312793 件，于 2016 年 9 月底报送至国家文物局。

（三）加强宣传动员，争取社会支持

根据青海省政府办公厅《关于转发省文化新闻出版厅青海省第一次全国可移动文物普查实施方案的通知》及《青海省第一次全国可移动文物普查实施方案》，省普查办制定了《青海省第一次全国可移动文物普宣传工作实施方案》及《第一次全国可移动文物普查宣传工作计划》。省普查办成立了青海省第一次全国可移动文物普查宣传组，负责组织协调全省普查宣传工作。

全省各级普查办及文博单位按照"服务普查搞宣传，搞好宣传促普查"的工作方针，确定了宣传目标、明确了宣传对象，突出宣传重点，根据工作内容确定年度宣传计划，如 2013 年重点进行了普查意义、普查范围等方面的宣传，2014 年宣传重点围绕普查工作进度及普查阶段性成果和重要发现、普查经验和先进典型人物事迹等展开。宣传工作在突出本年度普查亮点的同时，注重做好普查持续性宣传工作，分阶段、有重点、有步骤地开展舆论宣传。宣传方式包括公益宣传片、广告、电视、网络、人物专访、展板及信息简报等。

省普查办通过走访等形式，向各级地方政府、各级普查办、收藏单位和广大群众发放了《文物保护法》《青海省第一次全国可移动文物普查工作手册》、文物普查宣传折页等，就第一次全国可移动文物普查的目的、意义和内容以及文物保护的法律法规和方针政策等，做了广泛地宣传；2015 年 10 月，结合《博物馆条例》的颁布，省普查办、省文物管理局下发了《关于开展青海省第一次全国可移动文物普查暨〈博物馆条例〉有奖知识答题活动的通知》，面向全社会开展了青海省第一次全国可移动文物普查暨《博物馆条例》有奖知识答题活动，共评选出组织奖 4 个，个人一等奖 1 个，二等奖 2 个，三等奖 3 个，纪念奖 10 名，达到了以赛促学的目的，取得了较好的效果；全省各级普查办和文博单位利用"5·18 国际博物馆日"和"中国文化遗产日"等重大节庆日，以展板、发放册页、宣传材料等形式，广泛开展第一次全国可移动文物普查宣传工作，全省累计开展重大节庆主题宣传 90 次以上，举办与第一次全国可移动文物普查有关的展览 27 个，展出文物 10615 件/套，观众达 22 万余人次；西宁市作为省会城市，市普查办组织制作了第一次全国可移动文物普查电视公益宣传片，在西宁电视台新闻频道（每天 9∶21 分、22∶08 分）、生活频道（10∶19 分、19∶16 分）播出，确保了宣传工作的持久性和实效性，并充分利用西宁市 24 小时街区自动图书馆广告栏进行可移动文物普查宣传，在力盟商业街、中心广场和夏都广场三个自助图书馆制作专题宣传广告，为普查工作的全面开展奠定了良好的基础；新成立的海东市以强化宣传为

手段，夯实群众基础，提高工作效率，各县区坚持"将宣传工作贯彻普查工作始终"的思路，分阶段、有重点、有步骤地开展舆论宣传，营造了良好的工作氛围，激发了群众的参与热情，提高了普查工作效率，据统计，各县区通过广播电视媒体播出宣传普查工作内容的电视节目12期，市电视台滚动播出主题为"开展文物普查，了解河湟文化，细数文物家珍，共享文化宝藏，全民参与全国第一次可移动文物普查"的宣传短片60多期；在系统外文物认定工作过程中，普查队员在做好普查工作的同时认真扮演好宣传员的角色，做到走一路，讲一路，工作一天，宣传一天。通过开展普查宣传动员工作，强化了广大群众对可移动文物普查的认识、认同，营造了全民关注文物普查、热爱文化遗产的良好氛围。

（四）质量控制

质量是普查工作的生命线，青海省全省普查工作紧紧围绕质量控制这条主线，通过明晰的思路、可操作性强的做法、可靠的保障措施，将质量控制贯穿于包括普查组织、国有单位文物收藏情况调查、文物认定、信息采集登录报送、数据整合、汇总等普查工作全部过程，搭建起了较为完整的质量控制链。青海省普查办转发了国家文物局《关于做好第一次全国可移动文物普查进度管理和质量控制的通知》。按照"属地管理、分级负责、统一标准、分类填报、规范登记、严格把关"的原则，全省各级普查办牢固树立质量第一的理念，正确处理质量与进度的关系，坚决避免片面追求进度而牺牲质量的情况发生，在普查工作的每一个环节都要求做到不虚报、不瞒报、不凑数，确保了青海省第一次全国可移动文物普查数据质量。

在普查组织工作方面，全省县级以上各级政府100%建立领导小组与工作机构，明确责任主体，实现机构、人员、资金、设备、培训五到位；在国有单位文物收藏情况调查阶段，全省各级普查机构建立了本行政区域纳入普查范围的国有单位清单，组织指导所属国有单位按照要求开展自查，如实填写并反馈《国有单位文物收藏情况调查表》，各级普查机构做好调查汇总，在规定时间内及时逐级上报，调查覆盖率为100%；在国有可移动文物认定、采集及登录阶段，制定了文物认定流程、管理办法、工作细则等制度和规范，建立了专家库；为切实加强普查进度管理，将普查工作进行了量化，于2014年年底完成全部普查工作量的25%，累计完成50%，2015年上半年完成全部普查工作量的25%，累计完成75%，2015年年底完成全部普查工作量的25%，累计完成100%。各市州普查工作每月登录完成上报数量不低于普查总量的10%，差错率不得高于0.3%；在信息登录审核阶段，制定了审核工作制度，各级普查机构和收藏单位对录入的数据加强审核，确保登录信息质量；结合文物认定工作，下发了《关于开展青海省第一次全国可移动文物经费保障专项督察和普查文物认定工作的通知》，督察内容为各级普查办建章立制、履行工作职能、普查经费落实到位、专款专用、按照全省普查《工作计划》进度安排完成普查工作情况等方面。在督察期间要求各级普查办提交普查经费拨付文件等拨付证明和《青海省第一次全国可移动文物普查经费情况调查表》；在人员培训方面，各级普查办至少举办了一期培训班，并鼓励开展多种形式的培训，省普查办共举办四期培训班，累计培训人员 365 余人次，全省 8 个州市（地区）及 4 个省直文博单位累计举办培训班 46 期，共计培训人员 645 人次；为确保普查工作进度、文物及人员安全，开展了文物安全及数据安全与质量督察工作，其中省普查办对州市县普查办督察 15 次，各市州级普查办对区县级普查办督察 35 次，省直文博单位及大型收藏单位内部领导小组督察 42 次，督察方式为现场查看、座谈及抽查资料等；在安全工作方面，普查数据安全管理工作坚持"分级负责、属地管理"的原则，省普查办根据普查数据安全需要，组建了普查数据安全监督办公室，印发了《关于加强我省第一次全国可移动文物普查安全工作的通知》，各市州、省直文博单位普查办负责人为本级（本单位）普查信息数据安全第一责任人，负责区域内普查数据信息安全管理工作，从事普查数据采集、保存、整理等工作的人员为直接责任人；在普查工作中，尤其是在安防环境较为薄弱的文物保护单位宗教活动场所中开展普查工作时，由当地普查办指派专人负责安全保卫工作，限制进入收藏单位人员的数量，提前做好工作人员和参与普查的僧侣等人员信息的备案工作，严格做到除工作需要外不拍摄文物、不发布文物信息、不发布工作地点、不公开讨论文物价值。专业人员不做文物认定以外的工作，不对文物进行估价、不对僧人私人物品进行鉴定，不对宗教活动场所的文物表露个人情感；在普查认定工作结束后，要求各级普查办加强文物安全管理工作，掌握文物保护动态，并做好普查数据、资料的整理、汇总、数据库建设、公布成果等验收汇总工作；全省开展试点 6 个，其中省普查办 2 个，各州市（地区）县及省直文博单位 4 个，将全省的首个文物认定试点放在了海东市互助县。

（五）普查工作总结

省普查办于 2016 年 12 月完成省级普查档案编制工作。各市州普查办编制完成普查档案 8 本，区县普查办编制完成普查档案 47 本。

青海省宗教场所保管的可移动文物资源丰富，但存在家底不清、保管条件简陋、基础档案工作薄弱的实际问题。为规范全省宗教场所文物管理工作，在第一次全国可移动文物普查工作实施过程中，明确将县级以上文物保护单位宗教活动场所纳入普查范围，各相关部门积极发挥普查联系协调机制作用，共同推动了宗教系统文物普查保护工作有序开展，为研究宗教场所文物调查、认定、登记、管理长效机制和及时总结工作经验，启动并开展了《青海省宗教场所可移动文物调查、认定、登记、管理机制研究》项目。

三、青海省普查工作成果

通过本次普查，基本掌握青海省国有收藏单位可移动文物的数量、分布、本体特征、人文信息和保存情况。基本实现第一次全国可移动文物普查三大目标：

一是摸清国有可移动文物家底，系统掌握国有可移动文物的数量及基本状况。按照《馆藏文物登录规范》的要求，采集每件藏品的主要自然信息和管理信息，包括编号、名称、时代、文物类别、尺寸、重量、数量、质地、级别、保存状况、完残程度、来源、入藏时间、收藏单位等14个主要指标项，基本掌握全省国有收藏单位文物藏品各种属性的分布情况。为总体评价可移动文物保护现状及发展趋势，构建科学有效的文化遗产保护体系提供了依据。

二是建立文物登录体系与管理机制。在普查工作开展之前，青海省国有收藏单位藏品档案建立情况参差不齐。系统内的省属大型收藏单位基本建立了完整的纸质藏品档案，而有些比较落后偏远的县级收藏单位和系统外的收藏单位则没有建立完整规范的藏品档案。通过本次普查工作，不仅在全省国有收藏单位中建立了完整、规范的藏品档案，而且形成了规范的藏品的登录体系，以后新入藏的藏品也必须依据规范的流程进行登录，实现国家可移动文物登录制度和体系机制。

三是建设社会服务体系。充分利用"全国可移动文物登录信息平台"，适时公布全省国有可移动文物名录和国有可移动文物收藏单位名录，共享普查成果，促进文化遗产的科学研究和资源共享，加强行业联动和部门协作，全面提升文物保护和管理水平，实现国有可移动文物管理及社会服务平台体系。

（一）掌握本行政区域可移动文物资源情况及价值

1. 摸清数量及分布

截至2016年10月31日，青海省共普查文物312793件。其中70.44%收藏于系统内各级文博单位，系统外可移动文物数量约占总量的29.56%。

2. 掌握保存状况

青海省文物藏品保存状况整体较好，大部分文物藏品状态稳定。青海省博物馆以普查为契机，申请文物库房可移动文物预防性保护项目资金，在文物库房实施了多项可移动文物预防性保护项目。包括安装密集柜架、定制珍贵文物木质囊匣、安装新风换气系统和恒温恒湿通风系统、改造安装符合藏品保护要求的灯光照明、铺设塑胶地板等等，这些可移动文物预防性保护项目的完成，有效改善了省馆藏品的保存环境，藏品保管更加规范化、科学化。

3. 掌握使用管理情况

（1）系统内收藏单位

青海省系统内收藏单位共 28 家。登录藏品 220330 件，占全省登录总数的 70.44%。省属文博单位可移动文物使用管理情况较好。近几年来，藏品保存环境得到较大改善，藏品基本都进入密集型柜架保管，完善了文物藏品管理制度和现代化的保管条件，使可移动文物的使用管理情况向规范化、现代化、信息化的方向迈进。市、州文博单位可移动文物使用管理情况近年来也得到明显改善。大部分市、州都新建了博物馆，馆舍和硬件设施都有了很大的改善，但专业的业务人员相对缺乏。区、县文博单位可移动文物使用管理情况相对较弱。主要表现在藏品保存环境差、缺乏业务人员等方面。区、县文博单位馆舍大都和本地区文化部门合在一起，一般都用普通办公室稍加改造就作为文物保管库房使用，无法达到文物藏品防盗、防火、防虫的保管要求；负责文物保管的人员相对不稳定，这些都使区、县文博单位可移动文物使用管理情况急需加强和改善。

（2）系统外收藏单位

青海省系统外收藏单位共有 226 个，登录藏品数 92463 件，占全省登录总数的 29.56%，其中大部分为县级以上文物保护单位——宗教活动场所。所以，各类宗教活动场所的可移动文物使用管理、保护、利用情况得到特别关注。通过本次普查，全省宗教活动场所整体上对可移动文物使用管理、保护和利用机制基本没有总体的思路，可移动文物使用管理、保护和利用机制基本上以各宗教活动场所的传统机制运行。

（3）文物资源数量、分布对本行政区域文物工作的意义

通过统计数据可以看到，青海省可移动文物的大部分，还是收藏于系统内各级文博单位，系统外可移动文物大都分布在地域广大的宗教活动场所内。根据青海省可移动文物资源分布特点，可以制定不同侧重方向的文物工作计划：

一是青海省优质的可移动文物资源、硬件设施、骨干人才都集中在省属和个别市、县大型收藏单位中。应当依托这些优质资源，建立省级文物保护修复中心、省级文物信息咨询中心、省级文物鉴定中心等专业机构，给予政策和资金方面的支持，让这些专业机构快速发展起来，统一、集中地开展相关文物工作，带动落后市、县收藏单位业务水平的提高，带动全省文物工作大跨步向前发展，追赶全国的水平。

二是系统外的收藏单位可移动文物资源少、管理水平低，所以应当抓紧文物保护宣传工作。应当让他们及时了解国家的相关文物保护政策、申报文物保护项目的工作流程、文物保护发展的方向等文物保护工作，让他们主动参与到文物保护的工作中来。

（二）健全文物保护体系

1. 完善文物档案

本次普查工作对青海省各级各类收藏单位藏品账目及档案工作起到极大的推动作用。省系统内主要大型收藏单位包括省博物馆、省柳湾彩陶博物馆、省文物考古研究所、海南州博物馆、民和县博物馆、湟中县博物馆等，在普查之前，基本已有自己本单位的藏品账目及相关档案。但存在个别账目不清、权属不明等问题，同时还有一部分藏品没有正式的藏品账目，导致有些收藏单位不清楚自己藏品的实际数量。通过本次普查，各单位都严格按照国家文物局发布的藏品登录规范来执行，下定决心摸清家底。藏品一件一件地进行核对、填写，同时在平台中边录入、边上报、边审核，省普查办每天实时在平台中掌握各单位的登录进度，遇到问题及时检查、指导，完成普查任务时，主要大型收藏单位全部完成清库建档和账目核对工作，做到藏品和账目一一对应。不仅按照要求完成普查任务，同时还理顺了各单位藏品登录流程，完善了藏品账目及档案，完成了藏品账目及档案的信息化，建立起了规范的藏品登录制度。

对于首次进行文物藏品登记的系统外单位，如宗教活动场所，则是基本建立起简单的藏品账目。青海省最大的宗教活动场所，六大藏传佛教寺院之一的塔尔寺，对本次普查工作认真对待，在本寺已有简单藏品清单的基础上，协助专业普查员，按照普查的规范标准，对所收藏的可移动文物进行登录，为以后藏品的管理打下良好的基础。

2. 完善制度和规范

普查工作从开始对国有收藏单位的摸底调查，接着选派鉴定专家进行文物认定，到最后的登录上报、省级终审等一系列工作，都为青海省国有可移动文物管理起到示范作用。在工作过程中，省普查办制定了相关的工作流程及工作方法，可移动文物调查、认定、登记、管理都形成了一些规范的制度。文博系统内共有28家收藏单位全部建立起了专门的藏品管理机制，配置有专门的保管库房、专职的文物藏品保管人员，制定了全面的藏品管理制度，藏品管理科学、规范、严谨。

非文博系统收藏单位中，个别行业博物馆和省图书馆基本建立了藏品管理机制，但一些具体的业务流程，还需要文物管理部门进行指导。而剩余的大部分国有收藏单

位和宗教活动场所，仅仅是建立了文物清单，具体的管理、保护措施还需要文物管理
部门多加关注。

3. 明确保护需求

（1）从保存环境、保管人员等方面分析保护需求

青海省文物藏品保存库房总面积为 27460.9 平方米，平均每个单位库房面积
108.11 平方米。保管人员总数 604 人，每个单位保管人员 2 人。系统内省属、市州专
业收藏单位的藏品保存环境较好，都有符合要求的文物专用库房，库房面积满足藏品
保存需要，人员配置合理。个别系统内县级收藏单位及大部分系统外收藏单位则缺乏
专门的藏品保存环境，没有藏品专用库房，没有专职保管人员。下一步工作的重点要
加强这些收藏单位的基础设施建设，加大文物保存环境建设力度。

（2）从藏品级别分析可移动文物保护工作需求

按照文物级别统计，数量最多的是未定级文物 285805 件，占全部文物的 91.37%；
珍贵文物 3706 件，占全部文物的 1.18%，其中一级文物 659 件，二级文物 1241 件，
三级文物 1806 件；一般文物 23282 件，占全部文物的 7.44%。原因是青海省本次普查
中并未进行藏品鉴定工作。但这些未定级文物中有一些是可以定级的文物藏品，导致
每次规划保护方案时忽略了这部分藏品，所以，下一步要抓紧启动未定级文物的鉴定
定级工作，使这部分未定级珍贵文物得到有效的保护。

（3）从藏品完残程度分析可移动文物保护工作需求

按照完残程度统计，"完整" 126730 件，占全部文物 40.52%；"基本完整"
161458 件，占全部文物 51.62%；"残缺" 22812 件，占全部文物的 7.29%；"严重残
缺（含缺失部件）" 1793 件，占全部文物的 0.57%。应当关注"严重残缺（含缺失部
件）"中的上级珍贵文物，尽可能把它们列入保护修复的范围。还要考虑"残缺"藏
品中级别、历史价值、展览需要、残损程度等多方面因素，分步骤、有计划地对其进
行保护修复。

4. 扩大保护范围

青海省新备案的收藏单位中，数量最多的还是宗教活动场所。扩大文物保护范围，
加强对宗教活动场所文物保护工作的重视，是青海省今后文物保护工作的重要组成
部分。

应当加大《中华人民共和国文物保护法》《文物认定管理暂行办法》等法律法规
和习近平总书记关于文物保护重要论述的宣传力度。进一步规范、创新宗教活动场所
可移动文物保护办法和制度。加强宗教活动场所人员的可移动文物保护知识普及和技
能培训，培养一批文物保护管理和利用方面的专业技术人员。

（三）有效发挥文物在经济社会发展中的重要作用

1. 普查成果利用

成果的宣传展示和利用是可移动文物普查的一项重要内容，不仅是对普查成果的总结和提炼，而且是在全社会普及文物保护知识，营造文物保护良好氛围的重要契机。通过这些活动，不仅可以使公众更好地了解可移动文物普查的重大意义和价值，而且可以使公众切实走近文物、感受文物的独特魅力，在共享普查成果的同时，更好地理解和支持可移动文物普查工作的开展，更多地关注和参与文化遗产的保护与传承。

在普查过程中，各收藏单位积极利用普查成果，举办各类精品文物展览。省博物馆共举办6个相关交流展，赴13个省、市、自治区宣传省文物精品。其中"大西北遗珍——丝绸之路精品文物展""茶马古道——八省区文物特展"两个展览参展文物等级高、地域特点显著，受到各地区观众的热烈关注；省柳湾彩陶博物馆、省民俗博物馆等省属文博单位，也结合本馆藏品情况，举办了多个各种类型的交流展；各市、州民族博物馆，发挥自己的地域特点，也举办了多个民族特色鲜明的展览；这些展览的举办，成功地向全省、全国宣传了青海省悠久的历史文化和可移动文物收藏情况。

2016年11月，省普查办举办了"青海省第一次全国可移动文物普查成果图片展"，通过丰富的图片，向观众展示了青海省普查工作从动员、启动、调查、认定、登录、上报、审核的全过程，还有普查中新发现的精品文物藏品，观众参观踊跃，社会反响强烈。

2. 普查成果出版物

普查过程中，省普查办编写印制了《青海省第一次全国可移动文物普查手册》《普查宣传折页》《普查技术审核手册》《普查文物认定手册》等相关普查技术手册。发放给各级下属普查机构和普查工作者，工作中可以随时查阅、学习，保证普查数据的规范性。

3. 普查成果资源开发和利用

如何利用文物资源，使其为社会公众文化需求服务、为经济社会发展服务，是当前摆在我们文物工作者面前的重要课题。2016年上半年，习近平总书记、李克强总理都对文物工作作出重要的指示批示。4月，国家文物局在故宫召开推进文化文物单位文化创意产品开发座谈会，刘延东副总理亲自出席会议并作重要讲话，会后发布了《关于推动文化文物单位文化创意产品开发的若干意见》，文化创意产品迎来千载难逢的发展机遇。

省博物馆、省柳湾彩陶博物馆等省直文博单位都已经制定和实施了一些文创产品项目。省博物馆制作了馆藏精品唐人写经、玄武砚滴、卧羊灯等仿制品，省柳湾彩陶博物馆依靠本馆丰富的彩陶图案、纹饰，制作了大众喜闻乐见的书签、围巾等纪念品，都赢得了观众的喜爱，纷纷踊跃购买。使传统文化像一条涓涓细流，流进千家万户，走进寻常百姓家。

在此基础上，青海省文化创意产品还需深入发展。向先进省份和先进单位学习，打造具有本省特色的文创产品，形成自己独有的品牌，抓住文化产业大发展的良好机遇，为青海省文化名省战略添砖加瓦，贡献力量。

建　议

第一次全国可移动文物普查是我国首次对全国范围内的国有收藏单位进行的文化遗产调查，对可移动文物的管理、保护、利用具有重要的意义。在圆满完成本次普查工作的同时，我们也对今后的可移动文物工作有一些设想。

1. 巩固普查成果，在各级收藏单位中坚持规范、科学的藏品登录机制。本次普查重要的成果之一就是建立并完善了藏品登录机制，极大地提高了各级收藏单位的藏品管理业务水平，使原来各自进行的、不规范的藏品信息登记状况得到改变，各收藏单位都按照标准、规范的《馆藏文物信息登录规范》对藏品信息进行登记。要在今后的工作中坚持规范的藏品登记流程，对新入馆收藏的各类文物，应该按照规范进行信息采集、审核、上报、管理，做到藏品信息的统一、规范。

2. 优化"全国可移动文物登录网"架构，增强信息统计、分析、导出功能。本次普查采用"联网直报"的上传方式，由各级收藏单位直接向信息平台上报普查数据，这种方式的优点是信息规范统一、一次入库，并能够实时掌握各单位的登录进度。建议增加收藏单位需要的各类数据统计、分析、导出功能，充分利用普查数据成果，为各收藏单位日常业务工作开展提供支持。

3. 各级文物行政管理部门应当依托"全国可移动文物登录网"，加强对可移动文物的监管，更加精准的开展各项可移动文物工作。如收藏单位之间藏品流动、藏品保护修复项目审批、藏品现状调查等业务工作，都应当与"全国可移动文物登录网"中的数据进行审查核实，做到可移动文物管理工作高效、规范、完善。

宁夏回族自治区
第一次全国可移动文物普查工作报告

种类丰富、价值突出的可移动文物是承载灿烂文明、传承中华历史文化、维系民族精神的重要实物见证，是国家文化遗产的重要内容。加强可移动文物保护工作，对弘扬中华优秀传统、培育民族精神、增强民族自豪感具有独特而重要的作用。宁夏自古以来就是多民族交汇融合之地，在中华五千年文明的各个历史阶段，不同民族在这里繁衍生息，创造了灿烂的多民族文化，多种文化在这里交融荟萃，遗留下了丰富而多彩的文物遗存。这些丰富的文化遗产，是建设"四个宁夏"和实现"中国梦"的文化支撑。

统筹协调，全面部署宁夏第一次全国可移动文物普查工作。2012年10月国务院印发《关于开展第一次全国可移动文物普查的通知》后，在国家文物局的统一部署下，在自治区党委、政府领导下，自治区政府于2013年3月成立了以分管副主席为组长的全区可移动文物普查领导小组，制定和印发了全区可移动文物普查实施方案，建立了工作机制，明确了各阶段目标任务，对普查工作时间节点做了详细安排部署。

鉴于全区可移动文物收藏实际情况，对全区文物普查时间具体分为三个阶段，对每个阶段应完成的工作任务、完成目标提出了具体要求：第一阶段（2012年10月～2013年6月），主要任务是成立机构、编制方案、组建队伍、开展培训等工作；第二阶段（2013年7月～2015年12月），主要任务是以县域为基本单元，开展调查、文物认定、信息采集和审核报送等工作；第三阶段（2016年1月～12月），主要任务是整理和汇总普查资料，建立文物名单和数据库，公布普查成果、编写普查报告等工作。

严格按照国家文物局的统一部署及宁夏全区第一次可移动文物普查实施方案要求，自治区政府于2013年4月召开了全区第一次可移动文物普查动员部署会议，标志着宁夏可移动文物普查工作正式全面启动。各市县级普查办迅速行动起来，以县区为单位对所在辖区国有单位开展可移动文物收藏情况调查，2013年12月全面完成了对全区国有单位的调查任务。2014年5月底完成了对全区国有单位的文物认定。采取边认定、边采集文物信息的办法，于 2014 年 12 月完成了全区各国有单位的信息采集工作。2015年底完成了全区国有单位的信息录入、在线上报工作及市县级普查数据审核工作。2016 年上半年自治区普查办进行了全区可移动文物数据在线集中会审工作和离线复审、验收工作。截至 2016 年 8 月，全面完成普查信息数据登录工作。2016 年 10 月完成普查验收报告的编写、上报工作。严格按照国家文物局的时间节点完成了普查各阶段的工作任务。

开展调查，全面了解宁夏可移动文物资源总体情况及特点。宁夏位于古"丝绸之路"上，是"丝绸之路经济带"的战略支点。历史上曾是东西部交通贸易的重要通道，有承载着东西方经济贸易和文化交流的古丝路文化遗存，还有丰富的近现代红色文化和具有地域特色的民族、民俗文化。历史和社会的发展使宁夏文物资源丰富，文化遗产极具地方特色。

通过全区第一次全国可移动文物普查工作，全面系统地掌握了全区可移动文物基本状况。普查工作历时五年，全面完成了对全区 5431 家国有单位调查，经专家认定，全区收藏和保管有文物的国有单位 74 家，收藏文物资源总量 276331 件，其中珍贵文物 17489 件，珍贵文物占全区文物总量的 6.33%。1. 可移动文物种类丰富。通过全区第一次全国可移动文物普查，确定全区藏品涉及石器，陶器，瓷器，钱币，铁器、其他金属器，铜器，竹木雕，金银器，书法，绘画，织绣，雕塑、造像，玺印符牌，碑帖拓本，其他等等各类别。藏品时间跨度较大，从石器时代到近现代文物均有涉及，整个文物资源涉及中华文明发展各个时代的政治、经济、文化、宗教生活的方方面面。其中钱币、石器石刻砖瓦、铜器类可移动文物较多，分别为 174414 件、17375 件、16917 件，依次占全区可移动文物资源总量的 63.12%、6.29% 和 6.12%。2. 可移动文物资源收藏不均衡。全区文物资源的不平衡首先体现在文化（文物）系统的藏品资源与其他系统国有单位收藏的藏品数量构成较大差距。通过调查，分布于全区 5 个市 18 个县域 74 家国有收藏单位，其中文化（文物）系统单位 40 家，收藏文物总量 256884 件，占全区文物总量的 92.96%，远远高于档案馆和图书馆等其他机构藏品数量。其次是省级及以上国有收藏单位的藏品资源与市、县（区）级所属国有单位的藏品资源总量的不平衡。通过普查，全区省级及以上的国有收藏单位藏品数量为 104382 件，约占全区文物资源总量的 37.76%；地市级国有收藏单位藏品数量约占全区文物总量的 7.06%，县（区）国有收藏单位藏品数量约占全区文物总量的 52.92%。3. 可移动文物地域分布差异较大。通过本次普查，宁夏银川市和固原市辖区内国有单位藏品数量分别为 121848 件和 93818 件，占全区文物总量的 78.05%；而石嘴山、吴忠、中卫三市文物总量仅占全区文物总量的 21.95%，地域分布差距较大。在以银川和固原两市为中心的文物资源分布中，文物资源所代表的地域文化特色鲜明。以银川市为核心的国有收藏单位收藏的文物，主要以反映西夏文化和回族文化为代表；而以固原为中心的国有收藏单位收藏的文物藏品，主要以反映丝绸之路文化为代表。宁南、宁北文物资源反映的文化内容地域特色和时代鲜明。

总结回顾，宁夏第一次全国可移动文物普查成果丰硕。经过近 5 年的全区第一次全国可移动文物普查，顺利完成了各项工作任务。完成了对全区 5431 家国有单位的可移动文物收藏情况的调查，对国有单位可移动文物进行了专家认定，对各国有单位可移动文物逐一进行测量、称重、拍照，并对每件文物的年代、质地、类别、完残程度等 14 项基本信息进行了采集，各国有单位可移动文物信息登录全面完成，完成了县（区）、市、省三级审核报送工作。近 5 年来，全区第一次全国可移动文物普查取得了丰硕的成果。一是摸清了国有单位可移动文物收藏保管情况。经初步调查，全区收藏保管有可移动文物的国有单位有 80 家，经专家认定收藏有文物的国有单位 74 家。二是基本查清了全区国有收藏单位可移动文物的数量、分布、保存状态及保护情况，掌握了国有单位每一件可移动文物的年代、质地、类别、等级、保存状态以及需要修复的情况。三是建立了国有单位可移动文物电子文档和数据库，通过全国可移动文物信息登录平台登录文物信息，建立起全区国有单位可移动文物电子文档。四是通过普查新发现一批可移动文物，特别是对文物系统外部分国有单位收藏可移动文物情况有了新发现，如宁夏党校图书馆、宁夏社会科学研究院以及部分市县的档案馆等普查发现收藏有可移动文物。部分国有单位博物馆、文管，也有新发现的可移动文物。如宁夏考古研究所经查有可移动文物 31741 件。五是编印了文物定名参考资料。为了让基层普查员学习和掌握不同质地、不同形状、不同纹饰的可移动文物特征描述及定名，搜集整理资料，分别编印了青铜器、玉器、瓷器等文物定名参考资料，深受普查员的喜爱。六是编印了可移动文物精品图录。为展示和宣传可移动文物普查，让更多群众了解普查、支持普查，感受可移动文物的独特魅力，精心挑选拍摄照片，编制了可移动文物精品图录。七是编印宁夏全区可移动文物普查工作宣传资料。八是开展了西夏可移动文物资源状况的调研。为了解和掌握具有特色的西夏文物的现状，为加强可移动文物保护提供决策参考，在开展可移动文物普查的基础上，承担国家文物局委托，对宁夏、甘肃、内蒙古等地的西夏可移动文物的保护情况开展专项调研。

可移动文物普查是对国情、区情的一次重要的资源调查，是利国利民的大事。此次普查不改变文物权属现状。通过开展宁夏第一次国有单位可移动文物普查，较为全面准确地掌握了宁夏国有单位的可移动文物分布、保管、保存等基本情况，掌握了国有单位的可移动文物资源状况，为宁夏全区可移动文物的保护、研究展示和合理利用提供了依据，为编制宁夏全区可移动文物保护规划提供了决策参考。通过可移动文物普查的新发现，让过去多年尘封在仓库里、散放在角落里被人们遗忘或者忽视的部分国有单位可移动文物纳入国家文物保护管理体系。通过开展宁夏第一次国有单位可移动文物普查实现了三个核心目标：一是总体掌握了全区国有可移动文物资源的数量、分布和收藏保管情况，为构建科学有效的文物保护体系提供依据；二是建立了可移动文物信息登录制度，实现对国有可移动文物的标准化和动态化管理；三是通过举办展览等方式，让文物活起来，让更多群众分享普查成果。在普查工作中开展普查新发现成果展示和专项调查，使可移动文物的内涵和文化价值得到进一步提升。

一、宁夏回族自治区普查数据

截至 2016 年 10 月 31 日，宁夏回族自治区在全国可移动文物信息平台登录可移动文物 70338 件/套，实际数量为 276331 件。其中，珍贵文物 12819 件/套，实际数量为 17489 件。登录可移动文物信息的收藏单位 74 家。

（一）宁夏回族自治区可移动文物基本情况

1. 类别

表 1　可移动文物类别

可移动文物类别	可移动文物实际数量（件）	实际数量占比（%）
合计	276331	100.00
玉石器、宝石	6933	2.51
陶器	10132	3.67
瓷器	7492	2.71
铜器	16917	6.12
金银器	1131	0.41
铁器、其他金属器	1971	0.71
漆器	55	0.02
雕塑、造像	8190	2.96
石器、石刻、砖瓦	17375	6.29
书法、绘画	2550	0.92

续表

可移动文物类别	可移动文物实际数量（件）	实际数量占比（%）
文具	253	0.09
甲骨	0	0.00
玺印符牌	235	0.09
钱币	174414	63.12
牙骨角器	7693	2.78
竹木雕	367	0.13
家具	194	0.07
珐琅器	216	0.08
织绣	1022	0.37
古籍图书	11237	4.07
碑帖拓本	422	0.15
武器	135	0.05
邮品	24	0.01
文件、宣传品	1292	0.47
档案文书	520	0.19
名人遗物	103	0.04
玻璃器	998	0.36
乐器、法器	230	0.08
皮革	306	0.11
音像制品	85	0.03
票据	212	0.08
交通、运输工具	8	0.00
度量衡器	109	0.04
标本、化石	1278	0.46
其他	2232	0.81

2. 年代

（1）可移动文物年代类型

表 2　可移动文物年代类型

可移动文物年代类型	可移动文物实际数量（件）	实际数量占比（%）
合计	276331	100
地质年代	772	0.28
考古学年代	14412	5.22
中国历史学年代	255554	92.48
公历纪年	818	0.30
其他	2467	0.89
年代不详	2308	0.84

（2）可移动文物中国历史学年代分布

表 3　可移动文物中国历史学年代分布

可移动文物中国历史学年代	可移动文物实际数量（件）	实际数量占比（%）
合计	255554	100.00
夏	0	0.00
商	52	0.02
周	19570	7.66
秦	48	0.02
汉	18482	7.23
三国	5	0.00
西晋	7	0.00
东晋十六国	2	0.00
南北朝	857	0.34
隋	69	0.03
唐	11031	4.32
五代十国	294	0.12
宋	126262	49.41
辽	37	0.01
西夏	16905	6.62

可移动文物中国历史学年代	可移动文物实际数量（件）	实际数量占比（%）
金	771	0.30
元	917	0.36
明	2789	1.09
清	33617	13.15
中华民国	18437	7.21
中华人民共和国	5402	2.11

3. 级别

表4　可移动文物级别

可移动文物级别	可移动文物实际数量（件）	实际数量占比（%）
合计	276331	100.00
一级	464	0.17
二级	4409	1.60
三级	12616	4.57
一般	136778	49.50
未定级	122064	44.17

4. 来源

表5　可移动文物来源

可移动文物来源	可移动文物实际数量（件）	实际数量占比（%）
合计	276331	100.00
征集购买	83376	30.17
接受捐赠	1767	0.64
依法交换	3546	1.28
拨交	1659	0.60
移交	26210	9.49
旧藏	45954	16.63
发掘	77049	27.88
采集	20688	7.49
拣选	14403	5.21
其他	1679	0.61

5. 入藏时间

表 6　可移动文物入藏时间范围

可移动文物入藏时间范围	可移动文物实际数量（件）	实际数量占比（%）
合计	276331	100.00
1949 年 10 月 1 日前	1803	0.65
1949 年 10 月 1 日～1965 年	1390	0.50
1966～1976 年	1895	0.69
1977～2000 年	166418	60.22
2001 年至今	104825	37.93

6. 完残程度

表 7　可移动文物完残程度

可移动文物完残程度	可移动文物实际数量（件）	实际数量占比（%）
合计	275853	100.00
完整	148578	53.86
基本完整	93881	34.03
残缺	29913	10.84
严重残缺（含缺失部件）	3481	1.26

注：根据国家文物局《关于做好馆藏自然类藏品登录工作有关要求的通知》的要求，登录的自然类藏品 478 件（组），不填写"完残程度"指标项。

（二）宁夏回族自治区可移动文物分布情况

1. 按收藏单位隶属关系统计可移动文物数量

表 8　可移动文物数量分布（按收藏单位隶属关系）

收藏单位隶属关系	可移动文物实际数量（件）	实际数量占比（%）
合计	276331	100.00
中央属	53	0.02
省属	104329	37.76
地市属	19503	7.06
县区属	146224	52.92
乡镇街道属	0	0.00
其他	6222	2.25

2. 按收藏单位性质统计可移动文物数量

表9 可移动文物数量分布（按收藏单位性质）

收藏单位性质	可移动文物实际数量（件）	实际数量占比（%）
合计	276331	100.00
国家机关	11728	4.24
事业单位	263825	95.47
国有企业	102	0.04
其他	676	0.24

3. 按收藏单位类型统计可移动文物数量

表10 可移动文物数量分布（按收藏单位类型）

收藏单位类型	可移动文物实际数量（件）	实际数量占比（%）
合计	276331	100.00
博物馆、纪念馆	197796	71.58
图书馆	6764	2.45
美术馆	585	0.21
档案馆	11746	4.25
其他	59440	21.51

4. 按收藏单位所属行业统计可移动文物数量

表11 可移动文物数量分布（按收藏单位所属行业）

行业	可移动文物实际数量（件）	实际数量占比（%）
合计	276331	100.00
农、林、牧、渔业	49	0.02
采矿业	0	0.00
制造业	0	0.00
电力、热力、燃气及水生产和供应业	0	0.00
建筑业	0	0.00
批发和零售业	0	0.00
交通运输、仓储和邮政业	56	0.02
住宿和餐饮业	0	0.00
信息传输、软件和信息技术服务业	0	0.00

行业	可移动文物实际数量（件）	实际数量占比（%）
金融业	0	0.00
房地产业	2	0.00
租赁和商务服务业	0	0.00
科学研究和技术服务业	5636	2.04
水利、环境和公共设施管理业	11	0.00
居民服务、修理和其他服务业	0	0.00
教育	2355	0.85
卫生和社会工作	0	0.00
文化、体育和娱乐业	256500	92.82
公共管理、社会保障和社会组织	11722	4.24
国际组织	0	0.00

二、宁夏回族自治区普查工作组织实施

（一）属地管理、分级负责

全区国有可移动文物普查工作，是在自治区政府统一领导下，按照"属地管理、分级负责"的原则进行的，各级政府是本行政区域内普查工作的第一责任人，县级以上的各级人民政府对普查工作分级负责实施，对所辖行政区域内所有国有单位进行了普查。

1. 设立普查领导小组，成立普查工作机构

由于本次普查是以县（区）域为基本单元，普查工作的组织实施、国有单位清查、文物认定和信息登录，以及普查档案建立、国有可移动文物名录编制等，均以县（区）为基本单元组织开展。各国有单位按照属地管理原则，在单位所在地县（区）级普查机构完成本单位可移动文物的普查登记。

普查领导机构建立情况。按照国家文物局的统一部署，宁夏全区第一次可移动文物普查工作做了充分的前期准备，于2013年初正式启动。2013年3月29日，自治区政府印发《关于开展全区第一次可移动文物普查的通知》。2013年4月18日，召开了全区第一次可移动文物普查电视电话会议，动员部署全区第一次可移动文物普查工作。为了加强对可移动文物普查工作的组织领导，确保宁夏全区第一次全国可移动文物普查工作顺利进行，自治区人民政府成立了自治区第一次全国可移动文物普查领导小组。

负责全区普查工作的组织领导，协调解决重大问题。领导小组组长由自治区人民政府分管副主席担任，副组长由自治区人民政府副秘书长、文化厅厅长担任。领导小组成员单位包括 13 个单位：自治区党史研究室、自治区发展改革委、自治区教育厅、自治区民政厅、自治区财政厅、自治区国土资源厅、宁夏军区、人民银行、自治区国资委、自治区统计局、自治区宗教局、自治区档案局、自治区科协。

普查办公室建立情况。自治区普查领导小组下设办公室，办公室主任由自治区文化厅副厅长、文物局局长兼任，办公室负责普查工作的日常组织和具体协调工作，对各市、县（区）普查工作进行指导。宁夏 26 个市、县（区）也都相应成立了本行政区域第一次可移动文物普查工作领导小组，并在各地文化（文物）部门设立了本区域普查工作办公室，负责普查工作的协调和具体工作的组织。共建立 5 个地市级普查办，21 个县（区）级普查办。部分市县区还抽调街道、居委会的同志协助普查员按照所辖区域，所管的街道划分片区开展本区域国有单位可移动文物收藏情况的调查登记。

其他行业系统普查工作机制建立情况。自治区国资委、自治区民政厅、自治区教育厅、自治区档案局等重点行业厅局确立了分管领导负责本系统、本行业可移动文物普查工作的领导机制，各行业厅局、各市、县（区）都分别指定联络员，具体负责与省普查领导小组办公室的沟通联络工作，积极主动配合普查员做好本单位的普查工作收藏单位组织协调情况。宁夏博物馆、宁夏固原博物馆、宁夏考古所、西夏陵博物馆等文物收藏量较大的单位也分别成立了普查工作组，由各单位负责人或指定分管领导负责组织本单位的普查工作。以确保普查工作的顺利推进。宁夏地质博物馆、宁夏邮政博物馆、贺兰山自然博物馆等单位虽然文物量不是很大，但积极与区市普查办联系，主动配合，抽调人员组成普查工作组，认真负责做好本单位的普查工作。

普查机构职能发挥情况。普查工作开展以来，自治区普查领导小组、普查办公室在人员调配、资金落实、协调关系等方面发挥了积极作用，自治区可移动普查领导小组组长、自治区副主席高度重视普查工作，多次听汇报，督促检查普查工作，协调、落实普查经费。办公室负责普查工作的日常组织和具体协调，根据工作需要办公室下设普查业务组、信息宣传组、综合后勤组等部门。在人员调配、资金申请、协调关系等方面发挥了积极作用，保证了全区第一次全国可移动文物普查工作的顺利开展。

为确保普查工作全面顺利推进，确保国有单位调查数据准确，不遗漏国有单位，自治区普查办积极与区统计局、国土资源厅、自治区编办、工商等部门沟通协调，核对国有单位信息，与教育厅、民政厅、档案局等其他重点行业系统建立普查工作联系机制，组织协调工作各行业系统收藏单位普查工作。

2. 印发普查实施方案，建立普查工作制度

为确保第一次全国可移动文物普查工作稳步推进，2013年5月自治区普查办印发了《全区第一次全国可移动文物普查实施方案》，对全区的第一次可移动文物普查工作进行了统一要求和部署，明确了全区第一次全国可移动文物普查的意义目标、普查范围和内容、时间节点、实施步骤、组织和实施形式、文物认定、经费保障、数据和资料管理、宣传等方面要求，建立了全区国有可移动文物调查、认定、登记、管理工作制度和文物安全管理制度。

鉴于宁夏全区各市、县（区）文博专业人才较少，技术力量薄弱，难以承担文物认定这一专业性较强的工作。自治区普查办调整文物认定程序，制订《全区第一次全国可移动文物普查文物认定方案》，确定文物认定工作由自治区文物局统一组织专家，开展全区范围内文物认定工作。各市县级普查办严格按照国家文物局的统一部署和宁夏第一次全国可移动文物普查实施方案要求，结合本地区可移动文物资源实际情况，相继出台了既符合国家统一要求又体现地域特点的当地文物普查实施方案，对各阶段普查工作任务规定了时间节点，并严格按照规定的技术路线，时间要求，进一步增强了普查方案的可操作性。宁夏博物馆、固原博物馆等大型收藏单位在普查工作中建立了文物信息采集、登录制度、文物安全管理制度。

建立普查工作帮扶机制。按照国务院《通知》要求，此次普查以县域为基本单元。普查工作的组织实施，包括国有单位普查登记，文物信息采集、登录和文物认定，普查档案建立、可移动文物名录编制等，均以县域为基础。鉴于全区各市、县（区）专业队伍和技术力量薄弱，在普查实施过程中存在一定困难，自治区普查办组织了自治区博物馆、固原博物馆、宁夏文物考古研究所等单位，发挥其专业和技术优势，指导和帮助各市、县解决普查中的相关问题，为完成普查工作奠定了基础。

3. 编制经费预算，落实普查工作经费

经费保障是此次普查工作开展的基础，按照国家要求，此次普查所需经费由中央和地方分别承担，并分别列入中央和地方相应年度的财政预算。由于自治区属于西部欠发达地区，对普查工作的资金投入总量有限。自治区普查办积极争取各级财政支持，编制了本区域可移动文物普查经费预算，并积极与自治区财政沟通协调，落实普查经费，自治区财政将自治区级普查经费纳入了年度经费预算，出台了《关于自治区文化厅申请将全区第一次可移动文物普查经费列入年度预算的意见》，各市、县财政也积极安排了普查经费。普查工作开展以来，全区累计落实普查经费709.5万元。其中省级普查办落实经费300万元；地市普查办落实普查经费115.5万元；县区级普查办落实普查经费294万元。全区各级普查办按年度统计落实普查经费的情况具体为：2013年184

万元、2014 年 326 万元、2015 年 99 万元、2016 年 100.5 万元。普查经费的落实为普查各项工作的顺利推进提供了有力保障。省级普查办经费主要用于编印全区普查实施方案、普查手册、技术规范、印制全区国有单位调查表等印刷费用支出，用于召开普查工作会议、全区普查员的业务培训、文物认定、文物审核等。各市、县（区）普查办及大型收藏单位普查经费主要用于购置普查必备的拍摄、测量及称重工具等。

对于部分市、县（区）经费困难的问题，自治区普查办还通过"以奖代补"的形式补助各市、县（区）普查经费，确保了各市、县（区）工作有序推进。五年来，自治区普查办通过"以奖代补"的形式补助各市、县（区）普查经费总共达 92 万元，有效地支持了全区各市、县（区）的普查工作。

表 12　宁夏回族自治区第一次全国可移动文物普查经费落实情况统计表

单位：万元

年度	全省普查经费	省级经费	地市级经费	区县级普查经费
2013 年	184	100	30	54
2014 年	326	100	50	176
2015 年	99	50	16	33
2016 年	100.5	50	19.5	31
年度经费合计	709.5	300	115.5	294

为支持和推进各市、县（区）可移动文物普查工作，自治区普查办将每年省级本就有限的可移动普查经费，挤出一部分补助市、县（区）普查办及大型国有收藏单位，用于普查工作支出，共补助 92 万元，其中 2014 年补助 50 万元，2015 年 42 万元。同时为指导市、县（区）普查办普查员对可移动文物进行文物定名及特征描述，自治区普查办在有限的普查经费中挤出经费，组织编印了青铜器、瓷器、玉器等类别文物定名参考资料。为加强对普查经费的使用管理，进一步提高资金效益，宁夏财政厅与文化厅联合转发了财政部与国家文物局《关于加强第一次可移动文物普查经费保障与管理的通知》，严格支出范围，规范普查经费支出。

4. 组建普查队伍，层层建立普查网络

为做好第一次全国可移动文物普查工作，按照普查实施方案要求，宁夏全区各级普查办、各大型文物收藏单位以市、县（区）域为单位，采取市直普查队与各县（区）普查队分工合作方式，分别抽调了业务过硬、责任心强的工作人员组建了普查队伍，全区共组建普查队伍 33 支，各级普查办普查员总数为 218 人，其中自治区普查办工作人员 7 人，地市级普查办 42 人，县（区）级普查办 169 人，各国有单位指定的承

担本单位普查工作的人员及参与国有单位调查的志愿者310人。文物系统外各单位抽调或指定专人45人参与普查工作，银川等5个地市街道居委会也抽调近20人参与国有单位文物收藏情况调查。

表13 宁夏回族自治区普查人员情况统计表

单位：人

行政区	各级普查办	收藏单位	普查志愿者	普查专家	合计
省级	7	55	8	18	88
地市级合计	42	74	42	0	158
区县级合计	169	131	—	0	300
合计	218	260	50	18	546

由于各级普查办人员少，在开展国有单位可移动文物收藏情况调查工作中，自治区博物馆等大型国有收藏单位招募志愿者开展普查工作，固原市等通过"三支一扶"和招募志愿者的方式，开展信息采集工作，全区共招募志愿者50人，开展普查工作。银川市兴庆区、金凤区、西夏区及其他市县区抽调了部分街道办事处及居委会的工作人员，借助他们对本辖区国有各单位地理位置等情况比较熟悉的优势，配合文化文物部门及普查办的相关人员参与国有单位的调查，对国有单位调查全面顺利完成，提供了有力支持。针对全区各市、县（区）文博专业人才较少，技术力量薄弱的现实情况，自治区普查办决定由区普查办组织文物、档案、图书、书画艺术等方面的专家共18人，组成文物认定专家组统一开展全区国有单位可移动文物认定工作。

大力开展普查培训工作，提高普查技能。2013年7月～2016年7月，自治区普查办共组织11次培训，累计培训720人次。内容涉及国有单位调查、可移动文物普查信息平台操作、可移动文物普查信息审核与质量控制、数据审核和质量控制、可移动文物普查报告编制等方面。

（二）精心组织，分步实施

全区国有可移动文物普查工作，是在自治区政府精心组织下，分步实施调查、认定、采集、登录、审核等各阶段工作任务。

1. 上下联动，开展国有可移动文物收藏单位调查

2013年7月，自治区普查办（文物局）印发了《关于开展国有单位可移动文物收藏情况调查的通知》，制定了国有单位调查方案，明确了各级普查机构工作目标、开展方式及各阶段任务。积极指导各市、县（区）开展国有单位调查工作。按照"属地管理、分级负责"的原则，深入广泛开展国有单位调查工作。为准确了解全区国有单位数量、分布状况等详细信息，文物局积极与统计、编办、工商等部门沟通协调，总体上掌握了全区国有单位数量、分类、分布等情况，并将数据及时反馈给各市、县（区），与各市、县（区）数据对接，指导各级普查机构积极开展国有单位调查工作。

全区境内国有单位收藏保管文物情况全面摸清。全区各级普查机构与各级编办、统计局数据核对后，全区各级普查机构广泛宣传动员，全面铺开，开展国有单位调查，通过电话预约、上门登记、包块包片的方式开展调查，逐级审核，力争不缺一个，不漏一家。经调查全区共有5431家国有单位符合此次普查要求，其中机关1767个，事业单位2953个，国有企业及国有控股企业625个，其他86个。

认真完成了《国有单位文物收藏情况登记表》反馈工作。自2013年7月国有单位调查工作开展以来，全区各级普查机构累计发放《国有单位文物收藏情况调查登记表》5701份，回收5431份，经逐级核实后，共有270家国有单位被撤销、合并，调查表回收率达100%，最终确定全区5431家国有单位符合此次普查要求。

认真核对，全区可移动文物分布和收藏情况基本摸清。通过全面调查，汇总分析，全区范围内反馈收藏有文物的国有单位80家，占全区所有国有单位总数的1.4%，其中文化（文物）系统36家，占全区所有反馈有文物单位总数的45%；各级文物保护单位10家，占全区所有反馈有文物单位总数的13%；系统外反馈有文物的国有单位34家（档案系统12家，教育系统10家，其他12家），占全区所有反馈有文物单位总数的42%。文化（文物）系统依然是藏品收藏较为集中的单位，教育和档案系统也收藏有部分藏品。文化（文物）系统收藏藏品约102075件/套，占藏品总数的74.1%；各级文物保护单位藏品为1492件/套，占藏品总数的1.1%；系统外反馈收藏有文物34205件/套，占藏品总数的24.8%。初步统计全区各收藏单位藏品总数为137772件/套。

2. 统一组织，开展国有可移动文物认定工作

2014年3月，自治区普查办印发了《关于做好全区第一次可移动文物普查文物认定工作的通知》，全面开展全区国有收藏单位文物认定工作。为确保认定工作顺利进行，提高工作质量，自治区普查办制订了工作方案，对文物认定范围、认定的程序和方式都提出了明确要求，并严格按照国家文物局《文物认定管理暂行办法》，采取查阅资料和现场认定相结合的方式开展工作。

针对各市、县（区）文博专业人才较少，技术力量薄弱，难以承担文物认定这一专业性较强工作的现实情况，结合本区实际，由自治区文物局统一组织专家分期、分批赴全区各地进行文物认定。在对各市县文管所、博物馆等39家文博系统各单位文物

认定的基础上，重点对34家经调查有文物的非文博单位的每件文物进行逐一认定。在开展文物认定的同时还对各市县文博单位及全区非文博单位收藏单位的文物开展了定级工作。通过文物认定和定级初步掌握了非文博单位收藏文物的基本情况，建立起了系统外文博单位珍贵文物的基本信息档案。2014年底，全区文物认定工作全部完成，经专家认定收藏有文物的国有单位71家，700多件文物被认定为二、三级文物。

新发现文物收藏单位66家，新发现藏品3150件/套，其中文物系统内新发现藏品的单位39家，藏品为2591件/套；非文物系统新发现文物收藏单位34家，藏品数量为559件/套。

3. 着力实施，全面完成可移动文物信息采集登录工作

按照国家文物局的总体部署要求以及宁夏区普查工作计划，2014年在开展文物认定工作的同时，先在文物系统开展可移动文物信息采集和离线录入，2015年文物信息采集、在线录入工作在全区国有单位全面展开。为顺利推进普查工作，自治区文物局印发了《关于做好2014年度全区可移动文物普查工作的通知》《关于做好2015年度全区第一次全国可移动文物普查工作的通知》，明确全区各级普查机构年度工作任务、工作目标、开展方式，要求各级普查办严格按照国家文物局年度工作部署开展工作，确保工作进度和质量。

创新方法，有序推进。鉴于市县级专业队伍人员年龄偏大，技术力量薄弱，在可移动文物信息采集、软件操作过程中遇到很多困难，在各市、县（区）建立区域内的帮扶机制，组织了宁夏博物馆、固原博物馆、宁夏文物考古研究所等单位，发挥其专业和技术优势，指导和帮助各市、县解决普查中存在的问题，实现了区内联动的工作局面。如宁夏博物馆派出专业摄影人员帮助邮政博物馆进行文物拍摄，银川市普查办派出专业人员帮助宁夏社会科学院、宁夏党校图书馆、银川九中等单位进行文物拍摄、测量、称重及信息录入，中卫市文管所帮助中宁县文管所拍摄文物照片。宁夏固原博物馆普查员发挥自身专业优势，帮助指导周边各市、县（区）普查员解决文物定名及普查登录软件操作过程中存在的问题。其他各市、县（区）文管所、博物馆普查原也随时帮助非文物系统单位文物信息采集录入工作。

加强督导，确保质量。为提高普查工作质量，加快普查进度，在确保文物安全和工作质量的前提下，自治区普查办立足本地，结合实际，加强培训指导，采取集中培训讲解与现场实际操作相结合的方式，集中讲授普查信息采集、登录软件操作、数据上报知识，更多注重实际动手操作，对学员进行一对一现场操作指导，提高普查人员操作技能和文物信息报送质量。认真、及时审核信息数据，发现问题及时纠正，严把质量关，提高准确率，确保普查工作质量符合国家要求。自治区文物局还成立了以分管局长为组长的督察组，深入全区各地、各主要国有单位，实地检查、督促工作质量和进度。2016 年 8 月底，全面完成了宁夏全区国有信息采集登录工作，登录文物276331 件，全区各国有单位藏品报送进度 100%。

4. 加强审核，严格控制国有可移动文物信息报送质量

为做好宁夏全区第一次可移动文物普查数据审核工作，自治区文物局转发了国家文物局《关于发布第一次全国可移动文物普查数据审核工作管理办法的通知》，印发了《关于做好 2015 年全区第一次全国可移动文物普查工作通知》《关于全区第一次可移动文物普查数据审核汇审报送的通知》等文件，并对数据审核工作的组织，数据审核方式、审核程序、质量规范、完成时限提出了明确要求。全区普查数据审核的方式采取"单位→县区→地市→自治区"逐级审核在线上报，再由省级普查办组织各市县普查数据审核技术骨干对各单位、各级普查办上报的数据进行互审。按照国家文物局《关于做好第一次全国可移动文物普查信息登录审核工作的通知》精神，自治区普查办于2015 年下半年开展了为期 4 个月的普查数据核对工作，分别对全区五市各国有收藏单位登录的数据进行现场抽查、核对，对存在的数据错误问题予以当场解决。由于部分单位对本次普查工作中的文物数量单位件/套和件存在理解上的误差，致使部分收藏在报送时出现申报件数和实际件数上的差错，对出现数据不一致的情况，自治区文物局相关领导亲赴实地，逐一查实，认真核对，并要求以书面形式上报自治区普查办。

为确保数据信息质量，自治区普查办成立了 20 人的数据审核专家组，于 2016 年4~6 月开展了 3 次集中会审，对全区各市县普查办在线登录审核上报的数据进行审核。采取集中办公审核，对审核中存在争议的问题集体讨论力争达成一致，对不能确定的问题及时请教国家文物局相关人员。

在在线审核的基础上，为确保全区数据顺利通过国家验收，自治区普查办于 2016 年 6 月积极联系国家文物局，由国家文物局组织专家对全区普查数据进行了预审核，审核结论为整体良好。2016 年 8 月再次组织自治区级数据审核终审会，审核结论全部通过，并于 9 月将全部数据报至国家文物局。

（三）加强宣传，争取广泛支持

第一次全国可移动文物普查是由国家统一组织的一次重要国情国力的调查，加强对普查工作的宣传，引导公众参与，在全社会营造关心和支持文化遗产事业的良好氛围，是可移动文物普查的重要组成部分。自治区普查办按照普查方案确定了各阶段工作任务，制定和印发了全区普查工作宣传方案，对宣传的意义、宣传方式以及普查工作各阶段的重点内容宣传；全区各级普查机构也利用市、县（区）电视台、广播报刊、移动媒体和宁夏新闻网等区内网络媒体设置专版，宣传全区可移动文物普查工作进展和各地新发现。一是根据普查的不同阶段分别确定相应的宣传重点内容。第一阶段重点宣传开展普查的目的、意义、范围、内容、方法、程序等。第二阶段重点宣传与普查有关的法律法规、普查标准规范、普查工作进展等。第三阶段重点宣传普查工作成绩、普查成果应用等。二是组织各国有博物馆利用"5·18 国际博物馆日""中国文化遗产日"等节日进行文物保护、可移动文物普查系列宣传活动，举办了可移动文物普查实况图片展览，使广大民众接近文化遗产，认识文化遗产，保护文化遗产，实现"在发展中保护，在保护中发展"的目标。三是借助文化厅网站和全国可移动文物信息网定期以简报的形式总结报道全区工作进展和经验方法。

通过系列普查宣传活动，很好地普及推广了文物知识，增强了公众文物保护意识，调动了社会力量积极参与文物普查的积极性。

（四）加强普查工作质量控制

第一次全国可移动文物普查工作内容多，程序复杂，且专业性强，普查标准严格，信息平台操作技术含量高，为加强普查工作质量控制，自治区普查办重点抓好以下几个方面工作。

1. 抓好业务培训

在普查工作启动初期开展了全区级普查业务骨干培训。为全面了解此次普查的标准、技术线路和规范要求，自治区普查办于 2013 年 7 月在固原举办了全区第一次可移动文物普查骨干培训班，对来自全区 33 个普查队 90 名普查骨干人员进行了国有单位调查中调查方法、调查内容及宁夏普查工作实施方案解读等内容的培训，逐一进行讲解，确保国有单位调查符合国家要求。为提高普查人员操作技能，掌握普查操作规程，2014 年 5～6 月，自治区普查办分片区举办了银川、固原、中卫片区第一次全国可移动文物普查信息平台操作培训班，对来自全区 33 个普查队，71 家国有单位近 150 名信息平台操作人员进行了平台操作和注意事项等内容的培训，推动了自治区普查工作进度。针对普查中出现的新问题，自治区文物局积极与国家文物局沟通协调，邀请国家文物局专家来宁指导工作，并于 2014 年 11 月在银川和固原举办了两期培训班，培训学员130 人，实地解决了普查工作开展以来信息平台操作中的一些问题，确保了普查质量。为确保此次数据质量，自治区普查于 2015 年 4～5 月，分片区举办了全区第一次全国可移动文物普查信息审核与质量控制培训班，对来自全区各级普查办，70 余家国有收藏单位的近 150 名审核人员进行了培训。实地解决了普查工作开展以来信息平台操作中的一些具体问题和技术难题，提高了普查人员操作技能，取得了良好培训效果。为规范数据审核流程，提高数据审核质量，指导排查报告的编写。2016年4～7月，自治区普查办组织了三次数据审核和质量控制培训班和一次可移动文物普查报告编制培训班，累计培训人数总共200人次。

2. 规范质量要求

为使全国第一次可移动文物普查工作有序推进，自治区普查办下发了《关于做好2015年全区第一次可移动文物普查工作的通知》、转发了国家文物局《关于发布〈第一次全国可移动文物普查数据审核工作管理办法〉的通知》，对普查期间各年度工作任务、目标要求及完成时限做了具体安排部署。

3. 加强督察检查

2014年初，在国有单位调查的基础上，各国有单位可移动文物普查信息采集工作全面展开，为加快工作进度，督促各市、县（区）普查办及各国有收藏单位做好普查文物信息报送工作，对数据报送进度缓慢的单位不定期打电话督促，自治区文物局成立了以分管局长为组长的督察组，深入全区各地、各主要国有单位，检查工作质量，实地了解进展情况、存在的问题和困难，督促工作进度。先后赴固原博物馆、自治区博物馆、区图书馆、石嘴山市博物馆、西夏陵等十几家单位督促普查工作。自治区普查办还建立了普查qq群，在普查群里定期公布普查进度，互相交流普查经验，沟通协商解决普查工作中遇到的问题，有序推进可移动文物普查各项工作顺利开展。

4. 开展数据核对

为提高文物信息报送质量，自治区普查办组织相关人员，于2015年4～7月，专门开展了为期4个月的数据核对工作，走遍了各市、县（区）普查办、各主要收藏单位，对全区各市、县（区）及国有收藏单位普查采集的文物信息进行现场督察审核，对数据采集和上报中出现的文物定名不准确、不规范，文物照片拍摄不符合要求的逐一指出，要求进行补充完善、修改。在实地督察工作中，召开地市片区普查人员座谈会，交流研讨文物信息采集、录入及审核过程中存在的问题。

5. 组织普查验收

2016年9月，自治区普查办按照国家文物局的部署和要求，印发了普查工作验收通知，对验收的方式、验收完成时限做出了安排部署，要求各级普查办组织本区域的普查验收，在各市、县（区）级普查办验收的基础上，自治区普查办进行了总体验收，全区各市、县（区）普查工作均符合国家要求，验收结论均为合格。在验收的基础上，汇总填报了普查验收相关表格数据，编写了验收报告。

6. 加强安全管理

为加强文物普查过程中文物安全工作，各级普查办各国有单位，建立了文物安全管理制度。一是对普查员配备必要的防护器物。普查员进行文物信息采集要进入库房接触文物，库房的粉尘，文物本体的附着尘土、锈蚀对人身健康有一定的损害，为确保人员安全，各级普查办、各国有单位大多都配备了防尘大褂、手套、口罩等防护用具。二是制定了普查过程中的文物安全管理制度，对文物称重、测量及拍摄操作规程提出了明确要求，并配置了卡尺、电子秤及专用照相机。各国有单位制定了工作人员进出库登记制度，进一步加强对普查工作中的文物安全管理。在普查期间，没有文物损坏的情况发生。三是加强对文物数据安全管理。各级普查办、各重点国有收藏单位配备了必要的电脑、移动硬盘等专用存储设备，对离线采集数据进行存储。对在线登录可移动文物普查数据平台账号分级设置了账号登录密码，按普查员职责分工授予不同权限，加强对数据的安全管理。

（五）开展普查工作总结

宁夏第一次全国可移动文物普查工作于 2012 年 10 月实施以来，在自治区党委政府的关心支持下，在国家文物局的部署指导下，在相关部门及各级普查办的积极配合下，经过全区普查员五年辛苦努力，于 2016 年 10 月顺利完成了全区可移动文物普查工作任务。各级普查办在做好普查工作的基础上对普查工作进行了回顾，对本地区普查工作进行验收和总结，并依据普查结果，建立本地区的可移动文物普查档案。各市、县（区）文化文物行政部门对文物普查数据、资料和档案安排专人管理，确保文物信息档案的安全。自治区普查办负责实施对全区可移动文物普查工作验收，并报国家文物局验收。区普查办建立了全区第一次全国可移动文物普查档案，并按照国家文物局要求和规范，对全区可移动文物普查工作进行认真总结，汇总形成了本区普查工作的各项成果。

1. 编制普查档案

由于本次普查时间跨度长，涉及环节较多，档案收集与整理工作是普查工作的见证和基础。为做好普查中各阶段普查档案整理工作，自治区普查办专门购置专用档案盒，每年按照普查工作的分类对普查档案进行整理，编写目录，分类归档。自治区普查办及各市县普查办分别建立了本地区第一次全国可移动文物普查纸质档案和普查数据电子档案。纸质档案主要包括各级普查办所辖区的国有单位调查登记表档案，文物认定相关资料纸质档案，国有单位名录档案，数据审核记录档案以及印发的相关文件、实施方案等相关普查资料档案。对调查记录电子档案及可移动文物离线采集、审核电子数据信息，要求由专人保管。在做好纸质档案的同时，自治区普查办将每年普查工作档案进行电子化处理、备份，并交专人保管。自治区普查办要求各市、县（区）做好普查档案的整理和分类工作,并将档案工作作为普查工作检查内容之一,进行抽查。实地查阅了隆德县、原州区、固原博物馆等单位的档案工作,将档案收集整理工作作为普查工作年度考核的内容之一。全区各级普查办均建立了普查工作档案。

2. 开展普查专题研究

在普查工作中,为加强对可移动文物的保护研究和利用,根据可移动文物普查数据实际,结合宁夏境内文化特色、文物特点,自治区普查办组织宁夏文物保护中心和宁夏博物馆开展了西夏可移动文物现状调查,对宁夏、甘肃、内蒙古三省区为中心的西夏可移动文物的分布概况、管理现状、保护研究进行了调研,梳理了西夏可移动文物在保护管理中存在的问题,并对西夏可移动文物保护利用提出了建议,形成了西夏可移动文物管理和保护利用调研报告。宁夏固原博物馆在普查中,发现了一批西周时期的青铜器,包括兵器、车马饰件、装饰品、生产生活工具,共计800多件。在有关负责人的带领下,编辑完成了《固原两周时期的北方系青铜器》一书。宁夏博物馆利用全区可移动文物普查成果,编辑西夏文物图录。2016年固原博物馆在固原承办了"丝绸之路暨秦汉时期固原区域文化国际学术研讨会",并编印了论文集。

3. 做好普查表彰

自治区普查领导小组办公室印发了《关于做好第一次全国可移动文物普查工作总结的通知》,要求各市、县(区)普查办在做好本地区可移动文物普查工作的同时,召开表彰大会,对本地区的可移动文物普查工作进行表彰。自治区普查办制定表彰方案,建议宁夏回族自治区第一次全国可移动文物普查领导小组召开总结表彰大会,对参与了宁夏第一次全国可移动文物普查工作的有关单位和个人进行表彰。

三、普查工作成果

全区第一次全国可移动文物普查工作,取得了丰硕成果。在普查工作中通过对国有单位收藏可移动文物情况调查、认定,对每件文物的年代、质地、体积、重量,完残程度、来源以及文物本体照片等二十多项文物信息进行采集,录入、统计,掌握了全区可移动文物保护现状,为科学保护利用提供依据。

(一) 掌握了全区可移动文物资源情况及价值

通过普查,全面掌握了宁夏全区可移动文物的数量、分布、保管现状、保管权属和使用管理情况;完善了宁夏可移动文物调查、认定、登记管理机制;建立了宁夏全区国有单位可移动文物名录;建立了可移动文物登录体系和登录制度;创建宁夏可移动文物信息动态管理平台和可移动文物信息资源库,为进一步加强可移动文物科技保护提供了决策参考，为实现文物信息资源的整合与合理利用，丰富公共文化服务内容，有效发挥文物在经济建设和社会发展中的积极作用。

1. 全面摸清了全区可移动文物数量及分布

通过第一次可移动文物普查，掌握了全区国有可移动文物收藏的分布及保存状况。宁夏辖区 74 家国有单位，收藏文物 276331 件。从收藏有文物的隶属关系分析文物的分布情况，中央属收藏单位收藏可移动文物 53 件，占文物总量的 0.02%，省属收藏单位收藏可移动文物 104329 件，占 37.76%；地市属收藏单位收藏可移动文物 19503 件，占 7.06%；区县属收藏单位收藏可移动文物 146224 件，占 52.92%；其他收藏可移动文物 6222 件，占 2.25%。从普查情数据统计可以看出中央属单位和其他单位收藏的文物量较少，不到文物总量的 2.5%。

表 14   全区国有收藏单位按隶属关系统计分布情况表

隶属关系	中央属	省属	地市属	县区属	乡镇街道属	其他	合计
登录藏品总数（件）	53	104329	19503	146224	0	6222	276331
按文物数量所占比率（%）	0.02	37.76	7.06	52.92	0	2.25	100

从国有单位的性质统计分析可移动文物的分布情况，宁夏全区国有可移动文物主要集中收藏保管在事业单位，占国有单位文物总量的 95.47%。

表 15   按单位性质统计可移动文物

单位类型	国家机关	事业单位	国有企业	其他	合计
登录藏品总数（件）	11728	263825	102	676	276331
按文物数量所占比率（%）	4.24	95.47	0.04	0.24	100

以国有单位类型统计文物收藏分布情况，全区国有博物馆、纪念馆收藏可移动文物 197796 件，占国有单位文物总量的 71.58%。

2. 全面掌握了全区可移动文物保存状况

通过开展可移动文物普查，从可移动文物的保存库房、可移动文物管理人员等方面摸清了可移动文物的保存状况。

从库房面积看可移动文物保存状况。全区 74 家国有单位可移动文物库房面积 42266.7 平方米，其中库房面积在 1000 平方米以上的有 6 家，500～1000 平方米的有 3 家，100～500 平方米的有 22 家，100 平方米以下的 37 家。从中可以看出库房面积 100 平方米以下的单位较多，占 50%，大多数单位的库房面积不大，还有 6 家没有文物库房，需要加强可移动文物保护库房建设，进一步改善可移动文物保护环境。

表 16　宁夏全区国有单位可移动文物库房面积情况表

库房面积（平方米）	单位数（个）	所占比例（%）
1000 以上	6	8.11
500～1000	3	4.05
100～500	22	29.73
1～100	37	50
0	6	8.11
合计	74	100.00

从全区国有单位可移动文物保管人员情况来看，目前全区国有单位可移动文物保管人员 154 人，保管人员 5 人以上的单位 4 家，保管人员 3～4 人员的单位 10 家，保管人员的单位 2 人的单位 37 家，保管人员 1 人的单位 20 人，没有保管人员的单位 3 家。从国有单位可移动文物保管人员图表，以及具体在可移动文物普查、文物认定工作过程中了解的情况看，各国有单位，特别是市县等基层文管所，文物相对集中，但单位人员少，每个单位只有几人，每人身兼多项工作，大多没有专门的文物保管人员，平时缺少对文物的可移动文物的保护和研究。

表 17　宁夏全区国有单位可移动文物保管人员情况表

保管人数（人）	单位数（个）	所占比例（%）
5 人以上	4	5.41
3～4 人	10	13.51
2 人	37	50
1 人	20	27.03
0	3	4.05
合计 154 人	74	100

3. 普查成果开发、利用工作有序推进

随着全区第一次全国可移动文物普查工作接近尾声，各国有单位的普查工作相继完成，各国有单位相继进入藏品资源整理阶段。在普查工作中，各级普查办、各主要国有收藏单位充分利用普查成果，举办临时展览 41 个，大型展览 11 个，展出藏品 8600 件/套，参观人次达 60 万之多。其中，宁夏博物馆的"红旗漫卷——宁夏革命文物展"，固原博物馆的"青铜之路——北方系青铜文化特展"、西吉县文物管理所的

"红军长征将台堡会师80周年红色革命文物展"社会反响强烈。

（二）建立健全了文物保护体系

通过开展可移动文物普查工作，掌握了国有单位可移动文物的基本情况，建立了全区国有单位可移动文物信息档案，确立了可移动文物登录制度，逐步建立健全可移动文物保护体系。

1. 藏品文物档案不断完善

通过本次普查，各国有单位按照国家文物局《馆藏文物登录规范》要求，对藏品名称进行规范，严格分类，补充藏品的相关资料，藏品账目不断完善。各国有单位档案建设不断规范，尤其是基层文管所档案管理受到重视，普查档案和藏品档案都得到完善，档案的信息化水平得到提升。如固原博物馆在开展可移动文物普查的同时，对文物库房按照文物类别及文物登记号进行了文物重新排架。同心文管所在普查过程中依据国家文物局新发布的文物定名规范对文物进行了重新建卡，并与文物总账、分类账逐一核对。西吉钱币博物馆、中卫文管所等单位为了准确规范录入文物信息，对钱币等一套多件的文物，重新进行了拣选、分类和补录。通过本次普查，各级普查办、各国有单位在建立纸质档案的同时，都相继建立了一整套电子档案，馆藏文物档案的信息化处理能力不断提高，档案工作逐步规范。

2. 文物保护制度和文物登录规范逐步建立

在开展可移动文物普查工作中，宁夏各级普查办逐步建立了文物调查、文物认定、登记、管理及利用制度，对调查、认定、登录的目标、范围、方式、步骤做了明确规定。各国有收藏单位都制定了文物安全管理、进出库登记制度，加强对文物的管理。自治区普查办印发了国家文物局发布的文物登录规范、图书古籍登录规范以及可移动文物普查数据审核标准。

3. 可移动文物保护需求得到明确

通过第一次可移动文物普查，掌握了可移动文物的保存情况，明确了可移动文物保护需求。从不同行业不同单位的可移动文物保护工作实际情况看，各国有博物馆的保存状况相对好于其他单位的保存状况。从各国有单位可移动文物保护情况看，基层市、县（区）单位可移动文物因缺少保护资金，文物保护需求更急迫。特别是一些县级文管所，可移动文物保护环境较差，没有必要的防腐、防潮措施，文物本体的修复保护能力也很弱，保护需求也更急迫。

从以上情况分析，今后的文物保护工作重点应把握以下原则：一是在政策支持上逐步向基层市、县（区）文物收藏部门倾斜；二是在文物本体保护上，依据可移动文物普查数据，分轻重缓急，优先保护急需修复的文物，再实施需要修复的文物；三是在做好文物本体保护的基础上，逐步实现预防性保护。

（三）有效发挥了文物在全区经济社会发展中的重要作用

文物作为优秀传统文化的重要载体和实物见证，只有得到保护利用、传承弘扬，才能让优秀文化永续传承，为人们提供精神滋养。习近平总书记曾强调，要让收藏在博物馆里的文物、陈列在广阔大地上的遗产、书写在古籍里的文字活起来。让文物"活起来"就是要在保护的前提下，通过展示和利用，让文物为人们提供精神食粮，在经济社会中发挥效益。实施可移动文物普查，掌握文物资源是促进文物保护和合理利用的前提基础。第一次全国可移动文物普查成果丰硕，基本建立了国有单位可移动文物信息档案。如何将普查成果资源开发利用、为社会服务也是普查工作的一项重要工作内容。宁夏全区国有可移动文物 90% 以上集中在文博系统各单位。在做好普查工作的同时，应充分利用普查成果，在确保文化资源保护传承的前提下，履行好公益服务职能，积极举办各类展览，并加强文化资源合理开发利用，促进文创产品开发，以增强博物馆的社会服务功能，发挥博物馆在社会公益服务和经济社会中的作用。

1. 普查成果利用计划

全区各级普查机构充分利用全区可移动文物普查成果，开展区域联合，举办展览，并积极在全国范围内推出。

下一步，将积极促进本地区各单位充分利用文物资源，做好普查成果展示利用。以宁夏博物馆和固原博物馆为龙头，联合市县博物馆、文管所，分析组合文物资源，举办区域性丝路文物、西夏文物、回族文物等专题展览，开展巡展，交流展览，讲好中国故事，让更多群众共享普查成果，感受文化文物魅力。

2. 普查成果陆续出版

全区各国有文博单位在开展可移动文物普查工作的同时，充分利用可移动文物普查成果，积极开展专题研究，编辑出版了研究资料。宁夏博物馆于 2014 年编辑出版了《远古回声——来自文物的声音》，2015 年编辑出版了《墨气如虹——黄宾虹书画精品集》。宁夏固原博物馆于 2013 年编辑出版了《固原文物精品图集（下）》，于 2015 年编辑出版了《中国少数民族文物图典——宁夏固原博物馆卷》，2016 年 7 月编辑出版了《回首·展望——宁夏固原博物馆三十年》，于 2016 年研究出版了《两周青铜器》。宁夏考古所于 2015 年编辑出版了《粟特人在中国》。中卫市文管所于 2014 年出版了《中卫历史文物》。彭阳文管所于 2016 年出版了《彭阳近现代史记与文献选辑》。隆德县文管所于 2015 年出版了《隆德县文物志》。

3. 普查成果资源的开发

全区各博物馆充分利用可移动文物普查成果和可移动文物数据资源进行文创产品开发利用。宁夏博物馆和固原博物馆对普查的数据进行分析整理，深入发掘文物内涵，依托历史文化遗迹、馆藏文物古籍、回族集聚地等宁夏特色文化，重点突出"民族、民俗、地域特色"元素，对馆藏文化资源进行多样化的创意产品设计开发，大力开发宁夏西夏文物、岩画文物、菜园文化文物、固原丝路文物以及贺兰砚雕刻艺术等多元文化文物资源，开发出具有地方特色、民族特色的文化创意产品，尤其是发展个性化产品，如文物复、仿制品，旅游纪念品等。

4. 有关建议

第一次全国可移动文物普查工作基本结束，但文物保护任重道远。为做好今后文物的保护、利用工作，特提出以下建议：

（1）建立和完善文物登录制度，实现对可移动文物的动态管理

这次普查，依靠国家文物局可移动文物信息平台，对各国有收藏单位设立了网络登录账号和密码，各国有单位可以随时登录，对本单位的文物进行信息管理。各级文物管理部门应建立和完善登录制度，建立中央、省、市、县四级国有可移动文物登录系统，实现对全区国有单位可移动文物保存情况的实时查询、统计和动态监管。

（2）科学规划，切实加强对可移动文物的保护管理

这次可移动文物普查，不但增加了可移动文物数量，而且丰富了文化内涵，提升了文物档次。但分布在非文博系统的国有单位文物，保管条件差、安全系数小、残损较多，保养、修复难度大等问题十分突出。如何保护好、管理好这些文物是下一步文物主管部门亟待解决的问题。文物部门要加强技术指导和信息交流，不定期调查走访，与收藏单位建立起有效地沟通协调机制，最终建立横向文物保护网络和动态文物管理机制。各文博机构要充分发挥保护、管理和修复等技术优势，积极主动帮助和指导其他收藏单位开展好文物保护相关工作。建议国家文物局在总结可移动文物普查工作的基础上，应尽快制定科学的可移动文物保护规划，尤其要加强对存放在非文博系统国有单位的可移动文物的保护，并纳入国家文物保护规划中，有计划、有步骤地组织实施，使这批文物能得到及时有效保护。

（3）建立健全文物安全管理制度，加强文物安全管理

各级文物部门要不断完善文物安全工作制度和责任追究制度，加强文物安全隐患的排查治理，制定文物安全防范应急预案与预警机制，确保文物安全。要针对国有可移动文物分布范围广、种类多、数量大、保护情况复杂和管理难度大的特点，突出加强地方性文物法规建设。要依法严厉查处因单纯追求经济效益或疏于管理而破坏文物

的做法，不得以转让、抵押、出租等方式将文物交给企业经营管理，不得擅自改变文物保护管理责任和体制。坚决严打盗窃文物、非法倒卖、走私文物的犯罪行为，确保文物安全。

（4）建立健全基层文物保护管理机构，实现文物保护管理网络化

在可移动文物普查中发现，市县级文物行政管理机构还不健全，文物保护困难较大。市县级文物管理工作职能设在市县级文化主管部门，而市县级文化主管部门大多没有内设文物局科室，文物行政管理工作基本都是由市县文物管理所承担，而市县文管所人员少，且人员老龄化，有的县级文管所只有 1～2 人，部分市县文管所人员还兼顾博物馆的管理和开放运行，导致市县文物管理所承担的任务非常繁重，压力很大。对此，从国家层面讲，要充分认识到建立健全文物保护管理机构的必要性、紧迫性，积极、主动向有关部门反映、呼吁基层文物管理机构存在的问题，尽快出台切实加强基层文物保护管理机构的指导意见，使基层文物保护管理机构更加健全、完善。

（5）深入普查资料理论研究，不断拓展可移动文物保护方式方法

这次可移动文物普查范围广，参与人员多，时间长，成果丰硕，文物信息准确、全面，为今后可移动文物保护工作提供了科学、准确、系统的数据。文物保护部门应加强对可移动文物普查资料的深度理论性研究，深入挖掘可移动文物内涵、价值，积极促进可移动文物普查成果研究和利用，充分发挥文物在经济社会发展中的作用。

（6）加强文物专业人才培养，建立高素质的文物专业队伍

目前，本区域各级文物部门受编制和机制的制约，文保机构引进专业人才非常困难，尤其是市县级文保机构十年内几乎没有引进专业人员，青黄不接现象极为严重。这次全国可移动文物普查，专业人员紧缺，信息采集人员业务不熟练现实突出。针对这种现象，各级政府要大胆进行人事改革，将人事权下放到用人单位，鼓励用人单位积极引进、招聘专业人才，为现有文物事业注入新鲜血液，进一步提升文物保护和研究水平。同时，需要进一步加强政策支持，加大对基层现有文物管理人员的培训和人才培养支持力度，采取进高校、科研机构进行业务培训等方式，不断拓宽文物从业人员的专业知识，提高业务技能，努力打造一支结构合理、人员齐备、业务过硬的现代化文物保护人才队伍。

新疆维吾尔自治区
第一次全国可移动文物普查工作报告

2013 年 3 月，新疆维吾尔自治区人民政府发布《关于成立自治区第一次全国可移动文物普查领导小组的通知》，标志着新疆的可移动文物普查工作正式启动。普查分为三个阶段：2013 年 3 月~2014 年 1 月为普查准备阶段。全区 14 个地州市、93 个县市区成立了普查机构，编制了普查方案，组建了普查队伍，配置了普查设备，举办了普查培训，开展了普查试点。全区共发放《国有收藏单位调查表》24497 份，覆盖率达100%。2014 年 2 月~2016 年 2 月为普查实施阶段。经过艰辛的努力，各级普查机构先后完成收藏单位注册、文物认定、藏品信息采集登录、数据审核报送等工作。2016 年3~2016 年底为普查验收阶段。全区各级普查机构对辖区内的普查工作进行全面、系统的梳理和总结，相继完成档案建设、《普查工作报告》编制、可移动文物名录和可移动文物收藏单位名录编制等工作。同时配合国家文物局普查办顺利完成对新疆普查数据的抽样审核，审核结果为合格，数据优秀率达 98.8%。

截至 2016 年 10 月 31 日，新疆维吾尔自治区各级普查机构（不含新疆生产建设兵团，下同）在全国可移动文物信息登录平台上共创建收藏单位 140 家，共登录各类文物 586658 件，其中珍贵文物 12935 件，完成率 100%。

通过此次普查，全面掌握了新疆可移动文物的家底，了解了文物的数量、保存状况、分布情况等基本信息，为科学保护、管理和合理利用文物提供了可靠的依据；建立起了科学规范的可移动文物登录制度，完善了文物账目，一定程度上改善了文物的保存状况，提升了文物的管理水平；最大程度地整合了文物资源，为更好地服务社会创造了良好的条件；使整个文博队伍，特别是青年文博工作者得到了一次全面的、系统的、难得的锻炼机会，提高了从业人员的职业素养和专业水平。可以说，新疆可移动文物普查的成果是丰硕的，也是多方面的，必将对新疆文博事业的发展产生积极而又深远的影响。

第一次全国可移动文物普查时间跨度长，涵盖范围广，标准化和信息化要求高。4 年多来，在国家文物局普查办的统一部署下，在自治区可移动文物普查领导小组的有力领导下，新疆各级普查机构和广大一线工作人员始终以大局为重，团结奋战、敬业奉献，克服维稳压力大、专业人员短缺、资金投入偏低、语言文字识读难度大、边疆和民族地区网络设施落后、网络不稳定等诸多困难因素，使普查各项工作有序推进，并取得显著成果。

一、新疆维吾尔自治区普查数据

截至 2016 年 10 月 31 日，新疆维吾尔自治区在全国可移动文物信息平台登录可移动文物 207167 件/套，实际数量为 586658 件。其中，珍贵文物 6130 件/套，实际数量为 12935 件。登录可移动文物信息的收藏单位 140 家。

（一）新疆维吾尔自治区可移动文物基本情况

1. 类别

表 1　可移动文物类别

可移动文物类别	可移动文物实际数量（件）	实际数量占比（%）
合计	586658	100.00
玉石器、宝石	18481	3.15
陶器	28283	4.82
瓷器	10921	1.86
铜器	11247	1.92
金银器	4770	0.81
铁器、其他金属器	3096	0.53
漆器	181	0.03
雕塑、造像	6541	1.11
石器、石刻、砖瓦	17887	3.05
书法、绘画	3563	0.61
文具	390	0.07
甲骨	18	0.00
玺印符牌	893	0.15
钱币	253935	43.29
牙骨角器	6049	1.03

可移动文物类别	可移动文物实际数量（件）	实际数量占比（%）
竹木雕	12651	2.16
家具	522	0.09
珐琅器	47	0.01
织绣	10048	1.71
古籍图书	148137	25.25
碑帖拓本	220	0.04
武器	3623	0.62
邮品	222	0.04
文件、宣传品	7014	1.20
档案文书	11511	1.96
名人遗物	155	0.03
玻璃器	7271	1.24
乐器、法器	913	0.16
皮革	1404	0.24
音像制品	1338	0.23
票据	2594	0.44
交通、运输工具	914	0.16
度量衡器	604	0.10
标本、化石	1505	0.26
其他	9710	1.66

2. 年代

（1）可移动文物年代类型

表2　可移动文物年代类型

可移动文物年代类型	可移动文物实际数量（件）	实际数量占比（%）
合计	586658	100
地质年代	218	0.04
考古学年代	3115	0.53
中国历史学年代	439093	74.85

续表

可移动文物年代类型	可移动文物实际数量（件）	实际数量占比（%）
公历纪年	24100	4.11
其他	109112	18.60
年代不详	11020	1.88

（2）可移动文物中国历史学年代分布

表3　可移动文物中国历史学年代分布

可移动文物中国历史学年代	可移动文物实际数量（件）	实际数量占比（%）
合计	439093	100.00
夏	24	0.01
商	27	0.01
周	419	0.10
秦	228	0.05
汉	29146	6.64
三国	32	0.01
西晋	175	0.04
东晋十六国	338	0.08
南北朝	1695	0.39
隋	232	0.05
唐	39565	9.01
五代十国	2473	0.56
宋	7734	1.76
辽	64	0.01
西夏	63	0.01
金	66	0.02
元	3833	0.87
明	4429	1.01
清	294278	67.02
中华民国	36026	8.20
中华人民共和国	18246	4.16

3. 级别

表 4　可移动文物级别

可移动文物级别	可移动文物实际数量（件）	实际数量占比（%）
合计	586658	100.00
一级	1342	0.23
二级	2909	0.50
三级	8684	1.48
一般	77965	13.29
未定级	495758	84.51

4. 来源

表 5　可移动文物来源

可移动文物来源	可移动文物实际数量（件）	实际数量占比（%）
合计	586658	100.00
征集购买	107874	18.39
接受捐赠	8966	1.53
依法交换	805	0.14
拨交	3899	0.66
移交	55405	9.44
旧藏	187258	31.92
发掘	155964	26.59
采集	52298	8.91
拣选	2977	0.51
其他	11212	1.91

5. 入藏时间

表 6　可移动文物入藏时间范围

可移动文物入藏时间范围	可移动文物实际数量（件）	实际数量占比（%）
合计	586658	100.00
1949 年 10 月 1 日前	111	0.02
1949 年 10 月 1 日～1965 年	25281	4.31
1966～1976 年	2707	0.46

可移动文物入藏时间范围	可移动文物实际数量（件）	实际数量占比（%）
1977～2000 年	344090	58.65
2001 年至今	214469	36.56

6. 完残程度

表7 可移动文物完残程度

可移动文物完残程度	可移动文物实际数量（件）	实际数量占比（%）
合计	586551	100.00
完整	44655	7.61
基本完整	433529	73.91
残缺	99179	16.91
严重残缺（含缺失部件）	9188	1.57

注：根据国家文物局《关于做好馆藏自然类藏品登录工作有关要求的通知》的要求，登录的自然类藏品107件（组），不填写"完残程度"指标项。

（二）新疆维吾尔自治区可移动文物分布情况

1. 按收藏单位隶属关系统计可移动文物数量

表8 可移动文物数量分布（按收藏单位隶属关系）

收藏单位隶属关系	可移动文物实际数量（件）	实际数量占比（%）
合计	586658	100.00
中央属	70333	11.99
省属	240218	40.95
地市属	182470	31.10
县区属	93113	15.87
乡镇街道属	31	0.01
其他	493	0.08

2. 按收藏单位性质统计可移动文物数量

表9 可移动文物数量分布（按收藏单位性质）

收藏单位性质	可移动文物实际数量（件）	实际数量占比（%）
合计	586658	100.00

续表

收藏单位性质	可移动文物实际数量（件）	实际数量占比（%）
国家机关	45044	7.68
事业单位	541024	92.22
国有企业	590	0.10
其他	0	0.00

3. 按收藏单位类型统计可移动文物数量

表 10　可移动文物数量分布（按收藏单位类型）

收藏单位类型	可移动文物实际数量（件）	实际数量占比（%）
合计	586658	100.00
博物馆、纪念馆	372467	63.49
图书馆	45990	7.84
美术馆	408	0.07
档案馆	553	0.09
其他	167240	28.51

4. 按收藏单位所属行业统计可移动文物数量

表 11　可移动文物数量分布（按收藏单位所属行业）

行业	可移动文物实际数量（件）	实际数量占比（%）
合计	586658	100.00
农、林、牧、渔业	0	0.00
采矿业	0	0.00
制造业	0	0.00
电力、热力、燃气及水生产和供应业	0	0.00
建筑业	0	0.00
批发和零售业	0	0.00
交通运输、仓储和邮政业	0	0.00
住宿和餐饮业	0	0.00
信息传输、软件和信息技术服务业	0	0.00
金融业	43163	7.36
房地产业	0	0.00

行业	可移动文物实际数量（件）	实际数量占比（%）
租赁和商务服务业	0	0.00
科学研究和技术服务业	34922	5.95
水利、环境和公共设施管理业	0	0.00
居民服务、修理和其他服务业	118	0.02
教育	51712	8.81
卫生和社会工作	0	0.00
文化、体育和娱乐业	452120	77.07
公共管理、社会保障和社会组织	4623	0.79
国际组织	0	0.00

二、新疆维吾尔自治区普查工作组织实施

（一）属地管理、分级负责

第一次全国可移动文物普查确立了以属地管理、县域为基本单元开展普查工作的原则。依据这一原则，普查的组织实施，包括国有单位调查、文物认定、信息采集、数据审核、工作报告编写、可移动文物名录编制等工作均以县域为基础实施。

1. 设立普查领导小组，成立普查机构

新疆维吾尔自治区对第一次全国可移动文物普查高度重视。2013 年 3 月 20 日，自治区人民政府发布《关于成立自治区第一次全国可移动文物普查领导小组的通知》，普查领导小组组长由自治区人民政府副主席担任，成员由 14 个系统的相关领导组成。普查工作正式启动后，各地迅速行动起来。到 2013 年底，全区 14 个地州市、93 个县市区和 4 家区属文博单位先后组建了普查机构，编制了普查方案，为普查工作顺利开展做好了组织保障。

自治区普查领导小组下设办公室，办公室设在自治区文物局。根据工作需要，自治区文物局抽调精兵强将，进一步组建了可移动文物普查工作办公室（以下简称"自治区文物局普查办"），直接负责全区普查工作的组织实施。办公室下设综合管理组、业务指导组、宣传报道组和行业外联络组。

其他行业系统建立普查工作机制。文博行业外的国有单位是此次可移动文物普查的重要组成部分，也是推进难度最大的领域之一。自治区文物局普查办依托自治区普查领导小组，多次到自治区民宗委、教育厅、古籍办、图书馆、档案馆、中国人民银

行乌鲁木齐中心支行、新疆大学等系统和单位进行沟通，联合印发文件，积极争取支持。

大型收藏单位也建立了普查工作机制。由于藏品量较大且历史遗留问题较多，大型收藏单位成为此次普查的另一个难点。为此，自治区文物局普查办要求藏品数量在1万件/套以上的7家单位必须建立自己的普查领导机构，制定详细的普查实施方案和工作计划，确保按时保质完成普查各项工作任务。

召开省级普查工作部署会、动员会、推进会。2013年4月16日，自治区人民政府副主席、自治区普查领导小组组长主持召开普查领导小组工作会议。会议审议并通过了《自治区第一次全国可移动文物普查实施方案》，强调各地各部门要统一思想，提高认识，相互配合，扎实工作，共同努力，按时完成自治区第一次全国可移动文物普查工作。2013年4月18日，自治区普查领导小组组织全区有关部门参加国务院召开的第一次全国可移动文物普查电视电话会议，会后召开自治区第一次全国可移动文物普查电视电话会议，贯彻落实国务院会议精神，安排部署全区普查工作。2015年12月9日，自治区人民政府副主席、自治区普查领导小组组长主持召开普查领导小组工作会议。会议肯定了新疆普查工作取得的突出成绩，要求进一步抓好行业外收藏单位的信息采集和录入工作，积极保障普查工作经费，积极准备国家文物局普查办对新疆普查工作的中期评估；进一步巩固好文物普查工作成果，重视发挥历史文化遗产在"去极端化"中的重要作用，使各族群众共用共享普查成果。

新疆可移动文物普查工作是在自治区第一次全国可移动文物普查领导小组的直接领导下开展的。自治区文物局普查办作为具体的执行机构，通过综合管理组、业务指导组、宣传报道组和行业外联络组，指导和督促各级普查机构开展各项工作。自治区文物局普查办在每年年初制定全年工作计划，实施过程中不定期召开工作会议，通报普查进展情况，商讨解决问题的办法，安排下一阶段工作任务，适时督导检查各级普查办工作情况。

2. 制定普查实施方案和工作制度

2013年4月，自治区文物局普查办制定并发布了《自治区第一次全国可移动文物普查实施方案》。至2013年年底，全区各地州市和各县市区普查机构均编制了本辖区的普查实施方案。

在普查实施方案的基础上，绝大部分普查机构和藏品数量在1万件/套以上的大型收藏单位都能够根据各自在收藏单位分布、藏品数量、人员力量、设备配置等方面的条件，将工作进行量化和分解，制定出相应的工作制度和进度计划，指导各阶段和各环节工作有序开展。自治区文物局普查办在普查的第二阶段制定了《可移动文物认定工作手册》《藏品信息审核建议标准》《关于新疆可移动文物年代填写的几点建议》，在普查第三阶段制定了《新疆可移动文物普查数据安全管理办法（暂定）》。

3. 普查工作经费落实情况

按照国务院《通知》精神，此次普查所需经费由中央和地方分别承担，并分别列入中央和地方相应年度的财政预算。新疆是边疆地区、民族地区和经济欠发达地区，全区共有 33 个边境县、6 个民族自治县和 27 个国家级贫困县。不少县市的普查经费落实存在较大困难，有的地区普查实施五年来甚至没有一分钱经费保障。为了解决经费问题，自治区文物局一方面积极向自治区财政厅申请拨付普查经费，另一方面主动向国家文物局寻求经费支持，为各基层普查机构和单位配备了基本的普查设备。

为了督促各级政府切实落实和管理好普查经费，确保普查工作顺利开展，自治区文物局与自治区财政厅联合印发了《关于加强第一次全国可移动文物普查经费保障与管理的通知》等 3 个文件，在很大程度上推动了普查经费的落实和有效使用。

2013～2016 年，全区共安排普查经费 1677.25 万元。其中，自治区本级安排经费 676.75 万元，地州市级安排经费 333.7 万元，县市区级安排经费 666.8 万元。各年度经费情况详见下表：

表12　新疆维吾尔自治区普查经费统计表

单位：万元

行政区	2013 年	2014 年	2015 年	2016 年	合计
总计	431.4	537.9	344.75	363.2	1677.25
自治区级	226	198.5	128.25	124	676.75
地州市级	104.4	88.5	87	53.8	333.7
县市区级	101	250.9	129.5	185.4	666.8

为了顺利推进全区可移动文物普查工作，自治区文物局普查办为全区 14 个地州市、83 个县市配备了电脑、照相机、移动硬盘等基本设备。作为文博行业外的收藏单位，其普查经费都是自筹自支，主要是：新疆大学 2 万元、中国人民银行乌鲁木齐中心支行钱币博物馆 4.5 万元、中国工商银行股份有限公司新疆维吾尔自治区分行营业部 0.5 万元。

4. 组建普查队伍

普查期间，全区共投入各类人员 1641 人，具体如下：

表13　新疆维吾尔自治区普查人员投入统计表

单位：人

行政区	各级普查办	收藏单位	普查专家	普查志愿者	合计
总计	324	396	187	734	1641
省级	50	100	66	24	240
地州市级	56	112	45	92	305
县市区级	218	184	76	618	1096

在普查过程中，各级普查机构充分利用本地区的古籍办、收藏家协会、摄影家协会等专业力量和大学生志愿者协助开展普查工作。全区先后参与普查工作的非文博系统专家有15人，志愿者达734人。他们为新疆的可移动文物普查贡献了力量。

在普查过程中，新疆先后参加和举办过多次培训，培训范围广，形式多样：一是选派普查骨干参加国家文物局普查办举办的普查培训；二是邀请国家文物局普查办领导和疆内外专家，于2013年、2014年和2016年先后举办了三期全区范围的普查骨干培训班，大部分地州市也举办了本区域的普查培训；三是从全疆各地选调24名骨干，在昌吉回族自治州开展普查试点，通过以干代训的方式迅速建立起一支能够以点带面、指导一方的普查队伍；四是对文物认定专家和审核专家进行短期培训；五是通过电话和网络等形式对基层普查工作人员进行远程指导；六是派出专家对各地州市、新疆生产建设兵团和行业外收藏单位进行培训和指导。在人员培训和业务指导方面，自治区博物馆向全区提供了人员、技术和设备等方面的有力支撑。

（二）分阶段实施调查、认定、采集、登录、审核工作

1. 国有单位可移动文物收藏情况调查

自治区统计局为自治区文物局提供了全区国有单位名录，方便快速、准确地掌握了全区国有单位的数量、地区分布、行业分布和联系方式等基本信息，为各级普查机构制定工作计划，顺利发放《国有单位可移动文物收藏情况调查表》提供了前提条件。

2013年下半年至2014年初，各级普查机构在各自辖区内开展了国有单位可移动文物收藏情况调查，共向社会发放《国有单位可移动文物收藏情况调查表》24497份，回收率98.64%。对回收的调查表进行统计后，各级普查机构对反馈收藏有文物的国有单位开展回头看工作。通过电话问询、实地查看、专家认定等方式，最终确认全区纳入此次普查范围的国有收藏单位共有124家，纳入普查的文物近20万件/套。根据反馈结果，个别区县没有任何可以纳入到此次普查范围的可移动文物，自治区文物局普查办要求相关地区进一步核实情况，并出具情况说明。

2. 文物认定

2014 年 8 月，自治区文物局普查办成立了可移动文物认定工作专家库。根据地域关系、文物特点和专家所长分为东疆、北疆、南疆三个工作组，指定组长，选派组员。为进一步规范文物认定工作，自治区文物局普查办制定了《可移动文物认定工作手册》。

普查过程中，新疆各级普查机构共组织开展文物认定 20 多次。主要表现为以下三种方式：一是，自治区文物局普查办组织开展了三轮规模较大的文物认定工作：第一轮是 2014 年 8 月底至 11 月初，在全区范围集中开展了文物认定和相关业务指导工作，范围几乎涵盖所有文博系统内的收藏单位；第二轮是 2015 年 11 月中旬至 2016 年 1 月，组织专家对部分文物进行有针对性的认定，并对全区年代不详的藏品进行补充认定；第三轮是对行业外单位收藏的可移动文物进行认定。二是，自治区文物局普查办根据收藏单位的需要，不定期地进行文物认定。三是，乌鲁木齐市、吐鲁番市、阿克苏地区、自治区博物馆、新疆文物考古研究所等一些力量较强的地州市和收藏单位自行组织开展了一些文物认定工作。非文博系统收藏单位的认定工作主要集中在古籍图书、钱币和近现代民俗藏品几大类。自治区文物局普查办派出专家组，对伊犁哈萨克自治州民宗委古籍办、伊犁哈萨克自治州图书馆、博尔塔拉蒙古自治州图书馆、新疆大学博物馆、喀什大学民俗博物馆等非文博系统单位收藏的文物和古籍图书进行了认定。

在文物认定过程中，全区新发现收藏单位 28 家，新认定收藏单位 28 家，均为行业外收藏单位。文博系统内新发现、新认定藏品数量 77993 件/套，非文博系统内新发现、新认定藏品总数 2409 件/套。

此次认定不对文物进行定级，也不改变文物的权属，旨在为可移动文物普查服务，即扫清普查障碍，确保普查质量。其目的有五个方面：一是认定文物的性质，确定普查的范围；二是判定文物的名称、年代、质地、数量等主要指标项，为文物信息采集登录清除障碍；三是试图解决一些历史遗留下来的棘手问题；四是为完善文物账目，提升文物保管水平夯实基础；五是以老带新，锻炼和培养年轻的文物认定队伍。新疆的文物认定工作充分体现了上述五个方面的要求。

创新和亮点。一是在人员紧缺的情况下，充分发挥退休老领导和老专家的余热，开展文物认定工作；二是规范文物认定程序，考虑到认定工作对今后文物保管工作的影响；三是积极吸收文博系统外专家参与藏品的认定工作，充分尊重收藏单位对藏品认定的意见；四是查阅考古发掘报告、发掘简报和相关权威研究成果，对文物进行准确定名和断代。

3. 文物信息采集登录

信息采集登录是文物普查的核心环节。各级普查机构和文物收藏单位根据文物数量、人员配置和软硬件设施等条件自行安排具体的工作方式。自治区文物局普查办制定了进度计划表，及时通报普查进展，解决突出问题，安排具体工作，适时检查指导。

在文物信息采集登录过程中，各收藏单位根据自身的实际情况采取了不尽相同的工作方式。例如，新疆维吾尔自治区博物馆按照文物的保管部门分别进行普查；新疆文物考古研究所首先对历年来积压的上千箱出土文物逐箱逐件进行清理、登记和上架后，再按照统一标准对文物信息进行采集和登录；新疆文物总店直接将"宝友文物商品管理系统"中的藏品信息导入普查平台，然后补充不足的数据信息；哈密、喀什等地区由于基层力量十分薄弱，难以独立完成普查工作，为了不影响普查进度，这些地区的县级收藏单位的藏品信息采集登录工作主要由地区普查办组织人员帮助完成。

非文博系统单位的藏品数量一般不大，信息采集登录工作主要由其自行组织实施，当地普查机构提供必要的技术指导和人员支持。但是伊犁哈萨克自治州、吐鲁番市等地的非文博系统单位的工作主要是由当地普查办和博物馆帮助完成的。值得一提的是，中国人民银行乌鲁木齐中心支行钱币博物馆在普查过程中单位领导高度重视、各方面充分准备、组织实施有序、乌鲁木齐市普查办积极指导、专家严格把关、自治区文物局普查办离线审核，这种工作模式比较合理、高效，是值得推广的成功范例。

在信息采集登录阶段，全区的普查进度呈现出两个显著特点：一是登录进度前松后紧，普查伊始，许多单位存在观望和拖沓情绪，到2014年9月以后才开始集中登录；二是登录进度不平衡，至2014年12月，全区90%以上的收藏单位已经完成藏品信息采集登录与审核报送工作，但是大型收藏单位的登录进度明显滞后，部分行业外收藏单位的进度长时间停滞不前。

针对这些问题，自治区文物局普查办制定出工作计划，明确时间节点，采取多种措施积极督导检查，同时依托普查领导小组推进行业外普查进度。经过多方面努力，至2015年4月，新疆基本完成文博系统内藏品信息采集登录工作，2016年3月全面完成所有藏品信息的采集登录与审核报送工作。

4. 数据审核

数据质量是衡量可移动文物普查的重要指标，新疆对此高度重视，精心组织。为了确保普查数据准确、完整、规范、有效，2015年全年，自治区文物局普查办投入主要精力，以高度的责任感、精益求精的工作态度和极大的耐心开展了四轮审核修改工作。

2015年1月21日，自治区文物局普查办成立了文物审核工作专家库，要求专家在审核过程中要统一标准、耐心细致、突出重点、充分沟通、慎重修改，做好审核记录和修改信息的反馈工作。通过培训，首批 14 名专家按照工作流程和规范要求，对全区的藏品信息进行审核。审核工作结束后，各地州市普查办先后向自治区文物局普查办提交"错误藏品信息修改申请"，并委派专人赴自治区博物馆集中修改。经过专家审核、收藏单位自查、各地州集中修改三个环节，数据初审工作于 2015 年 5 月底结束，修改工作于 7 月 5 日全面完成，共审核数据 125400 条。

2015 年 2 月 25 日，国家文物局普查办印发了《第一次全国可移动文物普查数据审核工作管理办法》。自治区文物局普查办综合全区普查数据状况和国家文物局普查办对普查数据质量的最新要求，决定于 2015 年 7 月 14 日开展可移动文物普查数据终审工作，并研究制定出《新疆可移动文物普查藏品信息终审实施意见》《新疆可移动文物普查数据审核建议标准》和《关于新疆可移动文物普查文物年代填写的几点建议》，进一步统一了数据审核的各项指标，提高了终审工作的准确性和规范性。从 2015 年 7 月下旬至 10 月中旬，12 位审核专家基本脱离或半脱离本单位工作，放弃所有节假日，以高度的责任感和敬业精神对全区的数据逐条进行认真审核，努力将数据"差"评率控制在 0.5% 以内。终审工作共审核数据 203600 条，新疆的普查数据质量得到了更有效的保障。

为检验普查数据质量，终审工作结束后，自治区文物局普查办在全国率先向国家文物局普查办提出数据预审申请。2015 年 11 月 4 日，国家文物局普查办组织专家，在北京对新疆的普查数据进行抽样集中审核，并对新疆的普查工作和数据质量给予高度评价。根据专家的审核意见，自治区文物局普查办成立了数据审核修改工作组，于 2015 年 11 月 23 日~12 月 11 日对全区所有珍贵文物和部分重点文物进行更具针对性的审核与认定。此轮共审核数据 32000 条，进一步完善了数据信息，提高了数据质量。

全区有 5800 多件/套各类文物存在年代不详或定名不妥等问题。本着精益求精的工作态度和完善账目的使命感，自治区文物局普查办于 2016 年 1 月第四次组织了 12 人的专家力量，对此类文物进行定名和年代认定，解决了一大批多年悬而未决的历史遗留问题，也使新疆可移动文物普查的数据质量得到了进一步完善和提高。此次补充认定文物信息共计 3500 条。

由于行业外的普查工作起步较晚，进展较缓，这部分数据的审核工作主要由一两位审核专家在线随报随审，主体工作在 2016 年 1 月基本结束。至 2016 年 7 月，新疆的普查数据全部审核报送完毕。

审核过程中出现问题较多的指标项主要是：对文物类别的理解问题、文物数量计算问题、照片反映出的文物数量与所填数量不符问题等。出现此类问题的主要原因是：

各收藏单位对文物的管理方式和传统做法不同，以及工作人员对普查标准的理解不同所致。此外，文物名称不规范、年代填写跨度过大或不符合新疆历史发展特点等问题也较为突出。为了尽可能提高普查数据的准确率，同时确保普查平台数据与收藏单位文物账目的一致性，在省级审核中，普查办采取专家在线审核和各收藏单位复查双线并行的互补方式开展工作。

经过省级普查办长达一年的四轮审核，新疆的普查数据质量得到了大幅度提升。"差"评率达到了国家文物局普查办要求的 0.5% 以内。2016 年 6 月，新疆报送的普查数据顺利通过国家文物局普查办的抽样审核，数据优秀率达 98.8%。

（三）可移动文物普查宣传动员

第一次全国可移动文物普查的社会参与度非常高，这突显了宣传工作的重要性。自治区文物局普查办制定了《自治区可移动文物普查宣传方案》，并下设宣传报道组，具体负责相关工作。普查期间，各级普查机构从自身特色出发，根据不同阶段的工作重点开展了形式多样的宣传活动，并积极探索普查成果服务社会的有效途径，取得了良好的社会效果。截至 2016 年 9 月底，全区共开展电视宣传 174 次，网络宣传 437 次，报刊宣传 113 次，发放海报 5913 份，发放册页 124651 份。

表 14　新疆维吾尔自治区各级普查机构开展的普查宣传工作统计表

项目		合计	省级	地市级	县市级
组建宣传机构（个）		111	1	14	96
制定宣传方案（个）		111	1	14	96
宣传方式	电视（次）	174	2	40	132
	互联网（次）	437	200	106	131
	报刊（次）	113	32	41	40
	海报（次）	5913	2000	1064	2849
	册页（份）	124651	1200	67000	56451
	其他宣传方式： ①自治区文物局普查办邀请光明日报社记者赴普查一线采访报道； ②乌鲁木齐市普查办和昌吉州普查办分别拍摄了普查宣传片，在公交、广场、楼宇电视、无线数字机顶盒、网络等公共社交媒体上滚动播放； ③吐鲁番市普查办制作并发放印有可移动文物普查标识的办公用品和生活用品；仿制出古代服饰，通过流动博物馆将 T 台走秀送进农村、社区和学校，广泛宣传新疆的历史文化知识和可移动文物普查工作。					

2015 年 6 月，自治区文物局普查办利用"中国文化遗产日"在乌鲁木齐市博物馆

举办了"细数家珍共享宝藏——新疆维吾尔自治区第一次可移动文物普查成果展",广泛宣传文物知识和普查成果,受到主流媒体的关注,社会反响强烈。

自治区文物局普查办通过流动博物馆平台,邀请记者赴哈密市、吐鲁番市等地实地采访,与普查一线人员接触,相关报道刊登于《光明日报》和《中国文物报》的第一版,引起多方关注。

吐鲁番市普查办立足当地丰富的文物资源优势,不仅制作了印有可移动文物普查标识的生活用品,而且还精心复制了多套古代服饰,跟随流动博物馆展览车下乡村、进社区,走起 T 台秀。

(四)质量控制

新疆维吾尔自治区非常重视普查质量问题。从普查试点到人员培训,从信息采集到数据审核,从检查督导到数据安全,质量意识贯穿了普查工作的全过程。

1. 普查试点

2013 年 12 月,自治区文物局普查办组织全区各地州市 24 名普查骨干,在昌吉州 5 县 2 市开展文物信息采集登录试点,并召开试点工作经验交流会。通过 15 天的以干代训,为各地培养了一批普查骨干,也为全面开展信息采集登录工作打下良好的基础。

2. 普查培训

在整个普查过程中,全区各级普查机构和收藏单位共举办各类培训 263 次,培训普查人员 3760 人次。

表 15　新疆维吾尔自治区各级普查培训情况统计表

行政区划	年度	培训次数(次)	培训人数(人次)
省级	2013 年	7	284
	2014 年	12	307
	2015 年	11	253
	2016 年	1	19
	合计	31	863
地市级	2013 年	15	731
	2014 年	22	310
	2015 年	9	85
	2016 年	13	115
	合计	59	1241

行政区划	年度	培训次数（次）	培训人数（人次）
县市级	2013 年	49	955
	2014 年	63	375
	2015 年	36	173
	2016 年	25	153
	合计	173	1656
共　计		263	3760

表 16　新疆维吾尔自治区文物局普查办开展主要培训工作一览表

序号	培训时间	培训内容	培训对象	人次
1	2013.09	普查意义、文物定名要义、信息采集登录软件讲解	各地州市和区属文博单位普查骨干和主要领导	60
2	2013.09	普查意义、文物定名要义、信息采集登录软件讲解	各县市文博单位普查骨干和主要领导	160
3	2013.12	在昌吉州 5 县 2 市开展信息采集登录试点以干代训	各地州市和区属文博单位普查骨干	24
4	2014.05	普查软件使用方法和新旧 EXCEL 模板的转换	各级普查办骨干和主要领导	180
5	2014.06	文物普查摄影知识培训	新疆文物总店和考古所普查摄影人员	10
6	2014.07	普查软件的应用和 EXCEL 模板录入注意事项	阿勒泰地区各级普查办骨干	25
7	2014.08	文物认定	文物认定专家	12
8	2015.01	普查数据审核	审核专家	12
9	2015.04	EXCEL 模板录入和照片重命名工具的使用	新疆生产建设兵团各级普查办骨干	75
10	2015.07	普查数据审核	审核专家	12
11	2015.08	普查平台操作和文物保管	阿拉尔市普查骨干	35
12	2015.08	藏品信息采集登录规范	新疆文物总店	7

续表

序号	培训时间	培训内容	培训对象	人次
13	2015.08	普查平台操作	1. 中国工商银行股份有限公司新疆维吾尔自治区分行营业部博物馆 2. 中国人民银行乌鲁木齐中心支行钱币博物馆 3. 新疆大学校史陈列馆	24
14	2015.11	藏品保管业务培训，普查成果深化	全区地州市博物馆藏品保管人员	48
15	2016.06	普查档案和总结报告编制及数据安全管理	各地州市普查办和区属文博单位相关工作人员	19
2014 至 2015 年，自治区博物馆安排专人，通过电话和 QQ 等方式对全区各级普查办和收藏单位提出的 EXCEL 模板录入和普查平台操作等问题频繁进行解答。				

3. 督察

普查期间，自治区文物局普查办通过会议、文件、简报、电话、实地调研等方式开展了数十次督察。督察主要针对普查进度缓慢、组织实施不力、普查质量差等问题。督察后，绝大部分单位能很快认识到问题的严重性并加以改正。

4. 普查验收

2015 年 12 月 16 ~ 20 日，国家文物局普查办委托文物保护领域科技评价研究国家文物局重点科研基地（北京化工大学）在新疆开展第一次全国可移动文物普查中期现场中期评估工作。评估组先后赴新疆维吾尔自治区博物馆、新疆维吾尔自治区文物考古研究所、乌鲁木齐市普查办、中国人民银行乌鲁木齐中心支行钱币博物馆、昌吉回族自治州普查办、吐鲁番市普查办，采取座谈会、现场考察和调查问卷相结合的方式，通过查看普查档案资料、普查工作场所、文物库房，召开座谈会，和一线普查工作人员、文物认定专家、数据审核专家交谈等方式，全面深入了解普查工作的组织实施和进展情况。通过评估，工作组认为新疆的普查工作突出，具有两个方面特点：一是普查队伍工作能力过硬，态度严肃认真；二是普查工作进度快，质量高，位居全国前列。

2016 年 8 月 19 日，国家文物局普查办印发《关于做好第一次全国可移动文物普查验收工作的通知》，自治区文物局普查办在第一时间转发了文件，各级普查办随即开展本区域的普查验收工作。验收工作已经顺利完成。

5. 安全管理

文物安全重于泰山。自治区文物局普查办要求各级普查机构建立保障文物安全的工作制度，要求普查工作人员必须始终竖立高度的责任感和预防性保护意识，防止在可移动文物普查过程中出现重大文物安全事故。

新疆在普查过程中始终将数据安全管理放在特殊重要的位置去对待。尤其是随着数据量的不断增加，数据安全管理工作显得尤为重要。自治区文物局普查办通过会议强调、文件通知、举办培训、实地检查等方式推进工作落实，确保普查数据的安全性、完整性和有效性，严密防止数据泄露和损坏。

在整个普查过程中，新疆未出现因普查而导致的人员安全、文物安全和普查数据安全事故。

（五）普查工作总结

1. 建立普查档案

2016 年 6 月，自治区文物局普查办在自治区博物馆举办全区普查档案和工作报告编制及数据安全管理培训班。要求普查办组织专人对本区域普查的各个环节进行全面梳理和总结，形成真实、完整、规范的普查档案。截至 2016 年 9 月，新疆按照统一标准建立普查档案的机构和单位共有 91 个，其中县市级 73 个，地州市级 14 个，区属文博单位 3 个，省级 1 个，完成率 82%。

2. 编制普查工作报告

为了尽可能全面、真实的反映本区域内的普查工作，避免只局限于本级，普查工作报告的编制采取自下而上的形式进行编写。2016 年 9 月，新疆共编制普查工作报告 109 篇，完成率 100%。其中县市级普查工作报告 90 篇，地州市级 14 篇，区属文博单位 4 篇，省级 1 篇。

3. 普查表彰

新疆第一次全国可移动文物普查已经顺利收官，各项目标任务已经圆满完成。为了总结普查工作，发布普查成果，表彰先进，部署普查结束后的数据安全管理和普查成果转化及服务社会相关事宜，自治区文物局普查办报请自治区人民政府同意，计划召开全区普查总结表彰会议。

三、新疆维吾尔自治区普查工作成果

经过各级普查机构和广大一线工作人员的不懈努力，新疆第一次全国可移动文物普查结出了累累硕果——全面掌握了国有可移动文物的资源和价值，进一步健全了可移动文物的保护体系，使可移动文物在经济社会发展中的重要作用更加凸显和有效发挥。

（一）全面掌握新疆国有可移动文物的资源和价值

1. 摸清可移动文物的数量和分布情况

截至 2016 年 10 月 31 日，新疆国有可移动文物收藏单位共计 140 家，其中行业外 39 家，共有可移动文物 177602 件。全区珍贵文物 12935 件。

总体来看，新疆国有可移动文物资源的分布呈现出以下几方面特点：

一是从收藏单位隶属关系看，11 家央属省属单位的文物数量占全区总量的 52.94%、地市属占 31.10%、县区属占 15.87%、乡镇街道属 0.01%、其他单位占 0.08%。

二是从收藏单位类型看，63.49% 的文物集中收藏在 85 家博物馆和纪念馆。

三是从所属系统看，文博系统内收藏单位共计 101 家，文物数量 409056 件，占总量的 69.73%；文博系统外收藏单位共计 39 家，文物数量 177602 件，占总量的 30.27%。

四是从来源方式看，旧藏的文物占总量的 31.92%，发掘的文物占总量的 26.59%，二者之和占总数的 58.5%。

五是从入藏时间看，1977～2000 年入藏的文物数量占总数的 58.65%，2001 年至今入藏的文物数量占总数的 36.56%，二者之和占总数的 95.21%。

六是从文物类别看，数量在 1 万件以上的类别有 7 个，分别是钱币类（253935件），古籍图书类（148137 件），石器、石刻、砖瓦类（17887 件）、竹木雕类（12651件），档案文书（11511 件），铜器类（11247 件），织绣类（10048 件），占总量的 79.34%。

2. 掌握可移动文物的保存状况

按照保存状况统计，状态稳定不需修复和已修复的文物占总量的 67.4%。

表 17　新疆维吾尔自治区普查文物保存状况统计表

单位：件

保存状况	文物	占比
状态稳定，不需修复	385796	65.77%
部分损腐，需要修复	188288	32.10%
腐蚀损毁严重，急需修复	2962	0.50%

单位：件

保存状况	文物	占比
已修复	9505	1.62%
合　计	586551	100%

在普查过程中，以自治区博物馆和新疆文物考古研究为代表的众多收藏单位开展了文物库房清理、登记造册和上架管理等工作，不仅为普查的顺利开展奠定了基础，而且使文物的保护条件和保存环境得到了较大改善，同时也盘活了文物资源。

（二）健全可移动文物的保护体系

1. 完善可移动文物档案

在普查过程中，各级普查办共对全区百余家单位的约 8.3 万件/套藏品进行了认定，三分之二以上的收藏单位对藏品账目和档案进行了不同程度的补充和修正。极少数单位以前没有正规的藏品账目和档案，此次普查过程中进行了新建或重建。文博系统内新建、重建藏品账目及档案的文物数量 75435 件/套，非文博系统内新建、重建藏品账目及档案的文物数量 9098 件/套。在操作过程中，自治区文物局普查办强调必须严格按照文物法律法规和博物馆文物总账管理的有关规定执行，注意维护藏品账目和档案的权威性和严肃性，不得对其进行随意更改。

新疆文博系统内大型收藏单位（指藏品总量在 1 万件/套以上）共有 7 家，分别是新疆维吾尔自治区博物馆、新疆文物考古研究所、新疆文物总店、吐鲁番博物馆、哈密地区博物馆、乌鲁木齐市博物馆、巴音郭楞蒙古自治州博物馆。通过此次普查，上述单位均开展并完成清库建档和账目核对工作。

普查中解决以下相关问题：一是努力解决普查经费落实难度大和经费短缺问题；二是通过人员借调、地区整合力量搞会战、优化工作方式、延长工作时间、吸收社会力量参与等方式努力弥补人员紧缺、工作能力不足等问题；三是通过调整工作方式、增加摄影设备和人员数量、单位间相互支援、聘请摄影家协会会员等方式，解决文物图像采集缓慢这一制约普查进度和影响普查质量的瓶颈；四是下定决心组织力量处理了不少比较棘手的历史遗留问题；五是讨论解决一些不完全适用于新疆历史和文物特点的标准；六是通过对网络改造升级、错峰登录普查平台等途径进行数据上传、审核、修改与报送工作。

普查对文物保护管理等基础工作推动作用如下：一是全面掌握了新疆可移动文物的基本情况，为文物的日常保管和政府决策提供了可靠依据；二是通过普查完善了藏品账目和档案，统一了馆藏文物登录标准，实现了文物信息的数字化，为文物的管理、保护和利用提供了极大的便利，提高了文物的利用率，从某种程度上推动了传统文物工作方式的革新；三是一定程度上改善了文物的保管条件和保存环境；四是通过普查厘清并解决了不少多年积压的问题；五是系统地锻炼和培养了文博队伍，特别是提升了基层文博工作者的业务能力和水平。

2. 完善制度和规范

通过此次普查，绝大部分单位能够根据国家和自治区的统一标准，结合自身实际情况建立和完善文物认定、登记、管理和利用制度。各级普查办还根据行业外文物收藏单位的请求，积极指导和帮助其建立和完善文物登记和管理制度。

3. 明确可移动文物保护需求

新疆文物的整体保存状况良好，但是这主要得益于新疆干燥的自然环境。我们应该充分认识到新疆文物的独特性和重要价值，从思想上和技术上加强对各级各类文物的保护力度，特别是加大对文书、简牍和纺织品等有机质文物、泥塑等易碎文物、金属等易腐蚀文物的预防性保护和科技保护力度。

表 18　新疆维吾尔自治区不同质地文物的保护需求一览表

文物质地	建议采取的保护方法
木	除尘、加固、粘接、封护
竹	除尘、加固、粘接、封护
纸	除尘、脱酸、补洞、装裱
毛	清理、修补、背衬
丝	清理、修补、背衬
皮革	防腐、矫形、加固
骨角牙	去锈除霉、矫形、加固、粘接
棉麻纤维	清理、修补、背衬、封存
其他植物质	除尘、封存
其他动物质	除尘、封存
其他有机质	除尘、封存
石	粘接
瓷	粘接
砖瓦	脱盐、粘接
泥	除尘、渗透加固、粘接、补配

续表

文物质地	建议采取的保护方法
陶	脱盐、渗透加固、粘接、补配
玻璃	粘接、封存
铁	除锈、脱盐、矫形、封护
铜	除锈、矫形、封护
宝玉石	封存
金	矫形、封存
银	矫形、封存

4. 扩大可移动文物的保护范围

扩大了可移动文物保护的行业范围。新疆纳入此次普查范围的非文博系统单位共计 39 家，登录文物总量 177602 件。主要分布在图书馆、档案馆、民宗委古籍办、教育、金融等行业和部门。非文博系统单位的藏品专业特色鲜明，丰富了新疆可移动文物的种类和体系。通过普查发现，大部分藏品的保存状态较稳定，但是保存条件较差。非文博系统单位的藏品纳入到保护范围后，将为今后相关政策的制定提出新的要求。

扩大了可移动文物保护的数量，明确了保护需求。全区保存程度为部分损腐和腐蚀损毁严重需要修复的文物有 19.1 万件。完残程度为残缺和严重残缺的文物有 10.8 万件，两者占全区文物总量的 18.48%。无论从文物数量还是保护需求来说，保护的范围都较普查前有明显的扩大。

（三）有效发挥可移动文物在经济社会发展中的重要作用

自治区人民政府副主席、自治区普查领导小组组长在 2015 年 12 月 9 日召开的可移动文物普查领导小组会议上强调，要进一步巩固好文物普查工作成果，要以文物普查为契机，加强正面宣传引导，重视发挥历史文化遗产在"去极端化"中的特殊重要作用，让文物说话，把历史智慧告诉人们，用史证批驳宗教极端思想，引导各族群众正视历史，使各族群众共用共享普查成果。这充分说明了可移动文物普查和可移动文物对于新疆经济社会发展的重要作用。

在普查成果的开发与利用方面，应该做好以下几方面工作：一是公布普查成果。在不影响收藏单位权益，不违反相关保密政策的前提下，文物行政主管部门将视情况逐步公布普查相关成果，向社会提供公共服务。二是利用普查成果制作更多内容丰富的展板，通过"流动博物馆"等形式将展览送进社区、农村和学校，丰富广大基层群众的精神文化生活，为维护新疆社会稳定和长治久安发挥积极作用。三是积极支持文物衍生品的开发和经营，做大做强文化创意产业，在提高经济效益的同时，在全社会形成保护和传承珍贵历史文化遗产的良好氛围。四是充分利用普查成果推动文物事业发展，提高文物保管、保护、研究和展示水平。通过普查，一大批文物的价值被重新发现和挖掘。许多博物馆或将展线上的文物进行调换和充实，或举办专题性展览，受到广泛欢迎和好评。

建　议

1. 对可移动文物认定工作的建议

制定和完善不同类型文物的认定标准。长期以来，文博系统比较注重对出土文物的收藏、保护和研究，对革命文物、近现代民族民俗文物，特别是工业遗产等行业性较强的文物的关注度较低，没有可资参考的权威标准，给文物的认定和登录工作造成了一些困扰。建议文物主管部门组织专家，针对具有普遍性、代表性和专业性较强的文物类型研究出台相关标准与规范。同时，加强对文物认定人员的培养。要尽快研究并建立起合理的文物认定人才培养机制，出台中长期人才培养规划，彻底解决人才断档问题。要努力形成爱惜人才、用好人才和培养人才的良好氛围，勇于摒弃制约人才培养和使用的不合理制度和不恰当做法，充分激发专业人才的工作热情和创造潜力，积极创造发展空间和施展才华的平台。

2. 对可移动文物管理工作的建议

（1）勇于制度创新

突破传统的固化的思维模式，建立更加灵活和开放的文物管理制度已经势在必行。如何打破壁垒，在制度上鼓励和确保不同收藏单位间文物的高效整合与利用；如何探索文博系统内外文物收藏单位间的管理与合作问题；如何更好地吸纳文博系统外优秀专家参与文物认定和展览提升等工作等问题成为制度创新的重要方向。

（2）加强文物库房管理制度建设和库管人员培训力度

由于编制和经费严重短缺，基层文物收藏单位的基础非常薄弱。大部分县市级博物馆没有专门的文物保管员，对文物库房的管理也很难做到双人双钥匙。而且库管人员工作经验不足，一边工作一边摸索，流动性较大，使得文物管理工作常常处于一种"不求无功但求无过"的状态，专业性和传承性几乎无从谈起。因此，建议加强文物库房管理制度的建设和执行力，特别注重对库管人员的培训，尤其是保管部主任的选拔和培养。建议提高整个库管队伍的职业素养和专业化水平；培养从业人员对文物的感情，增强责任意识和风险意识；推动基层博物馆向专业化、规范化和科学化方向快速发展。

（3）提高行业外单位藏品管理工作的专业化和规范性

普查发现，行业外文物收藏单位博物馆管理专业人才缺乏，而且基本上没有经过正规的文物保管业务培训和学习，目前多以管理资产的方式管理文物。虽然一些单位通过此次普查建立了相关制度，但是急需对文物保管从业人员进行专业技能培训。同时，绝大多数系统外文物收藏单位没有标准化的文物库房，文物保存环境不佳，管理工作缺乏规范性和科学性，建议加强管理和业务指导。

（4）突出对可移动文物的"动态管理"

第一次全国可移动文物普查于2016年12月31日结束，但藏品管理是各收藏单位的一项长期的动态性工作。藏品的展出、移动、损坏、修复等信息都有可能发生变化，藏品的级别和基本情况描述也有可能随着研究的深入发生改变。此次普查是全国大部分文物收藏单位藏品数字化管理工作的开始，建议突出并强化可移动文物"动态管理"的特点。

3. 对可移动文物保护工作的建议

（1）科学规划组织实施保护项目

为了统筹可移动文物保护项目的规划、管理和实施，提升保护项目的针对性和有效性，建议由省级文物主管部门提出指导意见，编制新疆馆藏文物保护规划，并建立项目库，有重点、有计划、有步骤地组织编制文物保护修复方案，争取更多专项资金支持。同时规范文物保护项目的申请、审核、执行、验收程序及监管办法。加强可移动文物保存及展示环境改善等预防性保护项目，逐步建立起集病害调查、环境监控、保护修复为一体的可移动文物保护网络体系，最终实现"标本兼治"。

（2）预防性保护和科学修复并重

竖立预防性保护和科学修复并重的理念，充分认识到日常管护对文物安全和保护的重要性。当前，新疆基层单位的文物库房大都面积窄小、设备简陋、自然环境保存。在普查中，工作队员发现部分文物因温湿度的因素出现老化变质现象。因此急需开展对可移动文物的预防性保护工作。建议对可移动文物的有效保护应该从三个方面着手：一是制订文物库房标准化建设和管理方案，逐步地彻底地改变文物库房建设的随意性；二是配备有效的环境监测和调控设备，改善文物的保存和展示环境，尽可能降低环境对文物的干扰和损坏；三是要建立一支传承有序、门类完备、人员稳定的文物保护和修复专业人才队伍。

（3）文物保护项目资金的使用要与财政政策相适应

由于文物保护修复工作的特殊性，其项目周期一般都要跨年度甚至跨几个年度。建议逐年、尽早下拨项目资金，以便提高资金的使用效率，更好地适应财政政策。

（4）重视文物保护研究工作

新疆属于相对边远落后地区，很难吸引和留住人才。长期以来，虽然文物保护技术多延续传统技艺，培养了一批工匠型人才，但是全区文物保护工作缺乏研究型和复合型人才，致使文物保护事业缺乏研究成果支撑和理论创新引导，修复水平也很难取得突破。实践表明，新疆文物保护事业的发展必须要有创新思维和创新模式，一方面要积极与国内外高水平科研机构和院校合作开展文物保护项目；另一方面要以项目为依托，加大人才培养力度和体制机制创新；同时要努力开展干旱地区文物保存环境、保存标准、文物保护材料和保护工艺的研究，使文物保护水平得到全面提高。

4. 对可移动文物利用的建议

（1）盘活文物资源，发挥文物价值

建议尽快规范并落实文物移交制度；大力倡导和鼓励馆际之间通过文物借展、借调、调拨、交换等形式互通有无，盘活文物资源；同时提高文物库房的开放程度，为专业研究人员和教学实习等特殊需求者提供更多的文物资源和文物信息，使库藏文物能够真正"活"起来。

（2）发展文创产业——从"守好家底"到积极作为

长期以来，文物工作的思路和方法往往固守在"守好家底"的模式中，侧重对文物本体的保管和保护，对文物蕴含的社会价值挖掘得不够，给人留下"只投入不产出"的被动印象。在当前发展文创产业的大好形势下，文物资源的管理者必须转变思路，培养人才，突破壁垒，拓展渠道，推动文创产业尽快做大做强，让文化效应、经济效应和社会效应产生共鸣。

5. 对基层文博行业人才培养工作的建议

（1）高度重视人才培养机制和人才队伍建设

文物主管部门应把建立一个具有较强指导性、约束力和执行力的人才培养机制作为推动文博事业发展的首要问题进行考虑，要把培养文博人才，稳定人才队伍作为重要工作来抓。

（2）探索合理的人才培养和使用机制，提高培训效果

新疆基层文博工作人员很多文物工作经验不足，专业素质和业务能力普遍较低，成为制约博物馆事业健康、快速发展的突出因素。近年来，虽然各级文物主管部门举办了不少培训班，但是往往投入大产出小，效果有限。究其原因主要有：培训时间太短、方式方法过于单一、内容针对性不强、对学员的选择把关不严、培训结束后对学员的使用不当等。建议培训的内容和方式应更具针对性，对人才的使用也要更加合理，以确保培训取得实效。

新疆生产建设兵团
第一次全国可移动文物普查工作报告

2012 年 10 月 1 日，国务院印发《关于开展第一次全国可移动文物普查的通知》，成立普查领导小组，启动了第一次全国可移动文物普查工作。2013 年 4 月 18 日，国务院召开了第一次全国可移动文物普查电视电话会议。根据国务院要求，成立兵团第一次全国可移动文物普查工作领导小组及办公室，制定了《新疆生产建设兵团第一次全国可移动文物普查实施方案》，正式启动了兵团第一次全国可移动文物普查工作。

本次可移动文物普查的范围和内容主要包括兵团辖区内各级国家机关、事业单位、国有企业和国有控股企业等各类国有单位法人所收藏保管的可移动文物。兵团军事部和武警指挥部系统按照军队的安排统一进行，未列入普查范围。

本次普查出的文物包括：1949 年（含）以前，历史上各时代珍贵的艺术品、工艺美术品；历史上各时代重要文献资料以及具有历史、艺术、科学价值的手稿和图书资料等；反映历史上各时代、各民族社会制度、社会生产、社会生活的代表性实物。由博物馆、纪念馆收藏登记的 1949 年后的藏品等。普查未发现有自然类文物。

新疆生产建设兵团辖区各师（市）收藏单位藏有大量屯垦戍边的军垦文物，也有一批辖区内出土、采集的历史文物，门类丰富，研究价值突出。兵团可移动文物资源是中华民族历史文化和民族精神、兵团精神的实物见证。本次可移动文物普查，有利于准确掌握和科学评价兵团历史及文物资源情况和价值，建立文物登录备案机制，健全文物保护体系，推动兵团文物在促进兵团经济社会发展总体布局中发挥积极作用。

一、新疆生产建设兵团普查数据

截至 2016 年 10 月 31 日，新疆生产建设兵团在全国可移动文物信息平台登录可移动文物 19011 件/套，实际数量为 29416 件。其中，珍贵文物 147 件/套，实际数量为 250 件。登录可移动文物信息的收藏单位 42 家。

（一）新疆生产建设兵团可移动文物基本情况

1. 类别

表1 可移动文物类别

可移动文物类别	可移动文物实际数量（件）	实际数量占比（%）
合计	29416	100.00
玉石器、宝石	88	0.30
陶器	658	2.24
瓷器	83	0.28
铜器	575	1.95
金银器	11	0.04
铁器、其他金属器	481	1.64
漆器	2	0.01
雕塑、造像	411	1.40
石器、石刻、砖瓦	234	0.80
书法、绘画	615	2.09
文具	96	0.33
甲骨	1	0.00
玺印符牌	118	0.40
钱币	506	1.72
牙骨角器	43	0.15
竹木雕	520	1.77
家具	130	0.44
珐琅器	0	0.00
织绣	756	2.57
古籍图书	665	2.26
碑帖拓本	0	0.00
武器	283	0.96
邮品	101	0.34
文件、宣传品	8806	29.94
档案文书	2194	7.46

可移动文物类别	可移动文物实际数量（件）	实际数量占比（%）
名人遗物	377	1.28
玻璃器	112	0.38
乐器、法器	105	0.36
皮革	141	0.48
音像制品	1596	5.43
票据	4764	16.20
交通、运输工具	74	0.25
度量衡器	133	0.45
标本、化石	34	0.12
其他	4703	15.99

2. 年代

（1）可移动文物年代类型

表2　可移动文物年代类型

可移动文物年代类型	可移动文物实际数量（件）	实际数量占比（%）
合计	29416	100
地质年代	2	0.01
考古学年代	24	0.08
中国历史学年代	2805	9.54
公历纪年	25213	85.71
其他	1172	3.98
年代不详	200	0.68

（2）可移动文物中国历史学年代分布

表3　可移动文物中国历史学年代分布

可移动文物中国历史学年代	可移动文物实际数量（件）	实际数量占比（%）
合计	2805	100.00
夏	0	0.00
商	32	1.14
周	0	0.00

续表

可移动文物中国历史学年代	可移动文物实际数量（件）	实际数量占比（％）
秦	0	0.00
汉	94	3.35
三国	0	0.00
西晋	1	0.04
东晋十六国	3	0.11
南北朝	1	0.04
隋	0	0.00
唐	911	32.48
五代十国	0	0.00
宋	67	2.39
辽	0	0.00
西夏	0	0.00
金	0	0.00
元	18	0.64
明	96	3.42
清	571	20.36
中华民国	268	9.55
中华人民共和国	743	26.49

3. 级别

表4　可移动文物级别

可移动文物级别	可移动文物实际数量（件）	实际数量占比（％）
合计	29416	100.00
一级	33	0.11
二级	18	0.06
三级	199	0.68
一般	1468	4.99
未定级	27698	94.16

4. 来源

表 5　可移动文物来源

可移动文物来源	可移动文物实际数量（件）	实际数量占比（%）
合计	29416	100.00
征集购买	7574	25.75
接受捐赠	16953	57.63
依法交换	0	0.00
拨交	3720	12.65
移交	652	2.22
旧藏	113	0.38
发掘	64	0.22
采集	240	0.82
拣选	17	0.06
其他	83	0.28

5. 入藏时间

表 6　可移动文物入藏时间范围

可移动文物入藏时间范围	可移动文物实际数量（件）	实际数量占比（%）
合计	29416	100.00
1949 年 10 月 1 日前	0	0.00
1949 年 10 月 1 日~1965 年	27	0.09
1966~1976 年	39	0.13
1977~2000 年	1392	4.73
2001 年至今	27958	95.04

6. 完残程度

表 7　可移动文物完残程度

可移动文物完残程度	可移动文物实际数量（件）	实际数量占比（%）
合计	29416	100.00
完整	4420	15.03
基本完整	19216	65.32
残缺	5624	19.12
严重残缺（含缺失部件）	156	0.53

（二）新疆生产建设兵团可移动文物分布情况

1. 按收藏单位隶属关系统计可移动文物数量

表8 可移动文物数量分布（按收藏单位隶属关系）

收藏单位隶属关系	可移动文物实际数量（件）	实际数量占比（%）
合计	29416	100.00
中央属	0	0.00
省属	673	2.29
地市属	23650	80.40
县区属	3397	11.55
乡镇街道属	737	2.51
其他	959	3.26

2. 按收藏单位性质统计可移动文物数量

表9 可移动文物数量分布（按收藏单位性质）

收藏单位性质	可移动文物实际数量（件）	实际数量占比（%）
合计	29416	100.00
国家机关	260	0.88
事业单位	26724	90.85
国有企业	1673	5.69
其他	759	2.58

3. 按收藏单位类型统计可移动文物数量

表10 可移动文物数量分布（按收藏单位类型）

收藏单位类型	可移动文物实际数量（件）	实际数量占比（%）
合计	29416	100.00
博物馆、纪念馆	28149	95.69
图书馆	40	0.14
美术馆	0	0.00
档案馆	23	0.08
其他	1204	4.09

4. 按收藏单位所属行业统计可移动文物数量

表 11　可移动文物数量分布（按收藏单位所属行业）

行业	可移动文物实际数量（件）	实际数量占比（％）
合计	29416	100.00
农、林、牧、渔业	1624	5.52
采矿业	0	0.00
制造业	0	0.00
电力、热力、燃气及水生产和供应业	0	0.00
建筑业	51	0.17
批发和零售业	0	0.00
交通运输、仓储和邮政业	0	0.00
住宿和餐饮业	0	0.00
信息传输、软件和信息技术服务业	0	0.00
金融业	0	0.00
房地产业	0	0.00
租赁和商务服务业	0	0.00
科学研究和技术服务业	0	0.00
水利、环境和公共设施管理业	0	0.00
居民服务、修理和其他服务业	0	0.00
教育	0	0.00
卫生和社会工作	0	0.00
文化、体育和娱乐业	27301	92.81
公共管理、社会保障和社会组织	440	1.50
国际组织	0	0.00

二、新疆生产建设兵团普查组织实施

（一）普查的组织、协调工作

1. 设立组织机构，制定普查实施方案

2012 年 10 月，国务院下发《关于开展第一次全国可移动文物普查的通知》，正式

启动了第一次全国可移动文物普查。兵团党委、兵团高度重视可移动文物普查工作，根据国务院要求，兵团办公厅于 2013 年 4 月 25 日印发《关于成立兵团普查领导小组的通知》，成立了第一次全国可移动文物普查领导小组，下设办公室；充分考虑与文物普查关联紧密的重点行业、系统，将其纳入普查领导小组成员单位，建立运转有效，涉及教育、图书、档案、宗教等领域的联系协调机制，形成属地调查与重点行业调查相结合的工作模式。并结合自身实际情况，编制印发了兵团文物普查工作的通知。兵团各师（市）按照要求成立了领导小组，设立普查办公室。

为切实增强普查工作的针对性、有效性和科学性，兵团文物普查办公室结合兵团文物工作实际，组织制定《新疆生产建设兵团第一次全国可移动文物普查实施方案》，该方案就普查的意义、目的，普查的范围和内容，普查的技术路线、方法与质量管理，普查组织机构、职责和工作方式，普查的时间、步骤与流程，普查工作制度，普查培训，普查数据管理等做出了具体的规定和说明。《实施方案》出台后立即下发各师（市），正式启动兵团第一次全国可移动文物普查工作。各师（市）也结合实际情况，制定师（市）级实施方案，组织辖区内可移动文物普查。

2. 组建普查队伍，落实普查工作经费

为了保证普查工作的正常开展，从兵团到各师（市）普查均安排专门人员，组建普查工作队伍，执行统一的标准规范，进行文物调查认定、信息采集登录及其他相关工作。其中兵团文物普查办工作人员 4 名，普查专家 1 名，普查志愿者 2 名；各师（市）文物普查办计 97 名工作人员，普查专家 10 名，文物收藏单位有 92 人参与，普查志愿者 75 人；团（镇）级普查办 266 名，志愿者 132 名。普查负责开展普查工作。为提高普查工作人员的业务能力，兵团文物局举办的文物普查培训班 3 次，参训 244 人次；各师（市）举办培训班次达 54，参训 838 人次，培训内容涉及可移动文物相关知识、法律法规、业务技术、经费使用等，着力提升从业人员专业知识和业务素质，为普查工作的开展提供了人员保障。

自普查工作启动以来，兵团认真贯彻《财政部、国家文物局关于加强第一次全国可移动文物普查经费保障与管理的通知》精神，高度重视可移动文物普查工作，切实保障普查经费，重点支持普查组织动员和人员培训、国有单位文物调查、信息采集和数据审核处理等工作。自 2013～2016 年全兵团各级共投入普查经费 1161.3 万元，其中兵团本级投入 171 万元，各师市投入 400.85 万元，团镇级投入经费 589.45 万元。

同时根据这次普查涉及范围广、参与单位多、延续时间长的特点，兵团财务局、

表 12　2013～2016 年兵团各级普查工作经费一览表

单位：万元

行政区	合计	2013 年	2014 年	2015 年	2016 年
各级总计	1161.3	220.2	334.28	298.05	308.77
兵　团	171	21	50	50	50
师市级	400.85	58.5	130.73	102.5	109.12
团镇级	589.45	140.7	153.55	145.55	149.65

兵团文物局合理安排预算，建章立制，强化管理，实行专款专用，规范资金支出渠道和开支范围，确保资金落实。在普查工作中，按照中央八项规定和厉行节约、反对浪费的要求，在确保普查任务完成的同时，避免了重复建设、资源浪费。并通过文物普查资金使用情况的监管，防止国有资产流失，提高资金使用的安全性和有效性。

（二）调查、认定、采集、登录、审核，分阶段实施普查

1. 国有可移动文物收藏单位调查

为了确保可移动文物信息的完整性、真实性和准确性，普查办从统计、编委、工商、质监等部门收集了机关事业单位和国有大中型企业共计 1346 家，进行确认、校对、分类和整理。按单位性质，其中机关 473 个，事业单位 549 个，国有企业及国有控股企业 266 个，其他 58 个。普查人员实行分工负责，将辖区内的调查单位按照行业属性进行划分，对负责区域内的机关、事业及国企单位文物收藏情况进行摸底，普查队员深入各单位发放《国有单位文物收藏情况调查登记表》进行普查，被调查单位的主管领导要在调查表上签字盖章确认该单位有无文物及文物数量，1346 家国有单位先后发放调查登记表 1346 张，普查覆盖率达到 100%，回收 1346 张，回收率 100%。并通过实地走访和电话调查等形式进行调查，最终反馈收藏有文物的单位 53 个。摸底调查和表册填写工作于 2014 年 7 月 30 日结束。经过统计汇总，普查办将摸底调查情况上报国家文物局。

2. 国有可移动文物认定工作

普查办组织军垦文物专家组对各收藏单位进行了军垦文物的认定，并协调自治区历史文物专家组分赴各师（市）博物馆、纪念馆及其他收藏单位，对历史文物进行了现场认定。新发现、新认定文物总数 19011 件/套，18 家文博系统收藏单位新发现、新认定文物数 16689 件/套，24 家非文博系统收藏单位新发现、新认定文物数 2322 件/套。

表 13　兵团新发现、新认定文物分布统计

		兵团属	师市属	团镇、街道属	其他	合计
文博系统	收藏单位数量（家）	—	8	9	1	18
	新发现、新认定藏品数量（件/套）	—	14419	2260	10	16689
非文博系统	收藏单位数量（家）	1	4	17	2	24
	新发现、新认定藏品数量（件/套）	539	319	577	887	2322

3. 国有可移动文物信息采集录入

自 2014 年 8 月，兵团普查办从各收藏单位选派专职人员负责文物信息采集录入工作。由于兵团文物工作起步晚、基础薄弱，业务人员从业素质不高，普查办组织了专门有针对性的业务培训，普查办业务人员专门赴各收藏单位指导建立文物总账和文物档案，对文物的信息采集进行指导和帮助。采集录入人员根据《藏品登记表》提供的数据和相关文物的影像信息进行数据采集录入。在数据采集录入过程中，采集录入人员认真负责，面对重复的工作内容，克服急躁情绪，有条不紊地开展工作，及时和数据采集人员、审核人员进行沟通，保证了数据的准确及时录入。至 2015 年 10 月，基本完成国有可移动文物信息采集录入工作。

4. 可移动文物信息审核

兵团可移动文物信息数据采用逐级审核上报的办法，先由收藏单位的审核员负责审核报送，再经师（市）普查办的审核员审核上报兵团普查办。具体工作开始于 2015 年 10 月，主要是核对数据的准确性和规范性，对漏填的信息进行补充，尤其是藏品存在的信息不完整或信息不准确的问题，在审核中都进行了逐项修改，保证了文物数据信息的真实完整可靠。在师（市）普查办的审核过程中，按照普查办的要求对部分藏品的年代、照片、完残情况、数量等错误信息进行改正，确保录入藏品的准确性。兵团普查办负责对师（市）审核人员提交的文物信息进行最终审核，将审核通过后的文物信息通过全国第一次可移动文物普查统一平台提交至国家文物局抽审。

（三）普查宣传

为使兵团各级充分认识、高度重视普查工作，各级普查机构、全体普查人员依法开展普查工作，推动形成全兵团关注、支持和参与普查的工作机制和舆论氛围，兵团各级普查机构高度重视宣传工作，组建宣传机构，制定普查宣传工作方案。积极稳妥、

有力有序地开展普查宣传活动，把宣传工作贯穿普查全过程。通过统一部署，整体规划，形成多层面、多方位的普查宣传格局，有效调动社会各方面关心、关注并参与普查工作的积极性、主动性和创造性，为普查工作创造良好氛围。

一是借助电视媒体，在广播电视台播放宣传口号；二是在普查范围内张贴、发放宣传页和海报，悬挂宣传横幅，广泛张贴宣传标语和宣传海报、发放宣传册页；三是利用网络宣传平台，发布文物普查最新动态；四是重大活动宣传：充分利用"国际博物馆日""中国文化遗产日"等重要文博相关节日的机会，提前策划，突出主题，开展普查专题或主题宣传活动。根据兵团第一次全国可移动文物普查验收统计，各师（市）进行电视报道宣传1084次，互联网宣传396次，报刊宣传171次，印制海报、册页21421余份。

（四）质量控制

兵团各级普查办严把文物信息采集录入和审核质量关。在文物信息采集录入过程中，普查办严格按照"一建账、二拍照、三登记、四录入"的基本步骤对博物馆馆藏文物进行了普查。严格按照普查手册要求，在普查骨干的指导下，按照 Excel 录入模板采集文物信息。对一些容易出错的文物信息认真核对，如文物命名、类别、质地、质量范围等。当出现上述相关问题时，各收藏单位普查人员与上级普查办及时沟通，根据《普查手册》中文物命名的相关要求，及时对相关不合乎规范的内容及时进行更改。

在普查过程中发现文物照片拍摄的工作量很大，因为文物的大小、重量、形状不同，需要拍摄的距离、角度、细部也会有差别，对一些文物数量比较多的收藏单位来说，任务就更加繁重，再加之个别收藏单位缺乏专业拍摄设备，几乎都没有专职文物摄影师，拍摄人员对数码相机和拍摄灯光做不到熟练运用，这些都影响了普查进度。为提高文物照片拍摄速度，各师（市）普查办人员分赴现场帮助、指导各收藏单位完成文物拍摄工作，通过大家的努力，有效加快了文物照片的拍摄速度，同时也提高的文物照片的质量。

（五）普查工作总结

2016 年 8 月下旬以来，第一次全国可移动文物普查工作进入总结阶段，按照国家文物局《关于做好第一次全国可移动文物普查验收工作的通知》要求，兵团普查办组织各师（市）普查办开展验收工作，填写《第一次全国可移动文物普查验收表》，并根据各单位普查工作情况，形成《第一次全国可移动文物普查验收报告》，经兵团普查办验收评定，各师（市）验收均为合格。为发扬成绩、鼓励先进、总结经验，在总结工作的基础上，对各师（市）普查办表现突出的先进集体、先进个人，予以通报表扬，并从中遴选上报国家文物局。

三、新疆生产建设兵团普查工作成果

本次普查，基本实现普查目标。全面掌握了兵团现存国有可移动文物的数量分布、保存状况、保管权属和使用管理等情况；了解到兵团可移动文物保护现状，为科学制定保护政策和规划提供依据；初步建立可移动文物档案和可移动文物名录，逐步完善可移动文物认定体系；根据国家可移动文物普查办公布的数据建立、完善可移动文物信息管理平台，为实现兵团文物信息资源的整合与合理利用打好基础。

（一）掌握兵团辖区可移动文物资源情况及价值

兵团辖区共有 42 家可移动文物收藏单位，库房总面积 13130 平方米，保管人员 74 名。各上报单位的基本情况如下表所示：

兵团 42 家国有收藏单位完成数据登录报送可移动文物 29416 件。其中可移动文物珍贵藏品 250 件，其中一级文物有 33 件，占所有上报文物的 0.11%；二级文物有 18 件，占所有上报文物的 0.06%；三级文物有 199 件，占上报文物的 0.68%；一般文物有 1468 件，占上报文物的 4.99%；未定级文物有 27698 件，占上报文物的 94.16%。

（二）推进兵团文物基础工作

1. 初步建立文物安全工作制度

坚持文物安全第一，防止在可移动文物普查工作中出现重大文物安全事故。在实际应用中我们对可移动文物普查中必要的程序仔细推敲，分别从环境安全、设施设备安全检查、操作人员的防护措施、具体操作规范等方面制定了详细的安全制度，在对工作人员进行培训的同时，加强了文物保护及文物安全的学习，使普查中文物安全第一的观念深入人心，为可移动文物普查工作打下了良好的基础，因此，在此次的文物普查工作中，没有出现因文物普查而使文物受到损坏或者丢失的现象发生。

2. 组织培养一支技术性较强的普查队伍

各收藏单位选派了 1~2 名具有一定专业知识和技能的人员参加普查队伍，各种人才相互配合，共同协作，保证可移动文物普查工作顺利进行，同时，为今后的文物工作储备了一支专业性较强的人才力量。

3. 确保各收藏单位工作设备

要取得高质量的工作效率，硬件设施就显得十分重要。普查中最重要的设备就是拍摄器材和电脑。在普查工作进行之前，兵团各级普查办为文物收藏单位购置了专业的普查设备，确保收藏单位能正常工作。。

（三）健全文物保护体系

1. 建立国有可移动文物保护体系

此次普查，按照《博物馆管理办法》《博物馆藏品管理办法》《文物认定管理暂行办法》以及国家文物局关于贯彻实施《文物认定管理暂行办法》的指导意见，初步建立兵团辖区国有可移动文物保护体系，原先未建有藏品账目及档案的收藏单位新建账目及档案，已建有的得到进一步完善，在纸质档案的基础上信息化。通过建立文物总账和文物档案，确立"文物身份证"和管理体系，初步构建兵团辖区内国有可移动文物资源标准化、动态化的管理。

表 14　兵团可移动文物收藏单位藏品账目及档案建立情况统计表

		兵团	师市级	团镇、街道属	其他	合计
文博系统	文物收藏单位（家）	—	8	9	1	18
	新建/重建藏品账目及档案的单位数量（家）	—	8	8	1	17
	新建/重建藏品账目及档案的文物数量（件/套）	—	14419	2250	10	16679
	完成藏品账目及档案信息化的单位数量（家）	—	7	8	1	16
非文博系统	文物收藏单位（家）	1	4	17	2	24
	新建/重建藏品账目及档案的单位数量（家）	1	4	6	2	13
	新建/重建藏品账目及档案的文物数量（件/套）	539	319	360	887	2105
	完成藏品账目及档案信息化的单位数量（家）	1	3	6	—	10

2. 基本建成国有可移动文物信息资源库

在国家文物局的指导和新疆维吾尔自治区普查办的帮助下，经过 4 年多的努力工作，基本建成了兵团国有可移动文物信息资源库，下一步将尽快完成国有可移动文物收藏单位名录和国有可移动文物名录的编制工作，根据国家普查办的统一部署，向社会公布兵团辖区的普查成果，提供公共文化服务。使普查成果惠及于民，促进全社会关心支持文物事业，同时起到传播中国优秀文化的作用。

建 议

1. 加强可移动文物保护

尽快编制和公布兵团可移动文物资源名录、文物收藏单位目录，进一步完善兵团可移动文物资源库，加强可移动文物普查数据管理利用。逐步实施馆藏文物修复计划，及时抢救修复濒危珍贵文物，优先保护材质脆弱珍贵文物，分类推进珍贵文物保护修复，注重保护修复馆藏革命文物。实施预防性保护，对展陈珍贵文物配备具有环境监测功能的展柜，完善博物馆、文物收藏单位的文物监测和调控设施，对珍贵文物配备柜架囊匣。提升馆藏文物保存条件，实施标准化库房建设工程，支持藏品数量较大而暂不具备建设博物馆的单位建设标准化文物库房。

2. 加大文博人才队伍建设

在此次文物普查过程中发现，文物专业人才队伍建设和基础设施缺少是兵团文物保护事业的一个短板。文物保护是一项专业性较强的工作，相关工作人员文博专业知识极为薄弱，队伍结构不合理。亟需培养与引进文博专业人才，依托国家文物局人才培养"金鼎工程"，努力加大兵团文物管理人才、技术人才的培养培训力度，逐步形成结构优化、布局合理、基本适应兵团文物事业发展需要的人才队伍。同时加强师（市）文物行政部门负责人和文物行政执法、安全督察人员以及团场（镇）文物保护管理人员的培训，切实提高文物人才队伍整体素质。

3. 加强文物藏品征集与管理

拓展博物馆、纪念馆藏品征集领域和途径，增加基层馆藏品数量，丰富藏品类型，充实藏品体系。加强兵团军垦文物征集，注重民俗民间文物及少数民族文物征集。推进基层博物馆、纪念馆珍贵文物等重要藏品集中保管，推进国家一级、二级博物馆文物保存环境达标工程。发挥民间文物收藏的积极作用，指导和规范非国有博物馆、纪念馆的发展。做好国家屯垦历史文物征集工作。推进完善考古研究机构在兵团辖区内依法向兵团各级博物馆、纪念馆移交考古发掘出土文物工作。实施经济社会发展变迁物证珍藏项目，征集兵团成立以来反映经济社会发展的重要实物，记录时代发展，丰富藏品门类。

4. 促进文物保护事业与国家经济社会协调发展

兵团可移动文物种类丰富，价值突出，是兵团历史、屯垦戍边及军垦文化、民族精神的实物见证。通过对兵团国有可移动文物的普查，已全面掌握了可移动文物的数量、分布、保存现状、保管权属和使用管理等情况。打造军垦文化旅游品牌，培育以历史文物遗址、当代军垦遗存及军垦博物馆、纪念馆为支撑的体验旅游、研学旅行和休闲观光旅游，生产具有文化内涵的旅游纪念品，扩大就业，增加收入。深入挖掘文物资源的价值内涵和文化元素，更加注重实用性，更多体现生活气息，延伸文博衍生产品链条，进一步拓展文化产业发展空间，进一步调动博物馆、纪念馆利用馆藏资源开发文物创意产品的积极性，引导和扩大文化消费，培育新型文化业态。